Das

rechtsrheinisch-bayerische

Landescivilrecht u. Landescivilprozeßrecht

unter Berücksichtigung der

freiwilligen Gerichtsbarkeit

systematisch dargestellt

von

Dr. Heinrich Becher.

Zweiter Band.

München.
J. Schweitzer Verlag (Jos. Eichbichler).
1896.

Zweiter Band.

Buch III, IV und V.

Familienrecht. Erbrecht. Der Rechtsschutz.

Die system. Inhaltsübersicht, sowie Nachträge und Berichtigungen befinden sich am Anfange des ersten Bandes.

Drittes Buch.

Familienrecht.

I. Abschnitt.

Die Ehe.

§ 206.

Verlöbnisse.[1])

1. Durch die Sponsalienverordnungen vom 24. Juli 1769[2]), 12. März 1804[3]) und 2. Mai 1806[4]) sind einheitliche Normen in Ansehung der Verlöbnisse für alle jene bayerischen Gebietsteile geschaffen, welche im letztgenannten Zeitpunkte der k. Landesdirektion zu München unterstellt waren[5]), wie auch für das später zu Bayern gekommene Gebiet des früheren Fürstentums Aschaffenburg.[6]) Durch die reichsrechtliche Ehegesetzgebung sind sie nicht berührt.[7]) Nach diesen Sponsalienverordnungen im Zusammenhalte mit Art. 16 des bayerischen Notariatsgesetzes[8]) bedürfen Verlöbnisse zu ihrer Giltigkeit der notariellen

---

[1]) Vgl. auch Roth, b. C.R. 1. Aufl. Bd. I. S. 278—283; 2. Aufl. Bd. I. S. 383, 384; d. Pr.R. Bd. II S. 2; Windscheid, Pand. Bd. II § 489 a. E., 514 a. E.; Dernburg, Pand. III. § 7; v. Brinz, Pand. Bd. I S. 145, 151—153; III S. 596, 597; Stobbe, Handbuch des gemeinen deutschen Privatrechts Bd. IV S. 8—23; Beseler, System des gemeinen deutschen Privatrechts Bd. I S. 545, 546; Gengler, das gemeine deutsche Privatrecht S. 510; v. Gerber, System des deutschen Privatrechts, 17. Aufl. S. 451, 452; Francken, Lehrb. des deutschen Privatrechts S. 531.

[2]) Mayr, Gen.Samml. Tl. II. S. 634.

[3]) Durch diese Verordnung sind die Grundsätze der Sponsalienverordnungen jedenfalls auf die damals bayerischen Gebietsteile ausgedehnt; vgl. Abs. 3 der Sponf.Ver. v. 2. Mai 1806.

[4]) R.Bl. 1806, S. 175; B. S. 17. Dazu kommt noch die Ver. v. 19. Juni 1807, die Sponsalienklagen der Protestanten betr. (R.Bl. S. 1082; B. S. 26), wo gesagt wird, daß in Ansehung der Sponsalien zwischen Katholiken und Protestanten kein Unterschied bestehe. Auch für Verlöbnisse zwischen Israeliten scheinen mir die Sponsalienverordnungen seit dem Ges. v. 29. Juni 1851, die bürgerlichen Rechte der Israeliten betr. (W. IV. S. 266), in Geltung gekommen zu sein, so zwar, daß Verlöbnisse der Israeliten nur dann giltig sind, einmal, wenn den Vorschriften der Sponsalienverordnungen, dann, wenn den besonderen Gesetzen, welche mit der jüdischen Religion untrennbar zusammenhängen, genügt ist. Das R.G. v. 3. Juli 1869, die Gleichberechtigung der Konfessionen in bürgerlicher und staatsbürgerlicher Beziehung betr. (W. VIII. S. 218), hat hieran nichts geändert. Vgl. hiezu auch oben § 20 S. 67, 68.

[5]) So unter eingehender Begründung E. d. obst. L.G. IV. 285; Bl. f. R.A. XXXIX. 110, wo die Geltung für das Gebiet des ehemaligen Fürstbistums Bamberg verneint wurde. A. M. Roth, b. C.R. 1. Aufl. Bd. I. § 48.

[6]) E. d. obst. L.G. X. 55.

[7]) E. d. obst. L.G. VIII. 12.

[8]) Vgl. hierüber oben § 65 lit. C Ziff. III. 2e S. 469 und § 68 lit. B Ziff. IV. 1a S. 481.

Beurkundung; ferner kuratelmäßige oder unter väterlicher Gewalt stehende Personen zum rechtsgiltigen Abschlusse eines Verlöbnisses der Einwilligung des Vormundes bezw. Kurators oder ihrer Eltern. Diesen Vorschriften widersprechende Verlöbnisse sind civilrechtlich nichtig[9]) und erzeugen weder einen Anspruch auf Abschluß der Ehe, noch auf Schadenersatz.[10]) Streitigkeiten über die Verlöbnisverträge und auf Grund derselben gehören vor die bürgerlichen Gerichte.[11])

2. Ein Ehehindernis bildet selbst der rechtsgiltige Verlöbnisvertrag nicht.[12])

3. Den Verlobten steht sowohl auf dem Gebiete der streitigen wie nichtstreitigen Rechtspflege das Recht zur Verweigerung des Zeugnisses bezw. der Auskunft oder eines sachverständigen Gutachtens zu.[13])

§ 207.

Die Ehe.[1])

I. Die Ehehindernisse.[2])

1. Die Ehehindernisse[3]) sind fast ausschließlich reichsrechtlich normiert. Nur für die Ehehindernisse des Zwangs, Irrtums und Betrugs[4]) überhaupt und für die Wirkung der Ehehindernisse[5]) fast ausschließlich ist Landesrecht maßgebend; einheitliche Bestimmungen für ganz Bayern bestehen aber in dieser Hinsicht nur für Dissidentenehen. Hier begründet der Mangel der für die Eheschließung vorgeschriebenen Form ohne weitere Rücksicht auf Partikularrecht ein öffentliches trennendes Ehehindernis, das nicht nur von jedem Eheteile

---

9) Vgl. auch E. d. obst. L.G. VIII. 12; Bl. f. R.A. XLIV. 150. — Ueber Statutenkollision s. oben § 8 Ziff. II. 10 mit Nt. 61 S. 25, 26.

10) Ueber solche Ansprüche vgl. Bl. f. R.A. IX. 16, 109, 110; XXI. 157; XXIX. 77; XXXIII. 289; XXXIV. 230; XXXVIII. 497; Erg.Bd. I. 45, 334; XLVI. 182; L. 199; LI. 245; E. d. obst. L.G. I. 89; IV. 290; XI. 127.

11) Vgl. auch § 76 des R.G. über die Beurkundung des Personenstandes und die Eheschließung v. 6. Febr. 1875.

12) § 39 des Pers.Standsges.

13) § 348 Abs. 1 Ziff. 1; § 373 Abs. 1 R.C.P.O. Ausnahmen enthält § 350 R.C.P.O.

1) Roth, b. C.R. II. S. 381—544; d. Pr.R. II. S. 1—270; Windscheid, Pand. II. §§ 489—512; Dernburg, Pand. III. §§ 7—27; v. Brinz, Pand. I. 144, 145, 150—159; III. 664, 665; Stobbe, Handbuch des deutschen Privatrechts Bd. IV S. 24 ff.; Beseler, System des gemeinen deutschen Privatrechts Bd. I S. 545 ff.; Gengler, das gemeine deutsche Privatrecht S. 501 ff.; v. Gerber, System des gemeinen deutschen Privatrechts, 17. Aufl. S. 452—493; Francken, Lehrb. des deutschen Privatrechts S. 531 ff.

2) Roth, b. C.R. I. S. 381—392.

3) §§ 28—38, 39 des Pers.Standsges.

4) § 36 Abs. II. Pers.Standsges.

5) § 36 Abs. I. Pers.Standsges. Drei Ausnahmen sind in §§ 37 und 38 Pers.Standsges. enthalten.

und dem Staatsanwalte, sondern von jedem, der ein rechtliches Interesse an der Ungiltigkeit der Ehe hat, geltend gemacht werden kann.[6])

Auf Grund Reservatrechtes[7]) sind für bayerische Staatsangehörige die bayerischen öffentlich-rechtlichen Beschränkungen der Eheschließung durch die reichsrechtlichen Normen nicht beseitigt. Nach dem hier maßgebenden bayerischen Heimatgesetze vom 16. April 1868/23. Februar 1872[8]) darf die Eheschließung nur auf Grund eines von der Distrikts-Verwaltungsbehörde ausgestellten Zeugnisses, daß gegen die beabsichtigte Ehe kein in diesem Gesetze begründetes Hindernis entgegenstehe, erfolgen. Der Mangel dieses Verehelichungszeugnisses begründete nach früherem Rechte die bürgerliche Ungiltigkeit der trotzdem eingegangenen Ehe; wurde aber das Zeugnis nachträglich erwirkt, so wurde die Ehe als von Anfang an giltig erachtet. Seit der Novelle zum Heimatgesetze vom 17. März 1892[9]) ist diese Wirkung der Rechtsungiltigkeit der Ehe aus dem Mangel des Verehelichungszeugnisses beseitigt und diesem Mangel nur mehr ein Einfluß auf die Heimatverhältnisse der Ehefrau und Kinder zugestanden. Diese Bestimmung der Novelle erhielt auch in gewissem Umfange rückwirkende Kraft; hierüber wurde bereits oben § 7 lit. f S. 15 das Nähere erörtert.[10])

Das nach Reichsrecht vorgeschriebene Aufgebot des Standesbeamten wird durch das nach dem bayerischen Heimatgesetze erforderliche Aufgebot der Gemeindeverwaltung ersetzt.[11])

2. Dispensation von Ehehindernissen.

a) Die Dispensation von den Ehehindernissen der Eheunmündigkeit und des Ehebruchs steht dem Könige, die Dispensation vom Ehehindernis der Wartezeit dem Staatsministerium der Justiz zu. Im ersten und letzten Falle obliegt den Amtsgerichten, dem landgerichtlichen und oberlandesgerichtlichen Staatsanwalt, im zweiten Falle nur den beiden letzteren Instruktion und Begutachtung ob.[12]) Die Gesuche sind jeweils bei der erstinstruierenden Stelle einzureichen.

---

[6]) §§ 586, 592 R.C.P.O.; Art. 16 des b. Ges. v. 2. Mai 1868 über Schließung und Trennung der Ehe der keiner anerkannten Religionsgesellschaft angehörenden Personen (G.Bl. 1866/69 S. 405; W. VII. S. 249). Dissidentenehe ist eine Ehe zwischen Personen, die beide keiner anerkannten Religionsgesellschaft angehören: Art. 1 des zit. Ges. — Vgl. auch die Vollz.Bek. v. 29. Juli 1868 (R.Bl. S. 1473); E. d. obst. L.G. XIII. 25.

[7]) Vgl. Nr. III. § 1 des Versailler Bündnisvertrages mit Bayern v. 23. Nov. 1870 mit Nr. 1 des Schlußprotokolls hiezu, auch Art. 4 Ziff. 1 der deutschen Reichsverfassung.

[8]) Art. 33 (W. VII. S. 229).

[9]) Art. 7 (G.V.Bl. 1892 S. 51—54) in Kraft seit 18. März 1892.

[10]) Vgl. hiezu noch v. Seydel in Bl. f. adm. Pr. XLV. S. 43 ff., Rehm, in Arch. f. öff. Recht Bd. VIII S. 47 ff. und hiezu Bl. f. adm. Pr. XLV. S. 29 ff.

[11]) § 74 Abs. II. Pers.Standsges. Art. 35 des b. Heimatges.

[12]) § 40 Pers.Standsges.; §§ 1 und 2 der Ver. v. 15. Dez. 1875 die Ausübung der Befugnis zur Dispensation von Ehehindernissen und vom Aufgebote

Entscheidend für die Zuständigkeit ist bei Gesuchen um Dispensation von der Ehemündigkeit oder Wartezeit der Wohnsitz oder gewöhnliche Aufenthaltsort des der Dispensation Bedürftigen[13]); Gesuche um Dispensation von dem Verbote der Ehe wegen Ehebruchs sind bei dem Staatsanwalte desjenigen Landgerichts einzureichen, bei welchem der Ehescheidungsprozeß in erster Instanz anhängig war.[14])

betr. (G.V.Bl. S. 779; W. XI. 260); § 53 lit. g der Formationsverordnung vom 9. Dez. 1825 (W. II. S. 268); Ziff. I. 1 und 2 der M.Bek. v. 24. Dez. 1875, den Vollzug des Pers.Standsges. betr. (G.V.Bl. S. 871; W. XI. S. 299). Im Hinblick auf die autogr. J.M.E. v. 8. und 29. März 1876 und allgemeine Gesichtspunkte sind bei den Gesuchen um Dispensation von der Ehemündigkeit und der Wartezeit außer Namen, Stand und Wohnort der beiden Verlobten, bei ersteren die Geburtszeit des Gesuchstellers durch Erholung eines pfarr- oder standesamtlichen Geburtszeugnisses, bei letzteren die Thatsache und der Zeitpunkt der Auflösung der Ehe durch Erholung eines Auszuges aus dem Sterberegister, bezw. einer Bestätigung des Zeitpunktes der Rechtskraft des Ehescheidungsurteiles und der etwaigen Verlassenschaftsakten, das Nichtvorhandensein einer Schwangerschaft durch Erholung eines motivierten amtsärztlichen Gutachtens (Zeugnis einer Hebamme genügt nicht) oder die inzwischen erfolgte Geburt durch Erholung eines Geburtsregisterauszuges liquid zu stellen; ferner sind in beiden Fällen über die für die Gewährung der Gesuche angegebenen besonderen Gründe, wie über die persönlichen und Vermögensverhältnisse der Verlobten die entsprechenden Ermittelungen anzustellen, Bestätigungen der Gemeindeverwaltungen oder des Bezirksamtes bezw. der k. Polizeidirektion in München über die Existenz der behaupteten Gründe und die etwa einschlägigen Pflegschaftsakten (insbesondere zur Konstatierung, ob das Vatergut richtig ausgezeigt sei), mit einer Aeußerung des Vormundes oder Kurators des Gesuchstellers bezw. des Obervormundschaftsgerichtes zu erholen. — Bei Gesuchen um Dispensation vom Ehehindernisse des Ehebruchs sind Namen, Stand und Wohnort der beiden Verlobten und zwar aufs genaueste mindestens durch Erholung von Geburts-, Tauf- und Heimatsscheinen festzustellen, von der zuständigen Verwaltungsbehörde (Magistrat, Polizeidirektion, Bürgermeister ein Familienstandszeugnis [Familienbogen]) zu erholen, die Kinder der geschiedenen Ehe festzustellen und die Aeußerung des etwaigen Vormundes oder Kurators nebst der der Obervormundschaftsbehörde und der Pflegschaftsakten einzuholen, die Ehescheidungsakten zu adhibieren, die persönlichen und Vermögensverhältnisse der Verlobten zu erheben, über die für und gegen das Gesuch vorgebrachten Gründe die erforderlichen Ermittelungen zu pflegen. — Die gutachtlichen Aeußerungen sind entsprechend zu begründen. — Vgl. hiezu oben § 68 lit. B Ziff. VI. mit Nt. 96 und 97 S. 488; § 70 lit. D S. 522—524; Wagner, 2. Aufl. S. 233, 234. Bloße Vermutungen der Verletzungen ehelicher Treue begründen nicht das Ehehindernis des Ehebruchs und sind daher diesbezügliche Dispensationsgesuche gegenstandslos: s. M.E. v. 5. März 1878 Gesuch des N. N. um Dispensation von einem Ehehindernisse rc. betr. (W. XII. S. 236).

[13]) Ziff. I. 1 der zit. Min.Bek. v. 24. Dez. 1875. Das instruierte und begutachtete Gesuch ist vom Amtsgerichte dem Staatsanwalte am vorgesetzten Landgerichte mitzuteilen. Findet der Staatsanwalt, daß ein Gesuch nicht gehörig instruiert sei, so kann er die als notwendig erachteten weiteren Erhebungen entweder selbst pflegen oder bei dem Amtsgerichte beantragen. Das Gericht ist verpflichtet diesem Ansinnen, soferne nicht gesetzliche Bedenken entgegenstehen, sofort zu entsprechen. Die gehörig instruierten Gesuche bringt der Staatsanwalt mit gutachtlicher Aeußerung dem Oberstaatsanwalte behufs der Einbeförderung an das Staatsministerium der Justiz in Vorlage.

[14]) Ziff. I. 2 der zit. M.Bek. v. 24. Dez. 1875. Der Staatsanwalt hat die Gesuche zu instruieren und mit gutachtlicher Aeußerung dem Oberstaatsanwalte

b) Die Dispensation vom Aufgebote steht der Distriktsverwaltungsbehörde des Ortes — in München dem Magistrate — zu, an welchem der zuständige Standesbeamte seinen Amtssitz hat.[15]) Die Gesuche sind bei derselben schriftlich oder mündlich zu stellen und zu begründen.[16])

3. Bezüglich der Verehelichungsbewilligung der Staats- und Gemeindediener ist das Nähere bereits oben § 36 Ziff. I, 4 S. 216, 217 und bezüglich der Militärpersonen oben § 38 Ziff. 4 S. 237—239 erwähnt.

4. Die Ausstellung des in Ziff. I, 1 genannten distriktspolizeilichen Verehelichungszeugnisses wird unter anderem nur dann erteilt, wenn das Nichtvorhandensein des der Distriktsverwaltungsbehörde amtsbekannten oder aus gewissen Gründen wahrscheinlichen civilrechtlichen Ehehindernisses durch Vorlage einer amtsgerichtlichen Bestätigung über das Nichtvorhandensein oder die legale Beseitigung des in Frage stehenden Ehehindernisses nachgewiesen wird. Zuständig ist das Amtsgericht, in dessen Bezirk die zunächst von dem betreffenden Eheverbote betroffene Person ihren Wohnsitz hat. Das Amtsgericht hat zu prüfen, ob das fragliche Eheverbot thatsächlich und rechtlich vorliegt bezw. noch vorliegt und je nach dem Ergebnisse der Prüfung die Bestätigung zu erteilen oder das Gesuch durch Beschluß abzuweisen.[17])

III. Die Form der Eheschließung ist reichsgesetzlich geregelt.[18]) Landesrechtliche Sondervorschriften gelten nur für den Landesherrn und die Mitglieder des königlichen Hauses.[19])

---

vorzulegen, welcher, wenn er die gepflogene Erhebung für ausreichend erachtet, die staatsanwaltschaftliche Vorlage unter Beifügung seines Gutachtens dem Staatsministerium der Justiz einsendet. — Bezüglich der Gebühren vgl. Art. 185 des b. Geb.Ges. in der Fassung von 1892.

[15]) § 50 Abs. 1 des Pers.Standsges.; § 3 der zit. Ver. v. 15. Dez. 1875 mit § 45 Abs. 1, § 44 Abs. 2 des Pers.Standsges.

[16]) Ziff. 3 der zit. Min.Bek. v. 24. Dez. 1875.

[17]) Art. 35 Abs. VI. des b. Heimatges. v. 16. April 1868 und 23. Febr. 1872 mit M.E. v. 5. Dez. 1875 Ziff. II lit. A 1 (G.V.Bl. S. 675; W. XI. S. 228). — Auch die sog. Wiederverehelichungszeugnisse sind nichts anderes, als die hier genannten Zeugnisse (über das Erfordernis solcher Wiederverehelichungszeugnisse s. Wagner 2. Aufl. S. 247 Nt. 1; Roth, b. C.R. I. S. 387). — Vgl. hieher auch Wagner, 2. Aufl. S. 245, 246, der aber irrigerweise auch den Art. 35 Abs. V. Heim.Ges. hier einbezieht; behauptet ein Dritter mittelst Einspruch ein civilrechtliches Eheverbot, so kann der Nachweis der Beseitigung nur durch Vorlage eines rechtskräftigen Urteils, nicht durch Vorlage der in Art. 35 Abs. VI. genannten Bestätigung, an die Distriktsverwaltungsbehörde erfolgen (vgl. auch Riedel, Komm. z. Heim.Ges. zu Art. 35 Nt. 10); das Amtsgericht hat hier nichts zu thun. Auch kann das Amtsgericht hier als Gericht der freiwilligen Rechtspflege natürlich nicht rechtskräftig über die Existenz eines Eheverbotes entscheiden; das ist Sache des Prozeßgerichts. Die Erteilung der Bestätigung kann nach E. d. obst. L.G. XIII. 403 auch dann verlangt werden, wenn zweifelhaft ist, ob eine amtsbekannte Thatsache ein civilrechtliches Ehehindernis enthält. — Bezüglich Gebühren s. Art. 32, 98 des b. Geb.Ges.

[18]) §§ 41—55 des Pers.Standsges.; Roth, b. C.R. I. S. 393.

[19]) Vgl. oben § 22 Ziff. IV. 4 S. 76.

IV. Die Wirkungen der Ehe in persönlicher und vermögensrechtlicher (güterrechtlicher) Hinsicht bemessen sich im allgemeinen nach dem örtlichen bürgerlichen Rechte.[20]) Die Möglichkeit einer morganatischen Ehe für Personen des hohen Adels ist jedenfalls durch die reichsgesetzlichen Bestimmungen über die Eheschließung nicht beseitigt.[21]) Die teils reichsrechtlichen teils allgemein landesgesetzlichen Wirkungen der Ehe sind folgende:

1. Die Ehefrau hat einen gesetzlichen Titel auf Eintragung einer Hypothek auf die Immobilien des Mannes wegen ihres bei Eingehung der Ehe oder während derselben eingebrachten Vermögens, wegen der aus dem Ehevertrage ihr zustehenden Rechte, wegen ihrer Entschädigungsansprüche rücksichtlich der mit ihrem Ehemanne übernommenen Verbindlichkeiten und wegen Verwendung ihrer von demselben veräußerten Güter.[22])

2. Der Ehegatte einer Partei, auch wenn die Ehe nicht mehr besteht, ist auf dem Gebiete der streitigen wie nichtstreitigen Rechtspflege berechtigt, das Zeugnis bezw. die Auskunft oder die Abgabe eines sachverständigen Gutachtens zu verweigern.[23])

3. Der Richter ist in Sachen seiner Ehefrau, auch wenn die Ehe nicht mehr besteht, kraft Gesetzes vom Richteramte ausgeschlossen[24]); in entsprechender Weise auch der Gerichtsschreiber, Gerichtsvollzieher und Notar.[25])

4. Die Prozeßfähigkeit einer Frau wird dadurch, daß sie Ehefrau ist, nicht beschränkt.[26])

5. Ueber die Intercessionen der Ehefrauen wurde das Nähere bereits oben § 14 Ziff. 2 S. 40 und § 194 lit. F S. 1093 erwähnt.

6. Beide Ehegatten haben gegenseitig die Rechtswohlthat des Notbedarfs.[27])

7. Ueber den Wohnsitz der Ehefrau vgl. oben § 9 Ziff. 2 S. 29.

8. Eheverträge bedürfen zur Giltigkeit der notariellen Beurkundung.[28])

---

[20]) Vgl. Roth, b. C.R. II. S. 394—400. Ueber das Erfordernis notarieller Beurkundung der Eheverträge s. oben § 65 lit. C Ziff. III. 2 a S. 468 und § 68 lit. B Ziff. IV 2 a S. 484.

[21]) Vgl. hierüber oben § 24 Ziff. III. S. 88 mit Nt. 44; a. M. auch Roth, b. C.R. II. S 394.

[22]) § 12 Ziff. 6 Hyp.Ges. Vgl. Näheres oben § 121 lit. B Ziff. I. 1 d S. 812.

[23]) § 348 Ziff. 2, § 373 Abs. 1 R.C.P.O. Ausnahmen s. § 350 R.C.P.O.

[24]) § 41 Ziff. 2; § 49 R.C.P.O.; § 156 Ziff. I. 2 R.G.V.G. mit Art. 67 A.G. z. R.G.V.G. Diese Vorschriften gelten analog auch in der freiwilligen Rechtspflege; vgl. Wagner, 2. Aufl. S. 14—16; oben § 15 Ziff. 2 mit Nt. 4 S. 43; das dort Angeführte ist im Wesentlichen hieher zu wiederholen.

[25]) Art. 47 Ziff. 1 Not.Ges. Vgl. hiezu oben § 69 S. 490.

[26]) § 51 Abs. 2 R.C.P.O.

[27]) Kap. XVIII. § 10 der b. Ger.Ordn. v. 1753 mit Art. 81 A.G. z. R.C.P.O. Die Rechtswohlthat steht den Ehegatten auch nach Auflösung der Ehe zu: Bl. f. R.A. II. 389; XII. 401; Seuffert, Komm. z. b. Ger.Ordn. IV. S. 356 Nt. 4.

[28]) Vgl. oben § 65 lit. C Ziff. III, 2 a S. 468; § 68 lit. B Ziff. IV, 2 a

V. Auflösung der Ehe.

1. Die Gründe der Auflösung der Ehe bemessen sich nach Landesrecht; die Wirkungen der Ehetrennungsgründe insoferne nach Reichsrecht, als da, wo nach dem bisherigen Rechte auf beständige Trennung der Ehegatten von Tisch und Bett zu erkennen sein würde, nunmehr die Auflösung des Bandes auszusprechen ist. Das Verfahren und die Form bei der Ehescheidung ist reichsrechtlich geregelt.[29]) Die Nichtigkeitsklage kann auch von einem der Ehegatten erhoben werden, desgleichen von einem Dritten, wenn dieser ein rechtliches Interesse daran hat, daß die Ehe für nichtig erklärt werde.[30])

2. In Ansehung der Ehetrennungsgründe bestehen allgemeine landesgesetzliche Vorschriften nur für die Dissidentenehen auf Grund des Gesetzes vom 2. Mai 1868.[31]) Hienach bilden die Verschiedenheit des Glaubensbekenntnisses, welche durch Aufnahme des einen oder anderen Eheteils in eine staatliche anerkannte Religionsgesellschaft eintritt, wie das Aufhören des einen oder anderen Eheteils Mitglied einer staatlich anerkannten Religionsgesellschaft zu sein, für sich allein nie einen Ehetrennungsgrund. Weiter kommen in Ehescheidungssachen der Dissidenten die einschlägigen Bestimmungen des am Wohnorte des Beklagten für Protestanten geltenden Eherechtes, soweit sie mit dem Gesetze vom 2. Mai 1868 vereinbar sind, zur Anwendung; insbesondere sind diese Bestimmungen unter dieser Beschränkung auch maßgebend für die mit der Ehescheidung zusammenhängenden besonderen richterlichen Aussprüche über die Schuldfrage, die Ehescheidungsstrafen und die Gestattung der Wiederverehelichung, ferner in Bezug auf bleibende und vorübergehende Trennung von Tisch und Bett, wie auf Zulassung einer vorläufigen Absonderung der Ehegatten.

3. Hat nach bestehendem Eherechte[32]) der Erhebung der Ehescheidungsklage[33]) ein gerichtlicher, auf einseitigen Antrag eines Ehegatten zu erlassender Rückkehr- oder Besserungsbefehl vorauszugehen, so steht die Erlassung desselben[34]), unbeschadet der gesetzlichen Befugnisse

---

S. 484. Ueber den Einfluß der rückwirkenden Kraft des Art. 7 der Novelle zum b. Heimatgesetze vom 27. März 1892 auf Eheverträge s. oben § 7 Ziff. 3 lit. f Nt. 18 S. 15.

[29]) §§ 592, 586 Abs. 2 R.C.P.O.

[30]) § 77 Pers.Standsges.; §§ 568—592 R.C.P.O. Vgl. auch § 55 Pers.-Standsges. und hiezu oben § 20 a. E. mit Nt. 10 über Ehescheidung der Israeliten. — Siehe hieher auch die Aufsätze in Bl. f. R.A. XLI. 257; XLII. 129, 145, 161; Hausers Ztschr. für Reichs- und Landesrecht Bd. III. 208.

[31]) Art. 2 Abs. 3; Art. 20. (Ges.Bl. 1866/69 S. 405; W. VII. S. 249); E. d. obst. L.G. XIII. 25; vgl. auch oben Nt. 6 S. 1137.

[32]) Vgl. hierüber näheres bei Böhm, A.G. S. 152.

[33]) Ueber die Ehescheidungsklage vgl. § 592 R.C.P.O., wonach unter derselben sowohl die Klage auf Auflösung des Bandes der Ehe oder auf zeitweilige Trennung von Tisch und Bett zu verstehen ist.

[34]) aber nicht die Anordnung weiterer Zwangsmaßregeln, wie solche in § 16 Ziff. 6 E.G. z. R.C.P.O. oder in Landesrechten noch weiter aufgeführt sind;

der Polizeibehörden, dem Amtsgerichte des Wohnsitzes der Eheleute zu.[35]) Mündliche Verhandlung ist nicht erforderlich.[36]) Der Beschluß des Amtsgerichts ist dem antragstellenden Teile in Urschrift durch den Gerichtsschreiber auszuhändigen.[37]) Gegen die Entscheidung des Amtsgerichtes steht dem Antragsteller, nicht aber dem anderen Ehegatten, das Recht der Beschwerde nach Maßgabe der Reichscivilprozeßordnung zu.[38]) Die erlassenen Rückkehr- und Besserungsbefehle sind in ein besonderes Register nach vorgeschriebenem Formular einzutragen.[39])

4. Im Falle der böslichen Verlassung[40]) ist bei unbekanntem[41]) Aufenthalte des Ehegatten auf Antrag des anderen eine öffentliche Aufforderung zur Rückkehr von dem Amtsgerichte des Wohnsitzes der Eheleute zu erlassen, selbst wenn das einschlägige Eherecht die Aufforderung nicht vorschreibt. Die Aufforderung darf erst erlassen werden, nachdem vom Zeitpunkte der Entfernung[42]) sechs Monate verstrichen sind. Die Bekanntmachung der Aufforderung wird durch den Gerichtsschreiber von Amtswegen besorgt; sie erfolgt durch Anheftung an die Gerichtstafel und durch einmalige Einrückung in zwei von dem Gerichte mit Rücksicht auf den mit der öffentlichen Aufforderung verbundenen Zweck zu bestimmende öffentliche Blätter.[43]) Das Gericht kann, wenn es die besonderen Umstände des Falls erheischen, anordnen, daß die Veröffentlichung wiederholt oder noch in mehr als zwei öffentliche Blätter eingerückt werde. Gegen die Entscheidung des Amtsgerichts steht dem Antragsteller, nicht dem

---

vgl. Bl. f. R.A. XLVII. 26; Böhm, A.G. S. 153 unter Bezugnahme auf Verh. d. K. d. Abg. 1879/80 Beil.Bd. V, 234.

[35]) Art. 89 A.G. z. R.C.P.O. mit § 16 Ziff. 6 E.G. z. R.C.P.O. — Bezüglich Wohnsitz vgl. auch § 17 R.C.P.O. und § 568 Abs. 2 R.C.P.O.; dann oben § 9 S. 28 ff.

[36]) Vgl. hiezu Pemsel, A.G. z. Art. 91 Nt. 1; Verh. d. K. d. Abg. 1878/79 Beil.Bd. VI. S. 172.

[37]) § 35 Abs. 1 der M.Bek. v. 14. Sept. 1879, Dienstvorschriften für die Gerichtsschreiber betr. (J.M.Bl. S. 743; W. XIII. S. 529).

[38]) Art. 91 A.G. z. R.C.P.O. Also nicht die Beschwerde der nichtstreitigen Rechtspflege; Art. 56 ff. A.G. z. R.C.P.O. haben keine Anwendung.

[39]) § 35 Abs. 6 der Nt. 37 zit. M.Bek. — Vgl. auch Art. 99 des bayer. Gebührengesetzes in der Fassung von 1892.

[40]) Art. 90 A.G. z. R.C.P.O. mit § 16 Ziff. 7 E.G. z. R.C.P.O. Ersterer ist eine Ergänzung zu Art. 89 A.G. z. R.C.P.O. Vgl. auch Art. 658 der bayer. Civilprozeßordnung von 1869. Der Begriff der böslichen Verlassung bemißt sich nach Civilrecht. Vorschriften der Eherechte, welche noch weitere Aufforderungen oder die Erfüllung sonstiger Förmlichkeiten vorschreiben oder andere Fristen festsetzen, sind schon durch Art. 658 Abs. 2 der bayer. Civilprozeßordnung von 1869 aufgehoben.

[41]) Bei bekanntem Aufenthalte kommen die Bestimmungen der Ziff. 3 zur Anwendung.

[42]) Dieses wird sich der Richter entsprechend bescheinigen lassen müssen: Böhm, A.G. S. 156.

[43]) Vgl. auch § 33 Abs. 3 der Nt. 37 zit. Bek.

anderen Ehegatten das Recht der Beschwerde nach Maßgabe der Reichscivilprozeßordnung zu.[44]) Die abweisenden Entscheidungen und die öffentlichen Aufforderungen sind in das in Ziff. 3 bezeichnete Register einzutragen.[45])

Die Ehescheidungsklage wegen böswilliger Verlassung darf erst erhoben werden, nachdem vom Datum des Blattes, in welchem die Aufforderung zuletzt erfolgt, weitere sechs Monate abgelaufen sind.[46]) Im Prozesse ist die bösliche Verlassung, auch wenn der Beklagte den gerichtlichen Rückkehrbefehl nicht befolgt oder der öffentlichen Aufforderung nicht entsprochen hat, doch nur insoferne als erwiesen anzunehmen, als sich das Prozeßgericht aus den Umständen des Falles von ihrem Vorhandensein[47]) überzeugt.

II. Abschnitt.

Namensänderungen — Adoptionen — Legitimationen — Großjährigkeitserklärungen.

§ 208.

A. Namensänderungen.[1])

Einen bestimmten Namen — Vor- und Familiennamen — zu führen, ist nicht bloß ein privates subjektives Recht, sondern auch ein öffentliches Recht und öffentlich-rechtliche Pflicht. Nach bayerischem Rechte darf daher der Familienname, wie er durch die unanfechtbare[2]) Eintragung in das Geburtsregister festgestellt ist, ohne Bewilligung

---

[44]) Vgl. Nt. 38.

[45]) Vgl. § 35 Abs. 6 der Nt. 37 zit. Bek.

[46]) Art. 90 Abs. 2 A.G. z. R.C.P.O.

[47]) Art. 92 A.G. z. R.C.P.O. mit § 16 Ziff. 8 E.G. z. R.C.P.O.; s. auch Art. 668 Abs. 1 der bayer. Civilprozeßordnung von 1869. — Die Vorschrift schließt sich an § 259 R.C.P.O. an.

[1]) Vgl. hieher die Citate oben in § 68 lit. B Ziff. II. 1 Nt. 25 S. 476; auch § 65 lit. C Ziff. III. 3 S. 470; § 68 lit. B Ziff. VI. S. 487; § 70 lit. D S. 521. Frhr. v. Pechmann-Brettreich, Wirkungskreis der Distriktsverwaltungsbehörden Bd. I. S. 128, 129; Krais, Handbuch der innern Verwaltung, Bd. I. S. 154, 159; Bl. f. adm. Pr. XXXI. 273; XXXII. 129; XXXIII. 209, 230; XXXVII. 113 (Namensänderung außerehelicher, durch nachfolgende Ehe legitimierter Kinder); XXXVIII. 38 (Namensänderung einer geschiedenen Ehefrau); LXII. 346; bayer. Gemeindezeitung Bd. I Jhrg. 1891 S. 246—251 über Namensführung, Namensänderung und Namensfeststellung in Bayern; Grill, Handbuch des bayer. Staatsbürgers S. 504—506. — Schon nach Mand. v. 28. Nov. 1629 Nr. 3 Ziff. I, 29 wurde als malefizisch angesehen, „wer seinen Namen, Wappen oder Merkzeichen anderen zum Schaden ändert“. Jetzt vgl. § 360 Ziff. 8 R.St.G.B.

[2]) Vgl. dazu besonders §§ 65, 66 Pers.Standsges. über das standesamtliche Berichtigungsverfahren und autogr. M.E. des St.M. des Innern v. 21. April 1884 Nr. 5200; v. 24. Dez. 1887 Nr. 12687; hiezu bayer. Gem.Zeitg. III. Jhrg. 1893 S. 34—41.

des Königs nicht abgeändert werden, soferne nicht die Namensänderung die unmittelbare gesetzliche Folge eines anderen Rechtsaktes ist.[4]) Daraus folgt auch, daß nur gegenüber bayerischen Staatsangehörigen solche Bewilligungen erteilt werden. Das Gleiche gilt für die Aenderungen eines Vor- (Tauf-) Namens solcher Personen, welche nach dem 1. Januar 1876 geboren sind. Aenderungen des Vornamens solcher Personen, welche vor dem 1. Januar 1876 geboren sind, können schon mit Beschluß der Distriktsverwaltungsbehörde gestattet werden.

a) Namensänderungsgesuche, die der königlichen Bewilligung unterliegen, sind bei der Distriktsverwaltungsbehörde[5]) des Wohnorts oder Aufenthaltsortes, ev. Heimatsortes desjenigen, dessen Namen geändert werden soll, einzureichen; sie werden von den Verwaltungsbehörden instruiert, wobei insbesondere für kuratelmäßige Personen auch die Aeußerung des Vormundes bezw. Kurators und der Obervormundschaftsbehörde einzuholen ist. Nach Abschluß der Instruktion ist das Gesuch der vorgesetzten Kreisregierung, Kammer des Innern, von dieser dem Oberstaatsanwalte am Oberlandesgerichte, in dessen Bezirk das zuständige Amtsgericht liegt, und durch diesen dem Amtsgerichte, dessen örtliche Zuständigkeit sich nach den für die Distriktsverwaltungsbehörde maßgebenden Gesichtspunkten richtet, zur Aeußerung vom justiziellen Standpunkte mitzuteilen. Das Amtsgericht hat zu prüfen, ob nach den gepflogenen Erhebungen eine Verletzung von Privatrechten Dritter glaubhaft ausgeschlossen erscheint[6]), möglicherweise auch diesbezügliche Erhebungen selbst noch zu pflegen und je nach dem Ergebnisse seiner Prüfung entweder die dem Gesuche vom justiziellen Standpunkte aus entgegenstehenden Bedenken zu konstatieren oder anzufügen, daß „gegen die Gewährung des gestellten Namensänderungsgesuchs vom justiziellen Standpunkte aus Bedenken nicht obwalten". Die Akten sind sodann dem Staatsanwalte am vorgesetzten Landgerichte, von diesem gleichfalls mit gutachtlicher Aeußerung dem vorgesetzten Oberstaatsanwalte zur Weiterbeförderung an die Kreisregierung, bezw. an das Staats-

[3]) Teilweise unrichtig Frhr. v. Pechmann-Brettreich a. a. O. und die meisten übrigen Zitate, welche die Aenderung des Vornamens zwar bezüglich der vor dem 1. Jan. 1876 geborenen Personen der Genehmigung der Distriktsverwaltungsbehörde benehmlich mit den coordinierten Gerichtsbehörden überlassen, bezüglich der nach dem 1. Januar 1876 geborenen Personen aber überhaupt für unzulässig erklären. Wenn schon der Familienname durch landesherrliches Reskript geändert werden kann, muß dies um so mehr für den Vornamen zulässig sein.

[4]) z. B. infolge von Legitimation durch nachfolgende Ehe. Dies ist aber nicht der Fall bei der Legitimation durch königliches Reskript, Arrogation, Adoption im Gebiete des bayerischen Landrechts von 1756.

[5]) S. auch M.E. v. 8. März 1850 (Döllinger Bd. XXII. S. 181). Diese nimmt auch Gesuche auf.

[6]) Die Thätigkeit des Amtsgerichts ist freiwillige Gerichtsbarkeit; eine rechtskräftige Entscheidung darüber, ob Privatrechte verletzt sind, kommt ihm nicht zu. Solche Streitigkeiten sind im Rechtswege auszutragen; bis zur rechtskräftigen Entscheidung wird das Gesuch endgiltig nicht verbeschieden werden können.

ministerium des Innern zur Erholung der königlichen Entscheidung vorzulegen.[7])

b) Gesuche um Aenderung eines Vornamens solcher Personen, welche vor dem 1. Januar 1876 geboren sind, sind bei der Distriktsverwaltungsbehörde anzubringen und werden von dieser verbeschieden; das Amtsgericht ist hier ebenfalls darüber zu hören, ob vom justiziellen Standpunkte aus Bedenken gegen das Gesuch bestehen.

c) Bezüglich der mit Adoptions- oder Legitimationsgesuchen verbundenen Namensänderungsgesuche s. unten lit. B Ziff. IV.

Streitigkeiten über Namensführung sind regelmäßig öffentlichrechtlicher Natur und gehören zur Zuständigkeit der Verwaltungsbehörden. Nur wenn zwischen Privatpersonen die privatrechtliche subjektive Befugnis zur Führung eines bestimmten Namens bestritten ist, ist die Zuständigkeit der bürgerlichen Gerichte gegeben.[8])

B. Legitimationen, Adoptionen.

I. Welche Rechtsakte zur Adoption — Arrogation oder Adoption im engeren Sinne — erforderlich sind, bemißt sich ebenso, wie die materiellen Voraussetzungen derselben, zunächst nach dem örtlichen bürgerlichen Rechte. Insoweit hienach landesherrliche Bestätigung zur Rechtsgiltigkeit der Adoption erforderlich ist[9]), ist das Gesuch bei in Bayern wohnhaften und beheimateten Personen bei dem Amtsgerichte des Wohnsitzes des Adoptierenden einzureichen, von diesem zu instruieren und dann mit gutachtlicher Aeußerung dem Staatsanwalte am vorgesetzten Landgerichte, von diesem gleichfalls mit gutachtlicher Aeußerung dem vorgesetzten Oberstaatsanwalte und von diesem dem Staatsministerium der Justiz zur Erholung der landesherrlichen Bestätigung vorzulegen.[10])

II. Uneheliche Kinder können durch landesherrliches Reskript legitimiert werden. An bestimmte Voraussetzungen ist hiebei der Landesherr nicht gebunden.[11]) Gesuche um solche Legitimation unterliegen der gleichen Behandlung wie Adoptionsgesuche.[12])

---

[7]) Hinsichtlich der Gebühren (20—200 Mk.) vgl. Art. 185 des b. Gebührengesetzes; autogr. M.E. d. St.M. d. Inn. v. 14. Okt. 1879 Nr. 13327.

[8]) Vgl. schon oben § 24 Nt. 23 S. 85; auch Erk. d. Komp.Konfl.Ger.H. v. 14. März 1857 (R.Bl. S. 270; W. Anh.Bd. S. 282).

[9]) Wie nach gemeinem Recht bei der Arrogation und bei der Adoption durch eine Frau; vgl. Roth, b. C.R. I. S. 555 ff.

[10]) Vgl. die Zitate in § 68 Nt. 21 und 23 S. 476; die ebenda Nt. 24 zit. M.E. v. 26. Dez. 1891 und § 53 der Formationsverordnung vom 9. Dez. 1825 (W. II. S. 261). — Vgl. hiezu oben § 65 lit. C Ziff. III. 3 S. 470; § 68 lit. B Ziff. II. 1 S. 476; Ziff. VI. S. 487; § 70 lit. D S. 522—524; Wagner, 2. Aufl. S. 245, 246 und unten Nt. 12. — Landesrechtliche Vorschriften über das Erfordernis öffentlicher Beurkundung der Adoptions- und Arrogationsverträge bestehen nicht; doch empfiehlt es sich mit Rücksicht auf die Statusänderung und die daran sich knüpfenden wichtigen rechtlichen Folgen, auf öffentliche Beurkundung zu dringen; bezüglich letzterer s. besonders oben § 68 Nt. 77 S. 484.

[11]) Mandat v. 27. Aug. 1776 (Mayr, Gen. Samml. Bd. II. S. 1384); Roth, b. C.R. I. S. 554 Nt. 19.

[12]) Vgl. die Zitate in Nt. 10.

III. Mit den Gesuchen um Adoption oder Legitimation können auch Gesuche um Verleihung der väterlichen Gewalt über den zu Adoptierenden oder Legitimierenden, oder um Verleihung von Erbrechten, soferne diese Folgen nicht schon kraft bürgerlichen Rechtes mit der Adoption oder Legitimation eintreten, verbunden werden. Auch diese Gesuche, ob sie selbständig oder verbunden gestellt werden, unterliegen der nämlichen Behandlung wie Adoptions- und Legitimationsgesuche. Insbesondere sollen aber die Amtsgerichte darauf hinwirken, daß die von den Beteiligten angestrebten verschiedenen Gesuche sofort verbunden werden.[13])

IV. Wird mit dem Adoptions- oder Legitimationsgesuch ein Namensänderungsgesuch verbunden, so hat zwar das Amtsgericht dieses Gesuch mitzuinstruieren, soweit dies im Rahmen der sonstigen Instruktion liegt, unter allen Umständen ist aber das Namensänderungsgesuch samt Erhebungen durch Vermittelung des Oberstaatsanwaltes der Kreisregierung, Kammer des Innern, zur Würdigung und Veranlassung etwaiger weiterer Ermittelungen durch die Distriktsverwaltungsbehörde vorzulegen.

---

[13]) Bei Prüfung der Adoptions- und Legitimationsgesuche, insbesondere wenn ein Gesuch um Erbrechtsverleihung damit verknüpft wird, ist das Augenmerk insbesondere darauf zu richten, daß durch den Eintritt des zu Adoptierenden oder Legitimierenden keine Pflichtteilsrechte von Noterben verletzt werden. Das Mandat v. 27. Aug. 1776 spricht sich ausdrücklich dahin aus, daß solche Gesuche nicht gewährt würden, wenn andere eheliche Kinder und Noterben vorhanden seien oder der Erblasser nicht seine Zustimmung erteilt habe. Eine Aussicht auf Genehmigung wird daher ein solches Gesuch nur dann haben können, wenn die Pflichtteilsrechte des Gefährdeten sichergestellt sind, was aber nur durch einen entsprechenden Erbvertrag zwischen Adoptierenden bezw. Legitimierenden und Pflichtteilsberechtigten darüber, daß ihm diejenige Pflichtteilsquote, welche sich ohne Eintritt des zu Legitimierenden oder Adoptierenden, so weit er die Pflichtteilsquote schmälert, seiner Zeit ergeben wird, zugewendet sein soll. Der etwaige Erbvertrag ist dann in beglaubigter Abschrift mitvorzulegen. Will ein außereheliches Kind, für welches die Präsumtion der Ehelichkeit besteht, mit Rücksicht auf die Gefahr der Bestreitung des ehelichen Status durch Dritte (z. B. den außerehelichen Vater) legitimiert werden, so ist vorher regelmäßig der Statusprozeß durchzuführen. Hiebei mag es interessant sein zu erwähnen, daß mit Urteil des k. Landgerichts München I vom 12. April 1890, Pr.Reg. Nr. 192/1890 A, die Statusklage der Mutter auf Feststellung des außerehelichen Status ihrer präsumtiv ehelichen Kinder für zulässig erklärt wurde. Sodann sind die Personen-, Familien- und Vermögensverhältnisse der Beteiligten genau zu erheben, die nächstinteressierten Verwandten über das Gesuch zu hören, bei kuratelmäßigen Personen die Aeußerung des Vormunds bezw. Kurators und des Obervormundschaftsgerichtes, sowie etwaige einschlägige Pflegschafts- und Verlassenschafts- wie Ehescheidungsakten zu erholen. Da durch die Legitimation der zu Legitimierende die Heimat des Legitimierenden erhält (Art. 1 Abs. 3 des b. Heimatgesetzes v. 16. April 1868/23. Febr. 1872), so ist auch die Heimatgemeinde des letzteren (Magistrat, Gemeindeausschuß) über das Legitimationsgesuch zu hören. Da erstere Folge auch für volladoptierte und arrogierte Kinder eintritt und die ratio legis in allen Fällen die gleiche ist, wird es sich auch bei Instruktion diesbezüglicher Anträge, mag landesherrliche oder nur gerichtliche Bestätigung erforderlich sein, empfehlen, vorher die künftige Heimatgemeinde mit ihren etwaigen Erinnerungen zu hören.

Die Vorlage der gesamten Verhandlungen an den Landesherrn erfolgt nach Rückgabe des Gesuches an den Oberstaatsanwalt durch das Staatsministerium der Justiz.[14])

C. Großjährigkeitserklärungen.

Ueber Großjährigkeitserklärungen ist das Nähere bereits oben § 16 S. 45 erwähnt.[15])

III. Abschnitt.

Pflegschaften.[1])

Titel 1.

Einleitung.

§ 209.

Das Vormundschaftsrecht bemißt sich in materieller Hinsicht fast ausschließlich nach örtlichem bürgerlichen Recht. Nur die Pflegschaft über Abwesende hat eine umfassendere landesgesetzliche Regelung

---

[14]) Vgl. hiezu die in § 68 S. 476 Nr. 25 zit. M.E. v. 18. Jan. 1865.

[15]) Dazu vgl. aber auch § 68 Nr. 25 S. 487. Nachgetragen sei noch folgendes: Eine intern ergangene autographierte J.M.E. vom 16. Februar 1895 Nr. 4693 spricht sich über die Erfordernisse der Großjährigkeitserklärung in folgender Weise aus: Voraussetzung der Großjährigkeitserklärung ist — neben der Zustimmung der Gewalthaber des Minderjährigen und gegebenenfalls der eigenen Einwilligung desselben — zunächst, daß der Minderjährige diejenige körperliche und geistige Reife, sowie diejenige Vorbildung und diejenigen Charaktereigenschaften besitzt, welche verbürgen, daß er seine Angelegenheiten mit der Umsicht eines großjährigen Hausvaters besorgen und namentlich sein Vermögen zu seinem Vorteile verwalten werde. Indem der Gesetzgeber die Großjährigkeit mit dem 21. Lebensjahre eintreten läßt, nimmt er an, daß vorher jene Reife in der Regel nicht vorhanden ist. Es muß daher in jedem Gesuche um Großjährigkeitserklärung behauptet und dargelegt werden, daß der für großjährig zu Erklärende sich bereits jetzt jener Fähigkeiten erfreue. Außer dem Erfordernisse der körperlichen und geistigen Reife muß sodann die Angabe eines triftigen Grundes für eine Ausnahme von der gesetzlichen Regel und insbesondere die Darlegung verlangt werden, daß sich die Vergünstigung der Großjährigkeitserklärung als eine zweckmäßige, die Lebenslage des Minderjährigen fördernde Maßregel darstellt, daß sie insbesondere einem in den konkreten Verhältnissen des Minderjährigen begründeten Bedürfnisse entspricht, so daß die Aufhebung oder Nichteinleitung einer Kuratel mehr im Interesse des Minderjährigen, liegt als die Fortsetzung oder Einleitung der Kuratel. Pflicht des mit der Instruktion und Begutachtung des Gesuchs befaßten Amtsgerichts ist, dasselbe nach diesen Gesichtspunkten zu prüfen, sofern das Gesuch in dem einen oder andern Punkte mangelhaft ist, die Ergänzung des Gesuchs herbeizuführen und gegebenenfalls die erforderlichen Erhebungen von Amtswegen zu pflegen.

[1]) Roth, b. C.R. I. S. 630—701; Wagner, 2. Aufl. S. 190—231; Böhm in Frhr. v. Stengels Wörterbuch des deutschen Verwaltungsrechts Erg.Bd. II. S. 152; Rosenkrantz, Handbuch über das Pflegschaftswesen in Bayern, Erlangen 1860; Kraut, die Vormundschaft nach den Grundsätzen des deutschen Rechts, 3 Bde., Göttingen 1835, 1847, 1859; Rudorff, das Recht der Vormundschaft, Berlin 1832; Windscheid, Pand. II. §§ 432—448; Dernburg, Pand. III. §§ 39—53; v. Brinz, Pand. III. S. 800—878; Beseler, System des gemeinen deutschen Privatrechts Bd. I. S. 618—628; Stobbe,

erfahren. In formaler Hinsicht sind zum größten Teile einheitliche Normen vorhanden.

Pflegschaft ist die unter staatlicher Autorität stehende Fürsorge für die Verhältnisse einer dieses Schutzes bedürftigen Person. Die staatliche Autorität wird von den Pflegschaftsbehörden geübt und ist Teil der freiwilligen Rechtspflege. Die Pflegschaft kann sich bald auf die persönlichen und Vermögensverhältnisse, wie bei Minderjährigen und Geisteskranken, bald nur auf die Vermögensverhältnisse oder bestimmte Vermögensteile, wie bei Verschwendern, Abwesenden, minderjährigen Hauskindern, Klosterpersonen, bald nur auf persönliche Verhältnisse, wie bei den minderjährigen Hauskindern, erstrecken. Bei minderjährigen Hauskindern erstreckt sich die Pflegschaft nur dann auf die persönlichen und Vermögensverhältnisse, wenn der Hausvater an der Ausübung der gesamten väterlichen Gewalt thatsächlich oder rechtlich verhindert ist. Hienach unterscheidet man gemischte, persönliche und Vermögenspflegschaften, unter letzteren wieder allgemeine und beschränkte Vermögenspflegschaften. Die Vermögenspflegschaften gehören eigentlich in das Recht der Schuldverhältnisse, der Zusammenhang mit den anderen Pflegschaften rechtfertigt aber dennoch ihre Darstellung an diesem Orte.

Titel 2.

Die gemischten Pflegschaften.

§ 210.

Allgemeines.

A. Nichtstreitige Rechtspflege.

Die Thätigkeit der Pflegschaftsbehörden ist nichtstreitige Rechtspflege. Daraus ergibt sich, daß dieselben über Rechtsstreitigkeiten der Pfleglinge mit Dritten nicht rechtskräftig entscheiden können, vielmehr über solche im Prozeßwege zu erkennen ist.[1]) Hievon sind aber solche

Handbuch des deutschen Privatrechts Bd. IV. S. 429—548; Gengler, das gemeine deutsche Privatrecht S. 76, 589, 613, 628; v. Gerber, System des gemeinen deutschen Privatrechts, 17. Aufl. S. 507—514; Francken, Lehrbuch des deutschen Privatrechts S. 76, 262, 534 ff., 594.

[1]) Hiezu ist noch folgendes zu bemerken. Sind zwischen dem Pfleglinge und Dritten Rechte streitig, und handelt es sich darum, den Prozeß aufzunehmen oder zu unterlassen oder durch Vergleich zu erledigen, so hat die Pflegschaftsbehörde freilich die strittige Frage zu entscheiden, aber nur intern für die Kuratel, um überhaupt zur Frage Stellung zu nehmen. Es kann dann vorkommen, daß die Entscheidung der Pflegschaftsbehörde entweder vom Vormunde oder Dritten beanstandet und hiegegen Beschwerde ergriffen wird. Die Beschwerdeinstanzen können im zweiten Fall materiell überhaupt nicht erkennen, wenn es dem Dritten wegen mangelnden rechtlichen Interesses an der Aktivlegitimation fehlt, im ersteren Falle aber nur darüber erkennen, ob die Beschreitung des durch die Pflegschaftsbehörde dem Vormunde vorgeschriebenen Weges dem Pfleglinge günstiger ist bezw. eine Pflichtverletzung gegenüber den Grundsätzen der Pflegschaftsführung enthält, so daß, wenn die streitige Frage in der That zweifelhafter Natur ist, das Beschwerdegericht die Entscheidung der Pflegschaftsbehörde

Fälle zu unterscheiden, in welchen der Pflegschaftsbehörde gesetzlich ein maßgebendes Bestimmungsrecht, wie vielfach in Fragen der Erziehung der Pfleglinge, eingeräumt ist; die Ausübung dieses Bestimmungsrechtes ist noch Teil der freiwilligen Rechtspflege und kann nur in seiner gesetzlichen Grundlage vom Prozeßrichter einer Prüfung unterzogen werden.[2])

B. Oertliche und sachliche Zuständigkeit.

I. Die örtliche Zuständigkeit der Pflegschaftsbehörde bemißt sich nach dem Wohnsitze[3]), mangels solchen nach dem Aufenthalte[4]) der zu bevormundenden Person zur Zeit der Eröffnung der Pflegschaft ohne Rücksicht auf die Staatsangehörigkeit[5]); ist ein Aufenthaltsort nicht bekannt, nach dem Heimatsorte. Ausnahmsweise können besonders triftige Zweckmäßigkeitsgründe eine Abweichung von diesem Grundsatze rechtfertigen.[6]) Die Zuständigkeit der Pflegschaftsbehörde wird regelmäßig durch eine spätere Aenderung der sie begründenden Verhältnisse nicht berührt; jedoch kann auch hier aus besonderen Zweckmäßigkeitsgründen, besonders aus bestem Interesse des Pfleglings, die Uebertragung der Pflegschaft an eine andere Behörde, veranlaßt sein.[7])

---

nicht schon um deswillen abändern kann, weil es in der Sache selbst einer andern Ansicht als die Pflegschaftsbehörde beipflichtet; die Beschwerdeinstanz wird deshalb auch nicht Veranlassung zu nehmen brauchen, im Beschlusse eine materielle Entscheidung der strittigen Frage, die ja doch nicht bindend wäre, zu treffen; es wird sich darauf zu beschränken haben, festzustellen, daß der vom Vormunde bezw. Pflegschaftsgericht eingenommene Standpunkt dem Pfleglinge der günstigste und an sich haltbar ist und nicht gegen die Grundsätze der Pflegschaftsführung verstößt.

[2]) Nach preuß. Landrechte ist zweifelhaft, ob die Entscheidung eines Streites zweier geschiedener Ehegatten über das Recht der Erziehung ihres Kindes vor die Pflegschaftsbehörde oder den Prozeßrichter gehört; ersteres nimmt an E. d. R.G. XXIII. 385; Bl. f. R.A. Erg.Bd. X. 62; letzteres E. d. obst. L.G. VI. 363. Nach bayerischem Landrechte Tl. I. Kap. VII. entscheidet streitige Fragen über das Erziehungsrecht die Pflegschaftsbehörde insoferne, als diese darüber zu bestimmen hat, wem die Erziehung des Pfleglings anzuvertrauen sei. Vgl. auch Bl. f. R.A. LVIII. 378; LIX. 349, 350.

[3]) Ueber den Wohnsitz vgl. oben § 9 S. 28—31. — Zunächst ist für diese Frage das örtliche Civilrecht entscheidend; enthält dieses keine Vorschriften, so sind wohl die §§ 13 und 18 R.C.P.O. analog anzuwenden. — Vgl. hieher Bl. f. R.A. XVI. 369; XVIII. 33; XIX. 81*, 100*; XX. 24* (mehrfaches Domizil; hiezu Preuß. L.R. Tl. II. 18, 58); XXXII. 253 (über ein von der Ehefrau während des Scheidungsprozesses geborenes, vom Ehemann nicht anerkanntes Kind ist das Gericht des Wohnsitzes des Mannes zuständig); uneheliche Kinder: Bl. f. R.A. XVI. 265; XIX. 83*; XX. 17* (wenn Mutter noch unter väterlicher Gewalt steht).

[4]) E. d. obst. L.G. IV. 150; X. 330; Wagner 2. Aufl. S. 192.

[5]) E. d. obst. L.G. VII. 795; X. 2; Böhm, die räumliche Herrschaft der Rechtsnormen auf dem Gebiete des Privatrechts 1890 S. 73; Wagner S. 190; Bl. f. R.A. XLIV. 252 (Oesterreicher).

[6]) E. d. obst. L.G. III. 517; IV. 152; V. 269, 271; X. 330; Bl. f. R.A. XIX. 85*; XXIII. 81; Wagner S. 192.

[7]) E. d. obst. L.G. II. 107, 380; III. 518; IV. 150; V. 269; VI. 258; VIII. 133; IX. 671, 672; X. 558; XIV. 225; Bl. f. R.A. XVIII. 33, 277; XIX. 85*; XX. 24*; XXIII. 81; XXV. 451; XXIX. 329; XXXVII. 94; Wagner S. 192; Roth, b. C.R. I. S. 634.

II. Sachlich zuständig zur Führung der Pflegschaft sind regelmäßig die Amtsgerichte.[8]) Ausnahmen, welche die Zuständigkeit des Amtsgerichtes aufheben, bestehen:

1. für den König; hier wird die Obervormundschaft von dem Reichsverweser geführt[9]);
2. für die Mitglieder des Königshauses; die Obervormundschaft führt der König bezw. Reichsverweser[10]);
3. für die standesherrlichen Familien; hier führt die Obervormundschaft regelmäßig das Haupt der standesherrlichen Familie, ausnahmsweise das Oberlandesgericht[11]);
4. das Haupt der fürstlichen Familie Thurn und Taxis führt die Obervormundschaft über seine Dienerschaft zu Regensburg und deren Hausgenossen[12]);

III. Ausnahmen von diesen Grundsätzen über die örtliche und sachliche Zuständigkeit bestehen auch

1. nach den mit dem Auslande abgeschlossenen Staatsverträgen.[13]) Besonders hier sind der Ausnahme bald engere, bald weitere Grenzen in den verschiedenartigsten Beziehungen gezogen[14]):

[8]) Art. 7 Abs. 2; Art. 15 Abs. 1 und 2 Ziff. 2 A.G. z. R.G.V.G. Vgl. hiezu oben § 68 lit. B Ziff. II. 1 S. 476.

[9]) Vgl. oben § 21 Ziff. 8 S. 73, 74.

[10]) Vgl. oben § 22 Ziff. 2 S. 75, 76; § 23 S. 82.

[11]) Vgl. oben § 24 Ziff. III. 8 S. 94.

[12]) Vgl. oben § 24 Ziff. III. 12 S. 96.

[13]) Vgl. hiezu Dr. v. Staudinger, Sammlung von Staatsverträgen des deutschen Reiches über Gegenstände der Rechtspflege Bd. I. S. 342—418. 2. Aufl. München 1895; Böhm, Handbuch der internationalen Nachlaßbehandlung; Wagner S. 190—192. 2. Aufl. Augsburg 1895. S. 42—47. — Der Konsularvertrag zwischen Deutschland und Brasilien vom 10. Januar 1882 (R.G.Bl. 1882 S. 69; W. XV. S. 549), welchen Wagner 2. Aufl. S. 147 noch als giltig anführt, wurde am 22. September 1886 von Brasilien gekündet und ist infolge dessen laut Bekanntmachung im deutschen Reichsanzeiger vom 12. November 1886 Nr. 267 am 22. Sept. 1887 außer Wirksamkeit getreten; vgl. auch J.M.Bek. v. 19. Okt. 1895, Konsularvertrag mit Brasilien betr. (J.M.Bl. S. 241).

[14]) Nach russischem Rechte sind die russischen Konsuln de iure Vormünder derjenigen russischen Minderjährigen, deren Eltern in ihrem Bezirke verstorben sind und müssen alle vormundschaftlichen Handlungen vornehmen, welche von den ausländischen zuständigen Behörden gefordert werden können (Böhm a. a. O. S. 399); aber weder die Konvention zwischen Deutschland u. Rußland v. 12. Nov./31. Okt. 1874 (R.G.Bl. 1875 S. 136; W. X. S. 491), noch der Konsularvertrag v. 8. Dez./26. Nov. 1874 (R.G.Bl. 1875 S. 145; W. X. S. 516), noch der Handels- und Schiffahrtsvertrag v. 10. Febr./29. Jan. 1894 (R.G.Bl. S. 153) enthalten diese Bestimmungen, weshalb sie von der deutschen Behörde nicht zu respektieren sind. Hieran ändert auch nichts die in Art. 15 des Konsularvertrages — ebenso auch im Uebereinkommen mit Uruguay v. 20. Juni 1892 (R.G.Bl. 1894 S. 505) — enthaltene Meistbegünstigungsklausel. Nur soviel ist aus Art. 9 der Konvention zu entnehmen, daß die russischen Konsulate kraft Gesetzes Vertreter ihrer Staatsangehörigen bei Verlassenschaften sind. Gleicher Meinung offenbar Böhm a. a. O. S. 43 mit Nt. 9. A. M. Wagner S. 190.

a) Die spanischen[15]) und italienischen[16]) Konsuln sind befugt, gegebenen Falles über ihre in ihrem Bezirke wohnenden Staatsangehörigen eine den Gesetzen ihres Landes entsprechende Kuratel einzuleiten.

b) Die Konsuln von Griechenland[17]), Serbien[18]) und der südafrikanischen Republik (Transvaal)[19]) sind befugt, die Vormundschaft oder Pflegschaft über die Angehörigen ihres Staates für alles auf die Nachlaßregelung Bezügliche gemäß den Gesetzen ihres Landes einzuleiten.

c) Die Konsularbeamten von Costa Rica[20]), Guatemala[21]), Honduras[22]) und der dominikanischen Republik[23]) gelten als Vormünder der Waisen und Minderjährigen ihres Landes und können alle Sicherheitsmaßregeln für die Person und das Vermögen ihrer Pfleglinge ergreifen.

d) Im Verhältnis von Württemberg zu Bayern[24]) gilt der Grundsatz, daß sich die Autorität der in einem Staate bestellten Pflegschaft auf die im anderen Staate gelegenen Immobilien ihrer Pfleglinge nicht erstreckt. Es wird daher für den Pflegling, der in dem Staate, in welchem die ordentliche Pflegschaft nicht bestellt wurde, unbewegliches Vermögen besitzt, für dieses Vermögen in diesem Staate noch eine Güterkuratel bestellt, wenngleich von diesem Staate der im anderen Staate aufgestellte ordentliche Vormund auch als Güterkurator anerkannt wird. Dieser hat dann auch der Kuratelbehörde des fremden Landes über die Verwaltung der betreffenden Güter Rechnung zu legen und deren Genehmigung bei Veräußerung, Verstümmelung oder Belastung der betreffenden Güter einzuholen und muß zu diesem Ende eine entsprechende Erklärung an Eidesstatt abgeben.

---

15) Staatsverträge zwischen Deutschland und Spanien v. 22. Febr. 1870 und 12. Jan. 1872 Art. 11 Nr. 8 (G.V.Bl. 1877 S. 339; W. VIII. S. 496; IX. S. 271).

16) Staatsverträge zwischen Deutschland und Italien v. 21. Dez. 1868 und 7. Febr. 1872 Art. 11 Ziff. 5 und 7 (G.V.Bl. 1876 S. 857; W. VII. S. 552; IX. S. 304).

17) Art. 22 Abs. 4 des Konsularvertrages zwischen Deutschland und Griechenland v. 26. Nov. 1881 (R.G.Bl. 1882 S. 101; W. XV. S. 494).

18) Art. 18 Abs. 4 des Konsularvertrages zwischen Deutschland und Serbien v. 6. Jan. 1883 (R.G.Bl. 1883 S. 62; W. XVI. S. 83).

19) Art. 24 Abs. 3 des Konsularvertrages zwischen Deutschland und der südafrikanischen Republik v. 22. Jan. 1885 (R.G.Bl. 1886 S. 209; W. XVII. S. 4).

20) Art. 30 Abs. 4 des Staatsvertrages zwischen Deutschland und Costa-Rica v. 18. Mai 1875 (R.G.Bl. 1877 S. 13; W. X. S. 738).

21) Art. 25 Abs. 4 des Staatsvertrages zwischen Deutschland und Guatemala v. 20. Sept. 1887 (R.G.Bl. 1888 S. 238; W. XVIII. S. 556).

22) Art. 25 Abs. 4 des Staatsvertrages zwischen Deutschland und Honduras v. 12. Dez. 1887 (R.G.Bl. 1888 S. 261; W. XVIII. S. 637).

23) Art. 24 Abs. 3 des Staatsvertrages zwischen Deutschland und der Dominikanischen Republik v. 30. Jan. 1885 (R.G.Bl. 1886 S. 3; W. XVII. S. 11).

24) Staatsverträge zwischen Bayern und Württemberg v. 8. März 1825 (R.Bl. S. 1153) und 7. Juni 1851 (R.Bl. S. 753).

Hat der Pflegling in beiden Staaten Wohnsitz, so ist die ordentliche Kuratel von demjenigen Staate zu bestellen, in dessen Bezirk der die Kuratel veranlassende Akt, wie der Todesfall des Vaters, die Entmündigung, erfolgte. Fehlt es an einem Wohnsitz in beiden Staaten, ist aber in beiden Staaten Vermögen vorhanden, so kann jeder Staat über das in seinem Gebiete befindliche Vermögen Güterkuratel bestellen, soweit nicht Staatsverträge mit dritten Staaten entgegenstehen.

2. Infolge Prohibitivnormen eines auswärtigen Staates. So erkennt der in den Vereinigten Staaten von Amerika geltende common law die Autorität der vom Auslande bestellten Vormünder und der ausländischen Obervormundschaftsbehörde auf die in den Vereinigten Staaten gelegenen Immobilien ihrer Mündel nicht an; selbst bezüglich beweglichen Vermögens wird nach amerikanischer Praxis die am auswärtigen Domizile des Pfleglings erfolgte Bestellung eines Vormundes nicht anerkannt, ein besonderer Vormund aber allerdings nur dann aufgestellt, wenn Rechte des Pfleglings vor Gericht geltend gemacht werden sollen.[25])
3. Für die Exterritorialen; hierüber vgl. oben § 18 Ziff. II, 2 a S. 62.

C. Besetzung.

Die Amtsgerichte als Pflegschaftsgerichte sind mit Einzelrichtern unter jeweils eigener Haftung und Dienstverantwortlichkeit[26]) besetzt. Die Oberlandesgerichte als Pflegschaftsgerichte erledigen die Pflegschaftssachen in Senaten von fünf Mitgliedern.[27])

D. Beschwerdeverfahren.

Gegen alle Entscheidungen (Beschlüsse und Verfügungen) der Amtsgerichte geht die einfache Beschwerde an das vorgesetzte Landgericht und gegen dessen Entscheidungen die weitere Beschwerde an das oberste Landesgericht, gegen das Oberlandesgericht die einfache Beschwerde an das oberste Landesgericht.[28]) Beschwerdeberechtigt ist nur derjenige, welcher ein rechtliches Interesse an der Abänderung der anzufechtenden Entscheidung hat.[29])

Für die Beschwerde gelten die allgemeinen Grundsätze über die Beschwerde in der nichtstreitigen Rechtspflege.[30])

[25]) Böhm a. a. O. S. 508; v. Bar, Handbuch des internationalen Privatrechts I. S. 568; Ztschr. f. internationales Privatrecht III. S. 525.
[26]) Art. 18 A.G. z. R.G.V.G.
[27]) Art. 37, 38 A.G. z. R.G.V.G. mit § 124 R.G.V.G.
[28]) Art. 56—67 A.G. z. R.C.P.O.
[29]) Bl. f. R.A. XII. 95; XXII. 254; XXXIX. 159; LVII. 255; LVIII. 207, 208, 370; E. d. obst. L.G. XIII. 322; XIV. 53.
[30]) Siehe hierüber Näheres im V. Buche.

E. Oberaufsicht.

Von dem Beschwerdeverfahren ist zu unterscheiden die Oberaufsicht über die Thätigkeit der Pflegschaftsbehörden. Letztere erstreckt sich lediglich auf die Ueberwachung des formalen Geschäftsganges und kann bestimmend in die entscheidende Thätigkeit der Pflegschaftsbehörden nicht eingreifen; sie äußert sich vorzüglich in dem Erlasse instruktioneller Weisungen über die Führung der Pflegschaftsakten, Pflegschaftsverzeichnisse, über den Depositalverkehr, über den Verkehr der Pflegschaftsbehörden mit anderen Behörden, in der Entscheidung der Beschwerden der Beteiligten wegen Justizverzögerung und Justizverweigerung.[31]) Ueber die die Oberaufsicht handhabenden Stellen s. das Nähere im V. Buche.

F. Haftung der Pflegschaftsbeamten.

Für die Haftung der Pflegschaftsbeamten sind die Grundsätze der Syndikatsklage maßgebend.[32])

§ 211.

Die Pflegschaftsbestellung.

I. Die Gründe der Pflegschaftsbestellung bemessen sich nach örtlichem bürgerlichen Rechte; als solche gelten im allgemeinen Minderjährigkeit ohne Hausunterthänigkeit, Geisteskrankheit einschließlich Geistesschwäche, auch Körperschwäche.[1]) Reichsrechtlich steht aber fest, daß Geisteskranke nur dann unter Pflegschaft gestellt werden können, wenn sie durch amtsgerichtlichen Beschluß der streitigen Rechtspflege wegen Geisteskrankheit entmündigt sind.[2]) Hieraus ergibt sich, daß die Pflegschaftsbehörden und die etwaigen Beschwerdeinstanzen, wenn sie auch sonst über die Frage, ob ein Grund zur Pflegschaftsbestellung thatsächlich und rechtlich vorhanden ist, unter Ausschluß des Rechtsweges zu entscheiden haben, doch in Ansehung der Geisteskrankheit lediglich die formale Existenz und Wirksamkeit des Entmündigungsbeschlusses, nicht dessen materielle Richtigkeit prüfen dürfen. Anderseits untersteht aber im Einzelfalle die Frage des rechts-

---

[31]) Art. 68—75 A.G. z. R.G.V.G.; §§ 49—51 der Formationsverordnung für die Ministerien v. 9. Dez. 1825 (W. II. S. 267).

[32]) Vgl. oben § 205 Ziff. VII. S. 1130.

[1]) Vgl. hiezu Roth, b. C.R. I. S. 681—693; Wagner S. 193, 194. Bezüglich der außerehelichen Kinder vgl. auch Allh. Entschl. v. 2. Nov. 1813, die Bevormundung unehelicher Kinder betr. (W. I. S. 446; Döllinger XIII. 758); hiezu Rosenkranz a. a. O. S. 74, 75; M.E. v. 24. Jan. 1835, die gerichtliche Aufsicht über die außerehelich geborenen Kinder betr. (Döllinger XV. S. 826); 15. Febr. 1835 gleichen Betr. (Döllinger XV. S. 827).

[2]) Vgl. das Nähere oben § 17 lit. B S. 53. Die in E. d. obst. L.G. XIII. 254 zugelassene Kuratel über einen mit seiner Ehefrau in allgemeiner Gütergemeinschaft nach Bamberger Landrecht lebenden geisteskranken Ehemann ist keine Spezialkuratel, wie Wagner 2. Aufl. S. 197 annimmt, sondern eine ordentliche Pflegschaft.

mäßigen Bestandes der Pflegschaft der Prüfung anderer Behörden und damit auch dem Prozeßgerichte doch wieder dann, wenn es sich im Einzelfalle darum handelt, ob eine Handlung der bevormundeten Person oder des Pflegers rechtswirksam ist, allerdings bei Geisteskranken zunächst wieder mit der Einschränkung, daß sich die Prüfung nur auf die formale Existenz und Wirksamkeit des Entmündigungsbeschlusses erstrecken darf, anderseits aber, soweit Handlungen des Geisteskranken in Frage kommen, mit der Erweiterung, daß im Falle nach bürgerlichem Rechte die Handlungsfähigkeit des Geisteskranken während lichter Zustände anerkannt ist, die einzelne Handlung auf ihre Rechtsgiltigkeit auch in diesem Sinne geprüft werden muß.[3]) Reichsrechtlich gilt endlich noch der Satz, daß Handlungen, welche der Kurator für seinen Pflegling während der Dauer der Entmündigung vorgenommen hat, auch wenn der Entmündigungsbeschluß wieder aufgehoben wird, aus dem Grunde, daß der Pflegling nicht geisteskrank gewesen sei, nicht angefochten werden können. Ob schon vor der Entmündigung für Geisteskranke eine provisorische Pflegschaft bestellt werden kann, bemißt sich wieder nach örtlichem Civilrechte.[4])

II. Kenntnis von den Gründen einer Pflegschaftsbestellung erhalten die Pflegschaftsbehörden durch die Todesanzeigen über solche Personen, welche mit Hinterlassung minderjähriger Kinder verstorben sind, bezw. durch Mitteilung der Verlassenschaftsbehörden[5]), durch die von den Standesbeamten übermittelten Anzeigen über außereheliche Geburten[6]), durch Mitteilung der Beschlüsse über Entmündigungen geisteskranker Personen[7]) oder durch Mitteilung dritter Personen.[8])

III. Sobald das Gericht von dem Grunde einer Pflegschaftsbestellung Kenntnis erhalten hat, hat es ungesäumt von Amtswegen[9]) die Zulässigkeit der Pflegschaftsbestellung in formaler und sachlicher Hinsicht zu prüfen, etwaige ergänzende Erhebungen zu pflegen und im Falle seiner Unzuständigkeit die bisher erwachsenen Akten an die zuständige Behörde abzugeben[10]), im Falle der Zulässigkeit der Pfleg-

[3]) Vgl. hierüber oben § 17 lit. B S. 53, 54 mit Nt. 18.

[4]) § 600 R.C.P.O. Nach gemeinem Rechte und bayerischem Landrechte von 1756 wird dies zu verneinen sein; unrichtig Wagner S. 229 Nt. 14 („nach jetzigem Rechte", womit offenbar die R.C.P.O. gemeint ist). Einstweilige Verfügungen im Sinne des § 817 ff. R.C.P.O. sind zulässig, soferne deren Voraussetzungen gegeben sind.

[5]) Vgl. hiezu M.E. v. 5. Dez. 1866 die Erstattung von Todesanzeigen an die Civilgerichte diesseits des Rheins betr.; (J.M.Bl. S. 351); v. 13. Dez. 1875, Vollzug des R.G. v. 6. Febr. 1875 betr.; (J.M.Bl. 1876 S. 73; W. XI. S. 251).

[6]) M.E. v. 5. Dezbr. 1875, Vollzug des R.G. v. 6. Febr. 1875 betr. (J.M.Bl. 1876 S. 49; W. XI. S. 228); hiezu s. b. Gem.Zeitg. V. Jhrg. 1895 S. 522, 523.

[7]) § 603 R.C.P.O.; vgl. hiezu oben § 17 lit. B S. 53 mit Nt. 20.

[8]) Vgl. hieher auch Art. 149 A.G. z. R.C.P.O. über Mitteilung des Staatsanwaltes während eines Ehescheidungsprozesses für das Gebiet des preuß. Landrechts.

[9]) §§ 35, 39 der Ver. v. 23. Juni 1815, die Geschäftsanzeigen der Untergerichte betr. (R.Bl. S. 469).

[10]) Vgl. hieher eine (bei Wagner S. 202, Nt. 4 zit.) autogr. J.M.E. v.

schaftsbestellung diese durch Aufstellung eines Vormundes oder Kurators zu vollziehen. Welche Gründe zur Berufung einer Person als Vormund führen, unter welchen sonstigen Voraussetzungen eine Person fähig ist, Vormund zu sein und zu bleiben, entscheidet das örtliche Civilrecht.[11]) Die Pflegschaftsbehörde darf, abgesehen von triftigen Gründen, erst dann zur Aufstellung eines Vormundes durch eigene Wahl (tutor dativus) schreiten, wenn aus anderen Berufungsgründen Personen zu diesem Amte nicht mehr berufen werden können.[12]) Ueber die Form der Bestellung des Vormundes entscheidet das örtliche Civilrecht.[13])

IV. Von jeder Bestellung einer Pflegschaft über einen Geisteskranken oder körperlich Schwachen hat die Pflegschaftsbehörde den im Bezirke seines vorgesetzten Landgerichtes aufgestellten Notaren Mitteilung zu machen und zwar entweder durch eine besondere Note (Currende) oder durch Veröffentlichung im Kreisamtsblatte.[14])

§ 212.

Führung der Pflegschaft.

A. In sachlicher Hinsicht.

Für die Wirkungen und die Führung der Vormundschaft und den Umkreis der obervormundschaftlichen Thätigkeit in sachlicher Hinsicht ist regelmäßig das örtliche Civilrecht entscheidend. Allgemeine Vorschriften, welche bald auf Gesetz, bald nur auf Instruktionen der Oberaufsichtsstellen beruhen, sind folgende:

12. Jan. 1888, wonach bei Absterben eines Engländers in Bayern mit Hinterlassung einer Witwe und minderjährigen Kindern eine Benachrichtigung der englischen Behörden nicht erforderlich ist, da nach englischem Rechte die Mutter regelmäßig Vormünderin ihrer Kinder ist.

[11]) Vgl. hierüber Roth, b. C.R. I. S. 637—646: Wagner S. 203—207; hiezu Art. 146, 147 A.G. z. R.C.P.O. für das Gebiet des preuß. Landrechts. — Bezüglich der Beamten vgl. oben § 36 Ziff. II. 2b und e S. 214, 215; bezüglich der Militärpersonen oben § 38 Ziff. 3 S. 237.

[12]) E. d. obst. L.G. XIV. 44; Roth, b. C.R. I. S. 642. In solchen Fällen wird sich dann das Pflegschaftsgericht eine geeignete Person von der Gemeindebehörde (in München von der k. Polizeidirektion) vorschlagen lassen. (Autogr. J.M.E. v. 11. Mai 1869; J.M.E. v. 3. Febr. 1844, die religiöse Erziehung der Kinder durch deren Vormünder betr. [W. III. S. 535, Döllinger XXIII. 31, der Vormund soll das nämliche Glaubensbekenntnis wie der Mündel haben]).

[13]) Roth, b. C.R. I. S. 647—658; Wagner S. 205.

[14]) Vgl. hierüber oben § 17 lit. B S. 54, 55 (W. IX. S. 145; J.M.Bl. S. 307); § 70 lit. B Ziff. II, 9 S. 510 mit Nr. 108; hiezu noch Bl. f. R.A. XLVII. 213; dann autogr. J.M.E. v. 4. Jan. 1885 Nr. 17431 über den Inhalt der Kreisamtsblätter; J.M.E. v. 2. Nov. 1871, den Art. 48 Not.Ges. betr. (J.M.Bl. S. 307; W. IX. S. 145), über Mitteilung an benachbarte Notare außerhalb des Landgerichtssprengels. Nach autogr. J.M.E. v. 28. Juli 1893 Nr. 10849 sind die Mitteilungen der Amtsgerichte, die an Notare außerhalb des Regierungsbezirkes des Amtsgerichts zu richten sind, mittelst einfacher kostenfreier Note jeweils sofort zu bethätigen. — Unrichtig Wagner S. 202 insoferne, als er an Stelle des im Texte gesetzten „oder“ schlechthin ein „und“ setzt.

1. Hervorzuheben ist, daß weder nach bürgerlichem Rechte noch auf Grund besonderer landesgesetzlicher Zuständigkeitsnormen zur Zuständigkeit des Pflegschaftsgerichtes die Aufnahme (Beurkundung) der für die kuratelmäßigen Personen abzuschließenden Rechtsgeschäfte gehört, daher auch die von ihm hierüber aufgenommenen Urkunden nicht als öffentliche, sondern als Privaturkunden mit allen daran sich knüpfenden Folgerungen zu erachten sind.[1]) Damit ist aber nicht gesagt, daß die Pflegschaftsbehörden Rechtsgeschäfte mit Beteiligung kuratelmäßiger Personen überhaupt nicht beurkunden sollen; im Gegenteile erweist es sich jedenfalls bei allen wichtigeren Rechtsgeschäften als zweckmäßig, dieselben wenigstens durch eine Privaturkunde sicherzustellen, wenn nicht öffentliche Beurkundung thunlich oder vorgeschrieben ist.

2. Reichsrechtlich bedarf jeder unter Vormundschaft stehende Minderjährige, dessen Vater verstorben ist, zum Abschlusse einer Ehe, abgesehen von der Einwilligung der Mutter, auch die des Vormundes; inwieweit eine Mitwirksamkeit der Vormundschaftsbehörde erforderlich ist, bemißt sich nach örtlichem Civilrecht.[2])

3. Die für Pfleglinge abgeschlossenen Vergleiche über unbewegliches Vermögen oder leicht erhaltbare Sachen bedürfen zur Giltigkeit der Genehmigung der Pflegschaftsbehörde; diese soll aber nach entsprechender Prüfung des Vergleiches ohne erhebliche Ursache nicht abgeschlagen und nicht mit der Klausel salvo iure pupilli erteilt werden. Für den Prozeßvergleich besteht in gewissem Maße eine Ausnahme.[3])

4. Die kuratelmäßigen Personen haben wegen aller aus der geführten Pflegschaft begründeten Forderungen einen gesetzlichen Titel auf Erwerbung einer Hypothek auf den Immobilien ihrer Vormünder oder Kuratoren und deren Bürgen. Jedoch ist der Vormund beim Antritte seines Amtes zunächst nur für diejenigen Teile des beweglichen Vermögens, welche ihm in Händen gelassen werden, mit einer von der Pflegschaftsbehörde hienach festzusetzenden Summe hypothekarische Sicherheit zu leisten verbunden. Erst im Falle wahrgenommener Fahrlässigkeit oder säumiger Rechnungsleistung kann die Bestellung einer weiteren Kautionshypothek, entsprechend den zu verrechnenden Einkünften des verwalteten Vermögens, oder im Falle wahrgenommener Defekte die Eintragung einer definitiven Hypothek,

---

[1]) Vgl. hierüber oben § 16 Ziff. 2 S. 46, 47; § 17 lit. B Ziff. 1 S. 55; § 68 lit. B Ziff. IV. 1c S. 482, 483; hiezu noch eine J.M.E. v. 11. Febr. 1868, abgedr. in Ztschr. f. Not. V. 190. Ebenso jetzt Wagner S. 209, 210. — Die Beteiligten sind daher über die Vorteile notarieller Beurkundung besonders mit Rücksicht auf § 702 Ziff. 5 R.C.P.O. zu belehren.

[2]) §§ 28—32 des Pers.Standsges. Vgl. hiezu oben § 16 Ziff. 10 S. 50; Bl. f. R.A. XLIV. 172; LI. 182; E. d. obst. L.G. VII. 791. Bezüglich Verlöbnisse s. oben § 206 Ziff. 1 S. 1136.

[3]) Vgl. hierüber oben § 203 S. 1122 ff. Ueber das Prinzip, streitige Fragen möglichst durch Vergleich zu erledigen, vgl. Bl. f. R.A. II. 165.

entsprechend der Höhe der Defekte, die Bestellung einer definitiven Hypothek vom Vormunde verlangt werden.

Die Eintragung dieser Hypotheken kann sowohl der etwaige Nebenvormund wie die Pflegschaftsbehörde, ja sogar jeder Verwandte des Pfleglings, jeder Dritte und der minderjährige Pflegling selbst beantragen. Im Falle der Unterlassung ist der etwaige Nebenvormund wie die Pflegschaftsbehörde schadenersatzpflichtig.[4])

5. Alle Vermögensteile, in Ansehung derer eine Gefahr der Schädigung des Pfleglings besteht, wenn sie in Händen des Vormundes gelassen werden, sind bei dem Pflegschaftsgerichte zu hinterlegen.[5])

6. Die Pflegschaftsbehörden haben die strengste Aufsicht zu handhaben[6])

a) über die Thätigkeit der Vormünder in Ansehung der persönlichen Verhältnisse des Pfleglings und zu diesem Ende bei außerehelichen Kindern für die Feststellung der Vaterschaft zu sorgen[7]), sowie von Zeit zu Zeit Erziehungsberichte zu

---

[4]) § 12 Ziff. 5, § 20, § 104 Ziff. 4 Hyp.Ges. Vgl. hiezu oben § 16 Ziff. 4 S. 48; § 17 lit. B Ziff. 2 S. 55; § 121 lit. B Ziff. I. 1c S. 811; auch § 102 lit. A Ziff. II. 3 S. 720.

[5]) § 20 Abs. 2 Hyp.Ges.; autogr. J.M.E. v. 14. Jan. 1886 Nr. 16813. Vgl. hiezu oben § 44 Ziff. VIII. 3 S. 288 ff. über das gerichtliche Depositenwesen.

[6]) Vgl. hiezu § 20 Abs. 4 Hyp.Ges.

[7]) Vgl. hiezu Rosenkranz a. a. O. S. 185—190; Wagner S. 209; M.E. v. 20. April 1864, die Ersuchschreiben der Vormundschaftsbehörden zum Zwecke der Ermittelung der Vaterschaft und Alimentation außerehelicher Kinder betr. (J.M.Bl. S. 121; W. VI. S. 293); auch M.E. v. 4. Aug. 1866 (s. Nt. 26) Ziff. I.; ferner J.M.E. v. 22. Juli 1886, den Vollzug des R.Ges. v. 6. Febr. 1875, hier die Mitteilung der Anerkennung der unehelichen Kinder an die Standesbeamten betr. (J.M.Bl. S. 208; W. XVIII. 167). Im Falle der Anerkennung der Vaterschaft sind die Beteiligten, namentlich der Vormund, zum Antrage auf Vormerkung der Anerkennung im Standesamtsregister zu veranlassen und ist von diesem Antrage, sowie der Erklärung der Anerkennung dem Standesbeamten, in dessen Register die Geburt des Kindes eingetragen wurde, Mitteilung zu machen; vgl. dazu auch M.Bek. v. 4. Aug. 1886, die Konstatierung der Legitimation unehelicher Kinder durch nachfolgende Ehe betr. (W. XVIII. 196); dann autogr. J.M.E. v. 8. März 1888 Nr. 3699, wonach in die Mitteilungen an die Standesämter die gestellten Anträge aufzunehmen sind und darauf zu achten ist, daß die Familiennamen der Väter nicht in einer unrichtigen, ihrer eigenen Unterschrift widersprechenden Schreibweise angegeben werden. — Hinsichtlich außerehelicher aber präsumtiv-ehelicher Kinder wird es regelmäßig nicht im Interesse des Kindes liegen, die außereheliche Eigenschaft desselben feststellen zu lassen (vgl. einen gegenteiligen Fall oben § 208 Nt. 13 S. 1146); auch darf das Kind, insolange nicht der außereheliche Status festgestellt ist, nicht als eheliches behandelt werden, abgesehen davon, daß vorsorglich seine ihm als außerehelichen Kinde zukommenden etwaigen Rechte, z. B. Vaterschaftsanerkennung, Alimentationspflicht, festzustellen sind. Die Feststellung des außerehelichen Status, so zwar, daß das Standesamt denselben auf Grund § 26 des Pers.Standsges. v. 6. Febr. 1875 im Geburtsregister eintragen muß, kann aber nicht mittelst vertragsmäßiger, nur inter partes wirkender Anerkenntnisse, selbst wenn sie öffentlich beurkundet sind, erfolgen, sondern nur mittelst richterlichen in rem wirkenden Urteils, mag es auch Anerkenntnis- oder Versäumnisurteil sein; denn das öffentliche Interesse an der Statusänderung verlangt ein auch der All-

erholen.[8]) Ueber die Art der Erziehung bestimmt zunächst das örtliche bürgerliche Recht.[9])

b) Ueber die vermögensrechtlichen Beziehungen und über die Verwaltung des Vermögens des Pfleglings. Zu diesem Ende hat das Pflegschaftsgericht vornehmlich für Ausmachung und Sicherstellung der Alimentationen der außerehelichen Kinder[10]), für Ausmittelung und Sicherstellung des Vermögens des Pfleglings[11]), für Einverleibung der Immobilien der Pfleglinge in die allgemeine Brandversicherungsanstalt[12]) zu sorgen; die Vormünder zur erforderlichen Rechnungsablage in der vorgeschriebenen Zeit ernstlich anzuhalten und von ihnen zur geeigneten Zeit die zulässige Sicherheitsbestellung zu verlangen.[13]) Die Ausleihung von Mündelgeld, soweit sie nach bürgerlichem Rechte überhaupt zulässig ist, obliegt dem pflichtgemäßen Ermessen des Vormundes und der Pflegschaftsbehörde[14]); sie kann auf Hypotheken bei städtischen Grundstücken, womöglich innerhalb der ersten Hälfte, bei ländlichen Grundstücken womöglich innerhalb der ersten zwei Drittel des Wertes der Hypothekobjekte[15]), deren Einverleibung in die

gemeinheit gegenüber wirkendes, von dieser anzuerkennendes Urteil. Unter welchen Voraussetzungen ein Statusurteil in rem wirkt, bemißt sich nach Civilrecht. Vgl. hiezu Dernburg, Pand. I. § 164 lit. c; übereinstimmend im Resultate auch Beschl. d. obst. L.G. v. 9. Okt. 1895, Reg.Nr. 51/95, jedoch mit nicht erschöpfender Begründung.

[8]) Vgl. autogr. J.M.E. v. 14. Juli 1869 Nr. 4353.

[9]) Vgl. Roth, b. C.R. II. S. 684, 685; Wagner S. 208.

[10]) Vgl. hiezu Rosenkranz §§ 90, 91 S. 185—190; Ziff. I der J.M.E. v. 4. Aug. 1866 (s. Ziff. 27).

[11]) Die gewöhnlichste Art, Kenntnis vom Bestande des Mündelvermögens zu erlangen, ist die Einsicht der Verlassenschaftsakten über den verstorbenen Elternteil. (Ueber die Befugnisse der Pflegschaftsgerichte zur Antragsstellung bei den Verlassenschaftsbehörden s. Art. 31, 34 Not.Ges.; über ihre Befugnis, von den Verlassenschaftskommissären Verlassenschaftsrechnungen zu verlangen, vgl. Art. 32, 34 Not.-Ges.; auch unten § 221 Ziff. I, 3). Ein weiteres Mittel zur Ausmittelung des Mündelvermögens ist die Inventarserrichtung; vgl. hiezu Art. 19 Not.Ges.; §§ 103—105 Instr. z. Not.Ges. und oben § 68 Ziff. IV. 2 c S. 484 und § 70 lit. B Ziff. III. S. 516. — Ueber Sicherstellung des Mündelvermögens vgl. des Weiteren den Text; über Zulässigkeit der Kommunhausung, die, abgesehen von den durch gesetzliche Vorschriften bedingten Fällen, nur dann stattfinden soll, wenn hieraus ein bestimmter Vorteil der Pfleglinge oder deren Angehörige, im letzteren Falle aber jedenfalls kein Schaden für erstere entsteht, vgl. besonders J.M.E. v. 31. März 1859 mit Bek. des k. Appellationsgerichtes für Oberbayern v. 5. April 1859 Nr. 6395 und autogr. J.M.E. v. 3. Febr. und 14. Juli 1869 Nr. 4353 und 6942, und näheres bei Rosenkranz a. a. O. § 77 Nt. 3 und Wagner 2. Aufl. S. 218, 219.

[12]) § 20 Abs. 4 Hyp.Ges. Vgl. hiezu J.M.E. v. 4. Aug. 1866 (s. Not. 26); Wagner S. 226, 227; Roth, b. C.R. I. S. 673. — Zum preuß. Landr. vgl. auch Art. 148 A.G. z. R.C.P.O.

[13]) Art. 3 Ziff. 2 des Brandversicherungsgesetzes v. 3. April 1875.

[14]) Vgl. autogr. J.M.E. v. 8. Febr. 1888 Nr. 2264 und 31. März 1888 Nr. 4463.

[15]) So die gemeine Meinung; vgl. Bl. f. R.A. IV. 356; Rosenkranz a. a. O. Nt. 5 S. 176; Roth, b. C.R. II. S. 669; Wagner S. 220. Richtiger

Brandversicherungsanstalt dann auch zu verlangen ist[16]), durch Anschaffung von pupillarmäßigen Wertpapieren[17]), durch Darleihung an den Reichsfiskus unter Einschreibung in das Reichsschuldbuch[18]), durch Anlage bei den gemeindlichen Sparkassen auf Sparbücher, welche entsprechend zu vinkulieren sind[19]), oder vorübergehend auf Bankscheine bei der kgl. Bank in Nürnberg und deren Filialen erfolgen.[20]) Verboten ist die

---

wäre es m. E., soweit nicht besondere partikularrechtliche Vorschriften vorhanden sind, den Maßstab des § 11 Hyp.Ges. für gesetzliche Hypotheken zu Grunde zu legen.

[16]) Art. 3 Ziff. 6, auch Art. 77 Abs. 1 Brandversicherungsgesetz v. 3. April 1875.

[17]) § 16 der J.M.Bek. v. 29. April 1881 (s. Nt. 26), nebst autogr. J.M.E. v. 13. Nov. 1888 Nr. 17247, wonach als pupillarmäßige Wertpapiere Schuldverschreibungen des deutschen Reichs oder eines Bundesstaates, Schuldverschreibungen, deren Verzinsung vom deutschen Reiche oder einem deutschen Bundesstaate gewährleistet ist, Schuldverschreibungen bayerischer Gemeinden, Pfandbriefe der bayerischen Hypotheken- und Wechselbank, der süddeutschen Bodenkreditbank und Pfälzischen Hypothekenbank in Ludwigshafen a. Rh., sowie Kommunalobligationen dieser letzteren Bank zu erachten sind. Diese Bestimmungen beziehen sich aber nur auf die Neuanlegung von Mündelgeldern, nicht auf die Behandlung von den im Vermögen des Pfleglings bereits vorhandenen Wertpapieren, das z. B. durch Erbschaft, Vermächtnis, Schenkung überkommt; ob hier ein Umtausch in pupillarmäßige Wertpapiere veranlaßt ist, bestimmt sich in erster Linie nach etwa bestehenden gesetzlichen Bestimmungen, eventuell nach pflichtgemäßem Ermessen der Pflegschaftsbehörde. Vgl. autogr. J.M.E. v. 1. Jan. 1889; vgl. hiezu auch Rosenkranz § 82 Ziff. 2 S. 165; Wagner S. 224.

[18]) § 23 des R.G. v. 31. Mai 1891, betr. das Reichsschuldbuch, in Kraft seit 1. April 1892; Ver. v. 24. Jan. 1892 über die Inkraftsetzung dieses Gesetzes (R.G.Bl. S. 303); M.E. v. 5. Mai 1892, die Eröffnung des Reichsschuldbuches betr. (J.M.Bl. S. 93 ff.), woselbst auch die weiteren einschlägigen Vorschriften bekannt gegeben sind (R.G.Bl. S. 321). § 23 des Ges. lautet: „Soweit nach gesetzlicher Bestimmung zur zinsbaren Anlage von Mündelgeldern Schuldverschreibungen der Reichsanleihen geeignet sind, gilt dasselbe von den im Reichsschuldbuche eingetragenen Forderungen. Soweit Reichsschuldverschreibungen eines Mündels zu hinterlegen oder außer Kurs zu setzen sind, kann das Vormundschaftsgericht anordnen, daß an Stelle der Hinterlegung oder Außerkurssetzung die Umwandlung in Buchschulden des Reiches mit einem die Verfügung über die einzutragende Forderung an die Genehmigung des Vormundschaftsgerichts knüpfenden Vermerke im Reichsschuldbuche beantragt werde." Vgl. dazu § 20 Abs. 2 Hyp.Ges.

[19]) Rosenkranz § 82 Ziff. 2 S. 171 ff.; Wagner S. 222; autogr. J.M.E. vom 13. Nov. 1888 Nr. 17247; da eine Deponierung der Sparkassenbücher sich meistenteils als unzweckmäßig erweist, so können sie vinkuliert dem Vormunde oder Zinsgenußberechtigten hinausgegeben werden. Vgl. hiezu J.M.E. v. 21. Juni 1867, die Geschäftsbehandlung bei der Erhebung von Zinsen von gerichtlich deponierten Bankscheinen und Sparkassenbüchern betr. (J.M.Bl. S. 161; W. VII. S. 35); J.M.E. v. 12. Mai 1887, wonach Anlage auf Sparbuch zulässig, wenn die Erhebung von Geldern von der Genehmigung der Pflegschaftsbehörde abhängig gemacht werden kann; autogr. J.M.E. v. 13. Nov. 1888 Nr. 4463 (der Vinkulierungsvermerk sei auf die erste Seite der Sparkassenbücher unmittelbar neben dem Namen des Empfangsberechtigten zu setzen); autogr. M.E. d. St.M. d. Inn. v. 29. Mai 1888 Nr. 7818 (Anweisung an Sparkassen, die Vermerke der Gerichte zu beachten). In autogr. J.M.E. v. 3. Jan. 1894 ist ausgesprochen, daß Mündelgelder auch länger, als solange, bis der Betrag zum Ankaufe eines kuratelmäßigen Wertpapieres ausreicht, auf der Sparkasse belassen werden können und daß sich die Kündigung von Sparkassengeldern zu dem Zwecke, um sie bei der Pflegschaftsentlassung an den Exkuranden bar herauszugeben, nicht empfehle.

[20]) Autogr. J.M.E. v. 13. Nov. 1888 Nr. 17247; oben Nt. 5.

Anlage von Mündelgeldern in ausländischen Wertpapieren[21]) und die Ausleihung auf bloße Handscheine.[22]) Bezüglich Bewirtschaftung von Waldungen sind die Bestimmungen des Forstgesetzes vom 28. März 1852 zu beachten.[23])

7. Begeht ein Strafunmündiger eine strafbare Handlung, so kann dessen Unterbringung in eine Straf- oder Besserungsanstalt erfolgen, nachdem durch Beschluß der Pflegschaftsbehörde die objektive Begehung der Handlung festgestellt und die Unterbringung für zulässig erklärt ist. Das Verfahren hiebei bemißt sich nach den für die freiwillige Rechtspflege geltenden Bestimmungen.[24])

8. Welche Zwangsmittel dem Pflegschaftsgerichte zustehen, um säumige Vormünder zur Erfüllung ihrer Pflichten anzuhalten, bemißt sich nach örtlichem bürgerlichen Rechte. Soweit hienach Vermögens- oder Freiheitsstrafen zulässig sind, sind für deren Vollstreckung die Bestimmungen der §§ 774, 785—791 der Reichscivilprozeßordnung anzuwenden.[25])

9. Sonstige auf dem Pflegschaftsrechte beruhende oder mit ihm zusammenhängende Verhältnisse sind bereits im Abschnitte über die Minderjährigen (oben § 16 S. 45—50) und über die Geisteskranken (oben § 17 lit. B S. 53—56) angeführt.

B. In formaler Hinsicht.

In formaler Hinsicht bestehen für die Amtsgerichte folgende einheitliche instruktionelle Vorschriften[26]):

[21]) Ver. v. 28. Jan. 1805, mit Bek. v. 8. Febr. 1805, das Ausleihen des Pupillarvermögens betr. (R.Bl. S. 297).

[22]) Rosenkrantz § 86 Nt. 6 S. 179; Wagner S. 224.

[23]) Art. 19 ff. (W. IV. S. 346).

[24]) § 55 R.St.G.B.; Wagner S. 208.

[25]) Vgl. Roth, b. C.R. I. S. 645 Nt. 61, S. 656 Nt. 36; Wagner S. 204 mit Nt. 8. Bezüglich etwaiger zwangsweiser Vorführung vgl. § 6 Abs. 1 Ziff. 3 der Gerichtsvollzieherordnung v. 6. Sept. 1879 (J.M.Bl. S. 610; W. XIII. S. 391) und § 17 der M.Bek. v. 17. Sept. 1879, die Ausführung der Gerichtsvollzieherordnung betr. (J.M.Bl. S. 713; W. XIII. S. 440); regelmäßig soll der Amtsgerichtsdiener damit beauftragt werden, nur ausnahmsweise der Gerichtsvollzieher. Fraglich mag sein, ob die Pflegschaftsbehörde den Vormund, der irgend eine für den Mündel vorzunehmende Handlung, die der Vormund für nachteilig, die Pflegschaftsbehörde aber für vorteilhaft erachtet, zur Vornahme der Handlung anhalten, unter Umständen diese selbst vornehmen kann; mit Recht bejahend der eingehende Aufsatz in Bl. f. R.A. XIX. 177, 193. Gegen einen für die Pflegschaft prozeßführenden Anwalt, der nicht Vormund ist, kann die Pflegschaftsbehörde nicht disziplinar einschreiten: Bl. f. R.A. XXVII. 240.

[26]) J.M.E. vom 30. Sept. 1863, Geschäfts- und Registraturordnung betr. (J.M.Bl. S. 105; W. VI. S. 211), § 28; v. 28. Juli 1864, die Geschäfts- und Registraturordnung, dann die Geschäftsausweise und Geschäftsübersichten der Stadt- und Landgerichte betr. (J.M.Bl. S. 181; W. VI. S. 323); v. 16. Nov. 1864, die Beaufsichtigung des Pflegschaftswesens betr. (J.M.Bl. S. 258; W. VI. S. 383); v. 4. Aug. 1866, die Beaufsichtigung des Pflegschaftswesens betr. (J.M.Bl. S. 224; W. VI. S. 645); v. 16. Dez. 1870, die Anfertigung der Pflegschaftskuratelverzeichnisse betr. (J.M.Bl. S. 531; W. VI. S. 694); vom 28. Dez. 1873, die Geschäfts- und Registraturordnung, insbesondere die Verzeichnisse sämtlicher Pfleglinge betr. (J.M.Bl.

I. Führung von Akten und Verzeichnissen.

1. Für jede Pflegschaft ist sogleich bei ihrem Anfalle ein besonderer Akt anzulegen und bis zur Beendigung der Pflegschaft fortzuführen.[27]) In diesen Akten sind alle Pflegschaftsverhandlungen, Beschlüsse und Verfügungen des Vormundschaftsgerichtes zu konstatieren und alle zur Pflegschaft gehörigen, bei Gericht einlaufenden Schriftstücke der zeitlichen Reihenfolge nach zu sammeln. Sind Pfleglinge bei Verhandlungen beteiligt, welche den Inhalt anderer Akten bilden, so sind soweit als möglich diese Akten zum Pflegschaftsakt zu adhibieren, wobei es genügt, das Ergebnis der Verhandlungen kurz im letzteren zu konstatieren; sonst aber sind aus den Verhandlungen und Urkunden (insbesondere Notariatsurkunden) entsprechende Auszüge zum Pflegschaftsakte zu machen oder hiezu Abschriften von jenen zu fertigen.[28])

2. Für jede Pflegschaft, in welcher ein vom Vormunde zu verwaltendes Vermögen vorhanden ist, ist ein Vormerkungsbogen nach vorgeschriebenem Formulare anzulegen, in den Pflegschaftsakt einzufügen und stets evident zu halten. Derselbe hat über alle vermögensrechtlichen Verhältnisse des Pfleglings, soweit sie der Aufsicht des Pflegschaftsgerichtes unterliegen, kurzen und klaren Aufschluß und Ueberblick zu gewähren, um ein jedesmaliges Durchlesen der Akten in jenen Beziehungen zu ersparen.[29])

3. Je auf die Dauer eines Geschäftsjahres ist ein Registraturverzeichnis nach vorgeschriebenem Formulare zu führen. Es dient dem Zwecke, die Uebersicht über die während des Jahres angefallenen Pflegschaften zu ermöglichen. Hierin ist jede Pflegschaft sofort bei ihrem Anfall unter Angabe der Zeit des Anfalls und der Zahl der bei jeder Pflegschaft beteiligten Pfleglinge einzutragen, der jeweilige Ort, wo sich der Akt befindet, zu bezeichnen, jeder aus der Pflegschaft

---

S. 1); v. 20. Jan. 1881, gleichen Betr. (J.M.Bl. S. 61); v. 29. April 1881, die Beaufsichtigung der Amtsgerichte betr. (J.M.Bl. S. 165; W. XV. S. 65), §§ 14 bis 16. — Das von Wagner S. 201 lit. f vorgeschlagene Verzeichnis über die in einem Jahre erledigten Pflegschaften ist überflüssig, da das Kuratelverzeichnis hierüber Aufschluß gibt; wird auch wohl von nur wenigen geführt.

[27]) J.M.E. v. 20. Sept. 1863 § 28. Der Aktendeckel hat blaue Farbe und trägt unten links das Geschäftsjahr und die Nummer des Pflegschaftsverzeichnisses.

[28]) Vgl. hiezu J.M.E. v. 20. Sept. 1863 § 28; v. 4. Aug. 1866 Ziff. III; auch § 108 Abs. 2 Instr. z. Not.Ges. (notarielle Versteigerungsurkunde).

[29]) J.M.E. v. 20. Sept. 1863 § 29 Abs. 2; v. 28. Juli 1864 Ziff. I; v. 16. Nov. 1864 Ziff. 2—4. Der Uebersicht halber empfiehlt es sich überhaupt bei jeder Pflegschaft, in der Vermögen vorhanden ist, einen Vormerkungsbogen anzulegen; aus gleichem Grunde wäre m. E. in der zweiten Hauptkolumne gegen die rechte Seite zu noch eine eigene Zwischenkolumne zu ziehen, in die nach Art des Hypothekenbuchs die Ziffern des Wertes der Vermögensteile einzuschreiben und bei ihrem ganzen oder teilweisen Wegfall mit roter Tinte zwei bezw. einmal zu unterstreichen sind. Jeder Vortrag wäre mit einem bis zu dieser Zwischenkolumne excl. durchlaufenden Querstrich abzuschließen. Ueberhaupt lassen sich die Formalien über Führung der Hypothekenbücher zum Teil recht gut und praktisch auf die Vermerkungsbögen anwenden, auf deren korrekte, übersichtliche und saubere Führung ein Hauptgewicht zu legen ist.

entlassene Pflegling abzustreichen und schließlich unter Angabe der Zeit nach Erledigung die Pflegschaft abzuschreiben. Am Schlusse eines jeden Geschäftsjahres wird es unter wörtlicher Beisetzung der Zahl der angefallenen Pflegschaften abgeschlossen und von den Pflegschaftsrichtern unterzeichnet.[30])

4. Je auf die Dauer eines Geschäftsjahres ist zum Registraturverzeichnis auch ein alphabetisch geordnetes Namensverzeichnis nach vorgeschriebenem Formulare über sämtliche während des Jahres angefallenen Pflegschaften zu führen, um das Auffinden der Pflegschaften im Registraturverzeichnis zu erleichtern.[31])

5. Weiter ist in zwei Abteilungen ein Verzeichnis über sämtliche Pfleglinge zu führen, um jeder Zeit einen Ueberblick über die Zahl der noch unter Pflegschaft stehenden Personen zu ermöglichen. In der ersten Abteilung stehen sämtliche minderjährige Pfleglinge nach dem Monate ihrer Großjährigkeit vorgetragen, damit die Zeit der Pflegschaftsentlassung nicht übersehen wird; in der zweiten Abteilung in drei Unterabteilungen die wegen Abwesenheit, wegen Geisteskrankheit und Körperschwäche, wegen Verschwendung unter Pflegschaft gestellten Personen je nach der Reihe des Pflegschaftsanfalles.[32])

6. Im Kurrentverzeichnisse sind sämtliche während des Jahres kurrent gewordenen Pflegschaften, in denen eine einigermaßen bedeutendere Aufsichtshandlung vorzunehmen war, vorzutragen, jede unerledigte Pflegschaft zu unterstreichen und beizusetzen, ob Vermögen vorhanden ist.[33])

7. Endlich ist ein Reproduktionskalender zu führen, in welchem die einzelnen Pflegschaften auf den betreffenden Kalendertag, an dem sie zu irgend einer Aufsichtshandlung vorzulegen sind, vorgemerkt werden.[34])

II. Die Vorschriften über die Form des Depositalverkehrs sind bereits oben § 44 Ziff. VIII, 3 S. 288—292 dargelegt.

III. Die für die Beteiligung von Pfleglingen bei Notariatsverhandlungen bestehenden Vorschriften sind bereits oben § 16 Ziff. 2 S. 46, 47 erwähnt.

§ 213.

Beendigung der Pflegschaft.

I. Die Gründe der Beendigung einer Pflegschaft sind je nach dem Grunde der Pflegschaftsbestellung verschieden. Hinsichtlich der Pflegschaften über Minderjährige und körperlich Schwache ist zunächst

---

[30]) J.M.E. v. 28. Juli 1864 Ziff. 1.

[31]) J.M.E. v. 28. Juli 1864 Ziff. 1.

[32]) J.M.E. v. 28. Juli 1864 Ziff. 2; v. 20. Jan. 1881.

[33]) J.M.E. v. 28. Juli 1864 Ziff. 3; v. 16. Nov. 1864 Ziff. 5; v. 16. Dez. 1870 II. Formular s. b. J.M.E. v. 28. Juli 1864. Dasselbe ist je bis zum 15. Febr. des folgenden Jahres dem vorgesetzten Landgerichtspräsidenten vorzulegen.

[34]) J.M.E. v. 4. Aug. 1866 Ziff. IV.

das örtliche bürgerliche Recht maßgebend[1]), jedoch reichsrechtlich die Großjährigkeit auf die Vollendung des 21. Lebensjahres festgesetzt.[2]) Die Beendigung der Pflegschaft über einen Geisteskranken setzt reichsrechtlich stets einen amtsgerichtlichen Beschluß oder ein richterliches Urteil auf Aufhebung der Entmündigung voraus.[3]) Für die konkrete Pflegschaftsbehörde wird eine Pflegschaft auch durch Abgabe derselben an eine andere Behörde erledigt.[4])

II. Ueber den Grund der Beendigung der Pflegschaft für jeden einzelnen Pflegling hat sich die Pflegschaftsbehörde, sobald sie hievon Kenntnis erhalten[5]), einen amtlichen Ausweis zu verschaffen[6]), sodann den betreffenden Grund unter Bezugnahme auf den Ausweis im Pflegschaftsakte zu konstatieren und den Pflegschaftsakt vollständig zu bereinigen. Im Falle des Todes des Pfleglings hat die Pflegschaftsbehörde das pflegamtlich verwaltete Vermögen der Verlassenschaftsbehörde zu überweisen.[7]) Sonst ist der Pflegling, in Ansehung dessen die Pflegschaft beendet ist, alsbald hienach persönlich aus der Pflegschaft zu entlassen und ihm bezw. dem Berechtigten hiebei das gerichtlich deponierte Vermögen auszuhändigen.[8]) Nur besondere Gründe können Abweichungen hievon rechtfertigen.[9]) Ist hienach die Pflegschaft erledigt, so wird entweder der einzelne Pflegling in dem Pflegschaftsverzeichnisse gestrichen oder wenn für alle Pfleglinge eines Pflegschaftsaktes die Pflegschaft beendet ist, die ganze Pflegschaft abgeschrieben und der Akt in der Registratur hinterlegt.[10])

[1]) Vgl. hiezu Roth, b. C.R. I. S. 688, 689, 693; Wagner S. 227, 228. Bezüglich der Verehelichung s. auch Bl. f. R.A. XXVII. 380.

[2]) Vgl. oben § 16 S. 45; daselbst auch über Großjährigkeitserklärung; hiezu s. auch § 208 lit. C S. 1147. — Siehe hieher auch über den Zeitpunkt der Pflegschaftsbeendigung Bl. f. R.A. XXV. 206.

[3]) Sei es durch Aufhebung des Entmündigungsbeschlusses auf Klage hin mittelst Urteils (§§ 613, 615 R.C.P.O.: das in der Sache erlassene Endurteil ist vom Prozeßgerichte der Pflegschaftsbehörde mitzuteilen), oder durch amtsgerichtliche Wiederaufhebung der Entmündigung mittelst Beschlusses oder prozeßrichterlichen Urteils (§§ 619, 620 R.C.P.O.; auch hier ist Beschluß oder Urteil der Pflegschaftsbehörde mitzuteilen).

[4]) Rosenkranz § 56; Wagner S. 228.

[5]) Bei der Großjährigkeit ersieht sie diese aus den eigenen Akten bezw. Pflegschaftsverzeichnissen.

[6]) Vgl. auch Wagner S. 228, 229.

[7]) Rosenkranz § 49; Wagner S. 231.

[8]) Rosenkranz § 50; Wagner S. 229, 230.

[9]) Ist kein Vermögen vorhanden, so kann die Entlassung mittelst schriftlichen Dekrets erfolgen; vgl. auch Wagner S. 230 Nr. 17. Auch ist denkbar, daß an Stelle der bisherigen Pflegschaft eine andere tritt, z. B. an Stelle der Pflegschaft wegen Minderjährigkeit eine solche wegen Geisteskrankheit, Verschwendung, Abwesenheit; dann bedarf es einer Pflegschaftsentlassung zunächst überhaupt nicht, bezw. kann eine solche überhaupt nicht stattfinden.

[10]) Rosenkranz § 113; Wagner S. 231. — Bezüglich der Gebühren s. Art. 74—82 des b. Geb.Ges. in der Fassung von 1892.

Titel 3.
Die reinen Vermögenspflegschaften.
§ 214.
A. Allgemeines.

Zu den reinen Vermögenspflegschaften gehört die Pflegschaft über Verschwender, über Abwesende, über minderjährige Hauskinder, soweit sie nicht lediglich persönlicher Natur ist, über Klosterpersonen, über die ruhende Erbschaft und über Ungeborene. Eine erschöpfende Aufzählung der reinen Vermögenspflegschaften ist jedoch damit nicht gegeben; über die Möglichkeit und Zulässigkeit solcher entscheidet im einzelnen das örtliche bürgerliche Recht.[1]) Die allgemeinen Bestimmungen über Zuständigkeit und Besetzung der Pflegschaftsbehörde, über die Bestellung und Führung der Pflegschaft sind hier, soweit sie sich nicht ausdrücklich nur auf die Pflegschaften für Minderjährige oder Geisteskranke beziehen, und nicht im folgenden Besonderes angeführt ist, dieselben wie bei den gemischten Pflegschaften, nur mit der Maßgabe, daß natürlich nur solche Vorschriften Anwendung finden können, welche die vermögensrechtliche Seite dieser Pflegschaften zum Gegenstande haben.

B. Die Pflegschaft über Verschwender.[2])

1. Die Bestellung einer Pflegschaft über einen Verschwender ist erst zulässig, wenn derselbe wegen Verschwendung durch Beschluß des Amtsgerichtes entmündigt ist.[3]) Nach bayerischem Rechte ist insbesondere auch der Armenpflegschaftsrat berechtigt, Antrag auf Entmündigung wegen Verschwendung zu stellen, wenn infolge der Verschwendung die Besorgnis besteht, daß der Verschwender der Armenkasse zur Last fallen werde.[4]) Vor der Entmündigung ist eine Interimspflegschaft unzulässig.[5]) Die Pflegschaft endigt, abgesehen vom Tode des Pfleglings, nur mit Aufhebung der Entmündigung durch amtsgerichtlichen Beschluß.[6])

---

[1]) Besonders weitgehend ist in dieser Hinsicht das bayer. Landrecht von 1756 (Tl. I. Kap. 7 § 38, mit Anm. 1, lit. f Kreittmayrs hiezu), das offenbar überall da eine reine Vermögenspflegschaft zuläßt, wo ein unabweisbares Bedürfnis hiezu besteht. Vgl. hiezu Beschl. d. k. Landgerichts München I v. 20. Jan. 1894, Beschw.Reg. Nr. 15/1894, über die Zulässigkeit einer Vermögenspflegschaft über dem Namen nach unbekannte Inhaber von Inhaberpapieren.

[2]) Roth, b. C.R. I. S. 694—699.

[3]) § 261 R.C.P.O. Denn damit tritt erst die Handlungsbeschränktheit des Verschwenders ein. Vgl. hiezu oben § 17 lit. C S. 57.

[4]) §§ 261, 595 R.C.P.O.; Art. 36 Abs. 4 des b. Armengesetzes v. 29. April 1869 (W. VIII. S. 47). — Für das Gebiet des preuß. Landrechts s. auch Art. 144, 145 A.G. z. R.C.P.O.

[5]) § 600 R.C.P.O. findet auf die Entmündigung wegen Verschwendung keine Anwendung.

[6]) Sei es durch Aufhebung des die Entmündigung aussprechenden Beschlusses mittelst Urteils (§ 624 R.C.P.O.) oder durch Wiederaufhebung der Entmündigung

Die Wirkung der Entmündigung auf die Handlungsfähigkeit des Verschwenders bemißt sich nach örtlichem Civilrecht. Handlungen des Kurators, welche während der Dauer der Pflegschaft für den Verschwender vorgenommen wurden, können aus dem Grunde, daß der Pflegling kein Verschwender sei, nicht angefochten werden.[7]) Im übrigen kommen die oben in §§ 210—213 (S. 1153 ff.) aufgestellten Grundsätze entsprechend zur Anwendung.

2. Einzelne besondere, für Verschwender geltende Rechtssätze sind auch bereits oben § 17 lit. C S. 57—59 angeführt.

C. Die Pflegschaft über Abwesende.

I. Die gewöhnliche Pflegschaft über Abwesende.

1. Zuständigkeit.

a) Hinsichtlich der sachlichen Zuständigkeit kommen die für die allgemeinen Pflegschaften geltenden Grundsätze zur Anwendung.[8])

b) Oertlich zuständige Pflegschaftsbehörde[9]) ist diejenige, in deren Bezirk der Abwesende den letzten Wohnsitz gehabt hat[10]), in Ermangelung eines solchen diejenige, in deren Bezirk die Wahrnehmung der Vermögensangelegenheiten des Abwesenden veranlaßt ist.[11]) Die besonderen Bestimmungen, welche oben in § 210 lit. B (S. 1149 ff.) genannt sind, sind hiedurch nicht berührt.

2. Voraussetzungen.

Die Pflegschaft über einen Abwesenden ist:

a) überhaupt nur zulässig, wenn:

α) eine Wahrung von Vermögensinteressen des Abwesenden in Frage steht[12]) und

---

mittelst amtsgerichtlichen Beschlusses oder prozeßrichterlichen Urteiles (§§ 625, 626 R.C.P.O.): Beschluß bezw. Urteil ist der Pflegschaftsbehörde vom Prozeßgerichte jeweils mitzuteilen.

[7]) Vgl. auch § 24 Abs. 4, § 613 R.C.P.O.; vgl. oben § 17 lit. C S. 57.

[8]) arg. Art. 96 A.G. z. R.C.P.O. verbis „Vormundschaftsgericht". Böhm, A.G. S. 164 Nt. 2. Vgl. hiezu auch Art. 102 A.G. z. R.C.P.O. bezüglich der standesherrlichen Familien.

[9]) Art. 96 A.G. z. R.C.P.O.

[10]) Ueber Wohnsitz vgl. oben § 9 S. 28 ff.

[11]) Vgl. hiezu E. d. obst. L.G. X. 512.

[12]) arg. Art. 94 A.G. z. R.C.P.O. verbis: „zur Vertretung bei ihren Vermögensangelegenheiten", „Besorgung seiner Vermögensangelegenheiten"; also nicht persönliche, wie Statusangelegenheiten. Bei der Frage der Zulässigkeit der Abwesenheitspflegschaft darf aber der Richter nicht prüfen, ob das fragliche Vermögensrecht — Berechtigung oder Verpflichtung — wirklich zu Recht besteht; er hat vielmehr die Pflegschaft stets dann einzuleiten, wenn das behauptete Vermögensinteresse als Vermögensinteresse sich darstellt, mag nun die zu Grunde liegende Berechtigung oder Verpflichtung bestehen oder nicht. Vgl. auch E. d. obst. L.G. XI. 207.

β) nicht schon eine Pflegschaft aus anderen Gründen über den Abwesenden besteht[13]);

γ) der Aufenthalt des Abwesenden entweder unbekannt ist, d. h. der Abwesende zwar seiner Person nach bekannt, aber hinsichtlich des Ortes, wo er sich aufhält, unbekannt ist[14]) und entweder ein Jahr lang keine Nachricht von dem Abwesenden eingegangen ist oder wenigstens ein dringender Fall vorliegt. Das Jahr wird von der letzten bekannten Nachricht an berechnet;

δ) oder zwar bekannt, der Abwesende aber sowohl an der Rückkehr, als Besorgung seiner Vermögensangelegenheiten gehindert ist.[15])

b) Nur insoweit zulässig:

α) als nicht schon den Eltern oder dem Ehegatten die gesetzliche Vertretung des Abwesenden in der fraglichen Vermögensangelegenheit zukommt und diese nicht thatsächlich oder rechtlich in der Ausübung dieser Vertretungsbefugnis behindert sind[16]);

β) als der Abwesende zur Besorgung seiner Vermögensangelegenheiten einen Bevollmächtigten nicht bestellt hat oder Umstände eingetreten sind, welche die erteilte Vollmacht aufheben oder deren Widerruf zu veranlassen geeignet sind.[17])

3. Antragsberechtigung.

Berechtigt zur Stellung des Antrages auf Bestellung der Pflegschaft ist jeder, der ein Interesse zur Sache an der Pflegschaftsbestellung[18]) hat. Das Interesse, sowie die Voraussetzungen der

[13]) Z. B. wegen Minderjährigkeit, Geisteskrankheit, Verschwendung. Das A.G. z. R.C.P.O. spricht dies nicht ausdrücklich aus, es ist aber aus dem Sinne des Art. 95 A.G. z. R.C.P.O zu entnehmen. Vgl. auch Böhm, A.G. S. 163 Nr. 6.

[14]) Auch Vermißte gehören hieher: Böhm, A.G. S. 161 Nr. 2.

[15]) Art. 94 A.G. z. R.C.P.O. — Letzteres Erfordernis trifft regelmäßig nicht für solche Personen zu, welche eine Freiheitsstrafe verbüßen, da sie nicht an der Besorgung ihrer Vermögensangelegenheiten durch Aufstellung eines Bevollmächtigten gehindert sein werden; immerhin sind aber auch hier Fälle denkbar, die zur Einleitung einer Pflegschaft führen können. Zu allgemein verneinend Böhm, A.G. S. 162 Nr. 5.

[16]) Art. 95 Abs. 2 A.G. z. R.C.P.O. Bezüglich der Ehegatten sind besonders die verschiedenen ehelichen Güterrechte zu beachten.

[17]) Art. 95 Abs. 1 A.G. z. R.C.P.O. Hat ein Ehemann seiner Ehefrau Generalvollmacht erteilt, so umfaßt dieselbe mangels gegenteiliger Bestimmung auch die Befugnis der Ehefrau, den etwa erforderlichen eheherrlichen Konsens zu den Handlungen der Ehefrau zu erteilen: Beschl. der k. Landgerichts München I vom 12. Juli 1893, Beschw.Reg. Nr. 174/93, für bayerisches Landrecht von 1756; auch Ztschr. f. Not. 1869 S. 212.

[18]) Art. 97 A.G. z. R.C.P.O. Ob ein rechtliches oder thatsächliches Interesse, ist ohne Belang. Daher wird man auch Behörden, wie z. B. dem Verlassenschafts-

Zulässigkeit der Pflegschaft muß der Antragsteller der Pflegschaftsbehörde glaubhaft machen. Indes ist die Pflegschaftsbestellung nicht von der Stellung eines Antrages abhängig; sie ist von Amtswegen zu bethätigen, sobald die Voraussetzungen glaubhafter Weise der Pflegschaftsbehörde bekannt geworden sind.[19])

4. Rechtswirkungen der Abwesenheit.

a) Auf den Pfleger eines Abwesenden finden im allgemeinen die für einen Vormund geltenden Vorschriften in Ansehung der Vermögensverwaltung entsprechende Anwendung.[20]) Dies gilt auch für den Wirkungskreis der Pflegschaftsbehörde. Der Pfleger ist vornehmlich befugt, für den Abwesenden Vermögen zu erwerben, insbesondere Erbschaften anzunehmen, sowie Rechtsstreite zu führen. Dies gilt auch für sonstige gesetzliche Vertreter des Abwesenden[21]), soferne er nicht schon aus anderem Grunde unter Pflegschaft steht.[22])

b) Besteht Ungewißheit, ob der Abwesende den Anfall einer Erbschaft oder eines Vermächtnisses erlebt hat, so wird sein Leben, insolange er nicht für tot erklärt worden ist, bis zum Ablaufe von 70 Altersjahren vermutet. Nach dem Ablauf von 70 Altersjahren ist der Abwesende im Falle einer solchen Ungewißheit, wenn er innerhalb drei Monaten nach öffentlicher Aufforderung sich nicht gemeldet hat, in Ansehung des Vermögensanfalles nicht zu berücksichtigen, ohne jedoch mit seinen Rechten ausgeschlossen zu werden. Das Gleiche gilt in entsprechender Weise, wenn es sich für den Abwesenden um die Erwerbung einer Schenkung auf Todesfall oder um Vermögensrechte handelt, welche derselbe als Ehegatte kraft Gesetzes oder Vertrages auf Ableben des anderen Ehegatten in Anspruch zu nehmen hat.[23])

5. Beendigung der Pflegschaft.

Diese erfolgt:

a) mit Wegfall des die Bestellung bedingenden Grundes[24]);

b) mit dem Tod des Abwesenden[25]);

c) mit der Todeserklärung des Abwesenden.[26])

---

richter, dem Notar als Verlassenschaftskommissär das Antragsrecht einräumen müssen, um so mehr, als ja auch von Amtswegen die Abwesenheitspflegschaft eingeleitet werden kann.

[19]) Vgl. auch Böhm, A.G. S. 165 Nr. 1 unter Bezugnahme auf die Gesetzesmotive.

[20]) Art. 99 Abs. 2 A.G. z. R.C.P.O.

[21]) Art. 99 Abs. 1 mit Art. 95 Abs. 2 A.G. z. R.C.P.O.; Art. 99 Abs. 1 A.G. z. R.C.P.O. normiert nicht die Befugnisse des Pflegers erschöpfend; er hat gewiß auch die Befugnis, außerhalb des Prozesses Vergleiche abzuschließen.

[22]) Hier kommen die für die belastende Pflegschaft geltenden Bestimmungen zur Anwendung.

[23]) Art. 100 A.G. z. R.C.P.O. Vgl. hiezu oben § 12 Nr. 12 S. 37.

[24]) Art. 101 A.G. z. R.C.P.O.

[25]) Dieser Grund kann nur zutreffen in dem oben Ziff. 2 a δ erwähnten Falle.

[26]) Art. 101 A.G. z. R.C.P.O. Vgl. hiezu oben § 12 Ziff. II. S. 34 ff.

II. Besondere Fälle der Pflegschaftsbestellung für einen Abwesenden sind:

1. Die Pflegschaftsbestellung, falls der Inhaber einer Hypothekforderung oder sonstigen Hypothekenbucheinschreibung abwesend und unbekannten Aufenthaltsortes ist und gegen ihn auf Löschung derselben geklagt wird. Zuständig ist die Pflegschaftsbehörde, in deren Bezirk das Prozeßgericht seinen Sitz hat.[27]) Die Pflegschaft ist mit der vollständigen Bereinigung der Löschungsangelegenheit erledigt; vgl. hierüber das Nähere oben § 104 lit. C Ziff. IV, 5 (S. 738).

2. Die Güterpflege über das aus strafrechtlichen Gründen beschlagnahmte Vermögen eines abwesenden Angeschuldigten. Die Pflegschaft endigt mit der Aufhebung der Beschlagnahme.[28]) Die Zuständigkeit bemißt sich nach den in lit. A (S. 1164) genannten Grundsätzen.

D. Die Vermögenspflegschaft über minderjährige Hauskinder (Spezialkuratelen).

Die Gründe, welche zur Bestellung einer solchen führen können, bemessen sich nach örtlichem bürgerlichen Rechte. Die Pflegschaft kann sich hier bald nur auf einzelne Akte der Vermögensverwaltung, bald auf die gesamte Vermögensverwaltung erstrecken, wenn dem Hausvater die Verwaltung und Nutznießung oder auch nur die Verwaltung des Kindesvermögens, sei es kraft Gesetzes oder besonderer Privatdisposition, entzogen ist. Die Pflegschaft führt aber hier nicht immer zur Aufstellung eines besonderen Vormundes (Spezialkurators); in verschiedenen Fällen kann nach bürgerlichem Rechte der Hausvater selbst als natürlicher Vormund seiner Hauskinder mit Zustimmung der Pflegschaftsbehörde Rechtshandlungen für die Hauskinder vornehmen, ohne daß es der Zuziehung eines besonderen Vormundes bedürfte. Auch ist durchaus nicht in allen Fällen bei Interessenkollisionen zwischen Hausvater und Hauskind die Aufstellung eines Spezialkurators und eine Thätigkeit der Pflegschaftsbehörde oder nur diese veranlaßt; sie haben vielmehr nur da und in den Fällen einen Boden, wo dem Hausvater durch das örtliche bürgerliche Recht die Befugnis freier Veräußerung von Kindesvermögen kraft seiner väterlichen Gewalt versagt ist.[29])

---

[27]) Art. 159 Hyp.Ges.

[28]) §§ 334, 335 R.St.P.O.; Wagner S. 196; E. d. obst. L.G. XII. 115; Bl. f. R.A. LIII. 237.

[29]) Zum Ganzen s. auch Kober über Spezialkuratelen in d. Not.Zeitg. 1894 S. 67 ff. — Es dürfte mit Rücksicht darauf, daß das Gebiet der Spezialkuratelen in der Praxis sich meist als sehr dunkles erweist, empfehlenswert sein, hier eine kleine Exkursion in das gemeine und bayerische Landrecht von 1756 zu unternehmen, ohne aber damit eine wissenschaftliche Abhandlung geben zu wollen; es sei lediglich das mit der Praxis des obersten Landesgerichtes im wesentlichen übereinstimmende Resultat meiner Studien hier niedergelegt. Hiebei ist zu beachten, daß für das bayerische Landrecht im wesentlichen die gemeinrechtlichen Grundsätze gelten (vorzüglich enthalten in Cod. bon. quae lib. 6, 61 und bon. mat. et mat. gen. 6, 60).

Wenn endlich die Pflegschaft — abgesehen von den Fällen fortlaufender Vermögensverwaltung — immer mit dem betreffenden

---

I. Als oberste Grundsätze müssen festgehalten werden:

1. Daß der Hausvater nicht Eigentümer des Kindesvermögens ist und daher — qua Hausvater — nur insoweit über dasselbe verfügen kann, als ihm das Gesetz dies ausdrücklich gestattet (l. 1, 2, 3, 6 pr. 7, 8 C. bon. quae lib. 6, 61; Nov. 118 cap. 1; § 2 J. per quas pers. 2, 9 u. s. w.).

2. Daß nach deutsch-rechtlicher Auffassung der Hausvater auch als natürlicher Vormund seiner minderjährigen Kinder gilt (Mundialgewalt); vgl. die Zitate unten in Ziff. II, 2 b.

3. Will der Hausvater mit dem Hauskinde selbst ein Rechtsgeschäft abschließen, so ist stets Aufstellung eines Spezialkurators notwendig, der den Grundsätzen der ordentlichen Vormundschaft unterliegt; die Thätigkeit der Vormundschaft ist aber in den unter Ziff. II, 2 a genannten Fällen nach Lage der Sache eine eingeschränktere als sonst.

II. Das Kindesvermögen kann peculium castrense, quasi castrense, adventicium regulare und irregulare sein. Das peculium profecticium ist väterliches Eigentum und heute bedeutungslos.

1. Im Falle eines peculium castrense, quasi castrense und adventicium irregulare hat der Hausvater als natürlicher Vormund während der Minderjährigkeit des Hauskindes die Verwaltung nach den Grundsätzen über die ordentliche Vormundschaft, wobei jedoch die Vorschrift des b. L.R. Tl. I Kap. VII § 13 Nr. 13 zu beachten ist. Ist dem Vater beim pec. adv. irregulare auch die Verwaltung gesetzlich oder durch Disposition entzogen oder hat er auf die Verwaltung verzichtet, so ist ein besonderer Spezialkurator zu bestellen, ebenso in allen Fällen für diejenigen einzelnen Akte, bei denen zwischen Hausvater und Hauskind Interessenkollision besteht; für den Spezialkurator gelten die Grundsätze der ordentlichen Vormundschaft.

2. Das peculium adventicium regulare.

a) Der Hausvater hat kraft seiner patria potestas nur in folgenden Fällen völlig freie Veräußerungsbefugnis — für völlig freie Veräußerungsbefugnis tritt nur Bl. f. R.A. XLII. 557 ein; diese widerspricht sowohl aller geschichtlichen Entwickelung, als dem geltenden Rechte; auch das künftige Recht erkennt sie nicht an —:

α) Bei Veräußerung zum Zwecke der Tilgung von Schulden, welche das Kind mit dem Erwerbe überkommen hat, und von Vermächtnissen, welche auf dem adventizischen Erbvermögen haften (l. 8 § 4 C. 6, 61; dazu Seuff. Arch. XXVI. 6, 42).

β) Bei Kündung (?), Einziehung und Cession adventizischer Forderungen zum Zwecke der Realisierung (l. 1 C. 6, 60; l. 8 § 5 C. 6, 61; Bl. f. R.A. XXXVIII. 61; Erg.Bd. IX, 21, 32, 52, 53; Seuff. Arch. II. 307; X. 181; XIV. 100; XV. 65; XVII. 65; XXIX. 230; XXXIII. 236; XLII. 318; E. d. obst. L.G. III. 240; E. d. R.G. X. 148, 151; XIV. 125).

γ) Bei Veräußerung von »res onerosae et damnosae«, d. h. Sachen (körperliche und unkörperliche), deren Beibehaltung im Gegensatze zu dem aus ihnen entstehenden Nutzen eine Last mit sich bringt oder deren Beibehalten einen positiven Schaden zur Folge hat (l. 8 § 5 C. 6, 61). Hinsichtlich der Uebersetzung jener Ausdrücke gehen die Ansichten weit auseinander: vgl. besonders Bl. f. R.A. Erg.Bd. IX. 54; E. d. R.G. XVI. 124; Seuff. Arch. III. 335; XVII. 65 und die einzelnen Pandektisten. M. E. ist jede ausdehnende Auslegung wegen des Ausnahmefalles unzulässig.

δ) Bei Veräußerung von Barschaften auch zum Zwecke der adventizischen Verwendung (Seuff. Arch. XVII. 65; Bl. f. R.A. Erg.Bd. IX. 5) und bei eigenem Verbrauch verbrauchbarer Sachen mit Ausnahme des Geldes (Bl. f. R.A. IX. 21, 27, 38).

einzelnen Rechtsakte beendet ist, so erfolgt die Abschreibung der Pflegschaft doch erst mit der Großjährigkeit des Hauskindes, das auch hier dann in entsprechender Weise aus der Pflegschaft zu entlassen ist.[30])

E. Vermögenspflegschaft über Klosterpersonen.

Fällt einem in ein ausländisches Kloster eingetretenen bayerischen Staatsunterthanen Vermögen zu, so ist dasselbe, solange er lebt, unter kuratelamtliche Verwaltung und Deposition zu stellen.[31])

In allen diesen Fällen ist an sich die Aufstellung eines Spezialkurators unzulässig; eine Einmischung der Obervormundschaftsbehörde kann nur insoweit stattfinden, um zu prüfen und festzustellen, ob ein solcher Ausnahmefall vorliegt, was bei solchen Geschäften, die hypothekenamtlich zu vollziehen sind, um deswillen von Wichtigkeit ist, weil die Hypothekenämter regelmäßig ohne entsprechende Konstatierung der Pflegschaftsbehörde den Vollzug verweigern. Innerhalb dieser Prüfung kann es zur Aufstellung eines Spezialkurators zunächst nur zu dem Zwecke kommen, um durch diesen die erforderlichen Erhebungen über das Vorhandensein eines Ausnahmefalles pflegen zu lassen. Findet die Pflegschaftsbehörde, daß ein Ausnahmefall gegeben ist, so hat sie ihre Thätigkeit einzustellen und auf etwaigen Geschäftsurkunden zu konstatieren, daß ein Anlaß zur pflegamtlichen Thätigkeit nicht besteht („ohne Anlaß zu pflegamtlicher Thätigkeit" oder auch „obervormundschaftlich ohne Erinnerung"). Interessenkollision zwischen Hausvater und Hauskind ist hier, wenn ein Ausnahmefall vorliegt, ohne jeden Belang, da in den bezeichneten Fällen die freie Veräußerungsbefugnis ohne Rücksicht auf alle Interessenkollisionen lediglich Ausfluß der patria potestas ist. Liegt kein Ausnahmefall vor, so kommen die im folgenden angeführten Grundsätze zur Anwendung.

b) Liegt keiner der unter a) genannten Ausnahmefälle vor, so hat der Hausvater nur noch in seiner Eigenschaft als natürlicher Vormund der Hauskinder (er tritt tutorio nomine auf) insoweit Veräußerungsbefugnisse, als solche einem ordentlichen Vormunde zukommen. Hiebei ist er aber allen Grundsätzen der ordentlichen Vormundschaft, insbesondere hinsichtlich Mitwirkung der Pflegschaftsbehörde unterworfen, nur daß wieder b. L.R. Tl. I Kap. VII § 13 Nr. 13 zu beachten sein wird (s. Seuff. Arch. III. 358; VI. 217; VII. 197; XIII. 241; XIV. 44; XV. 113; XIX. 61, 160; XXIX. 230; XXXVII. 40; XLI. 193; XLII. 218, 304; XLIV. 110; XLVII. 39, 170; E. d. R.G. XVI. 124; E. d. obst. L.G. III. 206; VII. 286; X. 25, 544; XI. 755; XII. 92; XIII. 78; Bl. f. R.A. XXVIII. 174; XXXI. 31; XXXVIII. 48, 61; XLII. 109, 557; XLIII. 29; XLIX. 350; LIII. 61; Erg.Bd. IX. 122; X 209, 210; Stobbe a. a. O. S. 303 ff. und die dortigen Zitate. Im Falle einer Interessenkollision zwischen Hausvater und Hauskind ist hier stets ein Spezialkurator zu bestellen, für den ebenfalls wieder die Grundsätze der ordentlichen Vormundschaft gelten.

c) Ist dem Vater zwar nicht der Nießbrauch, aber jede Verwaltung entzogen oder hat er auf letztere schlechthin verzichtet, so hat er im Zweifel auch die aus der patria potestas fließenden Veräußerungsbefugnisse nicht, sondern ist stets ein Spezialkurator zu bestellen, der den Grundsätzen der ordentlichen Vormundschaft unterliegt. Ueber Vormundschaftsbestellung im Falle eines Ehescheidungsprozesses für preuß. Landrecht siehe auch Art. 149 A.G. z. R.C.P.O.

[30]) Ebenso E. d. obst. L.G. XI. 203; J.M.E. v. 18. Okt. 1836, die Spezialkuratelen über minderjährige Hauskinder betr. (J.M.Bl. S. 235; W. XVIII. S. 225); Wagner, 2. Aufl. S. 230 Nr. 16. A. M. Bl. f. R.A. XLVI. 257, 294.

[31]) Vgl. hiezu Näheres oben § 39 Ziff. 2 S. 251.

F. Die ruhende Erbschaft.

Für dieselbe sind im wesentlichen die Grundsätze des bürgerlichen Rechts maßgebend. Die Aufsicht führt das Verlassenschaftsgericht.[32])

G. Die Pflegschaft über Ungeborene.

Die Pflegschaft über Ungeborene (»nondum concepti«)[33]) ist lediglich eine Vermögenspflegschaft und hat mit der Pflegschaft über eine ruhende Erbschaft das gemein, daß das pflegschaftlich zu verwaltende Vermögen zu dem Zwecke verwaltet wird, um künftig von einer Person erworben zu werden; das Vermögen ist ein subjektloses Zweckvermögen, dem ähnlich, wie der ruhenden Erbschaft, juristische Persönlichkeit zukommt.[34])

Titel 4.

Rein persönliche Pflegschaften.

§ 215.

Rein persönliche Pflegschaften (Spezialkuratelen) kommen nur bei minderjährigen Hauskindern vor, insoferne nach Maßgabe des bürgerlichen Rechtes entweder dem Hausvater das Erziehungsrecht entzogen ist oder rein persönliche Streitigkeiten (z. B. Statusfragen) zwischen Vater und Kind auszutragen sind.

---

[32]) Vgl. hiezu oben Näheres § 50 S. 343 344; Rosenkranz S. 36; Wagner 2. Aufl. S. 106; Roth, b. C.R. I. S. 700.

[33]) Für deren Zulässigkeit nach b. Landrecht von 1756 s. besonders Bl. f. R.A. LI. 116; LVIII. 207; E. d. obst. L.G. XIV. 426.

[34]) Dieser Satz darf auf Bestreitung gefaßt sein; doch ist diese Konstruktion des Rechtsverhältnisses m. E. die einzig mögliche, wenn man der Pflegschaft über die »nondum concepti« eine rechtliche Möglichkeit und insbesondere Rechts- und damit Parteifähigkeit retten will.

Viertes Buch.

Erbrecht.

I. Abschnitt.

Die landesgesetzlichen materiellen Erbrechtsbestimmungen.

§ 215.

Einleitung.

So wenig wie das Recht der Schuldverhältnisse und das Familienrecht, hat das Erbrecht eine umfassendere landesgesetzliche Regelung erfahren. Die Landesgesetzgebung ergreift nur Bruchstücke des Erbrechtes. So enthält sie besondere Bestimmungen hinsichtlich der Vererblichkeit der Rechte und Verbindlichkeiten, einzelne Sätze über die Erbfähigkeit, gesetzliche Erbfolge und Erbfolge aus letztwilligen Verfügungen und hier insbesondere auch eine umfassendere Regelung der Formen der Erbverträge, öffentlichen letztwilligen Verfügungen und letztwilligen Verfügungen zur Cholerazeit. Diese einzelnen Bestimmungen sind Gegenstand der Darstellung dieses Abschnittes und der nachfolgenden Paragraphen.

§ 216.

Die erbrechtlichen Bestimmungen mit Ausnahme der Formen der letztwilligen Verfügungen.

A. Vererblichkeit der Rechte und Verbindlichkeiten.[1]

Die Erbfolge ist Gesamtrechtsnachfolge in das Vermögen des Erblassers. Im Prinzipe gehen daher alle Vermögensrechte und -Verbindlichkeiten des Erblassers auf den Erben über; sind mehrere Erben vorhanden, so rücken sie in jene nach Maßgabe ihrer Erbsportion ein[2], soferne teilbare Rechte und Verbindlichkeiten vorhanden sind; bei unteilbaren Leistungen ist nach außen nur Solidarhaftung und

---

[1]) Vgl. zum folgenden Kap. IV § 2 der bayer. Ger.Ordn. von 1753 mit Art. 81 A.G. z. R.C.P.O.; Böhm, A.G. S. 123, 124; Vierling in Hausers Ztschr. f. Reichs- und Landesrecht Bd. II S. 345—348.

[2]) Kap. IV § 2 Nr. 1 der Ger.Ordn.

=Berechtigung der mehreren Erben denkbar; jedoch bemißt sich das etwaige Regreßverhältnis zwischen den einzelnen Erben wieder nach den einzelnen Erbsportionen.[3]) Einzelne vermögensrechtliche Ansprüche sind jedoch vom Uebergange ausgenommen:

I. Solche dingliche und persönliche Berechtigungen, welche durch Gesetz oder besondere Vereinbarung auf die Person des Erblassers allein eingeschränkt, sohin gesetzlich oder vertragsmäßig höchstpersönlicher Natur sind, gehen nicht auf die Erben des Berechtigten über.[4])

II. Für vermögensrechtliche Verpflichtungen gelten folgende Grundsätze:

1. Dingliche und diesen gleichgestellte Ansprüche gehen gegen die Erben des Verpflichteten nur insoweit, als sie im Besitze der Sache sind oder nach Maßgabe des bürgerlichen Rechtes für besitzend erachtet werden[5]);

2. Persönliche Verpflichtungen aus Kontrakten oder Quasikontrakten, welchen durch besondere Rechte oder Geding Maß und Ziel gesetzt ist, oder bei denen das factum, welches der Erblasser zu prästieren gehabt hat, seine Person allein betrifft, gehen nicht auf die Erben des Verpflichteten über[6]);

3. Bei Verpflichtungen aus Delikten ist zu unterscheiden zwischen persekutorischen Ansprüchen (auf die entzogene Sache oder auf Schadenersatz) und Pönal= (Straf=) Ansprüchen:

a) Persekutorische Ansprüche aus unerlaubten Handlungen des Erblassers gehen auf seine Erben unbeschränkt über, ohne Rücksicht darauf, ob bereits vor dem Erbfalle Klage erhoben (Litiskontestation eingetreten) war, oder ob die Erben aus der unerlaubten Handlung bereichert sind;[7])

b) Bei Strafansprüchen aus unerlaubten Handlungen des Erblassers ist wieder in folgender Weise zu unterscheiden:

α) wenn die Strafansprüche aus Verbrechen oder Vergehen (im Sinne des Reichsstrafgesetzbuches) herrühren[8]), gehen sie auf die Erben unbeschränkt über;

---

[3]) Vgl. hiezu Windscheid, Pand. Bd. III § 608 Ziff. 1; Dernburg, Pand. Bd. III § 175 Ziff. 2.

[4]) Kap. IV § 2 Nr. 2 der Ger.Ordn.

[5]) Kap. IV § 2 Nr. 3 der Ger.Ordn.

[6]) Kap. IV § 2 Nr. 3 und 4 der Ger.Ordn.

[7]) Nach Maßgabe des Art. 81 A G. z. R.C.P.O. gilt Kap. IV § 2 der bayer. Ger.Ordn. nur in Verbindung mit bayer. Landrecht von 1756 Tl. IV Kap. 16 § 4 Nr. 7; letztere Gesetzesstelle lautet aber: „Hört auch dieselbe (actio persecutoria) nicht einmal durch Todes= oder andere schwere Kriminal=, geschweige erst durch niedergerichtliche und geringere Strafen, auf, sondern bleibt nichtsdestoweniger gegen den Delinquenten, wie auch gegen seine Erben bevor, ohne Unterschied, ob sie durch das Verbrechen reicher, und Lis mit dem Verstorbenen schon kontestiert worden oder nicht, massen dasjenige, was in cod. jud. cap. 4 § 2 Nr. 5 et 6 verordnet ist, nur von der Pönalaktion verstanden werden soll.“ Diese Bestimmung des bayer. Landrechtes gilt nunmehr für ganz Bayern ohne Ausnahme.

[8]) Kap. IV § 2 Nr. 5 der b. Ger.Ordn. findet nach Nt. 7 nur auf Pönal=

β) sind sie durch andere unerlaubte Handlungen begründet, so gehen sie nur dann auf die Erben unbeschränkt über, wenn zur Zeit des Erbfalls bereits die Klage erhoben (Litiskontestation eingetreten)[9]) war, sonst haften die Erben nur bis zur Höhe der ihnen aus der unerlaubten Handlung zugegangenen Bereicherung.[10])

Diese Bestimmungen haben indes heute nur insoferne noch Bedeutung, als nicht das geltende Reichs- oder Landesstrafrecht besondere Normen aufweist. Hienach können aber die auf Grund des Reichs- oder Landesstrafrechtes erkannten Geldstrafen nur und nur dann in den Nachlaß des Beschuldigten vollstreckt werden, wenn die Strafe zur Zeit des Erbfalles bereits rechtskräftig zuerkannt war.[11]) Der gleiche Grundsatz gilt auch für die Beitreibung der nach Reichs- oder Landesstrafrecht erkannten Bußen.[12])

Gleiche Grundsätze sind auch für die nach dem Reichsgerichtsverfassungsgesetze und der Reichscivilprozeßordnung erkannten Geldstrafen, welche sämtlich in die Staatskasse fließen, aufzustellen.

Hinsichtlich der Zwangsvollstreckung aus civilprozeßrechtlichem Vollstreckungstitel seitens der Erben des Berechtigten und gegen die Erben des Verpflichteten bezw. dessen Nachlaß kommen unbeschadet der obengenannten civilrechtlichen Bestimmungen ausschließlich reichsrechtliche Normen zur Anwendung.[13])

---

klagen Anwendung. Die Gesetzesstelle verweist zunächst auf cod. crim. Bav. von 1751 part. I cap. 1 § 41. An dessen Stelle ist zunächst das bayer. Strafgesetzbuch von 1813 getreten, das in Art. 138 Abs. 2 jene Bestimmung auch auf Vergehen ausdehnte. Die späteren bayerischen Strafgesetzbücher, ebenso wie das Reichsstrafgesetzbuch, unterscheiden Verbrechen, Vergehen und Uebertretungen. Da neuerliche Bestimmungen die Gesetzesstelle des cod. crim. nicht auch auf Uebertretungen ausdehnten, nimmt man an, daß auf Uebertretungen des R.St.G.B. nicht Kap. IV § 2 Nr. 5, sondern Nr. 6 der b. Ger.Ordn. Anwendung finde. Bemerkt mag noch sein, daß die civilrechtlichen Bestimmungen der beiden erstgenannten Strafgesetzbücher durch die spätere Strafgesetzgebung nicht berührt wurden. Vgl. Vierling a. a. O. S. 346.

[9]) Vgl. hiezu § 239 R.C.P.O.

[10]) Kap. IV § 2 Nr. 6 der Ger.Ordn., welche Gesetzesstelle nach Nt. 7 nur auf Pönalklagen Anwendung hat.

[11]) § 30 R.St.G.B. Landesgesetzliche Vorschriften, welche die Vollstreckung der nach dem Reichsstrafrechte erkannten Geldstrafen in den Nachlaß auch dann gestatten, wenn sie noch nicht rechtskräftig erkannt waren, sind m. E. gegenüber § 30 R.St.G.B. ungiltig; der Wortlaut, „kann nur dann vollstreckt werden, wenn", spricht unzweideutig hiefür. A. M. die gemeine Meinung; vgl. Rüdorff-Stenglein, Komm. z. R.St.G.B. zu § 30 Nt. 5. Gleicher Ansicht offenbar Vierling a. a. O. S. 346—348; Böhm, A.G. S. 124. Zweifelhaft könnte die Frage nur hinsichtlich der nach Landesstrafrecht erkannten Geldstrafen sein; allein auch hier verweisen die allgemeinen Rechtsgrundsätze auf die Anwendung des § 30 R.St.G.B. — Das gleiche gilt für die Kosten des Strafverfahrens: § 497 Abs. 2 R.St.P.O. — Bezüglich der Vollstreckung vgl. noch § 495 R.St.P.O.

[12]) Vgl. Rüdorff-Stenglein, Komm. z. R.St.G.B. zu § 30 Nt. 6. Ueber die Vollstreckung s. § 495 R.St.P.O.

[13]) Vgl. hieher §§ 665, 687, 693, 694, auch §§ 217, 223 R.C.P.O. und oben § 50 S. 343.

B. Erbfähigkeit.

Hinsichtlich der Erbfähigkeit in aktiver und passiver Beziehung ist im wesentlichen das örtliche bürgerliche Recht maßgebend. Soweit besondere landesgesetzliche Normen in Ansehung der Erbfähigkeit gewisser physischer Personen im Hinblick auf ihre Standeszugehörigkeit oder Berufsart, oder gewisser juristischer Personen bestehen, sind dieselben bereits im II. Kapitel des allgemeinen Teiles angeführt. Ebenso findet sich daselbst (§ 57 Ziff. IV S. 437) eine landesgesetzliche Interpretationsbestimmung bezüglich der Erbeinsetzung der armen Seele.

C. Gesetzliche Erbfolge.

Die gesetzliche Erbfolgeordnung bemißt sich ausschließlich nach örtlichem bürgerlichen Rechte. Das fiskalische bischöfliche Successionsrecht in den Nachlaß der ohne Testament verstorbenen Geistlichen ist schlechthin aufgehoben; auch hier ist wie bei erblosen weltlichen Rücklässen mangels sonstiger erbberechtigter Personen nunmehr der Fiskus nach Maßgabe des örtlichen Civilrechtes zur Erbschaft berufen.[14]) Desgleichen ist aber auch die Bestimmung des bayerischen Landrechtes, wonach der Fiskus das Vermögen eines Ehegatten, der ohne erbberechtigte Verwandte stirbt, mit Ausschluß der Ehegattin, erbt, aufgehoben.[15])

D. Erbfolge aus letztwilligen Verfügungen.

Hinsichtlich der Erb- und Vermächtnisfolge aus letztwilligen Verfügungen beschränken sich die landesgesetzlichen Normen fast ausschließlich auf die Formen der Erb- und Vermächtnisverträge und öffentlichen letztwilligen Verfügungen.[16]) Materielle landesgesetzliche Vorschriften bestehen hier nur in folgender Hinsicht:

Wenn auch jeder bayerische Unterthan durch rechtsgiltige Handlungen unter Lebenden oder von Todeswegen über sein Vermögen so verfügen kann, daß derjenige, welcher es erhält, dasselbe nach seinem Tode oder in anderen bestimmten Fällen dem ernannten Nachfolger zu überlassen hat, so kann eine solche fideikommissarische Substitution, sei sie Substitution in Form eines Universal- oder Singularvermächtnisses, nicht weiter als auf einen Substituten sich erstrecken und hört mit demselben kraft Gesetzes auf, auch wenn die Disposition das Gegenteil enthalten sollte.[17]) Im übrigen sind diese fideikommissarischen Substitutionen nach Civilrecht zu beurteilen.

---

[14]) Vgl. hierüber oben § 40 Ziff. 3 S. 262, 263; auch § 44 Ziff. II Nr. 3 S. 277.

[15]) § 73 des Landtagsabschiedes vom 29. Dezember 1831 (G.Bl. S. 119; W. II S. 598).

[16]) Vgl. über diese unten § 217 S. 1183 ff.

[17]) § 109 der VII. Verf.Beil. (Fideikommißedikt); vgl. oben § 149 Ziff. IV, 2 S. 941. Dieses Verbot hat den Zweck, eine Umgehung der Bestimmungen des Fideikommißediktes zu vermeiden; es ist jus cogens und gilt auch für Adelige (E. d.

E. Sonstige Bestimmungen.

Materielles Erbrecht enthalten sonst nur folgende landesgesetzliche Bestimmungen:

1. Ueber den gesetzlichen Hypothekentitel der Vermächtnisnehmer, Erbschaftsgläubiger und Miterben vgl. oben § 121 lit. B Ziff. I, 2b S. 813.

2. Alle gesetzlichen Rechte auf Abzug der Quart für Armen- und Schulzwecke sind aufgehoben.[18])

---

obst. L.G. XIII. 472). Prinzip des Verbotes ist offenbar, daß kraft Disposition ein Vermögensbestandteil von einer Person weg rechtlich gebunden nicht in die Hände zweier weiterer Personen gelangen darf, sondern die Gebundenheit in der Hand der zweiten Person aufhört. Auf Vulgarsubstitutionen hat das Verbot daher keine Anwendung. Hienach ergibt sich:

a) Es ist zwar zulässig, jemanden zum Erben einzusetzen und ihm aufzuerlegen, die Erbportion oder einen aliquoten Teil an einen anderen zu restituieren, aber unzulässig, diesem anderen eine gleiche Restitutionspflicht aufzuerlegen; das zweite Erbschaftsvermächtnis ist kraft Gesetzes nichtig;

b) zwar zulässig, einem Singularvermächtnisnehmer wieder ein Singularvermächtnis aufzuerlegen, nicht aber zulässig, dem zweiten Singularvermächtnisnehmer wieder eine Restitutionspflicht auf den Vermächtnisgegenstand aufzuerlegen; dieses dritte Singularvermächtnis ist kraft Gesetzes nichtig. Begründet das dem Erben auferlegte Singularvermächtnis lediglich ein Forderungsrecht gegen den Erben, so ist dasjenige weitere Vermächtnis desselben Gegenstandes nichtig, welches den Gegenstand in die dritte Hand vom Besitzer zur Zeit der ersten Restitution weg gerechnet bringt.

Für den Fall a ist es von besonderer Wichtigkeit, ob im Falle einer wechselseitigen Erbeinsetzung (durch korrespektives Testament oder Erbvertrag) mit der Ernennung eines Nacherben auf den Tod des Längstlebenden letztere Ernennung ein Universalfideikommiß auf das beiderseitige Vermögen der beiden Testierenden, oder ein Universalfideikommiß nur auf das Vermögen des Erstverstorbenen und eine Vulgarsubstitution auf den Nachlaß des Letztversterbenden oder überhaupt nur eine Vulgarsubstitution des Nacherben enthält. Je nach der rechtlichen Konstruktion ist eine den ersternannten Nacherben gegenüber erfolgte weitere Ernennung eines Nacherben entweder ganz oder teilweise ungiltig oder überhaupt giltig.

c) Tritt der Erbe gezwungen an, so gilt die ihm auferlegte fideikommissarische Substitution als erste und eine weitere solche ist nichtig. Wird nach Civilrecht die das Universalfideikommiß vermittelnde Erbeinsetzung, wenn auch angenommen, nicht wirksam, weil der eingesetzte Erbe vor Antritt der Erbschaft stirbt, oder wird eine sonstige fideikommissarische Substitution aus irgend einem Grunde als solche unwirksam, auch wenn sie sich in Vulgarsubstitution verwandelt (Bl. f. R. XXXIV. 289 ff.), so wird sie nicht mitgezählt. Wie es zu halten sei, wenn jemand einen Vermögensteil sowohl als Erbe, als als fideikommissarischer Substitut beanspruchen kann, hierüber vgl. jur. Mon.Schr. 1893 S. 164, 165. Bei der Feststellung der nichtigen Substitution kommt es also immer darauf an, ob die einzelnen Verfügungen rechtlich und thatsächlich wirksam geworden sind, daher kommen stets nur solche Fälle in Betracht, wo die fideikommissarische Substitution als solche realisiert wurde, d. h. wo ein Vermögensteil rechtlich und thatsächlich von einer Hand in die andere ging.

[18]) Ziff. III lit B, I des Landtagsabschiedes vom 15. April 1840, den Abzug

3. Nachlaßgläubiger (nicht Gläubiger des Erben) und Vermächtnisnehmer[19]) können, und zwar auch jeder einzeln[20]), Absonderung der Nachlaßgegenstände von dem Vermögen des Erben zum Zwecke ihrer Befriedigung aus demselben nur verlangen:

a) entweder so lange die Nachlaßgegenstände gesondert verwaltet werden oder

b) innerhalb eines Jahres nach dem Erbschaftsantritt, entweder

α) soweit die Nachlaßgegenstände noch bei dem Erben in Natur vorhanden und nicht mit seinem Vermögen in eine solche Verbindung gebracht sind, daß eine Absonderung unthunlich erscheint, oder

β) soweit die Gegenleistung für veräußerte Nachlaßgegenstände noch aussteht.

Die Absonderung wird vom Gerichte und nur auf Antrag des Berechtigten verfügt.[21])

Durch Geltendmachung des Absonderungsrechtes verliert der Berechtigte weder die Befugnis, seinen Ausfall im Konkurse des Erben geltend zu machen, noch das Recht, sich außerhalb des Konkurses an das Vermögen des Erben zu halten.[22]) Andererseits verbleibt das, was nach Befriedigung der Absonderungsberechtigten vom Nachlasse übrig bleibt, den Erben.[23])

Das Absonderungsrecht geht verloren, wenn der Berechtigte den Erben als Schuldner annimmt.

4. Hieher einschlägig ist auch die landesgesetzliche Bestimmung über die Verpflichtung zur Ableistung des Offenbarungseides in erbrechtlichen Angelegenheiten[24]): hierüber vgl. das Nähere oben im § 205 Ziff. VIII (S. 1131).

5. Ob die Rechtswohlthat des Inventars nur durch Errichtung eines öffentlichen Inventars oder auch durch Errichtung eines Privatinventars gewahrt werde, bemißt sich nach bürgerlichem Rechte. Insoweit hienach

---

der Armen- und Schulquarten von allen frommen Vermächtnissen betr. (G.Bl. S. 21, W. III. S. 337); vgl. auch oben § 196 S. 1095.

[19]) Art. 87 A.G. z. R.C.P.O. (beneficium separationis); hiezu s. auch § 43 R.K.O., wonach auch im Konkurs des Erben dieses Absonderungsrecht Platz greift.

[20]) Macht nur ein Einzelner das Absonderungsrecht geltend, so wirkt es auch nur für diesen, nicht für die übrigen Berechtigten: Böhm, A.G. S. 148. Haben mehrere Berechtigte das Absonderungsrecht geltend gemacht und reicht der Wert der Nachlaßgegenstände nicht zur Befriedigung aller aus, so kann jeder die Zwangsvollstreckung in die abgesonderten Gegenstände betreiben. Im Falle des Zusammentreffens Mehrerer bei der Vollstreckung in einen Gegenstand kommen die für das Verteilungsverfahren geltenden Bestimmungen (§§ 758 ff. R.C.P.O.) zur Anwendung. Böhm, A.G. S. 148.

[21]) Die Anordnung der Absonderung ist eine auf dem bürgerlichen Rechte ruhende einstweilige Verfügung im Sinne des Vorbehaltes des § 16 Ziff. 4 des E.G. z. R.C.P.O. Das Verfahren richtet sich nach §§ 814 ff. R.C.P.O. Böhm, A.G. S. 147.

[22]) Vgl. Böhm, A.G. S. 148, 149.

[23]) Vgl. Böhm, A.G. S. 149.

[24]) Art. 85 A.G. z. R.C.P.O.

ein öffentliches Inventar erforderlich ist, kann dasselbe zur Zeit rechtsgiltig nur von einem Notar errichtet werden.[25]).

Hypothekenrechtlich ist der Erbschaftsantritt mit der Rechtswohlthat des Inventars zur Eintragung in das Hypothekenbuch als Verpfändungsbeschränkung geeignet.[26]) Ob die Rechtswohlthat des Inventars auch Hypothekansprüchen rechtswirksam entgegengestellt werden kann, ist bereits im Hypothekenrechte erörtert.[27])

Reichsrechtlich sind beachtenswert die Vorschriften der §§ 695, 696 der Reichscivilprozeßordnung über die Geltendmachung der Einrede der Rechtswohlthat des Inventars seitens der Erben gegen Rücklaßansprüche.[28])

6. Das nach den Vorschriften des bürgerlichen Rechtes bestehende Recht des Fiskus, Unwürdigen die Erbschaft zu entreißen, ist durch die Bestimmungen der bayerischen Verfassungsurkunde nicht beseitigt.[29])

7. Der reichsrechtliche Nachlaßkonkurs ist nur möglich, wenn die Erbschaft überhaupt nicht oder noch nicht oder nur wenn sie mit der Rechtswohlthat des Inventars angetreten ist, d. h. solange noch kein Erbe vorhanden ist, der mit seinem ganzen Vermögen persönlich für die Rücklaßschulden haftet.[30])

§ 217.

Die Formen der letztwilligen Verfügungen.

In Ansehung der Formen der letztwilligen Verfügungen ist zunächst das örtliche bürgerliche Recht maßgebend. Reichsgesetzliche Vorschriften bestehen nur hinsichtlich des Militärtestamentes[1]), allgemein landesgesetzliche Vorschriften nur in Ansehung der letztwilligen Verträge, der öffentlichen letztwilligen Verfügungen und der letztwilligen Verfügungen zur Zeit der asiatischen Cholera.

A. Letztwillige Verträge.

Alle Verträge, durch welche jemand vermögensrechtliche Verfügungen von Todeswegen trifft, insbesondere daher Erbeinsetzungs-,

---

[25]) Art. 19 Not.Ges. Vgl. hiezu oben § 68 lit. B Ziff. IV, 2 c S. 484. Gegenwärtig liegt dem Landtage ein Antrag auf Aenderung des Art. 19 Not.Ges. vor, wonach die Gerichte zur Errichtung öffentlicher Nachlaßinventare zuständig sein sollen.

[26]) § 75 Hyp.Ges. Vgl. oben § 122 lit. B Ziff. IV, 1 b γ S. 823.

[27]) Vgl. oben § 132 Nr. 69 S. 874.

[28]) Vgl. hierüber auch oben § 50 S. 343.

[29]) In Betracht kommt Tit. VIII § 6 Verf.Urk. Vgl. Bl. f. R.A. XXVI. 142, 412; auch XXXV. 288; XLI. 224; E. d. obst. L.G. VI. 230; XI. 681; oben § 44 Ziff. II S. 277.

[30]) §§ 202—206 R.K.O. Vgl. hiezu v. Wilmowski und Levy, Komm. z. R.K.O. S. 492; Petersen-Kleinfeller, Komm. z. R.K.O. S. 568; oben § 50 Ziff. 2 S. 344.

[1]) Vgl. § 44 des Reichsmilitärgesetzes vom 2. Mai 1874 (R.G.Bl. S. 288); s. auch oben § 38 Ziff. 6 S. 240. Eine Darstellung dieser reichsrechtlichen Vorschriften ist hier nicht veranlaßt.

Vermächtnisverträge und Erbverzichtsverträge bedürfen seit 1. Juni 1890 zur Giltigkeit der notariellen Beurkundung; dagegen sind alle anderen nach Civilrecht etwa erforderlichen Formen, insbesondere die etwa nach Civilrecht erforderliche gerichtliche Bestätigung aufgehoben.[2]) Vor dem 1. Juni 1890 war für die Formen das örtliche bürgerliche Recht entscheidend; Gleiches ist auch jetzt noch der Fall bezüglich der materiellen Giltigkeit dieser Verträge. Im übrigen sind für die notarielle Errichtung der Erbverträge lediglich die gewöhnlichen Formen der Notariatsurkunden, nicht die für die sonstigen notariellen letztwilligen Verfügungen besonders vorgeschriebenen Formen maßgebend.[3]) Die Schenkungen von Todeswegen sind von der Formvorschrift notarieller Beurkundung auch jetzt noch ausgenommen; für sie ist auch jetzt noch schlechthin das örtliche Civilrecht maßgebend.[4]) Die landesherrlichen öffentlichen letztwilligen Verfügungen — testamenta principi oblata — haben mindestens mit Einführung des Notariatsgesetzes ihre Geltung verloren.[5])

B. Die öffentlichen letztwilligen Verfügungen.

An Stelle der gerichtlichen öffentlichen letztwilligen Verfügungen des bürgerlichen Rechtes — testamentum judici oblatum, apud acta sive gesta conditum — ist mit der gleichen Kraft die öffentliche notarielle letztwillige Verfügung getreten und zwar sowohl als dem Notare übergebene — testamentum notario oblatum — als von dem Notare errichtete — testamentum apud acta sive gesta notarii conditum.[6])

---

[2]) Ges. v. 5. Mai 1890, die Formen einiger Rechtsgeschäfte betr. (G.V.Bl. S. 227; B. S. 216), Art. 1 Abs. 1 und 2, in Kraft seit 1. Juni 1890. Vgl. hiezu Näheres oben § 65 lit. A S. 464, lit. C Ziff. III, 2 b und c S. 469; § 68 lit. B Ziff. IV, 2 a S. 483, 484; über vertragsmäßige Erbfolge s. besonders Throner in d. Not.Zeit. 1893 S. 65 ff.

[3]) arg. Art. 60 Abs. 2 Not.Ges.

[4]) Art. 1 Abs. 3 des Nt. 2 zit. Ges.

[5]) Vgl. auch Rehm, N.G. S. 16; Roth, b. C.R. III. S. 248, 249. Das landesherrliche Testament war auch ein öffentliches Testament. A. M. Hausers Ztschr. f. Reichs- und Landesrecht I. 283.

[6]) Art. 25 Not.Ges.: „Letztwillige Verfügungen, welche von einem Notar errichtet oder demselben verschlossen übergeben werden (Art. 60, 61 Not.Ges.), erhalten dieselbe Kraft, wie die vor dem Eintritte der Wirksamkeit des gegenwärtigen Gesetzes (1. Juli 1862) gerichtlich errichteten oder übergebenen letztwilligen Verfügungen." Diese notariellen letztwilligen Verfügungen haben also die gleiche Kraft, welche den letztgenannten Verfügungen nach Maßgabe des Civilrechts zukommt. Art. 25 Not.Ges. ist nur eine Konsequenz des Art. 16 Not.Ges. und damit wieder des Art. 11 Abs. 2 Not.Ges.; vgl. oben § 68 lit. B Ziff. IV, 1 a S. 481, 482. Für letztwillige Verträge gilt Art. 25 N.G. nicht; dies folgt auch aus Art. 60 Abs. 2 und 61 Not.Ges.; s. Rehm, N.G. S. 55; Rudorff a. a. O. S. 53. — Zu jener Kategorie letztwilliger Verfügungen gehören aber nicht die nach Art. 22 Not.Ges. (s. oben § 70 lit. B Ziff. II, 7 S. 508) errichteten letztwilligen Verfügungen; die letztwillige Verfügung erhält zwar hier im gewissen Maße die Eigenschaft einer öffentlichen Urkunde, bleibt aber private letztwillige Verfügung und ihre formelle Giltigkeit ist nach den civilrechtlichen Grundsätzen über diese zu bemessen. Auch Art. 26 Not.Ges. findet daher auf diese Art letztwilliger Verfüg-

Landesgesetzlich sind aber nur die Formen dieser letztwilligen Verfügungen geregelt[7]); ihre materielle Giltigkeit, wie insbesondere auch das materielle Testierrecht, soweit es sich nicht lediglich um die Formen, unter welchen testiert werden kann, handelt, bemißt sich nach örtlichem Civilrecht.[8])

Unter den beiden Formen der öffentlichen notariellen letztwilligen Verfügungen hat der Testator die Wahl.[9])

Ob auch die vor dem Pfarrer und zwei Zeugen oder Ratspersonen errichtete letztwillige Verfügung (testamentum coram parocho atque duobus testibus) heute noch als öffentliche letztwillige Verfügung Geltung habe, ist bestritten, vom bayerischen obersten Landesgerichte bejaht, richtig aber zu verneinen.[10])

Der Notar soll — abgesehen von der allgemeinen Belehrungspflicht — bevor er zur Beurkundung bei letztwilligen Verfügungen schreitet, den Disponenten über die beiden Formen notarieller letztwilliger Verfügungen belehren, und zwar insbesondere dann, wenn der Disponent eine schon angefertigte letztwillige Verfügung unverschlossen dem Notar übergibt, um ihr die Kraft einer öffentlichen Urkunde zu verleihen. Will der Disponent die letztwillige Verfügung dem Notare verschlossen übergeben, so hat dieser denselben zunächst zum Verschlusse der mitgebrachten letztwilligen Verfügung zu veranlassen. Will der Disponent aber, daß über seine letztwillige Verfügung eine Notariatsurkunde errichtet werde, so dient der überbrachte Aufsatz lediglich als Anhaltspunkt für die vom Notar aufzunehmende letztwillige Verfügung.[11])

I. Die notariell errichtete letztwillige Verfügung.[12])

1. Die Erfordernisse der formellen Giltigkeit jeder öffentlichen

---

ungen nicht Anwendung; so richtig Rudorff a. a. O. S. 53 Nr. 4 gegen Rehm, N.G. S. 56 Nr. 1. Die Art. 82 Abs. 5, Art. 94 und 125 Not.Ges. werden aber dem Sinne nach auch auf solche letztwillige Verfügungen anzuwenden sein; ebenso Rehm, N.G. S. 57 Nr. 1.

[7]) Art. 60, 61 Not.Ges. — Ueber Art und Weise der Abfassung vgl. Ztschr. f. Not. 1867 S. 279, 376.

[8]) Zink, Komm. z. Not.Ges. S. 239 ff.; Enderlein, Mat. z. Not.Ges. S. 200. Vgl. hiezu besonders unten Nr. 15 und 26.

[9]) Zink, Komm. z. Not.Ges. S. 249; Enderlein, Mat. z. Not.Ges. S. 199 ff.; Rudorff a. a. O. S. 78 Nr. 1 i.

[10]) Vgl. hierüber oben § 40 Ziff. 6 S. 263 und § 68 lit. B Ziff. I, 1 Nr. 17 S. 475. — Dazu noch übereinstimmend mit der hier vertretenen Ansicht: Roth, b. C.R. III. S. 249; Zink, Komm. z. Not.Ges. S. 239, Beil. S. 161 Ziff. 4; Rehm, N.G. S. 15 Nr. 3 und in Hausers Ztschr. f. Reichs- und Landesrecht I, 208 ff.; Stengleins Ztschr. f. Ger.Pr. und R. III. 217; Ztschr. f. Not. 1866 S. 202—204, 210; d. Not.Ztg. 1874 S. 115; Ztschr. d. Anw.Ver. f. B. XVII. 123, 161, 177. A. M. E. d. obst. L.G. V. 467, 469; VI. 469; VII. 117; Bl. f. R.A. XIX. 315; XXXVIII. 490; XL. 202; XLI. 64; XLII. 15, 394; Hausers Ztschr. f. Reichs- und Landesrecht I. 280; Zink, Komm. z. Not.Ges. Beil. S. 161; Stenglein, Ztschr. f. G.Pr. III. 217. Man scheint davon auszugehen, daß das Pfarrertestament kein öffentliches Testament gewesen sei, was unrichtig ist.

[11]) § 86 Instr. z. Not.Ges.

[12]) Roth, b. C.R. III. S. 250—255.

notariell errichteten letztwilligen Verfügung, mit Ausnahme der Verträge von Todeswegen [13]), sind folgende:

a) zunächst sind die gewöhnlichen Förmlichkeiten einer Notariatsurkunde zu beobachten [14]); diese sind bereits oben § 70 lit. B (S. 491 ff.) aufgeführt;

b) der Disponent hat dem Notar seinen letzten Willen mündlich zu erklären; Stumme und Taubstumme können daher vor dem Notare eine letztwillige Verfügung nicht errichten [15]);

---

[13]) Art. 60 Not.Ges. Mit Ausnahme der Verträge von Todeswegen fallen unter diese Formvorschriften alle Verfügungen von Todeswegen des Civilrechtes, falls sie öffentliche letztwillige Verfügung sein sollen; daher auch das test. militare, rure vel pestis tempore conditum (vgl. hiezu Ztschr. f. Not. 1866 S. 268), test. und divisio parentum inter liberos, test. reciprocum und correspectivum (Roth, b. C.R. III. S. 392, 393), auch die Schankung von Todeswegen, soferne sie nach Civilrecht überhaupt als letztwillige Verfügung gilt: Ztschr. f. Not. 1889 S. 117; Roth, b. C.R. III. S. 321. Vgl. hiezu E. Zink, Komm. z. Not.Ges. S. 239 ff.; Enderlein, Mat. z. Not.Ges. 199—201; Rudorff a. a. O. S. 68, 69.

[14]) Unter den „gewöhnlichen Formvorschriften einer Notariatsurkunde“ sind m. E. nicht etwa die gewöhnlichen Formvorschriften der Art. 62—68, 70, 71, 73, 77 Not.Ges. im Gegensatze zu den außergewöhnlichen Formvorschriften der Art. 53, 55, 57—59, 69, 74—76 N.G. zu verstehen, wie Rehm, N.G. S. 87 Nt. 4 und Rudorff a. a. O. S. 78 Nt. 2 und Ztschr. f. Not. 1866 S. 210 annehmen; mit jenen Worten wollte vielmehr nur gesagt werden, daß abgesehen von den in Art. 60 Not.Ges. enthaltenen besonderen Formvorschriften natürlich in erster Linie diejenigen Formen zu beachten sind, die jede Notariatsurkunde auch unter obwaltenden besonderen Umständen erfordert. Ist daher ein Tauber Disponent, so kommt doch Art. 58 Abs. 1 und 2 Not.Ges. zur Anwendung, was Rudorff a. a. O. S. 78 Nt. 5 im Widerspruch mit Nt. 2 ebenfalls zugibt (vgl. hiezu oben § 17 lit. A Ziff. I S. 51), ebenso bei Beteiligung eines der deutschen Sprache nicht Mächtigen Art. 74—76 Not.Ges.; Zink, Komm. z. Not.Ges. S. 242; Ztschr. f. Not. 1866 S. 82 (vgl. oben § 70 lit. B Ziff. II, 2 S. 499 und 4 e S. 507). Ebenso Zink, Komm. z. Not.Ges. S. 239 ff.; Enderlein, Mat. z. Not.Ges. S. 200. Anderseits bleibt es aber immer bei den zwei Zeugen bezw. dem zweiten zugezogenen Notar der Ziff. 3; treffen mehrere Gründe zusammen, von denen jeder zwei Zeugen u. s. w. fordert, so sind doch im ganzen nur zwei Zeugen ꝛc. zuzuziehen; vgl. hierüber oben § 70 lit. B Ziff. II, 4 a S. 505 und b S. 506; a. M. Ztschr. f. Not. 1866 S. 83.

[15]) Vgl. hierüber schon oben § 17 lit. A Ziff. 2 S. 52; ebenso Zink, Komm. z. Not.Ges. S. 242; Rehm, N.G. S. 87 Nt. 5; Rudorff a. a. O. S. 78 Nt. 3; Bl. f. R.A. XXXVI. 106; Ztschr. f. Not. 1866 S. 130; wohl aber Blinde und Taube: Bl. f. R.A. XLII. 143; LI. 121; E. d. obst. L.G. VI. 640; XI. 219 und die erstgenannten Zitate. Lediglich auf das Civilrecht verweisen: Ztschr. f. Not. 1864 S. 30 Anm.; 1866 S. 65, 81; auch 1866 S. 200, 209; dagegen Ztschr. f. Not. 1866 S. 130, 281. Vgl. ferner Ztschr. f. Not. 1866 S. 297, 374; 1867 S. 279, 376; 1868 S. 95; Ztschr. d. Anw.Ver. f. Bayern IV. 187; Bl. f. R.A. XLI. 357; Roth, b. C.R. III. S. 250; Bomhard, Leitfaden S. 59; Zink a. a. O. Beil.Bd. S. 163. M. E. gestaltet sich die Sachlage derart, daß die Frage, ob Blinde, Taube, Stumme u. s. w. überhaupt materiell testierfähig sind, nach bürgerlichem Rechte, die Frage, ob und unter welchen Formen sie Privattestamente errichten können, gleichfalls nach bürgerlichem Rechte, die Frage, ob sie öffentliche notarielle Testamente errichten können, ob sie in dieser oder jener Art des notariellen Testamentes und unter welchen Formen im einzelnen sie dann testieren können, ausschließlich nach dem Notariatsgesetze zu beantworten ist.

c) das ganze Geschäft ist in Gegenwart zweier Zeugen oder eines zugezogenen zweiten Notars vorzunehmen[16]);

d) der Notar hat die Urschrift der Verhandlung selbst vorzulesen[17]);

e) die Beobachtung der unter lit. b—d genannten Förmlichkeiten ist ausdrücklich zu beurkunden.[18])

2. Die sämtlichen in Ziff. 1 genannten besonderen Förmlichkeiten sind wesentlicher Natur[19]); inwieweit die zu beobachtenden sonstigen Förmlichkeiten einer Notariatsurkunde wesentlicher Natur sind, ist bereits oben § 70 lit. B (S. 491 ff.) und § 71 Ziff. 2 (S. 533) angeführt.[20]) Der Mangel der wesentlichen Förmlichkeiten bewirkt, daß die Urkunde nicht mehr als öffentliche letztwillige Verfügung Geltung hat, sondern nur mehr als Privaturkunde und private letztwillige Verfügung nach Maßgabe des örtlichen bürgerlichen Rechtes Bedeutung besitzen kann.[21])

II. Die notariell übergebene letztwillige Verfügung.[22])

1. Die Erfordernisse der formellen Giltigkeit einer notariell übergebenen letztwilligen Verfügung sind folgende[23]):

---

[16]) Das „ganze Geschäft" also, die Erklärung des Disponenten, das Vorlesen und Unterschreiben: E. d. obst. L.G. IX. 226. Hiebei müssen immer beide Zeugen gleichzeitig anwesend sein: Bl. f. R.A. XXXVI. 106. Unitas actus ist nicht erforderlich: § 46 Abs. 3 Instr. z. Not.Ges. Die Niederschrift der Urkunde braucht nicht in Gegenwart der Zeugen zu erfolgen; ebenso v. Zink, Komm. z. N.G. S. 251; Enderlein, Mat. z. Not.Ges. S. 213; Rehm, N.G. S. 87; Rudorff a. a. O. S. 78; a. M. Roth, b. C.R. III. S. 254 Nt. 25. — Bezüglich der Zeugenfähigkeit vgl. Art. 64 Not.Ges. und hiezu oben § 70 lit. B Ziff. II, 4 S. 505, 506; § 15 Ziff. 4 S. 44; zustimmend auch Ztschr. f. Not. 1865 S. 307.

[17]) Er braucht sie aber nicht selbst zu schreiben; wer schreibt, ist überhaupt gleichgiltig; das S. C. Libonianum ist beseitigt und ist nunmehr der Art. 47 Not.Ges. zu beachten; vgl. hierüber oben § 69 S. 490 (Bl. f. R.A. XLVIII. 11); § 43 Abs. 2 Instr. z. Not.Ges.; E. d. obst. L.G. IX. 724; Zink, Komm. z. Not.Ges. S. 249, 250, 278; Rösl, Komm. z. Not.Ges. S. 177, 178; Roth, b. C.R. III. S. 236 Nt. 109, S. 251 Nt. 6, S. 254 Nt. 26; Enderlein, Mat. z. Not.Ges. S. 213. Da die besondere Förmlichkeit hier in dem „selbst" vorlesen, nicht im „Vorlesen" liegt, so ist auch ein selbst Durchlesen des Disponenten genügend (Art. 66 Abs. 1 Not.Ges.); die Abschrift muß aber dann den Zeugen oder dem zweiten Notar noch vorgelesen werden: E. d. obst. L.G. VI. 640; XI. 219; Bl. f. R.A. XLII. 143; LI. 121; Ztschr. f. Not 1866 S. 378.

[18]) Dabei genügt in Ansehung der Ziff. 2 eine Konstatierung, aus der ersichtlich ist, daß der Disponent dem Notar mündlich seinen letzten Willen erklärt hat: Bl. f. R.A. XXXVI. 106; XXXVII. 402; v. Zink, Komm. z. Not.Ges. S. 590 ff.

[19]) Art. 148 Not.Ges.

[20]) Wenn auch Art. 148 Not.Ges. schlechthin die Förmlichkeiten des Art. 60 Abs. 1 Not.Ges. für wesentlich erklärt, so wollte damit doch nicht gesagt werden, daß die „gewöhnlichen Förmlichkeiten einer Notariatsurkunde" im Eingange des Art. 60 Not.Ges. hier gleichfalls alle wesentlicher Natur seien; diese Frage bemißt sich wieder gesondert nach Art. 148 Not.Ges. Ebenso Bl. f. R.A. XXXII. 248; Rudorff a. a. O. S. 78 Nt. 2.

[21]) Art. 148 Not.Ges. Es liegt dann eben keine öffentlich errichtete letztwillige Verfügung vor; der letztwilligen Verfügung kann die in Art. 25 Not.Ges. genannte Kraft nicht zukommen.

[22]) Roth, b. C.R. III. S. 250—253, 255—257.

[23]) Art. 61 Not.Ges. Bezüglich „letztwilliger Verfügungen" gilt dasselbe, was oben Nt. 13 gesagt wurde.

a) Die letztwillige Verfügung muß dem Notar verschlossen übergeben werden[24]);

b) die Uebergabe muß durch den Disponenten in Person und in Gegenwart zweier Zeugen oder eines zweiten Notars geschehen[25]);

c) der Notar hat auf der übergebenen letztwilligen Verfügung unter Beidrückung des Notariatssiegels durch seine und der beiden Zeugen oder des zugezogenen zweiten Notars Unterschrift zu bestätigen, daß der Disponent das in dem Verschlusse enthaltene als seine letztwillige Verfügung erklärt habe[26]);

---

[24]) Stellvertretung bei der Uebergabe ist ausgeschlossen. Wer die letztwillige Verfügung geschrieben hat, ist gleichgiltig; sie braucht auch gar nicht unterschrieben sein; hat sie der Notar selbst geschrieben, so ist sie um deswillen noch keine öffentliche Urkunde; denn die Oeffentlichkeit liegt hier nicht im Errichtungsakte, sondern im Uebergabeakte; auch findet § 77 Not.Ges. auf solche Schriftstücke nicht Anwendung: § 84 Instr. z. Not.Ges.; Rösl, Komm. z. Not.Ges. S. 157, 159; Enderlein, Mat. z. Not.Ges. S. 215; Roth, b. C.R. III. S. 251 Nt. 5, S. 255; Bomhard, Leitfaden S. 34; Rehm, Not.Ges. S. 89, 90; Rudorff a. a. O. S. 70 Nt. 10; autogr. J.M.E. v. 9. August 1869 Nr. 9316 (bei Enderlein, Mat. z. Not.Ges. S. 215); Ztschr. f. Not. 1868 S. 153 Anm. — Den Inhalt der letztwilligen Verfügung braucht der Verfügende nicht geheim zu halten; aber verschlossene Uebergabe ist erforderlich; vgl. dazu § 86 Instr. z. Not.Ges. und oben S. 1185 zu Nt. 11; Enderlein, Mat. z. Not.Ges. S. 215; v. Zink, Komm. z. Not. S. 596 Nt. 73; Rehm, Not.Ges. S. 90 Nt. 3; Rösl, Komm. z. Not.Ges. S. 179. Gleichgiltig ist die Art des Verschlusses, auch unvollständiger Verschluß schadet nicht; s. Ziff. 5. Der Verschluß ist kein Zeichen der Geheimheit, sondern nur Mittel zur Sicherung der Identität des übergebenen Schriftstückes; so richtig Rudorff a. a. O. S. 80. Der Umstand, daß der Notar selbst oder eine der in § 47 Abs. 1 Ziff. 1 genannten Personen in der letztwilligen Verfügung bedacht ist, hindert die Beurkundung der Uebernahme durch den Notar nicht; denn bei derjenigen Verhandlung, die er aufnimmt — Uebergabeakt — ist er selbst nicht Beteiligter (vgl. über diesen Begriff oben § 69 Nt. 15 S. 490) und die von ihm aufzunehmende Verhandlung — der Uebergabeakt — enthält nicht einen Vorteil für ihn bezw. seine Ehefrau oder Verwandten (§ 47 Abs. 1 Ziff. 2 Not.Ges.); vgl. zum Ganzen oben § 69 S. 490. Nur die irrige Auffassung des § 47 Abs. 1 Ziff. 1 Not.Ges. kann hier zu Schwierigkeiten führen, wie dies von Rudorff a. a. O. S. 79 Nt. 12 richtig erkannt wird, der aber auch die Konsequenzen dieser Auffassung richtig zieht, während andere, wie Rösl, Komm. z. Not.Ges. S. 157, um zu unserem Resultate zu gelangen, sich mit einem „gesetzlich geheimen Testament" helfen müssen, was aber die letztwillige Verfügung des Art. 61 Not.Ges. keineswegs ist; dagegen auch Rudorff a. a. O. S. 79, 80.

[25]) Die Zeugenfähigkeit ist nicht vom Standpunkt der übergebenen letztwilligen Verfügung, sondern vom Standpunkte der Uebernahmeurkunde aus zu beurteilen. Ueber die Zeugenfähigkeit selbst s. oben § 70 lit. B Ziff. III, 4 a S. 506 und § 15 Ziff. 4 S. 44.

[26]) Eigenhändiges Schreiben der Bestätigung durch den Notar, Unterschrift des Testators ist nicht erforderlich. Immerhin ist aber eine Bestätigung erforderlich, die bloße Unterschrift des Notars und der Zeugen genügt nicht; ebenso Zink, Komm. z. Not.Ges. S. 259, 260; Enderlein, Mat. z. Not.Ges. S. 215; Ztschr. f. Not. 1871 S. 17; autogr. J.M.E v. 30. Juli 1868 Nr. 9686 (bei Enderlein, Mat. z. N.G. S. 118, 119); s. hiezu Zink, Komm. z. Not.Ges. S. 135, 258 ff., 270; Rösl, Komm. z. Not.Ges. S. 179; Enderlein, Mat. z. Not.Ges. S. 215; Rehm, N.G. S. 90 Nt. 6; Ztschr. f. Not. 1871 S. 17. Ebenso ist eine bestimmte

für diese Aufschriftsurkunde sind die gewöhnlichen Förmlichkeiten einer Notariatsurkunde zu beachten[27]);

d) ist der Verschluß unvollständig oder kann die unter lit. c genannte Bestätigung nicht auf die übergebene Verfügung gesetzt werden, so hat der Notar über dieselbe einen mit dem Notariatssiegel zu verschließenden Umschlag zu machen, auf welchen die Bestätigung zu setzen ist;

e) über die ganze Verhandlung ist eine Notariatsurkunde aufzunehmen, welche den gewöhnlichen Förmlichkeiten einer Notariatsurkunde zu entsprechen hat.[28]) Diese Förmlichkeiten sind bereits oben § 70 lit. B (S. 491 ff.) angeführt;

f) in der Urkunde ist anzuführen, daß die besonderen Förmlichkeiten der lit. a—e beobachtet seien.

2. Die übergebene letztwillige Verfügung kann bei dem Notare hinterlegt oder auch dem Disponenten sogleich oder zu einer anderen Zeit, jedoch nur auf persönliches Verlangen desselben, zurückgestellt werden.[29]) Ueber den Rückstellungsakt ist eine den gewöhnlichen Förmlichkeiten unterliegende Notariatsurkunde aufzunehmen.[30]) Im Falle einer solchen Zurückstellung ist aber die Kraft der letztwilligen Verfügung als öffentlicher letztwillige Verfügung dadurch bedingt, daß die Verschluß- und

---

Form der Erklärung nicht vorgeschrieben. Die Erklärung kann mündlich, schriftlich, durch Zeichen geschehen, weshalb auch Blinde, Taube, Stumme, Taubstumme, Analphabeten, des Deutschen nicht Mächtige in der Form des Art. 61 Not.Ges. testieren können; vgl. auch Rehm, N.G. S. 90 Nt. 7; Rudorff a. a. O. S. 80 Nt. 13; Ztschr. f. Not. 1864 S. 29 (für Lesensunkundige); 1866 S. 69, 130. A. M. für Blinde und Analphabeten: Zink, Komm. z. N.G. S. 242, 243; Beil.Bd. S. 164; Bl. f. R.A. XXXVI. 303. Vgl. hiezu oben Nt. 15 a. E.

[27]) Vgl. auch Rehm, N.G. S. 90 Ziff. 4. Hier gilt dasselbe, was oben in Nt. 14 gesagt wurde. Die Aufschriftsurkunde ist Teil des Verschlusses der letztwilligen Verfügung und daher Mittel zur Sicherung der Identität; sie wird mit der letztwilligen Verfügung zurückgegeben: arg. Art. 26 Not.Ges. Aber nur die Aufschriftsurkunde, nicht die letztwillige Verfügung selbst ist Notariatsakt: § 84 Instr. z. Not.Ges.

[28]) Auch hier gilt das, was oben Nt. 14 gesagt wurde. Dies giebt hier auch Rehm, N.G. S. 90 Ziff. 7, zu.

[29]) Art. 26 Abs. 1 Not.Ges. Ist von mehreren Disponenten eine gemeinschaftliche letztwillige Verfügung verschlossen dem Notar übergeben worden, so kann dieselbe auch nur auf gemeinschaftliches persönliches Verlangen der Disponenten und zwar an diejenige Person, welche von ihnen zur Empfangnahme bestimmt ist, zurückgestellt werden: § 85 Abs. 1 Instr. z. Not.Ges. — Zurückgestellt wird die letztwillige Verfügung mit Verschluß und Aufschriftsurkunde „unversehrt und unverändert“ (Art. 26 Abs. 2 Not.Ges.), nicht aber die Uebernahme- und Rückstellungsurkunde; vgl. oben § 70 lit. B Ziff. 11 lit. c S. 511; Enderlein, Mat. z. Not.Ges. S. 211.

[30]) Art. 26 Abs. 3 Not.Ges.; § 49 lit. b, § 50, 83 Abs. 2 Instr. z. Not.-Ges. (Erk. d. obst. Ger.H. v. 25. Mai 1866 in J.M.Bl. 1866 S. 150). Schließt sich die Rückgabe zeitlich sofort an die Uebergabe an, so kann der Rückstellungsakt in der gleichen Urkunde mit dem Uebernahmeakt beurkundet werden: Zink, Komm. z. Not.Ges. I. S. 140; Rehm, N.G. S. 57 Nt. 2. Bezüglich der gewöhnlichen Förmlichkeiten vgl. oben Nt. 14.

Aufschriftsurkunde unversehrt und unverändert bleibt.[31]) Hierüber hat der Notar den Disponenten vor der Zurückstellung zu belehren und und daß dies geschehen, in dem über die Zurückstellung aufzunehmenden Notariatsakte, wobei nur die Förmlichkeiten einer gewöhnlichen Notariatsurkunde zu beachten sind, zu beurkunden.[32])

3. Für die notariell übergebenen letztwilligen Verfügungen gilt entsprechend dasselbe, was oben lit. I Ziff. 2 über die notariell errichteten letztwilligen Verfügungen gesagt wurde.

III. Widerruf der notariellen letztwilligen Verfügungen.

1. Formen des Widerrufes.

a) Civilrechtlich gilt im allgemeinen der Grundsatz, daß eine letztwillige Verfügung durch eine spätere letztwillige Verfügung (auch Vertrag) aufgehoben wird.[33]) Dieser Satz findet auch auf die notariellen Verfügungen in der Weise Anwendung, daß jede nach Maßgabe des örtlichen Civilrechts oder Reichs- oder Landesgesetz formell rechtsgiltig errichtete letztwillige Verfügung geeignet ist, eine notarielle letztwillige Verfügung aufzuheben; über den Umfang der Aufhebung entscheidet ebenfalls das örtliche Civilrecht.

b) Civilrechtlich hebt regelmäßig die Zerstörung der letztwilligen Verfügung durch den Testator in Absicht des Widerrufes oder die Durchstreichung der eingesetzten Erben dieselbe auf.[34]) Bei der notariell errichteten letztwilligen Verfügung sind derartige Maßnahmen ausgeschlossen[35]): sie sind nur bei der

---

[31]) Art. 26 Abs. 2 Not.Ges. Und zwar bis zum Tode des Testators. Vgl. auch jur. Monatschr. Jhrg. 1894 S. 105, 106. A. M. Rehm, N.G. S. 57 Nt. 7: „wenn dieselbe bis zum Zeitpunkte der Zurückstellung unversehrt und unverändert geblieben ist". Dagegen spricht, abgesehen von vielen anderen Gründen, sofort die in Art. 26 Abs. 3 Not.Ges. statuierte Belehrungspflicht, die gar keinen Sinn hätte, wenn die Rehm'sche Auffassung richtig wäre. — Die Rücknahme der letztwilligen Verfügung hat nicht die Bedeutung und Wirkung eines Widerrufs.

[32]) Art. 26 Abs. 3 Not.Ges. Bezüglich der Förmlichkeiten s. oben Nt. 14.

[33]) Vgl. hierüber Roth, b. C.R. III. S. 499—503, 509—518; Windscheid, Pand. III. § 565; Dernburg, Pand. III. § 94 Ziff. 1.

[34]) Vgl. Roth, b. C.R. III. S. 497—499; Windscheid, Pand. III. § 564 Ziff. 2 b; Dernburg, Pand. III. § 94 Ziff. 2.

[35]) Denn die Urschriften müssen beim Notar aufbewahrt bleiben; eine Rückgabe der Urschrift ist absolut unstatthaft; vgl. oben § 70 lit. B Ziff. II, 11 c S. 511; § 82 Instr. z. Not.Ges.: „will daher der Disponent seine in solcher Weise (Art. 60 Not.Ges.) aufgenommene letztwillige Verfügung widerrufen, so hat er seinen Widerruf in gesetzlicher Form zu erklären". Wurde trotz dieses Verbotes die Urschrift zurückgegeben, so hebt dieser Akt die öffentliche Eigenschaft der Urkunde nicht auf, der Notar macht sich nur disziplinär verantwortlich; ob eine solche Rücknahme einen Widerruf enthält, ist Thatfrage und wie sonst der Widerruf durch zerstörende Maßnahme bewirkt werden kann, Frage des örtlichen Civilrechts. Aehnlich Bl. f. R.A. XLI. A. M. Roth, b. C.R. III. S. 255, 499; Ztschr. f. Reichs- u. Landesrecht I. 104, 234; Zink, Komm. z. Not.Ges. S. 138, 256, die in der Rückgabe schlechthin einen Widerruf finden. Auch dürfen in der abgeschlossenen Urschrift sebst keine Aenderungen vorgenommen werden, wie z. B. gitterweise Durchstreichung

notariell übergebenen letztwilligen Verfügung möglich, da hier jederzeit die Zurückstellung derselben verlangt werden kann[36]; immerhin begründet aber nicht schon die Zurückstellung den Widerruf, auch nicht schlechthin die Zerstörung des Verschlusses und der Aufschriftsurkunde; was im einzelnen noch erforderlich ist, um einen Widerruf der letztwilligen Verfügung zu bewirken, bemißt sich nach Civilrecht.

c) Civilrechtlich kann nach einzelnen Rechten der Widerruf vor drei Zeugen oder zu gerichtlichem Protokolle erklärt werden.[37] Diese civilrechtlichen Widerrufsmöglichkeiten greifen auch gegenüber notariellen letztwilligen Verfügungen Platz[38], nur mit dem Unterschiede, daß an Stelle der civilrechtlich verlangten gerichtlichen Protokollierung mit allen ihren etwa sonst noch vorgeschriebenen Formalitäten nunmehr lediglich die notarielle Beurkundung zu treten hat[39]; für die zu errichtende Notariatsurkunde sind nur die gewöhnlichen Förmlichkeiten einer Notariatsurkunde[40] zu beobachten. Ist der Widerruf nur dann civilrechtlich wirksam, wenn die letztwillige Verfügung bereits über 10 Jahre alt ist, so hat es hiebei auch selbst dem notariell erklärten Widerrufe gegenüber sein Bewenden.

d) Jeder Privatakt, welcher nach Civilrecht geeignet ist, einen Widerruf zu begründen, hebt auch eine öffentliche notarielle letztwillige Verfügung auf. Hebt civilrechtlich jeder in Testamentsform gekleidete Widerruf ein früheres Testament auf, so wird auch ein notarielles Testament durch einen in irgend eine Testamentsform gekleideten Widerruf aufgehoben; die Testamentsform des Widerrufes braucht dann der Testamentsform der Errichtung des Testamentes nicht zu entsprechen. Dies gilt auch entsprechend für letztwillige Verfügungen, welche nicht Erbeseinsetzungen enthalten. Hebt nach Civilrecht nur ein der Errichtungsform der letztwilligen Verfügung entsprechender Akt dieselbe auf, so kommt es darauf an, ob die letztwillige Verfügung durch Privatakt oder öffentlichen Akt entstanden ist: im ersteren Falle bleibt für die Form

---

oder Kanzellierung; vgl. oben § 70 lit. B Ziff. II, 1 b S. 497—499. A. M. Bl. f. R.A. XLI. 372; würde es trotzdem geschehen, so würde freilich das Civilrecht über die Wirkung einer solchen Maßnahme entscheiden.

[36]) Art. 26 Not.Ges.; vgl. oben Ziff. II, 2 S. 1189; auch Roth, b. C.R. III S. 257, 499.

[37]) Vgl. Roth, b. C.R. III. S. 494—496; Windscheid, Pand. III. § 564 Ziff. 2; Dernburg, Pand. § 94 Ziff. 3.

[38]) Ebenso Roth, b. C.R. III. S. 496; Bl. f. R.A. XLI. 359, 369 ff. A. M. Zink, Komm. z. N.G. S. 138, 246, welcher auch hier die notarielle Beurkundung des Widerrufs allein für genügend erachtet.

[39]) Art. 16 Not.Ges.; vgl. hierüber oben § 68 lit. B Ziff. IV, 1 a S. 481; ebenso Zink, Komm. z. N.G. S. 138, 246; Bl. f. R.A. XLI. 359 ff.; gegen Roth, b. C.R. III. S. 496.

[40]) Vgl. hiezu oben Nr. 14.

des Widerrufes ausschließlich das Civilrecht maßgebend; im zweiten Falle kann der öffentliche Akt heute nur mehr Notariatsakt sein; es bedarf daher dann der Widerruf zu seiner Giltigkeit der notariellen Beurkundung, wobei aber nicht die besonderen Vorschriften über die Errichtung öffentlicher notarieller letztwilliger Verfügungen angewendet werden müssen.[41])

2. Die Aufnahme eines einseitigen Widerrufs einer gemeinschaftlichen letztwilligen Verfügung kann der Notar bloß aus dem Grunde der Einseitigkeit des Widerrufs nicht verweigern; welche Wirkungen sich an den einseitigen Widerruf knüpfen, bemißt sich nach Civilrecht.[42])

3. Die materiellen Voraussetzungen und Wirkungen eines Widerrufs bemessen sich ausschließlich nach bürgerlichem Rechte.

IV. Formelle Behandlung der notariellen letztwilligen Verfügungen.

Die Notare haben die von ihnen aufgenommenen oder bei ihnen hinterlegten letztwilligen Verfügungen und zwar erstere unverschlossen während der Lebenszeit der Disponenten unter persönlichem Verschlusse in sicheren Behältnissen (Kassen oder feuerfesten Schränken) von anderen Urkunden gesondert, nach der Zeitfolge geordnet und nach Jahrgängen unterschieden, zu verwahren.[43]) Das Gleiche gilt für die über die Uebergabe[44]), Zurückgabe[45]) oder den Widerruf[46]) auf-

[41]) Dies ist auch wieder eine Folge des Art. 16 Not.Ges. Ebenso Bl. f. R.A. XLI. 359 ff; Zink, Komm. z. N.G. S. 138, 246. A. M. Roth, b. C.R. III. S. 496. Aus § 82 Abs. 1 der Instr. z. Not.Ges. („der Widerruf sei in gesetzlicher Form zu erklären") läßt sich die v. Roth'sche Ansicht nicht ableiten.

[42]) § 85 Abs. 2 Instr. z. Not.Ges. Vgl. hiezu besonders über Widerruf der test. reciproca und correspectiva und der Erbverträge E. d. obst. L.G. I. 95; II. 221, 505; III. 212; V. 474, 707; VI. 212; VII. 125, 951; IX. 410, 587, 621; XII. 243; XIV. 465, 559, 605; Bl. f. R.A. II. 197; VIII. 311; XIII. 351, 363; XXI. 220; XXXII. 322, 325; XXXIV. 188; XXXVI. 169; XXXVII. 177; XXXVIII. 144; XL. 96; XLI. 183; XLII. 224, 413; XLIII. 395; XLV. 488; XLVII. 154, 350; LIV. 239; LIX. 185, 390; Erg.Bd. IV. 65, 105; Zink, Komm. z. N.G. S. 140, 247; Roth, b. C.R. III. S. 396, 398, 521; Windscheid, Pand. III. § 568; Dernburg, Pand. III. § 97 und die daselbst jeweils zit. Litteratur.

[43]) Art. 82 Abs. 5 Not.Ges.; § 49 lit. b, § 88 Instr. z. Not.Ges. Nach dem Tode des Disponenten sind sie, soweit sie beim Notar verbleiben, in der allgemeinen Urkundensammlung aufzubewahren: Ztschr. f. Not. 1865 S. 351; ebenda zit. J.M.E. v. 27. Sept. 1865; autogr. J.M.E. v. 18. März 1866 (bei Enderlein, Mat. z. N.G. S. 210). Gegenseitige letztwillige Verfügungen sind nach Verkündung an den überlebenden Teil nur dann wieder vom Notar besonders zu verwahren, wenn sie noch Dispositionen des Ueberlebenden enthält, die nicht durch den Tod des Vorversterbenden gegenstandslos geworden sind: autogr. J.M.E. v. 4. Dez. 1875 Nr. 9693 (bei Enderlein, Mat. z. N.G. S. 211); J.M.E. v. 12. Aug. 1867 (Ztschr. f. Not. 1869 S. 359); v. 25. Aug. 1869 (Ztschr. f. Not. 1869 S. 361).

[44]) § 49 lit. b Instr. z. Not.Ges. § 83 Abs. 1 und zwar ist die Uebergabeurkunde entweder neben der verschlossen übergebenen letztwilligen Verfügung oder, falls diese zurückgestellt wurde, gesondert mit den übrigen letztwilligen Verfügungen zu verwahren.

[45]) Die Rückgabeurkunde ist der Uebernahmeurkunde beizulegen und mit dieser gesondert zu verwahren: § 49 lit. b, § 83 Abs. 2 Instr. z. Not.Ges.

[46]) Die Widerrufsurkunde ist, falls sie von demjenigen Notar aufgenommen

genommenen Urkunden. Für Eheverträge, welche zugleich letztwillige Verfügungen enthalten, gilt diese Vorschrift nicht; ob reine letztwillige Verträge gesondert aufzubewahren sind, obliegt dem Ermessen des Notars.[47]) Für die Urschriften aller gesondert aufzubewahrenden Urkunden sind bei den nach der Nummernfolge des Geschäftsregisters gesammelten Urschriften an den treffenden Stellen Fehlblätter einzulegen, auf welchen die laufende Nummer des Geschäftsregisters und der Gegenstand der Verhandlung kurz anzugeben sind.[48])

Ueber die von ihm aufgenommenen oder verschlossen bei ihm hinterlegten letztwilligen Verfügungen hat der Notar den Disponenten auf Verlangen eine Bescheinigung auszustellen. Wird eine verschlossen hinterlegte letztwillige Verfügung zurückgenommen, so ist die Bescheinigung dem Notar zurückzustellen oder in der über die Rückgabe aufgenommenen Urkunde von dem Empfänger für kraftlos zu erklären.[49])

Die Urschriften der notariell errichteten letztwilligen Verfügungen und letztwilligen Verträge, wie die Urschriften der Urkunden über Uebergabe, Zurückgabe und Widerruf einer letztwilligen Verfügung dürfen, abgesehen von den gesetzlich bestimmten Fällen, selbst dem Disponenten nie hinausgegeben werden.[50]) Ausfertigungen können während der Lebenszeit des Disponenten nur diesem erteilt werden; ebenso kann während dieser Zeit auch nur diesem die Einsicht in seine letztwillige Verfügung und letztwilligen Verträge gestattet werden.[51])

C. Die letztwilligen Verfügungen zur Zeit der asiatischen Cholera.

Durch das Gesetz vom 28. Dezember 1831[52]) sind für den Fall des Eindringens der asiatischen Cholera in Bayern in Ansehung der privaten letztwilligen Verfügungen besondere begünstigende Bestimmungen getroffen; auf die öffentlichen notariellen letztwilligen Verfügungen finden sie keine Anwendung. Jene Bestimmungen sind folgende:

---

wurde, der auch die letztwillige Verfügung aufnahm oder übernahm, der letztwilligen Verfügung, bezw. falls diese zurückgestellt, der Uebernahme- und Rückgabeurkunde beizulegen und mit dieser zu verwahren: § 49 lit. b, § 82 Abs. 2 Instr. z. Not.Ges.

[47]) Autogr. Just.M.E. v. 12. Aug. 1867 Nr. 15245 (abgedr. bei Enderlein, Mat. z. Not.Ges. S. 209); Ztschr. f. Not. 1878 S. 139.

[48]) § 50 Instr. z. Not.Ges.

[49]) § 87 Instr. z. Not.Ges.

[50]) Art. 92 Not.Ges.; § 82 Abs. 1 Instr. z. Not.Ges. Auch nicht, wenn sie durch spätere Verfügungen wieder aufgehoben sind; sie sind trotzdem besonders zu verwahren, denn Art. 82 Abs. 5 Not.Ges. läßt keine Ausnahme in dieser Hinsicht zu. Daher bezüglich des Widerrufs notariell errichteter Testamente oben § 217 lit. B Ziff. III, 1 b S. 1190.

[51]) Art. 94 Not.Ges.; auch den Aufsichtsstellen darf keine Einsicht gestattet werden: Art. 125 Abs. 3 Not.Ges.

[52]) Einige civilrechtliche Gegenstände auf den Fall des Eindringens der asiatischen Cholera in das Königreich betr. (G.Bl. 1831 S. 241; W. II S. 573; B. S. 51). Vgl. auch Bl. f. R.A. XXII. 13.

1. Die asiatische Cholera gilt als ausgebrochen, entweder wenn überhaupt hierüber von einer hiezu berechtigten Ortsbehörde (Polizei- oder Sanitätskommission) eine öffentliche Bekanntmachung erlassen worden ist, oder wenn örtliche Kontumazanstalten oder Sperrungen angeordnet oder in Wirkung gesetzt werden.

2. Auf alle Arten letztwilliger Verfügungen, welche nach dem Ausbruche der asiatischen Cholera in einem Amtsgerichtsbezirke, wo sie ausgebrochen ist, errichtet werden, sind die jeden Orts geltenden Gesetze über letztwillige Verfügungen zur Zeit der Pest oder einer anderen ansteckenden Krankheit anwendbar; sind nach dem zur Anwendung kommenden Rechte mehr als zwei Zeugen zur Errichtung einer letztwilligen Verfügung in Pestzeiten notwendig, so genügt dennoch die Zuziehung von zwei Zeugen.

3. Eine hienach giltig errichtete letztwillige Verfügung verliert ihre Kraft, wenn der Testator nicht gestorben und von der Zeit an, wo die asiatische Cholera in dem Amtsgerichtsbezirke, in welchem der letzte Wille errichtet worden ist, gänzlich aufgehört hat, sechs Monate verstrichen sind.[53]) Hiebei wird angenommen, daß die Cholera gänzlich aufgehört habe, wenn, nachdem kein Kranker mehr vorhanden war, auch noch die in Ansehung des bestimmten Gerichtsbezirkes angeordnete Kontumazzeit völlig verstrichen ist.

II. Abschnitt.

Das Verfahren in Verlassenschaften.

Titel 1.

Allgemeines.

§ 218.

A. Nichtstreitige Rechtspflege.

Die Thätigkeit der Verlassenschaftsbehörden ist nichtstreitige Rechtspflege. Daraus ergibt sich, daß Rechtsstreitigkeiten zwischen den Beteiligten, sei es über Erbrechte oder den Besitz des Nachlasses, oder sonstige Ansprüche zwischen den Erben unter sich und Dritten, rechtskräftig von den Verlassenschaftsbehörden nicht entschieden werden können. Hiedurch ist aber nicht die der Verlassenschaftsbehörde nach Maßgabe des örtlichen Civilrechtes zustehende Befugnis ausgeschlossen, innerhalb der durch das Civilrecht gezogenen Grenzen provisorische Zustände zu schaffen. Wie überhaupt die Kompetenz der Verlassenschaftsbehörden im gewissen Sinne polizeiliche Machtbefugnisse auf civilrechtlichem Gebiete enthält[1]), so besteht besonders hier Recht und Pflicht der

---

[53]) Dagegen wird sie aber in Vollzug gesetzt, wenn der Testator nach Ausbruch und vor Erlöschen der Cholera, wenn auch nicht an der Cholera, gestorben ist.

[1]) Man denke vorzüglich an die vom Nachlaßgerichte nach einzelnen Rechten

Verlassenschaftsbehörden, unter Prüfung und Liquidstellung aller für die zulässigen Maßnahmen in Betracht kommenden Rechtsfragen[2]) anscheinend ungerechten Angriffen auf anscheinend begründete Rechte die Spitze zu bieten, civilrechtlich anscheinend verbotswidrigen Handlungen möglichst zuvorzukommen und sie zu unterdrücken, bis im Prozeßwege über die behaupteten Rechte der Beteiligten, sei es in Ansehung des Erbrechtes selbst oder zunächst nur über die Rechtmäßigkeit des provisorischen Zustandes[3]) rechtskräftig entschieden oder wenigstens eine einstweilige Verfügung getroffen ist.[4])

---

zu verhängende Sperre des Rücklasses; sie hat vor allem den Zweck, Uebertretungen der Civilgesetze, vielleicht sogar indirekt den Zweck, auch strafrechtlichen Uebertretungen vorzubeugen.

[2]) Ist z. B. streitig, welches örtliche Recht zur Anwendung zu kommen hat, so muß der Verlassenschaftsrichter zu dieser Frage Stellung nehmen, sie in interno entscheiden und nach demjenigen Rechte, das nach seiner Entscheidung zur Anwendung zu kommen hat, die provisorischen Zustände schaffen. A. M. speziell auch für diesen Fall E. d. obst. L.G. XIV. 480.

[3]) Der Verlassenschaftsrichter darf sich diesen Befugnissen nicht entziehen. Entspinnen sich zwischen den Beteiligten Rechtsstreitigkeiten, so muß er seine Befugnis zur Schaffung eines provisorischen Zustandes nach Maßgabe des Civilrechtes prüfen und denjenigen Zustand herbeiführen, den das bürgerliche Recht je nach Lage des Falles vorschreibt bezw. zuläßt. Man vgl. in dieser Hinsicht für das gemeine Recht besonders die missio ex lege ultima de edicto divi Hadriani tollendo (l. 3 Cod. de ed. 6, 33); das edictum Carbonianum (Dig. 37, 10 und Cod. 6, 17); die bonorum possessio furiosi nomine (l. 7 Cod. de cur. fur. 5, 70; Dig. de bon. poss. fur. 37, 3); die missio ventris nomine (Dig. 37, 9); die Einweisung des anscheinend nächsten Testaterben; weiter Dernburg, Pand. III. §§ 158, 159; Windscheid, Pand. III. §§ 617—620; für das b. Landrecht von 1756 vgl. Tl. III Kap. 1 § 10; s. auch Roth, b. C.R. III. S. 842—850. A. M. überwiegend die oberstrichterliche Praxis, welche erklärt, daß das Verlassenschaftsgericht mit aller und jeder Thätigkeit einzuhalten und die Beteiligten auf den Rechtsweg zu verweisen habe, sobald und insoweit Rechtsstreitigkeiten entstünden. Diese beschränkte Thätigkeit des Verlassenschaftsgerichts kann m. E. weder mit der Natur der freiwilligen Rechtspflege begründet werden, noch ist sie mit dem besonderen Charakter der gerichtlichen Nachlaßbehandlung verträglich. Ueber die oberstrichterliche Praxis vgl. Bl. f. R.A. XXVI. 509; LVIII. 374; E. d. obst. L.G. XII. 29; XIV. 192, 480; dieser folgt Bl. f. R.A. V. 257; Wagner 2. Aufl. S. 158. Zweifelhaft Bl. f. R.A. LVIII. 372; E. d. obst. L.G. XIV. 598 („abgesehen von kompetenzmäßigen provisorischen Verfügungen"); Bl. f. R.A. VIII. 161; E. d. obst. L.G. XI. 354. — Bl. f. R.A. XX. 185 enthält für den dortigen Fall eine richtige Entscheidung, ist aber im Prinzip unrichtig. Richtig für den dortigen Fall E. d. obst. L.G. XIV. 135. — Eine eigenartige Auffassung enthält Bl. f. R.A. XIX. 102 (ähnlich auch XXVI. 511), welche mit dem heutigen Prozeßrechte nicht in Einklang zu bringen ist; eine provisorische Verfügung des Verlassenschaftsgerichts als solchen kann, falls jene als solche nicht zulässig ist, nicht zugleich als prozeßrichterliche Entscheidung erachtet werden, selbst wenn das Verlassenschaftsgericht auch das für den Prozeß zuständige Gericht wäre; so richtig Bl. f. R.A. LVIII. 376. — Vgl. hieher auch ein Generalmandat vom 30. Oktober 1767 (Mayrs Gen.Samml. Bd. I S. 39). Darüber, daß die provisorischen Besitzeseinweisungen nicht durch §§ 14 und 16 Ziff. 4 E.G. z. R.C.P.O. aufgehoben sind, vgl. E. d. obst. L.G. XII. 183. — Die für das Verlassenschaftsgericht geltenden Grundsätze gelten auch für den Notar, welcher an Stelle des Verlassenschaftsgerichtes als Verlassenschaftskommissär tritt.

[4]) Natürlich ist die Verfügung des Verlassenschaftsgerichts nie präjudiziell für das Prozeßgericht: s. auch Bl. f. R.A. XVIII. 267, wohl aber die des Prozeßgerichts

B. Oertliche und sachliche Zuständigkeit.[5])

I. Oertlich zuständig zur Verlassenschaftsbehandlung ist regelmäßig die Verlassenschaftsbehörde des letzten Wohnsitzes[6]) des Erb=

---

maßgebend für das Verlassenschaftsgericht. Die Beteiligten haben hienach einen doppelten Weg, um gegen verlassenschaftsgerichtliche provisorische Zustände Remedur zu erhalten: einmal im Wege der Beschwerde gegen den Beschluß des Verlassenschaftsgerichts im Wege der freiwilligen Rechtspflege (Art. 56 ff. A.G. z. R.C.P.O.); hier kann Aufhebung des Beschlusses des Verlassenschaftsgerichts von den oberen Instanzen sowohl dann ausgesprochen werden, wenn das Verlassenschaftsgericht seine Kompetenz überschreitet, als wenn der verfügte provisorische Zustand nicht den gesetzlichen Bestimmungen entspricht. Dann durch Beschreitung des Prozeßweges; hier ist formell eine Aufhebung des Beschlusses des Verlassenschaftsgerichts nicht zulässig; aber die Aufhebung des verlassenschaftsgerichtlichen Beschlusses kann, wenn er nicht an sich schon durch die prozeßrichterliche Entscheidung gegenstandslos wird, sondern entgegen der Prozeßentscheidung im Vollzuge noch bestehen bleibt, im Wege der Beschwerde der freiwilligen Rechtspflege erreicht werden.

[5]) Böhm, Handbuch der internationalen Nachlaßbehandlung, 2. Aufl. 1895 S. 25—30, 94—97; Wagner 2. Aufl. S. 144—150.

[6]) Hierüber entscheidet im Prinzip das örtliche Civilrecht. Jedoch ist der Begriff „Domizilsgericht" des bürgerlichen Rechts in analoger Anwendung der R.C.P.O. (§ 13, 18) zu entscheiden: autogr. J.M.E. v. 7. Okt. 1891 Nr. 17821. Vgl. hieher besonders Ver. v. 6. Aug. 1764 (Mayr, Gen.Samml. IV. 928) und 8. Dez. 1764 (Mayr a. a. O. II. S. 1336); Seuffert, Komm. z. b. Ger.Ordn. v. 1753 Bd. I S. 247; Roth b. C.R. III. S. 776; Wagner 2. Aufl. S. 144; ferner Bl. f. R.A. V. 257; VIII. 161; XVI. 266, 372, 373; XVIII. 22, 249 (Dienstboten), 273; XX. 22*, 24* (Domizilsveränderung und mehrfacher Wohnsitz), 395 (Dienstboten); XXIII. 81, 93; XXVII. 196; XXXI. 318 (bezüglich Soldaten ohne eigenen Wohnsitz); XXXIV. 349; E. d. obst. L.G. I. 18, 496; III. 519; IV. 153, 154; X. 386; XIV. 59. Stirbt ein Bayer im Auslande, der im Auslande domiziliert, so entscheidet über die Zuständigkeit der ausländischen Behörden zunächst das ausländische Recht; für den bayerischen Richter steht zunächst nur negatives, d. h. seine Unzuständigkeit, noch nicht die ausländische Zuständigkeit fest (vgl. hiezu Bl. f. R.A. XLI. 183; E. d. obst. L.G. VI. 255; Wagner 2. Aufl. S. 144); lehnen die ausländischen Behörden ihre Zuständigkeit ab und kann dieser Kompetenzkonflikt schließlich nicht auf diplomatischem Wege beigelegt werden (vgl. Böhm a. a. O. S. 30), so können unter Umständen Zweckmäßigkeitsgründe die inländische Zuständigkeit rechtfertigen, sei es, daß das Gericht des letzten Wohnsitzes oder Aufenthaltes bezw. der Heimat im Inlande, oder des Ortes, wo der Rücklaß oder der größere Teil desselben (Immobilien) sich befinden u. s. w., für zuständig erachtet wird. Vgl. hieher Bl. f. R.A. XXIX. 329; E. d. obst. L.G. VI. 254; X. 495, 510; autogr. J.M.E. v. 7. Okt. 1891 Nr. 17821. Bezüglich Engländer s. auch autogr. J.M.E. v. 12. Jan. 1888 Nr. 601, wonach das Gericht, in dessen Bezirk sich das nachgelassene bewegliche Vermögen befindet, eine Verlassenschaft einzuleiten hat, auch wenn der verstorbene Engländer nicht in Bayern domizilierte. — Die autogr. J.M.E. v. 7. Okt. 1891, soweit hieher einschlägig, sagt folgendes: „Als Nachlaßgericht ist nach dem Mandate v. 6. Aug. 1704 (Mayrs Gen.Samml. Bd. IV S. 928) — vgl. auch das Mandat v. 8. Dez. 1764 (a. a. O. Bd. II S. 1336), dann Tl. III Kap. 1 § 17 Nr. 4 des bayer. Landrechts und Tl. II Tit. 5 § 14 der preuß. allgemeinen Gerichtsordnung — abgesehen von dem in Art. 120 des Ausführungsgesetzes zur Civilprozeßordnung und Konkursordnung geregelten Falle — dasjenige Amtsgericht zuständig, in dessen Bezirk der Erblasser zur Zeit des Todes sein „domicilium" gehabt hat. Es ist bestritten, ob es im Sinne dieser älteren Bestimmungen liegt, unter diesem Domizilgericht dasjenige Gericht zu verstehen, unter welchem der Erblasser nach der jeweils geltenden Prozeßordnung — vgl. nunmehr § 14 und § 18 der C.P.O. — seinen allgemeinen Gerichtsstand gehabt hat. Die Praxis spricht sich für die Bejahung

lassers. In Ermangelung eines solchen bestimmt der letzte Aufenthaltsort[7]), und wenn ein solcher nicht bekannt ist, der letzte Wohnsitz, mangels solchen der Heimatsort die örtliche Zuständigkeit. Belanglos ist die Staatsangehörigkeit des Erblassers[8]), soweit nicht die Staatsverträge anderes bestimmen. Unter Umständen können auch Zweckmäßigkeitsgründe die örtliche Zuständigkeit der inländischen Verlassenschaftsbehörde begründen.[9])

---

dieser Frage aus und es besteht kein Anlaß, dieser Praxis von Aufsichtswegen entgegenzutreten. Hiernach und im Hinblick auf den Charakter der Erbfolge als einer Gesamtnachfolge sind einerseits die bayerischen Gerichte zur Auseinandersetzung des in und außer Bayern gelegenen, beweglichen und unbeweglichen Nachlasses eines zur Zeit seines Todes in Bayern wohnhaften Ausländers berufen, während sie andererseits die Vereinigung der gesamten, auch der in Bayern gelegenen Verlassenschaft eines zur Zeit seines Todes im Auslande wohnhaften bayerischen Staatsangehörigen den auswärtigen Behörden zu überlassen und sich auf die etwa gebotene Sicherstellung des in Bayern gelegenen Nachlasses zu beschränken haben. Zuständig zu der Nachlaßbehandlung ist, wenn der Verstorbene in Bayern keinen allgemeinen Gerichtsstand gehabt hat, das Gericht seiner Heimat. Dies entspricht nicht nur der allgemeinen, von dem k. Staatsministerium der Justiz wiederholt gebilligten Praxis, sondern liegt auch im Sinne der älteren, auf Grund der Gerichtsordnung erlassenen maßgebenden Bestimmungen, nach welchen subsidiär das forum originis begründet erscheint. Auch abgesehen von den Bestimmungen der Staatsverträge erscheint es unter Umständen geboten, daß die bayerischen Gerichte die Verlassenschaft eines bayerischen Staatsangehörigen behandeln, obwohl dieser zur Zeit seines Todes seinen Wohnsitz nicht in Bayern, sondern im Ausland gehabt hat. Dies trifft jedenfalls dann zu, wenn die auswärtigen Behörden des letzten Wohnortes ihre Thätigkeit, insbesondere die Ausstellung eines Erbschaftszeugnisses deshalb ablehnen, weil sie nach den für sie maßgebenden Vorschriften zur Verlassenschaftsbehandlung nicht zuständig sind, und wenn in diesem Fall zum Nachlaß inländische Grundstücke oder in Verwahrung einer inländischen öffentlichen Behörde befindliche Gegenstände gehören. Hier ist die Ausstellung eines Erbschaftszeugnisses in Ansehung dieser Grundstücke und Gegenstände schon durch die Rücksicht auf die Vereinigung der inländischen öffentlichen Bücher und die Beendigung der Verwahrungspflicht der inländischen öffentlichen Behörden geboten. Eine Thätigkeit der bayerischen Nachlaßgerichte erscheint aber auch in dem z. B. gegenüber Frankreich wiederholt vorgekommenen Falle veranlaßt, daß die auswärtigen Behörden des letzten Wohnortes des verstorbenen bayerischen Staatsangehörigen unter Ablehnung ihrer Thätigkeit die Verlassenschaft zur Verfügung der bayerischen Behörden stellen, oder die Einweisung des inländischen Erbberechtigten in das im Auslande befindliche Vermögen von der Ausstellung eines Erbschaftszeugnisses seitens eines bayerischen Gerichts abhängig machen. Bei der Unmöglichkeit, in einem solchen Falle die ausländischen Behörden auf diplomatischem Wege zur Anerkennung ihrer Zuständigkeit zu veranlassen, wurden durch die Ablehnung der Zuständigkeit der bayerischen Gerichte berechtigte, auf den Schutz der inländischen Behörden angewiesene Interessen von Inländern verletzt, und es haben daher die Gerichte der bayerischen Heimat insbesondere durch Ausstellung von Erbschaftszeugnissen einzugreifen, wozu sie nach den maßgebenden, älteren Bestimmungen mangels eines inländischen oder eines nach dem maßgebenden ausländischen Rechte zuständigen ausländischen »forum domicilii« als »forum originis« selbst dann berechtigt wären, wenn man nicht mit der bayerischen Rechtsprechung hier wie in anderen Fällen Gründe der Zweckmäßigkeit allein für die Zuständigkeit als ausschlaggebend anerkennen wollte.“

[7]) Bl. f. R.A. XX. 257; XXXIX. 95.

[8]) Bl. f. R.A. XX. 395; E. d. obst. L.G. II. 365; X. 495, 510; Wagner 2. Aufl. S. 149.

[9]) Vgl. Nt. 6 a. E.

Zur gerichtlichen Behandlung der Verlassenschaft einer für tot erklärten Person ist dasjenige Amtsgericht zuständig, bei welchem das Aufgebotsverfahren stattgefunden hat.[10])

Eine spätere Veränderung der Verhältnisse hat regelmäßig auf die Zuständigkeit zur Verlassenschaftsbehandlung keinen Einfluß; doch können triftige Zweckmäßigkeitsgründe die Uebertragung der Verlassenschaftsbehandlung an ein anderes Gericht rechtfertigen.

II. Sachlich zuständige Verlassenschaftsbehörde ist regelmäßig das Amtsgericht.[11]) Ausnahmen bestehen in folgender Hinsicht:

1. Die Verlassenschaftsverhandlungen auf Ableben des Königs oder eines Mitgliedes des königlichen Hauses erfolgen unter Leitung des Ministers des königlichen Hauses[12]);

2. die Häupter der standesherrlichen Familien haben das Recht, nichtstreitige Verlassenschaftsverhandlungen, welche Mitglieder ihrer Familie betreffen, ohne Eingreifen der Gerichte durch die eigene Kanzlei vornehmen und erledigen zu lassen[13]);

3. das Haupt der fürstlichen Familie Thurn und Taxis übt in Verlassenschaftssachen die nichtstreitige Gerichtsbarkeit erster und zweiter Instanz über seine Dienerschaft zu Regensburg und deren Hausgenossen.[14])

4. Besondere Vorschriften gelten in Ansehung der Militärpersonen: vgl. hierüber das Nähere oben § 38 Ziff. 9 lit. c und d S. 246.

III. Von den allgemeinen Zuständigkeitsgrundsätzen bestehen auch Ausnahmen teils auf Grund bestehender Staatsverträge, teils auf Grund bestehender Uebung.

1. Auf Grund der Staatsverträge[15]):

---

[10]) Art. 120 A.G. z. R.C.P.O.

[11]) § 4 E.G. z. R.G.B.G.; Art. 7 Abs. 1 Ziff. 4, Art. 8, Art. 15 Abs. 1 und 2 Ziff. 3 A.G. z. R G.B.G.

[12]) Vgl. oben § 21 Ziff. 9 S. 74; § 22 Ziff. 9 S. 78.

[13]) Vgl. oben § 24 Ziff. III, 9, 12 S. 95, 96.

[14]) Vgl. oben § 24 Ziff. III, 12 S. 96.

[15]) Bezüglich des Verhältnisses zu Württemberg und Baden bestehen keine besonderen Vorschriften; bezüglich Württemberg vgl. jedoch auch oben § 210 S. 1153; bezüglich Baden die J.M.Bek. v. 18. Juli 1888, die Behandlung der Verlassenschaft der in Bayern gestorbenen badischen Staatsangehörigen (J.M Bl. S. 171; W. XIX S. 153). — Der Konsularvertrag zwischen dem Deutschen Reich und Brasilien vom 10. Januar 1882 (R.G.Bl. S. 69), welchen Wagner 2. Aufl. S. 147 noch als giltig anführt, wurde am 22. Sept. 1886 von Brasilien gekündet und ist infolgedessen laut Bekanntmachung im deutschen Reichsanzeiger vom 12. Nov. 1886 Nr. 267 am 22. Sept. 1887 außer Wirksamkeit getreten. Vgl. auch Böhm a. a. O. S. 529; J.M.Bek. v. 19. Okt. 1895, Konsularvertrag mit Brasilien betr. (J.M.Bl. S. 241). — Bezüglich Frankreich vgl. Böhm a. a. O. S. 268, wo dem inländischen Verlassenschaftsgericht angeraten wird, bei Ableben eines Franzosen in Bayern sich auf die Sicherstellung des Nachlasses zu beschränken, die Todesanzeige nebst den sonstigen Erhebungen unter berichtlicher Darstellung des Sachverhaltes mit geeignetem Antrage dem Justizministerium in Vorlage zu bringen und die weitere Behandlung nach den im diplomatischen Wege zu erlangenden Aufschlüssen und Anträgen zu bemessen. Bezüglich der im folgenden nicht genannten Staaten

a) Allgemeines.[16])

α) Ist auch die Zuständigkeit eines bayerischen Gerichtes zur Nachlaßregulierung nach Maßgabe der bestehenden Staatsverträge nicht gegeben, so hat jenes doch von Amtswegen für die Sicherung des Nachlasses von Ausländern zu sorgen und zu diesem Zwecke geeigneten Falls die Anlegung von Siegeln, die gerichtliche Hinterlegung von Geldern, Kostbarkeiten und Wertpapieren, sowie die Anfertigung eines Nachlaßverzeichnisses anzuordnen. Für diese Sicherung des Nachlasses ist jedes bayerische Gericht zuständig, in dessen Bezirk das Bedürfnis der Fürsorge sich ergibt. Sind in den Staatsverträgen die auswärtigen Konsuln zur Sicherstellung des Nachlasses oder zur Mitwirkung bei dieser Sicherstellung berufen, so sind zwei Fälle zu unterscheiden:

aa) Hat der Konsul am Orte des Sterbefalls oder in dessen Nähe seinen Amtssitz, so muß ihm unverzüglich Nachricht, eventuell unter Bekanntgabe des Sicherungstermines gegeben werden. Zu diesem Zwecke haben die Gerichte, falls ihnen nicht zugleich mit der Todesanzeige eine Sterbeurkunde mitgeteilt wird, von dem Standesbeamten einen nicht weiter zu beglaubigenden Auszug aus dem Sterberegister zu erholen und diese Urkunde unter Beifügung eines mit dem Amtssiegel zu versehenden Beglaubigungszeugnisses, d. i. einer Bestätigung, daß die Urkunde von dem hiezu berechtigten Beamten ausgestellt wurde, schleunigst und unmittelbar an das k. Staatsministerium der Justiz einzusenden.[17])

bb) Verstirbt der Ausländer an einem Orte, an dem oder in dessen Nähe eine Konsularbehörde seines Heimatlandes nicht vorhanden ist, so hat das Gericht die nötigen Sicherungsmaßregeln sofort vorzunehmen und beglaubigte Abschrift der aufgenommenen Verhandlungen nebst der beglaubigten Todesurkunde und dem Passe oder den sonstigen, die Staatsangehörigkeit des Verstorbenen darthuenden Schriftstücken binnen kürzester Frist dem k. Staatsministerium der Justiz in Vorlage zu bringen. Im Falle ein Angehöriger der in lit. b δ bezeichneten Staaten in Bayern stirbt, haben die

---

s. Näheres bei Böhm, Handbuch der internationalen Nachlaßbehandlung, wozu jedoch bemerkt sei, daß für diese anderen Staaten keine besonderen, die Nachlaßbehandlung regelnden Bestimmungen vorhanden sind.

[16]) Vgl. zum folgenden die Ziff. 4 der autogr. J.M.E. v. 7. Okt. 1891 Nr. 17821.

[17]) Vgl. hiezu auch J.M.Bek. v. 12. Jan. 1878, die Behandlung des Nachlasses von in Bayern verstorbenen Ausländern betr. (J.M.Bl. S. 14) und vom 10. Juni 1877 gleichen Betr. (J.M.Bl. S. 129; W. XII. S. 113). Die Verzeichnisse der fremden Konsuln finden sich im Just.M.Blatte; vgl. zuletzt 1894 S. 27 (bis Dez. 1894).

Gerichte gleichfalls eine beglaubigte Sterbeurkunde und die die Staatsangehörigkeit des Verstorbenen feststellenden Urkunden einzusenden.[18]) In allen sonstigen Fällen richtet sich die Frage, ob die Todesanzeige der ausländischen Behörde mitgeteilt werden soll nach Zweckmäßigkeitsgründen, die zunächst auf Grundlage der Staatsverträge zu erwägen sind.[19])

β) Hat ein Ausländer, dessen Verlassenschaft nach den maßgebenden Vorschriften nicht von einem bayerischen Gerichte zu behandeln ist, in Bayern eine notarielle letztwillige Verfügung errichtet, so hat das Gericht, an dessen Sitz sich der Notar befindet, die letztwillige Verfügung — wenn sie von dem Notar aufgenommen worden ist, in Ausfertigung, wenn sie bei dem Notar verschlossen hinterlegt worden ist, in Urschrift und uneröffnet — zu erholen und zu verkünden.[20]) Von dem Verkündigungstermin sind die gesetzlichen Erben und die sonstigen Beteiligten, soweit diese Personen dem Gerichte bekannt sind und deren Zuziehung nicht wegen der Entfernung ihres Aufenthaltsortes oder aus sonstigen Gründen unthunlich ist, zu verständigen. Das Protokoll über die Verkündung der letztwilligen Verfügung ist mit dieser dem k. Staatsministerium der Justiz in Vorlage zu bringen. Von verschlossen hinterlegten Verfügungen ist Abschrift zu den Akten zu fertigen.

Handelt es sich um die Verkündung einer letztwilligen Verfügung eines Angehörigen der unter lit. b, α—γ aufgeführten Staaten, so ist der Verkündungstermin dem k. Staatsministerium der Justiz unmittelbar behufs Verständigung des auswärtigen Konsuls bekannt zu geben.

---

[18]) Vgl. hiezu die Nr. 17 zit. M.E. v. 10. Juni 1877. In der Regel empfiehlt sich daher bei Ableben eines Ausländers sofortige Erholung eines beglaubigten Auszugs aus dem Sterberegister und der Staatsangehörigkeitsausweise und Verfügung sofortiger Obsignation, soferne nicht der Konsul ausschließlich zuständig ist; selbst bei Mitwirkungsrecht des Konsuls wird zunächst eine Obsignation ohne dessen Zuziehung, da er nicht durch das Amtsgericht selbst verständigt werden darf, ratsam sein. Die Obsignation kann ja später unter Zuziehung des Konsuls wiederholt werden.

[19]) Vgl. auch Böhm a. a. O. S. 116 Nr. 21 a. E.

[20]) Autogr. J.M.E. v. 7. Okt. 1891 Nr. 17821: „Diese Verkündung durch ein bayerisches Gericht erscheint, abgesehen von der Unersetzlichkeit des bei Uebersendung ins Ausland möglicherweise drohenden Verlustes verschlossen hinterlegter letztwilliger Verfügungen deshalb geboten, weil deren Inhalt für die weitere Behandlung der Verlassenschaft, nicht selten auch für die Bemessung der Zuständigkeit der auswärtigen Konsuln, entscheidend ist, und findet für das bayerische Landrecht in Tl. III Kap. 2 § 14 Nr. 2 und für das preußische Landrecht in Tl. I Tit. 12 § 237, welche Bestimmungen, soweit es sich um die Abgrenzung der Zuständigkeit der bayerischen und ausländischen Gerichte handelt, durch den nur das Verhältnis der bayerischen Notare zu den bayerischen Gerichten regelnden Art. 68 des Not.Ges. nicht aufgehoben worden sind, ihre ausdrückliche Rechtfertigung."

b) Besonderes.

α) Nach den Verträgen mit Griechenland[21]), Serbien[22]) und der südafrikanischen Republik[23]) wird nicht nur das für die Erbfolge in das gesamte bewegliche und unbewegliche Vermögen des Erblassers maßgebende Recht, sondern auch die Zuständigkeit zur Nachlaßregulierung ausschließlich durch die Staatsangehörigkeit des Erblassers bestimmt.[24])

β) Auch in den Verträgen mit Italien[25]), Spanien[26]) und Rußland[27]) und ähnlich in den Verträgen mit Salvador[28]), Costa Rica[29]), Guatemala[30]), Honduras[31]) und der domini-

---

[21]) Art. 25—26 des Konsularvertrages mit Griechenland vom 26. Nov. 1881 (R.G.Bl. 1882 S. 101; W. XV. S. 494).

[22]) Art. 11—23 des Konsularvertrages mit Serbien vom 6. Jan. 1883 (R.G.Bl. 1883 S. 62; W. XVI. S. 83).

[23]) Art. 17—29 des Freundschaftsvertrages mit der südafrikanischen Republik vom 22. Jan. 1885 (R.G.Bl. 1886 S. 209; W. XVII. S. 4).

[24]) Autogr. J.M.E. v. 7. Okt. 1891 Nr. 17821: „. . . Nach den Verträgen mit Griechenland und Serbien wird nicht nur das für die Erbfolge in das gesamte bewegliche wie unbewegliche Vermögen des Erblassers maßgebende Recht, sondern auch die Zuständigkeit zur Nachlaßregulierung (Ermittlung der Erben und Nachlaßteilung) ausschließlich durch die Staatsangehörigkeit des Erblassers bestimmt. Die bayerischen Gerichte sind daher zur Auseinandersetzung des in Bayern gelegenen Nachlasses eines griechischen oder serbischen Staatsangehörigen selbst dann nicht berufen, wenn dieser in Bayern seinen letzten Wohnsitz gehabt hat. Andererseits müssen die bayerischen Behörden die gesamte Verlassenschaft eines bayerischen Staatsangehörigen selbst dann bereinigen, wenn der Verstorbene seinen letzten Wohnsitz in Griechenland oder Serbien gehabt hat. Zu diesem Zweck wird dem bayerischen Nachlaßgerichte der Erlös des in der Regel von den deutschen Konsuln liquidierten Nachlasses zur Verfügung gestellt. Die Konsuln selbst sind nach § 18 der allgemeinen Dienstinstruktion für die Konsuln des Deutschen Reichs vom 6. Juni 1871 (J.M.Bl. S. 184) zur eigentlichen Nachlaßregulierung und Nachlaßteilung nicht befugt."

[25]) Art. 11 und 12 des Konsularvertrages mit Italien vom 21. Dez. 1868 und 7. Febr. 1872 (Ges. u. Ver.Bl. 1876 S. 857; W. VII. S. 552; IX. S. 304).

[26]) Art. 11 und 12 des Konsularvertrages mit Spanien vom 22. Febr. 1870/12. Jan. 1872 (G.V.Bl. 1877 S. 339; W. VIII. S. 496; IX. S. 271), auch Art. 19 (Ausdehnung auf die überseeischen Besitzungen von Spanien).

[27]) Konvention mit Rußland über die Regulierung von Hinterlassenschaften vom 12. Nov./31. Okt. 1874 (R.G.Bl. 1875 S. 136; W. X. S. 491). Ueber das anzuwendende materielle Erbrecht vgl. besonders Art. 10 dieser Konvention, wonach die Erbfolge in Immobilien nach dem Rechte des locus rei sitae, die in Mobilien nach dem Rechte des fremden Staates sich richtet; im letzteren Falle sind aber die inländischen Gerichte und ist das inländische Recht maßgebend, wenn der Anspruch eines Inländers in Frage steht. Dazu s. jur. Wochenschrift 1890 S. 309 ff.; Böhm a. a. O. S. 386 Nt. 25.

[28]) Art. 27 des Freundschaftsvertrages mit Salvador vom 13. Juni 1870 (R.G.Bl. 1872 S. 377; W. VIII. S. 611).

[29]) Art. 30 des Freundschaftsvertrages mit Costa Rica v. 18. Mai 1875 (R.G.Bl. 1877 S. 13; W. X. S. 378).

[30]) Art. 27 des Freundschaftsvertrages mit der Republik Guatemala vom 20. Sept. 1887 (R.G.Bl. 1888 S. 238; W. XVIII. S. 556).

[31]) Art. 25 des Freundschaftsvertrages mit der Republik Honduras vom 12. Dez 1887 (R.G.Bl. 1888 S. 262; W. XVIII. S. 637).

kanischen Republik[32]) ist der Staatsangehörigkeit des Erblassers ein weitgehender Einfluß auf die Zuständigkeit zur Nachlaßregulierung eingeräumt.[33])

aa) Ist eine Konsularbehörde des fremden Staates am Orte, wo die Erbschaft eröffnet wird, vorhanden, so hat sie das Recht zur Siegelung des Nachlasses, eventuell unter Mitwirkung des inländischen Verlassenschaftsgerichtes, durch das sie entsprechend zu verständigen ist, zur Nachlaßinventarisierung in Gegenwart des inländischen Verlassenschaftsgerichtes, zum öffentlichen Verkaufe der dem Verderben ausgesetzten oder schwer aufzubewahrenden beweglichen Nachlaßsachen, zur Verwahrung der Nachlaßgelder und Nachlaßeffekten vorbehaltlich der Befugnis des inländischen Verlassenschaftsgerichtes über deren Deposition zu verfügen; wenn Inländer oder Angehörige eines dritten Staates am Nachlasse beteiligt sind, zur Befriedigung der Erbschaftsgläubiger, Verwaltung und Liquidierung des Nachlasses, vorbehaltlich der besonderen Bestimmungen über den Nachlaßkonkurs und der Zuständigkeit der inländischen Gerichte zur Entscheidung von Rechtsstreitigkeiten.

bb) Ist am Orte des Ablebens keine Konsularbehörde der fremden Nation, so hat das sonst zuständige inländische Verlassenschaftsgericht nach den Landesgesetzen zur Inventarisierung und Liquidierung des Nachlasses zu schreiten und der betreffenden Botschaft oder Gesandtschaft oder der dem Nachlaßorte nächsten Konsularbehörde binnen kürzester Frist von dem Ergebnisse der Amtshandlungen auf diplomatischem Wege Nachricht zu geben. Sobald sich aber diese Konsularbehörde am Sterbeorte einfindet, geht auf diese die Zuständigkeit in dem unter lit. aa bezeichneten Maße über.

cc) Die Nachlaßbehandlung hinsichtlich unbeweglichen Rücklasses gebührt stets dem inländischen Verlassenschaftsgerichte im Zusammenwirken mit der Konsularbehörde.

---

[32]) Art. 24 des Freundschaftsvertrages mit der dominikanischen Republik vom 30. Januar 1885 (R.G.Bl. 1886 S. 3 ff.; W. XVII. S. 11).

[33]) Vgl. autogr. J.M.E. v. 7. Okt. 1891 Nr. 17821: „... Auch in den Verträgen mit Italien, Spanien und Rußland ist der Staatsangehörigkeit des Erblassers ein weitgehender Einfluß auf die Zuständigkeit zur Nachlaßregulierung eingeräumt, jedoch nur unter gewissen Beschränkungen und Voraussetzungen, bezüglich derer die einzelnen Verträge zu vergleichen sind. Hervorgehoben soll nur werden, daß inländische Erbberechtigte ein Einschreiten der bayerischen Verlassenschaftsbehörden, soweit ein solches nach dem maßgebenden Civilrecht geboten ist, verlangen können, auch wenn die Nachlaßregulierung im übrigen den italienischen, spanischen und russischen Behörden zusteht, und daß die Nachlaßbehandlung bezüglich der unbeweglichen Güter eines in Bayern verstorbenen Angehörigen dieser Staaten nach den angeführten Verträgen den bayerischen Gerichten nicht entzogen ist.“.

γ) Nach dem Vertrage mit Columbien[34]) ist die am Sterbeorte vorhandene fremde Konsularbehörde berechtigt, falls ein Angehöriger ihrer Nation im Inlande stirbt, ohne daselbst Erben oder Testamentsvollstrecker zu hinterlassen, zur Verwahrung und Verwaltung des beweglichen Nachlasses, zur Regelung und Inventarisierung desselben in Gemeinschaft mit dem zuständigen inländischen Verlassenschaftsgericht, zur Veräußerung verderblicher oder nur mit besonderen Kosten aufzubewahrender beweglicher Sachen und Liquidation des beweglichen Nachlasses. Ist am Sterbeorte keine Konsularbehörde der fremden Nation vorhanden, so kommt zwar die Verlassenschaftsbehandlung zunächst dem inländischen Verlassenschaftsgerichte zu, dieses hat aber, sobald der Konsularbeamte um die Auslieferung des beweglichen Nachlaßvermögens nachgesucht hat, ihm dasselbe nach Maßgabe der vorstehenden Grundsätze zur weiteren Behandlung auszuantworten.

δ) Nach den Verträgen mit den Vereinigten Staaten von Amerika[35]), Chile[36]), Argentinien[37]), Uruguay[38]) und Hawai[39]) steht den Konsularbeamten der fremden Nation im wesentlichen lediglich das Recht der Vertretung abwesender staatsangehöriger Erben oder Gläubiger bei den inländischen Verlassenschaftsverhandlungen zu.

ε) Nach den Verträgen mit den Vereinigten Staaten von Amerika[40]) und Hawai[41]) haben die Konsularbeamten des fremden Staates das ausschließliche Recht auf Inventarisierung und Sicherstellung der Güter und Gegenstände jeder Art, welche von Schiffsleuten oder Schiffspassagieren, solange diese zum Schiffe gehören, auf Schiffen ihrer Nationalität hinterlassen sind, sei es, daß sie an Bord der Schiffe oder am Lande, während der Fahrt oder im Bestimmungshafen sterben.

2. Auf Grund bestehender Uebung gilt im Verhältnisse Bayerns

---

[34]) Art. 21 des Freundschaftsvertrages mit Columbien vom 23. Juli 1892 (R.G.Bl. 1894 S. 471; W. XXI. S. 683).

[35]) Art. 10 der Konsularkonvention mit den Vereinigten Staaten von Amerika vom 11. Dez. 1871 (R.G.Bl. 1872 S. 95; W.IX. S. 172). Vgl. auch Ziff. 4 Abs. 5 der autogr. J.M.E. v. 7. Okt. 1891 Nr. 17821: „Die Konsuln der Vereinigten Staaten von Amerika sind zwar zu der Mitwirkung bei der Sicherstellung des Nachlasses eines Angehörigen dieser Staaten nicht berufen. . .“

[36]) Art. 11 des Freundschaftsvertrages mit der Republik Chile vom 1. Febr. 1862 (R.Bl. 1864 S. 132; W. V. S. 566).

[37]) Art. 9 des Handelsvertrages mit Argentinien vom 19. Sept. 1857 (R.Bl. 1859 S. 899; W. V. S. 69).

[38]) Art. 5 des Handelsvertrages mit Uruguay vom 20. Juni 1892 (R.G.Bl. 1894 S. 505; W. XXI. S. 482).

[39]) Art. 19 des Freundschaftsvertrages mit Hawai vom 25. März/19. Sept. 1879 (R G.Bl. 1880 S. 121; W. XII. S. 747).

[40]) Art. 11 der Nt. 35 zit. Konvention.

[41]) Art. 20 des Nt. 39 zit. Vertrages.

zu Preußen[42]) einerseits und Oesterreich-Ungarn[43]) anderseits der Grundsatz, daß bei vorübergehendem Aufenthalte des Verstorbenen in einem der beiden Staaten die Gerichte des Aufenthaltsstaates lediglich auf die zur Sicherung des Nachlasses notwendigen Maßnahmen sich beschränken und die Regulierung des Nachlasses selbst, soweit solche nach den landesgesetzlichen Vorschriften stattfindet, den Gerichten des Domizilstaates überlassen, dagegen, wenn der Verstorbene in dem Staate seines Ablebens dauernden Wohnsitz gehabt hat, die dortigen Gerichte die Zuständigkeit zwar hinsichtlich des beweglichen, aber nicht des unbeweglichen Nachlasses für sich in Anspruch nehmen.

IV. Die Zuständigkeit des Amtsgerichts kann endlich teils ausschließend, teils konkurrierend durch den Notar oder dritte Personen, welche die ihnen von dem Erblasser erteilte Ermächtigung zur Auseinandersetzung des Nachlasses angenommen haben, beschränkt sein.

1. Ausschließende Zuständigkeiten sind nur zu Gunsten des Notars vorhanden und zwar:

a) für die Errichtung der öffentlichen Nachlaßinventare[44]);

b) für die Beurkundung solcher Verträge, zu deren Giltigkeit kraft gesetzlicher Vorschrift ausschließlich notarielle Verlautbarung erforderlich ist[45]), wie bezüglich Immobiliarverträge[46]) auch Immobiliarvergleiche[47]) und -Versteigerungen.[48])

[42]) Böhm a. a. O. S. 92; anerkannt auch von Wagner, 2. Aufl. S. 146, 147.

[43]) J.M.Bek. v. 24. Juni 1874, die Behandlung von Verlassenschaften bayerischer Staatsangehöriger in Oesterreich betr. (J.M.Bl. S. 176). Vgl. hieher auch Art. 24 und 29 der Konvention zwischen Oesterreich und Bayern vom 18. März 1829 über die Forst- und Salinenverhältnisse (Kletke, Bayerns Staatsverträge S. 366; Böhm a. a. O. S. 363, 364); ferner Uebereinkunft zwischen Oesterreich und Bayern vom 18. Febr. 1851 (R.Bl. S. 150) nebst autogr. J.M.E. v. 17. Aug. 1857 Nr. 15543, v. 15. Dez. 1858 Nr. 3085 und v. 13. Nov. 1860 (sämtliche zit. bei Böhm a. a. O. S. 364), wonach die bei bayerischen Gerichten einlaufenden Todesanzeigen österreichischer Staatsangehöriger jedenfalls an die österreichische Behörde dann abzugeben sind, wenn die diesseitige Zuständigkeit zur Verlassenschaftsbehandlung nicht gegeben ist und entweder im Inlande Rücklaßbestandteile sich befinden oder, soferne dies nicht der Fall, allenfalls Kosten oder sonstige Passiven zur Anmeldung gekommen sind: Böhm a. a. O. S. 364.

[44]) Art. 19, 30 Abs. 2, Art. 34 Abs. 2 Not.Ges. mit § 120 Abs. 1 lit. a Instr. z. Not.Ges.; d. Not.Zeit. 1884 S. 84; E. d. obst. L.G. III. 217; IV. 128; Bl. f. R.A. Erg.Bd. VIII. 1; Wagner, 2. Aufl. S. 173. A. M. Rehm, N.G. z. Art. 19 Nt. 5; Bl. f. R.A. L. 273, 355, 356. Vgl. auch unten § 220 Ziff. VI S. 1217. Gegenwärtig liegt dem Landtage ein Gesetzentwurf auf Aenderung dieser Gesetzesstelle vor, welche jedenfalls darin bestehen wird, daß hier eine konkurrierende Zuständigkeit der Verlassenschaftsgerichte mit einigen instruktionellen Einschränkungen eintritt. — Vgl. hiezu oben § 68 lit. B Ziff. IV, 2 c S. 484; § 70 lit. B Ziff. III S. 516 und unten § 220 Ziff. VI S. 1217, 1218 über die Art und Weise der Inventarserrichtung.

[45]) Vgl. hiezu oben § 68 lit. B Ziff. IV S. 480; Zink, Komm. z. N.G. S. 144; Wagner, 2. Aufl. S. 159.

[46]) Art. 14 Not.Ges. mit § 120 Abs. 1 lit. c Instr. z. Not.Ges.; vgl. hiezu oben § 72 S. 539 ff. — Diese Verträge können von dem Notar auf Antrag der Beteiligten auch ohne Auftrag des Verlassenschaftsgerichts beurkundet werden.

2. Konkurrierende[49]) Zuständigkeiten bestehen in folgender Hinsicht:

a) Zu Gunsten des Notars:

α) Der Notar kann durch letztwillige Verfügung, auch wenn sie von ihm aufgenommen oder ihm übergeben worden ist, zur Auseinandersetzung einer Verlassenschaft — als Verlassenschaftskommissär, Testamentar — ermächtigt werden.[50]) Das Gericht hat hier nur die etwa erforderliche Nachlaßsperre anzuordnen[51]) und diejenige letztwillige Verfügung, in welcher die Ermächtigung des Notars enthalten ist, zu eröffnen und zu verkünden, von solchen offenen letztwilligen Verfügungen jedoch nur Kenntnis zu nehmen[52]); im übrigen tritt der Notar vollständig an die Stelle des Verlassenschaftsgerichtes, und ist ihm daher von diesem der Nachlaß sofort zur weiteren Behandlung zu überweisen[53]); eine weitere Thätigkeit des Verlassenschaftsgerichtes findet regelmäßig nicht mehr statt, es müßte denn sein, daß die letztwillige Verfügung, welche und soweit sie die Ermächtigung des Notars enthält, sich als ungiltig herausstellt.[54])

---

[47]) Vgl. oben § 203 lit. B Ziff. 4 S. 1125.

[48]) Art. 18 Not.Ges.; vgl. oben § 65 lit. C Ziff. III, 1 a S. 468; § 68 lit. B Ziff. III, 2 b S. 484. Unrichtig m. E. § 120 Abs. 1 lit. b der Instr. z. Not.Ges., wo mit Hinweis auf § 52 Not.Ges. die Vornahme aller Versteigerungen, auch der beweglichen Sachen, als im ausschließlichen Wirkungskreise des Notars gelegen bezeichnet ist; ebenso vermutlich Rudorff a. a. O. S. 56 Nr. 13 Ziff. 2; hierüber s. oben § 197 lit. D S. 1104. Der Privatverlassenschaftskommissär braucht jedenfalls weder den Notar noch das Gericht um Versteigerung beweglicher Sachen anzugehen; ebenso Rudorff a. a. O. S. 56 Nr. 13 Ziff. 3; Zink, Komm. z. N.G. S. 144.

[49]) Ebenso Rehm, N.G. S. 16; vgl. auch oben § 68 lit. B Ziff. V, 2—4 S. 484, 485. A. M. Rudorff a. a. O. S. 55—59 Nr. 13, 15, aber nicht überzeugend; vgl. meine Ausführungen im Texte am Ende. Die Art. 30 und 34 Not.Ges. enthalten einen gesetzlichen Befehl an den Verlassenschaftsrichter, dessen Nichtbefolgung ihn disziplinär verantwortlich machen kann, heben aber die Zuständigkeit des Verlassenschaftsgerichts nicht auf. In der Praxis ließe sich die Ansicht Rudorffs jedenfalls oft sehr schwer durchführen.

[50]) Art. 29 Not.Ges.; natürlich auch durch eine private letztwillige Verfügung; Zink, Komm. z. N.G. S. 146.

[51]) Dies geht aus § 121 Abs. 2 Instr. z. Not.Ges. hervor. Vgl. Zink, Komm. z. N.G. S. 150, 151.

[52]) Vgl. hiezu § 121 Abs. 3 Instr. z. Not.Ges.; Zink, Komm. z. Not.Ges. S. 151 Ziff. 2. Mit der Verkündung wird in der Praxis regelmäßig vom Verlassenschaftsgericht aus Zweckmäßigkeitsgründen auch noch die Anerkennung der letztwilligen Verfügung (vgl. hiezu Zink, Komm. z. Not.Ges. S. 151 Ziff. 2) und der Erbschaftsantritt entgegengenommen und beurkundet, obwohl dies eigentlich nach § 121 Abs. 3 Instr. z. Not.Ges. schon vom Notar geschehen soll. — Die Ermächtigung wird bei verschlossen übergebenen letztwilligen Verfügungen meist in der offenen Uebernahmeurkunde erteilt; in solchen Fällen hat das Verlassenschaftsgericht nur von letzterer Kenntnis zu nehmen. Vgl. dazu auch Rudorff a. a. O. S. 55 Nr. 11.

[53]) Art. 30 Not.Ges.; § 121 Abs. 1 Instr. z. Not.Ges. Näheres s. unten § 221 Ziff. I, 7 S. 1226; Ziff. II, 2 S. 1228.

[54]) Denn damit wird dem Notar seine Ermächtigung zur Auseinander-

β) Die Erben können die Auseinandersetzung der Verlassenschaft einem Notar übertragen.[55]) Das Verlassenschaftsgericht hat hier alle zur Behandlung des Nachlasses erforderlichen Maßnahmen insolange vorzunehmen, bis die Uebertragung der Verlassenschaftsauseinandersetzung durch die Erben rechtswirksam feststeht.[56]) Sobald dies der Fall, ist der Nachlaß dem ernannten Notar zu überweisen, der wieder vollständig an Stelle des Verlassenschaftsgerichtes tritt; eine weitere Thätigkeit des Verlassenschaftsgerichtes findet regelmäßig nicht mehr statt.

γ) Die Beteiligten können ihre in der Verlassenschaft abzugebenden Erklärungen jeder Art durch einen Notar aufnehmen lassen.[57])

δ) Das Verlassenschaftsgericht kann den Notar, der sich nicht am Sitze des Verlassenschaftsgerichts befindet und bei dem eine letztwillige Verfügung verschlossen hinterlegt ist, mit der Eröffnung und Verkündung dieser letztwilligen Verfügung beauftragen.[58])

ε) Das Amtsgericht kann unbeschadet seiner Prüfungsbefugnis und seiner Zuständigkeit zur Fassung der erforderlichen Beschlüsse die Verlassenschaftsverhandlungen ganz oder teilweise einem Notare desselben Landgerichtssprengels mit Zustimmung der Beteiligten übertragen.[59])

b) Zu Gunsten anderer Personen. Haben andere Personen die ihnen vom Erblasser zur Auseinandersetzung des Nachlasses erteilte Ermächtigung angenommen[60]), so hat das Verlassenschaftsgericht unter allen Umständen die erforderliche Nachlaßsperre[61]) und die Eröffnung und Verkündung der öffentlichen letztwilligen Verfügungen[62]), wie aller derjenigen vorzunehmen, in denen die bezeichnete Ermächtigung enthalten

---

setzung der Verlassenschaft entzogen. Vgl. dazu auch § 121 Abs. 4 Instr. z. Not.Ges.; Zink, Komm. z. N.G. S. 151 Ziff. 3.

[55]) Art. 35 Not.Ges.

[56]) Dazu gehört auch und vor allem die Feststellung der Legitimation der Erben. Art. 35 Not.Ges.; § 122, 123 Instr. z. Not.Ges.; Zink, Komm. z. N.G. S. 152 Nr. 6. Näheres s. unten —

[57]) Art. 11 Abs. 3 Not.Ges.; § 120 Abs. 3, § 123 Instr. z. Not.Ges.; Zink, Komm. z. N.G. S. 144.

[58]) Art. 28 Abs. 4 Not.Ges.; § 89, 120 Abs. 3 Instr. z. Not.Ges.; s. oben § 68 lit. B Ziff. IV, 3 S. 485 und Näheres unten § 221 Ziff. IV, 2 u. 3 S. 1215 ff.

[59]) Art. 51 Not.Ges.; § 120 Abs. 3 Instr. z. Not.Ges. Vgl. oben § 68 lit. B Ziff. V, 4 S. 485; Zink, Komm. z. N.G. S. 144. Unter den Beteiligten sind nur die Erben zu verstehen.

[60]) Art. 34 Not.Ges.

[61]) Denn die Nachlaßsperre hat mit Rücksicht auf § 136 R.St.G.B. doch nur dann eine praktische Bedeutung, wenn sie amtlich erfolgt ist. Der Privatverlassenschaftskommissär kann aber amtlich Siegel nicht anlegen. Vgl. hieher auch Rudorff a. a. O. S. 58 Nr. 13.

[62]) Dies folgt m. E. aus Art. 28 Not.Ges. und dem Charakter der öffentlichen letztwilligen Verfügungen.

ist, ferner von solchen offenen Verfügungen aber wieder nur Kenntnis zu nehmen[63]), bis zur Annahme der Ermächtigung alle zur Behandlung des Nachlasses erforderlichen sonstigen Maßnahmen vorzunehmen, sobald aber die Annahme rechtswirksam feststeht, den Nachlaß dem ernannten Nachlaßvollstrecker zu überweisen, der dann regelmäßig unter Ausschluß jeder weiteren Thätigkeit des Verlassenschaftsgerichtes vollständig an Stelle des Verlassenschaftsgerichtes tritt. Die unter Ziff. 1 bezeichneten ausschließlichen Zuständigkeiten der Notare sind hiedurch nicht berührt.[64])

3. Das Verhältnis zwischen Verlassenschaftsgericht und Notar bezw. Privatverlassenschaftskommissär ist auf der einen Seite zwar kein Subordinations-, sondern ein Koordinationsverhältnis[65]); auf der anderen Seite hat es sein Analogon in der Stellung des Prozeßgerichtes zum ersuchten — oder beauftragten — Richter. Daraus ergibt sich nicht nur die schon oben betonte konkurrierende Zuständigkeit des Verlassenschaftsgerichtes neben dem Verlassenschaftskommissär, die dasselbe berechtigt, trotz Aufstellung eines Verlassenschaftskommissärs die zur Herbeiführung einer den Gesetzen entsprechenden Bereinigung der Verlassenschaft erforderlichen Maßnahmen anzuordnen oder selbst zu treffen[66]), sondern auch die Folge, daß, falls die Beteiligten mit Maßnahmen des Verlassenschaftskommissärs nicht einverstanden sind, die Entscheidung des Verlassenschaftsgerichtes anzurufen ist.[67]) Erst gegen diese findet dann die Beschwerde der nichtstreitigen Rechtspflege im eigentlichen Sinne statt.[68]) Weiterhin ist der Notar als Verlassenschaftskommissär aber nicht bloß ein an Stelle des Gerichtes zur Ausübung nichtstreitiger Gerichtsbarkeit berufener Beamter; mag seine Befugnis, deren Ausübung ihm zugleich Amtspflicht ist[69]), in einer letztwilligen Verfügung oder in der Wahl der Erben ihren Grund haben, in beiden Fällen tritt er nach Maßgabe des Civilrechts zu den Erben auch in ein dem örtlichen Civilrechte unterliegendes privatrechtliches Rechtsverhältnis, aus welchem für ihn Rechte und Pflichten erwachsen können, die nicht schon in seinem öffentlichen

---

[63]) In entsprechender Anwendung des § 121 Abs. 3 Instr. z. Not.Ges.; vgl. hiezu Nr. 9.

[64]) Dies folgt aus der Natur der Sache. Bezüglich des Inventars vgl. noch besonders Art. 34 Abs. 2 Not.Ges.; Zink, Komm. z. N.G. S. 145.

[65]) Vgl. hieher bezüglich der Notare Art. 113, 127 Not.Ges.

[66]) E. d. obst. L.G. VI. 478.

[67]) Art. 33 Not.Ges.: „Beschwerden gegen den Verlassenschaftskommissär werden unabbrüchig seiner civilrechtlichen Haftung von dem Verlassenschaftsgerichte erledigt." Aehnlich § 539 R.C.P.O. für den beauftragten und ersuchten Richter.

[68]) Die Entscheidung des Verlassenschaftsgerichts ist die erstinstanzielle Entscheidung: Art. 56 ff. A.G. z. R.C.P.O.; E. d. obst. L.G. IX. 669; Böhm, A.G. S. 77 Ziff. 3, S. 88 Ziff. 3.

[69]) Art. 43 Not.Ges.; Zink, Komm. z. N.G. S. 159; Roth, b. C.R. III. S. 802 Nr. 10; b. Not.Zeit. 1884 S. 345; Enderlein, Mat. S. 120; Rehm, N.G. S. 60 Nr. 4.

Amte gelegen sind, und das im ersteren Falle nach den Grundsätzen über den Testamentsvollstrecker, im letzteren Falle nach den Grundsätzen des Mandates zu beurteilen ist.[70]) Diese Doppelstellung des Notars macht sich besonders in Ansehung seines Beschwerderechtes gegen Maßnahmen des Verlassenschaftsgerichtes geltend. Als öffentlicher Beamter der nichtstreitigen Rechtspflege steht ihm hiegegen nur das Recht der Dienstbeschwerde zu.[71]) Insoweit jedoch durch solche Maßnahmen ausschließlich in seine Privatrechtsstellung eingegriffen wird, kommt er auch nur als Privatpartei in Betracht und hat als solche nur die gewöhnliche Beschwerde der nichtstreitigen Rechtspflege.[72])

[70]) Es kommt zwischen dem Notar und den Erben selbst bei Auftrag derselben kein wirklicher Vertrag zu stande und damit auch in diesem Falle kein Mandatsverhältnis; die Berufung in der letztwilligen Verfügung, wie der Auftrag der Erben sind für ihn zunächst nur Veranlassung, nicht Rechtsgrund der Ausübung seines Amtes als Verlassenschaftskommissär; ebenso Bl. f. R.A. LIII. 217: Rehm, N.G. S. 71 Nt. 3. Vgl. hiezu schon oben § 70 Nt. 3 a. E. Es wäre aber unrichtig, daraus zu folgern, daß der die Veranlassung bietende Privatrechtsgrund auf die Stellung des Notars ohne allen Einfluß sei; so wird man kaum behaupten können, daß der Notar als Testamentsvollstrecker nicht alle diejenigen privatrechtlichen Rechtsstellungen habe, die das Civilrecht dem Testamentsvollstrecker zuweist. Hienach bleibt aber nichts anderes übrig, als die civilrechtlichen Grundsätze über den Testamentsvollstrecker bezw. über das Mandat entsprechend anzuwenden. Ebenso Zink, Komm. z. N.G. S. 146. Vgl. auch Rudorff a. a. O. S. 58, 59, der jedoch schlechtweg ein Mandatsverhältnis entstehen läßt. — Ueber die civilrechtliche Stellung des Testamentsvollstreckers vgl. Bl. f. R.A. XXI. 241 (nudum praeceptum); LI. 558 (Stellung gegenüber den im Testamente Bedachten); Erg.Bd. I. 257 (Einklagung von Nachlaßforderungen); X. 223 (Vertretung der Erben in Nachlaßprozessen); ferner allgemein: E. d. R.G. IX. 208; Seuff. Arch. VI. 226; XX. 145; XXXIX. 223 (Mandatar der Erben); v. Brinz, Pand. III. § 376; Windscheid, Pand. III. § 567 Ziff. 7 (vormundschaftsähnliches Verhältnis zum Erben); E. d. obst. L.G. VI. 478; VII. 956; Bl. f. R.A. Erg.Bd. I. 258; Seuff. Arch. II. 205; IX. 188; XVIII. 89; XXIV. 249; XXXIV. 315; XLI. 25 (Mandatar des Erblassers); Beseler, Ztschr. f. deutsches Recht IX. 166; Seuff. Arch. XXIII. 235 (Testamentsvollstrecker formaler, Erbe materieller Repräsentant des Erblassers); Seuff. Arch. XXXIX. 316; Dernburg, Pand. III. §§ 124, 125 (Nachlaßkurator). Dagegen meine Ausführungen in jur. Monatschr. 1891 S. 182—184: Der Testamentsvollstrecker erscheint als Vollzieher des Willens des Erblassers auf Grund einseitiger Disposition desselben nach Maßgabe des ihm im Testamente oder einer sonstigen letztwilligen Verfügung vorgezeichneten Wirkungskreises; zugleich tritt er aber mit Annahme der ihm zugewiesenen Aufgabe in ein obligatorisches Rechtsverhältnis zu den die letztwillige Verfügung anerkennenden Erben, Legataren und sonstigen Erbsinteressenten, denen gegenüber er nach Maßgabe des Umfanges seines Wirkungskreises berechtigt und verpflichtet ist, den Willen des Erblassers in der Weise zu vollziehen, wie es der Wille des Erblassers ist. Vgl. dazu auch E. d. b. obst. L.G. VII. 956; Seuff. Arch. XXXIV. 315. Gleicher Ansicht nun E. d. R.G. XXXII. 153 ff.

[71]) Bl. f. R.A. LI. 254; LII. 270; Rehm, N.G. S. 60 Nt. 4; autogr. J.M.E. v. 10. März 1865 Nr. 5963; Ztschr. f. Not. 1864 S. 14, 1866 S. 104, 1868 S. 91. Hier wird aber im Prinzipe nur die Dienstbeschwerde zugebilligt.

[72]) Diese dem Notar in diesen Fällen zu versagen, besteht m. E. kein genügender Grund. Es können dem Notar nach Maßgabe des Civilrechtes Rechte zustehen, die durch seine amtliche Stellung nach Maßgabe des Notariatsgesetzes (Art. 30) nicht mehr gedeckt sind, in Ausübung derer er also nicht mehr als öffentlicher Beamter, der freiwillige Gerichtsbarkeit ausübt, auftritt, sondern lediglich als Privatbeteiligter.

Endlich ist noch zu erwähnen, daß die vorstehenden Grundsätze sich nur auf die Ausscheidung der Zuständigkeiten zwischen dem Verlassenschaftsgerichte einerseits und dem Notar bezw. dem Privatverlassenschaftskommissär anderseits, bezw. zwischen diesem und dem Notar beziehen. Die Grundlagen, auf welchen sich alle diese Zuständigkeiten überhaupt bewegen können, bemessen sich nach örtlichem Civilrechte: hienach kann bald gesetzlich, bald durch Disposition die Thätigkeit des Verlassenschaftsgerichtes wie der Testamentsvollstrecker und Verlassenschaftskommissäre eine beschränkte oder erweiterte sein.

C. Besetzung der Verlassenschaftsbehörden.

Die Amtsgerichte als Verlassenschaftsgerichte sind mit Einzelrichtern besetzt, welche die einzelnen Geschäfte selbständig und unter eigener Haftung und Verantwortlichkeit erledigen.[73])

Auch die Notare werden im Prinzipe als Einzelbeamte jeweils unter eigner Haftung und Verantwortlichkeit thätig; jedoch können auch mehrere Notare zu Testamentsvollstreckern ernannt werden; die erforderlichen öffentlichen Beurkundungen können aber stets nur von einem einzelnen Notare vorgenommen werden.

D. Beschwerdeverfahren.

Gegen alle Entscheidungen (Beschlüsse und Verfügungen) der Amtsgerichte geht die einfache Beschwerde an das vorgesetzte Landgericht und gegen dessen Entscheidungen die weitere Beschwerde an das oberste Landesgericht.[74]) Für die Beschwerde gelten die allgemeinen Grundsätze über die Beschwerde in der nichtstreitigen Rechtspflege.[75]) Dieses Beschwerderecht steht aber nur den Privatbeteiligten, nicht dem Notare, soferne er als Verlassenschaftskommissär nichtstreitige Gerichtsbarkeit ausübt, zu[76]): in dieser Eigenschaft hat er lediglich das Recht der Dienstbeschwerde.[77])

Gegen Verfügungen der Verlassenschaftskommissäre haben die Privatbeteiligten das Recht auf Entscheidung des Verlassenschaftsgerichtes.[78])

E. Oberaufsicht.

Bezüglich der Oberaufsicht über die Verlassenschaftsgerichte gilt das Gleiche wie für die Pflegschaftsgerichte.[79]) In ähnlicher Weise besteht eine solche auch gegenüber den Notaren.[80])

---

[73]) Art. 18 A.G. z. R.G.V.G.
[74]) Art. 56—67 A.G. z. R.C.P.O.
[75]) Siehe hierüber Näheres im V. Buche.
[76]) Vgl. hiezu oben lit. B Ziff. IV, 3 S. 1207, 1208.
[77]) Für diese ist Art. 69 A.G. z. R.G.V.G. maßgebend.
[78]) Art. 33 Not.Ges.; vgl. hiezu oben lit. B Ziff. IV, 3 S. 1207, 1208.
[79]) Vgl. oben § 210 lit. E S. 1153.
[80]) Vgl. hiezu Art. 113, 124, 145 Not.Ges.

F. Haftung der Verlassenschaftsbehörden.

Für die Haftung der Verlassenschaftsrichter und Notare sind die Grundsätze der Syndikatsklage maßgebend.[81])

Titel 2.

Die Verlassenschaftsbehandlung.[1])

§ 219.

Allgemeines.

I. Oberster Grundsatz ist, daß eine amtliche — gerichtliche oder notarielle — Verlassenschaftsbehandlung nur stattfinden kann, wenn und insoweit nach örtlichem bürgerlichen Rechte oder besonderer landesgesetzlicher Normen eine solche zulässig ist.[2]) Landesgesetzlich bestehen in dieser Hinsicht aber nur Vorschriften für Eröffnung und Verkündung öffentlicher — gerichtlicher oder notarieller — letztwilliger Verfügungen; diese muß stets amtlich erfolgen.[3]) Auch wird aus allgemeinen Erwägungen immer dann eine amtliche Verlassenschaftsbehandlung wenigstens bis zu einem gewissen Grade erforderlich sein, wenn nach Maßgabe gesetzlicher oder instruktioneller Vorschriften die Erben ererbte Rechte nur auf Grund verlassenschaftsbehördlicher Zeugnisse geltend machen können.[4]) Insoweit nach Civilrecht oder Landesgesetz eine amtliche Verlassenschaftsbehandlung stattfinden kann, sind dann landesgesetzlich besondere Vorschriften vorhanden, welche die Thätigkeit zwischen den verschiedenen staatlichen Organen der freiwilligen Rechtspflege — Amtsgerichte, Notare — regeln, ja selbst landesgesetzliche Vorschriften für den Fall gegeben, daß zwar eine amtliche Verlassenschaftsbehandlung an sich zulässig, aber eine Privatperson mit der Regelung der Verlassenschaft durch den Erblasser

---

[81]) Vgl. das Nähere oben § 205 Ziff. VII S. 1130.

[1]) Puchta, Handbuch des gerichtlichen Verfahrens in Sachen der freiwilligen Gerichtsbarkeit, Erlangen 1831; Roth, b. C.R. III. S. 775—814; Wagner 2. Aufl. S. 144—189. Ueber das Verlassenschaftsverfahren nach preuß. Landrecht unter Berücksichtigung der in Bayern geltenden besonderen Gesetze s. Bl. f. R.A. XLIX. 160. — Bezüglich der Gerichtsgebühren vgl. Art. 83—87 des b. Gebührengesetzes in der Fassung von 1892; bezüglich der Notariatsgebühren vgl. Art. 125—127 a. a. O., sowie die Notariatsgebührenordnungen v. 30. Nov. 1875, 15. Sept. 1879 und 29. Juni 1886 (vgl. oben § 31 lit. A Ziff. 1 S. 155 mit Nt. 11).

[2]) Dabei ist insbesondere das eheliche Güterrecht des verstorbenen Teils von Bedeutung: E. d. obst. L.G. VII. 634. — Vgl. Roth, b. C.R. III. S. 777—788 über Erbschaftsbehandlung nach gemeinem und preußischem Recht; Wagner S. 132 bis 152; bezüglich Beteiligung Minderjähriger s. auch Rosenkrantz, Handbuch über das Pflegschaftswesen §§ 29—31.

[3]) Dies folgt aus Art. 27 und 28 Not.Ges. Roth, b. C.R. III. S. 790; Wagner 2. Aufl. S. 153.

[4]) Vgl. z. B. §§ 140, 141, 153 Hyp.Ges. und hiezu oben § 100 lit. B Ziff. II, 2 Nt. 37 S. 704; § 134 Ziff. I, 9 S. 884. — Bezüglich der Verlassenschaftszeugnisse s. unten § 220 lit. A Ziff. XIV S. 1222; § 221 Ziff. I, 4 S. 1226; Ziff. II, 2 S. 1228. Zum ganzen s. auch Wagner 2. Aufl. S. 152.

betraut ist[5]); die einschlägigen prinzipiellen Gesichtspunkte sind bereits oben § 218 lit. B Ziff. IV, 3 angeführt. Für die Darstellung der amtlichen Verlassenschaftsbehandlung ist sonach in folgender Weise zu unterscheiden:

1. Die rein gerichtliche Verlassenschaftsbehandlung;
2. die gerichtlich-notarielle Verlassenschaftsbehandlung;
3. die gerichtlich-private Verlassenschaftsbehandlung.

II. Die materielle Sachbehandlung richtet sich in den sämtlichen drei vorgenannten Fällen nach den Vorschriften des Civilrechts. Die bezüglich der formalen Sachbehandlung anzuwendenden Grundsätze beruhen teils auf dem Notariatsgesetz, teils oberaufsichtlichen Instruktionen.[6])

III. In allen Fällen kann die Veranlassung zu einer amtlichen Verlassenschaftsbehandlung nur der Tod oder die Todeserklärung einer Person sein. Die Ortspolizeibehörden, in München die k. Polizeidirektion, sind verpflichtet, von jedem im Ortspolizeibezirke vorkommenden Todesfalle in möglichster Bälde dem Amtsgerichte des Wohnsitzes des Verstorbenen, und falls solcher nicht bekannt ist, dem nächstgelegenen Amtsgerichte eine nach vorgeschriebenem Formulare abgefaßte Todesanzeige unmittelbar zu übermitteln, ebenso die öffentlichen Anstalten hinsichtlich der in denselben verstorbenen Personen; bei Todesfällen dienstpräsenter Militärpersonen in der Garnison erfolgt die Anzeige durch deren Kommandostelle.[7]) Auch die Vorlage einer legalen Sterbe-

[5]) Art. 27—35 Not.Ges.; hiezu §§ 120—124 Instr. z. Not.Ges.

[6]) Vgl. die Zitate in Nt. 5; dann J.M.E. v. 20. Sept. 1863, Geschäfts- und Registraturordnung betr. (J.M.Bl. S. 105; W. VI. S. 211); J.M.E. v. 4. Aug. 1866, die Beaufsichtigung des Pflegschaftswesens betr. (J.M.Bl. S. 224; W. VI. S. 645); J.M.E. v. 8. Febr. 1865, Sammlung und Aufbewahrung der Akten über die von den Notaren nach Art. 29 und 35 des Not.Ges. behandelten Verlassenschaften betr. (J.M.Bl. S. 12; W. VI. S. 142).

[7]) M.E. v. 26. Nov. 1866, die Erstattung von Todesanzeigen an die Civilgerichte diesseits des Rheins betr. (W. VI. S. 728); aufrechterhalten durch M.E. v. 13. Dez. 1875, Vollzug des R.G. v. 6. Febr. 1875 über die Beurkundung des Personenstandes und der Eheschließung betr. (J.M.Bl. S. 73; W. XI. S. 252); Art. 156 Abs. 5 der rechtsrh. b. Gem.Ordn. v. 29. April 1869; § 114 des rev. Gem.Ed. v. 1. Juli 1834 (W. I. S. 555); E. d. Verw.Ger.H. IV. 170. Zu den öffentlichen Anstalten gehören die Straf- und Polizeianstalten, die Staatserziehungsanstalten für verwahrloste jugendliche Personen, die öffentlichen Erziehungsanstalten, Spitäler, Kranken-, Irren-, Gebär- und Pfründeanstalten, die Klöster. Die Mitteilung der Todesanzeigen obliegt hier der Verwaltung oder den Vorständen; bei den Landgerichtsgefängnissen ist sie vom Gefängniswärter dem Präsidium des vorgesetzten Landgerichts und von diesem dem Verlassenschaftsgerichte, bei Amtsgerichtsgefängnissen vom Gefängniswärter oder Gerichtsdiener dem Vorstande desselben Amtsgerichts und von diesem, soferne er nicht selbst zur Verlassenschaftsverhandlung zuständig ist, dem zuständigen Gerichte mitzuteilen. Vgl. dazu auch J.M.E. v. 5. Dez. 1866, die Erstattung von Todesanzeigen &c. betr. (J.M.Bl. S. 351), bezüglich der Amts- und Landgerichtsgefängnisse, und K.M.E. v. 6. Dez. 1866 gleichen Betr. (K.M.Bl. S. 370) bezüglich der öffentlichen männlichen und weiblichen Erziehungsanstalten und Klöster. Vgl. hiezu bayer. Gemeindezeitung Bd. I Jhrg. 1891 S. 770—772; Bd. V Jhrg. 1895 S. 523, 524.

urkunde seitens eines Beteiligten genügt, um die etwa zulässige amtliche Verlassenschaftsbehandlung zu eröffnen.[8]) Im Falle der Todeserklärung ersetzt die Ausfertigung des Urteils auf Todeserklärung die Stelle der Sterbeurkunde.[9]) Ist eine amtliche Verlassenschaftsbehandlung nicht zulässig, so wird die Todesanzeige zum Sammelakte genommen.[10]) Am Anfange eines jeden Monates ist dann dem Rentamte des Gerichtsbezirkes Mitteilung von allen Todesfällen zu machen, bezüglich welcher trotz erstatteter Todesanzeige „nach den jeden Orts geltenden Rechten das Verlassenschaftsgericht keine Veranlassung zur Thätigkeit fand, oder deren Behandlung nicht zur Konstatierung des Umstandes führte, ob steuerbare Realitäten etwa unter der Erbschaft begriffen sind".[11]) Ist das Gericht, dem die Todesanzeige übersendet wurde, zur Verlassenschaftsbehandlung nicht zuständig, so hat es nach Vornahme der etwa erforderlichen Obsignation die Todesanzeige nebst den erwachsenen Aktenprodukten an die zuständige Verlassenschaftsbehörde abzugeben.[12])

§ 220.

Die rein gerichtliche Verlassenschaftsbehandlung.

A. In sachlicher Hinsicht.

Zur Aufgabe des Verlassenschaftsgerichtes kann hier, je nach Maßgabe des örtlichen Civilrechts, gehören:

I. die Obsignation, d. h. amtliche Sicherstellung und Verwahrung des Rücklasses.[1]) Die etwa erforderlichen Siegelungen wie Entsiegelungen werden durch den Amtsrichter oder durch den von ihm hiemit beauftragten Gerichtsschreiber vorgenommen.[2]) Zur vorläufigen

---

[8]) § 15 des Pers.St.Ges. v. 6. Febr. 1875; Wagner 2. Aufl. S. 151.

[9]) Art. 119 A.G. z. R.C.P.O.; vgl. oben § 12 S. 37.

[10]) § 31 Ziff. 1, § 32 der J.M.E. v. 20. Sept. 1863; ebenda vgl. bezüglich des Inhaltsverzeichnisses zu den Sammelakten.

[11]) J.M.E. v. 6. Sept. 1856, Fortführung der definitiven Grundsteuerkataster, insbesondere die Besitzveränderungen von steuerbaen Realitäten infolge Erwerbs von Erbschaften oder Legaten betr. (Ztschr. f. Ges.Geb. u. Rechtspfl. III. S. 310; J.M.Bl. 1867 S. 57); auch J.M.E. v. 28. März 1865 gleichen Betr. (J.M.Bl. S. 52).

[12]) Vgl. auch Wagner 2. Aufl. S. 151.

[1]) Generalmandat vom 30. Okt. 1767 (Mayrs Gen.Samml. I. 30); Roth, b. C.R. III. S. 777—782; Wagner 2. Aufl. S. 160—164; Ungewitter in b. Not.Zeit. 1895 S. 116 ff. für bayer. Landrecht von 1756; Bl. f. R.A. XV. 366.

[2]) Art. 15 Abs. 2 Ziff. 3, Art. 63 Abs. 1 und 3 A.G. z. R.G.V.G.; § 42 der Dienstvorschriften für die Gerichtsschreiber v. 14. Sept. 1879 (J.M.Bl. S. 743; W. XIII. S. 536), wo ausdrücklich bemerkt ist, daß bei der Obsignation die in den einzelnen Landesteilen geltenden Vorschriften zu beobachten seien. — Vgl. hieher auch autogr. J.M.E. v. 7. Dez. 1888 Nr. 19081, wonach der Richter nur bei besonders verwickelten Verhältnissen selbst die Obsignation vornehmen soll; die Obsignation soll aber nie dem geschäftsleitenden Sekretär, sondern einem anderen Gerichtsschreiber, bezw. einer zur Stellvertretung geeigneten Person, übertragen werden; ferner J.M.E. v. 20. Juli 1885, die Beiziehung des Dienerpersonals der Amtsgerichte zu Siegelungen und Entsiegelungen betr. (J.M.Bl. S. 158; W. XVII.

Obsignation sind auch die Ortspolizeibehörden verpflichtet[3]); durch diese wird aber regelmäßig die gerichtliche Obsignation nicht überflüssig.[4]) Welche einzelnen Maßnahmen zur Sicherstellung des Nachlasses erforderlich sind, liegt im Ermessen des Gerichts.[5]) Insbesondere sind Geld, Wertpapiere, Schuldurkunden und Pretiosen, soweit thunlich, zu Gerichtshanden zu nehmen, zu verzeichnen und zu deponieren[6]), etwa vorgefundene letztwillige Verfügungen zu den Gerichtsakten zu bringen, Wohnungsräumlichkeiten, soweit nicht zum Gebrauch der Familienglieder notwendig und nur nach Vornahme aller Reinlichkeits- und sanitären Maßregeln[7]) zu verschließen. Ueber die Verhandlungen ist ein auch von den Anwesenden zu unterzeichnendes Protokoll aufzunehmen.[8])

Die für die Obsignation bei Sterbefällen von Beamten, Militärpersonen, Geistlichen, Klosterpersonen und Ausländern geltenden

---

314), wonach die Gerichtsdiener nur aus besonderen Umständen beizuziehen sind und nie eine besondere Vergütung für ihre Beihilfe hiefür beanspruchen können.

[3]) M.E. v. 26. Nov. 1866, die Erstattung von Todesanzeigen an die Civilgerichte betr. (J.M.Bl. S. 351; W. VI. S. 728 Ziff. 4); Art. 156 Abs. 6 mit Art. 138 Abs. 5 der rechtsrh. b. Gem.Ordn. v. 29. April 1869; § 114 des rev. Gem.Ed. v. 1. Juli 1834 (W. I. S. 555). — Bayer. Gemeindezeitung Bd. I Jhrg. 1891 S. 772, 773; Bd. V Jhrg. 1895 S. 525.

[4]) Doch wird es oft genügen, durch gerichtlichen Beschluß die Obsignation der Ortspolizeibehörde zu sanktionieren; vgl. autogr. J.M.E. v. 7. Dez. 1888 Nr. 19081.

[5]) Näheres s. bei Puchta a. a. O. § 261; Wagner 2. Aufl. S. 162, 163.

[6]) Vgl. hiezu oben § 44 Ziff. VIII, 3 S. 288—292. — Ordenszeichen, welche bei der Obsignation zu Gerichtshanden kamen und dem Staate zurückzuliefern sind, sind, soweit es sich um militärische Orden handelt, an das örtlich zuständige Landwehrbezirkskommando, sonst an die Distriktsverwaltungsbehörde, in München an die k. Polizeidirektion zu übersenden: M.E. d. St.M. d. J. v. 10. Mai 1863, die Zurückstellung von Ordensdekorationen und Ehrenzeichen betr. (W. VI. S. 169); dann M.E v. 25. Juli 1867 gleichen Betr. (W. VI. S. 170 Nr. 3) mit weiteren das. zit. M.E. v. 26. Juli 1838, 6. Dez. 1854, 1. Dez. 1862 und v. 15. Mai 1876, die Geschäftsaufgaben und den Geschäftsgang der Behörden und Stellen der inneren Verwaltung betr. (W. XI S. 540 Ziff. 2); M.E. v. 28. Aug. 1874 und 19. Jan. 1883, Ordensrücklieferungen betr. (W. XVI. S. 95), über Rückgabe ausländischer Orden; v. 19. März 1887, die b. Civilorden und Ehrenzeichen, hier deren Zurückgabe auf Ableben der Inhaber betr. (W. XVIII. S. 305); auch autogr. J.M.E. v. 26. Jan. 1887 Nr. 1535, wonach diese Orden gegen Wertersatz den Relikten belassen werden können, mit Ausnahme des k. Hausritterordens vom heiligen Hubertus und vom heiligen Georg; autogr. J.M.E. v. 24. Nov. 1887 Nr. 18289 über Belassung der k. preuß. Kriegsverdienstmedaille. Nach M.E. v. 26. April 1871 (oberb. Kr.A.Bl. S. 828) ist auch das eiserne Kreuz, vorbehaltlich besonderen Gesuches der Relikten, zurückzuliefern; nach Ver. v. 12. Mai 1871 (R.Bl. S. 937) verbleibt das Verdienstkreuz pro 1870/71 den Hinterbliebenen. Ueber Rücklieferung militärischer Dienstalterszeichen s. M.E. v. 1. und 17. Febr. 1876 (Kr.M.Bl. S. 48; M.Bl. d. St.M. d. J. S. 102). Krais, Handbuch der inneren Verwaltung Bd. I S. 146, 147; Frh. v. Pechmann-Brettreich, Wirkungskreis der Distriktsverwaltungsbehörden Bd. I. S. 126—128.

[7]) M.Bek. v. 4. Sept. 1882, Wahrnehmung der gesundheitspolizeilichen Interessen bei Obsignationen betr. (J.M.Bl. S. 232; W. XV. S. 755).

[8]) Das Obsignationsprotokoll ist vom obsignierenden Gerichtsschreiber selbst zu schreiben; jedenfalls dürfen aber durch die Beiziehung eines Schreibers keine besonderen Kosten erwachsen: autogr. J.M.E. v. 7. Dez. 1888 Nr. 19081.

besonderen Vorschriften sind bereits in anderem Zusammenhange erwähnt.[9])

II. Die Anordnung einer Pflegschaft über die ruhende Erbschaft[10]); deren Zulässigkeit, Inhalt und Beendigung bemißt sich im wesentlichen nach örtlichem Civilrecht; reichsrechtliche Vorschriften enthalten die §§ 693, 694 der Reichscivilprozeßordnung.[11]) Die Oberaufsicht über den Pfleger führt das Verlassenschaftsgericht als Pflegschaftsgericht.[12]) Besondere Pflegschaftsakten werden nicht angelegt; die Pflegschaft wird in den Verlassenschaftsakten durchgeführt.[13])

III. Die Ermittelung der Beteiligten.[14]) Die gesetzlichen Erben sind meistens schon aus der polizeilichen Todesanzeige ersichtlich; weitere erforderliche Aufschlüsse können durch Erholung polizeilicher Familienbögen, standesamtlicher oder pfarramtlicher Zeugnisse[15]), durch öffentliches Ausschreiben[16]), Ediktalcitationen[17]) erlangt werden. Die Testamentserben und Legatare lassen sich entweder aus übergebenen Abschriften der letztwilligen Verfügungen oder aus offenen letztwilligen Verfügungen, sonst aber erst nach Eröffnung und Verkündung der letztwilligen Verfügung feststellen.

IV. Die Eröffnung und Verkündung der letztwilligen Verfügungen.

---

[9]) Bezüglich der Beamten vgl. § 36 Ziff. VI. S. 222—226; der Militärpersonen § 38 Ziff. 9d S. 246; der Klosterpersonen § 39 Ziff. 6 S. 259, 260; bezüglich der übrigen Geistlichen § 40 Ziff. 9 S. 265—268; bezüglich der Ausländer § 218 lit. B Ziff. III S. 1198 ff.

[10]) Roth, b. C.R III. S. 814—817; Wagner, 2. Aufl. S. 165, 166; dann oben § 50 S. 343, 344; § 214 lit. F S. 1173. Das Verlassenschaftsgericht selbst ist zur Vertretung des Nachlasses nicht befugt: E. d. obst. L.G. IV. 332; VIII. 344.

[11]) Vgl. hierüber oben § 50 Ziff. 1 S. 343; Bl. f. R.A. Erg.Bd. XII. 97.

[12]) Vgl. oben § 214 lit. F S. 1173. S. auch Art. 26 des Erbschaftssteuerges. v. 18. Aug. 1879 (W. XIII. S. 338).

[13]) Rosenkranz, Handbuch des Pflegschaftswesens § 36; Wagner, 2. Aufl. S. 166.

[14]) Wagner, 2. Aufl. S. 166, 167; Bl. f. R.A. VIII. 161; XI. 13; XX. 381; LI. 31. Wenn auch nach Bl. f. R.A. VIII. 161 es nicht notwendig sein mag, im Falle testamentarischer Erbfolge auch die Intestaterben auszumitteln und sie über die Anerkennung des Testamentes zu hören, so erscheint dies doch mindestens im Interesse der Rechtssicherheit zweckmäßig; um so mehr, als es doch Aufgabe der freiwilligen Rechtspflege ist, an der Sicherstellung der Rechtsverhältnisse mitzuwirken. Auch die Ansicht, daß der Verlassenschaftsrichter im Falle der gesetzlichen Erbfolge es nur mit den sich zur Erbfolge Meldenden zu thun und nicht von Amtswegen die wirklich Berufenen auszumitteln habe, unterliegt in dieser Allgemeinheit aus den vorbezeichneten Gründen gewichtigen Bedenken.

[15]) Vgl. hiezu Art. 170 und 262 des b. Gebührenges. in der Fassung von 1892 und Ver. v. 15. Sept. 1879 § 1 lit f, die Verwendung von Gebührenmarken betr. (G.V.Bl. S. 1171; W. XIII. S. 559).

[16]) Für Abwesende kann unter Umständen Pflegschaft bestellt werden; vgl. oben § 214 lit. D S. 1170; Bl. f. R.A. XLV. 14.

[17]) Vgl. Roth, b. C.R. III. S. 782, 789—795; Wagner, 2. Aufl. S. 166 Nt. 1; S. 167; für preuß. Recht vgl. auch Art. 161, 162 A.G. z. R.C.P.O.; hiezu Wagner a. a. O. Nt. 5 und Böhm, A.G. S. 256.

1. Ob und zu welcher Zeit die Eröffnung und Verkündung letztwilliger Verfügungen stattfinden darf, bemißt sich, abgesehen von den bereits oben in Ziff. I genannten landesgesetzlichen Normen, ausschließlich nach Civilrecht.[18])

2. Zuständig zur Eröffnung und Verkündung ist regelmäßig das Verlassenschaftsgericht[19]); bei gerichtlich deponierten letztwilligen Verfügungen jedoch auch dasjenige Gericht, bei welchem sie sich aufbewahrt finden.[20]) Mit der Verkündung und Eröffnung derjenigen letztwilligen Verfügungen, welche bei einem nicht am Sitze des Verlassenschaftsgerichts befindlichen Notare verschlossen hinterlegt sind, kann das Verlassenschaftsgericht auch diesen Notar beauftragen.[21])

3. Verfahren:

a) Das Vorhandensein einer gerichtlich deponierten letztwilligen Verfügung läßt sich aus den zweckmäßiger Weise hierüber zu führenden Verzeichnissen erkennen.[22]) Notare haben, sobald sie von dem Tode einer Person, welche letztwillige Verfügungen (auch Erbverträge) bei ihnen errichtet oder übergeben hat, mögen sie auch dem Disponenten wieder zurückgestellt worden sein, Kenntnis erhalten, ungesäumt das zuständige Verlassenschaftsgericht davon zu benachrichtigen.[23]) Anderseits hat das Verlassenschaftsgericht, sobald es in Erfahrung bringt, daß eine letztwillige Verfügung des Erblassers (auch Erbvertrag) von einem Notare aufgenommen, ihm übergeben oder von ihm dem Disponenten zurückgestellt worden sei, den betreffenden Notar zur Mitteilung der letztwilligen

---

18) Roth, b. C.R. III. S. 782; Wagner, 2. Aufl. S. 168, 169. Bezüglich gegenseitiger letztwilliger Verfügungen vgl. auch Bl. f. R.A. VIII. 416; XXVI. 193; E. d. obst. L.G. XIII. 349.

19) Roth, b. C.R. III. S. 793; Wagner, 2. Aufl. S. 169; auch Art. 15 Abs. 2 Ziff. 3 A.G. z. R.G.V.G.

20) Das arg. aus Art. 28 Abs. 3 Not.Ges. spricht dafür, daß primär das Verlassenschaftsgericht zur Eröffnung und Verkündung solcher letztwilliger Verfügungen befugt ist; doch kann auch das aufbewahrende Gericht um Eröffnung und Verkündung ersucht werden. Die Art. 27 und 28 Not.Ges. finden zweckmäßig entsprechende Anwendung. Vgl. hiezu die folgende Note. — A. M. Roth, b. C.R. III. S. 793; Wagner, 2. Aufl. S. 169, welche nur das aufbewahrende Gericht für zuständig erachten.

21) Art. 28 Abs. 4 Not.Ges. Von dieser Befugnis soll das Verlassenschaftsgericht in allen Fällen Gebrauch machen, in welchen nicht Gründe von entscheidender Wichtigkeit die Abforderung der letztwilligen Verfügung in uneröffnetem Zustande gebieten: §§ 89, 120 Abs. 3 der Instr. z. Not.Ges. mit J.M.Bek. v. 15. Jan. 1886. die bei den Notaren verschlossen hinterlegten letztwilligen Verfügungen betr. (J.M.Bl, S. 2; W. XVII. S. 634). Hiebei ist noch zu bemerken, daß Art. 28 Not.Ges. überhaupt auch auf solche bei den Notaren verschlossen hinterlegte letztwillige Verfügungen Anwendung findet, welche durch spätere letztwillige Verfügungen aufgehoben worden sind: Abs. 4 der zit. J.M.Bek. — Vor Publikation darf der Notar keine Ausfertigung an die Beteiligten erteilen: Ztschr. f. Notare 1865 S. 4ff.

22) Vgl. auch Wagner, 2. Aufl. S. 170.

23) Art. 27 Not.Ges.; autogr. J.M.E. v. 31. Juli 1893 Nr. 14720; E. d. obst. L.G. X. 510; Ztschr. f. Not. 2, 4, 7, 280.

Verfügung bezw. des Erbvertrages oder des über die Rückgabe aufgenommenen Aktes zu beauftragen. Der Notar hat die von ihm aufgenommenen letztwilligen Verfügungen und Erbverträge in Ausfertigungen, die verschlossen bei ihm hinterlegten letztwilligen Verfügungen in Urschrift[24]) uneröffnet und persönlich gegen Bescheinigung bezw. mittelst Post als Einschreibesendung an das Gericht abzugeben.[25])

b) Die Eröffnung und Verkündung erfolgt womöglich in Gegenwart der Interessenten — Intestaterben und bekannter Testamentserben —; ist die Zuziehung solcher nicht möglich oder erscheinen sie nicht, so ist, wenn die letztwillige Verfügung doch sofort eröffnet und verkündet werden muß, die Zuziehung eines oder zweier Zeugen mindestens zweckmäßig, wenn nicht überhaupt nach bürgerlichem Rechte notwendig.[26]) Ueber die Eröffnung und Verkündung wird ein Protokoll aufgenommen. Bei der Eröffnung ist genau auf die Einhaltung der bei Entstehung der letztwilligen Verfügung beobachteten Formen zu achten, deren Einhaltung, Nichtveränderung und Unversehrtheit womöglich im einzelnen, sowie jeder wahrgenommene Mangel einzeln und sorgfältig, endlich die äußere Beschaffenheit des Schriftstückes, insbesondere der Inhalt verschlossener Verfügungen nach Art und Zahl der Schriftstücke genau im Protokolle zu konstatieren.[27]) Die Verkündung erfolgt nur insoweit, als nicht nach Willen des Testators gewisse Stellen geheimzuhalten sind.[28])

c) Allen in einer letztwilligen Verfügung bedachten Personen, welche der Verkündung nicht angewohnt haben, ist von dem Inhalte der letztwilligen Verfügung amtlich Kenntnis zu geben.[29])

---

[24]) Aber nicht die Urschriften der Uebernahmeurkunde oder die Urschrift der Rückstellungsurkunde: autogr. J.M.E. v. 30. Juli 1868 Nr. 9686 (bei Enderlein, Mat. S. 118); a. M. Not.Zt. 1871 S. 17; ob eine Ausfertigung hievon dem Gerichte übermittelt werden soll, ist dem Ermessen der Notare bezw. des Gerichtes überlassen, erweist sich aber wohl meistens als zweckmäßig und geschieht auch regelmäßig; vgl. hiezu die zit. autogr. J.M.E. v. 30. Juli 1868 Nr. 9686.

[25]) Art. 28 Abs. 1—3 Not.Ges.; § 89, § 120 Abs. 3 Instr. z. Not.Ges. mit der in Nt. 21 zit. J.M.Bek. v. 15. Jan. 1886. Vgl. hiezu oben Nt. 21 Ueber die persönliche Uebergabe ist zweckmäßig ein Protokoll aufzunehmen.

[26]) Vgl. hieher Roth, b. C.R. III. S. 793, 794; Wagner, 2. Aufl. S. 171. — Bezüglich Unterlassung der Publikation bedeutungsloser Testamente vgl. E. d. obst. L.G. IV. 727; Bl. f. R.A. XXXIX. 95.

[27]) Vgl. hiezu besonders Art. 26 Not.Ges. und oben § 217 lit. B Ziff. II, 2 S. 1189.

[28]) Roth, b. C.R. III. S. 792; Wagner, 2. Aufl. S. 171, 172.

[29]) Sei es im Requisitionswege (regelmäßig) oder durch Zustellung einer Abschrift. Roth, b. C.R. III. S. 794; Wagner, 2. Aufl. S. 172. Vgl. auch Generale v. 3. Sept. 1800 und 11. Aug. 1802 (Döllinger XII. S. 538—540). Bezüglich Vermächtnisse an Stiftungen und Armenfonds: Bl. f. R.A. LI. 31.

d) Hat der Notar die bei ihm verschlossen hinterlegte letztwillige Verfügung eröffnet und verkündet, so hat er von der Urschrift der letztwilligen Verfügung eine beglaubigte Abschrift anzufertigen und zu verwahren, die Urschrift selbst aber an das Verlassenschaftsgericht einzusenden.[30])

e) Verschlossen übergebene gegenseitige letztwillige Verfügungen, welche beim Ableben des einen Erblassers vom Gerichte verkündet wurden, aber Bestimmungen enthalten, die bis nach dem Ableben des anderen Erblassers geheim bleiben sollen, können an den betreffenden Notar unter besonderem Verschluß zurückgegeben werden.[31]) Auch bezüglich anderer gegenseitiger letztwilliger Verfügungen wird dies statthaft sein, wenn der Erblasser ausdrücklich die notarielle Hinterlegung anordnete. Sonst werden die Originale der letztwilligen Verfügungen den gerichtlichen Akten einverleibt.[32])

V. Erklärungen über Anerkennungen letztwilliger Verfügungen, über Erbschaftsantritte und Erbverzichte kann das Verlassenschaftsgericht nur dann von den Beteiligten verlangen, wenn dies nach örtlichem Civilrechte zulässig ist. Die Fristen, innerhalb derer diese Akte zu erfolgen haben, bemessen sich gleichfalls nach Civilrecht.[33]) Ist jenes zulässig, so hat das Gericht die Beteiligten zunächst über die Arten und Wirkungen der nach bürgerlichem Rechte möglichen Erklärungen zu belehren, dann die betreffende Erklärung in eine klare, unzweideutige und allen Anforderungen des Gesetzes entsprechende Form zu bringen und zu Protokoll zu nehmen. Sind Minderjährige beteiligt, so sind die Akten dem Pflegschaftsgerichte zur Genehmigung der Erklärungen des Vormundes oder Kurators vorzulegen. Entstehen Streitigkeiten zwischen den Beteiligten, so hat das Verlassenschaftsgericht einen Vergleich zu versuchen und den etwa zu stande gekommenen Vergleich, soweit nicht ein Immobiliarvergleich in Frage steht[34]), mit der Wirkung öffentlicher Beurkundung zu protokollieren[35]); einigen sich die Beteiligten aber nicht, so sind sie, abgesehen von etwaigen provisorischen Verfügungen des Verlassenschaftsgerichtes, auf den Rechtsweg zu verweisen.[36])

---

[30]) Art. 28 Abs. 5 Not.Ges. Vgl. oben Nr. 21.

[31]) Das Gericht wird aber hier zweckmäßiger Weise immer eine beglaubigte Abschrift der letztwilligen Verfügung zurückbehalten. Vgl. hiezu J.M.E. v. 12. Aug. 1867, v. 25. Aug. 1869; Ztschr. f. Not. 1869 S. 359; 1870 S. 38; Wagner, 2. Aufl. S. 172. — Ueber Publikation wechselseitiger Testamente überhaupt vgl. Bl. f. R.A. VI. 289 (preuß. Landrecht); VIII. 416; XXVIII. 32 (an eventuell Beteiligte).

[32]) Roth, b. C.R. III. S. 794; Wagner, 2. Aufl. S. 172.

[33]) Roth, b. C.R. III. S. 782—785; 786—788; Wagner, 2. Aufl. S. 173 bis 176; Bl. f. R.A. LI. 31.

[34]) Vgl. Art. 14 Not.Ges. und oben § 218 Nr. 47 S. 1204.

[35]) Vgl. oben § 68 Nr. 70 S. 482.

[36]) Vgl. hiezu oben § 218 lit. A S. 1194 ff.

VI. Wird die Erbschaft mit der Rechtswohlthat des Inventars angetreten, so kann zur Zeit die Errichtung öffentlicher Inventare, wo solche zur Wahrung dieser Rechtswohlthat nach bürgerlichem Rechte erforderlich ist, nur durch den Notar vorgenommen werden; das Verlassenschaftsgericht hat daher zu diesem Zwecke von den Beteiligten sich einen Notar benennen zu lassen ev. einen solchen von Amtswegen aufzustellen und diesem die Akten gegen seinerzeitige Rückleitung unter Bekanntgabe der zur Aufnahme des Inventars zu ladenden Personen zu übermitteln.[37])

VII. Die Feststellung der Nachlaßmasse (Aktiv- und Passivmasse).[38]) Diese erfolgt entweder lediglich zum Zwecke der Gebührenbewertung, wenn die Beteiligten außergerichtlich teilen wollen[39]), oder zum Zwecke der Ermöglichung der etwa erforderlichen gerichtlichen Nachlaßteilung. Als Mittel zur Feststellung der Nachlaßmasse dienen die Angaben der Beteiligten, Vorlage der rentamtlichen Kataster über Immobilien, Hypothekenbuchseinsicht[40]), Schätzungen, Inventarserrichtung[41]), Ableistung des Offenbarungseides[42]), öffentliche Aufforderungen an die Nachlaßgläubiger[43]) und Nachlaßschuldner zur Anmeldung ihrer Ansprüche oder Schulden und Ablieferung der zum Nachlaß gehörigen Sachen, bei Verlassenschaften katholischer Geistlichen

[37]) Art. 19 Not.Ges. § 120 lit. a und §§ 103—105 Instr. z. Not.Ges.; Roth, b. C.R. III. S. 785, 786; Wagner, 2. Aufl. S. 175, 176. Ueber das Disziplinarerkenntnis v. 29. Dez. 1882 s. in der b. Not.Zt. 1894 S. 84. Vgl. hiezu oben § 70 lit. B Ziff. III S. 516. Im einzelnen vgl. noch: Bl. f. R.A. XLIII. 97 über Inventur bei Ableben von Ehegatten; E. d. obst. L.G. XIV. 665, über Inventur durch den Erben des Erben; E. d. obst. L.G. XV. 561, über Inventurpflicht des Ehemannes: Bl. f. R.A. Erg.Bd. IX. 353, 369, 385, 401, über Inventurfreiheit des Vaters nach bayr. Landrechte; Bl. f. R.A. XLV. 488, Erg.Bd. IV. 280, über Inventur nach preuß. Recht; Bl. f. R.A. LIX. 364, über Obsignation und Inventur nach Ansbacher und preuß. Recht; Bl. f. R.A. XLVII., über die Bedeutung des Verlassenschaftsinventars; Bl. f. R.A. L. 273, 289, 305, 321, über die Rechtswohlthat des Inventars, insbesondere mit Rücksicht auf Art. 19 des b. Not.Ges. v. 1861: Bl. f. R.A. Erg Bd. VIII. 1, 17, 33, über Inventurzwang in Erbfällen nach gemeinem und bayerischem Rechte; b. Not.Zt. 1894 S. 196, über Inventuraufnahmen im Amtszimmer des Notars; 197, über Erteilung von Abschriften eines Verlassenschaftsinventars; b. Not.Zt. 1889 S. 40, über formelle Behandlung von Konferendbeträgen bei Inventuren und Teilungsverträgen.

[38]) Wagner, 2. Aufl. S. 176—178.

[39]) Vgl. Art. 83 Abs. 5 des b. Gebührenges. in der Fassung von 1892: Art. 47 des R.Ger.Kost.Ges. vom 18. Juni 1878 (W. XII. S. 325); J.M.E. v. 28. Sept. 1880, den Ansatz der nach dem Werte des Gegenstandes zu erhebenden Gebühren betr. (J.M.Bl. S. 331; W. XIV. S. 577).

[40]) Diese drei Mittel sind regelmäßig genügend zum Zwecke der Gebührenbewertung.

[41]) Vgl. oben Ziff. VI.

[42]) Art. 85 A.G. z. R.C.P.O.; vgl. oben § 205 Ziff. VIII S. 1131; ferner E. d. obst. L.G. IV. 154; X. 560; XII. 331; XIII. 624; XIV. 436; Bl. f. R.A. XXVII. 108, 111; XLVI. 396; LVIII. 355; Erg.Bd. IV. 183.

[43]) Vgl. hiezu Bl. f. R.A. XXVII. 17.

die Herstellung der Interkalarfrüchtenrechnung[44]), die Mitteilung der Effekten eines verstorbenen Büßers seitens der Strafanstalten.[45])

VIII. Die Ausantwortung des Rücklasses an die Erben behufs außergerichtlicher Verteilung, falls sie gerichtliche Teilung nicht wünschen und solche nicht gesetzlich vorgeschrieben oder der Nachlaßkonkurs nicht eröffnet ist.[46]) Die Ausantwortung erfolgt mittelst Beschlusses, welcher eine genaue Bezeichnung der Erben, die Verfügung der Reseration in Ansehung obsignierter Gegenstände[47]) und die Anordnung der Herausgabe gerichtlicher Erbschaftsdepositen zu enthalten hat.[48]) Der Beschluß ist den anwesenden Beteiligten mündlich zu eröffnen, den abwesenden Beteiligten schriftlich zuzustellen.

IX. Die gerichtliche Auseinandersetzung (Teilung des Nachlasses, Vereinigung der Passiven), wenn die Erben diese beantragen oder sie gesetzlich erforderlich und nicht der Nachlaßkonkurs eröffnet ist.[49]) Im einzelnen gelten hier folgende Hauptgrundsätze.

1. Die Grundsätze über die Art und Weise der Teilung bemessen sich auf Grundlage der feststehenden Erbportionen nach Maßgabe des örtlichen bürgerlichen Rechtes oder letztwilliger Verfügungen. Endgiltige Teilungen können erst vorgenommen werden, wenn die Erbsportionen und Vermächtnisansprüche der einzelnen Beteiligten nach Grund und Größe, sei es durch Uebereinkunft oder richterliches Urteil[50]), feststehen.

2. Erfordert die Teilung eine Flüssigmachung von Nachlaßgegenständen, so sind auf Antrag der Erben oder mit deren Zustimmung bewegliche oder unbewegliche Sachen öffentlich zu versteigern[51]), eventuell auch freihändig zu veräußern.

---

[44]) Vgl. oben § 40 Ziff. 9 S. 265.

[45]) J.M.E. v. 19. Mai 1855 (Ztschr. f. Ges.Geb. u. Rechtspfl. II. 12[1]).

[46]) Roth, b. C.R. III. S. 786; Wagner, 2. Aufl S. 179—181; Bl. f. R.A. V. 257. Vgl. auch Ver. v. 8. Juli 1811, die Baufälle bei den Pfarrhöfen und Benefizialhäusern betr. (R.Bl. S. 873; W. I. S. 349), wonach von der Verlassenschaft eines Geistlichen solange, bis der Gegenstand der Baufälle berichtigt oder entsprechende Kaution gerichtlich deponiert ist, nichts ausgeantwortet werden darf.

[47]) Die Reseration selbst ist regelmäßig vom Gerichtsschreiber vorzunehmen; es kann aber auch der obsignierende Bürgermeister damit beauftragt werden. In einfach gelagerten Fällen wird es auch zulässig sein, den betreffenden Beteiligten die Abnahme der Gerichtssiegel zu gestatten.

[48]) Ueber diese vgl. oben § 44 Ziff. VIII, 3 S. 288 ff.

[49]) Roth, b. C.R. III. S. 786; Wagner, 2. Aufl. S. 181—184.

[50]) Das judicium familiae herciscumdae mit rechtskräftiger Entscheidung streitiger Vorfragen über die Teilung spielt sich nicht vor dem Verlassenschaftsrichter, sondern vor dem Prozeßrichter ab Die Teilung selbst ist jedoch immer Sache der freiwilligen Rechtspflege. Vgl. hierüber besonders die zutreffenden Ausführungen bei Dernburg, Pand. III. § 176.

[51]) Vgl. hiezu oben § 197 lit. D S. 1104, 1105 und M.E. v. 9. Febr. 1867, die Versteigerung von Fahrnissen durch die Notare betr. (J.M.Bl. S. 52; W. VI. S. 756); dann M.Bek. v. 25. Sept. 1879, die Gebühren für öffentliche Mobiliarversteigerungen betr. (G.V.Bl. S. 1270; W. XIII. S. 769), mit Art. 224 Ziff. 6 und Art. 225 Abs. 3 des b. Geb.Ges. in der Fassung von 1892 und F.M.Bek.

3. Erfordert die Teilung eine den feststehenden Erbportionen zuwiderlaufende Zuteilung von Immobilien oder die Errichtung sonstiger Immobiliarverträge, so sind die diesbezüglichen Verträge durch den Notar zu beurkunden.[52]) Im übrigen sind alle vom Gerichte beurkundeten Teilungsverträge rechtswirksam und haben die Eigenschaften öffentlicher Urkunden.[53])

4. Der gerichtliche Teilungsentwurf ist den Beteiligten, für kuratelmäßige Personen auch den Pflegschaftsbehörden, zur Anerkennung vorzulegen. Ergeben sich Streitigkeiten zwischen den Beteiligten, so hat das Verlassenschaftsgericht zunächst einen Vergleich zu versuchen, im Falle des Zustandekommens eines solchen, denselben zu beurkunden — nur Immobiliarvergleiche müssen vom Notare beurkundet werden[54]) — andernfalls aber, abgesehen von den oben § 218 lit. A (S. 1194) genannten provisorischen Maßnahmen, die Beteiligten zur Entscheidung der streitigen Vorfragen auf den Rechtsweg zu verweisen.[55]) Die vom Verlassenschaftsgerichte in zulässiger Weise beurkundeten Vergleiche sind öffentliche Urkunden[56]) und haben die oben § 203 lit. B Ziff. 6 (S. 1126) bezeichneten Wirkungen.

5. Auf Grund und nach Maßgabe des anerkannten Teilungsentwurfes hat das Verlassenschaftsgericht die Nachlaßgläubiger, soweit beantragt, zu befriedigen[57]), die Beteiligten in den Rücklaß einzuweisen und die etwa nach örtlichem Civilrechte zulässige Adjudikation vorzunehmen.[58]) Die Einweisung und Adjudikation erfolgt mittelst

---

vom 11. März 1887, die Anzeigen bei öffentlichen Mobiliarversteigerungen betr. (F.M.Bl. S. 84).

[52]) Art. 14 Not.Ges. Vgl. oben § 72 S. 539 ff. Ueber notarielle Beurkundung von Vater- und Muttergutsverträgen nach bayer. Landrecht von 1756 vgl. besonders autogr. J.M.E. v. 22. Nov. 1882 und v. 25. Juli 1872 mit Bl. f. R.A. LVI. 145; dagegen Bl. f. R.A. LV. 49; LVIII. 7; ferner oben § 72 Ziff. III, 2 b S. 541. S. auch Bl. f. R.A. XL. 142 über hypothekenamtlichen Vollzug der vor Gericht bethätigten Muttergutsauszeigen.

[53]) Vgl. oben § 68 Nr. 70 S. 482. Genügen diese Urkunden den Vorschriften des § 702 Ziff. 5 R.C.P.O. und Art. 80 Not.Ges., mit Art. 126 Ziff. 4 A.G. z. R.C.P.O., so kann aus ihnen die sofortige Zwangsvollstreckung stattfinden. Vgl. auch Wagner, 2. Aufl. S. 182 Nr. 2. — Ueber Beschränkung der Verlassenschaftsgerichte in Ansehung der Beurkundung von Verträgen vgl. einen Fall in Bl. f. R.A. XXXIV. 314 (Verträge über die zukünftige Erbschaft eines Vertragsteils).

[54]) Vgl. oben Nr. 34.

[55]) Vgl. hiezu oben Nr. 36.

[56]) Vgl. oben § 68 Nr. 70 S. 482, auch Nr. 35.

[57]) Streitigkeiten mit den Gläubigern hindern aber keinesfalls die Ausantwortung des Rücklasses an die Erben: Bl. f. R.A. XX. 185.

[58]) Vgl. hierüber besonders Dernburg, Pand. III. § 176 Ziff. 3, dem ich völlig beipflichte. Auch wer Dernburg nicht beipflichtet, sollte übrigens aus Zweckmäßigkeitsgründen die Adjudikation vornehmen; denn stellt sich bei Streitigkeiten der Prozeßrichter auf den Dernburg'schen Standpunkt, dann hat der Verlassenschaftsrichter, wenn er die Adjudikation vorgenommen, manche schwierige That-, Beweis- und Rechtsfrage aus der Welt geschafft.

Beschlusses, welcher jeden Erben und die ihm zugewiesenen Rücklaßteile genau zu bezeichnen hat.

6. Für die Gebiete des preußischen Landrechts ist der sogen. erbschaftliche Liquidationsprozeß zulässig.[59])

X. Die Verteilung des überschuldeten Rücklasses an die Gläubiger, wenn die Konkurseröffnung nicht erfolgt ist, die Erben nicht angetreten oder zwar mit der Rechtswohlthat des Inventars angetreten und solches errichtet, aber den Nachlaß den Gläubigern überlassen zu wollen erklärt haben.[60]) Unschlichtbare Streitigkeiten zwischen den Gläubigern sind auf den Rechtsweg zu verweisen.

XI. Die Ausantwortung des erblosen Rücklasses an den Fiskus nach vorgängiger Ediktalzitation aller etwa erbberechtigten Personen zur Anmeldung ihrer Ansprüche binnen bestimmter Frist unter Androhung des Rechtsnachteils, daß andernfalls die Erbschaft dem Fiskus überwiesen würde.[61])

XII. Die Mitwirkung zur Einhebung der Erbschaftssteuer.[62]) Die Verlassenschaftsgerichte haben von allen durch sie behandelten Verlassenschaften mit Ausnahme jener, welche alsbald nach ihrem Anfalle an einen Notar, Privatverlassenschaftskommissär oder Testaments-Vollstrecker zur weiteren Behandlung abgegeben wurden, dem Rentamte, in dessen Bezirk die Verlassenschaft behandelt wird, binnen einer Frist von sechs Wochen vom Anfalle der Verlassenschaft an Mitteilung zu machen und zugleich von dem etwaigen Vorhandensein letztwilliger Verfügungen unter Bekanntgabe der hierin mit Zuwendungen bedachten Personen Nachricht zu geben. Auch sind den Steuerbehörden auf Verlangen die gepflogenen Verlassenschaftsverhandlungen und letztwilligen Verfügungen zur Einsicht mitzuteilen. Die den Erbschaftssteuerpflichtigen obliegende Anmeldung des Steuerfalles, welche

---

[59]) Art. 153—157 A.G. z. R.C.P.O.

[60]) Vgl. hiezu Wagner, 2. Aufl. S. 183, 184. Haben die Erben mit der Rechtswohlthat das Inventar angetreten, so werden für das Verlassenschaftsgericht in Ansehung der Reihenfolge der Befriedigung der Gläubiger mangels gütlicher Einigung derselben die Grundsätze des bürgerlichen Rechts über Befriedigung der Nachlaßgläubiger maßgebend sein müssen; dabei sind auch die Bestimmungen der §§ 694, 695 R.C.P.O. zu beachten. Sonst wird das Verlassenschaftsgericht als Grundlage seiner Teilung die §§ 51, 54 R.K.O., mit Art. 234 A.G. z. R.C.P.O. und Art. 108 Subh.Ordn. zur Richtschnur nehmen können.

[61]) Roth, b. C.R. III. S. 648—652; Wagner, 2. Aufl. S. 167. Ueber die Vertretung des Fiskus vgl. oben § 45 Ziff. III S. 299. Die M.E. v. 27. März 1865, die Adjudikation herrenloser und konfiszierter Gegenstände an den Aerar betr. (J.M.Bl. S. 43) wird hier entsprechend anzuwenden sein; hienach ist dem einschlägigen k. Rentamte jeweils eine beglaubigte Abschrift des Tenors der gerichtlichen Entscheidung bezw. des verlassenschaftsgerichtlichen Beschlusses mitzuteilen.

[62]) Art. 30, 31 des Erbschaftssteuergesetzes vom 18. Aug. 1879 (W. XIII. S. 239); M.Bek. v. 21. Sept. 1879, den Vollzug des Ges. über die Erbschaftssteuer betr. (W. XIII. S. 623); § 8 Abs. 1 und 2 Ziff. 1; bezüglich des zuständigen Rentamts auch §§ 2 und 3 (für München Stadtrentamt II, für Nürnberg Rentamt Nürnberg II); daselbst s. auch Formulare.

binnen zwei Monaten von der Kenntnisnahme der angefallenen letztwilligen Zuwendung an bei dem zuständigen Rentamte erfolgen muß, kann für die Pflichtigen auch vom Verlassenschaftsrichter erstattet werden. Der Richter haftet persönlich für die Steuer, wenn er vor Entrichtung oder Sicherstellung der Erbschaftssteuer die Erbschaft oder einzelne Teile, Vermächtnisse oder Schenkungen für den Todesfall ausantwortet.[63])

XIII. Die Mitwirkung bei Berichtigung der öffentlichen Bücher, Hypothekenbücher und Kataster.

1. Behufs Evidenthaltung der Kataster haben die Verlassenschaftsgerichte den Rentämtern mitzuteilen, auf welche Personen die etwa zum Nachlasse gehörigen Immobilien übergegangen sind, und zwar unter Angabe der katastermäßigen Bezeichnung des Objektes und der Steuergemeinde, des Namens, Standes und Wohnortes des früheren und jetzigen Besitzers und des Rechtstitels der Besitzveränderung unter Bezeichnung des Tages der Rechtswirksamkeit desselben. Die Anmeldung hat spätestens in den ersten acht Tagen des der Rechtswirksamkeit nachfolgenden Monats zu geschehen.[64])

2. Das Verlassenschaftsgericht hat von Amtswegen die erforderlichen Besitztitelberichtigungen im Hypothekenbuche zu veranlassen[65]), auch dafür zu sorgen, daß die durch die Verlassenschaftsbehandlung etwa notwendig gewordenen Löschungen oder sonstigen Einschreibungen in das Hypothekenbuch zum Vollzuge gelangen können.[66])

XIV. Ausstellung von Zeugnissen, welche sich auf den Inhalt der Verlassenschaftsverhandlungen stützen, wie Erbschaftszeugnisse[67]), Wiederverehelichungszeugnisse[68]) u. s. w.[69]).

---

[63]) Art. 26 des Not. 62 zit. Erbschaftssteuerges. („Verlassenschaftskommissäre", damit sind auch die richterlichen gemeint).

[64]) § 72 des Grundsteuergesetzes vom 15. Aug. 1828/19. Mai 1881 (W. XV. S. 223); M.E. v. 29. Jan. 1882, den Vollzug des Grundsteuergesetzes betr. (W. XV. S. 585) § 3 Ziff. 2 und § 6; M.Bek. v. 12. Juli 1878, Besitzveränderungen in Verlassenschaften betr. (J.M.Bl. S. 147; W. XII. S. 394); dazu oben § 70 lit. B Ziff. I, 6 S. 496. Vgl. hiezu Bl. f. R.A. LI. 250.

[65]) § 139 Hyp.Ges.; J M.E. v. 2. Juni 1855, die Besitzveränderungen bei dem Absterben von Eheleuten betr. (Ztschr. f. Ges.Geb. u. Rechtspfl. II. S. 131; oben § 102 Ziff. I, 1 S. 717). Vgl. dazu auch Art. 213, 214, 261 des b. Gebührenges. in der Fassung von 1892 bezüglich der Besitzveränderungsgebühren.

[66]) Bl. f. R.A. LVIII. 377; E. d. obst. L.G. XIV. 130; Wagner, 2. Aufl. S. 187, 188.

[67]) Vgl. hiezu Bl. f. R.A. LV. 26; E. d. obst. L.G. XI. 121.

[68]) Vgl. hiezu oben § 207 Nt. 17 S. 1141.

[69]) J.M.E. v. 29. Juni 1861 und 7. August 1863 (Ztschr. f. Ges.Geb. u. Rechtspfl. VIII. 84; X. 792; J.M.Bl. S. 82) über Zeugnisse zur Vinkulierung und Umschreibung von Staatsobligationen; § 11 des R.G. v. 31. Mai 1891, das Reichsschuldbuch betr. (R.G.Bl. S. 321) über Bescheinigung der Rechtsnachfolge des Gläubigers einer Buchschuld des deutschen Reiches.

B. In rein formaler Hinsicht.

I. Akten und Verzeichnisse.

1. Ueber jede Verlassenschaft ist sofort nach ihrem Anfalle vom zuständigen Verlassenschaftsgerichte ein Verlassenschafts-Akt[70]) anzulegen, welchem zur Verlassenschaft gehörige einlaufende Schriftstücke, alle Verhandlungen und Entscheidungen nach ihrer zeitlichen Reihenfolge einzuverleiben sind.[71]) Wenn die gerichtliche Verhandlung über eine Erbschaft lediglich wegen der Beteiligung pflegebefohlener Personen zu geschehen hat, sich diese in einer Familiengewalt befinden und das Amt des Spezialkurators, dessen sie zu ihrer Vertretung dem Inhaber der Familiengewalt gegenüber bedürfen, mit dem Schlusse der Nachlaßverhandlung endet, so kann von Anlegung gesonderter Verlassenschaftsakten Abstand genommen und die Verhandlung über die Erbschaft auch in den Pflegschaftsakten vorgenommen werden; gleichwohl ist aber die Sache in das Verlassenschaftsverzeichnis einzutragen und hiebei auf die Ziffer des Registraturverzeichnisses für Pflegschaften hinzuweisen.[72])

2. Je auf die Dauer eines Geschäftsjahres ist zum Zwecke der Uebersicht und rascheren Auffindung der angefallenen Verlassenschaften ein Verlassenschaftsverzeichnis nach vorgeschriebenem Formulare anzulegen. In dasselbe sind alle Verlassenschaften sofort beim Anfalle einzutragen, durchzuführen und abzutragen. Am Schlusse des Geschäftsjahres ist es unter wörtlicher Beisetzung der Zahl der angefallenen Verlassenschaften abzuschließen und vom Amtsrichter zu unterzeichnen.[73])

3. Zum Verlassenschaftsverzeichnisse ist, um in diesem die raschere Auffindung der Verlassenschaften zu ermöglichen, ein alphabetisches Namenregister, das unter jedem Buchstaben chronologisch mehrere Jahrgänge umfaßt, nach vorgeschriebenem Formulare zu führen.[74])

---

[70]) Mit Umschlag von grauer Farbe; auf dem Umschlage ist unten links das Geschäftsjahr, in welchem die Verlassenschaft angefallen, und die Ziffer des Verlassenschaftsverzeichnisses beizusetzen. Als erstes Blatt ist in dem Akt ein „Renner" einzufügen, in welchem alle in der Sache gepflogenen Verhandlungen, Verfügungen und Einläufe nach der Zeitfolge einzutragen sind.

[71]) § 26 der J.M.E. v. 20. Sept. 1863.

[72]) Ziff. III, 1 Abs. 2 der J.M.E. v. 4. Aug. 1866; vgl. hiezu oben § 212 lit. B Ziff. I, 3 S. 1163. — Nach § 39 Abs. 3 der J.M.E. v. 20. Sept. 1863 können übrigens die Vorstände der Amtsgerichte, welche mit mehr als drei Richtern besetzt sind, einzelne im Hinblick auf die besonderen Verhältnisse des betreffenden Amtsgerichts allenfalls als zweckmäßig erscheinende Abänderungen über die Aktenanlage eintreten lassen. So pflegen am Amtsgerichte München I Abt. A f. C.S. alle Akten über Verlassenschaften mit Beteiligung Minderjähriger, soferne für sie noch kein Pflegschaftsakt aus der Zeit vor Anfall der Verlassenschaft besteht und für sie sonst ein Pflegschaftsakt angelegt werden würde, in Pflegschaftsakten (ordentliche oder Spezialkuratelakten) umgeschrieben zu werden.

[73]) § 25 Abs. 1 der J.M.E. v. 20. Sept. 1863. Das Verlassenschaftsverzeichnis ist alljährlich zwischen 20. Februar und 1. März dem vorgesetzten Landgerichtspräsidenten vorzulegen. Das Verlassenschaftsverzeichnis bildet zugleich das Repertorium für die hinterlegten Akten: § 27 Abs. 4 der M.E. v. 20. Sept. 1863.

[74]) § 25 Abs. 2 der J.M.E. v. 20. Sept. 1863.

II. Nach Beendigung einer Verlassenschaft ist der betreffende Akt in der Registratur zu hinterlegen.[75])

§ 221.

Die gerichtlich-notarielle Verlassenschaftsbehandlung.

Gerichtlich-notarielle Verlassenschaftsbehandlung kann eintreten:

a) wenn in einer letztwilligen Verfügung ein Notar zum Verlassenschaftskommissär (Testamentsvollstrecker) ernannt ist[1]); die Beteiligung kuratelmäßiger Personen an der Verlassenschaft ändert hieran nichts[2]);

b) wenn alle Erben einem Notar die Auseinandersetzung der Verlassenschaft übertragen[3]); Vormünder, Kuratoren und kuratelmäßige Personen bedürfen hiezu der Zustimmung der Kuratelbehörde[4]);

c) wenn das Gericht mit Zustimmung aller Erben dem Notar die Behandlung der Verlassenschaft überträgt.[5])

Die allgemeinen Zuständigkeitsgrenzen zwischen Verlassenschaftsgericht und Notar, wie die Stellung des Notars zum Verlassenschaftsgericht und den Beteiligten wurde bereits oben § 218 lit. B Ziff. IV gekennzeichnet. Im einzelnen ist hiezu noch folgendes zu erwähnen.

I. Die gerichtlich-notarielle Verlassenschaftsbehandlung auf Grund letztwilliger Verfügung.

1. Das Verlassenschaftsgericht hat hier lediglich die etwa erforderliche Obsignation des Nachlasses vorzunehmen und diejenigen verschlossenen letztwilligen Verfügungen zu eröffnen und zu verkünden, bezw. von derjenigen offenen letztwilligen Verfügung Kenntnis zu nehmen, in welcher die Ermächtigung des Notars zur Verlassenschaftsauseinandersetzung enthalten ist. Hierauf hat das Verlassenschaftsgericht dem Notar den ganzen Nachlaß zur weiteren Auseinandersetzung der Verlassenschaft beschlußmäßig zu überweisen und nach

[75]) § 27 Abs. 2 und 3 der M.E. v. 20. Sept. 1863. Die Hinterlegung geschieht in der Art, daß sämtliche in einem und demselben Geschäftsjahre angefallenen Verlassenschaften — nach der Reihenfolge der Ziffern des Verlassenschaftsverzeichnisses geordnet — in ein oder mehrere mit der Ueberschrift „Verlassenschaften. Geschäftsjahr 189/5. Ziff. 1 . . ." versehene Fächer verbracht werden. — Die Akten über unerledigte Verlassenschaften befinden sich nach dem Anfangsbuchstaben der Namen der Erblasser geordnet in den Handregistraturen der betreffenden Referenten: § 27 Abs. 1 a. a. O.

[1]) Art. 29 Not.Ges.; § 121 Instr. z. Not.Ges.; vgl. oben § 218 lit. B Ziff. II, 2 a, α S. 1205.

[2]) Art. 31 Not.Ges.

[3]) Art. 35 Not.Ges.; § 122 Instr. z. Not.Ges.; vgl. oben § 218 lit. B Ziff. II, 2 a, β S. 1206.

[4]) Art. 35 Not.Ges.

[5]) Art. 51 Not.Ges.; § 120 Abs. 3 Instr. z. Not.Ges.; vgl. oben § 218 lit. B Ziff. II, 2 a, ε S. 1206.

Abnahme der Gerichtssiegel auszuantworten.[6]) Die gerichtlichen Verlassenschaftsakten werden dem Notar übermittelt und werden Bestandteil der notariellen Verlassenschaftsakten.[7])

2. Der Notar tritt nunmehr in allen Beziehungen an Stelle des Gerichts[8]) und hat die Verlassenschaft nach Maßgabe der letztwilligen Verfügung oder der Intestaterbfolge und des zur Anwendung kommenden örtlichen Civilrechtes auseinanderzusetzen.[9]) Im einzelnen hat der Notar die etwa noch erforderliche Obsignation des Rücklasses vorzunehmen; war bereits gerichtlich obsigniert, so legt er, wenn noch notwendig, an Stelle des Gerichtssiegels das Notariatssiegel an.[10]) Er nimmt den Rücklaß in Verwahr, bezw. hat für Verwahrung desselben entsprechend Sorge zu tragen. Sind außer der seine Ernennung zum Verlassenschaftskommissär enthaltenden noch anderweite letztwillige Verfügungen vorhanden, so hat er dieselben zu eröffnen, die sämtlichen vorhandenen letztwilligen Verfügungen, insoweit dies nicht bereits durch das Verlassenschaftsgericht geschehen ist, zu verkünden und die Beteiligten zur Erklärung über dieselben zu veranlassen. Im Falle der Intestaterbfolge hat er nötigenfalls die hiezu Berufenen auszumitteln, dieselben, insoferne dies erforderlich ist, zur Erklärung über den Erbschaftsantritt zu veranlassen und die Legitimation derjenigen, welche als Intestaterben auftreten, insoweit dieses in der Zuständigkeit einer Verlassenschaftsbehörde liegt, zu prüfen. Er hat auf Antrag der Erben, oder wenn dies auch ohne solchen gesetzlich geboten ist, ein Inventar über den Rücklaß zu errichten[11]) und sodann nach den Anträgen der als legitimiert anerkannten Erben die zur Auseinandersetzung der Verlassenschaft nötigen weiteren Verhandlungen zu pflegen, Teilungen und Versteigerungen vorzunehmen, die zum Zwecke der Teilung notwendigen Verträge aufzunehmen, etwa angemeldete Rücklaßpassiven zu erledigen, hierauf nach Maßgabe der getroffenen Vereinbarungen den Rücklaß an die Erben oder sonstigen Beteiligten auszuantworten[12]) und auf Verlangen Abrechnung zu stellen.[13]) Er-

---

[6]) Vgl. hiezu § 121 Abs. 2 und 3 der Instr. z. Not.Ges.; Art. 30 Not.Ges. Die Abnahme der Gerichtssiegel wird jedoch auch dem Notare übertragen werden können.

[7]) J.M.E. v. 8. Febr. 1865, Sammlung und Aufbewahrung der Akten über die von den Notaren nach Art. 29 und 35 Not.Ges. behandelten Verlassenschaften (J.M.Bl. S. 12; W. VI. S. 412 Ziff. 3). Daher haben die Gerichte die Einmischung von Gegenständen aus anderen Sparten ihres Wirkungskreises in die Verlassenschaftsverhandlungen sorgfältigst zu vermeiden und besondere Protokolle für jene anzulegen; vgl. auch § 28 Abs. 2 der J.M.E. v. 20. Sept. 1863 bezüglich Pflegschaftsverhandlungen.

[8]) § 121 Abs. 1 Instr. z. Not.Ges.

[9]) Art. 30 Abs. 1 Ziff. 1 Not.Ges.; § 121 Abs. 1 Instr. z. Not.Ges.

[10]) § 121 Abs. 2 Instr. z. Not.Ges.

[11]) Art. 30 Abs. 2 mit Art. 19 Not.Ges.; vgl. oben § 220 lit. A Ziff. VI S. 1217, 1218.

[12]) Art. 30 Abs. 1 Ziff. 1 und 2 Not.Ges.; § 121 Abs. 3 der Instr. z. Not.Ges. — Ueber Ladung der Beteiligten vgl. Art. 24 Not.Ges. und § 124 Instr.

geben sich Streitpunkte, so hat der Notar unter den Beteiligten einen Vergleich zu versuchen; kommt ein solcher zu stande, so ist er auf etwaigen Antrag zu beurkunden; andernfalls aber, wenn die letztwillige Verfügung des Erblassers oder im Falle der Intestaterbfolge die Berechtigung der als Erben Aufgetretenen beanstandet wird, hat der Notar die Beteiligten auf den Rechtsweg zu verweisen und lediglich die zur Sicherung des Nachlasses erforderlichen Maßregeln zu treffen.[14])

3. Sind an der Verlassenschaft kuratelmäßige Personen beteiligt, so ist die Kuratelbehörde befugt, von der Geschäftsführung des Notars Kenntnis zu nehmen und zur Wahrung der Interessen der kuratelmäßigen Personen die erforderlichen Verfügungen zu treffen, wenn die Kuratelbehörde zugleich das Verlassenschaftsgericht ist, entgegengesetzten Falls aber Anträge bei dem Verlassenschaftsgerichte zu stellen.[15]) Auch hat in solchen Fällen der Notar über das ganze Geschäft eine Verlassenschaftsrechnung dem Amtsgerichte als Pflegschaftsgericht vorzulegen.[16])

4. Der Notar hat in den von ihm behandelten Verlassenschaften die Erbschaftszeugnisse auszustellen.[17])

5. Für die Notare gelten auch die oben für die Gerichte angeführten Vorschriften bezüglich Mitwirkung bei Einhebung der Erbschaftssteuer[18]) und Berichtigung der öffentlichen Bücher.[19])

6. Hinsichtlich Entscheidung von Beschwerden gegen den Notar ist das Nähere bereits oben S. 218 lit. B Ziff. IV, 3 und lit. D erwähnt.

---

z. Not.Ges. „Ladungen an Beteiligte, welche der Notar in seiner Eigenschaft als Verlassenschaftskommissär zu erlassen hat, sind, insoferne ein Nachweis der Zustellung derselben als erforderlich erscheint, nach Vorschrift des Art. 24 Not.Ges. zu erlassen. Das nämliche gilt von anderen Verfügungen, welche der Notar als Verlassenschaftskommissär an Beteiligte zu erlassen hat, und über deren Zustellung ein Nachweis erforderlich ist."

[13]) Art. 32 Abs. 2 Not.Ges

[14]) Art. 30 Abs. 1 Ziff. 3 Not.Ges.; § 121 Abs. 4 Instr. z. Not.Ges.

[15]) Art. 31 Not.Ges. — Bezüglich Aufnahme von Urkunden mit Beteiligung kuratelmäßiger Personen s. § 81 Instr. z. Not.Ges. und oben § 16 Ziff. 2 S. 46, 47.

[16]) Art. 32 Abs. 1 Not.Ges.

[17]) J.M.E. v. 14. Febr. 1866 (zit. in Ztschr. f. Not. 1866 S. 170); vgl. auch Ztschr. f. Not. 1868 S. 91; Enderlein, Mat. z. Not.Ges. S. 13; Art. 13 der Not.Gebührenordnung v. 30. Nov. 1875 (W. XI. S. 205).

[18]) Art. 30, Art. 31 Abs. 2, Art. 43, Art. 46 Abs. 4 des Erbschaftssteuergesetzes v. 18. Aug. 1879 (W. XIII. S. 239); dazu noch Art. 26 a. a. O., wonach Verlassenschaftskommissäre und Testamentsvollstrecker, gesetzliche Vertreter und Bevollmächtigte der Erbinteressenten, Nachlaßverwalter persönlich für die Steuer haften, wenn sie vor deren Entrichtung oder Sicherstellung die Erbschaft, einzelne Erbteile, Vermächtnisse, Schankungen für den Todesfall ausantworten; §§ 2, 7, 8 Abs. 2 Ziff. 1, § 10 der M.Bek. v. 21. Sept. 1879, den Vollzug des Ges. über die Erbschaftssteuer betr. (G.V.Bl. S. 1211, 1528; W. XIII. S. 622).

[19]) Dies folgt schon daraus, daß der Notar völlig an Stelle des Gerichts tritt: § 121 Abs. 1 Instr. z. Not.Ges.

7. Wird die letztwillige Verfügung, auf welchen die Ermächtigung des Notars zur Verlassenschaftsauseinandersetzung beruht, ungiltig und damit auch diese Ermächtigung hinfällig, so tritt nunmehr an Stelle des Notars wieder das Verlassenschaftsgericht, ohne daß aber damit die vom Notare inzwischen vorgenommenen Handlungen ungiltig würden. Für die nun erfolgende gerichtliche Verlassenschaftsbehandlung gelten wieder die oben § 220 S. 1212 ff. genannten Grundsätze.

8. Der Notar[20]) hat in ähnlicher Weise wie das Gericht Verlassenschaftsakten zu führen.[21]) Die Urschriften der von ihm aufgenommenen Urkunden bleiben aber nicht in diesen Akten, sondern sind nach Erledigung der Verlassenschaft[22]) in der allgemeinen Urkundensammlung aufzubewahren.[23]) Auch hat der Notar ein Verlassenschaftsverzeichnis zu führen.[24])

II. Die gerichtlich-notarielle Verlassenschaftsbehandlung aus Auftrag der Erben.[25])

1. Die Thätigkeit des Verlassenschaftsgerichtes erstreckt sich hier insoweit, bis der Auftrag der Erben rechtswirksam feststeht. Zu diesem Ende hat das Verlassenschaftsgericht vor allem die Legitimation der Erben festzustellen. Besteht hierüber Gerichtsnotorietät, so kann die Ueberweisung des Rücklasses an den zur Auseinandersetzung der Verlassenschaft bestimmten Notar durch das Verlassenschaftsgericht sofort verfügt werden, ohne daß es einer weiteren gerichtlichen Einschreitung bedarf. Ist dagegen Gerichtsnotorietät nicht vorhanden, so hat das Verlassenschaftsgericht erforderlichen Falls zu obsignieren und die zur Feststellung der Legitimation der Erben erforderlichen Verhandlungen zu pflegen. Zu diesem Zwecke hat es daher, wenn eine letztwillige Verfügung vorhanden ist, die Eröffnung und Verkündung derselben vorzunehmen oder die Vornahme derselben durch den zuständigen Notar anzuordnen und die Beteiligten zur Erklärung hierüber zu veranlassen; es hat ferner im Falle der Intestaterbfolge die Ansprüche

---

[20]) J.M.E. v. 8. Febr. 1865 (zit. Note 7).

[21]) Einen Bestandteil derselben bilden die übersendeten Gerichtsakten; sie werden auch nach Erledigung der Verlassenschaft nicht mehr zurückgegeben; s. oben Ziff. I, 1 S. 1224.

[22]) Bis dahin können sie in den Verlassenschaftsakt gelegt, es müssen aber dann in die allgemeine Urkundensammlung (vgl. oben § 70 lit. B Ziff. II, 11 c S. 511) Fehlblätter eingelegt werdne.

[23]) Dann ist in den Verlassenschaftsakten wieder mittelst Fehlblätter oder Vormerkungen auf die zur Urkundensammlung genommene Urkunde hinzuweisen.

[24]) In dieses ist jede Verlassenschaft sogleich nach ihrem Anfall der Zeitfolge nach einzutragen; aus dem Verzeichnis muß mindestens der Tag des Unfalls und der Erledigung der einzelnen Verlassenschaften ersehen werden können; M.E. v. 13. Nov. 1875, Sammlung und Aufbewahrung über die Akten von den Notaren nach Art. 29 und 35 Not.Ges. behandelten Verlassenschaften, hier die Führung der Verlassenschaftsverzeichnisse betr. (J.M.Bl. S. 233; W. XI. S. 182).

[25]) Art. 30—33, 35 Not.Ges.; §§ 122—123 Instr. z. Not.Ges.

der als Intestaterben Auftretenden, insoweit dies in der Zuständigkeit der Verlassenschaftsbehörde liegt, zu prüfen, die allenfalls noch weiter zur Intestaterbfolge Berufenen zu ermitteln und zur Abgabe ihrer Erklärung zu veranlassen. Erst wenn hienach die Legitimation derjenigen, welche als Erben die Auseinandersetzung der Verlassenschaft einem Notar übertragen wollen, feststeht, ist die Sache für das Verlassenschaftsgericht erledigt und ist dann beschlußmäßig die Ueberweisung des Rücklasses an den zur Auseinandersetzung der Verlassenschaft bestimmten Notar auszusprechen. Die Erklärung, daß die Auseinandersetzung der Verlassenschaft einem Notare übertragen werden wolle, kann von den als Erben Auftretenden sowohl bei dem zuständigen Verlassenschaftsgerichte, als auch vor dem Notare, dem die Auseinandersetzung übertragen werden will, abgegeben werden.[26]) Im letzteren Falle hat der Notar die aufgenommene Urkunde mit den allenfalls übergebenen, zur Begründung der Legitimation der Erben dienlichen Behelfen dem Verlassenschaftsgerichte vorzulegen, welches, wenn die Legitimation der Erben keiner Beanstandung unterliegt, auf die an den Notar zurückzusendende Notariatsurkunde die Verfügung zu setzen hat, daß der Nachlaß zur Auseinandersetzung der Verlassenschaft dem Notare überwiesen werde.

2. Für die weitere Thätigkeit des Notars kommen die unter Ziff. I, 2—8 aufgestellten Grundsätze zur Anwendung. Sie ist nur insoferne jeweils beschränkter, als in den Fällen der Ziff. I das Verlassenschaftsgericht selbst bereits thätig geworden ist.

3. Auch hier kommen die unter Ziff. I, 3—6 und 8 angeführten Grundsätze zur Anwendung.

4. Die Zuständigkeit des Notars kann hier jederzeit durch Widerruf seitens sämtlicher Erben aufgehoben werden.[27]) An dessen Stelle kann, falls nunmehr nicht außergerichtliche Auseinandersetzung erfolgen soll, entweder ein anderer Notar aus Auftrag der Erben oder das Verlassenschaftsgericht treten, für welche wieder die unter Ziff. II bezw. § 220 erwähnten Bestimmungen Platz greifen.

III. Die gerichtlich-notarielle Verlassenschaftsbehandlung aus Auftrag des Gerichtes.[28])

---

[26]) Vgl. auch Art. 11 Abs. 3 Not.Ges. und oben § 68 lit. B Ziff. V, 1 S. 484. Die Erklärung kann natürlich auch vor einem Notar abgegeben werden, dem nicht die Auseinandersetzung der Verlassenschaft übertragen werden will. Die Urschrift der Urkunde bildet dann einen Bestandteil der gerichtlichen Akten, so daß die oben § 70 lit. B Ziff. II, 11 a und c S. 511 und lit. D S. 523 genannten Grundsätze zur Anwendung kommen.

[27]) Damit fällt freilich zunächst nur die Veranlassung, nicht der Rechtsgrund der Thätigkeit des Notars weg, mit der Veranlassung aber auch der hiedurch bedingte Rechtsgrund.

[28]) Art. 51 Not.Ges.; § 120 Abs. 3 Instr. z. Not.Ges. Vgl. hiezu oben § 218 lit. B Ziff. IV, 2 a, ε S. 1206.

Die Amtsgerichte sind befugt, die Verlassenschaftsverhandlungen ganz oder teilweise einem Notare desselben Landgerichtssprengels mit Zustimmung aller Beteiligten (Erben und Vermächtnisnehmer) zu übertragen. Die Zuständigkeit des Notars bemißt sich hier völlig nach den Grenzen des ihm vom Gerichte erteilten Auftrages; insoweit eine Thätigkeit des Notars hienach stattzufinden hat, kommen die oben unter Ziff. I genannten Grundsätze zur Anwendung; der beauftragte Notar hat das Geschäft so zu behandeln, als wäre ursprünglich ein desfallsiges Ersuchen an ihn von den Beteiligten gestellt worden. Prüfung und Bestätigung der einzelnen Rechtsgeschäfte bleibt unter allen Umständen den Amtsgerichten vorbehalten. Das Amtsgericht kann jederzeit den Auftrag widerrufen.

§ 222.

Die gerichtlich-private Verlassenschaftsbehandlung.

Eine gerichtlich-private Verlassenschaftsbehandlung ist in zweifacher Weise möglich:

a) wenn in einer letztwilligen Verfügung einer Privatperson die Auseinandersetzung der Verlassenschaft übertragen ist (Privattestamentsvollstrecker, Privatverlassenschaftskommissär)[1]);

b) wenn die Erben eine Privatperson mit der Verlassenschaftsauseinandersetzung betrauen; ob die Pfleger kuratelmäßiger Personen hiezu der kuratelamtlichen Genehmigung bedürfen, bemißt sich nach örtlichem Civilrecht.[2])

Der Thätigkeit dieser Privatverlassenschaftskommissäre fehlt jeder öffentlich-rechtliche Charakter.[3])

I. Die gerichtlich-private Verlassenschaftsbehandlung auf Grund letztwilliger Verfügungen.[4])

Hier gelten in entsprechender Weise die sämtlichen oben in § 221 für die gerichtlich-notarielle Verlassenschaftsbehandlung auf Grund letztwilliger Verfügung genannten Grundsätze mit zwei bereits oben § 218 lit. B Ziff. IV, 1 angeführten Ausnahmen. Die vom Privatverlassenschaftskommissär aufgenommenen Urkunden sind nie öffentliche Urkunden; sollen solche errichtet werden, so kann dies nur durch den Notar oder das Verlassenschaftsgericht geschehen. Soweit nicht schon die Rechtssätze des Notariatsgesetzes das Rechtsverhältnis zwischen Privat-Verlassenschaftskommissär und Beteiligten decken, kommen mangels

---

[1]) Art. 34 Not.Ges.

[2]) Vgl. auch Rehm, N.G. S. 63, 64 Nt. 2.

[3]) Vgl. auch Rehm, N.G. S. 63 Nt. 1 zu Art. 34. Sie haben daher nie das Recht der Dienstbeschwerde.

[4]) Art 34 Not.Ges. verweist auf Art. 30—33 Not.Ges.; damit auch auf §§ 120—124 Instr. z. Not.Ges.

besonderer Bestimmungen in der letztwilligen Verfügung die Rechtsgrundsätze des örtlichen Civilrechtes über den Testamentsvollstrecker zur Anwendung.

II. Die gerichtlich-private Verlassenschaftsbehandlung aus Auftrag der Erben.

Hier kommen in entsprechender Weise, soweit mit der rein privatrechtlichen Natur des Rechtsverhältnisses vereinbarlich, die oben in § 221 Ziff. II für die gerichtlich-notarielle Verlassenschaftsbehandlung aus Auftrag der Erben genannten Grundsätze, sowie die in Ziff. I aus der Natur des Verlassenschaftskommissärs als Privatperson fließenden Ausnahmen zur Anwendung Das Rechtsverhältnis zwischen Erben und Verlassenschaftskommissär ist civilrechtliches Mandat und ausschließlich nach dessen Grundsätzen zu beurteilen. Für das Verlassenschaftsgericht ist die Uebertragung der weiteren Auseinandersetzung der Verlassenschaft an eine Privatperson durch die Erben gleichbedeutend mit der auf Antrag der Erben erfolgenden Ueberweisung des Rücklasses an dieselben zur außergerichtlichen Verteilung. Beschwerderechte gegen diesen Privatverlassenschaftskommissär an das Verlassenschaftsgericht gibt es nicht.

§ 223.

Beendigung der Verlassenschaft.

I. Für das Verlassenschaftsgericht tritt die Beendigung einer Verlassenschaft ein:

1. durch Einstellung des Verfahrens mangels jeden einen Wert besitzenden Aktivrücklasses[1];
2. mit der Feststellung, daß nach dem zur Anwendung kommenden gesetzlichen oder vertragsmäßigen Güterrechte eine Verlassenschaftsverhandlung gegenstandslos ist, oder mit der hienach etwa erforderlichen Abfindung der Kinder[2];
3. mit der Ueberweisung des Rücklasses an den Verlassenschaftskommissär zur weiteren Auseinandersetzung der Verlassenschaft[3];
4. mit der Ueberweisung des Rücklasses an die Erben zur außergerichtlichen Verteilung[4];
5. mit der Ausantwortung des Rücklasses an die Erben nach durchgeführter gerichtlicher Verteilung[5];

---

[1] J.M.E. v. 20. Sept. 1863 Anl. V. Ziff. 5 Abs. 2 lit. e.

[2] J.M.E. v. 20. Sept. 1863 Anl. V. Ziff. 4 Abs. 3.

[3] J.M.E. v. 20. Sept. 1863 Anl. V. Ziff. 4 Abs. 3.

[4] J.M.E. v. 20. Sept. 1863 Anl. V. Ziff. 5 Abs. 2 lit. a; Bl. f. R.A. LI. 191; E. d. obst. L.G. V. 882.

[5] J.M.E. v. 20. Sept. 1863 Anl. V. Ziff. 5 Abs. 2 lit. a.

6. mit Ueberweisung des Rücklasses an die Nachlaßgläubiger zur Deckung der Nachlaßpassiven unter Zustimmung sämtlicher Beteiligter[6]);
7. regelmäßig mit Eröffnung des Nachlaßkonkurses.[7]) Für diesen gelten ausschließend reichsrechtliche Vorschriften[8]);
8. durch beschlußmäßige Verweisung der Beteiligten auf den Rechtsweg, soferne nicht die urteilsmäßige Feststellung eines Rechtsverhältnisses lediglich das Präjudiz für die noch weiter erforderliche gerichtliche Bereinigung der Verlassenschaft ist.[9])

II. Für den Verlassenschaftskommissär tritt Beendigung der Verlassenschaft ein:
1. in entsprechender Weise in den in Ziff. I, 5—8 aufgeführten Fällen;
2. mit Wegfall der Veranlassung oder des Grundes, wodurch er zur Auseinandersetzung der Verlassenschaft ermächtigt wurde[10]);
3. mit dem Tode des Verlassenschaftskommissärs; stirbt ein Notar, dem auf Grund letztwilliger Verfügung die Verlassenschaftsauseinandersetzung übertragen war, so bemißt sich die Frage, ob die Fortsetzung der Verlassenschaftsbehandlung auf seinen Amtsnachfolger übergeht, nach örtlichem Civilrecht;
4. ob durch Versetzung eines Notars oder Abgang vom Amte seine auf letztwilliger Verfügung beruhende Stellung als Verlassenschaftskommissär beendet wird, bemißt sich nach örtlichem Civilrecht.[11])

§ 224.

Wiederaufnahme der Verlassenschaftsverhandlungen.

1. Eine Wiederaufnahme der gerichtlichen Verlassenschaftsverhandlungen findet statt, wenn aus irgend einem Grunde die Verlassenschaftsbehandlung durch den ernannten Verlassenschaftskommissär

---

[6]) J.M.E. v. 20. Sept. 1863 Anl. V. Ziff. 5 Abs. 2 lit. c.

[7]) J.M.E. v. 20. Sept. 1863 Anl. V. Ziff. 5 lit. d. Der Umstand, daß Nachlaßgläubiger Absonderungsrechte geltend machen, bedingt nicht notwendig eine Fortsetzung der gerichtlichen Verlassenschaftsthätigkeit. Denn wenn auch die abgesonderte Befriedigung außerhalb des Konkurses stattfindet, so erfolgt sie doch nicht vor dem Verlassenschaftsgericht. Nur wenn noch Besitztitelberichtigungen in öffentlichen Büchern auf Grund von Verlassenschaftszeugnissen erforderlich sind, ist eine weitere Verlassenschaftsthätigkeit notwendig. Ebenso kann eine solche noch erforderlich werden, wenn nach abgeschlossenem Zwangsvergleiche noch Auseinandersetzungen zwischen Miterben stattzufinden haben. Vgl. Wagner, 2. Aufl. S. 176 Nr. 9.

[8]) §§ 202—206 R.K.O.

[9]) Zu allgemein J.M.E. v. 20. Sept. 1863 Anl. V. Ziff. 5 lit. b.

[10]) Vgl. oben § 221 Ziff. I, 7 S. 1226, Ziff. II, 4 S. 1228, Ziff. III S. 1228.

[11]) Autogr. J.M.E. v. 9. Aug. 1869 (Enderlein, Mat. z. Not.Ges. S. 121 Ziff. 10).

nicht mehr zulässig erscheint, wenn auch vielleicht nur zu dem Zwecke, um an Stelle des bisherigen Verlassenschaftskommissärs einen anderen zu setzen.

2. Eine Wiederaufnahme jeder Art von Verlassenschaftsverhandlung kann erfolgen:

a) wenn sich nach Abschluß des Verfahrens Mängel desselben zeigen und alle Beteiligten mit der Wiederaufnahme einverstanden sind[1]);

b) wenn sich hinterher ergibt, daß die Verlassenschaft noch nicht vollständig bereinigt ist, um die vollständige Erledigung derselben herbeizuführen.[2])

---

[1]) E. d. obst. L.G. XIV. 596; Bl. f. R.A. LVIII. 372.
[2]) E. d. obst. L.G. XII. 30; Bl. f. R.A. LIII. 174.

Fünftes Buch.

Der Rechtsschutz.

Erstes Hauptstück.

Selbsthilfe und Rechtsschutz.

I. Abschnitt.

Allgemeines.

§ 225.

I. Die Selbsthilfe ist entweder eigenmächtige Selbstverteidigung oder eigenmächtige Selbstbefriedigung oder eigenmächtige Sicherstellung zum Zwecke der Verwirklichung eines Rechtes gegen den Willen des Verpflichteten ohne Inanspruchnahme der obrigkeitlichen Macht.[1]) Regelmäßig ist die Selbsthilfe verboten; im einzelnen entscheidet hierüber das örtliche bürgerliche Recht; die hierin auf verbotene Selbsthilfe gesetzten Strafen sind aber durch das Reichsstrafrecht beseitigt.[2]) Arten erlaubter Selbsthilfe sind das Pfändungsrecht[3]) und Retentionsrecht[4]); allgemeine landesgesetzliche Einschränkungen des letzteren sind bereits oben § 201 lit. A Ziff. III (S. 1117) im Abschnitte über die Miete erwähnt.

II. Ist Selbsthilfe zur Verwirklichung der Privatrechte regelmäßig nicht zulässig, so muß der Staat zum Schutze verletzter oder gefährdeter Privatrechte seine obrigkeitlichen Machtbefugnisse zur Verfügung stellen, er muß obrigkeitlichen Rechtsschutz gewähren. Dieser Rechtsschutz kann zweifacher Natur sein:

1. Der Staat leiht seine Hilfe schon zu dem Zwecke, um drohenden Rechtsgefährdungen und Rechtsverletzungen vorzubeugen; er übt also Präventivpolizei auf privatrechtlichem Gebiete.

---

[1]) Vgl. hieher Windscheid, Pand. I. § 123; Dernburg, Pand. I. § 125; Roth, b. C.R. I. S. 376, 377; d. Pr.R. I S. 486.

[2]) E. d. R.G. XI. 244; Seuff. Archiv XL. 3; Windscheid, Pand. I. § 123 Nt. 4 a; Dernburg, Pand. I. § 125 Nt. 9.

[3]) Vgl. hierüber Roth, b. C.R. I. S. 376.

[4]) Vgl. hiezu Windscheid, Pand. I. § 138 Ziff. 4.

Diese Thätigkeit ist nichtstreitige oder freiwillige Rechtspflege. Damit ist aber freilich der Umfang der nichtstreitigen Rechtspflege noch nicht erschöpft. Sie umfaßt auch die staatliche Fürsorge für solche Personen, die aus besonderen Gründen, wie Handlungsunfähigkeit, Abwesenheit, des staatlichen Schutzes bedürfen.[5]) Die einzelnen Materien der nichtstreitigen Rechtspflege wurden bereits an jeweils einschlägiger Stelle erörtert.[6])

---

[5]) Vgl. auch Böhm in Frhrn. v. Stengels Wörterbuch des deutschen Verwaltungsrechts Erg.Bd. II S. 151—154; Wagner 2. Aufl. S. 1. Ueber privatrechtliche Präventivpolizei bei Verlassenschaften vgl. auch oben § 218 lit. A S. 1194.

[6]) Die einzelnen Materien sind (vgl. hiezu auch Böhm a. a. O.; Wagner, 2. Aufl. S. 4—6):

1. Das Hypotheken- und Grundbuchwesen nebst den Ewiggeldsachen: oben §§ 97 ff. S. 667 ff.; Art 15 A.G. z. R.G.B.G.
2. Das Vormundschafts- und Pflegschaftswesen: oben §§ 209—215 S. 1166 bis 1173.
3. Das Verlassenschaftswesen: oben §§ 218—224 S. 1194—1232.
4. Das Depositenwesen: oben § 44 Ziff. VIII, 3 S. 288—293.
5. Die den Gerichten nach § 11 Abs. 3, § 14 Abs. 2 und § 66 Abs. 2 des R.Pers.Standsges. v. 6. Febr. 1875 zugewiesenen Geschäfte; vgl. hiezu Ver. v. 14. Okt. 1875, den Vollzug des § 84 des R.Pers.St.Ges. v. 6. Febr. 1875 (G.V.Bl. S. 623; W. XI. S. 162).
6. Instruktion der Gesuche um Dispens von den Erfordernissen der Ehemündigkeit und Wartezeit: oben § 207 Ziff. I, 2 S. 1139, 1140.
7. Führung des Registers über die zur Erhaltung des Vorzugsrechtes angemeldeten Forderungen der Ehefrauen: vgl. oben § 68 lit. B Ziff. II, 1 S. 477; unten § 239 lit. D Ziff. 11 S. 1263.
8. Die Beaufsichtigung der landwirtschaftlichen Erbgüter: Art. 3, 4, 6, 29, 31 des Gesetzes über die landwirtschaftlichen Erbgüter vom 22. Febr. 1835 (W. IV S. 679 ff.): oben § 157 S. 964.
9. Feststellung des Datums von Privaturkunden: oben § 70 lit. G S. 530, 531.
10. Art. 407 des allg. d. Hand.Ges.B. mit Art. 28 Abs. 3 A.G. z. R.G.B.G.: oben § 68 lit. B Ziff. II, 2 und Nt. 31 S. 477.
11. Instruktion der Gesuche um Großjährigkeitserklärung, Adoption, Legitimation und Befreiung von der gerichtlichen Subhastation und Inventur: oben § 68 lit. B Ziff. II, 1 S. 476; § 208 lit. B und C S. 1147—1149.
12. Mitwirkung bei Namensänderungen: oben § 208 lit. A S. 1145—1147.
13. Verfahren bei Erinnerungen gegen die Gebührenbewertung über Wertsermittelungen für Urkunden, welche der verhältnismäßigen Gebühr unterliegen, nach Art. 143 des b. Geb.Ges. v. 18. Aug. 1879 in der Fassung von 1892: unten § 243 S. 1292 ff.
14. Führung des Handels- und Musterregisters, der Genossenschaftsregister, der Register für Gesellschaften mit beschränkter Haftpflicht, Behandlung derjenigen Sachen, die im Vereinsges. v. 29. April 1869, Erwerbs- und Wirtschaftsgenossenschaftsges. v. 1. Mai 1889 und R.G. über die Gesellschaften mit beschränkter Haftung v. 20. April 1892 den Gerichten zugewiesen sind: oben § 27 Ziff. IV S. 103—111; § 53 S. 356—370; § 54 S. 370—373.
15. Die gerichtliche Beglaubigung amtlicher Unterschriften zum Zwecke der Legalisation im diplomatischen Wege: oben § 68 lit. B Ziff. II, 2 S. 478.
16. Nichtstreitige Familien-Fideikommißsachen der VII. Verf.Beil.: oben § 150 S. 942—944.

2. Der Staat gewährt Hilfe, um vorhandene Rechtsgefährdungen oder Rechtsverletzungen zu beseitigen. Zu diesem Ende besteht der Civilprozeß und die Zwangsvollstreckung. Diese Thätigkeit ist streitige Rechtspflege.[7])

Im folgenden II. Abschnitte werden die landesgesetzlichen Normen über den Rechtsschutz mit Ausnahme der Zwangsvollstreckung in das unbewegliche Vermögen dargestellt; letztere ist in das II. Hauptstück dieses Buches verwiesen.

II. Abschnitt.

Der Rechtsschutz im besonderen.

Titel 1.

Die Organe der Rechtspflege im allgemeinen.

§ 226.

Mit den Funktionen der streitigen Rechtspflege sind — abgesehen von den Sondergerichten — die bürgerlichen Gerichte[1]), mit den Funktionen der nichtstreitigen Rechtspflege regelmäßig die bürgerlichen Gerichte[2]) oder Notare[3]), ausnahmsweise auch Gemeindebehörden, Militärbehörden, Universitätsrektorate[4]) betraut. In Ansehung der streitigen Rechtspflege ist fast ausnahmslos Reichsrecht[5]), in Ansehung der nichtstreitigen Rechtspflege nur Landesrecht[6]) maßgebend. Die

17. Das Konstatierungsverfahren bei Realgewerbeberechtigungen: oben § 192 lit. A Ziff. IV S. 1085, 1086.
18. Die Errichtung von Nachlaßinventaren durch die Gerichtsschreiber: Ges. v. 18. März 1896, die Abänderung des Art. 19 Not.Ges. betr. (G.V.Bl. S. 173), in Kraft seit 18. März 1896.
19. Die Thätigkeit der Notare nach Maßgabe des b. Not.Ges. v. 10. Nov. 1861: oben § 70 lit. B S. 491—516.
20. Das Beschwerdeverfahren der nichtstreitigen Rechtspflege: unten § 242 Ziff II S. 1282 ff.

[7]) Vgl. hiezu Dernburg, Pand. I. § 126; Windscheid, Pand. I. § 122.

[1]) Vgl. §§ 12—16 R.G.V.G.; auch §§ 3 und 4 E.G. z. R.C.P.O.

[2]) Vgl. hiezu § 4 E.G. z. R.G.V.G., wonach die Landesgesetzgebung nicht gehindert ist, den nach dem R.G.V.G. zuständigen Behörden jede andere Art der Gerichtsbarkeit, sowie Geschäfte der Justizverwaltung zu übertragen. Von dieser Befugnis hat Bayern im b. A.G. z. R.G.V.G. Gebrauch gemacht; vgl. Art. 7, 8, 15, 26—28, 36, 42, 68 A.G. z. R.G.V.G. S. auch oben § 68 S. 472 ff.

[3]) Vgl. das b. Notariatsgesetz v. 10. Nov. 1861; auch oben § 68 S. 472 ff.

[4]) S. hierüber oben § 38 Ziff. 9a S. 244 (Militärbehörden); § 55 lit. B Ziff. IV S. 409; § 203 lit. B S. 1124; § 220 lit. A Ziff. I S. 1213 (Gemeindebehörden); § 203 lit. B S. 1124 (Universitätsrektorate).

[5]) Vgl. hiezu auch oben § 68 lit. A S. 473, 474. Von Art. 4 Ziff. 13 der deutschen Reichsverfassung hat das Reich in Ansehung der streitigen Rechtspflege durch Erlaß der R.C.P.O., des R.G.V.G. und der hiezu gehörigen Nebengesetze, wie R.K.O., R.G.K.G. u. s. w., Gebrauch gemacht. Das Landesrecht hat hier nur Spielraum, so weit das Reichsrecht ausdrücklich auf Landesrecht verweist.

[6]) Vgl. hiezu auch oben § 68 lit. B S. 474 ff. Trotz Art. 4 Ziff. 13 der

Organe der streitigen und nichtstreitigen Gerichtsbarkeit der bürgerlichen Gerichte sind die Richter, Gerichtsschreiber, Gerichtsvollzieher und Gerichtsboten. In den folgenden §§ 227—237 sind zunächst die für das Gebiet der streitigen wie nichtstreitigen Rechtspflege im wesentlichen gleichmäßig geltenden Grundsätze über die Gerichtsbarkeit der bürgerlichen Gerichte, in den §§ 238—240 die besonderen landesgesetzlichen Normen für die streitige, in den §§ 241 und 242 die besonderen landesgesetzlichen Normen für die nichtstreitige Gerichtsbarkeit anzuführen.

Titel 2.

Die Gerichtsorganisation im besonderen.

§ 227.

Sachliche und örtliche Zuständigkeit der Gerichte.

A. Sachliche Zuständigkeit.

In Ansehung der sachlichen Zuständigkeit wird auf dem Gebiete der streitigen Rechtspflege — abgesehen von den Sondergerichten — zunächst zwischen Amtsgerichten, Landgerichten und Oberlandesgerichten unterschieden.[1]) Während in der streitigen, Rechtspflege in letzter Instanz bald das Reichsgericht, bald das bayerische oberste Landesgericht zuständig ist[2]), kommt in der nichtstreitigen Rechtspflege nur letzteres als letzte Instanz in Betracht.[3])

I. Die Grundsätze über Ausscheidung der sachlichen Zuständigkeit in der streitigen Rechtspflege gehören im Prinzipe ausschließlich dem Reichsrechte an; auf reichsrechtlichem Vorbehalte beruhen lediglich, abgesehen von den bereits oben § 39 Ziff. 9 (S. 244 — Gerichtsbarkeit der Auditeure) und § 68 lit. A (S. 473) erwähnten Fällen, noch folgende landesgesetzliche Bestimmungen in Ansehung der landgerichtlichen Zuständigkeit. Diese ist nämlich ohne Rücksicht auf den Wert des Streitgegenstandes ausschließlich gegeben[4]):

a) für Ansprüche der Staatsbeamten des Civil- und Militärdienstes und ihrer Hinterbliebenen gegen den Staat aus dem Dienstverhältnisse der ersteren[5]);
b) für Ansprüche gegen den Staat wegen Verschuldung von Staatsbeamten[6]);

---

deutschen Reichsverfassung ist das Verfahren der nichtstreitigen Rechtspflege noch nicht reichsgesetzlich geregelt.

[1]) § 12 R.G.V.G.

[2]) Vgl. hierüber oben § 68 lit. A Ziff. 4 S. 473.

[3]) Art. 42 Abs. 3 A.G. z. R.G.V.G.

[4]) § 70 Abs. 3 G.G.V.G.; Art. 26 A.G. z. R.G.V.G.; auch § 509 Ziff. 2 R.C.P.O.

[5]) Vgl. hiezu oben §§ 28—33 S. 119 ff.; § 45 Ziff. II, 1 a S. 298.

[6]) Vgl. hiezu oben § 44 Ziff. VIII, 2 S. 284—288; § 45 Ziff. II, 1 b S. 298.

c) für Ansprüche gegen öffentliche Beamte wegen Ueberschreitung ihrer amtlichen Befugnisse oder wegen pflichtwidriger Unterlassung von Amtshandlungen[7]);

d) für Ansprüche gegen den Staat wegen Verfügungen der Verwaltungsbehörden[8]);

e) für Ansprüche gegen den Staat wegen Aufhebung von Privilegien[9]);

f) für Ansprüche in betreff von Staatsabgaben.[10])

II. Die Grundsätze über Ausscheidung der sachlichen Zuständigkeit in der nichtstreitigen Rechtspflege sind bereits oben § 68 lit. B S. 474—488 angeführt. Streitigkeiten über die sachliche Kompetenz unterliegen dem gewöhnlichen Beschwerdewege; Streitigkeiten zwischen den Notaren als Inhaber nichtstreitiger Gerichtsbarkeit und den Gerichten sind im Wege der Aufsichtsbeschwerde zu entscheiden.[11])

B. Die örtliche Zuständigkeit.

1. Die örtliche Zuständigkeit der Gerichte in der streitigen Rechtspflege ist im Prinzipe reichsgesetzlich geregelt.[12]) Auf Grund reichsrechtlichen Vorbehaltes gelten besondere landesgesetzliche Vorschriften nur für das Aufgebotsverfahren bei der Todeserklärung Verschollener[13]), bezüglich bayerischer Staatsobligationen[14]) und bei Inhaberhypotheken[15]), ferner in Ansehung des allgemeinen Gerichtsstandes des Königs[16]) und im gewissen Sinne auch des Fiskus[17]), endlich in gewissen bergrechtlichen Streitigkeiten.[18])

II. Bezüglich der örtlichen Zuständigkeit in der nichtstreitigen Rechtspflege sind die maßgebenden Grundsätze jeweils bei der be-

---

[7]) Vgl. hiezu oben § 34 S. 184 ff.; § 205 Ziff. VII S. 1130 (actio ex syndicatu).

[8]) Vgl. hiezu oben § 45 Ziff. II, 1 c S. 298.

[9]) Vgl. hiezu oben § 45 Ziff. II, 1 d S. 298.

[10]) Vgl. hiezu oben § 45 Ziff. I, 2 S. 293.

[11]) Vgl. hiezu autogr. J.M.E. vom 10. März 1865 Nr. 5693, zit. bei Enderlein, Mat. z. Not.Ges. S. 103; b. Not.Zeit. 1864 S. 69; 1866 S. 103; E. d. obst. L.G. XII. 47; Wagner 2. Aufl. S. 9 Nt. 20; S. 41; Rehm, Not.Ges. S. 20.

[12]) §§ 11—35 R.C.P.O. — Vgl. hieher auch Ver. v. 2. April 1879, die Bestimmung der Gerichtssitze und die Bildung der Gerichtsbezirke betr. (G.V.Bl. S. 355; J.M.Bl. S. 112).

[13]) § 823 Abs. 2 R.C.P.O.; § 11 E.G. z. R.C.P.O; Art. 106 A.G. z. R.C.P.O.; vgl. hiezu oben § 12 Ziff. 3 a S. 35.

[14]) Art. 69 Abs. 2 A.G. z. R.C.P.O.; vgl. hiezu unten § 239 lit. E Ziff. II S. 1265 ff.

[15]) Art. 25 Abs. 2 des Ges. v. 18. März 1896, einige Bestimmungen über die Inhaberpapiere betr. (G.V.Bl. S. 173), in Kraft seit 18. März 1896.

[16]) § 5 E.G. z. R.G.V.G.; § 5 E.G. z. R.C.P.O.; Art. 1 A.G. z. R.C.P.O.; vgl. hiezu oben § 21 S. 69.

[17]) § 20 R.C.P.O.; vgl. hiezu oben § 45 Ziff. II S. 298 und Ziff. III S. 299—301.

[18]) Art. 8 des b. Berggesetzes vom 20. März 1869 (W. VII. S. 607 ff.) mit § 15 Ziff. 2 E.G. z. R.C.P.O. und oben § 161 Ziff. 3 b S. 974.

treffenden Materie besonders angeführt. Ist die örtliche Zuständigkeit zwischen zwei oder mehreren Gerichten streitig, so entscheidet das nächste gemeinsame Obergericht und beim Mangel eines solchen das oberste Landesgericht. Ist das an sich zuständige Gericht im Einzelfalle an der Ausübung des Richteramtes rechtlich oder thatsächlich verhindert, so hat gleichfalls das nächste höhere Gericht das örtlich zuständige Gericht zu bestimmen.[19])

§ 228.

Die Besetzung der Gerichte.

Für das Richteramt sind zunächst allgemein die Bestimmungen der §§ 1—11 des Reichsgerichtsverfassungsgesetzes maßgebend; dazu kommen die besonderen Vorschriften der Art. 1—6 des bayerischen Ausführungsgesetzes zum Reichsgerichtsverfassungsgesetz vom 23. Februar 1879. Diese besonderen Vorschriften sind folgende:

I. Die Richter, einschließlich der Handelsrichter[1]), werden vom Könige ernannt. Jeder Richter hat den vorgeschriebenen Amtseid zu leisten. An einem Kollegialgerichte dürfen Richter, welche miteinander oder mit einem bei dem Gerichte angestellten Staatsanwalte in gerader Linie oder im zweiten Grade der Seitenlinie verwandt oder verschwägert sind, nicht angestellt werden; nur wenn das Gericht aus mehr als zehn Richtern besteht, kann hievon Umgang genommen werden. Die Richter haben Residenzpflicht.[2])

II. Die Amtsgerichte werden mit der erforderlichen Anzahl von Amtsrichtern (Oberamtsrichter, Amtsrichter) besetzt. Bei den mit mehreren Richtern besetzten Amtsgerichten führt der Oberamtsrichter die allgemeine Dienstaufsicht; unter mehreren Oberamtsrichtern desselben Gerichts wird einer derselben vom Justizministerium mit der allgemeinen Dienstaufsicht betraut.[3]) Im übrigen werden die Geschäfte

---

[19]) Art. 10 A.G. z. R.G.V.G. Vgl. bezüglich der Amtsgerichte noch besonders unten § 228 Ziff. II S. 1240.

[1]) Bezüglich der Handelsrichter vgl. § 115 R.G.V.G.; dann auch §§ 112 und 113 R.G.V.G.; Art. 60 E.G. z. allgem. d. Hand.Ges.B. v. 10. Nov. 1861 (W. V S. 397). allerdings aufgehoben durch Art. 235 Ziff. 12 A.G. z. R.C.P.O.; M.E. v. 12. März 1872, die Besetzung der Stellen von kaufmännischen Richtern an den Handelsgerichten des Königreichs betr. (J.M.Bl. S. 109); Verordn. vom 2. Sept. 1879, die Bildung von Kammern für Handelssachen bei den Landgerichten betr. (J.M.Bl. S. 533), und vom 13. Sept. 1879, die Besetzung der Stellen von Handelsrichtern an den Kammern für Handelssachen betr. (J.M.Bl. S. 741; W. XIII. S. 453).

[2]) Der Richter muß an dem Orte des Gerichts, an welchem er angestellt ist, seinen Wohnsitz nehmen. Inwieweit benachbarte Orte als ein Ort anzusehen sind, bestimmt das Staatsministerium der Justiz. Vgl. hiezu oben § 36 Ziff. I, 1 S. 211.

[3]) § 22 Abs. 2 R.G.V.G.; Art. 16 A.G. z. R.G.V.G.; Ver. v. 23. Aug. 1879, den Vollzug des A.G. z. R.G.V.G. betr. (G.V.Bl. S. 1043; J.M.Bl. S. 381; W. XIII. S. 332), § 2 Abs. 2, § 3. — Bezüglich Verleihung des Titels, Ranges, Gehalts und der Rechte eines Oberlandesgerichtsrats an die Oberamts-

je auf die Dauer eines Geschäftsjahres im voraus verteilt. Die Verteilung erfolgt durch den die Dienstaufsicht führenden Amtsrichter. Das Präsidium des Landgerichtes ist jedoch befugt, im Falle wahrgenommenen Bedürfnisses Aenderungen der vom dienstaufsichtführenden Amtsrichter vorgenommenen Geschäftsverteilung anzuordnen. Auch kann das Staatsministerium der Justiz über die bei der Verteilung zu beobachtenden Grundsätze allgemeine Vorschriften erlassen und bei den mit mehr als drei Richtern besetzten Amtsgerichten selbst einzelne Anordnungen über die Geschäftsverteilung treffen.[4])

Die Richter eines Amtsgerichtes erledigen in der streitigen wie nichtstreitigen Rechtspflege die ihnen jeweils zugewiesenen Geschäfte als Einzelrichter. Den hienach thätig gewordenen Richter trifft allein die dafür bestehende Haftung und Dienstverantwortlichkeit.[5]) Mehrere Richter desselben Amtsgerichtes vertreten sich gegenseitig. Bei Verhinderung des mit der allgemeinen Dienstaufsicht betrauten Amtsrichters oder Erledigung der Stelle desselben sind die übrigen Amtsrichter nach ihrem Range, und wenn dieser gleich ist, nach ihrem Dienstalter zur Stellvertretung berufen, soferne nicht vom Präsidium des Landgerichtes eine andere Anordnung getroffen wird.[6]) Für diejenigen Amtsgerichte,

---

richter vgl. § 6 Abs. 2 der zit. Ausf.Ver. Ueber den Rang der Richter des Amtsgerichts vgl. § 5 Abs. 4; über die Rangfolge vgl. § 36 Abs. 1 und 2 der Ausf.Ver. v. 23. Aug. 1879; M.Bek. v. 15. Juni 1880, das Dienstalter richterlicher Beamter betr. (J.M.Bl. S. 249); M.Bek. vom 28. August 1879, die allgemeine Dienstaufsicht betr. (J.M.Bl. S. 540); M.Bek. vom 27. Juni 1881, das Meldeverfahren betr. (J.M.Bl. S. 297); J.M.Bek. v. 17. Aug. 1883, die Vorschriften über die Personalakten, die Qualifikation und die sonstigen Berichterstattungen der Aufsichtsbehörden hinsichtlich der Justizbeamten, sowie über die Führung der Personalakten und die Qualifikation der Bewerber um Anstellung im Justizstaatsdienste betr. (J.M.Bl. S. 293 ff.). — S. auch Bek. v. 1. Nov. 1862, die Amtsübergabe an die Vorstände der Gerichte betr. (W. VI. S. 98); Bek. v. 28. Juli 1879, die Vorbereitung und Ausführung der infolge der veränderten Zuständigkeit erforderlichen Aktenübergabe betr. (J.M.Bl. S. 338, 368); M.Bek. v. 10. Sept. 1879, die Amtsübergabe an die neueintretenden Gerichtsvorstände und Staatsanwälte betr. (J.M.Bl. S. 641; W. XIII. S. 434).

[4]) Art. 17 A.G. z. R.G.V.G.; M.Bek. v. 16. Sept. 1879, die Geschäftsverteilung bei den Amtsgerichten betr. (J.M.Bl. S. 928; W. XIII. S. 562); M.Bek. v. 16. Sept. 1879, die Bestimmung der Termine in Civil- und Strafsachen bei den Landgerichten und Amtsgerichten betr. (J.M.Bl. S. 929; W. XIII. S. 562); M.Bek. v. 22. Sept. 1879, die Geschäftsverteilung bei dem k. Amtsgerichte München I betr. (J.M.Bl. S. 1165; W. XIII. S. 710). Die Unterscheidung zwischen Amtsgericht München I Abt. A und B für Civ.S. beruht nur auf interner Geschäftsverteilung; die beiden Abteilungen sind nicht zwei verschiedene Gerichte; Zuständigkeitsstreitigkeiten sind daher im Wege der Dienstaufsicht zu erledigen; ein Richter der Abt. A oder B kann sich nach außen nicht für örtlich unzuständig erklären, weil die andere Abteilung örtlich zuständig sei.

[5]) § 22 R.G.V.G.; Art. 18 A.G. z. R.G.V.G. Diese Verantwortlichkeit tritt auch ein für den Vertreter eines Amtsrichters, während der Vertretene für die vom Vertreter vorgenommene Handlung keine Haftung hat. Das Zeichnen eines vertretenden Amtsrichters mit »v. n.« hat daher gar keine Bedeutung.

[6]) Art. 19 A.G. z. R.G.V.G. Das Präsidium des Landgerichts ist nicht an Rang und Dienstalter gebunden; vgl. auch Koller, Handausgabe zum A.G. z. R.G.V.G., München 1894 S. 11.

an welchen nur ein Richter angestellt ist, wird von dem Präsidium des vorgesetzten Landgerichtes ein Richter eines benachbarten, im Bezirke dieses Landgerichtes gelegenen Amtsgerichtes oder ein Mitglied dieses Landgerichtes ständig mit der Stellvertretung des Amtsrichters beauftragt und die Aufstellung im Amtsblatte des Kreises veröffentlicht. Wird hier in einzelnen Fällen die Anordnung einer weiteren Stellvertretung nötig, so erteilt das Präsidium des vorgesetzten Landgerichtes gleichen Auftrag zur Vertretung für den einzelnen Fall.[7]) Die hienach durch das landgerichtliche Präsidium angeordnete allgemeine Stellvertretung greift jedoch nicht Platz im Falle rechtlicher Verhinderung des Gerichtes in Angelegenheiten, auf welche § 36 der Reichscivilprozeßordnung Anwendung findet. Angelegenheiten der nichtstreitigen Rechtspflege können dann, wenn die Vertretung des rechtlich oder thatsächlich verhinderten Amtsrichters nicht durch Richter desselben Amtsgerichtes geschehen kann, von dem Landgerichte einem anderen Amtsgerichte des Bezirkes zugewiesen werden.[8])

III. Die Landgerichte sind mit einem Präsidenten und der erforderlichen Anzahl von Direktoren und Mitgliedern (Landgerichtsräten) besetzt.[9]) Sie werden in der streitigen wie nichtstreitigen Rechtspflege in der Besetzung von drei Mitgliedern (Civilkammern, Kammern für Handelssachen) thätig, soweit nicht durch besondere Bestimmung die Erledigung einzelner Geschäfte dem Präsidenten des Landgerichtes zugewiesen ist.[10]) Für die Zuteilung der einzelnen landgerichtlichen Mitglieder zu den einzelnen Kammern, wie die Stellvertretung der den einzelnen Kammern zugeteilten landgerichtlichen

[7]) Art. 20 A.G. z. R.G.V.G.; M.Bek. v. 31. Dez. 1881, die Anordnung von Stellvertretungen bei den Amtsgerichten betr. (J.M.Bl. 1882 S. 1).

[8]) Art. 21 A.G. z. R.G.V.G.

[9]) § 58 R.G.V.G.; § 2 Abs. 1 der Ausf.Ver. v. 23. Aug. 1879. Ueber den Rang der Mitglieder des Landgerichts vgl. § 5 Abs. 2, über die Rangfolge unter sich § 36 Abs. 1 der zit. Ver. — Ueber die Verleihung von Rang und Gehalt eines Senatspräsidenten der Oberlandesgerichte an Landgerichtspräsidenten vgl. § 5 Abs. 1 der zit. Ver.; über die Verleihung von Titel, Rang, Gehalt und Rechte eines Oberlandesgerichtsrats an Landgerichtsräte s. § 6 Abs. 2 A.G. z. R.G.V.G. mit Ver. v. 22. Mai 1890, den Vollzug des A.G. z R.G.V.G. betr. (G.V.Bl. S. 298; J.M.Bl. S. 161).

[10]) §§ 59, 77, 109 R.G.V.G.; Art. 29, 30 Abs. 5, Art. 31 A.G. z. R.G.V.G. — Ueber die Zuständigkeit der Kammern für Handelssachen und Civilkammern auf dem Gebiete der nichtstreitigen Rechtspflege vgl. die Art. 28 Abs. 2 und Art. 29 A.G. z. R.G.V.G. Vgl. hiezu auch oben § 68 lit. B Ziff. II, 2 S. 477, 478. S. ferner Ver. v. 2. Sept. 1879, die Bildung von Kammern für Handelssachen bei den Landgerichten betr. (G.V.Bl. S. 1073; J.M.Bl. S. 533; W. XIII. S. 372); M.Bek. v. 13. Sept. 1879, die Besetzung der Stellen von Handelsrichtern an den Kammern für Handelssachen betr. (J.M.Bl. S. 741; W. XIII. S. 453); M.Bek. v. 3. Dez. 1879, die Geschäftsverteilung bei den Oberlandesgerichten und Landgerichten betr. (J.M.Bl. S. 1879); vom 12. Okt. 1881 gleichen Betr. (J.M.Bl. S. 415); Ver. v. 26. Juli 1890, die Bildung weiterer Kammern für Handelssachen bei dem Landgerichte München I und Nürnberg betr. (G.V.Bl. S. 505; W. XX. 299); v. 7. Sept. 1891, die Bildung von Kammern für Handelssachen bei den Landgerichten betr. (G.V.Bl. S. 323); J.M.Bek. v. 16. Sept. 1891 gleichen Betr. (J.M.Bl. S. 187).

Mitglieder sind auf dem Gebiete der streitigen Rechtspflege die §§ 58—69, 77 des Reichsgerichtsverfassungsgesetzes, auf dem Gebiete der freiwilligen Gerichtsbarkeit die gleichen Vorschriften des Reichsgerichtsverfassungsgesetzes, jedoch mit Ausnahme des § 69 dieses Gesetzes maßgebend.[11])

Der Präsident des Landgerichtes wird, unbeschadet der Vorschrift des § 65 des Reichsgerichtsverfassungsgesetzes, in allen seinen Dienstgeschäften durch dasjenige Mitglied des Präsidiums vertreten, welches dem Range nach, bei gleichem Range dem Dienstalter nach, und bei gleichem Dienstalter der Geburt nach das älteste ist.

Ist in einzelnen Fällen die erforderliche Zahl von Gerichtsmitgliedern nicht vorhanden, so können ausnahmsweise durch den Präsidenten Richter der am Gerichtssitze befindlichen oder benachbarten Amtsgerichte des Landgerichtsbezirkes beigezogen werden.[12])

IV. Die Oberlandesgerichte sind mit einem Präsidenten und der erforderlichen Anzahl von Senatspräsidenten und Räten besetzt.[13]) Sie werden in Civilsenaten, welche mit je fünf Gerichtsmitgliedern besetzt sind, thätig, soweit nicht durch besondere Bestimmungen die Erledigung einzelner Geschäfte dem Präsidenten des Oberlandesgerichtes zugewiesen ist.[14]) Für die Zuteilung der einzelnen Mitglieder zu den Senaten, für die Stellvertretung der einzelnen Senatsmitglieder gelten auf dem Gebiete der streitigen Rechtspflege die §§ 119—122, 124 des Reichsgerichtsverfassungsgesetzes, auf dem Gebiete der nichtstreitigen Rechtspflege lediglich die §§ 121 und 124 dieses Gesetzes.[15]) Ist in einem einzelnen Falle die erforderliche Zahl von Gerichtsmitgliedern nicht vorhanden, so kann der Präsident den Senat durch einzelne von ihm einzuberufende Mitglieder nicht beteiligter Landgerichte des Oberlandesgerichtsbezirkes ergänzen.[16])

V. Das oberste Landesgericht ist mit einem Präsidenten und der erforderlichen Anzahl von Senatspräsidenten und Räten besetzt.[17]) Es wird in Senaten, welche mit je sieben Gerichtsmitgliedern besetzt sind, thätig.[18]) Für die Zuteilung der einzelnen Gerichtsmitglieder zu diesen und die Stellvertretung der einzelnen Senatsmitglieder

---

[11]) Art. 30 Abs. 1 A.G. z. R.G.V.G.

[12]) Art. 32, 33 A.G. z. R.G.V.G. — Bezüglich der Bestellung der Vorsitzenden der Kammer für Handelssachen und über die Stellvertretung derselben vgl. Art. 30 Abs. 2 A.G. z. R.G.V.G. mit Ver. v. 2. Sept. 1879 (s. oben Nt. 1).

[13]) § 119 R.G.V.G. Ueber den Rang der Richter des Oberlandesgerichts vgl. § 5 Abs. 2, über den Rang unter sich § 36 der Ausf.Ver. v. 23. Aug. 1879.

[14]) § 124 R.G.V.G.; Art. 38, 39 A.G. z. R.G.V.G.

[15]) Art. 38 A.G. z. R.G.V.G. Vgl. auch die Nt. 29 zit. M.Bek. vom 3. Dez. 1879.

[16]) Art. 40 A.G. z. R.G.V.G.

[17]) §§ 8, 10 E.G. z. R.G.V.G.; Art. 42 Abs. 1, Art. 43 A.G. z. R.G.V.G. Vgl. hiezu auch oben § 4 Ziff. 2 S. 5—7 über Plenarerkenntnisse.

[18]) Art. 44, 48 A.G. z. R.G.V.G. Die Zahl der Senate bestimmt das Justizministerium.

gelten die Vorschriften der §§ 61—68 des Reichsgerichtsverfassungsgesetzes, jedoch mit der Maßgabe, daß zu dem Präsidium die vier ältesten Mitglieder des Gerichtes zuzuziehen sind.[19]) Der Geschäftsgang ist durch eine vom Plenum ausgearbeitete und vom Staatsministerium der Justiz genehmigte Geschäftsordnung geregelt.[20])

§ 229.

Die Gerichtsschreiber.[1])

I. Bei jedem Gerichte ist eine Gerichtsschreiberei eingerichtet.[2]) Bei dem obersten Landesgerichte, den Oberlandesgerichten und Landgerichten ist je ein Obergerichtsschreiber (Obersekretär) und die erforderliche Anzahl von Gerichtsschreibern (Sekretären) angestellt. Jedes Amtsgericht hat mindestens einen Gerichtsschreiber; im Bedürfnisfalle können aber bei einem Amtsgerichte auch mehrere Gerichtsschreiber angestellt werden; einem derselben wird dann vom Staatsministerium der Justiz die Geschäftsleitung der Gerichtsschreiberei übertragen.[3]) Die Gerichtsschreiber werden vom Könige ernannt.[4]) Zum Gerichtsschreiber kann nur ernannt werden, wer die Fähigkeit zum Richteramte erlangt hat oder wer das 21. Lebensjahr vollendet, die aktive Dienstpflicht erfüllt oder von derselben für die Friedenszeit endgiltig befreit ist und die Gerichtsschreiberprüfung bestanden hat.[5]) Die Gerichtsschreiber und

[19]) Art. 45 Abs. 1 A.G. z. R.G.V.G.

[20]) Art. 49 A.G. z. R.G.V.G.

[1]) § 154 R.G.V.G.; Art. 59—64 A.G. z. R.G.V.G.; §§ 17—26 der Ausf.-Ver. v. 23. Febr. 1879; Ver. v. 6. Sept. 1879, die Geschäftseinrichtung bei den Gerichtschreibereien und die Schreibgebühr bei den Gerichten betr. (G.V.Bl. S. 1110; J.M.Bl. S. 605; W. XIII. S. 403); Ver. v. 12. Juni 1892 gleichen Betr. (G.V.Bl. S. 267; W. XXI. S. 464) mit den J.M.Bek. v. 13. Juni, 22. Sept., 15. Dez. 1892, 21. Jan., 10. März, 23. Sept., 12. Dez. 1893, 25. Juli 1894 (J.M.Bl. S. 137, 226, 290, 14, 59, 273, 322, 163); Dienstvorschriften für die Gerichtsschreiber v. 14. Sept. 1879 (J.M.Bl. S. 743; W. XIII. S. 493); M.Bek., die Geschäftsleitung der Gerichtsschreibereien bei den Amtsgerichten betr., v. 24. Sept. 1879 (J.M.Bl. S. 1166); M.Bek., die Geschäftsleitung der Gerichtsschreiberei bei dem k. Amtsgerichte München I betr., v. 24. Septbr. 1879 (J.M.Bl. S. 1169) und M.Bek. v. 14. Juni 1892, die Geschäftseinrichtung der Gerichtsschreibereien betr. (J.M.Bl. S. 132). — Bezüglich der Sekretariatsassistenten und Sekretariatsgehilfen s. Ver. v. 7. Juli 1887, die Einrichtung der Gerichtsschreibereien und der staatsanwaltschaftlichen Kanzleien betr. (G.V.Bl. S. 357); Ver. v. 17. Mai 1890 gleichen Betr. (J.M.Bl. S. 85); M.Bek. v. 9. Juli 1887, die Sekretariatsgehilfen bei den Gerichten und den Staatsanwaltschaften betr. (J.M.Bl. S. 152); dann M.Bek. v. 14. Juni 1892, den Vollzug derselben betr. (J.M.Bl. S. 132) und § 14 des Finanzges. v. 11. Juni 1894 (G.V.Bl. S. 279). Vgl. noch M.Bek. v. 24. Mai 1883, die Verwendung der geprüften Bewerber um Gerichtsvollzieherstellen auf den Gerichtsschreibereien betr. (J.M.Bl. S. 225).

[2]) § 154 R.G.V.G.

[3]) Art. 59 A.G. z. R.G.V.G.; über die Rangverhältnisse vgl. § 24 der Ausf.Ver. v. 23. Febr. 1879. Bezüglich des Titels „Obersekretär“ und „Sekretär“ vgl. Ver. v. 26. Nov. 1881.

[4]) Art. 60 A.G. z. R.G.V.G.

[5]) §§ 17—21 der Ausf.Ver. v. 23. Febr. 1879.

Gerichtsschreibergehilfen haben den vorgeschriebenen Amtseid zu leisten.[6]) Im Falle der Notwendigkeit einer Stellvertretung können die Geschäfte eines Gerichtsschreibers durch einen verpflichteten Rechtskandidaten und, wenn dies nicht thunlich ist, durch einen verpflichteten Schreiber besorgt werden.[7]) Sind an einem Gerichte mehrere Gerichtsschreiber angestellt, so vertreten sie sich gegenseitig; stellvertretende Gerichtsschreiber können in Fällen des Bedürfnisses vom Gerichtsvorstande bestellt werden.[8]) Gerichtsschreibergehilfen sind zur selbständigen Ausführung von Geschäften, welche eine Ausübung des Gerichtsschreiberamts enthalten, nur berechtigt, wenn sie als stellvertretende Gerichtsschreiber bestellt sind.[9]) Jeder Gerichtsschreiber ist für die ihm obliegenden Geschäfte verantwortlich.[10]) Für die Geschäftseinrichtung der Gerichtsschreiberei ist im wesentlichen die Gerichtsschreibereiordnung vom 6. September 1879 mit der Verordnung vom 12. Juni 1892 maßgebend.[11])

II. Die sachliche und örtliche Zuständigkeit der Gerichtsschreiber in der streitigen Rechtspflege bemißt sich nach den Reichscivilprozeßgesetzen; hinsichtlich der nichtstreitigen Rechtspflege sind die für die sachliche Zuständigkeit maßgebenden Grundsätze bereits oben § 68 lit. B Ziff. III (S. 479) erwähnt.[12]) Die örtliche Zuständigkeit bemißt sich nach der örtlichen Zuständigkeit des Gerichts, bei dem sie angestellt sind.

§ 230.

Die Gerichtsvollzieher.

Die Dienst- und Geschäftsverhältnisse der Gerichtsvollzieher bei den Landesgerichten sind durch die Landesjustizverwaltung zu

[6]) Art. 61, 64 A.G. z. R.G.V.G.; § 6 der Ver. v. 6. Sept. 1879.

[7]) Art. 64 A.G. z. R.G.V.G. — Ueber die Verwendung der Rechtspraktikanten vgl. noch Ver. v. 27. April 1880, die Praxis der Bewerber um Anstellung im Justizstaatsdienste betr. (J.M.Bl. S. 121); J.M.Bek. v. 19. Mai 1880, die Prüfungen für den höheren Justiz- und Verwaltungsdienst und die Vorbereitung für diese Prüfung betr.; Ver. v. 12. Juli 1893, die Prüfungen u. s. w. betr. (G.V.Bl. S. 257); M.Bek. v. 14. Juli 1893 gleichen Betr. (J.M.Bl. S. 150); autogr. J.M.E. v. 10. Nov. 1894 Nr. 25184.

[8]) §§ 3, 4, 8 der Ver. v. 6. Sept. 1879 (J.M.Bl. S. 158); v. 15. Juni 1880, die Praxis der Bewerber um Anstellung im Justiz- und Staatsdienste betreffend. (J.M.Bl. S. 237).

[9]) §§ 5, 7 der Ver. v. 6. Sept. 1879; auch Ver. v. 7. Juli 1887 und Ver. v. 17. Mai 1890.

[10]) § 2 Abs. 1 der Ver. v. 6. Sept. 1879. Die Geschäftsverteilung besorgt der Obersekretär bezw. der geschäftsleitende Sekretär: § 2 Abs. 2 a. a. O.

[11]) Vgl. Nt. 1. Siehe auch oben § 68 S. 472 ff.

[12]) Zu ergänzen ist, daß nach dem Ges. v. 18. März 1896, die Abänderung des Art. 19 Not.Ges. betr. (G.V.Bl. S. 179), in Kraft seit 18. März 1896, dem Gerichtsschreiber auch die Errichtung von Nachlaßinventaren übertragen werden kann (s. Nachträge).

bestimmen.[1]) Für Bayern ist die Gerichtsvollzieherordnung vom 6. September 1879[2]) maßgebend.

I. Die Gerichtsvollzieher werden vom Staatsministerium der Justiz ernannt.[3]) Als Gerichtsvollzieher kann nur aufgestellt werden, wer das 21. Lebensjahr vollendet, die aktive Dienstpflicht im stehenden Heere erfüllt hat oder von derselben für die Friedenszeit endgiltig befreit ist, einen ungetrübten Leumund hat, die für das Gerichtsvollzieheramt erforderliche körperliche Rüstigkeit besitzt, sich in geordneten Vermögensverhältnissen befindet und die vorgeschriebene Prüfung entweder als Gerichtsvollzieher oder die Prüfung für das Gerichtsschreiberamt bestanden hat.[4]) Die Gerichtsvollzieher werden bei den Amtsgerichten aufgestellt und zwar bei jedem Amtsgericht mindestens einer.[5]) Das Gerichtsvollzieheramt kann auch einem Amtsgerichtsdiener, der den Anforderungen eines Gerichtsvollziehers genügt, als Nebenamt in widerruflicher Weise übertragen werden.[6]) Die Gerichtsvollzieher, Verweser und Stellvertreter haben den vorgeschriebenen Amtseid zu leisten.[7]) Sie haben Residenzpflicht.[8]) Sie dürfen die Ausübung ihres Amtes nicht ohne rechtfertigenden Grund verweigern und einen Auftrag nicht einem anderen Gerichtsvollzieher übertragen. Ist der Gerichtsvollzieher an der Ausführung eines Auftrages rechtlich oder thatsächlich verhindert, so hat er, wenn

---

[1]) § 155 R.G.V.G.; Art. 65 z. R.G.V.G. — Vgl. zum folgenden auch oben § 31 lit. B S. 158 ff.

[2]) W. XIII. S. 390; G.V.Bl. S. 879, 1091. — Vgl. hiezu ferner die Ausführungsvorschriften hiezu vom 11. Sept. 1879 (W. XIII. S. 440, J.M.Bl. S. 703), 22. Sept. 1879 (W. XIII S. 711; J.M.Bl. S. 1185); 25. Sept. 1879 (J.M.Bl. S. 1233; W. XIV. S. 711); v. 30. Septbr. 1879 (W. XIV. S. 86; J.M.Bl. S. 1494); J.M.Bek. v. 7. Dez. 1879, die Bewerber um Gerichtsvollzieherstellen betr. (J.M.Bl. S. 1889).

[3]) Seit 27. Okt. 1894: Ver. v. 16. Okt. 1894, die Abänderung des § 4 der Gerichtsvollzieherordnung betr. (G.V.Bl. S. 595; J.M.Bl. S. 209). Vordem wurden sie vom Könige ernannt. Vgl. hiezu oben § 69 Nt. 7 S. 489.

[4]) §§ 1 und 2 der Ger.Vollz.Ordn., §§ 1—14 der Ausf.-Vorschr. vom 11. Sept. 1879. — Vgl. hieher noch M.Bek. v. 24. Dez. 1880, den Vorbereitungsdienst der Bewerber um das Gerichtsvollzieheramt betr. (J.M.Bl. S. 472); 4. April 1881 gleichen Betr. (J.M.Bl. S. 189); 21. Sept. 1881, die Bewerbung von Militäranwärtern um das Gerichtsvollzieheramt betreffend (J.M.Bl. S. 392); 22. Nov. 1885, die Besetzung der Subaltern- und Unterbeamtenstellen bei den Reichs- und Staatsbehörden mit Militäranwärtern betr. (G.V.Bl. S. 669); § 8 der M.Bek. v. 15. Febr. 1886, die Bedingungen zur Anstellung im niederen Justizdienste betr. (S. 70); M.Bek. v. 16. Febr. 1886, die Vorschriften über die Führung der Personalakten, die Qualifikation und die sonstigen Berichterstattungen hinsichtlich des niederen Justizpersonals betr. (J.M.Bl. S. 76); Ziff. 2 der Bek. vom 10. März 1886, die Prüfung für das Gerichtsvollzieheramt betr. (J.M.Bl. S. 104); M.Bek. v. 26. April 1888, die Qualifikation der Sekretariatsgehilfen betr. (J.M.Bl. S. 107).

[5]) § 3 Abs. 1 der Ger.Vollz.Ordn.

[6]) § 3 Abs. 2, § 4 Abs. 2 der Ger.Vollz.Ordn., § 15 der Ausf.Vorschr. v. 11. Sept. 1879.

[7]) §§ 11, 27 Abs. 3, § 29 Abs. 2 der Ger.Vollz.Ordn.

der Auftrag von einer Privatperson unmittelbar erteilt ist, den Auftraggeber von der Verhinderung zu benachrichtigen. Ist die Benachrichtigung nicht thunlich oder erscheint im Interesse des Auftraggebers die sofortige Ausführung des Auftrages geboten, so ist dem dienstaufsichtführenden Amtsrichter Anzeige zu machen. Ebenso ist Anzeige zu machen, wenn der Auftrag, an dessen Ausführung der Gerichtsvollzieher verhindert ist, von einer öffentlichen Behörde oder unter Vermittelung des Gerichtsschreibers erteilt ist. Der Amtsrichter hat einen anderen Gerichtsvollzieher zu bezeichnen, welcher das Geschäft zu übernehmen hat und, wenn dies nicht thunlich ist, für anderweitige Aushilfe zu sorgen.[9])

Die Gerichtsvollzieher haben ihr Amt regelmäßig persönlich auszuüben; nur in einigen bestimmten Ausnahmefällen kann ihnen gestattet werden, unter eigener Verantwortlichkeit, Geschäfte durch Gehilfen besorgen zu lassen. Als Gehilfen dürfen regelmäßig nur geprüfte oder in der Vorbereitung begriffene Bewerber verwendet werden; zur Verwendung eines Gehilfen zu amtlichen Verrichtungen ist die Genehmigung des dienstaufsichtführenden Amtsrichters erforderlich; die Genehmigung ist widerruflich.[10]) Im Falle der Verhinderung durch Krankheit oder berechtigte Abwesenheit ist dem Gerichtsvollzieher auf seinen Antrag ein Stellvertreter zu bestellen; während der Dauer der Stellvertretung darf der Gerichtsvollzieher selbst amtliche Verrichtungen nicht vornehmen; der Gerichtsvollzieher haftet aber für die Amtsführung des Stellvertreters. Die Stellvertretung kann nur einer Person übertragen werden, welche die Befähigung zur Verwesung einer Gerichtsvollzieherstelle besitzt, oder einem bei dem nämlichen Amtsgerichte aufgestellten Gerichtsvollzieher. Die Bestellung der Stellvertretung, wie die Uebertragung derselben auf einen anderen Gerichtsvollzieher erfolgt durch den Präsidenten des Landgerichts, in dringenden Fällen auch einstweilen durch den dienstaufsichtführenden Amtsrichter; soll die Stellvertretung länger als zwei Monate dauern, so ist Genehmigung des Staatsministeriums der Justiz erforderlich.[11])

Im Falle der Erledigung einer Gerichtsvollzieherstelle, welche nicht alsbald von dem Nachfolger angetreten wird, oder der Suspension eines Gerichtsvollziehers, ist ein Verweser aufzustellen, soferne die Geschäfte nicht durch die übrigen bei dem nämlichen Amtsgerichte aufgestellten Gerichtsvollzieher erledigt werden können. Das Gleiche gilt, wenn ein Gerichtsvollzieher, für welchen ein Stellvertreter nicht bestellt ist, abwesend oder verhindert ist, sein Amt zu versehen. Als Verweser können nur Personen aufgestellt werden, welche die für den Gerichtsvollzieher erforderlichen Eigenschaften — mit Ausnahme der

---

[8]) §§ 14, 27 Abs. 3, § 29 Abs. 2 der Ger.Vollz.Ordn. Vgl. hiezu oben § 36, Ziff. I, 1, S. 211.

[9]) §§ 15, 31 der Ger.Vollz.Ordn.

[10]) §§ 16, 30 Abs. 1 und 2 der Ger.Vollz.Ordn.; § 26 der Ausf.Vorschr. v. 11. Sept. 1879.

[11]) § 16 Abs. 3—5, §§ 28, 29 der Ger.Vollz.Ordn.

Prüfung — besitzen. Die Anstellung der Verweser erfolgt widerruflich durch den Präsidenten des Landgerichts, in dringenden Fällen einstweilen auch durch den dienstaufsichtführenden Amtsrichter. Die Befugnis zum Widerrufe steht sowohl dem Landgerichtspräsidenten als dem Staatsministerium der Justiz zu.[12])

Zur Ausführung einzelner dringlicher Geschäfte kann erforderlichenfalls stets der dienstaufsichtführende Amtsrichter eine taugliche Person aufstellen.[13])

II. Ueber die sachliche Zuständigkeit der Gerichtsvollzieher wurde das Nähere bereits oben § 68 S. 472 ff. bemerkt.

Die örtliche Zuständigkeit der Gerichtsvollzieher umfaßt den Landgerichtsbezirk, zu welchem das Amtsgericht gehört, bei dem sie aufgestellt sind.[14])

§ 231.

Die Gerichtsdiener.[1])

Bei dem obersten Landesgerichte und den Oberlandesgerichten besteht das Dienerpersonal aus je einem Ratdiener und der erforderlichen Anzahl von Boten, bei den Landgerichten aus der erforderlichen Anzahl von Gefängniswärtern und Boten, bei den Amtsgerichten aus einem oder mehreren Amtsgerichtsdienern. Die Aufstellung derselben erfolgt durch königliche Entschließung auf Ruf und Widerruf. Hinsichtlich der Pflichten des Dienerpersonals sind die älteren Vorschriften maßgebend[2]); ihm obliegt außerdem der Sitzungsdienst. Den Amtsgerichts-

---

[12]) §§ 25—27 der Ger.Vollz.Ordn.

[13]) § 31 der Ger.Vollz.Ordn. — Unter dem „Amtsrichter" ist immer der die allgemeine Dienstaufsicht führende Amtsrichter zu verstehen; § 34 der Ger.-Vollz.Ordn.; § 36 Abs. 1 der Ausf.Vorschr. v. 11. Sept. 1879.

[14]) § 5 der Ger.Vollz.Ordn. — Ueber die Geschäftsverteilung unter mehrere Gerichtsvollzieher desselben Amtsgerichts; vgl. noch § 7 der Ger.Vollz.Ordn. und § 18 der Ausf.Vorschr. v. 11. Sept. 1879.

[1]) §§ 27—34 der Ver. v. 23. Aug. 1879. — Vgl. hieher auch M.Bek. v. 13. Okt. 1879, die Besetzung von Amtsgerichtsdienerstellen betr. (J.M.Bl. S. 1580); M.Bek. v. 18. März 1887, die Uniformierung des subalternen Justizpersonals betr. (J.M.Bl. S. 69); M.Bek. v. 15. Febr. 1886, die Vorbedingungen zur Anstellung im niederen Justizdienste betr. (J.M.Bl. S. 70).

[2]) Vgl. hieher b. Ger.Ordn. v. 1753, § 9, Döllinger, Bd. XVII S. 924—944; XXXII, S. 243—259; besonders § 11 der Ver. v. 24. März 1802, die Einrichtung der Landgerichte betr. (kurpfälz. R.Bl. S. 154); auch § 17 der Ausf.Vorschr. zur Ger.Vollz.Ordn. v. 11. Sept. 1879 und § 31 der J.M.Bek. v. 25. Septbr. 1879 (J.M.Bl. S. 1257) (Zustellungen, Ladungen, Ermittelungen). M.Bek. v. 1. Juli 1884, die Mitwirkung der Gerichtsboten und Amtsgerichtsdiener bei der Erhebung von Gerichtskosten betr. (J.M.Bl. S. 121); ferner die Zitate bei Wagner, 2. Aufl. S. 14, Nt. 29 (J.M.Bl. 1863 S. 50, 6*, 16*, 19*, 34*, 107* 111*,; 1866 S. 69, 241; 1869 S. 10, 75; 1871 S. 90; 1872 S. 66, 167; 1873 S. 90; 1874 S. 32, 77; 1875 S. 298, 375; 1876 S. 183); bezügl. Gebühren vgl. Ver. v. 10. Dez. 1875 (G.V.Bl. S. 773); J.M.Bek. vom 18. März 1863, Ladungs-, Zustellungs- und Exekutionsgebühren des Gerichtsdienerpersonals betr. (J.M.Bl. S. 32*); v. 30. Okt. 1868 gleichen Betr. (S. 218); M.Bek. vom 1. Juli 1884, die Vorladungs- und

dienern kann als Nebenamt auch das Gerichtsvollzieheramt übertragen werden.[3]) Die örtliche Zuständigkeit richtet sich nach der des Gerichtes, bei dem die Anstellung erfolgt ist.

§ 232.

Ausschließung und Ablehnung von Gerichtspersonen.

I. Für die Richter gelten in der streitigen Rechtspflege die Bestimmungen der §§ 42—48 der Reichscivilprozeßordnung. Dieselben haben in entsprechender Weise auf dem Gebiete der nichtstreitigen Rechtspflege in Anwendung zu kommen.[1])

II. Für die Gerichtsschreiber finden in der streitigen Rechtspflege die Bestimmungen des § 49 und die Bestimmungen der §§ 42—48 der Reichscivilprozeßordnung entsprechende Anwendung. Die gleichen Bestimmungen haben auf dem Gebiete der nichtstreitigen Rechtspflege entsprechende Anwendung zu finden.

III. Für die Gerichtsvollzieher gelten in der streitigen Rechtspflege die Bestimmungen des § 156 des Reichsgerichtsverfassungsgesetzes; auf Grund des Art. 67 des bayerischen Ausführungsgesetzes hiezu sind sie auch auf dem Gebiete der nichtstreitigen Rechtspflege anwendbar.

IV. Für die Gerichtsdiener bestehen keine Vorschriften.

§ 233.

Gerichtsort und Gerichtszeit.

I. Gerichtsort. In Ansehung des Gerichtsortes[1]) ist auf dem Gebiete der streitigen Rechtspflege § 196 der Reichscivilprozeßordnung maßgebend; diese Gesetzesstelle hat auf dem Gebiete der nichtstreitigen Rechtspflege entsprechende Anwendung zu finden. Außerhalb seines Amtsbezirkes darf ein Gericht ohne Zustimmung des Amtsgerichtes des Ortes Amtshandlungen nur bei Gefahr im Verzug vornehmen.[2])

II. Gerichtszeit. Gerichtliche Verhandlungen sollen regelmäßig nicht an Sonn- und Feiertagen stattfinden. Die Geschäftsstunden erstrecken sich regelmäßig auf die Zeit von acht bis zwölf Uhr vormittags und zwei bis sechs Uhr nachmittags.[3])

Zustellungsgebühren des gerichtlichen Dienerpersonals betr. (J.M.Bl. S. 121); dazu autogr. J.M.E. v. 21. Febr. 1889, Nr. 2848 (Gebühren über Erhebung von Mündelgeldern auf Sparkassen); M.Bek. v. 20. Dez. 1895, die Regelung der Militärpensionen betr. (J.M.Bl. S. 316).

[3]) Vgl. hierüber oben § 230 mit Nt. 6 hiezu S. 1246.

[1]) Vgl. oben § 69 S. 488, 489; Wagner 2. Aufl. S. 13—16.

[1]) Vgl. auch Wagner 2. Aufl. S. 35.

[2]) § 167 R.G.V.G.; Art. 77 A.G. z. R.G.V.G.

[3]) § 10 der Geschäfts- und Registraturordnung v. 17. Septbr. 1863; § 2 Ziff. 1 der Instr. zum Hyp Ges. und § 7 der J.M.Bek. v. 14. Sept. 1879 (J.M.Bl.

§ 234.

Oeffentlichkeit und Sitzungspolizei.

I. In Ansehung der Oeffentlichkeit des Verfahrens kommen im Gebiete der streitigen Rechtspflege die §§ 170—176 des Reichsgerichtsverfassungsgesetzes mit Art. II und III des Reichsgesetzes vom 5. April 1888 zur Anwendung. Auf dem Gebiete der nichtstreitigen Rechtspflege ist regelmäßig die Oeffentlichkeit ausgeschlossen; soferne hier ausnahmsweise öffentliche mündliche Verhandlungen vorgeschrieben sind, finden die obengenannten reichsgesetzlichen Bestimmungen entsprechende Anwendung.[1])

II. In Ansehung der Sitzungspolizei gelten sowohl auf dem Gebiete der streitigen, wie nichtstreitigen Rechtspflege die §§ 177—185 des Reichsgerichtsverfassungsgesetzes.[2])

III. Die Gerichte der nichtstreitigen Rechtspflege sind befugt, das Erscheinen jener Personen, mit welchen sie in einem Gegenstand der nichtstreitigen Rechtspflege persönlich verhandeln müssen, durch Vorladung unter Strafandrohung zu bewirken und schließlich auch Ordnungsstrafen wegen ungehorsamen Ausbleibens auszusprechen.[3])

§ 235.

Beratung und Abstimmung.

Sowohl auf dem Gebiete der streitigen wie nichtstreitigen Rechtspflege sind die §§ 194—199 des Reichsgerichtsverfassungsgesetzes maßgebend.[1])

§ 236.

Oberaufsicht.[1])

I. Oberaufsicht über Gerichtspersonen.

1. Das Recht der Oberaufsicht über die einzelnen Justizbehörden und der bei ihnen aufgestellten oder beschäftigten Beamten steht zu:

a) dem Staatsministerium der Justiz hinsichtlich sämtlicher Gerichte und Staatsanwaltschaften;

S. 743); vgl. auch M.Bek. v. 24. Aug. 1881, die Abhaltung von Sitzungen und Terminen an Wahltagen betr.; hiezu Wagner 2. Aufl. S. 35, 36.

[1]) Vgl. hiezu Art. 78 Abs. 2 A.G. z. R.G.V.G. und oben § 27 Ziff. IV S. 108; Wagner 2. Aufl. S. 19, 20.

[2]) Art. 78 Abs. 1 A.G. z. R.G.V.G.; Wagner 2. Aufl. S. 23—25.

[3]) B. Ger.Ordn. v. 1753, Kap. V § 10 Ziff. 1, 2, 9 mit Nov. v. 1819 § 6; E. d. obst. L.G. XII. 129, 135; Bl. f. R.A. LIII, 317, 407; v. Pözl, Lehrb. d. b. Verfassungsrechts, 5. Aufl. S. 121; Wagner 2. Aufl. S. 37.

[1]) Art. 79 A.G. z. R.G.V.G.

[1]) Art. 68—75 A.G. z. R.G.V.G. — Bezüglich der Oberaufsicht des Justizministeriums vgl. nach Tit. VII § 1 der Verf.Urk., § 49 der Form.Ver. vom 9. Dez. 1825 (W. II. S. 261); Ges. v. 4. Juni 1848, die Verantwortlichkeit der Minister betr. (W. III. S. 690). — Wagner 2. Aufl. S. 45—48.

b) dem Präsidenten des obersten Landesgerichtes hinsichtlich dieses Gerichts;
c) dem Präsidenten des Oberlandesgerichts hinsichtlich dieses Gerichts, sowie der Gerichte des Bezirks;
d) dem Präsidenten des Landgerichtes hinsichtlich dieses Gerichts, sowie der Gerichte des Bezirks;
e) dem Amtsrichter, welcher die Dienstaufsicht führt, hinsichtlich des Amtsgerichts[2]);
f) dem Oberstaatsanwalte und dem ersten Staatsanwalte, hinsichtlich der Staatsanwaltschaften ihres Bezirks.

Jedoch hat der Präsident des obersten Landesgerichts, des Oberlandesgerichts und des Landgerichts in wichtigeren Angelegenheiten, welche sich auf die Aufsicht des Gerichts beziehen, dessen Vorstand er ist, namentlich bei Auflegung von Zwangsstrafen, sowie bei allen auf untergebene Gerichte bezüglichen Aufsichtssachen einen Beschluß des Präsidiums zu erwirken.

2. Das Recht der Oberaufsicht umfaßt:
a) die Befugnis zur Ueberwachung der ordnungsmäßigen Ausführung der Geschäfte[3]);
b) die Befugnis, gegenüber nicht richterlichen Beamten die Erledigung eines Amtsgeschäftes durch Zwangsstrafen bis zum Gesamtbetrage von 100 Mk. herbeizuführen; gegen den Ausspruch einer solchen Zwangsstrafe ist Beschwerde zulässig, welche im Aufsichtswege zu verbescheiden ist[4]);
c) die Befugnis zur Entscheidung von Beschwerden der Beteiligten gegen Gerichte, Gerichtsvorstände und Richter wegen Verzögerung oder Verweigerung der Rechtspflege. Solche

---

[2]) Bezüglich der Gerichtsvollzieher vgl. auch § 21 der Ger.Vollz.Ordn v. 6. Sept. 1879 nebst §§ 27—33 der Ausf.Vorschr. v. 11. Septbr. 1879 mit § 12 der M.Bek. v. 16. Febr. 1886.

[3]) Vgl. hiezu allgemein bezüglich der Amtsgerichte: über Vorlage der Geschäftsausweise in Hypothekensachen oben § 106 Ziff. II, 2 a. E. S. 749; der Pflegschaftskurrentverzeichnisse oben § 212 lit. B Ziff. I, 6 mit Nt. 33 S. 1164; der Verlassenschaftsverzeichnisse oben § 220 lit. B Ziff. I, 2 mit Nt. 73 S. 1223; allgemeiner Geschäftsübersichten die J.M.E. v. 28. Juli 1864, die Geschäftsausweise und Geschäftsübersichten der Stadt- und Landgerichte betr.; sodann M.Bek. vom 1. Juli 1894, die Führung der gerichtlichen Register und die Verzeichnung der mündlichen Verhandlung betr. (J.M.Bl. S. 137) für Landgerichte und Oberlandesgerichte; bezüglich Visitationen: J.M.E. v. 29. Juli 1881, die Beaufsichtigung der Amtsgerichte betr. (J.M.Bl. S. 165); die Visitation der Amtsgerichte und der Landgerichte betr. (J.M.Bl. S. 178); dann 12. Nov. 1879, Geschäftsausweise der Gerichte betr. (J.M.Bl. S. 1765) und J.M.Bek. v. 23. Septbr. 1879, die Geschäftsanzeigen der Gerichte betr. (J.M.Bl. S. 1178); 11. Dez. 1880, §§ 3, 4, 7, 9 gleichen Betr. (J.M.Bl. S. 376); v. 2. April 1884, gleichen Betr. (J.M.Bl. S. 51); v. 31. Mai 1884, gleichen Betr. (J.M.Bl. S. 105); v. 22. Dezbr. 1887 (J.M.Bl. S. 327); vom 7. Jan. 1888 (J.M.Bl. S. 1); v. 12. Jan. 1888, die Geschäftsausweise der Gerichte und Führung der gerichtlichen Register betr. (J.M.Bl. S. 3). Vgl. dazu auch E. d. obst. L.G. VI, 482.

[4]) Vgl. hiezu bezüglich der Gerichtsvollzieher § 22 der Ger.Vollz.Ordn.

Beschwerden sind bei dem Vorstande des unmittelbar vorgesetzten Gerichtes und wenn sie gegen ein Mitglied eines Kollegialgerichts gerichtet sind, auch bei dem Vorstande des Gerichts anzubringen. Der angerufene Gerichtsvorstand hat die Beschwerde, wenn er sie nicht augenscheinlich ungegründet findet, dem betreffenden Gerichte oder Richter gegen Empfangsbestätigung unter Beifügung der Aufforderung mitzuteilen, binnen bestimmter Frist die Beschwerde zu heben und darüber, daß dies geschehen, Anzeige zu erstatten oder die bestehenden Hindernisse bekannt zu geben. Mit der Aufforderung kann nach Umständen die Androhung einer Zwangsstrafe bis zu 100 Mk. verbunden werden, deren Auflegung, soferne der Aufforderung nicht Folge geleistet wird, sofort von dem Präsidium des angerufenen Gerichts auszusprechen ist. Gegen die Strafverfügung findet sofortige Beschwerde gemäß § 540 der Reichscivilprozeßordnung statt.

Verzögerungsbeschwerden gegen die Oberlandesgerichte und das oberste Landesgericht, sowie gegen die Präsidenten dieser Gerichte sind beim Staatsministerium der Justiz einzubringen, von welchen gegebenen Falles die vorgenannten Verfügungen auszugehen haben, ohne daß dagegen ein Rechtsmittel Platz greift;

d) die Befugnis, über Angelegenheiten der Gesetzgebung und der Justizverwaltung Gutachten zu verlangen.

II. Die Ueberwachung des Notariatswesens liegt den an den Landgerichten aufgestellten Staatsanwälten ob; letztere stehen hiebei unter Leitung und Kontrolle des vorgesetzten Oberstaatsanwaltes am Oberlandesgerichte. Ein konkurrierendes Aufsichtsrecht besteht für die Landgerichtspräsidenten. Ordnungsstrafen können aber nur vom Landgerichte verhängt werden. Die Oberaufsicht über das Notariatswesen führt das Staatsministerium der Justiz.[5])

III. Die Disziplinarverhältnisse der Richter sind durch das bayerische Richterdisziplinargesetz vom 26. März 1881, die der Notare durch Art. 113—143 des bayerischen Notariatsgesetzes vom 10. November 1861, mit den einschlägigen Bestimmungen der Art. 103—121 des bayerischen Ausführungsgesetzes zur Reichsstrafprozeßordnung vom 18. August 1879, die der Gerichtsschreiber durch die gleichen Bestimmungen des letztgenannten Gesetzes, die der Gerichtsvollzieher durch

---

[5]) Art. 124, 125, 126, 128, 145 Not.Ges.; § 46 der Dienstvorschriften für die Staatsanwälte, autogr. J.M.E. vom 30. Juli 1868 (bei Enderlein, Mat. z. Not.Ges. S. 137); M.Bek. v. 17. Aug. 1883, die Vorschriften über die Personalakten u. s. w. betr. (J.M.Bl. S. 293 ff.); J.M.Bek. v. 30. Mai 1881, die Beaufsichtigung des Notariatswesens und die Visitationsrechte der Oberstaatsanwälte und Staatsanwälte betr. (J.M.Bl. S. 273, 222; W. XV. 210, 215). Näheres hierüber s. bei Rehm, N.G. S. 134 ff.; Rudorff, freiwillige Gerichtsbarkeit und Notariat in Bayern, S. 113 ff.

§§ 21—24 der Gerichtsvollzieherordnung vom 6. September 1879 geordnet.[6])

§ 237.

Verkehr mit den Justizbehörden und dieser unter einander und mit anderen Behörden.[1]) Rechtshilfeverkehr. (Anhang.)

1. Bezüglich des schriftlichen Verkehrs von Privaten und Rechtsanwälten mit öffentlichen Behörden und Stellen, wie für die Form der amtlichen Berichte an vorgesetzte Behörden und Stellen ist in der Hauptsache die Min.Bek. vom 6. April 1874, Vereinfachung des dienstlichen schriftlichen Verkehrs betr. (G.V.Bl. S. 123; W. X. S. 240) maßgebend. Hiezu kommen noch die Ausführungsvorschriften enthaltenden Min.Entschl. v. 22. April 1874 gleichen Betr. (J.M.Bl. S. 139; W. X. S. 259); M.Bek. v. 17. Jan. 1864, die Korrespondenzform mit koordinierten Behörden betr. (J.M.Bl. S. 18); für den Verkehr der Gemeindebehörden und der Gerichte unter einander die Min.Bek. v. 23. Febr. 1865, die Korrespondenzform zwischen Gerichten, Magistraten und Gemeindeverwaltungen betr. (J.M.Bl. S. 27); die Min.Bek. v. 4. März 1885, die Korrespondenzform zwischen den k. Amtsgerichten und k. Rentämtern einerseits und den mittelbaren Gemeindebehörden, sowie den Standesbeamten unmittelbarer Gemeinden anderseits betr. (J.M.Bl. S. 75; W. XVII. S. 74); für den Verkehr mit dem Verwaltungsgerichtshofe die Entschl. d. St.Min. d. Inn. vom 1. Sept. 1879 (G.V.Bl. S. 1014); dann speziell für den Verkehr der Justizbehörden unter einander die Just.Min.Entschl. vom 26. Juni 1862, die Geschäftsbehandlung und den Geschäftsverkehr der Gerichte betr. Ziff. 11 (J.M.Bl. 1863 S. 11 *; W. VI. S. 28); v. 7. Aug. 1866 gleichen Betr. (J.M.Bl. S. 239); v. 3. Juli 1870, die Einführung der Prozeßordnung vom 29. April 1869 betr. (J.M.Bl. S. 406; W. VIII. S. 633); v. 15. Mai 1874, die Vereinfachung des dienstlichen schriftlichen Verkehrs betr. (J.M.Bl. S. 139 ff.); v. 18. Juni 1874 gleichen Betreffs (J.M.Bl. S. 170; W. X. S. 368); v. 28. Aug. 1875, den Geschäftsverkehr der Gerichte betr. (J.M.Bl. S. 186); v. 20. April 1885, den schriftlichen dienstlichen Verkehr betr. (J.M.Bl. S. 97; W. XVII. S. 130) mit § 42 der Dienstvorschriften für die Staatsanwälte bei den Gerichten in den Landesteilen diesseits des Rheins vom 20. Juni 1862 (W. VI. S. 11); dann J.M.E. v. 10. April 1867, die Bezeichnung der Gerichte bei amtlichen Schreiben betr. (J.M.Bl. S. 99); v. 5. Juli 1883 gleichen Betr. (J.M.Bl. S. 246). — Ueber die amtliche Schriftsprache vgl. M.E. v. 23. Januar 1867 (J.M.Bl. S. 44). — J.M.Bek. v. 16. Febr. 1886, die Benützung der Staatstelegraphen zur amtlichen Korrespondenz betr. (J.M.Bl. S. 91). — Ueber Papierformat s. die Fin.Min.Bek. v. 11. Dez. 1875 (J.M.Bl. S. 331; G.V.Bl. S. 781) und Min.Bek. v. 23. Aug. 1879 (G.V.Bl. S. 901; J.M.Bl. S. 562, 563); v. 12. April 1877, das Papierformat im amtlichen Verkehre betr. (J.M.Bl. S. 65, 67); v. 23. Aug. 1879 gleichen Betr. (J.M.Bl. S. 562). — Bezüglich des Verkehrs der Gerichte mit den Notaren vgl. jeweils die einschlägige Materie.

2. Für den Rechtshilfeverkehr in der streitigen Rechtspflege sind die Bestimmungen der §§ 157—169 des Reichsgerichtsverfassungsgesetzes maßgebend. Auch auf dem Gebiete der nichtstreitigen Rechtspflege haben sich die bayerischen Gerichte gegenseitig Rechtshilfe zu leisten[2]); hiebei finden die Bestimmungen der

---

[6]) Vgl. hiezu auch § 50 der Dienstvorschriften für die Gerichtsschreiber v. 14. Sept. 1879 (J.M.Bl. S. 743; W. XIII. S. 547).

[1]) Bezüglich Vorstellungen an den König sind nach § 1 der M.Bek. v. 6. April 1884 die Instr. v. 1. Jan. 1806, die Form der Berichte betr. (W. I. S. 111) und bezüglich des Reichsverwesers die M.Bek. v. 12. Juli 1886, die Geschäftsformen betr. (G.V.Bl. S. 397; W. XVIII. S. 121) maßgebend. Bezüglich Rekurse an den Staatsrat vgl. Ver. v. 3. Aug. 1879 (G.V.Bl. S. 740; W. XIII. S. 161).

[2]) Art. 77 A.G. z. R.G.V.G. — Hinsichtlich Führung des Tagebuches für Ersuchen und Aufträge, in welches alle Requisitionen der streitigen und freiwilligen Rechtspflege einzutragen sind, vgl. § 46 der Dienstvorschriften für die Gerichtsschreiber v. 14. Sept. 1879 (J.M.Bl. S. 105; W. XIII. S. 547) und Geschäfts- und Registraturordnung vom 20. Sept. 1863 (W. VI. S. 211). — Auch zur Vermittelung von Zustellungen in der freiwilligen Rechtspflege kann Rechtshilfe verlangt werden:

§§ 158—160, 162, 164, 167 des Reichsgerichtsverfassungsgesetzes entsprechende Anwendung.[3]) Ueber die Beschwerde gegen die Entscheidung des Oberlandesgerichts im Falle des § 160 Abs. 1 a. a. O. entscheidet das oberste Landesgericht. Der unmittelbare Verkehr mit den nichtbayerischen Gerichten und Behörden des deutschen Reiches ist hier teils üblich[4]), teils auf Grund von Staatsverträgen ausdrücklich gestattet.

3. Bezüglich Portofreiheit und Portopflicht vgl. M.Bek. v. 24. April 1889, die Ausführung der Portofreiheitsges. betr. (J.M.Bl. S. 91); J.M.E. v. 13. Dez. 1870, die Postportofreiheit der Gerichtsvollzieher betr. (J.M.Bl. S. 529); v. 6. Juni 1871, Portofreiheit für amtliche Korrespondenzen betr. (J.M.Bl. S. 113); v. 4. Jan. 1872, Taxbehandlung portopflichtiger Dienstschreiben betr. (J.M.Bl. S. 20); v. 29. Aug. 1872, den Vollzug der R.G. v. 5. Juni 1869 und 29. Mai 1872 über die Portofreiheiten betr. (J.M.Bl. S. 216); v. 23. Nov. 1876 (J.M.Bl. S. 341), die Korrespondenz mit den Gesandtschaften und Konsulaten des deutschen Reiches betr.; M.E. v. 1. Juli 1882, die Portofreiheit bei den im amtlichen Auftrage zu bewirkenden Zustellungen betr. (J.M.Bl. S. 165); M.Bek. v. 13. Aug. 1884, Postportofreiheit, hier den amtlichen Lokalverkehr betr. (J.M.Bl. S. 149); vom 23. April 1888, die von den Gerichtsvollziehern in Armensachen an den Auftraggeber zu machenden Sendungen betr. (J.M.Bl. S. 105); v. 5. Dez. 1895, Portofreiheit der Gerichtsvollzieher betr. (J.M.Bl. S. 315). S. auch M.E. v. 24. März 1865, die Verpackung amtlicher Fahrpostsendungen betr. (J.M.Bl. S. 43).

4. Für den Rechtshilfeverkehr mit dem Auslande und den deutschen Schutzgebieten auf dem Gebiete der streitigen und nichtstreitigen Rechtspflege enthält nunmehr umfassende Vorschriften die Min.Bek. v. 28. Nov. 1887, die im Auslande zu erledigenden Ersuchschreiben der Justizbehörden betr. (J.M.Bl. S. 279; W. XVIII. S. 619).[5]) Ein unmittelbarer Verkehr ist regelmäßig nur mit Oesterreich-Ungarn[6]) und der Schweiz[7]) statthaft; sonst ist der diplomatische Weg zu beschreiten, sei es,

---

Bl. f. R.A. Erg Bd. VIII. 369. — Vgl. hieher auch die J.M.Bek. v. 27. Febr. 1881, das Kostenwesen in gerichtlichen Strafsachen, hier die Erhebung von Leumunds- und Vermögenszeugnissen betr. (J.M.Bl. S. 108), wonach bei Erholung von Leumunds- und Vermögenszeugnissen in Strafsachen die Amtsgerichte verpflichtet sind, die Hypothekenverhältnisse zu bestätigen und etwaige weitere aus Verlassenschafts-, Vormundschafts-, Teilungsakten und sonstigen Verhandlungen dem Gerichte bekannte Aufschlüsse über die Vermögensverhältnisse beizufügen.

[3]) Dasselbe gilt auch für die Rechtshilfe zwischen Civil- und Militärgerichten.

[4]) Vgl. § 6 der Min.Erkl. v. 9/26. Aug. 1873, betr. die gegenseitigen Jurisdiktionsverhältnisse zwischen Bayern und Baden (J.M.Bl. 1874 S. 67; W. X. S. 91) mit §§ 43 und 44 des R.Ges. über die Rechtshilfe vom 21. Juni 1869 (W. VIII. S. 171) und M.Bek. v. 16. März 1874 gleichen Betr. (J.M.Bl. S. 65; W. X. S. 225). J.M.E. v. 15. Juni 1870 (S. 181), den Vollzug der Art. 194, 206 und 209 der Prozeßordnung in bürgerlichen Rechtsstreitigkeiten betr.; J.M.E. vom 8. März 1873, die gegenseitigen Jurisdiktionsverhältnisse zwischen Bayern und Württemberg betr. (J.M.Bl. S. 61); J.M.E. v. 4. Nov. 1874, Veränderung der Organisation der k. sächsischen Behörden betr. (J.M.Bl. S. 262). Mit den Ministerien dieser Staaten ist ein direkter Verkehr nicht zulässig: Wagner 2. Aufl. S. 27.

[5]) Vgl. hiezu noch M.Bek. v. 1. Juli 1893, die im Auslande zu erledigenden Ersuchschreiben der Justizbehörden betr. (J.M.Bl. S. 227); M.Bek. v. 17. Okt. 1890 obigen Betr. (J.M.Bl. S. 291; W. XVIII. S. 621 Nt. 5); autogr. J.M.E. v. 29. April 1890 Nr. 6618 über die Adresse der ersuchten Behörde („oder an die sonst zuständige Behörde"): auch J.M.E. v. 3. Febr. 1887, die im Auslande zu bewirkenden Zustellungen in Sachen der nichtstreitigen Gerichtsbarkeit betr. (J.M.Bl. S. 57; W. XVIII. S. 273); hienach können, wenn die Zustellung nicht durch öffentliche Urkunden nachgewiesen werden muß, die Mitteilungen in der nichtstreitigen Rechtspflege in der Weise bewirkt werden, daß das Schriftstück dem Empfangsberechtigten durch die Post überschickt wird; erscheint die Beibringung einer Empfangsbescheinigung durch Vermittelung der Post wünschenswert, so ist das Schriftstück unter Einschreibung gegen Rückschein (Art. 6 des Weltpostvereinsvertrages vom 4. Juli 1891 [R.G.Bl. 1892 S. 103; W. XX. S. 688]) zu übersenden. Vgl. auch M.E. v. 21. März 1864, die Beförderung gerichtlicher Erlasse im Auslande betr. (J.M.Bl. S. 63). — Bezüglich ausnahmsweisen direkten Verkehrs auf telegraphischem Wege in dringenden Fällen vgl. J.M.E. v. 27. Juni 1854 (Döllinger XXXII. 386); M.E. des St.M. d. Aeuß. v. 23. Juni 1865; Böhm, Handbuch der internat. Nachlaßbehandlung 2. Aufl. § 31 Nt. 11, 12. — S. auch M.Bek. v. 9. Juni 1888, die Behandlung der Gerichtsauslagen bei Ersuchen bayerischer Gerichte betr. (J.M.Bl. S. 144); M.Bek. v. 12. Juni 1887, den zum Zwecke der Einziehung von Gerichtskosten unter den Bundesstaaten zu leistenden Beistand, hier die Erstattung des Portobetrages für die Ersuchschreiben betr. (J.M.Bl. S. 139).

[6]) Bezüglich Ungarn empfiehlt es sich regelmäßig, mit Rücksicht auf die Sprachenverschiedenheit, den diplomatischen Weg zu beschreiten. — Vgl. hieher auch die J.M.E. v. 20. März 1857 (J.M.Bl. S. 184).

[7]) Vgl. hiezu auch die J.M.E. v. 22. Aug. 1857 (J.M.Bl. S. 185) und M.Bek. v. 9. Febr 1878, die Behandlung der portopflichtigen Korrespondenz zwischen bayerischen und schweizerischen Behörden betr. (J.M.Bl. S. 29).

daß das Ersuchschreiben an die zuständige ausländische Behörde selbst, oder an den deutschen Konsul, die Gesandtschaften des deutschen Reiches oder Bayerns zu richten sind.

Titel 3.

Besondere landesgesetzliche Bestimmungen über die streitige Rechtspflege.[1])

§ 238.

Das materielle Civilrecht berührende Bestimmungen.

I. Die Lehre von den Klagerechten ist im allgemeinen dem örtlichen Civilrechte überlassen. Einheitliche landesgesetzliche Normen bestehen nur in Ansehung der Verjährung und des Ueberganges der Klagerechte auf die Erben. In ersterer Hinsicht ist das Nähere jeweils schon bei den einschlägigen Materien[2]), in letzterer Hinsicht das Nähere bereits oben § 216 lit. A S. 1177—1179 erwähnt.

II. Auch die Lehre von den Einreden (Exceptionen) gehört im wesentlichen dem örtlichen Civilrechte an. Allgemein landesgesetzliche Normen[3]), unbeschadet reichsrechtlicher Vorschriften, bestehen nur in folgender Hinsicht:

1. Wer ein Recht mittelst Klage verfolgen kann, dem steht hieraus auch eine Einrede zu.

2. Das Recht der Einrede erstreckt sich auch auf die Gesamt- und Sondernachfolger, wie Bürgen, soferne nicht ausdrücklich Gegenteiliges gesetzlich bestimmt oder vereinbart ist.

3. Einreden aus Rechten Dritter sind regelmäßig unzulässig.[4]) Ausnahmen bestehen nur dann

a) wenn auf Seite des Klägers das Klagerecht durch das Recht des Dritten überhaupt gänzlich beseitigt ist;
b) wenn der Dritte gegen den unterliegenden Beklagten Regreß nehmen kann;
c) wenn der Beklagte den Dritten zu vertreten hat;
d) wenn gesetzlich Gegenteiliges bestimmt ist.

4. Bezüglich der Verjährung der Einreden vgl. oben § 74 lit. B Ziff. III S. 551.

---

[1]) Vgl. zum folgenden besonders „die auf den Civilprozeß bezüglichen Normen des bayerischen Landesrechts, im Anschluß an die Reichscivilprozeßordnung dargestellt von Dr. Franz Schierlinger, Freiburg i. B. 1893“.

[2]) Vgl. hiezu oben § 16 Ziff. 7 S. 49 (Minderjährige); § 17 lit. B Ziff. 5 S. 56 (Geisteskranke), lit. C Ziff. 1 S. 58 (Verschwender); § 44 Ziff. VII S. 279 ff. (Staat); § 47 Ziff. 5 (Stiftungen) S. 319; § 55 lit. A Ziff. III S. 376, lit. B Ziff. II, 4 d S. 394, lit. e S. 395 (Gemeinden); § 74 S. 549 ff. (Verjährung im allgemeinen); § 197 lit. B S. 1097 ff. (Viehgewährschaft); § 201 lit. C und D S. 1118—1120 (Post- und Eisenbahnverträge).

[3]) Kap. VI § 5 der b. Ger.Ordn. v. 1753, aufrechterhalten durch Art. 81 A.G. z. R.C.P.O.; Böhm, A.G. S. 126, 127; Schierlinger S. 26.

[4]) Ueber die exceptiones ex iure tertii vgl. auch Bl. f. R.A. XXII. 110; XXIII. 280.

III. Bezüglich der Wiedereinsetzung in den vorigen Stand ist das Nähere bereits § 75 S. 561, 562 angeführt.

IV. Nach Reichsrecht treten die bürgerlich rechtlichen Wirkungen der Litiskontestation nunmehr schon mit der Klageerhebung ein.[5]) Landesgesetzlich ist schon an die Erhebung der Klage allgemein die Wirkung geknüpft, daß der Beklagte damit in bösen Glauben versetzt wird.[6])

V. Nach Reichsrecht schließt die Rechtshängigkeit der Streitsache nicht das Recht der Parteien aus, die in Streit befangene Sache zu veräußern oder den geltend gemachten Anspruch zu cedieren.[7]) Hiedurch ist aber das landesgesetzliche Verbot, die Streitsache an die beteiligten Rechtsanwälte oder die Mitglieder des Prozeßgerichtes zu veräußern, nicht berührt.[8])

Nach Reichsrecht hat ferner die Veräußerung oder Zession der Streitsache auf den Prozeß keinen Einfluß; die Entscheidung in Ansehung der Sache selbst ist auch gegen den Rechtsnachfolger wirksam und vollstreckbar, soweit nicht Vorschriften des bürgerlichen Rechtes über den Erwerb beweglicher Sachen, über den Erwerb auf Grund des Grund- und Hypothekenbuches und über den Erwerb im guten Glauben entgegenstehen.[9]) In dieser Hinsicht sind insbesondere die hypothekenrechtlichen Grundsätze über das in Hypothekensachen geltende Oeffentlichkeitsprinzip von wesentlicher Bedeutung.[10]) Die gleichen Ausnahmen greifen gegenüber der reichsrechtlichen Verpflichtung des Rechtsnachfolgers zum Eintritte in einen bereits anhängigen Immobiliar-Rechtsstreit Platz.[11])

VI. Hinsichtlich der Verjährung der Rechtshängigkeit (Litispendenz) vgl. oben § 74 lit. B Ziff. II S. 551.

VII. Ueber einen landesgesetzlichen Fall notwendiger Streitgenossenschaft der Reichscivilprozeßordnung[12]) vgl. oben § 55 lit. B Ziff. II, 4 c S. 394 Abs. 4.

VIII. Unter welchen Voraussetzungen eine Streitverkündung notwendig ist, ist im Prinzipe in der Reichscivilprozeßordnung nicht

---

[5]) § 239 R.C.P.O.

[6]) Kap. V § 9 Nr. 2 der b. Ger.Ordn. v. 1753, aufrechterhalten durch Art. 81 A.G. z. R.C.P.O.

[7]) § 236 Abs. 1 R.C.P.O. — Auf Schuldübernahmen hat diese Gesetzesstelle keine Anwendung: Bl. f. R.A. LI. 476.

[8]) Vgl. hierüber oben § 78 lit. A Ziff. 2 S. 569.

[9]) § 236 Abs. 2 und 3, § 238 R.C.P.O.

[10]) Vgl. hiezu §§ 25, 26 Hyp.Ges. und oben § 113 S. 766 ff. — Reichsrechtlich sind besonders Art. 306, 307 des allg. deutsch. Hand.Ges.B. von Bedeutung, landesgesetzlich noch die besonderen Vorschriften über Inhaberpapiere vgl. oben § 79 S. 581. Durch das b. Ges. v. 18. März 1896, einige Bestimmungen über die Inhaberpapiere betr. (G.V.Bl. S. 174), in Kraft seit 18. März 1896, ist die Vindikationsfrage nicht berührt. Vgl. hierüber auch unten § 239 lit. E Ziff. II S. 1265.

[11]) §§ 237, 238 R.C.P.O.

[12]) §§ 56—60 R.C.P.O.

entschieden[13]); hiefür ist das örtliche Civilrecht maßgebend. Eine allgemein landesgesetzliche Verpflichtung zur Streitverkündung obliegt dem entwehrten Ansteigerer einer subhastierten Sache, falls er wegen der Entwehrung später Regreß nehmen will.[14]) Im übrigen steht für ganz Bayern einheitlich fest, daß die nach bürgerlichem Rechte einer Partei obliegende Verpflichtung, einen Dritten, von welchem sie Gewährleistung oder Schadloshaltung finden will, in den Rechtsstreit beiladen zu lassen oder zu ihrer Vertretung aufzufordern, als Verpflichtung zur Streitsverkündung gilt.[15]) Ferner entscheidet auch über die Folgen einer gebotenen, aber unterlassenen Streitverkündung das örtliche bürgerliche Recht. In letzterer Hinsicht gilt aber wieder für ganz Bayern der Satz, daß diejenige Partei, welche die ihr nach bürgerlichem Rechte[16]) obliegende Streitverkündung überhaupt unterlassen oder den Streit nicht rechtzeitig verkündet hat, ihr Recht auf Gewährleistung oder Schadloshaltung verliert, ausgenommen, wenn sie im stande ist, nachzuweisen, daß das Recht des Entwehrenden unanfechtbar war, oder wenn auf die Streitverkündung Verzicht geleistet ist.[17])

IX. Rechtskraft der Urteile.

1. Der objektive Umfang der Rechtskraft der Urteile bemißt sich ausschließlich nach Reichsrecht; hienach sind Urteile nur insoweit der Rechtskraft fähig, als über den durch die Klage oder Widerklage erhobenen Anspruch entschieden ist. Eine Rechtskraft der Entscheidungsgründe und damit wieder der Entscheidung über Einreden ist ausgeschlossen; nur für die Kompensationseinrede besteht in gewissem Maße eine Ausnahme.[18])

2. Der Umfang der Rechtskraft in subjektiver Hinsicht bemißt sich nach bürgerlichem Rechte. In dieser Hinsicht gelten landesgesetzlich folgende allgemeine Bestimmungen.[19]) Die Rechtskraft des

---

[13]) Vgl. hiezu §§ 69—73 R.C.P.O. — Einen durch die R.C.P.O. selbstnormierten Fall s. in § 740 R.C.P.O.

[14]) Art. 58 Subh.Ordn. Vgl. hierüber im II. Hauptstücke.

[15]) Art. 16 Abs. 1 A.G. z. R.C.P.O.

[16]) Hienach kommen aber nur die Eviktionsfälle in Betracht. Vgl. hiezu auch Art. 14 Abs. 4 des Ges. v. 12. März 1850, die Verpflichtung zum Ersatze des bei Aufläufen diesseits des Rheins verursachten Schadens betr. (W. IV. S. 98; oben § 205 Ziff. V S. 1129); § 58 Abs. 2 Hyp.Ges. (oben § 113 lit. A Ziff. IV, 4 S. 779); Art. 58 Sub.Ordn. (s. unten im V. Buche); Art. 9 des Viehgewährschaftsges. v. 25. März 1859 (W. V. S. 138) mit Art. 75 A.G. z. R.C.P.O. (oben § 197 lit. B Ziff. I, 8 b S. 1102); Böhm, A.G. S. 28; Schierlinger S. 17; E. d. obst. L.G. VI. 609; XII. 19.

[17]) Art. 15, Art. 16 Abs. 2 A.G. z. R.C.P.O.

[18]) § 293 R.C.P.O. Vgl. dazu E. d. obst. L.G. I. 208, 411, 464; XI. 624; XII. 329, 396; Bl. f. R.A. XLIX. 115, 247, 277; LI. 393; LIV. 270, 300.

[19]) Kap. XIV § 11 Nr. 4 der b. Ger.Ordn. v. 1753, aufrechterhalten durch Art. 81 A.G. z. R.C.P.O. — Seuffert, Komm. z. b. Ger.Ordn. III. 476; Böhm, A.G. S. 132; Schierlinger S. 28; Vierling in Hausers Ztschr. f. Reichs- und Landesrecht Bd. III S. 370.

Urteils erstreckt sich regelmäßig nur auf die streitenden Teile und ihre Gesamtrechtsnachfolger, nicht aber auf andere Personen, außer:

a) wenn der Dritte „selbst ein gemeinschaftliches und vorzügliches Recht bei der streitigen Sache und dabei von dem Streite gutes Wissen gehabt, gleichwohl aber sich desselben nicht angenommen hat“ [20]);

b) wenn die Sache mit dem rechtmäßigen Kontradiktor einmal ausgestritten worden ist und in Ansehung des Dritten die nämlichen oder noch stärkere Ursachen obwalten. [21])

X. Allgemeine landesgesetzliche Bestimmungen bestehen auch hinsichtlich der Rechtswohlthat des Notbedarfes außerhalb des Konkurses. [22])

1. Die Rechtswohlthat des Notbedarfs gewährt dem begünstigten Schuldner das Recht, in der Zwangsvollstreckung zu verlangen, daß ihm das zu seiner Lebensnotdurft und Alimentation Erforderliche übrig gelassen werde.

2. Das Quantum der Kompetenz ist den Umständen des Falles entsprechend nach richterlichem Ermessen festzusetzen: hiebei ist Stand, Alter und Vermögen des Schuldners [23]), die Anzahl seiner Familienglieder, seine etwaige verschuldete [24]) Notlage, ferner die Dürftigkeit des Gläubigers, die Art der Schuldforderung und die Höhe dessen, was nach Abzug der Kompetenz noch übrig bleibt, zu berücksichtigen; auch soll hiebei mehr auf das Interesse des Gläubigers als des Schuldners gesehen und die Kompetenz so viel als möglich eingeschränkt werden.

3. Die Rechtswohlthat des Notbedarfs steht leiblichen Kindern, den Eltern, Geschwistern, Eheleuten [25]), Verschwägerten in auf- und absteigender und in der Seitenlinie des ersten Grades, Gesellschafter, und dem Schenker zu. [26])

---

[20]) Vgl. hiezu E. d. obst. L.G. VI. 938.

[21]) Vgl. hiezu E. d. obst. L.G. III. 142; V. 618; VI. 39, 582; VII. 550; X. 150, 208; Bl. f. R.A. XIX. 56*; XXVIII. 398; XXIX. 63; Erg.Bd. II, 267.

[22]) Kap. XVIII § 10 Nr. 1, 2, 6 der b. Ger.Ordn. v. 1753, aufrechterhalten durch Art. 81 A.G. z. R.C.P.O.; durch §§ 715, 749 R.C.P.O. nicht beseitigt. Vgl. auch Vierling in Hausers Ztschr. f. Reichs- und Landesrecht Bd. III S. 381; E. d. obst. L.G. V. 990. — Insoweit die Rechtswohlthat einen Standesvorzug bildet, ist sie durch die Verfassungsurkunde beseitigt, daher für den Adel (vgl. Bl. f. R.A. XXXIV. 143; Seuffert, Komm. z. b. Ger.Ordn. IV. S. 357; Böhm, A.G. S. 137; Schierlinger S. 45; oben § 24 Nt. 22 S. 85). Auch für die Gemeinden, sonstige öffentliche Korporationen und Stiftungen gilt sie nicht mehr; hier kommt nun Art. 9 A.G. z. R.C.P.O. in Betracht: Böhm, A.G. S. 137; Schierlinger S. 45; oben § 55 lit. A Ziff. IX S. 378.

[23]) Ohne Abzug der übrigen Schulden: E. d. obst. L.G. XI. 98; Böhm, A.G. S. 138.

[24]) Vgl. hiezu Bl. f. R.A. XVIII. 287.

[25]) Vgl. hiezu schon oben § 207 Ziff. IV, 6 S. 1142.

[26]) Mehrere Gründe der Kompetenz berechtigen nur, sie einmal anzusprechen, ebenso wie es der günstigste Grund rechtfertigt: Bl. f. R.A. XVIII. 145.

4. Die Rechtswohlthat ist höchst persönlicher Natur und erstreckt sich daher nicht auf die Gesamt- oder Sonderrechtsnachfolger und Bürgen der begünstigten Personen.

5. Die Rechtswohlthat erlischt, wenn der begünstigte Schuldner wieder soweit zu Kräften kommt, daß er die Schuld bezahlen kann.

6. Die Rechtswohlthat des Notbedarfs ist geeignet, eine Einwendung gegen die Art und Weise, wie gegen den Anspruch der Zwangsvollstreckung zu begründen; hienach richtet sich auch die Art ihrer Geltendmachung im Zwangsvollstreckungsverfahren.[27])

7. Besondere Bestimmungen gelten für die Wahrung der Kompetenz des Familien-Fideikommißbesitzers[28]) und des Vollstreckungsschuldners bezw. Drittbesitzers in der Subhastation.[29])

§ 239.

Rein prozeßrechtliche landesgesetzliche Bestimmungen.

Das Landesrecht spielt hier gegenüber der reichsrechtlichen Regelung des Prozeßverfahrens durch die Reichscivilprozeßordnung nur eine ganz untergeordnete und ergänzende Rolle. Zum größten Teile handelt es sich dabei nur um instruktionelle Vorschriften; es kann daher in den meisten Fällen auf bloße Verweisungen beschränkt werden.

A. Allgemeines.

I. Hinsichtlich der administrativen Vorentscheidung bei Klagen gegen den Fiskus vgl. oben § 45 Ziff. II, 2 S. 298, 299; bezüglich der verwaltungsrichterlichen Vorentscheidung bei Klagen gegen Beamte vgl. oben § 34 S. 184 ff.

II. Sicherheitsleistung; hiezu vergl. oben § 44 Ziff. VIII, 3 S. 288 ff. über das staatliche Depositalwesen. Die Frage, mit welchen Staaten Gegenseitigkeit verbürgt ist, ist fast ausschließlich nach den Staatsverträgen des deutschen Reiches zu beantworten.[1])

---

27) Vgl. hiezu §§ 685, 686 R.C.P.O.; Seuffert, Komm. z. R.C.P.O. zu § 686 Nt. 1; Bl. f. R.A. LV. 97; Schierlinger S. 44.

28) Bezüglich der Kompetenz des Familien-Fideikommißbesitzers s. oben § 152 Nt. 67 S. 957 und § 155 Ziff. II, 2 S. 963; Art. 4 Subh.Ordn.; E. d. obst. L.G. V. 990; Böhm, A.G. S. 178.

29) Art. 6, 131 Subh.Ordn. S. unten im II. Hauptstücke.

1) §§ 101—105 R.C.P.O. Vgl. hierüber v. Wilmowski und Levy, Komm. z. R.C.P.O. zu § 102 Nt. 5; auch M.Bek. v. 26. Febr. 1880, die Anwendung des § 102 R.C.P.O. und § 85 R.G.V.G. im Verkehr mit Oesterreich betr., dazu Uebereinkunft zwischen dem Deutschen Reiche und Ungarn vom 6. Mai 1886 wegen Zulassung der beiderseitigen Angehörigen zum Armenrechte (R.G.Bl. 1887 S. 120; J.M.Bl. 1880 S. 61); M.Bek. vom 4. Sept. 1882, die Anwendung des § 102 R.C.P.O. im Verkehr mit Italien betr. (J.M.Bl. 1882 S. 232); M.Bek. vom 25. Mai 1870, den Vollzug des Art. 146 Abs. 3 der Proz.Ordn. in bürgerlichen Rechtsstreitigkeiten betr., nebst Vertrag zwischen Bayern und Frankreich über Zulassung zum Armenrechte (J.M.Bl. 1870 S. 121; 1879 S. 22); M.Bek. v. 4. Nov. 1885, die Uebereinkunft zwischen dem Deutschen Reiche und Luxemburg wegen gegenseitiger

III. Armenrecht.[2]) Die obrigkeitlichen Armutszeugnisse werden vom Armenpflegschaftsrate ausgestellt.[3]) Die Armenpflegen sind kraft Gesetzes zum Armenrechte zugelassen.[4])

IV. Bezüglich der Zustellungen an Beamte und Militärpersonen und die Ladung solcher als Zeugen und Sachverständige, sowie hinsichtlich ihrer Entbindung vom Amtsgeheimnis vergl. oben § 36 Ziff. IV S. 218 ff.; § 38 Ziff. 8 S. 241 ff. Für die Zustellungen und Anheftungen sind im allgemeinen die oben § 70 lit. F Ziff. I (S. 526) erwähnten Vorschriften maßgebend.[5])

B. Das Prozeßverfahren bis zur Zwangsvollstreckung.

I. Bezüglich der Einvernahme des Königs und der Mitglieder des königlichen Hauses als Zeugen vgl. oben § 21 Ziff. 7 (S. 73) und § 22 Ziff. 11 (S. 81).

II. Ueber die Verpflichtung öffentlicher Behörden zur Urkundenedition s. oben § 205 Ziff. IX S. 1131—1133.

III. An Stelle der Eidesleistung tritt bei den Mennoniten die Beteuerung an Eidesstatt durch Abnahme des Handschlages und Nachsprechung der Worte: „Ich verspreche mit gegenwärtigem Handschlage, wie bei meinem Taufbunde die reine Wahrheit zu sagen"; den Philipponen ist jede Eidesleistung untersagt; sie sprechen als Beteuerungsformel die Worte: „Jey, Jey", unter Zuziehung eines Popen.[6])

IV. Ueber Sicherung des Beweises mittelst Feststellung des Datums einer Privaturkunde vgl. oben § 71 lit. G S. 530, 531.

V. Ueber die Form der Entscheidungen vgl. oben § 71 lit. C, I S. 515—517, 6a.[7])

Zulassung der beiderseitigen Staatsangehörigen zum Armenrechte v. 12. Juni 1879, hier den Rechtshilfeverkehr betr. (J.M.Bl. 1885 S. 207); J.M.Bek. v. 28. Okt. 1895, die Verpflichtung der vor französischen Gerichten als Kläger auftretenden Ausländer zur Sicherheitsleistung betr. (J.M.Bl. 1895 S. 251).

[2]) §§ 106—118 R.C.P.O.

[3]) Soweit nicht für Personen, die unter Vormundschaft oder Kuratel stehen, das Zeugnis von der Pflegschaftsbehörde ausgestellt wird: § 109 Abs. 2 R.C.P.O.; J.M.Bek. v. 5. Juli 1879, den Vollzug der Bestimmungen der R.C.P.O. über Gesuche um Bewilligung des Armenrechts betr. (J.M.Bl. S. 305). — Vgl. auch Bl. f. R.A. XLIII. 273; L. 4, 217; LIII. 55.

[4]) Art. 8 Abs. 2 des b. Armengeſ. v. 29. April 1869 (W. VIII. S. 34). Vgl. dazu auch Art. 3 des b. Gebührengeſ. v. 18. August 1879 in der Fassung von 1892; Schierlinger S. 18.

[5]) Vgl. daselbst besonders die Nt. 191. S. hiezu noch M.E. v. 19. Nov. 1895, den Verschluß der zu übergebenden Schriftstücke im Falle einer Ersatzzustellung betr. (J.M.Bl. S. 263).

[6]) Vgl. § 446 R.C.P.O.; § 12 E.G. z. R.C.P.O.; Art. 22 E.G. z. R.C.P.O. mit Ver. v. 20. Okt. 1811, die feierlichen gerichtlichen Aussagen der Mennoniten betr. (R.Bl. S. 1601; W. I. S. 357); bezüglich der Philipponen vgl. Böhm, A.G. S. 37.

[7]) Die autogr. J.M.E. v. 19. Jan. 1896 Nr. 2057, die Fassung der Entscheidungsgründe betr., gibt eine Reihe von Anweisungen in dieser Hinsicht. Es wird hier insbesondere hervorgehoben, das Urteil (Beschluß) sei keine wissenschaftliche Abhandlung; es müsse daher bei Erörterung von Rechtsfragen eine mit

VI. Ueber die Zuständigkeit des obersten Landesgerichts zur Entscheidung der Revisionen und Beschwerden vgl. oben § 68 lit. F Ziff. 4 S. 473.

VII. Ueber landesrechtliche Vorschriften im Ehe- und Entmündigungsverfahren vgl. oben § 207 S. 1138—1145 und § 17 lit. B und C S. 53—59.

VIII. Hinsichtlich des Mahnverfahrens vgl. auch Just.Min.-Bek. vom 7. Juli 1879 (J.M.Bl. S. 314).

C. Die Zwangsvollstreckung.

I. Allgemeines.

1. Bezüglich des Vollstreckungsrechtes der Verwaltungsbehörden und der Zwangsvollstreckung gegen den Fiskus, Gemeinden und sonstige unter Leitung des Staates oder einer Gemeinde stehenden Körperschaften und Stiftungen ist das Nähere bereits oben § 45 Ziff. II, 3 S. 299, § 55 lit. A Ziff. VIII S. 377, § 47 Ziff. 9 S. 320 angeführt.

2. Bezüglich der Zwangsvollstreckung durch die Gerichtsvollzieher enthält hauptsächlich die Ministerial-Bekanntmachung vom 30. September 1879[8]) die entsprechenden instruktionellen Vorschriften.

3. Bezüglich der Zwangsvollstreckung gegen Militärpersonen vgl. oben § 38 Ziff. 7 S. 240 ff.

4. Bezüglich der Zwangsvollstreckung aus landesgesetzlichen Vollstreckungstiteln s. § 240 S. 1275 ff.

5. Verweigert der Notar die ihm obliegende Erteilung einer vollstreckbaren Ausfertigung, so entscheidet hierüber der Landgerichtspräsident seines Sprengels; gegen dessen Entscheidung ist Beschwerde an das Landgericht zulässig, das endgültig entscheidet.[9])

II. Bezüglich der Pfändung wie der vorläufigen Privatpfändung von Hypothekforderungen vgl. oben § 137 S. 892.

III. Ueber die Pfändung von Kuxen vgl. oben § 173 lit. B Ziff. IV, 2 f S. 1006, 1007.

IV. Hinsichtlich der Zwangsvollstreckung (auch des Arrestes) in das unbewegliche Vermögen ist das Nähere gesondert im zweiten Hauptstücke darzustellen.

Gründlichkeit wohl vereinbare Kürze eingehalten werden, denn das klar Durchdachte könne auch kurz gesagt werden. Grammatikalische Verstöße seien zu vermeiden. Klarheit der Sprache sei wesentlich; größere Perioden seien zu vermeiden. Bei Kollegialgerichten solle, wenn vorgefundene Fehler nicht vom Verfasser berichtigt würden, Gerichtsbeschluß erfolgen.

[8]) W. XIV. S. 86. Hiezu M.Bek. v. 1. April 1895, die Abänderung des § 53 der M.Bek. v. 30. Sept. 1895 betr. (J.M.Bl. S. 85). Bezüglich der Pfändung beweglicher Pertinenzen von Hypothekobjekten s. oben § 95 S. 759 ff.

[9]) Die R.C.P.O. enthält hierüber keine Bestimmungen; daher ist das Landesrecht entscheidend; in dieser Hinsicht kommt hier Art. 91 Not.Ges. in Betracht; vgl. oben § 71 lit. B Ziff. II, 12 c S. 515; v. Wilmowski und Levy, Komm. z. R.C.P.O. 7. Aufl. zu § 705 Nt. 3 und 6. A. M. Ztschr. f. d. Civ.Proz. XX. 430 (Amtsgericht) und Breslauer Anw.Zeit. 1894 S. 17 (Landgericht).

V. Besteht eine einstweilige Verfügung in der Untersagung der Veräußerung, Belastung oder Verpfändung eines Grundstückes, so wirkt ein solches Verbot gegen Dritte erst von dem Zeitpunkte der Eintragung in das Hypothekenbuch. Der Eintrag erfolgt in der zweiten Rubrik des Hypothekenbuches.[10])

D. Konkurs.

Das Konkursrecht ist reichsgesetzlich durch die Reichs-Konkursordnung vom 10. Februar 1877[11]) geregelt. Für Landesrecht ist nur insoweit Raum, als die Konkursordnung solches ausdrücklich zuläßt. Alle entgegenstehenden landesgesetzlichen Vorschriften sind aufgehoben.[12]) Hienach zulässige allgemeine landesgesetzliche Vorschriften sind folgende:

1. Das Konkursverfahren ist nach den früheren bayerischen Gesetzen nur dann zu erledigen, wenn vor dem 1. Oktober 1879 das Ganterkenntnis in öffentlicher Sitzung verkündet war.[13])

2. Bezüglich des Konkurses in Ansehung des Landesherrn und der Mitglieder des Königshauses vgl. oben § 21 (S. 69) und § 22 Ziff. 10 (S. 78—81).[14])

3. Bezüglich des Konkurses über anerkannte Vereine und registrierte Gesellschaften vgl. oben § 53 Ziff. VI lit. b (S. 368) und § 54 Ziff. II (S. 372).[15])

4. Bezüglich des Konkurses über Lehen und Familienfideikommisse vgl. oben § 147 lit. D Ziff. 5 S. 932 und § 152 lit. B Ziff. IV, 1 S. 952.[16])

5. Die Eröffnung und Aufhebung des Konkursverfahrens muß im Hypothekenbuche eingeschrieben werden.[17])

6. Den Nachlaßgläubigern und Vermächtnisnehmern ist in den oben in § 116 lit. E Ziff. 3 S. 1182 bezeichnetem Umfange ein civilrechtliches Absonderungsrecht am Rücklasse eingeräumt. Insoweit dieses reicht, haben sie auch im Konkurse des Erben einen Absonderungsanspruch.[18])

---

[10]) § 817 Abs. 2 R.C.P.O.; Art. 32 A.G. z. R.C.P.O. Vgl. hiezu oben § 122 lit. B. Ziff. IV, 1 c S. 823.

[11]) Mit Nov. v. 9. Mai 1894 (R.G.Bl. S. 439).

[12]) Vgl. hiezu §§ 1 und 4 E.G. z. R.K.O. v. 10. Febr. 1877.

[13]) § 8 E.G. z. R.K.O.; Art. 231 A.G. z. R.C.P.O.; Art. 1269, 1271—1279, 1303 Abs. 2 der b. Civ.Proz.Ordn. vom 29 April 1869. Hiezu vgl. E. d. obst. L.G. VIII. 415. Bezüglich Zustellungen s. § 33 der J.M.Bek. v. 25. Sept. 1879, die Ausführung der Zustellungen und Anheftungen durch die Gerichtsvollzieher betr. (J.M.Bl. S. 1260; W. XIV. S. 7 ff.).

[14]) Vgl. hiezu § 7 E.G. z. R.K.O.

[15]) Vgl. hiezu § 6 E.G. z. R.K.O.

[16]) Vgl. hiezu § 5 Ziff. 1 E.G. z. R.K.O.

[17]) § 106 R.K.O.; Art. 33 A.G. z. R.C.P.O.; vgl. hiezu oben § 122 lit. B Ziff. IV, 1 b β S. 821, 822.

[18]) Art. 87 A.G. z. R.C.P.O.; § 43 R.K.O.

7. Der Umfang der zur abgesonderten Befriedigung dienenden Immobiliarmasse, sowie der Umfang und die Rangordnung der aus derselben zu berichtigenden Ansprüche bestimmt sich nach Landesrecht[19]); in dieser Hinsicht ist das Nähere bereits oben § 59 lit. g S. 442 bemerkt.

8. Die Zwangsversteigerung und Zwangsverwaltung der zur Konkursmasse gehörigen unbeweglichen Gegenstände erfolgt nach Landesrecht[20]); in dieser Hinsicht sind die Vorschriften der bayerischen Subhastationsordnung vom 23. Febr. 1879/29. Mai 1886 maßgebend (s. zweites Hauptstück).[21])

9. Die Forderungen der Pflegebefohlenen des Gemeinschuldners haben in Ansehung ihres gesetzlich der Verwaltung desselben unterworfenen Vermögens, wenn die Vermögensverwaltung vor dem 1. Oktober 1879 beendet worden ist, das in § 54 Ziffer 5 der Reichs-Konkursordnung bestimmte Vorrecht auch dann, wenn dieselben nicht geltend gemacht oder verfolgt worden sind. Das Vorrecht steht ihnen aber dann nicht zu, wenn das Konkursverfahren erst nach dem 30. September 1884 eröffnet wurde.[22])

10. Die vor dem 1. Oktober 1879 entstandenen Forderungen der Kinder des Gemeinschuldners, welchen bis dorthin ein Vorzugsrecht in vierter Klasse zustand, haben, soweit sie nicht unter die Bestimmung des § 54 Ziffer 5 der Reichskonkursordnung fallen, ein Vorrecht vor den nicht bevorzugten Konkursforderungen. Dieses Vorrecht steht ihnen aber dann nicht zu, wenn das Konkursverfahren erst nach dem 30. September 1884 eröffnet wurde.[23])

11. Die vor dem 1. Oktober 1879 entstandenen Forderungen der Ehefrau des Gemeinschuldners in Ansehung des Heiratsgutes und ihres eingebrachten Vermögens, desgleichen in Ansehung der Morgengabe und Widerlage oder des statt derselben bedungenen Wittibsitzes haben ein Vorrecht vor den nicht bevorzugten Konkursforderungen und zwar im Gleichrange mit dem in Ziff. 10 bezeichneten Vorrechte. Jedoch mußten diese Forderungen der Ehefrau bis zum 1. Oktober 1881 bei dem Amtsgerichte, bei welchem der Ehemann seinen allgemeinen Gerichtsstand hatte, zur Eintragung in das hiefür bestimmte Register vorschriftsmäßig angemeldet sein, widrigenfalls ihnen das

---

[19]) § 39 R.K.O.

[20]) Gleichgiltig ist, von wem sie betrieben wird: §§ 39, 116, 117 R.K.O.

[21]) Siehe auch die besonderen Bestimmungen in Art. 169--173 Subh.Ordn.

[22]) § 13 Abs. 1 und 3 E.G. z. R.K.O.; Art. 232 A.G. z. R.C.P.O.; vgl. dazu Bl. f. R.A. XIX. 187; XXVIII. 30; XXXVI. 325; Böhm, A.G. S. 355; auch § 43 der Dienstvorschriften für die Gerichtsschreiber v. 14. September 1879 (J.M.Bl. S. 814; W. XIII. S. 515 ff.).

[23]) § 13 Abs. 1 und 3 E.G. z. R.K.O.; Art. 233 A.G. z. R.C.P.O. Vgl. hiezu Bl. f. R.A. III. 336; XV. 242; XIX. 301; XXIII. 71; XXIV. 92; Böhm, A.G. S. 356, 357; § 43 der Nt. 20 zit. Dienstvorschriften.

Vorrecht in einem nach dem 30. September 1881 eröffneten Konkursverfahren nicht zusteht.[24])

12. Nach bayerischem Rechte ist auf Grund eines Urteils der Anspruch auf Vollstreckungshypothek gegeben.[25]) (Vgl. hierüber zweites Hauptstück.) Infolgedessen kann für noch nicht fällige Leistungen einer festgestellten Konkursforderung aus einem Zwangsvergleiche Hypothekbestellung auf dem unbeweglichen Vermögen des Gemeinschuldners verlangt werden, wenn ein Arrestgrund vorhanden ist.[26])

13. In § 41 Ziff. 1—9 der Reichs-Konkursordnung sind verschiedenartige Gläubiger in Ansehung des Konkurses den Faustpfandgläubigern gleichgestellt. Das Rangverhältnis dieser verschiedenen Arten von Gläubigern unter einander ist in Ansehung der in Ziff. 1 genannten Gläubiger, soweit ein Bedürfnis besteht, in den Zoll- und Steuergesetzen bestimmt; bezüglich des Rangverhältnisses der in Ziff. 9 genannten Gläubiger ist das Handelsgesetzbuch bezw. das örtliche bürgerliche Recht entscheidend; für die in Ziff. 9 genannten Pfändungspfandgläubiger ist § 709 Abs. 3 der Reichs-Civilprozeßordnung maßgebend. Die in § 41 Ziff. 2—7 aufgeführten Gläubiger haben nach allgemeiner landesgesetzlicher Norm in Ansehung der dort bezeichneten Ansprüche ein Recht auf vorzugsweise Befriedigung aus den dort bezeichneten Sachen vor allen jenen Gläubigern, welche erst nach Begründung dieses Vorzugsrechtes durch Pfändung ein Pfandrecht erlangt haben.[27])

E. Aufgebotsverfahren.[28])

I. Die Frage, unter welchen Voraussetzungen und mit welchen Wirkungen ein Aufgebotsverfahren zulässig und möglich ist, — von der Amortisation der unten in Ziff. 3 genannten Urkunden[29]) abgesehen —, ist nicht durch die Reichscivilprozeßordnung entschieden, sondern nach den besonderen Reichs- und Landesgesetzen zu beantworten. Die Reichscivilprozeßordnung[30]) regelt lediglich das formale Aufgebotsverfahren und dies zwangsweise nur für solche Fälle, in welchen nach Reichsrecht ein Aufgebotsverfahren stattzufinden hat; in landesgesetzlichen Fällen eines Aufgebotsverfahrens kommen die Bestimmungen der Reichscivil-

---

[24]) § 13, § 12 Abs. 3 R.K.O.; Art. 234 A.G. z. R.C.P.O. In Abs. 2—5 des zit. Art. 234 sind nähere Bestimmungen über die Anmeldung des Vorrechts und die Führung des Registers enthalten; s. dazu § 43 der Nr. 20 zit. Dienstvorschriften und J.M.Bek. v. 27. Mai 1879, die Führung der Register über die zur Erhaltung des Vorzugsrechtes angemeldeten Forderungen der Ehefrauen betr. (J.M.Bl. S. 222); § 47 Ziff. 1 a. E. der Dienstvorschriften für die Gerichtsschreiber v. 14. Sept. 1879 (J.M.Bl. S. 823); Böhm, A.G. S. 358—360.

[25]) Art 40, 44 Nov. z. Subh.Ordn.

[26]) § 180 R.K.O.

[27]) § 41 R.K.O.; Art. 140 A.G. z. R.C.P.O.; Böhm, A.G. S. 226, 227.

[28]) Schierlinger S. 56—59.

[29]) §§ 837—848, 850 R.C.P.O.

[30]) §§ 823—836 R.C.P.O.

prozeßordnung nur insoweit zur Anwendung, als sie das Landesrecht nicht ausschließt oder modifiziert[31]), soferne hier nicht wieder § 849 der Reichscivilprozeßordnung entgegensteht. Weiter findet das reichsrechtlich geregelte Aufgebotsverfahren überhaupt nur auf das allgemeine gerichtliche Aufgebotsverfahren, nicht auf die Aufgebote der Verwaltungsbehörden[32]), auf die Aufgebote, welche Teile eines besonders geregelten gerichtlichen Verfahrens sind, wie des Konkurs-, erbschaftlichen Liquidationsprozesses[33]), Subhastations-[34]) oder Familienfideikommißverfahrens[35]), auf das Aufgebot liegender Gründe[36]) und auf solche öffentliche richterliche Aufforderungen Anwendung, welche weder unmittelbare noch mittelbare präklusivische Nachteile zur Folge haben, sondern lediglich die Feststellung einer Thatsache bezw. eines faktischen Zustandes oder Verhütung nichtiger Rechtsverhältnisse bezwecken.[37])

II. Das Aufgebotsverfahren zum Zwecke der Urkundenamortisation im besonderen.

1. Auf das Aufgebot abhanden gekommener oder vernichteter Wechsel, der an Ordre lautenden Anweisungen und Verpflichtungsscheine von Kaufleuten über Leistungen von Geld oder einer Quantität vertretbarer Sachen oder Wertpapiere, welche von einer Gegenleistung nicht abhängig gemacht sind, sowie der an Ordre lautenden Konossements der Seeschiffer und Ladescheine der Frachtführer, Auslieferungsscheine (Lagerscheine, Warrants) über Waren und andere bewegliche Sachen, welche von einer zur Aufbewahrung solcher Sachen staatlich ermächtigten Anstalt ausgestellt sind, Bodmereibriefe und Seeassekuranzpolizen finden lediglich die reichsrechtlichen Vorschriften der §§ 838—848, 850 der Reichscivilprozeßordnung Anwendung und derogieren allen Spezialgesetzen; sie können durch Landesgesetze weder ausgeschlossen, noch ersetzt oder ergänzt werden.[38])

2. Für das Aufgebot anderer als der in Ziff. 1 bezeichneten Urkunden, welche auf den Inhaber lauten oder durch Indossement übertragbar und mit einem Blankoindossement versehen sind, insoweit

---

[31]) § 11 E.G. z. R.C.P.O.

[32]) Vgl. v. Wilmowski und Levy, Komm. z. R.C.P.O., 7. Aufl. S. 1170. S. z. B. Art. 74 des Wasserbenützungsges. v. 28. Mai 1852 (W. IV. S. 423; oben § 188 Ziff. I mit Nt. 2); Art. 32 des Ges. über die Bewässerungs- und Entwässerungs-Unternehmungen v. 28. Mai 1852 (W. IV. S. 441; oben § 188 Ziff. II S. 1064 ff.).

[33]) § 15 Ziff. 3 E.G. z. R.C.P.O.; Art. 150—156 A.G. z. R.C.P.O. (preuß. Recht).

[34]) Vgl. hierüber im zweiten Hauptstücke.

[35]) Vgl. oben § 151 Ziff. I, 3 S. 946; dazu Art. 70 A.G. z. R.C.P.O.

[36]) §§ 158—160 A.G. z. R.C.P.O. (preuß. Recht).

[37]) Vgl. z. B. Art. 100 (Landesrecht; s. oben § 214 lit. C Ziff. 4, b S. 1169), 161 (preuß. Recht) A.G. z. R.C.P.O.; ferner Schierlinger S. 56 Nt. 522 d.

[38]) § 837 Abs. 1 R.C.P.O. mit arg. aus § 11 E.G. z. R.C.P.O. Vgl. hiezu auch Art. 72, 73 der allg. deutsch. Wechselordnung und Art. 301, 302 des allg. deutsch. Hand.Ges.B.

nicht der Anspruch, über welchen die Urkunde ausgestellt ist, in einem Grund- oder Hypothekenbuche eingetragen ist, kommen zwar die reichsrechtlichen Vorschriften der §§ 843—848 der Reichs-Civilprozeßordnung zur Anwendung, jedoch werden hiedurch reichsrechtliche wie landesspezialgesetzliche gegenwärtige oder künftige Vorschriften, welche noch andere oder schwerere Voraussetzungen als jene für das Aufgebotsverfahren aufstellen, nicht berührt.[39]) Für Bayern bestanden bislang solche landesspezialgesetzliche Vorschriften nicht. Nach bayerischem Rechte waren überhaupt bisher die inländischen Inhaberpapiere, daher insbesondere auch die auf den Inhaber lautenden bayerischen Staats- und öffentlichen Fondsobligationen, soweit sie nicht vinkuliert waren, und die Nebenscheine solcher Obligationen nicht amortisierbar.[40])

Erst durch das bayerische Gesetz vom 18. März 1896[41]), in Kraft von diesem Tage, wurden die Schuldverschreibungen auf den Inhaber und die Inhaberaktien für amortisierbar erklärt. Das Gesetz bezieht sich aber nur auf solche Inhaberpapiere, hinsichtlich deren nicht schon reichsrechtliche Amortisationsbestimmungen vorhanden sind[42]), ferner nur auf eigentliche Inhaber-, nicht auf Namenspapiere, mögen sie indossable oder nicht indossable sein, nicht auf Legitimationspapiere[43]):

---

[39]) § 849 R.C.P.O.

[40]) Ver. v. 10. Okt. 1810, die Ausfertigung der Amortisationsedikte betr. (R.Bl. S. 953); v. 17. Aug. 1813, Erläuterungen der Ver. v. 10. Okt. 1810 betr. (R.Bl. S. 1082); v. 12. März 1817, die auf jeden Inhaber (au porteur) lautenden Staats- oder sonst öffentlichen Fonds-Papiere betr. (R.Bl. S. 177). Bezüglich der Auslegung der beiden letztgenannten Verordnungen in dem im Texte bezeichneten Sinne vgl. oben § 79 Nt. 4 S. 581, 582. — Vgl. hieher über die materiellrechtliche Giltigkeit der Ver. Pemsel, A.G. S. 236, 370; Böhm, A.G. S. 73; Bl. f. R.A. XXX. 225; Schierlinger S. 56. — Bezüglich der Staatsschuldurkunden au porteur vgl. Ges. v. 29. Sept. 1861, die Verjährung der Forderungen aus Staatsschuldurkunden betr. (G.Bl. S. 33; W. V. S. 263) und oben § 44 Ziff. VII, 2 S. 280 ff.; § IV des Ges. v. 1. Juni 1822, die Staatsschuld betr. (G.Bl. S. 141) und § 12 des Ges. v. 11. Sept. 1825 gleichen Betr. (G.Bl. S. 202) sind hiedurch veraltet; ebenso Schierlinger S. 57; a. M. Böhm, A.G. S. 57; Henle, A.G. z. R.C.P.O. S. 40 Nt. 2. Art. 3 und 5 des Ges. v. 29. Sept. 1861 sind nunmehr durch Art. 39 des b. Ges. vom 18. März 1896 einige Bestimmungen über die Inhaberpapiere betr. (s. Nt. 41) aufgehoben.

[41]) Betr. einige Bestimmungen über die Inhaberpapiere (G.V.Bl. S. 173). Motive s. in Verh. der K. d. Abg. 1895/96 Beil.Bd. VII Nr. 426 S. 682—694; Ausschußbericht s. Verh. d. K. d. Abg. 1895/96 stenogr. Ber. Bd. VI. Nr. 204 S. 360—380, Nr. 205 S. 381—388; Verh. d. K. d. Reichsräte 1895/96 S. 498 ff.

[42]) Wie dies der Fall für die Schuldurkunden des norddeutschen Bundes und deutschen Reiches nach § 6 des Bundesanleihe-Ges. v. 9. Nov. 1867, § 3 des Bundesanleihegeſ. v. 21. Juli 1870 und R.G. v. 12. Mai 1873, das Aufgebot und die Amortisation solcher verlorenen und vernichteten Schuldurkunden betr. Auch § 4 Abs. 3 des Reichsbankges. v. 14. März 1875 wird durch das Gesetz nicht berührt; Aussch.Ber. S. 365.

[43]) Zu den Namenpapieren gehören auch Inhaberpapiere, die auf den Namen eines bestimmten Berechtigten umgeschrieben oder vinkuliert worden sind (Ver. v. 17. Aug. 1813; s. oben § 79 Nt. 4 S. 581). Zu den Legitimationspapieren, d. h. Papieren ohne selbständigen wirtschaftlichen Verkehrswert, bei denen regelmäßig der Aussteller dem Inhaber zwar ohne Prüfung der Legitimation zu leisten

für diese anderen Papiere gelten die unter lit. a und c angeführten Grundsätze.

Die einzelnen Bestimmungen dieses Gesetzes sind folgende:

a) Zulässigkeit der Amortisation:

α) Nur Schuldverschreibungen auf den Inhaber, d. h. Inhaberpapiere, in denen der Aussteller (Privatperson oder öffentliches Rechtssubjekt) dem Inhaber eine Leistung beliebigen Inhaltes, insbesondere eine Geldleistung, verspricht, in denen sonach ein Forderungsrecht verbrieft ist, nicht Inhaberpapiere, in denen ein anderes Recht verbrieft ist, wie Papiere über die Mitgliedschaft in einer Korporation, sind für amortisierbar erklärt.[44]) Nur die Inhaberaktien machen in letzterer Hinsicht eine Ausnahme; sie sind den Schuldverschreibungen auf den Inhaber gleichgestellt.[45])

β) Die hienach amortisierbaren Inhaberpapiere sind aber doch nur dann amortisierbar, wenn nicht in der Urkunde das Gegenteil bestimmt ist.[46])

γ) Selbständig amortisierbar sind nur die Haupt- oder Stammpapiere, nicht die Nebenpapiere, wie die Zins-, Renten- und Gewinnanteilscheine. Für solche vernichtete oder abhanden gekommene Nebenpapiere ist in anderer Weise Vorsorge getroffen.[47])

---

berechtigt, aber dem Inhaber als solchem zu leisten nicht verpflichtet ist, gehören besonders auch Billete, Marken, Karten. Mot. S. 687.

[44]) Art. 1 Abs. 1 zit. Ges. Mot. S. 682. Als solche Schuldverschreibungen auf den Inhaber führen die Mot. a. a. O. beispielsweise an: die Schuldverschreibungen des Staates und der Gemeinden, die von der Landeskulturrentenanstalt nach dem Ges. v. 21. April 1884 ausgegebenen Scheine, die sog. Prioritäten der Aktien-, insbesondere der Eisenbahnaktiengesellschaften, die Pfandbriefe der Hypothekbanken, die Inhaberpapiere mit Prämien, die Lotterieloose, die Noten der Zettelbanken, die Rentenbriefe, d. h. solche Papiere, in denen nicht die Bezahlung eines Kapitals, sondern eine bestimmte, durch Erlage eines Kapitals ablösbare, an regelmäßig wiederkehrenden Terminen zu entrichtende Geldsumme versprochen wird, ferner die sog. Nebenpapiere der Haupt- oder Stammpapiere, wie die Zinsscheine (Coupons) bei verzinslichen Inhaberpapieren, die Urkunden über die einzelnen Leistungen bei Rentenbriefen, die Rentenscheine, die Gewinnanteilscheine (Dividendenscheine), durch welche der Inhaber berechtigt wird, den auf das Hauptpapier entfallenden Gewinnanteil zu erheben. — Ueber die Gründe für und wider die Zulassung der Amortisation s. Mot. S. 683, 684. Die Bestimmungen schließen sich im wesentlichen an den II. Entwurf eines bürg. Ges.-Buches f. d. deutsche Reich an.

[45]) Art. 15 Abs. 1 zit. Ges. Ueber die Gründe der Gleichstellung s. Mot. S. 689.

[46]) Art. 1 Abs. 1 zit. Ges. Der Ausschluß der Amortisation unterliegt sonach der Disposition des Ausstellers. Doch kann die Staatsregierung der Ausgabe solcher Schuldverschreibungen, welche auf Leistung einer Geldsumme gerichtet sind, die staatliche Genehmigung versagen: Art. 16, 17 zit. Ges.; Mot. S. 687.

[47]) Art. 1 Abs. 1, Art. 12, 13 zit. Ges. Hiefür waren triftige Zweckmäßigkeitsgründe entscheidend: Mot. S. 687. Das Nähere hierüber s. in den Nachträgen zu § 202 a.

δ) Gänzlich unzulässig ist die Amortisation der auf Sicht zahlbaren unverzinslichen Schuldverschreibungen.[48])

ε) Die Amortisation setzt in allen Fällen voraus, daß das zu amortisierende Inhaberpapier vernichtet oder abhanden gekommen ist.[49])

b) Aufgebots-Verfahren. Auf das Aufgebots-Verfahren finden die Vorschriften des neunten Buches der Reichs-Civilprozeßordnung, soweit nicht im Nachstehenden besonderes bemerkt ist, Anwendung. Die Rentenscheine sind den Zinsscheinen auch in Ansehung des Verfahrens gleichgestellt.[50])

α) Pflichten des Ausstellers zur Ermöglichung der Amortisation. Der Aussteller ist verpflichtet, dem bisherigen Inhaber auf Verlangen die zur Erwirkung des Aufgebotes, der Zahlungssperre und des Ausschlußurteils erforderlichen Aufschlüsse und Zeugnisse zu erteilen. Dieser Anspruch ist im ordentlichen Rechtswege mittelst Klage verfolgbar. Die Kosten der Zeugnisse hat der bisherige Inhaber des Papieres zu tragen und vorzuschießen.[51])

β) Das Aufgebotsverfahren ist insolange unzulässig, als der Aufgebotstermin nicht so nahe bestimmt werden kann, daß zwischen dem Tage, an welchem die erste Einrückung des Aufgebotes in dem deutschen Reichsanzeiger erfolgt und dem Aufgebotstermine höchstens ein Jahr liegt.[52]) Diese etwaige Unzulässigkeit sofortiger Einleitung des Aufgebotsverfahrens schließt aber die vorsorgliche Verfügung einer Zahlungssperre schon vor Einleitung des Verfahrens durch das Gericht nicht aus. Die vorsorgliche Zahlungssperre wird nur auf Antrag und nur dann verfügt, wenn die sonstigen Voraussetzungen der Einleitung des Aufgebotsverfahrens gegeben

---

[48]) Art. 1 Abs. 1 zit. Ges. Diese Ausnahme entspricht dem reichsgesetzlichen Ausschlusse der Amortisation der Banknoten (R.Bankgesetz v. 14. März 1875 § 4) und beruht auf der geldähnlichen Natur dieser Papiere: Mot. S. 687.

[49]) Art. 1 Abs. 1 zit. Ges.

[50]) Art. 2 zit. Ges. — Bezüglich der Gebühren vgl. Art. 38 Abs. 1 und 2 des zit. Ges.

[51]) Art. 14 zit. Ges.

[52]) Art. 6 Abs. 2 zit. Ges. Die Mot. S. 688 bemerken hiezu: „Der Antrag auf Erlassung des Aufgebotes kann nach den Vorschriften der R.C.P.O. unmittelbar nach Eintritt des Verlustes des Papiers gestellt werden, während der Aufgebotstermin bei solchen Papieren, zu denen Zins-, Renten- oder Gewinnanteilscheine ausgegeben sind, oder in denen eine Verfallzeit angegeben ist, nach §§ 843 ff. R.C.P.O. nicht eher stattfinden darf, als bis die in diesen Vorschriften bestimmten Fristen abgelaufen sind. Hieraus ergibt sich die Gefahr, daß die Bekanntmachung des Aufgebotstermines unverhältnismäßig lange Zeit vor diesem erfolgt, und deshalb den Zweck verfehlt, den Termin auch für Alle, die das Papier in der Zwischenzeit erwerben könnten, zur Kenntnis zu bringen." — Die Prüfung der Frage, ob die einjährige Frist eingehalten werden kann, ist Sache des Gerichtes: Aussch.Ber. S. 368.

sind. Inhalt und Wirkungen der vorsorglichen Zahlungssperre sind die gleichen, wie sonst bei der ordentlichen Zahlungssperre (s. lit. δ). Auf den Antrag findet § 824 Abs. 1 der Reichs-Civilprozeßordnung Anwendung. Das die Zahlungssperre begründende Verbot ist nach Maßgabe des § 825 der Reichs-Civilprozeßordnung öffentlich bekannt zu machen.[53]) Gegen den Beschluß, durch welchen der Antrag auf Zahlungssperre zurückgewiesen wird, findet das Rechtsmittel der einfachen Beschwerde der streitigen Rechtspflege statt.[54])

γ) Die örtliche und sachliche Zuständigkeit des Gerichtes des Aufgebotsverfahrens bemißt sich nach den einschlägigen Vorschriften der Reichs-Civilprozeßordnung. Für das Aufgebotsverfahren in betreff bayerischer Staatsobligationen ist das Amtsgericht ausschließlich zuständig, bei welchem die Staatsschuldentilgungskommission ihren allgemeinen Gerichtsstand hat.[55])

δ) Das Gericht hat bei (nicht vor) Einleitung des Aufgebotsverfahrens[56])

aa) auf Antrag (nicht von Amts wegen) die Zahlungssperre zu verfügen[57]), d. h. an den Aussteller, sowie an die in dem Papier und die von dem Antragsteller bezeichneten Zahlstellen das Verbot zu erlassen,

αα) an den Inhaber des Papieres irgend eine Leistung zu bewirken,

ββ) insbesondere neue Zins-, Renten- oder Gewinnanteilscheine oder Zinserneuerungsscheine (Talons) auszugeben;

bb) zugleich mit diesem Verbote die Benachrichtigung von der Einleitung des Aufgebotsverfahrens zu verbinden.

Gegen den Beschluß, durch welchen der Antrag auf Zahlungssperre zurückgewiesen wird, findet die einfache Beschwerde der nichtstreitigen Rechtspflege statt.[58])

Die Wirkungen der verfügten Zahlungssperre sind folgende:

αα) Der Aussteller, sowie sämtliche in dem Papiere bezeichneten oder nicht bezeichneten Zahlstellen sind nicht mehr berechtigt, an den Inhaber des Papieres irgend eine Leistung auf Grund des Papieres mit Wirksamkeit gegen-

---

[53]) Art. 6 Abs. 3 zit Ges. Vgl. hiezu § 15 Nr. 2 E.G. z. R.C.P.O.: „Unberührt bleiben die landesgesetzlichen Vorschriften über das Verfahren in betreff der Sperre der Zahlung abhanden gekommener Inhaberpapiere".

[54]) Art. 8 zit. Ges.; §§ 531—538 R.C.P.O.

[55]) Art. 2 zit. Ges.; Art. 69 Abs. 2 A.G. z. R.C.P.O. Also das k. Amtsgericht München I (Abt. A f. C.S.).

[56]) Art. 3 zit. Ges. Die Zahlungssperre kann auf nachträglichen Antrag auch noch nach Einleitung des Aufgebotsverfahrens erfolgen. Aussch.Ber. S. 366.

[57]) Vgl. hiezu § 15 Nr. 2 E.G. z. R.C.P.O.; oben Nt. 53.

[58]) Art. 8 zit. Ges.; §§ 531—538 R.C.P.O.

über dem Antragsteller zu machen; jede dem Verbote zuwider geschehene Leistung ist dem Antragsteller gegenüber unwirksam. Diese Wirkung des Verbotes erstreckt sich aber schlechthin nur auf Leistungen aus dem Haupt- oder Stammpapier, auf Leistungen aus den Nebenpapieren nur insoweit, als die Zins-, Renten- oder Gewinnanteilscheine erst nach der verfügten Zahlungssperre ausgegeben worden sind; die Einlösung der vor der Zahlungssperre ausgegebenen Zins-, Renten- und Gewinnanteilscheine ohne Rücksicht auf den Zeitpunkt ihrer Fälligkeit wird von der Zahlungssperre nicht betroffen.[59])

ββ) Durch die Zahlungssperre wird der Beginn und der Lauf der Verjährung und der in der Urkunde bestimmten Vorlegungsfrist zu Gunsten des Antragstellers gehemmt. Die Hemmung beginnt mit der Stellung des Antrages auf Zahlungssperre und endigt mit der Erledigung des Aufgebotverfahrens, mit der Aufhebung der Zahlungssperre und falls diese schon vor der Einleitung des Verfahrens verfügt worden ist, auch dann, wenn die Einleitung des Verfahrens nicht binnen sechs Monaten nach der Beseitigung des ihr entgegenstehenden Hindernisses beantragt worden ist. Vom Zeitpunkte der Endigung der Hemmung beginnt dann die Verjährungsfrist entweder erst zu laufen oder im Anschluß an die früher verstrichene Verjährungsfrist weiterzulaufen; die Hemmung[60]) bedeutet sonach nicht eine Unterbrechung, sondern nur ein Ruhen der Verjährung.

γγ) Der Aussteller ist verpflichtet, denjenigen, der ihm nach der Zahlungssperre die Schuldverschreibung oder den Erneuerungsschein vorlegt, von der Zahlungssperre zu verständigen.[61])

ε) Bekanntmachung des Aufgebotes. Hiefür ist zunächst § 842 der Reichscivilprozeßordnung maßgebend. Ist aber in der Urkunde bestimmt, daß das Aufgebot noch durch andere als die in dieser Gesetzesstelle bezeichneten Blätter bekannt gemacht werde, so muß die Bekanntmachung auch durch diese Blätter erfolgen. Bei Staatsschuldverschreibungen auf den Inhaber ist das Aufgebot auch durch die vom k. Staatsministerium der Finanzen bezeichneten Blätter bekannt zu machen.[62])

ζ) Bestimmung des Aufgebotstermines.

aa) Ist die Zahlungssperre verfügt, ehe seit der Zeit des glaubhaft gemachten Verlustes Zins-, Renten- oder Gewinn-

---

[59]) Art. 3 zit. Ges.
[60]) Art. 11 zit. Ges.
[61]) Art. 14 zit. Ges.
[62]) Art. 4 zit. Ges.

anteilscheine ausgegeben worden sind, so ist der Aufgebotstermin nach § 843 Abs. 1 der Reichscivilprozeßordnung in der Weise zu bestimmen, daß an die Stelle der Fälligkeit des ersten Zins-, Renten- oder Gewinnanteilscheines der Zeitpunkt tritt, in welchem der Schein fällig geworden sein würde, wenn er ausgegeben worden wäre; die Beibringung des im § 843 Abs. 2 der Reichscivilprozeßordnung bezeichneten Zeugnisses fällt hier weg.[63])

bb) Der Zeitraum, der zwischen dem Tage, an welchem die erste Einrückung des Aufgebotes in den „Deutschen Reichsanzeiger" erfolgt ist, und dem Aufgebotstermine liegt, darf die Dauer eines Jahres nicht übersteigen, andernfalls das Aufgebotsverfahren unstatthaft ist (s. lit. b, β).[64])

η) Einstellung und Aufhebung des Verfahrens.

aa) Das Aufgebotsverfahren ist für erledigt zu erklären und die Zahlungssperre aufzuheben, wenn dem Gerichte nach der Erlassung des Aufgebotes oder nach der Verfügung der Zahlungssperre und vor Erlassung des Ausschlußurteils das zu amortisierende Papier vorgelegt wird.[65]) Vor der Entscheidung ist derjenige, welcher das Aufgebot oder die Zahlungssperre beantragt hat, zur Abgabe einer Erklärung aufzufordern und ihm die Einsicht der Urkunde binnen einer angemessenen Frist zu gestatten. Auf Antrag des Inhabers ist zur Vorlage der Urkunde und zur Abgabe der Erklärung auch ein Termin anzuberaumen.[66])

bb) Die vorsorgliche Zahlungssperre ist von Amts wegen auch dann aufzuheben, wenn die Einleitung des Aufgebotsverfahrens nicht binnen sechs Monaten nach der Beseitigung des ihr entgegenstehenden Hindernisses beantragt wird.[67])

---

[63]) Art. 5 zit. Ges. Denn die Ausgabe neuer Zinsscheine nach der Zahlungssperre ist unzulässig und dem Antragsteller gegenüber unwirksam: Mot. S. 688. — Darüber, daß diese Vorschrift gegenüber § 849 R.C.P.O. zulässig ist, vgl. Aussch.Ber. S. 367.

[64]) Art. 6 Abs. 1 und 2 zit. Ges.

[65]) Art. 7 Abs. 1 zit. Ges. Im übrigen ist es dem Verlustträger überlassen, seine Rechte gegen denjenigen, der die Urkunde vorgelegt hat, durch Erhebung einer Klage und Beantragung einer einstweiligen Verfügung zu schützen, zu deren Erlaß bei dem Vorliegen der Voraussetzungen des § 820 R.C.P.O. dasselbe Gericht zuständig ist, dem die Urkunde vorgelegt wird: Mot. S. 688. Zwischen demjenigen, der die Urkunden vorgelegt hat und dem Verlustträger entscheiden die Grundsätze über die Vindikation (Art. 306, 307 Hand.Ges.B.): Mot. S. 683.

[66]) Art. 7 Abs. 2 zit. Ges. — Das Gericht hat die Identität des vorgelegten Papieres mit dem zu amortisierenden zu prüfen. Findet es sofort, daß beide unzweifelhaft nicht identisch sind, so kann der Antrag des Präsentanten ohne weiteres Verfahren sogleich kostenfällig zurückgewiesen werden. Aussch.Ber. S. 369.

[67]) Art. 7 Abs. 3 zit. Ges.

cc) Die Erledigung des Aufgebotsverfahrens und die Aufhebung der Zahlungssperre ist durch den „Deutschen Reichsanzeiger" bekannt zu machen.[68])

dd) Gegen den Beschluß, durch welchen das Aufgebotsverfahren ohne Erlassung eines Ausschlußurteils für erledigt erklärt oder die Zahlungssperre aufgehoben wird, wie gegen den Beschluß, durch welchen der Antrag, das Aufgebotsverfahren ohne Erlassung eines Ausschlußurteils für erledigt zu erklären oder die Zahlungssperre aufzuheben, zurückgewiesen wird, findet die sofortige Beschwerde der streitigen Rechtspflege statt.[69])

9) Ausschlußurteil. — Bekanntmachungen.

aa) Ist das Aufgebotsverfahren durch Erlassung eines Ausschlußurteils erledigt worden, so ist das Ausschlußurteil, ebenso das in § 843 Abs. 3 der Reichscivilprozeßordnung bezeichnete Urteil nicht bloß im „Deutschen Reichsanzeiger", sondern auch in denjenigen Blättern bekannt zu machen, welche hiezu in der Urkunde bestimmt sind. Bei Staatsschuldverschreibungen auf den Inhaber sind diese Urteile auch durch die vom kgl. Staatsministerium der Finanzen bestimmten Blätter bekannt zu machen.[70])

bb) Wirkungen des Ausschlußurteils. Die Wirkungen des Ausschlußurteils bemessen sich nach den Bestimmungen der Reichscivilprozeßordnung. Hienach ist derjenige, welcher das Ausschlußurteil erwirkt hat, dem durch die Urkunde Verpflichteten gegenüber berechtigt, die Rechte aus der Urkunde geltend zu machen. Er kann aber auch die Erteilung einer neuen Schuldverschreibung auf den Inhaber an Stelle der für kraftlos erklärten verlangen und kann dieses Recht im ordentlichen Rechtswege verfolgen; die Kosten für die Erteilung hat er zu tragen und vorzuschießen.[71])

cc) Wird das Ausschlußurteil infolge einer Anfechtungsklage aufgehoben, so bleiben die auf Grund des Ausschlußurteils von dem Verpflichteten bewirkten Leistungen auch Dritten, insbesondere dem Anfechtungskläger gegenüber

---

[68]) Art. 7 Abs. 4 zit. Ges. Außerdem steht es dem Inhaber frei, wenn er bei der Verwertung seines Papiers wegen der vorhergegangenen öffentlichen Bekanntmachungen Anstände befürchtet, sich eine Ausfertigung des Beschlusses erteilen zu lassen, durch den das Aufgebotsverfahren für erledigt erklärt oder die Zahlungssperre aufgehoben wird. Mot. S. 688.

[69]) Art. 8 zit. Ges.: § 539 R.C.P.O.

[70]) Art. 9 zit. Ges.

[71]) § 850 R.C.P.O.; Art. 1 Abs. 2 zit. Ges.

wirksam, wenn nicht der Verpflichtete zur Zeit der Leistung die Aufhebung des Ausschlußurteils gekannt hat.[72])

b) Bei dem Aufgebote von bayerischen Staatsobligationen auf den Inhaber hat das Gericht der Staatsschuldentilgungskommission von der Einleitung und der Erledigung des Aufgebotsverfahrens und von dem Erlasse und der Aufhebung des Ausschlußurteils Mitteilung zu machen.[73])

c) Rückwirkende Kraft des Gesetzes. Die vorbezeichneten Vorschriften finden auch Anwendung auf die vor dem Zeitpunkte des Inkrafttretens des Gesetzes ausgestellten Schuldverschreibungen und Aktien auf den Inhaber.[74])

3. Für das Aufgebot der übrigen nicht unter Ziff. 1 und 2 fallenden Urkunden, hinsichtlich derer gesetzlich die Amortisierung zulässig ist, wie dies nach bayerischem Rechte für alle Namenpapiere der Fall ist, gelten die reichsrechtlichen Vorschriften der §§ 838—848, 850 der Reichscivilprozeßordnung nur subsidiär, in erster Linie kommen die hiefür bestehenden oder zu erlassenden Spezialgesetze in Betracht; nur die §§ 823—836 der Reichscivilprozeßordnung finden auch hier primäre Anwendung, soweit sie nicht selbst wieder auf Spezialgesetze verweisen. Nach bayerischem Rechte sind aber auch für diese Urkunden die Bestimmungen im neunten Buche der Reichs-Civilprozeßordnung, nur mit Ausnahme der §§ 838—846 a. a. O., für anwendbar erklärt.[75]) Dabei ist für das Aufgebotsverfahren in betreff bayerischer Namen-Staatsobligationen das Amtsgericht ausschließlich zuständig, bei welchem die Staatsschuldentilgungskommission ihren allgemeinen Gerichtsstand hat.[76])

III. Ein Aufgebotsverfahren ist nach bayerischem Rechte auch erforderlich im Falle der Todeserklärung und für die Amortisierung von Hypothekforderungen.[77]) Hiefür kommen die reichsrechtlichen Vorschriften der §§ 823—836 der Reichscivilprozeßordnung mit einigen zulässigen Besonderheiten zur Anwendung. Das Nähere ist bereits oben § 12 Ziff. II S. 34 bezüglich der Todeserklärungen und § 113 lit. C Ziff. III, 4 S. 910—912 bezüglich der Amortisation der Hypothekforderungen angeführt; die in letzterer Hinsicht bisher geltenden Bestimmungen haben aber durch das bayerische Gesetz vom 18. März 1896[78]), in Kraft seit diesem Tage, bezüglich der Inhaberhypotheken Aenderungen erlitten.

---

[72]) Art. 10 zit. Ges. Die Beweislast der Kenntnis trifft den Anfechtungskläger: Mot. S. 689.

[73]) Art. 40 zit. Ges. mit § 1 der Vollzugsverordnung vom 18. März 1896 (G.V.Bl. S. 185).

[74]) Art. 15 Abs. 2 zit. Ges.

[75]) § 837 Abs. 2 R.C.P.O.; § 11 E.G. z. R.C.P.O.; Art. 69 Abs. 1 A.G. z. R.C.P.O.

[76]) Art. 69 Abs. 2 A.G. z. R.C.P.O. Vgl. hiezu Nt. 55 S. 1269.

[77]) Vgl. hiezu § 11 E.G. z. R.C.P.O.

[78]) Art. 24, 25 zit. Ges. v. 18. März 1896 (G.V.Bl. S. 180, 181). Durch Art. 18 und 26 a. a. O.) ist die Zulässigkeit der Inhaberhypotheken gegenüber den

Die hienach für die Amortisation von Inhaberhypotheken geltenden Bestimmungen sind folgende:

1. Für die Amortisation von Inhaberhypotheken kommen die oben in § 113 lit. C Ziff. III, 4[79]) genannten Grundsätze nur insoweit zur Anwendung, als nicht im nachstehenden besonders bemerkt ist.

2. Zulässigkeit. Ein Amortisationsverfahren findet hier, abgesehen von den sonstigen Erfordernissen, nur dann statt

a) wenn kein Vertreter der Gläubiger (Treuhänder) bestellt ist,
b) dreißig Jahre seit dem Eintritte der für die Leistung bestimmten Zeit verstrichen sind,
c) wenn der Eigentümer des Hypothekobjektes zur Befriedigung des Gläubigers oder zur Kündigung berechtigt ist,
d) wenn sich der Eigentümer bei der Antragstellung erbietet, den Betrag der Forderung für den Gläubiger bei dem Gerichte, bei welchem das Hypothekenbuch geführt wird, unter Verzicht auf das Recht der Zurücknahme zu hinterlegen.[80]) Nicht eingetragene und früher als fünf Jahre vor der Erlassung des Ausschlußurteils fällig gewordene Zinsen sind nicht zu hinterlegen.

3. Verfahren.

a) Für das Aufgebotsverfahren ist das Gericht zuständig, bei welchem das Hypothekenbuch geführt wird.
b) Der Antragsteller hat sich vor Einleitung des Verfahrens zur Hinterlegung des dem Gläubiger gebührenden Betrages zu erbieten.
c) In dem Aufgebot ist als Rechtsnachteil anzudrohen, daß der Gläubiger nach der Hinterlegung des ihm gebührenden Betrages seine Befriedigung statt aus dem Grundstücke nur noch aus dem hinterlegten Betrage verlangen könne und sein Recht auf diesen Betrag erlösche, wenn er sich nicht binnen dreißig Jahren nach der Erlassung des Ausschußurteiles bei der Hinterlegungsstelle meldet.
d) Hängt die Gültigkeit der Forderung von einer Kündigung ab, so erweitert sich die Aufgebotsfrist um die Kündigungsfrist.
e) Das Ausschlußurteil darf erst erlassen werden, wenn die Hinterlegung des in Ziff. 2 d genannten Betrages erfolgt ist.
f) Mit der Erlassung des Ausschlußurteils gilt der Gläubiger als befriedigt.

---

früheren Streitfragen (vgl. oben § 119 Nr. 7 S. 798, 799) nunmehr mit rückwirkender Kraft im bejahenden Sinne entschieden. — Mot. s. Verh. d. K. d. Abg. 1895/96 Beil.Bd. VII S. 692, 693.

[79]) § 82 Hyp.Ges. mit Art. 123 Ziff. 3 A.G. z. R.C.P.O.

[80]) Die Hinterlegung selbst ist nur Voraussetzung des Ausschlußurteils, nicht des Aufgebots: Mot. S. 693.

g) Nach der Erlassung des Ausschlußurteiles hat das Gericht bei dem Hypothekenamte unter Mitteilung des wesentlichen Inhaltes des Ausschlußurteiles die Löschung der Hypothek von Amts wegen zu veranlassen.

h) Meldet sich der Gläubiger nicht binnen dreißig Jahren nach der Erlassung des Ausschlußurteiles bei der Hinterlegungsstelle, so erlischt sein Recht auf den hinterlegten Betrag und ist der Hinterleger zur Zurücknahme berechtigt.

4. Diese Vorschriften finden auch auf Inhaberhypotheken Anwendung, welche vor dem 18. März 1896 entstanden sind.

F. Schiedsrichterliches Verfahren.

Hinsichtlich des schiedsrichterlichen Verfahrens ist auf die oben § 204 S. 1126, 1127 erwähnten Bestimmungen über den Schiedsvertrag zu verweisen.

§ 240.

Die Zwangsvollstreckung aus landesgesetzlichen Vollstreckungstiteln im besonderen.

A. Allgemeines.

Gemäß § 706 der Reichscivilprozeßordnung ist die Landesgesetzgebung nicht nur befugt, auf Grund anderer als der in den §§ 644, 702 bezeichneten Schuldtitel die gerichtliche Zwangsvollstreckung zuzulassen, sondern insoweit auch abweichende Vorschriften von den Bestimmungen der Reichscivilprozeßordnung über die Zwangsvollstreckung zu treffen. Dieser Satz findet insbesondere auch auf Hypothekurkunden Anwendung. Als landesgesetzliche Schuldtitel[1]), aus welchen die sofortige gerichtliche Zwangsvollstreckung zulässig ist, kommen für Bayern, abgesehen von den Vollstreckungstiteln der Verwaltungsbehörden, Gemeindebehörden und Verwaltungen öffentlicher Stiftungen[2]), in Betracht:

1. der in Art. 79 der Subh.Ordn. genannte Räumungsbefehl,
2. die in Art. 126 der Subh.Ordn. genannten Erhebungsanweisungen,
3. die Hypothekurkunden,
4. die Ewiggeldbriefe.

Ueber die beiden erstgenannten Vollstreckungstitel ist das Nähere im zweiten Hauptstücke dieses Buches, über die Hypothekurkunden und Ewiggeldbriefe das Nähere im folgenden anzuführen.

---

[1]) Vgl. zum folgenden auch Schierlinger S. 47—49.

[2]) Vergl. hiezu oben § 45 Ziff. I, 2 S. 295 (Staat); § 47 Ziff. 7 S. 320 (Stiftungen); § 55 lit. A Ziff. V S. 376; bezüglich der Vollstreckungsbefugnis der Rentämter wegen der Bodenzinse und der zur Abtragung der Ablösungskapitalien zu machenden Leistungen vgl. oben § 55 lit. A Ziff. V S. 376; Böhm, A.G. S. 214.

B. Die Zwangsvollstreckung aus Hypothekurkunden im besonderen.

Die sofortige Zwangsvollstreckung aus Hypothekurkunden, d. h. Urkunden, in welchen für eine Forderung (Anspruch) Hypothek bestellt ist, ist im Interesse der Sicherheit des Realkredites und der hienach erforderlichen Ermöglichung rascher Rechtsverfolgung des Hypothekgläubigers ein wirtschaftlich notwendiges Attribut der Verwirklichung des Hypothekanspruches, immerhin aber nur mit einzelnen Beschränkungen zugelassen. Im einzelnen ist zwischen den in lit. A, B und C genannten Hypothekurkunden zu unterscheiden.

I. Die sofortige Zwangsvollstreckung aus Hypothekurkunden, welche seit 1. Oktober 1879 errichtet wurden. Soweit nicht im nachstehenden besonderes angeführt ist, finden auch für die Zwangsvollstreckung aus solchen Hypothekurkunden die Bestimmungen der Reichscivilprozeßordnung entsprechende Anwendung.[3]) Im einzelnen gelten für die sofortige Zwangsvollstreckung aus solchen Hypothekurkunden folgende besondere landesgesetzliche Grundsätze:

1. Voraussetzungen.

a) Die sofortige Zwangsvollstreckung ist nur aus solchen Hypothekurkunden statthaft[4]), in welchen

α) die Hypothek vertragsmäßig[5]) und

β) für einen Anspruch bestellt ist, welcher die Zahlung einer bestimmten Geldsumme zum Gegenstand hat[6]),

γ) dieser Anspruch selbst festgestellt ist.[7])

b) Die Unterwerfung des Schuldners unter die sofortige Zwangsvollstreckung ist nicht erforderlich.[8])

c) Die Hypothekurkunde muß die Bestätigung der erfolgten Einschreibung der Hypothek in das Hypothekenbuch enthalten.[9])

---

[3]) Art. 136 R.C.P.O.; §§ 663—707 R.C.P.O.; besonders bemerkenswert sind die §§ 703—705 R.C.P.O., welche besondere Vorschriften für die sogenannten exekutorischen Urkunden enthalten, dann die §§ 665—668, 671, 687 bezüglich der Zwangsvollstreckung für und gegen die Rechtsnachfolger; die §§ 671—673 R.C.P.O. bezüglich der Zustellung des Vollstreckungstitels.

[4]) Art. 127 A.G. z. R.C.P.O.

[5]) Ueber notarielle Beurkundung solcher Verträge vgl. oben § 72. S. 539 ff., besonders Ziff. VI, 1 b S. 545. Die nach Art. 19 Abs. 1 des Ges. v. 18. März 1896, einige Bestimmungen über die Inhaber betr. (G.V.Bl. S. 179) notariell beurkundete einseitige Erklärung des Eigentümers über Bestellung einer Inhaberhypothek ist keine vertragsmäßige Hypothekbestellung.

[6]) Hypothekurkunden über Naturalansprüche, wie Austragsreichnisse, Wohnungsrechte, Ausfertigungen, auch Kautionsurkunden ohne bestimmte Forderungssummen, fallen nicht unter die obengenannten Hypothekurkunden, für erstere ist nur § 702 Ziff. 5 R.C.P.O. anwendbar. Vgl. auch Böhm, A.G. S. 215; Pemsel, A.G. zu Art. 127, Nt. 4.

[7]) Sei es, daß die Urkunde das den Anspruch begründende Rechtsgeschäft selbst enthält, oder daß hierin der Hypothekbesteller den Anspruch lediglich anerkennt. Vgl. auch Böhm, A.G. S. 214, 215.

[8]) Abweichend also von § 702 Ziff. 5 R.C.P.O.

[9]) Andernfalls ist die dingliche Unterlage als Erfordernis der Zulässigkeit

d) Die in der Urkunde bestellte Hypothek darf im Hypothekenbuche nicht wieder gelöscht sein.[10])

2. Zulässigkeit in passiv-subjektiver Hinsicht.[11]) Die Zwangsvollstreckung aus einer solchen Hypothekurkunde kann erfolgen:

a) gegen den ursprünglichen Verpfänder als Besitzer des Hypothekobjektes,

b) gegen den dritten Besitzer des Hypothekobjektes.[12])

3. Zulässigkeit in objektiver Hinsicht. In objektiver Hinsicht ist die Zwangsvollstreckung zulässig[13]):

a) immer in das Hypothekobjekt, mag es im Eigentume des ersten Verpfänders oder eines Drittbesitzers sein[14]),

b) in das sonstige bewegliche oder unbewegliche Vermögen des Hypothekobjektbesitzers nur dann, wenn dessen persönliche Haftung nach dem Hypothekengesetze begründet ist[15]), sohin wenn er für die Schuld, sei es von Anfang an oder infolge Schuldübernahme, nicht nur dinglich mit dem Hypothekobjekte, sondern auch persönlich haftet[16]),

c) die Zulässigkeit der sofortigen Zwangsvollstreckung gegen den persönlich haftenden Schuldner wird, wenn sie einmal begründet war, durch die Weiterveräußerung des Hypothekobjektes nicht aufgehoben[17]); ja selbst die Zulässigkeit der sofortigen Zwangsvollstreckung durch Zwangsversteigerung in das Hypothekobjekt gegen den früheren Hypothekobjektbesitzer

---

der besonders gearteten Zwangsvollstreckung aus den Urkunden nicht ersichtlich. Vgl. auch Böhm, A.G. S. 214.

[10]) E. d. obst. L.G. XV. 152; vgl. oben § 132 lit. F Nr. 87 S. 878.

[11]) Art. 128 A.G. z. R.C.P.O.

[12]) Damit ist § 665 R.C.P.O., welcher die Zwangsvollstreckung gegen den Sonderrechtsnachfolger nur unter bestimmten Voraussetzungen zuläßt, allgemein dahin modifiziert, daß gegen den Sonderrechtsnachfolger in das Hypothekobjekt die sofortige Zwangsvollstreckung in das Hypothekobjekt schlechthin, unter Umständen sogar in sein sonstiges Vermögen zulässig ist.

[13]) Art. 129 A.G. z. R.C.P.O.

[14]) Dabei ist es gleichgiltig, ob der erste Verpfänder bezw. der Drittbesitzer auch für die persönliche Schuld haftet oder nicht. Vgl. hiezu oben § 132 lit. F Ziff. I, 2a S. 877, 878.

[15]) Vgl. hiezu das Nähere oben § 139 S. 896 ff.

[16]) Voraussetzung der sofortigen Zwangsvollstreckung aus der Hypothekurkunde gegen einen persönlich haftenden Schuldner ist also immer, anderseits aber auch nur (s. Ziff. 3), daß er auch in die dingliche Haftung eingetreten ist. Ein persönlich haftender Schuldner, der nie in die dingliche Haftung eintrat, kann aus der Hypothekurkunde nicht mit der sofortigen Zwangsvollstreckung belangt werden; wohl aber aus einer nach § 702 Ziff. 5 R.C.P.O. errichteten Urkunde. Dies gilt sowohl für den persönlich haftenden Schuldner, zu dessen Gunsten ein Dritter sein Grundstück verpfändet, wie für denjenigen, der zwar die persönliche Schuld übernahm, aber nicht das Hypothekobjekt und damit auch nicht die dingliche Haftung erwarb.

[17]) Vgl. oben § 132 lit. F Nr. 87 S. 877, § 139 S. 901 Nr. 24. Zustimmend, jur. Mon.Schr. 6. Jahrg. 1896 S. 24—26.

nicht, wenn die Vorschrift des Art. 23 der Subhastationsordnung befolgt wird.[18])

4. Erteilung der vollstreckbaren Ausfertigung. Die Zwangsvollstreckung aus einer Hypothekurkunde findet nur statt, wenn sie mit der Vollstreckungsklausel versehen ist.[19])

a) Zuständig

α) zur Erteilung einer vollstreckbaren Ausfertigung ist[20])

aa) wenn die Hypothekurkunde von einem Notare verwahrt wird, der verwahrende Notar[21]),

bb) wenn die Urkunde über die Hypothekbestellung ein Gericht aufgenommen hat, der Gerichtsschreiber dieses Gerichtes[22]);

β) zur Erteilung einer neuen Vollstreckungsklausel zu einer bereits vorhandenen vollstreckbaren Ausfertigung sowohl der Beamte, welcher die vollstreckbare Ausfertigung zu erteilen hat, als das Hypothekenamt.[23])

b) Zulässigkeit der Erteilung vollstreckbarer Ausfertigungen bezw. neuer Vollstreckungsklauseln.

α) Wenn die Zwangsvollstreckung wegen eines Teils der beurkundeten Ansprüche von dem durch den Gläubiger zu beweisenden Eintritte einer Thatsache abhängt und diese Thatsache noch nicht eingetreten ist, so darf eine vollstreckbare Ausfertigung nur wegen jener Ansprüche erteilt werden, wegen derer die Zwangsvollstreckung ohne Rücksicht auf den Eintritt der Thatsache zulässig ist. Die Beschränkung der Vollstreckbarkeit muß in der Vollstreckungsklausel ausgedrückt werden.[24]) Ist hienach eine vollstreckbare Ausfertigung erteilt worden, deren Vollstreckbarkeit auf einen Teil der

---

[18]) Vgl. hiezu oben § 132 lit. F Ziff. I, 2b S. 878.

[19]) §§ 662, 663 R.C.P.O. mit Art. 136 A.G. z. R.C.P.O.

[20]) Art. 130 A.G. z. R.C.P.O.

[21]) Vgl. hiezu oben § 71 lit. B Ziff. II, 11 S. 510 ff.

[22]) z. B. bei Prozeßvergleichen, welche Hypothekbestellungen enthalten; vgl. hiezu oben § 203 lit. B Ziff. 4 S. 1125. Im Falle der Vergleich von einem ersuchten Richter aufgenommen wurde, kommt die Erteilung der vollstreckbaren Ausfertigung dem Gerichtsschreiber des Prozeßgerichts zu: Böhm, A.G. S. 217. Je nach der Instanz, in welcher der Vergleich geschlossen wurde, ist der Gerichtsschreiber des Amts-, Land-, Oberlandes- oder obersten Landesgerichts bezw. Reichsgerichts zur Erteilung zuständig.

[23]) Art. 132 Abs. 3 A.G. z. R.C.P.O. Vollstreckbare Ausfertigungen kann das Hypothekenamt nicht erteilen, nur neue Vollstreckungsklauseln; vgl. hiezu Ziff. 2a. Die Befugnis des Hypothekenamtes zur Erteilung einer neuen Vollstreckungsklausel ist aber nicht dadurch bedingt, daß der neue Umstand, auf welchen hin sie erteilt werden soll, aus dem Hypothekenbuche erhellt, es genügt, daß der Nachweis seiner Existenz durch irgend welche öffentliche Urkunden geführt werden kann. Böhm, A.G. S. 220; Pemsel, A.G. zu Art. 132 Nt. 2.

[24]) Art. 131 A.G. z. R.C.P.O. — Bezüglich des Nachweises durch öffentliche Urkunden oder Offenkundigkeit vgl. 664, 665 R.C.P.O. mit Art. 136 A.G. zur R.C.P.O..

beurkundeten Ansprüche beschränkt ist, so wird nach dem Eintritte der Thatsache, von deren Eintritte die Zwangsvollstreckung wegen eines anderen Teiles der beurkundeten Ansprüche abhängt, nicht abermals eine neue vollstreckbare Ausfertigung der Hypothekurkunde erteilt, sondern auf Antrag des Gläubigers der früher erteilten vollstreckbaren Ausfertigung lediglich eine neue, die Vollstreckbarkeit entsprechend ausdehnende Vollstreckungsklausel beigefügt.[25]) In entsprechender Weise ist auch in anderen Fällen zu verfahren, wenn ein sonstiger Umstand eingetreten ist, welcher eine neue Vollstreckungsklausel erforderlich macht.[26])

β) Ist eine vollstreckbare Ausfertigung erteilt, deren Vollstreckbarkeit auf einen Teil der beurkundeten Ansprüche beschränkt ist, so kann eine neue vollstreckbare Ausfertigung, auch wenn sie nur wegen derjenigen Ansprüche, auf welche die Vollstreckbarkeit der früher erteilten sich nicht erstreckt, verlangt wird, nur nach Maßgabe der Vorschriften erteilt werden, welche für die Erteilung einer weiteren vollstreckbaren Ausfertigung gelten.[27])

γ) Zum Nachweise eines Umstandes, welchen der Gläubiger zu beweisen hat, um die vollstreckbare Ausfertigung oder die neue Vollstreckungsklausel zu erhalten, genügt ein Eintrag im Hypothekenbuche, aus welchem der zu beweisende Umstand erhellt. Wird die vollstreckbare Ausfertigung oder die neue Vollstreckungsklausel auf Grund des Eintrages im Hypothekenbuche erteilt, so ist dies in der Vollstreckungsklausel zu erwähnen. Die Zustellung einer Abschrift des betreffenden Hypothekenbucheintrages findet nicht statt.[28])

---

[25]) Art. 132 Abs. 1 A.G. z. R.C.P.O. — Bezüglich Erteilung neuer vollstreckbarer Ausfertigungen vgl. §§ 669, 705 Abs. 3 R.C.P.O. mit Art. 136 A.G. z. R.C.P.O.

[26]) z. B. bei Zwangsvollstreckung für einen Rechtsnachfolger des Gläubigers oder gegen einen Rechtsnachfolger des Hypothekschuldners: Art. 132 Abs. 2 A.G. z. R.C.P.O.

[27]) Art. 133 A.G. z. R.C.P.O. mit §§ 669, 705 Abs. 3 R.C.P.O.

[28]) Art. 134 A.G. z. R.C.P.O. Das Hypothekenbuch ist eine öffentliche Urkunde und ist daher an sich schon geeignet, den §§ 664, 665 R.C.P.O. zu genügen. Anderseits ist das Hypothekenbuch öffentliches Buch, auch wirkt die Oeffentlichkeit für und gegen die in Betracht kommenden Personen, und ist daher auch Offenkundigkeit seines Inhaltes für dieselben gegeben. Auf letztere legt Art. 134 A.G. z. R.C.P.O. das besondere Gewicht, wie aus dem letzten Satz des Art. 134 Abs. 2 hervorgeht, und modifiziert insoweit auch den § 664 mit 671 Abs. 2 R.C.P.O. Die Erwähnung der Offenkundigkeit, d. h. hier, daß die Vollstreckungsklausel auf Grund des betreffenden Hypothekenbuchseintrages erfolgt sei, in der Vollstreckungsklausel selbst, entspricht dem § 665 Abs. 2 der R.C.P.O. unter Ausdehnung auf die Fälle des § 664 R.C.P.O. — Durch Art. 134 A.G. z. R.C.P.O. wird natürlich nicht ausgeschlossen (arg. „genügt"), daß auf Grund anderer öffentlicher Urkunden oder sonstiger Offenkundigkeit des Notars bezw. Gerichts die Vollstreckungsklausel erteilt wird.

5. Um dem Hypothekgläubiger und seinen Rechtsnachfolgern die rasche Erlangung einer gegen den Hypothekobjektbesitzer vollstreckbaren Hypothekurkunde zu ermöglichen[29]), ist ihm die Befugnis eingeräumt, die Rechte des Besitzers auf Berichtigung des Besitztitels auszuüben.[30])

II. Die sofortige Zwangsvollstreckung aus Hypothekurkunden, welche vor dem 1. Oktober 1879, aber seit dem 1. Juli 1862, also bereits unter der Herrschaft des Notariatsgesetzes vom 10. November 1861 errichtet worden sind, bezüglich derer aber die vollstreckbare Ausfertigung erst nach dem 30. September 1879 erteilt wurde. Für die Zwangsvollstreckung aus solchen Hypothekurkunden kommen gleichfalls die oben Ziff. I genannten Grundsätze, im übrigen die Bestimmungen der Reichscivilprozeßordnung entsprechend zur Anwendung.[31])

III. Die sofortige Zwangsvollstreckung aus Hypothekurkunden, welche vor dem 1. Oktober, aber seit dem 1. Juli 1862 errichtet worden sind, bezüglich derer aber die vollstreckbaren Ausfertigungen vor dem 1. Oktober 1879 erteilt wurden[32]), und aus den vor dem 1. Juli 1862 errichteten Hypothekenbriefen.[33]) Hier kommen in Ansehung der Voraussetzungen der Zwangsvollstreckung, aber auch nur der Voraussetzungen, die Vorschriften der Art. 821 und 835 der früheren bayerischen Civilprozeßordnung vom 29. April 1869 zur Anwendung. Hienach findet die Zwangsvollstreckung, vorbehaltlich besonderer gesetzlicher Bestimmung, nur auf Grund einer vollstreckbaren Urkunde statt. Setzt die vollstreckbare Urkunde zu ihrem Vollzuge das Vorhandensein einer durch die Urkunde nicht nachgewiesenen Thatsache voraus, so muß diese durch eine andere Urkunde nachgewiesen sein, und gilt alles, was bezüglich der Zustellung der vollstreckbaren Urkunde vorgeschrieben ist, auch für die Ergänzungsurkunde. Soweit bei Geldforderungen der Betrag derselben in der vollstreckbaren Urkunde nicht genau festgestellt ist, ist die Vollstreckung erst zulässig, wenn die Feststellung durch das in der Hauptsache zuständige Gericht erfolgt ist. Der dritte Erwerber eines Anspruchs kann wegen desselben die Vollstreckung nicht beginnen oder fortsetzen, ohne seinen Erwerbstitel dem Schuldner zustellen zu lassen. Auf Intestaterben findet dieser Satz aber nur dann Anwendung, „wenn sie einen ihren Intestaterbteil übersteigenden Betrag ansprechen".

---

[29]) und damit ihm auch die Voraussetzungen einer Beschlagnahme (Art. 21. 125 Subh.Ordn.) zu verschaffen.

[30]) Art. 135 A.G. z. R.C.P.O. Vgl. hiezu Böhm, A.G. S. 222. — Ueber das Editionsrecht des Hypothekgläubigers s. oben § 112 S. 765; auch Art. 13 Subh.Ordn.

[31]) Art. 137 Abs. 1 A.G. z. R.C.P.O.

[32]) Art. 137 Abs. 2 A.G. z. R.C.P.O. mit § 22 E.G. z. R.C.P.O.

[33]) Art. 138 A.G. z. R.C.P.O.

C. Die Zwangsvollstreckung aus Ewiggeldbriefen im besonderen.

Aus Ewiggeldbriefen findet die Zwangsvollstreckung wegen rückständiger Gilten nur in die belastete Sache, nicht in das übrige Vermögen des Eigentümers statt. Einer Vollstreckungsklausel bedürfen die Ewiggeldbriefe nicht. Für einen Rechtsnachfolger (Sonder- wie Gesamtnachfolger) des ursprünglichen Ewiggeldgläubigers kann die Zwangsvollstreckung aus dem Ewiggeldbriefe nur dann stattfinden, wenn das Ewiggeld im Grundbuche auf denselben umgeschrieben ist.

Titel 4.

Die nichtstreitige Rechtspflege im besonderen.

§ 241.

Allgemeines.

Für das Verfahren in der nichtstreitigen Rechtspflege sind, abgesehen von einzelnen in Spezialgesetzen enthaltenen Vorschriften, welche bei den einschlägigen Materien bereits erwähnt oder im folgenden noch zu erwähnen sind, ausdrückliche gesetzliche Bestimmungen nicht vorhanden. Jedoch ist auf Grund feststehender Gerichtspraxis außer Zweifel, daß, insoweit erforderlich und überhaupt nach Art und Inhalt der Vorschrift möglich und zulässig, die Bestimmungen der jeweils geltenden Civilprozeßgesetze damit zur Zeit die Reichscivilprozeßordnung und ihre Nebengesetze analog anzuwenden sind[1]); in einer Anzahl von Fällen sind diese Vorschriften sogar ausdrücklich für anwendbar erklärt.[2]) Auch unterliegt es keinem Bedenken da, wo Normen der Reichscivilprozeßgesetze auf dem Gebiete der nichtstreitigen Rechtspflege nicht anwendbar sind, die etwa passenden Normen früher angewendeter Prozeßgesetze, wie der bayerischen Gerichtsordnung von 1753[3]), entsprechend anzuwenden.[4]) Eidesleistungen sind auf dem Gebiete der freiwilligen Rechtspflege, mangels allgemeiner gesetzlicher

[34]) Art. 139 A.G. z. R.C.P.O. Vgl. hiezu auch oben § 91 S. 639 ff. über das Ewiggeld.

[1]) Vgl. E. d. obst. L.G. II, 356, IV, 150; VI, 546; Bl. f. R.A. XXVII, 47. Art. 78 A.G. z. R.G.V.G. ist ein Ausdruck dieses Prinzipes. S. auch die Motive zu dieser Gesetzesstelle in Verh. d. K. d. Abg. 1878/79 Beil.Bd. V S. 160, auch 123, 124.

[2]) Vgl. hiezu oben §§ 226—237.

[3]) Wie dies schon unter der Herrschaft der früheren b. Civilprozeßordnung vom 29. April 1869 geschah. Vgl. dazu Art. 3 Ziff. 1 des E.G. z. b. Civ.Proz.-Ordn. vom 29. April 1869, wonach die b. Ger.Ordn. von 1753 nur insoweit aufgehoben wurde, als das Verfahren in bürgerlichen Rechtsstreitigkeiten in Frage kam. Daran ändert auch Art. 81 A.G. z. R.C.P.O. nichts, da diese Gesetzesstelle nur die Frage regelt, welche civilrechtliche Bestimmungen der b. Ger.Ordn. von 1753 in Zukunft noch gelten sollen, und damit die etwaige analoge Anwendung der prozeßrechtlichen Normen derselben auf dem Gebiete der freiwilligen Rechtspflege nicht in Frage stellt. Teilweise a. M. Wagner 2. Aufl. S. 3 Nt. 6.

[4]) Zum ganzen s. im wesentlichen übereinstimmend Wagner 2. Aufl. S. 3 und 4 Nt. 6.

Norm und Unzulässigkeit der Analogie, stets nur insoweit zulässig, als die Gesetze ausdrücklich solche zulassen[5]); ist dies der Fall, so sind mangels besonderer Vorschriften[6]) die Bestimmungen der Reichscivilprozeßordnung[7]) analog anzuwenden. Die Eidesmündigkeit ist auf das vollendete 16. Lebensjahr festgesetzt.[8]) Die hauptsächlichsten Fälle, in welchen eine analoge Anwendung der Reichscivilprozeßgesetze, manchmal selbst auf Grund ausdrücklicher gesetzlicher Bestimmung, stattfindet, sind bereits oben in den §§ 226—237 angeführt. Hinsichtlich der Aufnahme von Protokollen über Verhandlungen in der nichtstreitigen Rechtspflege ist das Nähere oben § 71 lit. C Ziff. II S. 519 ff.[9]), über die Entscheidungen der nichtstreitigen Rechtspflege oben § 71 lit. C Ziff. I S. 517—519 erwähnt. Hinsichtlich der Zustellungen vgl. oben § 71 lit. F S. 526 ff.

§ 242.

Das Beschwerdeverfahren der nichtstreitigen Rechtspflege.

A. Beschwerden gegen gerichtliche Entscheidungen.[1])

Das Beschwerdeverfahren der nichtstreitigen Rechtspflege ist einheitlich durch die Art. 56—58 des bayerischen Ausführungsgesetzes zur Reichscivilprozeßordnung geregelt, wenngleich teilweise unter Hinweis auf die gesetzlichen Bestimmungen der letzteren.[2]) Andererseits kommen aber die einheitlichen Normen des Ausführungsgesetzes insoweit nicht zur Anwendung, als einzelne Gesetze Abweichendes bestimmen; nur die Art. 57, 62 bis 67 des Ausführungsgesetzes haben auch hier wieder unbedingte Geltung.[3])

I. Die Beschwerde gegen die erste Instanz.

1. Zulässigkeit der Beschwerde. Das Rechtsmittel der Beschwerde ist zulässig

a) nur gegen Entscheidungen[4]),

---

[5]) Vgl. z. B. oben § 27 Nr. 52 S. 108, 109, § 100 Nr. 10 S. 699.

[6]) Solche enthält bezüglich des Inhaltes der Eidesnorm Art. 85 A.G. z. R.C.P.O.; s. oben § 205 Ziff. VIII S. 1131 ff. — Ob eine Beweisaufnahme im prozeßrechtlichen Sinne und damit eine Zeugen- oder Sachverständigen-Beeidigung zulässig ist, ist m. E. nicht „nach den Umständen des Falles", wie Wagner 2. Aufl. S. 34 annimmt, sondern nur nach ausdrücklichen gesetzlichen Vorschriften zu entscheiden.

[7]) § 357 (Zeugeneid); § 375 (Sachverständigeneid); §§ 440—446 (Eidesform) R.C.P.O.

[8]) Art. 21 A.G. z. R.C.P.O.

[9]) An Stelle von Protokollen können auch bloße Vormerkungen in den Akten gemacht werden, wenn nicht nach gesetzlicher Vorschrift oder der Natur der Sache im Verkehre mit den Parteien Protokollaufnahmen erforderlich sind: J.M.E. v. 7. Aug. 1866, die Geschäftsbehandlung und den Geschäftsverkehr der Gerichte betr. (J.M.Bl. S. 241).

[1]) Wagner 2. Aufl. S. 41—44; Schierlinger S. 34, 35; Böhm, A.G. S. 76—93.

[2]) Art. 56 Abs. 1 A.G. z. R.C.P.O.; §§ 531—539 R.C.P.O.

[3]) Art. 56 Abs. 2 A.G. z. R.C.P.O.

[4]) Beschlüsse und Verfügungen (§ 530 R.C.P.O.; Art. 57 Abs. 1 A.G. z.

b) nur gegen gerichtliche Entscheidungen[5]),
c) gegen alle gerichtlichen Entscheidungen ohne Rücksicht auf Art und Inhalt, soweit sie nicht durch gesetzliche Bestimmung ausdrücklich für unanfechtbar erklärt sind[6]),
d) im Falle der Beauftragung oder des Ersuchens eines Gerichtes nicht gegen die Entscheidung des beauftragten oder ersuchten Richters, sondern nur gegen die nachzusuchende Entscheidung des beauftragenden oder ersuchenden Gerichtes.[7])

2. Gebrauch der Beschwerde. Der Gebrauch der Beschwerde steht nur der durch die Entscheidung beschwerten, d. h. in ihren rechtlichen Interessen verletzten Partei[8]), im Falle der Verletzung öffentlicher Interessen dem Staatsanwalte[9]) zu; daher insbesondere nicht den Notaren in ihrer Eigenschaft als öffentlichen Beamten und Inhabern nichtstreitiger Gerichtsbarkeit.[10])

3. Einlegung der Beschwerde.

a) Die Beschwerde wird bei dem Gericht eingelegt, von welchem die angefochtene Entscheidung erlassen ist[11]); ausnahmsweise
α) kann sie in dringenden Fällen auch bei dem Beschwerdegerichte eingelegt werden[12]);
β) wird die für die Einlegung der Beschwerde etwa vorgeschriebene Frist auch durch die Einlegung bei dem Beschwerdegericht selbst in einem nicht dringlichen Falle gewahrt.[13])

b) Die Einlegung der Beschwerde kann entweder schriftlich oder mündlich zu Protokoll des Gerichtsschreibers erfolgen[14]); hiebei sollen die beschwerende Verfügung und die zur Rechtfertigung des eingelegten Rechtsmittels dienenden Belege vor-

R.C.P.O.); vgl. hiezu bezüglich Hypothekensachen oben § 97 lit. F S. 671; bezüglich Pflegschaftssachen oben § 210 lit. D S. 1154; bezüglich Verlassenschaftssachen oben § 218 lit. D S. 1209.

[5]) arg. Art. 57 Abs. 1 A.G. z. R.C.P.O. Daher nicht gegen Verfügungen des Notars vgl. unten lit C.

[6]) Vgl. Art. 145 Abs. 6 des b. Geb.Ges. v. 18. Aug. 1879 in der Fassung von 1892 (s. unten § 242); Art. 50 und 91 Not.Ges. (s. oben § 71 lit. B Ziff. I, 1c S. 493; Ziff. 12c S. 515.

[7]) § 539 R.C.P.O.

[8]) E. d. obst. L.G. IV, 830, XI, 412, 446, 638; XII, 48; XIII, 322; XIV, 53, 178, 358, 426, 528, 616, 846; Bl. f. R.A. LI, 193; LII, 269; LVII, 255; LVIII, 207, 208, 369, 370; LIX, 335; b. Not.Zeit. XXV. 34.

[9]) z. B. im Falle des § 332 R.Str.P.O.; E. d. obst. L.G. XII, 115; Böhm A.G. S. 82.

[10]) Vgl. oben § 218 lit. B Ziff. IV, 3 S. 1207, 1208.

[11]) Art. 57 Abs. 1 A.G. z. R.C.P.O.; § 532 Abs. 1 R.C.P.O.

[12]) Art. 57 Abs. 1 A.G. z. R.C.P.O.; § 532 Abs. 1 R.C.P.O.

[13]) Art. 57 Abs. 2 A.G. z. R.C.P.O.; § 540 Abs. 2 R.C.P.O.

[14]) Art. 58 A.G. z. R.C.P.O; § 532 Abs. 2 R.C.P.O. Dadurch ist nicht ausgeschlossen, daß auch der Richter selbst unter Beiziehung eines Gerichtsschreibers bezw. stellvertretenden Gerichtsschreibers die Beschwerde rechtsgiltig zu Protokoll nehmen kann.

gelegt werden.[15]) Sind bei Erledigung der Beschwerde außer dem Beschwerdeführer andere Personen im entgegengesetzten Interesse beteiligt, so hat derselbe mit der Beschwerdeschrift auch soviele Abschriften derselben in Vorlage zu bringen, als Gegenbeteiligte vorhanden sind.[16])

c) Die Einlegung kann erfolgen entweder durch die verletzte Partei selbst oder einen Bevollmächtigten derselben.[17]) Der Bevollmächtigte hat die Bevollmächtigung durch schriftliche Vollmacht nachzuweisen; eine Privaturkunde muß auf Verlangen eines Gegenbeteiligten gerichtlich oder notariell beglaubigt werden.[18]) Das Beschwerdegericht hat den Mangel der Vollmacht von Amts wegen zu berücksichtigen.[19]) Jedoch kann ein Geschäftsführer ohne Auftrag oder ein Bevollmächtigter ohne Beibringung einer Vollmacht gegen oder ohne Sicherheitsleistung für Kosten und Schäden zur Beschwerdeeinlegung einstweilen zugelassen werden. Die Entscheidung über die Beschwerde darf hier aber erst dann erlassen werden, nachdem die für die Beibringung der Genehmigung zu bestimmende Frist abgelaufen ist. Die Partei muß die Beschwerdeführung gegen sich gelten lassen, wenn sie auch nur mündlich Vollmacht erteilt oder die Beschwerdeführung ausdrücklich oder stillschweigend genehmigt hat.[20])

d) Beschwerdefrist. Die Einlegung der Beschwerde ist nur dann an eine Frist gebunden, wenn Spezialgesetze[21]) eine solche vorschreiben. Die Frist selbst bestimmt sich nach diesen Spezialgesetzen. Eine solche Beschwerdefrist hat die rechtliche Natur einer Notfrist und beginnt mit der Zustellung bezw. Verkündung der anzufechtenden Entscheidung[22]); für die Berechnung der Frist gelten die einschlägigen Vorschriften der Reichscivilprozeßordnung.[23]) Die Beschwerde ist sonach regelmäßig einfache Beschwerde, nur ausnahmsweise sofortige

---

[15]) Diese Vorschrift des § 58 A.G. z. R.C.P.O. ist nur instruktioneller Natur, ihre Befolgung daher nicht formelle Bedingung der Rechtswirksamkeit der Beschwerde: E. d. obst. L.G. IX, 207; X, 177, 535.

[16]) Art. 60 Abs. 1 A.G. z. R.C.P.O. (instruktionell).

[17]) Art. 58 A.G. z. R.C.P.O.

[18]) In analoger Anwendung des § 76 R.C.P.O.; vgl. auch Böhm, A.G. S. 82.

[19]) In analoger Anwendung des § 84 Abs. 2 R.C.P.O.; vgl. auch Böhm A.G. S. 82.

[20]) In analoger Anwendung des § 85 R.C.P.O.; vgl. auch Böhm A.G. S. 82.

[21]) Vgl. z. B. bezüglich Handelsregistersachen oben § 27 Ziff. IV, 1 S. 109; dann auch Art. 33 des b. Ges. über die landwirtschaftlichen Erbgüter v. 22. Febr. 1855 (G.Bl. S. 50; W. IV. S. 679).

[22]) arg. § 540 Abs. 2 R.C.P.O.

[23]) §§ 198—202 R.C.P.O. — Auch die §§ 211—216 R.C.P.O. über die Wiedereinsetzung in den vorigen Stand werden entsprechende Anwendung zu finden haben.

Beschwerde. In den Fällen der Ziff. 1 lit. d wird die etwaige Notfrist dadurch gewahrt, daß auf dem für die Einlegung der Beschwerde vorgeschriebenen Wege innerhalb der Notfrist die Entscheidung des beauftragenden oder ersuchenden Richters nachgesucht wird.[24])

4. Inhalt der Beschwerde. Die Beschwerde kann auf Gesetzesverletzungen, wie auf Verletzungen in der thatsächlichen Würdigung, und zwar auch auf neue Thatsachen und Beweise gestützt werden.[25])

5. Wirkung der eingelegten Beschwerde.

a) Die Einlegung der Beschwerde äußert regelmäßig nicht Suspensiveffekt[26]); jedoch kann sowohl das Gericht, dessen Entscheidung angefochten wird, als das Beschwerdegericht die Vollziehung der angefochtenen Entscheidung aussetzen.[27]) Ausnahmsweise tritt kraft des Gesetzes Suspensiveffekt ein:
   α) wenn Spezialgesetze der Beschwerde ausdrücklich aufschiebende Wirkung beilegen[28]),
   β) bei Beschwerden gegen Strafverfügungen,
   γ) bei Beschwerden gegen die Ablehnung eines Richters.[29])

b) Devolutiveffekt an das höhere Gericht als Beschwerdegericht tritt nur dann ein, wenn das Gericht, dessen Entscheidung angefochten wird, der Beschwerde nicht selbst abhilft. Geschieht letzteres nicht, so ist die Beschwerdeschrift mitsamt den einschlägigen Akten vor Ablauf einer Woche dem Beschwerdegerichte vorzulegen.[30]) Nur im Falle die Beschwerde an eine Frist gebunden ist, ist das Gericht, welches die angefochtene Entscheidung erlassen hat, zu einer Abänderung derselben nicht befugt.[31])

6. Verfahren vor dem Beschwerdegerichte.

a) Zuständig zur Verbescheidung der Beschwerde als Beschwerdegericht ist das im Instanzenzuge nächsthöhere Gericht, sohin gegenüber Entscheidungen der Amtsgerichte das vorgesetzte Landgericht, gegenüber Entscheidungen der Landgerichte das vorgesetzte Oberlandesgericht, gegenüber Entscheidungen der Oberlandesgerichte das oberste Landesgericht.[32])

---

[24]) § 533 R.C.P.O.

[25]) § 540 Abs. 4 R.C.P.O.

[26]) Art. 59 A.G. z. R.C.P.O.; § 535 Abs. 1 R.C.O.P.

[27]) § 535 Abs. 2 R.C.P.O.

[28]) Art. 59 A.G. z. R.C.P.O.; solche Spezialgesetze sind § 94 Hyp.Ges. (s. oben § 97 lit. F S. 671). Art. 33 des Nt. 29 zit. Ges. v. 22. Febr. 1855.

[29]) Art. 59 A.G. z. R.C.P.O.

[30]) § 534 R.C.P.O.

[31]) § 540 Abs. 3 R.C.P.O.

[32]) § 531 R.C.P.O.; Art. 27, Art. 36 Ziff. 2, Art. 42 Abs. 2 A.G. z. R.G.V.G.; vgl. oben § 68 lit. B Ziff. II S. 476 ff.

b) Vor der Entscheidung kann das Beschwerdegericht einstweilige Anordnungen erlassen, insbesondere auch anordnen, daß die Vollziehung der angefochtenen Entscheidung auszusetzen sei.[33])

c) Die Entscheidung über die Beschwerde kann auf Grund mündlicher Verhandlung, aber auch ohne solche erfolgen. Das Beschwerdegericht ist auch befugt, eine schriftliche Erklärung der Beteiligten anzuordnen; in solchem Falle kann die Erklärung auch zu Protokoll des Gerichtsschreibers erfolgen.[34]) Erachtet es das Beschwerdegericht für notwendig oder zweckmäßig, vor der Entscheidung der Beschwerde andere, in entgegengesetztem Interesse beteiligte Personen zu hören, so ist denselben mit der betreffenden Anordnung eine Abschrift der Beschwerdeschrift und gegebenen Falls eine Abschrift der zum Protokolle des Gerichtsschreibers eingelegten Beschwerde von Amts wegen zuzustellen. Von den Beilagen zur Beschwerdeschrift können die Beteiligten auf der Gerichtsschreiberei des Beschwerdegerichts Einsicht nehmen.[35])

d) Das Beschwerdegericht hat von Amts wegen zu prüfen, ob die Beschwerde an sich statthaft und ob sie in der gesetzlichen Form, wozu auch der Vollmachtspunkt gehört, und Frist eingelegt sei.[36])

e) Die Entscheidung des Beschwerdegerichts kann lauten entweder
   α) auf Verwerfung der Beschwerde als unzulässig, wenn in formeller Hinsicht wesentliche Mängel derselben bestehen[37]), oder
   β) auf Verwerfung als unbegründet, wenn die angefochtene Entscheidung, soweit sie angefochten ist, in formeller und materieller Hinsicht begründet ist;
   γ) auf Aufhebung der angefochtenen Entscheidung, wenn die angefochtene Entscheidung, soweit sie angefochten ist, infolge eines thatsächlichen oder rechtlichen Fehlers als unrichtig sich darstellt. In diesem Falle setzt entweder das Beschwerdegericht selbst die richtige Entscheidung an Stelle der aufgehobenen, oder überträgt dem Gerichte oder Vorsitzenden, dessen Entscheidung angefochten war, die erforderliche Anordnung.[38])

f) Eröffnung der Entscheidung des Beschwerdegerichts an die Beschwerdebeteiligten.
   α) Erfolgt die Entscheidung auf Grund mündlicher Verhandlung, so ist sie zu verkünden;

---

[33]) § 535 Abs. 3 R.C.P.O.
[34]) § 536 R.C.P.O.
[35]) Art. 60 Abs. 2 und 3 A.G. z. R.C.P.O.
[36]) § 537 R.C.P.O.
[37]) § 537 R.C.P.O.
[38]) § 538 R.C.P.O.

β) in allen sonstigen Fällen erfolgt schriftliche Mitteilung der Entscheidung an die Beteiligten durch den Gerichtsschreiber der ersten Instanz.[39])

g) Nach Erledigung der Beschwerde gibt das Beschwerdegericht die Akten dem Gerichte erster Instanz zurück und zwar im Falle der lit. f α mit einer beglaubigten Abschrift der Entscheidung des Beschwerdegerichts.

In den Fällen der lit. f β läßt das Beschwerdegericht dem Gerichte erster Instanz eine Ausfertigung der über die Beschwerde getroffenen Entscheidung übersenden und bestimmt zugleich die etwaigen weiteren Beteiligten, welche außer dem Beschwerdeführer von der Entscheidung zu verständigen sind. Der Gerichtsschreiber des Gerichtes erster Instanz hat sodann dem Beschwerdeführer und den weiteren Beteiligten gegen Empfangsbescheinigung von dem Inhalte der erfolgten Entscheidung kurze Mitteilung zu machen, sowie auf Verlangen Abschrift der Entscheidung zu erteilen.[40])

II. Die weitere Beschwerde gegen die Entscheidung des Beschwerdegerichtes. Die weitere Beschwerde hat im wesentlichen, und zwar sowohl nach Inhalt, als Form die rechtliche Natur der Revision des Reichscivilprozesses; sie kann nur auf Gesetzesverletzungen gestützt werden; die Frist zur Einlegung beträgt einen Monat und ist Notfrist; die Beschwerdeschrift muß von einem Rechtsanwalt unterzeichnet sein.

1. Zulässigkeit der weiteren Beschwerde. Die weitere Beschwerde ist zulässig:

a) nur gegen Entscheidungen des Beschwerdegerichts;

b) gegen Entscheidungen des Beschwerdegerichts nur dann, wenn solches das Landgericht oder Oberlandesgericht ist, daher nicht gegen Entscheidungen des Obersten Landesgerichts als Beschwerdegerichtes[41]);

c) nur dann, wenn sie nicht durch Spezialgesetze ausgeschlossen ist.[42])

2. Gebrauch der Beschwerde. Der Gebrauch der weiteren Beschwerde steht jeder Partei (vgl. oben Ziff. I, 2) frei. Gleichgiltig ist für die Eigenschaft der weiteren Beschwerde, ob wieder der bisherige Beschwerdeführer oder ein Gegenbeteiligter gegen die Entscheidung des Beschwerdegerichts Beschwerde ergreift. Weitere Beschwerde ist

---

[39]) Art. 61 Abs. 1 und 3 A.G. z. R.C.P.O.

[40]) Art. 61 Abs. 2 und 3 A.G. z. R.C.P.O.; vgl. hiezu oben § 71 lit. I Ziff. V S. 530.

[41]) Art. 62 A.G. z. R.C.P.O.

[42]) Wie in Art. 112 Abs. 2 Not.Ges. (vgl. oben § 31 lit. A Ziff. 1 S. 156, 157); in Art. 33 des Nt. 29 zit. Ges. v. 22. Febr. 1855; in Art. 52 des b. Gebührengesetzes in der Fassung von 1892 (s. unten § 242). — Art. 62 A.G. z. R.C.P.O.

daher jede die Entscheidung des Beschwerdegerichts anfechtende Beschwerde.[43])

3. Einlegung der weiteren Beschwerde.

a) Die weitere Beschwerde wird bei dem Gerichte erster Instanz eingelegt; nur in dringenden Fällen kann sie auch bei dem obersten Landesgerichte eingelegt werden. Eine Einreichung bei dem Beschwerdegerichte ist unzulässig.[44])

b) Die Einlegung der weiteren Beschwerde kann rechtsförmlich nur schriftlich und nur durch Einreichung einer von einem Rechtsanwalte unterzeichneten Beschwerdeschrift erfolgen: der Rechtsanwalt braucht aber nicht beim obersten Landesgerichte zugelassen zu sein.[45])

c) Beschwerdefrist. Die Frist zur Einlegung der weiteren Beschwerde beträgt einen Monat; sie ist eine Notfrist und beginnt mit der Verkündung der Entscheidung des Beschwerdegerichts oder der Zustellung der Mitteilung von dem Inhalte derselben.[46])

4. Inhalt der Beschwerdeschrift. Die Beschwerdeschrift muß enthalten:

a) die Erklärung, inwieweit die Entscheidung angefochten und deren Aufhebung beantragt werde[47]),

b) zur Begründung der Anträge[48]):

α) inwieweit die Beschwerde darauf gestützt wird, daß eine Rechtsnorm nicht oder nicht richtig angewendet sei, die Bezeichnung der Rechtsnorm:

β) inwieweit die Beschwerde darauf gestützt wird, daß das Gesetz in Bezug auf das Verfahren verletzt sei, die Bezeichnung der Thatsachen, welche den Mangel angeben;

γ) insoweit die Beschwerde darauf gestützt wird, daß unter Verletzung des Gesetzes Thatsachen festgestellt, übergangen oder als vorgebracht angenommen seien, die Bezeichnung dieser Thatsachen.

---

[43]) Nunmehr durch Plen.Entsch. d. obst. L.G. v. 11. Dez. 1885 (E. d. obst. L.G. XI. 275; Bl. f. R.A. LI. 33) in diesem Sinne entschieden; s. auch E. d. obst. L.G. XII. 373. Ebenso früher: E. d. obst. L.G. XI. 11; Bl. f. R.A. L. 190, 205; a. M. früher: E. d. obst. L.G. VIII. 505; IX. 56, 360; X. 347.

[44]) Art. 65 Abs. 1 A.G. z. R.C.P.O. — Art. 57 Abs. 2 A.G. z. R.C.P.O. hat zwar auf Grund des Art. 67 a. a. O. entsprechende Anwendung zu finden, hat aber z. Z. keine praktische Bedeutung.

[45]) Art. 65 Abs. 2 A.G. z. R.C.P.O.

[46]) Art. 64 A.G. z. R.C.P.O. Bezüglich Berechnung der Notfrist und Wiedereinsetzung in den vorigen Stand s. oben Ziff. 1 d mit Nt. 31.

[47]) Art. 65 Abs. 2 A.G. z. R.C.P.O.

[48]) Art. 65 Abs. 2 A.G. z. R.C.P.O. mit § 516 Abs. 2 R.C.P.O. Das „Soll“ (instruktionell) in § 516 Abs. 2 R.C.P.O. ist durch Art. 65 Abs. 2 A.G. z. R.C.P.O. zu einem „muß“ erweitert. Böhm, A.G. S. 92; E. d. obst. L.G. XIII. 621.

5. Inhalt der Beschwerde. Die weitere Beschwerde kann nur darauf gestützt werden, daß die Entscheidung auf der Verletzung eines Gesetzes beruhe.[49])

a) Eine Gesetzesverletzung liegt vor, wenn eine Rechtsnorm nicht oder nicht richtig angewendet ist.[50]) Gleichgiltig ist, aus welcher Quelle diese Rechtsnorm hergeleitet wird.[51])

b) Gleichgiltig ist der räumliche Geltungsbezirk der als verletzt bezeichneten Rechtsnorm.[52])

c) Gleichgiltig ist, ob die Verletzung eines Gesetzes über das Verfahren oder eines Gesetzes materiellrechtlichen Inhaltes behauptet wird.

d) Die Entscheidung des Beschwerdegerichts muß auf der behaupteten Gesetzesverletzung beruhen, es muß sohin wahr sein, daß die Entscheidung des Beschwerdegerichts und zwar gegenüber der Verletzung eines Gesetzes materiellen Inhalts für den Beschwerdeführer günstiger ausgefallen wäre, gegenüber der Verletzung eines Gesetzes über das Verfahren für den Beschwerdeführer günstiger ausfallen könnte, wenn die behauptete Gesetzesverletzung nicht begangen worden wäre. Nur ausnahmsweise wird angenommen, daß die Entscheidung stets auf einer Gesetzesverletzung beruhe, so daß jede weitere Prüfung der Einwirkung derselben auf die Entscheidung ausgeschlossen ist[53]); dies ist der Fall:

α) wenn das erkennende Gericht nicht vorschriftsmäßig besetzt war;

β) wenn bei der Entscheidung ein Richter mitgewirkt hat, welcher von der Ausübung des Richteramtes kraft Gesetzes ausgeschlossen war, soferne nicht dieses Hindernis mittelst Ablehnungsgesuches ohne Erfolg geltend gemacht ist;

γ) wenn bei der Entscheidung ein Richter mitgewirkt hat, obgleich derselbe wegen Besorgnis der Befangenheit abgelehnt und das Ablehnungsgesuch für begründet erklärt war;

δ) wenn das Gericht seine Zuständigkeit oder Unzuständigkeit mit Unrecht angenommen hat;

ε) wenn eine Partei in dem Verfahren nicht nach Vorschrift der Gesetze vertreten war, soferne sie nicht die Handlungen des Vertreters ausdrücklich oder stillschweigend genehmigt hat;

ζ) wenn die Entscheidung auf Grund einer mündlichen Verhandlung ergangen ist, bei welcher die Vorschriften über die Oeffentlichkeit des Verfahrens verletzt sind;

---

[49]) Art. 63 A.G. z. R.C.P.O.

[50]) § 512 R.C.P.O mit Art. 63 A.G. z. R.C.P.O.

[51]) arg. § 12 E.G. z. R.C.P.O.

[52]) § 511 R.C.P.O. ist nicht für anwendbar erklärt; eine analoge Anwendung ist mit Rücksicht auf die strikte Vorschrift des Art. 63 A.G. z. R.C.P.O. unzulässig.

[53]) § 513 R.C.P.O. mit Art. 63 A.G. z. R.C.P.O.

η) wenn die Entscheidung nicht mit Gründen versehen ist.

e) Gleichgiltig ist, ob der behauptete Beschwerdegrund ein neuer, selbständiger oder ein bereits von den Vorinstanzen gewürdigter Beschwerdegrund ist.[54])

4. Wirkung der Einlegung der weiteren Beschwerde.

a) Bezüglich des Suspensiveffektes kommen die oben Ziff. I, 5 lit. a genannten Grundsätze zur Anwendung.[55])

b) Devolutiveffekt an das höhere Gericht tritt immer ein. Das Beschwerdegericht ist zu einer Abänderung seiner durch Beschwerde angegriffenen Entscheidung nicht befugt.[56]) Das Gericht erster Instanz hat die Akten unmittelbar dem obersten Landesgerichte vorzulegen.[57])

5. Verfahren vor dem zur Bescheidung der weiteren Beschwerde zuständigen Gerichte.

a) Zuständig zur Verbescheidung der weiteren Beschwerde ist nur das oberste Landesgericht[58]): damit ist dem Grundsatze der einheitlichen Rechtspflege auf dem Gebiete der nichtstreitigen Gerichtsbarkeit entsprochen.

b) Die oben unter Ziff. I, 6 lit. b und c angeführten Sätze finden entsprechende Anwendung.[59]) Nur müssen etwa eingeforderte schriftliche Erklärungen stets von einem Rechtsanwalte unterzeichnet sein.[60])

c) Der Prüfung des obersten Landesgerichts unterliegen nur die in der Beschwerdeschrift gestellten Anträge[61]): innerhalb der durch dieselben gesteckten Grenzen hat das oberste Landesgericht von Amts wegen die formale Zulässigkeit der weiteren Beschwerde — ob sie an sich statthaft, form- und fristgerecht eingelegt sei[62]) —, ferner die Frage der Gesetzesverletzung

---

[54]) § 531 Abs. 2 R.C.P.O. findet keine entsprechende Anwendung; der weiteren Beschwerde der nichtstreitigen Rechtspflege liegt nicht das Prinzip der weiteren Beschwerde der R.C.P.O., sondern der Revision der R.C.P.O. zu Grunde. Daher richtig E. d. obst. L.G. XI. 11, 275 (Plenarbeschluß); XII. 373; Bl. f. R.A. I. 205, 190; LI. 53; Böhm, A.G. S. 86, 87; auch Bl. f. R.A. XLVIII. 17; XLIX. 337; a. M. E. d. obst. L.G. VIII. 505; IX. 56, 360; X. 347.

[55]) Art. 67 mit 59 A.G. z. R.C.P.O.

[56]) Art. 66 Abs. 1 A.G. z. R.C.P.O.

[57]) Art. 66 Abs. 2 A.G. z. R.C.P.O. Auch dann, wenn irrtümlicher Weise die weitere Beschwerde zum unrichtigen Gerichte (z. B. zum Oberlandesgerichte) eingelegt wurde: Bl. f. R.A. LV. 29.

[58]) Art. 42 Abs. 2 A.G. z. R.G.V.G.; vgl. oben § 68 lit. B Ziff. II, 4 S. 478, 479.

[59]) Art. 67 A.G. z. R.C.P.O.

[60]) Dies folgt aus dem Prinzipe des Art. 65 Abs. 2 A.G. z. R.C.P.O. Ebenso Böhm, A.G. S. 92.

[61]) Art. 65 Abs. 3 A.G. z. R.C.P.O.; § 522 R.C.P.O.

[62]) arg. § 529 mit § 497 R.C.P.O.

zu prüfen, ohne an die Begründung der Anträge gebunden zu sein.[63])

d) Die Entscheidung des obersten Landesgerichtes lautet entweder:

α) auf Verwerfung der weiteren Beschwerde als unzulässig, wenn in formeller Hinsicht wesentliche Mängel derselben bestehen[64]);

β) auf Verwerfung als unbegründet, wenn zwar Gesetzesverletzungen vorhanden sind, aber die Entscheidung des Beschwerdegerichts auf ihnen nicht beruht[65]), oder Gesetzesverletzungen überhaupt nicht vorhanden sind;

γ) auf ganze oder teilweise Abänderung der Entscheidung des Beschwerdegerichts und damit entweder auch der Entscheidung der ersten Instanz, wenn das Beschwerdegericht diese gebilligt, oder nur der Entscheidung des Beschwerdegerichts und ganze oder teilweise Wiederherstellung der Entscheidung der ersten Instanz, wenn das Beschwerdegericht diese ganz oder teilweise abgeändert hatte. Wird zugleich die Entscheidung der ersten Instanz ganz oder teilweise aufgehoben, so kann das oberste Landesgericht dem Gerichte oder Vorsitzenden, dessen erstinstanzielle Entscheidung angefochten war, die erforderliche Anordnung übertragen[66]):

δ) im Falle der lit. γ: auf Zurückverweisung der Sache zur nochmaligen Verhandlung und Entscheidung an die untere Instanz, wenn entweder das Sachverhältnis noch nicht genügend festgestellt ist oder die Aufhebung der Entscheidung wegen Unzuständigkeit des Gerichts erfolgt.[67])

e) Für die Eröffnung der Entscheidung des obersten Landesgerichts gelten in entsprechender Weise die oben unter Ziff. I, 6 lit. f angeführten Sätze.[68])

III. Besondere Bestimmungen gelten noch für das Beschwerdeverfahren in Gebührensachen; hierüber s. das Nähere unten § 242.

B. Beschwerden gegen die Notare.

Gegen Verfügungen eines Notars steht den Parteien nur die Aufsichtsbeschwerde an das Landgericht zu; erst gegen dessen Entscheidung geht die Beschwerde der nichtstreitigen Rechtspflege an das Oberlandesgericht und gegen dessen Entscheidung die weitere Beschwerde

---

[63]) Entsprechend den Grundsätzen über die Revision. Vgl. auch Böhm, A.G. S. 92.

[64]) Vgl. §§ 529, 497 R.C.P.O.

[65]) arg. §§ 512, 526 R.C.P.O.

[66]) Die analoge Anwendung des § 528 R.C.P.O. in dem im Texte bezeichneten Umfange liegt in der Natur der Sache.

[67]) Vgl. Nt. 66.

[68]) Art. 67 A.G. z. R.C.P.O.

der nichtstreitigen Rechtspflege an das oberste Landesgericht.[69]) Ausnahmen bestehen nur in folgender Hinsicht:

1. In Verlassenschaftssachen ist gegen Verfügungen des Notars die Entscheidung des Verlassenschaftsgerichts anzurufen, welches dann als erste Instanz der nichtstreitigen Rechtspflege entscheidet.[70])

2. Im Falle der Weigerung des Notars zur Vornahme einer von ihm verlangten Beurkundung ist die Entscheidung des Landgerichts eine endgültige.[71])

3. Im Falle der Weigerung des Notars zur Erteilung einer nicht vollstreckbaren Ausfertigung einer Urkunde, entscheidet zunächst der Landgerichtspräsident; gegen dessen Entscheidung geht die Beschwerde an das Landgericht, das endgültig entscheidet.[72])

4. Gegen einen den Betrag der Notariatsgebühren festsetzenden Beschluß des Landgerichts ist zwar Beschwerde an das Oberlandesgericht, nicht aber gegen dessen Entscheidung weitere Beschwerde an das oberste Landesgericht zulässig.[73])

§ 243.

Das Gebührenwesen der nichtstreitigen Rechtspflege.[1])

Für das Gebührenwesen in der nichtstreitigen Rechtspflege kommt das bayerische Gesetz über das Gebührenwesen vom 18. August 1879 in der Fassung vom Jahre 1892 (Art. 47—163) zur Anwendung.

---

[69]) Vgl. Art. 113, 124 Not.Ges.; E. d. obst. L.G. IX. 668; Schierlinger S. 35.

[70]) Art. 33 Not.Ges.; s. oben § 218 lit. D S. 1209.

[71]) Art. 50 Not.Ges.; s. oben § 71 lit. B Ziff. I, 1 S. 493.

[72]) Art. 91 Not.Ges.; s. oben § 71 lit. B Ziff. II, 12c S. 515; § 239 lit. C Ziff. I, 5.

[73]) Art. 112 Not.Ges.; s. oben § 31 lit. A S. 155, 156.

[1]) Vgl. auch Wagner 2. Aufl. S. 37—41; Burkhard, Komm. z. Geb.Ges. 3. Aufl., München 1893; Pfaff, Komm. z. Geb.Ges. 2. Aufl. 1890. — Vgl. ferner: Ver. v. 15. Sept. 1879, die Verwendung von Gebührenmarken betr. (G.V.Bl. S. 1171, 1209; W. XIII. S. 559); F.M.Bek. v. 17. Sept. 1879 gleichen Betr. (F.M.Bl. S. 1487; W. XIII. S. 562); Ver. v. 20. Sept. 1879, Gebühren für Würden und Titel betr. (G.V.Bl. S. 1193; W. XIII. S. 571); Ver. v. 20. Sept. 1879, die Ausführung des R.G.K.G. und des Geb.Ges. betr. (G.V.Bl. S. 1195; W. XIII. S. 572); M.Bek. v. 21. Sept. 1879, Instr. zum Vollzuge des R.G.K.G. und Geb.Ges. betr. (F.M.Bl. S. 1317; W. XIII. S. 641); Ver. v. 22. Sept. 1879, Gebühren der Zeugen und Sachverständigen betr. (G.V.Bl. S. 1283; W. XIII. S. 710); M.Bek. v. 25. Sept. 1879, die Gebühren von Wertpapieren und Lombarddarlehen betr. (G.V.Bl. S. 1256; W. XIII. S. 763); die Gebühren von Versicherungsverträgen betr. (G.V.Bl. S. 1265; W. XIII. S. 765); für öffentliche Mobiliarversteigerungen betr. (G.V.Bl. S. 1270; W. XIII. S. 769); M.Bek. v. 27. Sept. 1879, die Vorschriften über die Beitreibung der Staatsgefälle betr. (W. XIV. S. 64); Bek. v. 3. Nov. 1879 gleichen Betr. (W. XIV. S. 237); F.M.Bek. v. 28. Sept. 1879/19. Febr. 1882, den Vollzug des R.G.K.G. und Geb.Ges. betr. (G.V.Bl. S. 1290; W. XIV. S. 85); M.Bek. v. 21. Okt. 1879, das Verfahren im Verwaltungswege bei Zuwiderhandlungen gegen die Vorschriften über das Gebührenwesen und die Erbschaftssteuern betr. (G.V.Bl. S. 1463; W. XIV. S. 227); 7. Nov. 1879, die Einführung des R.G.K.G. und der Ges. über das Gebührenwesen rc. betr.

Durch Art. 47 dieses Gesetzes sind eine Reihe von Bestimmungen des Reichsgerichtskostengesetzes vom 18. Juni 1878/29. Juni 1881[2]), allerdings teilweise wieder modifiziert, für anwendbar erklärt. Diese enthalten im wesentlichen die allgemeinen Grundsätze über die Gebührenansätze, während im bayerischen Gebührengesetze vorzüglich die gebührenpflichtigen Akte und die Höhe der Gebühren bestimmt sind. Die Gebühren sind öffentliche Abgaben und fließen in die Staatskasse.[3]) Im folgenden sind nur die allgemeinen Grundsätze über das Verfahren bei der Gebührenbewertung anzuführen.

1. Gebühren werden nicht erhoben:

a) für Amtshandlungen, welche unabhängig von dem Verschulden einer Partei im öffentlichen Interesse von Amts wegen gepflogen werden;
b) wenn die Gebühr aus der Reichs- oder Staatskasse oder aus der Civilliste des Königs bezahlt werden müßte;
c) wenn die Gebührenfreiheit durch Gesetze, Verordnungen oder Staatsverträge ausgesprochen ist[4]);
d) in Gegenständen der Dienstaufsicht und Disziplin;
e) in den in § 47 Abs. 1 des Reichsgerichtskostengesetzes genannten Fällen.[5])

(J.M.Bl. S. 1881; W. XIV. S. 248); 23. Nov. 1879, den Vollzug des R.G.K.G. und des Geb.Ges. betr. (J.M.Bl. S. 1170; W. XIV. S. 264); 3. Dez. 1879, die vergleichenden Uebersichten über die Gebührenanfälle ꝛc. (W. XIV. S. 275); M.Bek. v. 31. Juli 1880, Gerichtskosten betreffend (J.M.Bl. S. 286; W. XIV. S. 541); 21. April 1880, die Erhebung von Schreibgebühren für Zahlungsbefehle und Vollstreckungsbefehle betr. (J.M.Bl. S. 138; W. XIV. S. 418); 27. Nov. 1880, die rechnerische Behandlung der Gerichtsauslagen in bürgerlichen Rechtssachen und in der Justizverwaltung betr. (W. XIV. S. 596); 14. Januar 1881, die Kosten in Ehesachen und Entmündigungssachen betr. (J.M.Bl. S. 61; W. XIV. S. 654); M.E. v. 16. Juli 1881, Abänderungen des R.G.K.G. betr. (W. XV. S. 311; J.M.Bl. S. 319); M.Bek. v. 13. Dezember 1881, die Einführung von Gebührenvorschüssen betr. (J.M.Bl. S. 517; W. XIV. S. 509); 6. April 1882, gleichen Betr. (J.M.Bl. S. 84); 20. Aug. 1883, die Erhebung von Tagegeldern und Reisekosten gerichtlicher Beamten betr. (J.M.Bl. S. 331); M.Bek. v. 28. Sept. 1880, den Ansatz der nach dem Werte des Gegenstandes zu erhebenden Gebühren betr. (J.M.Bl. S. 331); M.E. v. 1. Juli 1884, die Besorgung des Gebühren- und Rechnungswesens bei dem k. Landgerichte München I betr. (J.M.Bl. S. 119); bezüglich des k. Amtsgerichts München I Abt. A s. C.S. vgl. M.E. v. 31. Okt. 1879 und vom 16. Juni 1890 (J.M.Bl. S. 169; W. XIII. S. 576 Nr. 14 b); 12. Juni 1886, Abänderung des Geb.Ges. betr. (J.M.Bl. S. 177; W. XVIII. S. 58); 12. Juni 1886, Abänderungen des Geb.Ges. betr. (J.M.Bl. S. 177; W. XVIII. S. 58); Ver. v. 13. Juni 1892, die Erhebung von Depositalgebühren in Vormundschaften betr. (J.M.Bl. S. 187; W. XXI. S. 475).

[2]) So §§ 4, 6, 9, 10, 11 Abs. 2, §§ 12—14, 16, 17, 38 Ziff. 2, §§ 45—47, 79, 80, 80a, 81, 84, 85 Abs. 5, §§ 86—93, 94 Ziff. 2 und 3, §§ 97, 98 Abs. 4 des R.Ger.K.Ges. — Bezüglich der Depositalgebühren vgl. Art. 257 Geb.Ges. und oben § 44 S. 291 ff.

[3]) Art. 1 Geb.Ges.

[4]) Art. 3 Geb.Ges.

[5]) Art. 47 Geb.Ges. mit § 47 Abs. 1 R.G.K.G.

2. Personen, deren Zahlungsunfähigkeit notorisch oder durch obrigkeitliche Zeugnisse bescheinigt ist, haben auf einstweilige Befreiung von den Gebühren Anspruch.[6])

3. Ist eine Entscheidung oder sonstige Amtshandlung, für welche eine Gebühr an sich nicht zu erheben wäre, nach freier richterlicher Ueberzeugung mutwillig veranlaßt worden, so hat das Gericht von Amts wegen die besondere Erhebung von drei Zehnteilen der Gebühr des § 8 des Reichsgerichtskostengesetzes zu beschließen.[7])

4. Die Gerichte sind befugt, Gebühren, welche durch eine unrichtige Behandlung der Sache ohne Schuld der Beteiligten entstanden sind, niederzuschlagen, und für abweisende Bescheide, wenn der Antrag auf nicht anzurechnender Unkenntnis der Verhältnisse oder auf Unwissenheit beruht, Gebührenfreiheit zu gewähren.[8])

5. In allen Fällen, in welchen das Gesetz für den Ansatz der Gebühr einen Spielraum gewährt, hat die Behörde innerhalb desselben den Gebührenansatz unter Berücksichtigung des Umfanges und der Schwierigkeiten der Sache, der Bedeutung derselben für das bürgerliche Leben und der Leistungsfähigkeit des Pflichtigen zu bestimmen.[9])

6. Der Gebührenansatz, wie überhaupt die rechnerische Behandlung der Gebühren erfolgt durch den Gerichtsschreiber, die etwa erforderliche Wertsfestsetzung durch Beschluß des Instanzgerichts. Die Aenderung einer Wertsfestsetzung von Amts wegen kann auch nach Beendigung des Verfahrens erfolgen.[10]) Ueber Erinnerungen des Zahlungspflichtigen oder der Staatskasse gegen den Ansatz von Gebühren oder Auslagen entscheidet das Gericht der Instanz gebührenfrei. Die Entscheidung kann von dem Gerichte, welches dieselbe getroffen hat, sowie von dem Gerichte der höheren Instanz von Amts wegen geändert werden.

Das Verfahren bei Beschwerden gegen die Entscheidung über die Festsetzung des Wertes oder über Erinnerungen gegen den Ansatz von Gebühren oder Auslagen bemißt sich nach den oben in § 242 aufgestellten Grundsätzen. Jedoch ist, wenn der Zahlungspflichtige Beschwerde oder weitere Beschwerde erhoben hat, vor der Entscheidung die Regierungsfinanzkammer unter Mitteilung der Beschwerde und deren Beilagen mit ihrer Aeußerung zu hören. Auch bedürfen die Beschwerdeschriften des Aerars der Unterzeichnung durch einen Anwalt nicht.[11]) Im Falle der Ziff. 3 ist die weitere Beschwerde unzulässig.[12])

---

[6]) Art. 4 Geb.Ges.
[7]) Art. 52 Abs. 1 Geb.Ges.
[8]) Art. 47 Geb.Ges. mit § 6 R.G.K.G.
[9]) Art. 253 Geb.Ges.; § 5 der Ver. v. 20. Sept. 1879.
[10]) Vgl § 16 der Ver. v. 20. Sept. 1879.
[11]) Art. 47 Geb.Ges. mit § 16 R.G.K.G.
[12]) Art. 49 Geb.Ges.

7. Gegen den Ansatz oder die Nachforderung der in Ansehung der Notariatsgeschäfte anfallenden und vom Notare anzusetzenden Staatsgebühren steht dem Zahlungspflichtigen das Rechtsmittel der Beschwerde an das Landgericht nach Maßgabe der Bestimmungen in Art. 56—61 des bayerischen Ausführungsgesetzes zur Reichscivilprozeßordnung zu (s. o. § 242). Die Erhebung der Beschwerde ist jedoch erst dann zulässig, wenn der Beteiligte sich an die zuständige Regierungsfinanzkammer um Abhilfe gewendet und entweder eine abschlägige oder innerhalb sechs Wochen gar keine Entschließung erhalten hat. Die Regierungsfinanzkammern haben über solche Gesuche den Beteiligten die Empfangsbescheinigung ungesäumt und unentgeltlich auszufertigen. Die Einreichung der Beschwerde erfolgt unmittelbar bei dem Beschwerdegerichte. Gegen die Entscheidung des Beschwerdegerichts ist weitere Beschwerde an das oberste Landesgericht nach Maßgabe der Bestimmungen in Art. 62—67 des bayerischen Ausführungsgesetzes zur Reichscivilprozeßordnung zulässig. Die Einlegung des Rechtsmittels erfolgt bei dem Beschwerdegerichte; in dringenden Fällen kann sie auch bei dem obersten Landesgerichte erfolgen. Die Beschwerdeschriften des Aerars bedürfen der Unterzeichnung durch einen Anwalt nicht.[13]) Vor der Entscheidung des Beschwerdegerichts wie des obersten Landesgerichts ist die Regierungsfinanzkammer unter Mitteilung der Beschwerdeschrift und deren Beilagen mit ihrer Aeußerung schriftlich einzuvernehmen. Die Entscheidungen sind in beglaubigter Abschrift der Regierungsfinanzkammer und dem Beschwerdeführer zu eröffnen, sowie dem einschlägigen Notar mitzuteilen.

8. Die Wertsermittelung bei Ansatz der verhältnismäßigen Gebühr in Ansehung der Notariatsurkunden erfolgt, wenn von den Beteiligten Erinnerungen gegen den rentamtlichen Wertsanschlag erhoben werden, als Gegenstand der nichtstreitigen Rechtspflege auf Antrag des Rentamtes bei dem Amtsgerichte durch zwei beeidigte Schätzmänner, von welchen der eine durch das Rentamt, der andere durch die Beteiligten vorgeschlagen wird. Der Durchschnitt beider Schätzungen, oder wenn die Beteiligten binnen zwei Wochen nach gerichtlicher Aufforderung einen geeigneten Schätzmann nicht bezeichnen, die alleinige Schätzung des rentamtlichen Schätzmannes bildet die der Gebührenbewertung zu Grunde zu legende Wertssumme. Das Amtsgericht hat auch über etwaige Ablehnungsgründe, welche gegen die Schätzmänner vorgebracht werden, ohne Zulassung einer Beschwerde, zu entscheiden und in gleicher Weise das Ergebnis der Schätzung, sowie die Verbindlichkeit zur Kostentragung in einem Beschlusse endgiltig auszusprechen.[14])

9. Die in Ziff. 7 angeführten Grundsätze kommen auch gegenüber

---

[13]) Art. 47, 48, 52 Abs. 2 Geb.Ges. mit § 4 R.G.R.G.

[14]) Art. 52 Abs. 3 Geb.Ges.

den für die Gerichtsvollzieherakte vom Gerichtsvollzieher anzusetzenden Staatsgebühren entsprechend in Anwendung.[15])

10. Für die Erledigung des Ersuchens einer nichtbayerischen Behörde in Angelegenheiten der nichtstreitigen Rechtspflege kommen vorbehaltlich abweichender Bestimmungen der Staatsverträge, wenn eine Amtshandlung vorgenommen wird, für welche besondere Gebühren gesetzlich bestimmt sind, diese Gebühren zur Erhebung, soferne nicht die Staatsregierung für solche Fälle ausnahmsweise andere Gebührensätze bestimmt hat. Die mit der Erledigung des Ersuchens verbundenen baren Auslagen sind stets zu erstatten. Die Vornahme der Amtshandlung kann von der vorgängigen Erlage eines zur Deckung der Kosten hinreichenden Vorschusses abhängig gemacht werden. Gegenüber Personen, welche in Bayern nicht ihren ständigen Wohnsitz haben, kann bei Anträgen auf Einleitung eines amtlichen Verfahrens oder Vornahme einzelner Amtshandlungen, ausgenommen dringende Fälle, jede amtliche Thätigkeit in der Sache selbst von der vorgängigen Erlage eines zur Deckung der hiemit verbundenen Gebühren und Auslagen hinreichenden Vorschusses abhängig gemacht werden, auch wenn dieselben von einem bayerischen Rechtsanwalte vertreten sind. Notare, welche von dieser Befugnis keinen Gebrauch machen, haften dem Staate persönlich für die erwachsenen Gebühren, vorbehaltlich ihres Regresses an die zahlungspflichtige Partei.[16])

11. Bezüglich der Gebühren der Notare vgl. oben § 31 lit. A S. 153 ff., der Gerichtsvollzieher oben § 31 lit. B S. 158 ff., der Gerichtsschreiber oben § 30 Ziff. I S. 132 ff.

---

[15]) Art. 153, 154 Geb.Ges. Vgl. hiezu E. d. obst. L.G. IX. 332; X. 397, 536; XI. 35, 464.

[16]) Art. 145 Geb.Ges. Ueber die Kostentragung s. Abs. 5 und 6 a. a. O. Das Verfahren selbst ist gebührenfrei: E. d. obst. L.G. XII. 564.

[17]) Art. 160 des Geb.Ges.

[18]) Art. 255, 256 Geb Ges.

Zweites Hauptstück.

Die Zwangsvollstreckung wegen Geldforderungen in das unbewegliche Vermögen.

I. Kapitel.

Allgemeines.

§ 244.

Geschichtliche Einleitung.[1])

Der erste Ansatz zu einer allgemeinen Regelung des Konkursrechtes und damit auch der Verwirklichung der Immobiliarhaftung im Konkurse für ganz Bayern erfolgte in der bayerischen Prioritätsordnung vom 1. Juni 1822.[2]) Diese erfuhr durch Gesetz vom 7. Juli 1856[3]) einige Abänderungen. Dazu kam später die für die gesonderte Immobiliarzwangsvollstreckung umfassendere Normen enthaltende bayerische Civilprozeßordnung vom 29. April 1869.[4]) Durch die Einführung der Reichs-Civilprozeßordnung und Reichs-Konkursordnung ist im Kerne das landesrechtliche Immobiliarvollstreckungsrecht erhalten geblieben.[5]) Trotzdem erwies sich aber eine gesetzliche Neuregelung desselben teils als zweckmäßig, teils als notwendig. Der im Jahre 1877 ausgearbeitete und von einer besonderen Kommission wiederholt durchberatene Regierungsentwurf einer Subhastationsordnung[6]) wurde am 16. Juli 1878 dem Landtage in Vorlage gebracht. In den von den beiden Kammern niedergesetzten Ausschüssen wurde der Gesetzentwurf in der kurzen Zeit vom

[1]) Ortenau-Henle, Einleitung S. 1—4; S. 8—11.
[2]) W. II. S. 116—123; Ges.Bl. S. 101—125. Vgl. auch oben § 94 S. 654.
[3]) G.Bl. S. 379; W. II. S. 120 Nr. 6.
[4]) G.Bl. 1866/69 S. 1233 besondere Beilage. Und zwar im Hauptstücke XXXI allgemeine Vorschriften, XXXV die Vorschriften über die „Immission", und XXXVI über die Subhastation. Vgl. auch Art. 3 Ziff. 13 des b. E.G. z. d. Civ.-Proz.Ordn. (G.Bl. S. 1233).
[5]) Vgl. § 757 R.C.P.O. und Näheres hierüber unten in lit. B.
[6]) Verh. d. Kammer d. Abg. 1878 Beil. Bd. V S. 52—114.

28. Oktober bis 20. Dezember 1878 durchberaten[7]) und mit nur wenigen Modifikationen angenommen. Die Staatsregierung stimmte diesen Modifikationen zu. In der öffentlichen Sitzung der Kammer der Abgeordneten vom 21. Januar 1879 und in der öffentlichen Sitzung der Kammer der Reichsräte vom 27. Januar 1879 wurde dem modifizierten Gesetzentwurfe ohne weitere Abänderungen die Zustimmung des Landtages erteilt. Am 23. Februar 1879 wurde er durch die königliche Sanktion zum Gesetze erhoben. Das Gesetz, die Zwangsvollstreckung in das unbewegliche Vermögen wegen Geldforderung betr.[8]), trat am 1. Oktober 1879 gleichzeitig mit den grundlegenden Reichscivilprozeßgesetzen in Kraft.[9]) Zugleich wurden die Bestimmungen der bayerischen Civilprozeßordnung und Prioritätsordnung aufgehoben.[10]) Aus vorwiegend wirtschaftlichen Gründen war indes ebenso wie in Preußen, Sachsen und Württemberg bald eine Aenderung der Subhastationsordnung in einzelnen Grundprinzipien notwendig geworden. Nachdem unter den beteiligten Kreisen mehrfache Anregungen in dieser Hinsicht laut geworden waren, legte die bayerische Staatsregierung am 25. Januar 1886 einen in einer besonderen Kommission vorberatenen Gesetzentwurf[11]) über die erforderlichen Abänderungen dem Landtage vor. Nachdem auch in einem Ausschusse der Kammer der Abgeordneten der Entwurf durchberaten worden war[12]), wurde er am 17. Mai 1886 von der Kammer der Abgeordneten, am 22. Mai 1886 von der Kammer der Reichsräte ohne Abänderung angenommen und am 29. Mai 1886 durch königliche Sanktion zum Gesetze erhoben. Am 1. Januar 1887 trat das Gesetz, Aenderungen der Bestimmungen über die Zwangsvollstreckung in das unbewegliche Vermögen betr.[13]), in Kraft.[14]) Seine Vorschriften beziehen sich, abgesehen von der Einführung der Zwangshypothek und einer Bestimmung über die Arresthypothek, lediglich auf die Zwangsvollstreckung durch Zwangsversteigerung.

§ 245.

Verhältnis des Landesrechtes zum Reichsrecht.

Die Reichscivilprozeßordnung regelt im VIII. Buche die Zwangsvollstreckung. Im ersten Abschnitte (§§ 644—707) stellt sie die

---

[7]) Vgl. hiezu besonders den Bericht des Abg. Frankenburger in Verh. d. K. d. Abg. 1878 Beil.Bd. V S. 477—506.

[8]) G.V.Bl. S. 203

[9]) Art. 191 Subh.Ordn.; § 1 E.G. z. R.G.V.G.

[10]) Art. 235 Ziff. 2 4 des b. A.G. z. R.C.P.O.

[11]) Verh. d. K. d. Abg. von 1886 Beil. Bd. IX S. 129—167. Der Entwurf ist mit sehr gründlichen und instruktiven Motiven versehen.

[12]) Vgl. hiezu besonders den Bericht des Abg. Geiger in Verh. d. K. d. Abg. von 1886 Beil.Bd. X S. 259—285.

[13]) G.V.Bl. S. 239; W. XVIII. S. 14 (zit. Nov.)

[14]) Art. 47 Nov.

allgemeinen Bestimmungen auf, welche für jede Art der Zwangsvollstreckung gelten sollen; im zweiten Abschnitte (§§ 708—768) besondere Bestimmungen für einzelne Arten der Zwangsvollstreckung wegen Geldforderungen und zwar hier im zweiten Titel (§§ 755—757) die für die Zwangsvollstreckung in das unbewegliche Vermögen geltenden Normen. Im dritten Titel dieses Abschnittes (§§ 758—768) ist das Verteilungsverfahren geregelt. Der vierte Abschnitt (§ 780 — 795) bringt die Bestimmungen über Offenbarungseid und Haft.

Nun ist zwar nach dem System der Reichscivilprozeßordnung und der Stellung in derselben die Zwangsvollstreckung wegen Geldforderungen in das unbewegliche Vermögen nicht etwa eine besondere Art von Zwangsvollstreckung überhaupt, sondern nur eine der beiden Arten der Zwangsvollstreckung wegen Geldforderungen und hieraus könnte der Schluß gezogen werden, daß die allgemeinen Bestimmungen der Reichscivilprozeßordnung überhaupt, wie insbesondere die über die Zwangsvollstreckung, welche ihrer Stellung nach für jede Art der Zwangsvollstreckung bestimmt sind, auch für die Zwangsvollstreckung wegen Geldforderungen in das unbewegliche Vermögen primär und insoweit gelten, als nicht die Reichscivilprozeßordnung dem Landesrechte ausdrücklich Abweichungen gestattet.[1]) Allein in dem oben erwähnten zweiten Titel des zweiten Abschnittes findet sich ein Vorbehalt zu Gunsten der Landesgesetzgebung, welcher nach Wortlaut und Inhalt sowohl die allgemeinen Bestimmungen der Reichscivilprozeßordnung überhaupt, als auch die allgemeinen Bestimmungen über die Zwangsvollstreckung, wie sie im ersten Abschnitte der Reichscivilprozeßordnung enthalten sind, ergreift.[2]) Hieraus ergibt sich aber folgendes:

---

[1]) Diese Ansicht ist die verbreitetste und wird vertreten in den Mot. z. S.O. S. 73 und 75, ferner von Hellmann, Einleitung S. I—IX; Hauser in Ztschr. f. Reichs- und Landesrecht Bd. IV S. 40; Krech-Fischer S. 28—31; v. Planck, Lehrb. d. deutsch. Civ.Pr.R. Bd. I S. 14; Seuffert, Komm. z. R.C.P.O. Vorbem. zu § 755 R.C.P.O.; Gaupp, Komm. z. R.C.P.O. Vorbem. zu § 755; v. Wilmowski und Levy, Komm. z. R.C.P.O. zu § 757 Nt. 1; Reincke, Komm. z. R.C.P.O. Vorbem. zu § 755; Neukamp in Gruchots Beiträgen zur Erläuterung des deutschen Rechts XXXV. 567; E. d. R.G. III. 372 (Gruchot a. a. O. XXV. 240; auch jur. Woch.Schr. 1890 S. 94); Ztschr. f. deutsch. Civ.Proz. VII. 113. Der Aussch.Ber. z. Subh.-Ordn. S. 478 bemerkt: „Der Entwurf stehe in allen seinen Bestimmungen mit den Vorschriften der R.C.P.O. und R.K.O. im „thunlichsten" Einklang".

[2]) Die einschlägige Bestimmung des § 757 R.C.P.O. lautet: „Die Zwangsvollstreckung in das unbewegliche Vermögen einschließlich des mit derselben verbundenen Aufgebots- und Verteilungsverfahrens bestimmt sich nach den Landesgesetzen. Nach den Landesgesetzen bestimmt sich insbesondere auch, welche Sachen und Rechte in Ansehung der Zwangsvollstreckung zum unbeweglichen Vermögen gehören, inwiefern der Gläubiger berechtigt ist, seine Forderungen in das Hypothekenbuch eintragen zu lassen und wie die Eintragung zu bewirken ist (wichtig für die Zwangshypothek!). Entstehen in dem die Zwangsvollstreckung betreffenden Verfahren Rechtsstreitigkeiten, welche in einem besonderen Prozesse zu erledigen sind, so erfolgt die Erledigung nach den Bestimmungen dieses Gesetzes. Auf Verteilungsstreitigkeiten finden die §§ 765—768 entsprechende Anwendung."

1. Für die Zwangsvollstreckung in das unbewegliche Vermögen ist das Landesrecht, für Bayern die Subhastationsordnung vom 23. Februar 1879 mit der Novelle vom 29. Mai 1886 und zwar

---

Für die im Texte aufgestellte Ansicht sprechen, abgesehen von allgemeinen Erwägungen, folgende Gründe:

1. Zwar könnte man aus der Stellung des § 757 der R.C.P.O. in diesem Gesetze folgern, daß nicht die allgemeinen, sondern nur die durch die besondere Art der Zwangsvollstreckung bedingten besonderen Bestimmungen der Landesgesetzgebung unterliegen und daher die Ausnahme des § 757 Abs. 1 R.C.P.O. der lex generalis auch nur in diesem Umfange derogiere. Allein dagegen spricht sofort der dritte Satz des § 757 R.C.P.O., der sich mit allgemeinen Bestimmungen über die Zwangsvollstreckung (§§ 667, 686, 687, 690, 705 Abs. 4 und 5 R.C.P.O.) befaßt. Es wäre sonst dieser Satz als selbstverständlich und überflüssig zu streichen. Seine Aufnahme beweist aber gerade, daß das Reichsgesetz der Landesgesetzgebung auch in Ansehung der allgemeinen Bestimmungen freie Hand läßt, nur nicht soweit der Inhalt jenes dritten Satzes entgegensteht.
2. Aehnliches ist bezüglich der Anwendbarkeit der §§ 758—768 R.C.P.O. über das Verteilungsverfahren zu sagen. Nach ihrer Stellung im Gesetze fänden sie an sich auf jede Art der Zwangsvollstreckung wegen Geldforderungen Anwendung, wenn nicht aus dem letzten Satze des § 757 unzweifelhaft hervorginge, daß nur die §§ 765—768 bezüglich der Verteilungs streitigkeiten auch für die Zwangsvollstreckung in das unbewegliche Vermögen unbedingte Geltung haben, während im übrigen die Landesgesetzgebung das Verteilungsverfahren frei regeln kann und die übrigen reichsrechtlichen Vorschriften hierüber nur dann Geltung beanspruchen können, wenn das Landesrecht ihre subsidiäre Anwendung zuläßt.
3. In § 706 Abs. 1 R.C.P.O. ist der Landesgesetzgebung die Befugnis eingeräumt, für die Zwangsvollstreckung aus landesgesetzlichen Vollstreckungstiteln schlechthin besondere Vorschriften zu treffen. Der hauptsächlichste landesgesetzliche Vollstreckungstitel ist die Hypothekurkunde (§ 706 Abs. 2 R.C.P.O.). Die hauptsächlichste Art der Zwangsvollstreckung hieraus ist die Zwangsvollstreckung in das unbewegliche Vermögen. Die verbreitetere Meinung (s. Nt. 1) müßte konsequent annehmen entweder, daß für die Zwangsvollstreckung ins unbewegliche Vermögen auch aus Hypothekurkunden und sonstigen landesgesetzlichen Vollstreckungstiteln ihre Ansicht Geltung habe; oder daß der Vorbehalt des § 706 Abs. 1 R.C.P.O. zwar für die Zwangsvollstreckung aus landesgesetzlichen Schuldtiteln in das bewegliche, wie in das unbewegliche Vermögen, nicht aber für die Zwangsvollstreckung aus reichsgesetzlichen Schuldtiteln in das unbewegliche Vermögen unbedingte Geltung habe. Erstere Annahme widerspricht aber dem Wortlaute und Sinne des § 706 R.C.P.O. umsomehr, als diese Gesetzesstelle unter den allgemeinen Normen der R.C.P.O. über die Zwangsvollstreckung steht; die zweite Annahme ist geeignet, eine zweifache Art und ein zweifaches Verfahren der Zwangsvollstreckung in das unbewegliche Vermögen zu ermöglichen, eine Folge, welcher m. E. der Gesetzgeber gerade durch die Bestimmung des § 757 R.C.P.O. vorbeugen wollte.

Im Resultate zustimmend Lippmann in Ztschr. f. deutsch. Civ.Pr. IX. 163 ff.; Ortenau-Henle S. 4—8; E. d. obst. L.G. XIII. 185. Praktisch kommt der Streitfrage, für Bayern wenigstens, nur eine untergeordnete Bedeutung zu, da die verbreitetere Meinung auf dem Standpunkte steht, daß die bayer. Subh.Ord. nur solche Bestimmungen enthalte, welche mit dem Reichsrechte vereinbar sind, wenngleich dies in Wirklichkeit nicht völlig zutreffend ist.

sowohl in Ansehung der allgemeinen wie besonderen Bestimmungen der Zwangsvollstreckung maßgebend.

2. Die Bestimmungen der Reichscivilprozeßordnung können nur aus zwei Gesichtspunkten Geltung beanspruchen:

a) insoweit, als das Reichsrecht selbst den landesgesetzlichen Vorbehalt ausdrücklich einschränkt und gewisse reichsrechtliche Normen für die Zwangsvollstreckung in das unbewegliche Vermögen ausdrücklich als verbindlich erklärt: primäre Geltung des Reichsrechtes.

Die primär geltenden reichsrechtlichen Grundsätze umfassen aber nur:

α) die Bestimmung des Amtsgerichts als Vollstreckungsgerichtes und die Normierung der örtlichen Zuständigkeit[3]),

β) die Bestimmung, daß nur auf Antrag von diesem Gerichte die Zwangsvollstreckung angeordnet werden kann[4]),

γ) die Anwendung der reichsrechtlichen Vorschriften über die Erledigung der in einem besonderen Prozesse zu erledigenden, die Zwangsvollstreckung betreffenden Rechtsstreitigkeiten auch auf solche die Zwangsvollstreckung in das unbewegliche Vermögen betreffenden Rechtsstreitigkeiten[5]),

δ) die Anwendung der reichsrechtlichen Vorschriften über Verteilungsstreitigkeiten auf solche, welche in der Zwangsvollstreckung in das unbewegliche Vermögen entstehen[6]);

b) insoweit als das Landesrecht von dem Vorbehalte keinen Gebrauch gemacht hat — so daß das Reichsrecht immer dann Anwendung finden kann und muß, wenn das Landesrecht keine besondere Bestimmung getroffen hat und die in Frage kommende reichsrechtliche Vorschrift, sei es nun wörtlich oder in entsprechender Anwendung, dem Sinne nach anwendbar erscheint: subsidiäre Geltung des Reichsrechtes.

In dieser Hinsicht steht auf Grund des Inhaltes der bayerischen Subhastationsordnung und der Novelle hiezu fest, daß sowohl die allgemeinen Bestimmungen der Reichs-Civilprozeßordnung überhaupt[7]), wie insbesondere die über die Zwangsvollstreckung[8]), fast durchwegs auch für die Zwangsvollstreckung in das unbewegliche Vermögen Geltung haben.

---

[3]) § 755 Abs. 2 R.C.P.O.

[4]) §§ 755, 756 R.C.P.O.

[5]) § 757 Abs. 3 erster Satz R.C.P.O. mit §§ 667, 686, 687, 690, 705 Abs. 4 und 5 R.C.P.O.

[6]) § 757 Abs. 3 zweiter Satz R.C.P.O. mit §§ 765—768 R.C.P.O.

[7]) Wie über Ausschließung und Ablehnung der Gerichtspersonen, Prozeßfähigkeit, Bevollmächtigte und Beistände, Zustellungen, Ladungen, Termine, Fristen, Wiedereinsetzung in den vorigen Stand, Rechtsmittel (vorbehaltlich der besonderen Anwendung des § 701 R.C.P.O.), Gerichtsferien (hier ohne Einfluß). Vgl. auch Mot. z. S.O. S. 73.

[8]) §§ 644—707, 780—795 R.C.P.O.

Nur vereinzelte selbständige landesrechtliche Regelungen oder wirkliche Abänderungen des Reichsrechts lassen sich hier nachweisen. Diese erstrecken sich auf die Form der bei Gericht abzugebenden Erklärungen[9]), auf die Ladungen und Zustellungen[10]), auf die zwingende Bestimmung vorgängiger Zustellung der vollstreckbaren Urkunde[11]), auf die Zulassung eines „fortgesetzten Vollstreckungsverfahrens" durch Zwangs-Versteigerung gegen den Rechtsnachfolger in das Grundstück[12]), auf die Zulassung der Zwangsvollstreckung in das vom Konkurse abgesonderte unbewegliche Vermögen zu Gunsten selbst betagter und bedingter Konkursforderungen eines absonderungsberechtigten Gläubigers.[13]) Die Aufstellung des Notars als Vollstreckungsbeamten enthält zwar eine mit dem Reichsrechte in Widerspruch stehende landesgesetzliche Bestimmung nicht[14]), dagegen läßt sich die ihm im Prinzipe eingeräumte selbständige Stellung gegenüber dem Vollstreckungsgerichte reichsrechtlich nicht rechtfertigen.[15]) Eine landesgesetzliche Eigenart ist auch die Mitwirkung der freiwilligen Rechtspflege, nämlich des Hypothekenamtes, bei der Immobiliarzwangsvollstreckung und die daraus folgende eigenartige Stellung des Hypothekenamtes, sowohl bei Einschreibung und Löschung der Beschlagnahmen in das Hypothekenbuch, wie bei der Zwangsvollstreckung durch Zwangshypothek.[16])

Umfassenderer Natur sind die landesgesetzlichen Abweichungen auf Grund des reichsrechtlichen Vorbehaltes[17]), daß in Ansehung der Zwangsvollstreckung aus landesgesetzlichen Vollstreckungstiteln das Landesrecht befugt ist, von den reichs-

---

[9]) Art. 16 Subh.Ordn. schließt sich an die Bestimmungen der R.C.P.O. an (§ 74 Abs. 1, § 155 Abs. 1). Vgl. unten § 259 Ziff. II.

[10]) Art. 17—19 Subh.Ordn. weichen teilweise von den Bestimmungen der R.C.P.O. (§ 294 Abs. 3, § 187 Abs. 2, § 189 Abs. 2, § 160) ab: Ortenau-Henle S. 5 gegen Hellmann S. VIII.

[11]) Art. 26, 27 Subh.Ordn. weicht ab von § 671 R.C.P.O., was Hellmann S. IX. mit der thatsächlichen Unmöglichkeit gleichzeitiger Zustellung rechtfertigt.

[12]) Art. 29 Subh.Ordn. durchbricht die allgemeinen Grundsätze der §§ 665, 671 R.C.P.O., selbst wenn man an dem im Texte bezeichneten Charakter dieser Gesetzesstelle festhält. Vgl. hiezu oben § 132 lit. F Ziff. I, 1b S. 878. A. M. Hellmann S. IX und die Mot. z. Subh.Ordn. S. 81.

[13]) Art. 169 Subh.Ordn. weicht von den in §§ 671, 672 R.C.P.O. enthaltenen Grundsätzen ab, was Hellmann S. IX mit dem Hinweis auf § 706 R.C.P.O. rechtfertigen will.

[14]) Vgl. hiezu die §§ 674, 726 R.C.P.O. und über diese Frage zutreffend d. Not.Zeit. 1880 S. 189; Ortenau-Henle S. 6; auch Hellmann S. IX. Ueber die Stellung des Notars als Vollstreckungsbeamten s. unten § 251 lit. A Ziff. 1a.

[15]) Sie widerspricht dem § 685 R.C.P.O. Vgl. auch Ortenau-Henle S. 6; a. M. Hellmann S. IX.

[16]) Sie gründet sich insbesondere auf den 2. Abs. des § 757 R.C.P.O. Vgl. Mot. z. Nov. S. 162; Ortenau-Henle S. 526; Jäckel S. 37, 38. Dagegen Krech-Fischer S. 96. Näheres hierüber s. unten § 252 lit. A Ziff. 3.

[17]) § 706 R.C.P.O.

rechtlichen Vorschriften über die Zwangsvollstreckung schlechthin abweichende Bestimmungen zu treffen, was vornehmlich für die Zwangsvollstreckung in das unbewegliche Vermögen aus Hypothekurkunden von besonderer Bedeutung ist; in dieser Hinsicht sind die einschlägigen landesrechtlichen Vorschriften schon oben § 240 S. 1275 erwähnt worden.

Gegenstand dieser Darstellung sind eigentlich nur landesgesetzliche Normen; doch läßt sich gerade in dieser Materie die Berücksichtigung reichsrechtlicher Normen des Zusammenhanges halber nicht umgehen; immerhin werden hier aber, insoweit solche zu berücksichtigen sind, nur die Grundzüge derselben wiedergegeben.

§ 246.

Verhältnis der Subhastationsordnung und Novelle zum Civilrecht.

1. Die Subhastationsordnung wie die Novelle haben es sorgfältigst vermieden, soweit es nicht der Inhalt der einzelnen Prozeßnormen unbedingt erforderte, ergänzend oder abändernd in das materielle Civilrecht einzugreifen; dies gilt insbesondere auch gegenüber dem Hypothekenrechte.[1]) Daraus folgt aber, daß den einzelnen Normen der beiden Gesetze in erster Linie immer nur prozeßrechtliche, nicht materiellrechtliche Bedeutung beigemessen und nur da die Aufstellung eines civilrechtlichen Rechtssatzes oder eine Ergänzung oder Abänderung civilrechtlicher Rechtssätze oder eine Entscheidung zweifelhafter civilrechtlicher Fragen angenommen werden darf, wo eine solche entweder gesetzlich ausdrücklich vorgenommen oder doch eine unzweifelhafte notwendige Folge des Inhaltes einer Prozeßnorm ist.

Die einzelnen Fälle, in welchen sich solche Eingriffe in das Civilrecht nachweisen lassen, hier gesondert aufzuführen, hat keinen besonderen Wert; es genügt, jeweils an den betreffenden Stellen hierauf entsprechend hinzuweisen.

2. Bezüglich einzelner Begriffe verweisen die Subhastationsordnung und Novelle auf das Civilrecht; in allen diesen Fällen ist dann immer das jeweils geltende örtliche Partikularrecht, soweit es nicht durch allgemeine Landesgesetze derogiert oder modifiziert ist, maßgebend.[2])

§ 247.

Anwendung des Gesetzes.

A. In zeitlicher Hinsicht.

Im Prinzipe finden die allgemeinen Grundsätze über die zeitliche Geltung der Gesetze Anwendung.[1])

---

[1]) Vgl. hiezu Aussch.Ber. z. Subh.Ordn. S. 478, 484 Abs. 13, 14; stenogr. Ber. Bd. III S. 114; E. d. obst. L.G. IX. 761; X. 264; Bl. f. R.A. Erg.Bd. VIII. 355.

[2]) Vgl. auch Aussch.Ber. z. Subh.Ordn. S. 479, 483 Abs. 3; Mot. z. Subh.Ordn. S. 74, 99 a. E., 100.

[1]) Vgl. hiezu v. Planck, Lehrbuch des deutschen Civilprozeßrechtes Bd. I S. 19—21.

I. Die bayerische Subhastationsordnung ist am 1. Oktober 1879 in Kraft getreten.[2]) Ihre Anwendung erstreckt sich daher im Prinzipe auf alle Zwangsvollstreckungen, in Ansehung derer die Beschlagnahme erst nach diesem Zeitpunkte beschlossen wurde. Dagegen ist schon auf Grund reichsrechtlicher Vorschrift jede vor dem 1. Oktober 1879 anhängig gewordene Zwangsvollstreckung nach den früheren Prozeßgesetzen zu erledigen[3]), soferne nicht die Landesgesetzgebung abweichende Vorschriften trifft. Die bayerische Subhastationsordnung wiederholt diesen Grundsatz und bestimmt präzisierend, daß jede Zwangsvollstreckung in das unbewegliche Vermögen nach den früheren Prozeßgesetzen, d. i. der bayerischen Civilprozeßordnung vom 29. April 1869 zu erledigen sei, wenn vor dem 1. Oktober 1879 im Falle der Zwangsversteigerung die Beschlagnahme, im Falle der Zwangsverwaltung die Verkündung des Einweisungsurteiles, im Falle der Ewiggeldgant die Verfügung der Aufsteckung erfolgt war.[4]) In Ergänzung dieser Vorschrift führte sodann die Novelle zur Subhastationsordnung auch einen indirekten Zwang zur Fortsetzung einer zu jenem Zeitpunkte bereits begonnenen Zwangsversteigerung ein, indem sie alle vor dem 1. Oktober 1879 erfolgten Beschlagnahmen zum Zwecke der Zwangsversteigerung für erloschen erklärte, wenn nicht bis längstens 1. Januar 1888 im Hypothekenbuche die Aufrechterhaltung der Beschlagnahme vermerkt wurde; auch wurde durch die Eintragung des Vermerkes die Wirksamkeit der Beschlagnahme nur auf ein weiteres Jahr, sohin bis 31. Dezember 1888 einschließlich, erstreckt; wurde innerhalb dieser Frist die Beschlagnahme nicht weiterbetrieben, so erlosch die Beschlagnahme endgültig.[5]) In Ansehung der sohin nach den früheren Prozeßgesetzen noch zu behandelnden Zwangsvollstreckungen finden jene sowohl in materieller als formeller Hinsicht für alle Teile des Verfahrens Anwendung[6]); dies gilt selbst für weitere Beschlagnahmen von Liegenschaften, welche bereits vor dem 1. Oktober 1879 beschlagnahmt worden waren.[7]) Wird während eines Zwangsversteigerungsverfahrens, für welches das frühere Recht maßgebend ist, über das Vermögen des Schuldners nach dem 30. September 1879 das Konkursverfahren eröffnet, so kann, wenn dem betreibenden Gläubiger nicht selbst ein Recht auf abgesonderte Befriedigung aus dem beschlagnahmten Gegenstande zusteht, jeder andere absonderungsberechtigte Gläubiger wie der

---

[2]) Vgl. hiezu oben § 244 S. 1298.

[3]) § 21 E.G. z. R.C.P.O.

[4]) Art. 189 Subh.Ordn. mit Art. 1041 und 1012 der bayr. Civ.Proz.Ordn. v. 29. April 1869.

[5]) Art. 45 Ziff. 12 Nov.; Art. 189 Ziff. 4 Subh.Ordn.

[6]) Vgl. hiezu Mot. S. 113, 114; E. d. obst. L.G. IX. 347, 656; X. 275, 426, 499; Ortenau-Henle S. 540, 541; Hellmann S. 212, 213.

[7]) Mot. S. 113, 114; Bl. f. R.A. XLV. 49, 259 (gegen 257); E. d. obst. L.G. IX. 347; Hellmann S. 213; Ortenau-Henle S. 540 und die das. in Nt. 4 zit.

Konkursverwalter an Stelle des bisherigen betreibenden Gläubigers die Zwangsvollstreckung weiter betreiben.[8])

Eine Durchbrechung des oben genannten Prinzipes ist nur insoferne vorhanden, als auf Grund reichsrechtlichen Vorbehaltes nach Maßgabe des bayerischen Landesrechtes die Voraussetzungen der Zwangsvollstreckung aus Urteilen und Urkunden, hinsichtlich derer die vollstreckbare Ausfertigung noch vor dem 1. Oktober 1879 erteilt wurde, selbst dann nach den früheren Prozeßgesetzen zu beurteilen sind, wenn die Beschlagnahme erst nach dem 30. September 1879 zu beschließen war.[9])

II. Auch für das zeitliche Geltungsgebiet der Novelle ist das allgemeine Prinzip festgehalten. Auf Zwangsvollstreckungen, in welchen die Beschlagnahme vor dem 1. Januar 1887, dem Anfangstage der Wirksamkeit der Novelle, beschlossen worden ist, finden, selbst wenn weitere Beschlagnahmen erst nach dem 31. Dezember 1886 beschlossen worden sind, die hier enthaltenen Bestimmungen über die Zwangsversteigerung und die Zwangs- (auch Arrest-) Hypothek keine Anwendung; nur die Art. 45 und 46 der Novelle gelten auch auf solche Zwangsversteigerungen, in Ansehung derer die Beschlagnahme bereits vor dem 1. Oktober 1887 beschlossen worden war.[10])

B. In persönlicher Beziehung.

Persönliche Exemtionen von der Anwendung der Subhastationsordnung nebst Novelle bestehen zu Gunsten der Mitglieder des königlichen Hauses[11]), ferner des Fiskus, der Gemeinden und der unter Leitung des Staates oder einer Gemeinde stehenden Körperschaften und Stiftungen, soweit nicht dingliche Rechte verfolgt werden.[12])

C. In sachlicher Beziehung.

I. Die Subhastationsordnung mit Novelle behandelt die Zwangsvollstreckung in das Immobiliarvermögen wegen Geldforderungen. Geldforderung ist jede Forderung, welche auf die Leistung einer bestimmten Wertsgröße in Geld, sei es in deutscher oder ausländischer Währung, als allgemeinen wirtschaftlichen Wertsmesser gerichtet ist, soferne nur nicht die einzelnen Geldstücke als Spezies den Gegenstand der Leistung bilden.[13]) Im übrigen bedingt die Art des Rechtsgrundes

---

[8]) Art. 190 Subh.Ordn. Vgl. dazu auch § 11 R.K.O.

[9]) § 22 E.G. z. R.C.P.O.; Art. 137 Abs. 2 A.G. z. R.C.P.O.; vgl. hiezu oben § 240 lit. B Ziff. III S. 1280. Bezüglich der Analogie hinsichtlich der Urteile vgl. zutreffend Pemsel, der Civilprozeß in Bayern, Erlangen 1879 S. 431; Ortenau-Henle S. 541 Nt. 3; auch § 79 der J.M.B. v. 30. Sept. 1879, die Ausführung der Zwangsvollstreckungen durch die Gerichtsvollzieher betr. (J.M.Bl. S. 1556; W. XIV. S. 86).

[10]) Art. 47 Nov. Vgl. hiezu auch Hellmann S. 300, 301; Ortenau-Henle S. 545.

[11]) Vgl. oben § 22 Ziff. 10 S. 78—80.

[12]) § 15 Abs. 1 Nr. 4 E.G. z. R.C.P.O.; Art. 9 A.G. z. R.C.P.O. Vgl. hiezu oben § 45 Ziff. III, 3 S. 299.

[13]) Gaupp, Komm. z. R.C.P.O. S. 409.

der Geldforderung keinen Unterschied. Auch auf die Immobiliarzwangsvollstreckung wegen Ewiggilten finden die allgemeinen Vorschriften Anwendung.[14])

II. Die Bestimmungen der Subhastationsordnung wie Reichs-Civilprozeßordnung über die Zwangsvollstreckung in Grundstücke finden nicht nur auf diese, sondern regelmäßig auch auf diejenigen Gegenstände Anwendung, welche in Ansehung der Zwangsvollstreckung sonst zum unbeweglichen Vermögen gehören.[15]) Nur solche Bestimmungen bleiben von dieser Anwendung ausgeschlossen, welche inhaltlich oder ausdrücklich auf wirkliche Grundstücke beschränkt sind.[16])

III. Eine sachliche Exemtion von der Anwendung der Subhastationsordnung nebst Novelle genießt nur, und dies nur in gewissem Maße, dasjenige unbewegliche Vermögen, welches dem Lehen- oder Familienfideikommißverbande angehört.

In Ansehung dieses finden die Bestimmungen jener Gesetze nur insoweit Anwendung, als nicht das Lehenedikt vom 7. Juli 1808 und die siebente Verfassungsbeilage (Familienfideikommißedikt) Beschränkungen der Zwangsvollstreckung in Lehen- und Fideikommißgüter, sowie in die Früchte derselben oder besondere Bestimmungen hinsichtlich der Beitreibung von Lehen- oder Fideikommißschulden und der Zwangsvollstreckung in Lehen- und Fideikommißgüter und die Früchte derselben enthalten. Andererseits findet aber, soweit hienach die Subhastationsordnung mit Novelle auf Gegenstände der bezeichneten Art in Anwendung zu kommen hat, alles was diese Gesetze über das Hypothekenbuch, Einträge und Vormerkungen im Hypothekenbuche und Hypothekforderungen enthält, auf die Fideikommißmatrikel und Fideikommißschulden, ferner alles, was die Subhastationsordnung über Hypothekgläubiger und ihre Rechte bestimmt, auch auf Lehen- und Fideikommißgläubiger entsprechende Anwendung.[17])

Hienach ist aber

a) die Zwangsvollstreckung zum Zwecke der Zwangsversteigerung in Lehen- bezw. Familienfideikommißgüter, sohin in die Lehen- bezw. Fideikommißsubstanz nur zulässig wegen solcher Schulden, für welche zur Zeit des Zwangsvollstreckungsbeginnes die Lehen- bezw. Fideikommißsubstanz aufzukommen hat, daher nur wegen Lehenschulden und zwar für solche

---

[14]) Art. 164 Subh.Ordn.

[15]) Art. 3 Subh.Ordn. — §§ 755, 756 R.C.P.O., ebenso Art. 21, 22, 23, 49, 53, 56, 72 Subh.Ordn. sprechen der Kürze halber nur von „Grundstück".

[16]) Dies trifft für Art. 25, 50 Subh.Ordn. und hinsichtlich der Immobilienrechte fast ausnahmslos für die ganze Zwangsverwaltung (Art. 125 Ziff. 1 Subh.-Ordn.) zu.

[17]) Art. 4 Subh.Ordn.; Art. 38 Nov. Vgl. hiezu §§ 144—162 Lehenedikt und oben § 147 lit. D S. 930—932 über Lehengüter; dann §§ 53—62 Fid.Ed. und oben § 152 lit. B Ziff. IV S. 952—955 über Familienfideikommißgüter. Nähere Ausführungen s. bei Ortenau-Henle S. 43—47.

erster Gattung unbedingt, für solche zweiter Gattung nur in beschränkter Weise, bezw. nur wegen Fideikommißschulden erster Klasse, falls nicht eine Befriedigung der Gläubiger auf andere Weise möglich ist;

b) die Zwangsvollstreckung zum Zwecke der Zwangsverwaltung, sohin in die Lehen- oder Fideikommißfrüchte nur zulässig wegen solcher Schulden, für welche zur Zeit des Vollstreckungsbeginnes diese Früchte aufzukommen haben, daher sowohl wegen Lehenschulden, als Allodialschulden des Lehenträgers, bezw. sowohl wegen Fideikommißschulden zweiter Klasse, als wegen Allodialschulden, in letzterer Hinsicht aber doch nur mit Vorbehalt der Kompetenz des Fideikommißbesitzers.[18])

IV. Die Ewiggelder werden nach der Novelle ebenso wie die Hypothekforderungen behandelt[19]), soweit die rechtliche Natur des Ewiggeldes damit verträglich ist.[20])

§ 248.

Litteratur. — Auslegungsbehelfe. — Sprachgebrauch.

A. Litteratur.

1. Systematische Litteratur zur bayerischen Subhastationsordnung und Novelle ist wenig vorhanden. Die Kommentare enthalten in ihren Einleitungen lediglich systematische Skizzen des Verfahrens und auch die systematische Darstellung in Regelsbergers bayerischem Hypothekenrechte (2. Aufl., Leipzig 1895, S. 374—409) bringt nur eine kurze Wiedergabe der leitenden Grundsätze.

2. Dagegen ist die Kommentarlitteratur, wenn auch nicht umfangreich, so doch in höchst wertvoller Weise vertreten. Abgesehen von den kleineren Handausgaben Rebers und Henles, ist zunächst im Jahre 1888 ein Kommentar von Hellmann (Erlangen, zit. Hellmann)

---

[18]) Vgl. hiezu Art. 125 Abs. 1 Ziff. 2 Subh.Ordn.; E. d. obst. L.G. XV. 292.

[19]) Art. 38 Abs. 1 Nov. — Ueber die dingliche Natur des Ewiggeldverhältnisses selbst wie der einzelnen Leistungen vgl. oben § 91 Nr. 7 S. 639; Ortenau-Henle S. 47 und die dort Zitierten.

[20]) Vgl. hierüber schon oben § 91 Ziff. V S. 640, 641 und Näheres bei Ortenau-Henle S. 47—50. So kann eine Barzahlung der in das Mindestgebot nicht eingerechneten Ewiggeldkapitalien nicht Platz greifen; Art. 6 Nov. hat hier keine Geltung, wohl aber die an sich aufgehobenen Art. 56 und 165 Subh.Ordn. (vgl. auch oben § 91 Ziff. V, 5 S. 642); ebenso ist unanwendbar die Vorschrift der Nov. (Art. 6 und 20), daß die Kündigung eines vom Ansteigerer zu übernehmenden Hypothekkapitals spätestens vor der Aufforderung zur Abgabe von Geboten angemeldet werden müsse, um gegen den Ansteigerer zu wirken, und daß die Hypothekgläubiger in der Versteigerungsbekanntmachung zu dieser Anmeldung aufzufordern seien. Hiezu s. besonders Ortenau-Henle a. a. O. Dagegen finden Anwendung vorzüglich die Vorschriften über Anmeldung der rückständigen Hypothekkapitalszinsen auf rückständige Ewiggilten (Art. 20 Nov.); über Berücksichtigung der Hypothekforderungen und Hypothekkapitalszinsen bei Festsetzung des Mindestgebotes auf Ewigkapitalien und die Giltbeträge (Art. 2 und 3 Nov.) u. s. w.

erschienen, der allerdings den Anforderungen der Jetztzeit nicht mehr entspricht. Die hervorragendste Stellung nimmt der von Ortenau begründete, von Henle und Fischer in zweiter und von Henle allein in dritter Auflage (München 1895) bearbeitete Kommentar (zit. in dritter Auflage Ortenau-Henle) ein.

3. Zu dieser Litteratur kommen noch eine Anzahl in den Blättern für Rechtsanwendung, der Zeitschrift des bayerischen Anwaltsvereins, der bayerischen und deutschen Notariatszeitung zerstreuter Aufsätze, unter denen wohl die meisten wieder aus der Feder des ausgezeichneten Kenners des bayerischen Subhastationsrechtes, W. Henle, stammen.

4. Weiter ist noch zu erwähnen die Entscheidungslitteratur; die Entscheidungen des bayerischen obersten Landesgerichtes finden sich in der offiziellen Sammlung derselben, teilweise auch in den in Ziff. 3 genannten Zeitschriften, woselbst auch vielfach Entscheidungen anderer bayerischer Gerichtshöfe abgedruckt sind.

5. Eine praktische Anleitung gibt die Schrift Krazers, „Das Verfahren bei Zwangsversteigerungen von Immobilien nach der bayerischen Subhastationsordnung vom 23. Februar 1879 und der Novelle vom 29. Mai 1886" (Nördlingen 1887, zit. Krazer).

B. Auslegungsbehelfe.

1. Die Subhastationsordnung und Novelle weisen die innigsten Beziehungen zum Reichs-Civilprozeßrechte und bayerischen Hypothekenrechte auf. Daraus ergibt sich, daß eine Reihe von Begriffen und Folgerungen mit Rücksicht auf die Reichs-Civilprozeßgesetze und das bayerische Hypothekengesetz nebst Novelle erklärt und festgestellt werden müssen.

2. Einen hervorragenden Auslegungsbehelf bieten die Regierungs-Motive zur Subhastationsordnung[1]) und Novelle.[2]) Sie sind kaum jemals klarer und treffender zu einem Gesetze abgefaßt worden, als zu diesen beiden. Die Verhandlungen des Ausschusses der Abgeordnetenkammer[3]) und der letzteren[4]) selbst bieten wenig bedeutendes Auslegungsmaterial, wertvolleres Material enthalten wieder die Ausschußberichte.[5]) Die Verhandlungen der Kammer der Reichsräte[6]) gewähren fast gar keine für die Auslegung des Gesetzes in Betracht kommende Ausbeute.

---

[1]) Verh. d. K. d. Abg. 1878/79 Beil.Bd. V S. 52—114 (zit. Mot. z. Subh.Ordn.).

[2]) Verh. d. K. d. Abg. 1885/86 Beil.Bd. IX S. 129—167 (zit. Mot. z. Nov.).

[3]) Verh. d. K. d. Abg. 1878/79 Beil.Bd. VI S. 157—164 (zit. Aussch.Verh. z. Subh.Ordn.); Verh. d. K. d. Abg. 1885/86 Beil.Bd. X S. 245—372.

[4]) Verh. d. K. d. Abg. 1878/79 stenogr. Ber. Bd. III S. 114—127 (zit. stenogr. Ber. Bd. III); Verh. d. K. d. Abg. 1885/86 stenogr. Ber. Bd. VI S. 529—584.

[5]) Zur Subh.Ordn.: Verh. d. K. d. Abg. 1878/79 Beil.Bd. V S. 303—348 und 477—506 (zit. Aussch.Ber. z. Subh.Ordn.); zur Novelle: Verh. d. K. d. Abg. 1885/86 Beil.Bd. X S. 245—302 (zit. Aussch.Ber. z. Nov.).

[6]) Verh. d. K. d. Reichsräte 1878/79 S. 444 ff.

3. Manche Bestimmungen der Subhastationsordnung fußen auf der früheren bayerischen Civilprozeßordnung vom 29. April 1869. Daher ist auch deren Litteratur teilweise noch von Bedeutung. In dieser Hinsicht genügt es, auf den Kommentar von Wernz zu dieser Prozeßordnung (München 1869) zu verweisen.

4. Als Auslegungsbehelfe kommen endlich auch die preußische, sächsische, auch württembergische Subhastationsordnung nebst der hiezu gehörigen Litteratur in Betracht, da die bayerische Subhastationsordnung, insbesondere die Novelle, sich vielfach an jene, hauptsächlich an die preußische und sächsische Subhastationsordnung anlehnt. Aus der preußischen Litteratur kommen als systematische Bearbeitungen die Werke Dr. Karl Kurlbaum's, „Neue Grundsätze der Zwangsversteigerung von Immobilien nach dem preußischen Gesetze vom 12. Juli 1883", Leo Mugdan's, „Die Zwangsvollstreckung in das unbewegliche Vermögen", Rintelen's, „Zwangsversteigerung und Zwangsverwaltung", Peiser's, „Die Zwangsverwaltung von Grundstücken und die Geschäftsführung der Zwangsverwaltung und die gerichtliche Zwangsverwaltung", in Betracht. Hieran schließen sich zwei populäre Darstellungen von Dr. J. Freund und S. Schmidt über die gesamte Immobiliar-Zwangsvollstreckung, Vorträge von Dr. Heidenfeld über die Zwangsversteigerungen, eine Abhandlung Th. Wolff's über die Eintragung in das Grundbuch zur Vollstreckung einer Forderung und Schmidt's über den gerichtlichen Zwangsverwalter an. Unter den Kommentaren sind die bedeutendsten der von Jäckel und besonders der von Krech-Fischer in dritter Auflage (Berlin 1894). Unter der sächsischen Litteratur genügt es, auf den Kommentar von Schurig (1884 und 1888) hinzuweisen.

5. Eine vergleichende Zusammenstellung und Erläuterung der preußischen und bayerischen Subhastationsordnung stammt von W. Henle (Nördlingen 1893).

C. Besonderer Sprachgebrauch.

Die technischen Bezeichnungen der Subhastationsordnung und der Novelle kehren im wesentlichen in einheitlichem Gebrauche wieder und sind daher nicht mißzuverstehen. Nur bezüglich weniger erscheint es, um auch für diese Darstellung die Terminologie festzustellen, zweckmäßig, sie hier besonders hervorzuheben.

1. Der Ausdruck „Drittbesitzer" kommt meistenteils in Verbindung mit dem Worte „Schuldner" vor.[7]) Nur an zwei Stellen, im Art. 23[8]) und Art. 73 Abs. 1 der Subhastationsordnung, tritt er

[7]) Art. 6 Abs. 1, Art. 13 Abs. 1 und 2, Art. 24 Abs. 1 Ziff. 3, Art. 34 Abs. 1, Art. 40 Abs. 2, Art. 44, 46, Art. 48 Abs. 2 Ziff. 3, Art. 64 Abs. 3 Ziff. 2, Art. 78 Abs. 1 Ziff. 2, Art. 82 Abs. 1 Ziff. 2, Art. 84 Abs. 1, Art. 95 Abs. 1, Art. 96 Abs. 1, Art. 102, 118, Art. 120 Abs. 3, Art. 122; Art. 28 Abs. 3 Nov.

[8]) In Verbindung mit Art. 28, 33 Abs. 1 Subh.Ordn.

jeweils allein auf und hat auch jedesmal eine andere Bedeutung. Wo das Wort „Drittbesitzer" in Verbindung mit dem „Schuldner" vorkommt, hat es ebenso, wie im Art. 23 Subhastationsordnung, lediglich eine prozessuale Bedeutung: Drittbesitzer ist hier derjenige, welcher vom dinglich haftenden Schuldner das dinglich haftende Grundstück auf derivativem Wege als Gesamt- oder Sonderrechtsnachfolger erworben hat, den der Vollstreckungstitel beziehungsweise die Vollstreckungsklausel nicht als Schuldner bezeichnet, und in dessen Grundstück ohne Rücksicht darauf, ob er selbst auch persönlich haftet oder nicht, gleichwohl die Zwangsvollstreckung wegen der auf dem Grundstücke haftenden Schuld[9]) gegen seinen Rechtsvorgänger stattfindet. Daraus ergibt sich denn auch der prozessuale Begriff des Schuldners: er ist diejenige dinglich oder persönlich haftende Person, die im Vollstreckungstitel bezw. in der Vollstreckungsklausel als Schuldner des zu vollstreckenden Anspruchs bezeichnet ist und gegen die auch die Zwangsvollstreckung stattfindet, wenngleich möglicherweise in ein für die Schuld dinglich verhaftetes Grundstück, das bereits im Eigentum eines Rechtsnachfolgers sich befindet. In dieser Darstellung wird diese Person mit „Vollstreckungsschuldner" bezeichnet, während für erstere der Ausdruck „Drittbesitzer" beibehalten ist. Der „Drittbesitzer" im Sinne des Art. 73 Abs. 1 Subhastationsordnung dagegen hat ausschließlich eine materiell rechtliche Bedeutung. Er ist im Anschlusse an die Auffassung des Hypothekenrechtes diejenige Person, welche für die zu vollstreckende Schuld nur dinglich, nicht persönlich haftet, ohne Rücksicht darauf, ob sie Vollstreckungsschuldner oder Drittbesitzer im prozessualen Sinne ist.[10])

2. Das Gesetz gebraucht die Worte „Erträgnisse" und „Früchte" in verschiedenem Sinne; es versteht unter den ersteren[11]) sowohl die natürlichen als juristischen Früchte, unter „Früchten"[12]) nur die natürlichen Früchte, damit vom gewöhnlichen Sprachgebrauche des Civilrechtes abweichend.[13]) In dieser Darstellung ist für beide Arten von Früchten das Wort „Erträgnisse" beibehalten, während da, wo nur die natürlichen Früchte in Betracht kommen, sie auch mit diesem Ausdrucke bezeichnet sind.

3. Das durch die Novelle eingeführte „geringste zulässige Gebot" wird im Gesetze selbst durchgehends mit diesem Ausdrucke bezeichnet.

---

[9]) Vgl. auch Ortenau-Henle S. 85.

[10]) Vgl. auch b. Not.Zeit. 1887 S. 156; Bl. f. R.A. XLV. 168; Ortenau-Henle S. 277.

[11]) Früchte: Art. 4, Art. 36 Abs. 1 und 2; Art. 9 Abs. 1 Nov.

[12]) Erträgnisse: Art. 6 Abs. 1, Art. 7 Abs. 1, Art. 8 Abs. 1, Art. 9, 10 Abs. 1, Art. 40 Abs. 1 Ziff. 4, Art. 110, 128, 131 Abs. 1, Art. 134 Ziff. 2, Art. 147 Ziff. 4, Art. 153, 172; Art. 9 Abs. 2 Nov. — Art. 137 (Einkünfte), Art. 45, Art. 139 Abs. 2, Art. 142 Abs. 1, Art. 145 Abs. 1, Art. 134 Ziff. 6, Art. 149 Abs. 2, Art. 155 Abs. 1 (Ertragsüberschüsse).

[13]) Vgl. hiezu Mot. z. Subh.Ordn. S. 77; Aussch.Ber. z. Subh.Ordn. S. 480, 491.

In der Praxis hat sich hiefür der Ausdruck „gesetzliches Mindestgebot“ eingebürgert und wird daher letzterer auch in dieser Darstellung angewendet. Soferne in dieser dann von „zulässigen oder unzulässigen Geboten“ gesprochen wird, sind hierunter nicht bloß solche zu verstehen, welche das gesetzliche Mindestgebot erreichen bezw. nicht erreichen, sondern überhaupt alle jene, welche den sämtlichen gesetzlichen Anforderungen entsprechen bezw. nicht entsprechen.

II. Kapitel.

Allgemeine Grundsätze der Immobiliar-Zwangsvollstreckung.

§ 249.

Gegenstand der Immobiliar-Zwangsvollstreckung.

I. Welche Sachen und Rechte in Ansehung der Zwangsvollstreckung zum unbeweglichen Vermögen gehören, bestimmt sich nach Landesrecht.[1]) Hienach gehören kraft Vorschrift der Subhastationsordnung in Ansehung der Zwangsvollstreckung zum unbeweglichen Vermögen [2]):

1. diejenigen Sachen, welche nach dem bürgerlichen Rechte als unbewegliche Sachen gelten, sohin

a) in erster Linie die unbeweglichen Sachen im natürlichen Sinne mit allen ihren Bestandteilen[3]);

b) die immobilisierten Zubehörungen und Erträgnisse (natürliche und juristische Früchte[4])) solcher Sachen; die beweglichen Zubehörungen und von den Erträgnissen nur die nach

[1]) § 757 Abs. 2 R.C.P.O. Vgl. auch § 39 Abs. 2. R.K.O.

[2]) Art. 2 Subh.Ordn. Aber auch nur in Ansehung der Zwangsvollstreckung; über diese hinaus ist in das Civilrecht nicht eingegriffen: Aussch.Ber. z. Subh.Ordn. S. 48. Vgl. hiezu oben § 59 lit. d S. 441, 442.

[3]) Vgl. hiezu E. d. obst. L.G. IV. 37; Bl. f. R.A. Erg.Bd. II. 308; E. d. R.G. XII. 157; Ortenau-Henle S. 38. — Zu den Bestandteilen der Baustelle gehören nach dem Brandversicherungsgesetze vom 3. April 1875 (Art. 45) auch die von der Brandversicherungsanstalt zu zahlenden Entschädigungssummen für abgebrannte oder durch Brand beschädigte Gebäude, ebenso die von anderen Versicherungsanstalten statutengemäß nur zum Wiederaufbau geleisteten Entschädigungssummen; vgl. Mot. z. Subh.Ordn. S. 77; Aussch.Ber. z. Subh.Ordn. S. 482; Ortenau-Henle S. 42, 43 und Ztschr. d. Anw.Ver. f. B. XX. 9 in letzterer Hinsicht mit Recht gegen Seuffert, Komm z. R.C.P.O. zu § 749 Nt. 4 und v. Wilmowsky und Levy, Komm. z R C.P.O. zu § 749 Nt. 1 — nicht aber sonstige Versicherungsentschädigungen; ebenso Regelsberger, Hyp.R. 2. Aufl. § 72; Ortenau-Henle S. 43. Zum ganzen s. noch oben § 126 Ziff. V S. 852, 853 und die dortigen Zitate.

[4]) Unter „Erträgnissen“ versteht die Subh.Ordn. immer natürliche und juristische Früchte; unter „Früchten“ dagegen nur die natürlichen Früchte: vgl. oben § 247 lit. C Ziff. 2.

bewirkter Beschlagnahme anfallenden[5]) gelten aber erst vom Zeitpunkte der bewirkten Beschlagnahme an als immobilisiert.[6]) Hiebei werden als Zubehörungen landwirtschaftlicher Güter auch das zum Wirtschaftsbetriebe unentbehrliche Geräte, Vieh- und Feldinventar, sowie die zur Bewirtschaftung bis zur nächsten Ernte unentbehrlichen landwirtschaftlichen Erzeugnisse selbst dann erachtet, wenn sie jene Eigenschaft nach bürgerlichem Rechte nicht besitzen[7]), aber wenigstens dem persönlich haftenden Schuldner eigentümlich gehören[8]);

2. diejenigen Rechte, welche Gegenstand einer Hypothekbestellung sein können; vgl. hierüber oben § 120 Ziff. I 1 b S. 801, 802; doch ist in diese Rechte nur die Zwangsvollstreckung durch Zwangsversteigerung und durch Vollstreckungshypothek, nicht durch Zwangsverwaltung zulässig.[9])

II. Gegenstand der Zwangsvollstreckung mittelst Zwangsversteigerung, Zwangsverwaltung und Vollstreckungshypothek kann sowohl die ganze Sache als ein ideeller Anteil derselben sein. Für die

[5]) Wenn sie auch noch nicht gezogen sind: vgl. Bl. f. R.A. Erg.Bd. VIII. 342 ff. — Ueber das Verhältnis der Beschlagnahme zum Konkurs hinsichtlich der Miet- und Pachtzinse s. Bl. f. R.A. Erg.Bd. IX. 130. — Im Falle vertragsmäßiger Vorauszahlung der Miet- und Pachtzinsen sind nur die nach der Beschlagnahme fällig gewordenen immobilisiert: s. oben § 126 S. 849 Nt. 33. A. M. außer den daselbst Zitierten auch Bl. f. R.A. Erg.Bd. VII S. 209. — Im übrigen ist auch Art. 39 Subh.Ordn. zu beachten; hierüber s. unten § 274 und Mot. S. 85. Das Verhältnis zwischen Art. 8 und 39 bezw. 131 mit 138 Subh.-Ordn. ist m. E. derart, daß zwar mit der bewirkten Beschlagnahme die von da ab fällig werdenden Miet- und Pachtzinsen immobilisiert sind und allen Wirkungen der Immobilisierung unterliegen, daß aber der Mieter und Pächter wegen Zahlung an den Vollstreckungsschuldner nicht nochmals belangt werden können, so lange in der Zwangsversteigerung nicht er, in der Zwangsverwaltung nicht der Vollstreckungsschuldner von der Beschlagnahme benachrichtigt wurde. A. M. der Aussch.Ber. S. 492, wonach die vor der Benachrichtigung fällig gewordenen Miet- und Pachtgelder von der Beschlagnahme überhaupt nicht berührt werden sollen.

[6]) Art. 8 Abs. 1 Subh.Ordn. Ueber die Zulässigkeit der Abtrennung und Veräußerung, wie Pfändung von Früchten und beweglichen Zubehörungen vor bewirkter Beschlagnahme und das etwaige Widerspruchsrecht der Hypothekgläubiger vgl. oben § 95 Ziff. IV S. 658—660 bezüglich Zubehörungen (hiezu vgl. noch E. d. obst. L.G. V. 136, 276; VII. 273, 859, 895; XIV. 790; Bl. f. R.A. XLVIII. 31, 42; Erg.Bd. IX. 240; b. Not.Zeit. 1889 S. 225); bezüglich der Widerspruchsklage gegen die Pfändung eines Hypothekgläubigers s. noch E. d. obst. L.G. XII. 839; bezüglich der Anwendung des § 710 R.C.P.O. die neuerlichen Ausführungen bei Ortenau-Henle S. 41 Nt. 4; bezüglich der Früchte § 126 Ziff. III S. 848—850; hiezu s. noch E. d. obst. L.G. V. 821; VII. 273; Bl. f. R.A. XLII. 22, 260, 279; XLIII. 117; XLVII. 292; Erg.Bd. IX. 130, 210, 211; Ztschr. f. d. Civ.Pr. IX. 130; b. Not.Zeit. 1889 S. 223; Jakubezky, Bem. zum Entw. eines bürg. Ges.B. S. 277; Ortenau-Henle S. 39.

[7]) Art. 8 Abs. 2 Subh.Ordn. mit Art. 45 Ziff. 1 Nov. und § 715 Ziff. 5 R.C.P.O.

[8]) Vgl. hiezu auch Ortenau-Henle S. 59, 60.

[9]) Art. 20 Abs. 1 Subh.Ordn.; Art. 40 Abs. 1 Nov.; Art. 125 Abs. 1 Ziff. 1 und 2 Subh.Ordn.

Zwangsversteigerung und Zwangsverwaltung ideeller Anteile gelten aber einige besondere Vorschriften; s. unten § 249 Ziff. I, 3 a.

§ 250.

Arten der Zwangsvollstreckung in das unbewegliche Vermögen.

A. Arten der Zwangsvollstreckung.

I. Das bayerische Recht kennt drei Arten der Zwangsvollstreckung in das unbewegliche Vermögen:

1. Die Zwangsvollstreckung durch Zwangsversteigerung; sie bezweckt die Befriedigung der Gläubiger aus der Substanz und den Erträgnissen des Vollstreckungsgegenstandes.[1])

2. Die Zwangsvollstreckung durch Zwangsverwaltung; sie bezweckt Befriedigung der Gläubiger lediglich aus den Erträgnissen des Vollstreckungsgegenstandes.[2])

3. Die Zwangsvollstreckung mittelst Vollstreckungshypothek[3]) (Zwangs- und Arresthypothek); sie schafft zunächst nur einen gesetzlichen generellen Zwangshypothekentitel und bezweckt damit des weiteren die Ermöglichung dinglicher Sicherstellung des betreibenden Gläubigers auf dem unbeweglichen Vermögen des Schuldners, um schließlich entweder durch deren Geltendmachung oder sonstige Verwertung dem Gläubiger Befriedigung zu verschaffen.

Auf diese drei Arten der Zwangsvollstreckung finden nach Maßgabe der oben § 247 entwickelten Grundsätze die Bestimmungen der bayerischen Subhastationsordnung nebst Novelle Anwendung und zwar jeweils diejenigen Bestimmungen, welche für die betreffende Art der Zwangsvollstreckung hierin ausdrücklich als anwendbar bezeichnet sind oder doch analog anwendbar erscheinen. Die allgemeinen Bestimmungen der Subhastationsordnung haben regelmäßig nur auf die Zwangsvollstreckung durch Zwangsversteigerung und Zwangsverwaltung, nicht auf die Zwangsvollstreckung durch Zwangshypothek Anwendung.[4])

Besondere Bestimmungen enthält die Subhastationsordnung noch

1. für die Zwangsvollstreckung in Anteile gemeinschaftlicher Sachen[5]),
2. für die Zwangsvollstreckung wegen Ewiggelder[6]),

---

[1]) Art. 1 Ziff. 1, Art. 7 Subh.Ordn.

[2]) Art. 1 Ziff. 2, Art. 7 Subh.Ordn. In den Mot. z. Subh.Ordn. S. 75 und 76 wurde zwar die Schwerfälligkeit dieses Vollstreckungsmittels anerkannt, dasselbe aber für solche Immobilien, deren Substanz der Zwangsveräußerung nicht schlechthin unterstellt werden kann, wie für Fideikommiß- und Lehengüter, als unentbehrlich bezeichnet.

[3]) Art. 40—42 Nov. z. Subh.Ordn. Vgl. hiezu oben § 121 lit. B Ziff. I, 1h und i S. 813; unten VII. Kapitel.

[4]) Ebenso Ortenau-Henle S. 31, 32.

[5]) Art. 157—163 Subh.Ordn. Vgl. hierüber IV. Kapitel.

[6]) Art. 164—168 Subh.Ordn. Vgl. hierüber im Laufe der Darstellung.

3. für die Zwangsvollstreckung in das unbewegliche Vermögen im Falle eines Konkurses[7]),

4. für die Zwangsvollstreckung in Bergwerke und unbewegliche Kuxe.[8])

Hier kommen die sonstigen Bestimmungen der Subhastationsordnung und Novelle nur insoweit zur Anwendung, als sie nicht mit den besonderen Vorschriften in Widerspruch stehen.

II. Nicht als Arten der Zwangsvollstreckung in das unbewegliche Vermögen sind zu erachten die Zwangsvollstreckung in einen Anspruch auf Herausgabe einer unbeweglichen Sache[9]), die Zwangsvollstreckung in Hypotheken[10]), die Pfändung von Früchten auf der Wurzel[11]), die vollstreckungsweise Einweisung in Miet- und Pachterträgnisse[12]), die Vollstreckung in den Ueberschuß bei der Subhastation[13]), auch nicht die gerichtlichen Versteigerungen des Bergwerkseigentums und unbeweglicher Kuxe im Falle des Verzichtes oder der Entziehung zur Strafe, wenngleich die bayerische Subhastationsordnung besondere Vorschriften hierüber enthält.[14])

B. Verhältnis der Arten der Zwangsvollstreckung zu einander.

Für das Verhältnis der verschiedenen Arten der Zwangsvollstreckung unter einander gelten folgende Sätze:

I. Die Zwangsvollstreckung durch Zwangsversteigerung ist auch dann zulässig, wenn in Ansehung des nämlichen Gegenstandes bereits irgend ein Vollstreckungsverfahren anderer Art begonnen hat.[15])

II. Die Zwangsvollstreckung durch Zwangsversteigerung läßt, da sie zur vollständigen Verwertung aller von ihr ergriffenen Gegenstände führt, in Ansehung des nämlichen Gegenstandes weder den Beginn eines Vollstreckungsverfahrens anderer Art, noch die Fortsetzung eines bereits vorher begonnenen Vollstreckungsverfahrens anderer Art zu[16]);

---

[7]) Art. 169—173 Subh.Ordn.; §§ 39, 116 R.K.O. Vgl. unten V. Kapitel.

[8]) Art. 174—181 Subh.Ordn. Vgl. hiezu schon oben § 170 Ziff. 2 S. 992 und unten VI. Kapitel.

[9]) Vgl. §§ 745—748, 771 R.C.P.O. Vgl. auch Mot. z. Subh.Ordn. S. 75. Wird die unbewegliche Sache nach Maßgabe des § 747 Abs. 1 R.C.P.O. an den Sequester herausgegeben, so kann an derselben gemäß Art. 124 A.G. z. R.C.P.O. weder ein Faustpfandrecht, noch entsprechend den Grundsätzen des Hypothekenrechtes schlechtweg ein Hypothekenrecht entstehen. Erst durch die gemäß § 747 Abs. 2 R.C.P.O. nach Maßgabe des Landesrechtes gesondert zu betreibende Zwangsvollstreckung in die unbewegliche Sache, bezw. durch die Beschlagnahme, wird ein Vorzugsrecht erworben (Art. 9 Subh.Ordn.).

[10]) § 731 R.C.P.O.; Art. 125 A.G. z. R.C.P.O.

[11]) §§ 714—725 R.C.P.O.

[12]) § 729 R.C.P.O.

[13]) § 754 R.C.P.O.; Art. 122 Subh.Ordn. — Arch. f. civ. Pr. LXVI. 288 ff.; Henle, pr. b. Subh.Ordn. S. 419 Nt. 7; Henle, Subh.Ordn. S. 2; auch E. d. obst. L.G. XII. 34.

[14]) Art. 182—188 Subh.Ordn. Vgl. hiezu oben § 178 Ziff. I und II S. 1025, 1026; unten § 320.

[15]) Art. 20 Abs. 1 Subh.Ordn.

[16]) Art. 20 Abs. 2, Art. 126 Subh.Ordn.; Mot. S. 80. Dies gilt nicht

denn der Gläubiger hat nur ein Recht auf Befriedigung aus dem Gegenstande der Zwangsvollstreckung, nicht auf Durchführung des eingeleiteten Verfahrens. Im ersteren Falle ist eine Beschlagnahme zum Zwecke der Zwangsverwaltung sogar dann schon unzulässig, wenn bereits ein Antrag auf Beschlagnahme zum Zwecke der Zwangsversteigerung vorliegt.[17]) Im letzteren Falle ist das bereits begonnene Vollstreckungsverfahren einzustellen; diese Einstellung läßt aber die bereits vor der Beschlagnahme zum Zwecke der Zwangsversteigerung erworbenen Pfand- und Vorzugsrechte unberührt.[18]) Wird später die Zwangsvollstreckung durch Zwangsversteigerung aufgehoben, ohne daß es zum Zuschlage gekommen ist, so können nun die früher begonnenen Vollstreckungen wieder fortgesetzt werden, vorbehaltlich dessen, was nach Ziff. III für das Verhältnis der Zwangsvollstreckung durch Zwangsverwaltung zu anderen Vollstreckungsarten gilt.[19])

Eine, wenn auch nur formale Abweichung von diesen Grundsätzen besteht gegenüber der Zwangsvollstreckung durch Vollstreckungshypothek. Die Zwangsvollstreckung besteht hier in der Gewährung eines gesetzlichen generellen Vollstreckungshypothekentitels[20]) und Realisierung desselben mittelst Antrages auf Einschreibung der Vollstreckungshypothek in das Hypothekenbuch, sowie der Einschreibung selbst. Ob nach erfolgter Beschlagnahme zum Zwecke der Zwangsversteigerung oder Zwangsverwaltung die Einschreibung der Vollstreckungshypothek auf dem Vollstreckungsgegenstande, welche rechtlich zwar noch Ausführung der Vollstreckung, aber zugleich ein den hypothekenrechtlichen Grundsätzen unterliegender Akt der freiwilligen Rechtspflege ist, noch zulässig ist, muß daher auch nach den allgemeinen Grundsätzen über die Frage der Zulässigkeit von Hypothekeinschreibungen nach bewirkter Beschlagnahme beantwortet werden. Hienach[21]) ist aber nur eine Vormerkung, nicht eine definitive Einschreibung der Vollstreckungshypothek, während des Laufes der Zwangsvollstreckung durch Zwangsversteigerung oder Zwangsverwaltung zulässig.[22])

---

nur für die Zwangsvollstreckung durch Zwangsverwaltung, sondern auch für die Zwangsvollstreckung (oder Arreste) in die vom Boden noch nicht getrennten Früchte, in die noch nicht angefallenen Miet- und Pachtzinsen, in die beweglichen Zubehörungen, soweit sie diese Eigenschaft zur Zeit der Beschlagnahme noch besitzen.

[17]) Art. 126 Subh.Ordn.

[18]) Art. 20 Abs. 2 Subh.Ordn.

[19]) Mot. S. 80.

[20]) Vgl. hierüber oben § 121 lit B Ziff. I, 1 h und i S. 873.

[21]) Art. 33 Abs. 2 Subh.Ordn. Vgl. hiezu schon oben § 122 lit. B Ziff. IV, 1 b α S. 820, 821.

[22]) Zustimmend E. d. obst. L.G. XIV. 556; Bl. f. R.A. LVIII. 235; Ortenau, 2. Aufl. zu Art. 33 Nt. 1 a. E.; d. Not.Zeit. 1886 S. 226. A. M. Bl. f. R.A. XXXII. 179; XLIV. 133; b. Not.Zeit. 1888 S. 45; 1889 S. 100, 137; 1890 S. 19; Ortenau-Henle S. 111, 112; Regelsberger, Hyp.R. § 85 a Nt. 7. — Ueber diese Frage s. schon oben § 122 Nt. 25 S. 820, 821 und unten § 255 lit. C Ziff. II, 1 a, γ, ee, ββ S. 1343.

III. Die Zwangsvollstreckung durch Zwangsverwaltung ist auch dann zulässig, wenn die Erträgnisse des Vollstreckungsgegenstandes bereits vorher gepfändet worden sind, läßt aber die zur Zeit der Beschlagnahme bereits erworbenen Pfandrechte nebst Vorzugsrechten an diesen Erträgnissen unberührt.[23])

IV. Die Zwangsvollstreckung in das unbewegliche Vermögen schließt nicht aus, daß gleichzeitig oder nacheinander Zwangsvollstreckungen in das bewegliche Vermögen des Schuldners zu Gunsten der gleichen Forderung betrieben werden.[24]) Dies gilt selbst für die Zwangsvollstreckung in den Anspruch auf Herausgabe einer unbeweglichen Sache.[25]) Jedoch gilt für alle Zwangsvollstreckungsarten der beschränkende Grundsatz, daß keine Zwangsvollstreckung weiter ausgedehnt werden darf, als zur Befriedigung der zu vollstreckenden Forderung erforderlich ist.[26])

V. Weder die Beschlagnahme zum Zwecke der Zwangsversteigerung, noch die Beschlagnahme zum Zwecke der Zwangsverwaltung schließt eine weitere gleichartige Beschlagnahme des nämlichen Beschlagnahmegegenstandes zu Gunsten anderer Forderungen derselben Beschlagnahmegläubiger oder zu Gunsten der Forderungen anderer Gläubiger aus. Die weitere Beschlagnahme bewirkt, insoweit sie sich auf die Beschlagnahmegegenstände der früheren Beschlagnahme erstreckt, ein beschränkt selbständiges Anschlußverfahren an das bereits anhängige Vollstreckungsverfahren, ein völlig selbständiges Vollstreckungsverfahren nur insoweit, als noch andere Gegenstände als die bereits früher beschlagnahmten, der Beschlagnahme unterstellt werden, wenngleich eine Verbindung der beiden selbständigen Vollstreckungsverfahren wegen materiellen Sachzusammenhanges durch das Vollstreckungsgericht nicht ausgeschlossen ist.[27])

VI. Selbstverständlich hindert die Einschreibung einer Vollstreckungshypothek die Einschreibung weiterer Vollstreckungshypotheken weder zu Gunsten anderer Forderungen desselben Gläubigers, noch zu Gunsten der Forderungen anderer Gläubiger: es greift hier nur jeweils der hypothekenrechtliche Grundsatz der Priorität Platz.[28])

§ 251.

Rechtliche Natur der Zwangsvollstreckung.

1. Die Zwangsvollstreckung in das unbewegliche Vermögen — ein Teil der streitigen Rechtspflege — ist ein gesetzlich festgestellter In-

---

[23]) Art. 128 Subh.Ordn.

[24]) Vgl. hiezu Hellmann S. 3 Nr. 7; Ortenau-Henle S. 32.

[25]) Vgl. hierüber Näheres bei Ortenau-Henle S. 32, 33; auch oben Nr. 9.

[26]) § 708 R.C.P.O.; Art. 5 Subh.Ordn.; hiezu d. Not.Zeit. 1882 S. 263; d. Not.Zeit. 1879 S. 341 und unten § 258.

[27]) Art. 42—44, Art. 143, 144 Subh.Ordn. Näheres s. unten § 272.

[28]) Ueber Einschreibung einer Vollstreckungshypothek zu Gunsten einer Forderung, für die bereits Kautionshypothek besteht, vgl. E. d. obst. L.G. XIII. 71.

begriff verschiedener Akte der Staatsgewalt, welche auf Antrag des Gläubigers zum Zwecke der zwangsweisen Beitreibung und Befriedigung einer Geldforderung[1]) aus dem unbeweglichen Vermögen desjenigen, welcher ihm damit für die zu vollstreckende Schuld haftet, sei es durch Veräußerung der Substanz oder nur der Früchte, vorgenommen werden. Hiebei bedingt es keinen Unterschied, ob die Zwangsvollstreckung mittelst Zwangsversteigerung oder mittelst Zwangsverwaltung realisiert wird.

Das Gleiche gilt im Prinzipe auch für die Zwangsvollstreckung mittelst Vollstreckungshypothek, nur mit dem Unterschiede, daß hier die Zwangsvollstreckung primär Sicherstellung der vollstreckungsreifen Forderung bezweckt, um erst durch diese hindurch eine vorzugsweise Befriedigung des Vollstreckungsgläubigers zu ermöglichen. Die Zwangsvollstreckung besteht hier im Hinblick auf das geltende Hypothekensystem zunächst in einem rein gesetzlichen Akte, nämlich in der Gewährung eines gesetzlichen Vollstreckungshypothekentitels an den Vollstreckungsgläubiger für seine vollstreckungsreife Forderung zum Zwecke der Ermöglichung der zwangsweisen Beschwerung des schuldnerischen Immobiliareigentums mit einer dinglichen Hypotheklast und kommt weiterhin zur Ausführung durch den Antrag auf Einschreibung der Vollstreckungshypothek in das Hypothekenbuch, wie durch die Einschreibung dieser selbst. Die Einschreibung selbst ist aber zugleich der — entsprechend der bestehenden Hypothekengesetzgebung — zur Entstehung jeder Hypothek erforderliche, nur auf dem Wege der freiwilligen Rechtspflege mögliche Rechtsakt[2]); hienach bemißt sich dann auch die Stellung des Hypothekenamtes bei Einschreibung einer Vollstreckungshypothek.

---

[1]) Damit scheiden aus dem Begriffe der Zwangsvollstreckung im technischen Sinne alle Versteigerungen und Verwaltungen zu anderen privatrechtlichen Zwecken, wie alle Versteigerungen von Immobilien in Erbschaftssachen, Pflegschaftssachen u. s. w., auch alle Versteigerungen oder Verwaltungen zum Zwecke freiwilliger Erfüllung von Schuldverbindlichkeiten aus. Die Subh.Ordn. mit Nov. findet auf solche Versteigerungen keine Anwendung. Dies gilt selbst für solche Versteigerungen, welche nach prozeßmäßig durchgeführter Teilungsklage zum Vollzuge des hierauf ergangenen Urteils vorzunehmen sind. Vgl. hierüber Näheres bei Ortenau-Henle S. 33—35 Nt. 3.

[2]) Ich erachte also im Anschlusse an die herrschende Meinung auch die Eintragung der Vollstreckungshypothek als Ausführung der Zwangsvollstreckung, erblicke dieselbe daher einmal in der Gewährung eines gesetzlichen Vollstreckungshypothektitels, dann in dem Antrage auf Einschreibung der Vollstreckungshypothek und schließlich in der zwangsweisen Beschwerung mit der dinglichen Hypotheklast und komme daher mit der herrschenden Meinung in dem Punkte überein, daß die Grundlage der Vollstreckungshypothek Zwangsvollstreckung ist. Nur in der Begründung stimme ich zum Teil mit der herrschenden Meinung nicht überein. Die herrschende Meinung, welche dieselben Konsequenzen, wie die hier vertretene Ansicht zieht, findet sich vertreten in Mot. z. Nov. S. 162; E. d. obst. L.G. XIV. 126; Hellmann S. 292; Regelsberger, Hyp.R. S. 401; Ortenau-Henle S. 525 mit weiteren Zit. in Nt. 4; b. Not.Zeit. 1890 S. 19; Jäckel S. 37, 38; Ztschr. f. d. Civ.Proz. VII. 570; E. d. R.G. XVII. 285; XXVIII. 283; XXXII. 68; a. M. Krech-Fischer S. 96; Ztschr. f. d. Civ.Proz. X. 414; XI. 141. Eccius, preuß. Priv.R.

2. Streitig ist indes, ob die Zwangsversteigerung lediglich als publizistisches Rechtsverhältnis und einseitiger Akt der Staatsgewalt[3]), oder als Kaufvertrag zwischen dem Ansteigerer und dem Vollstreckungsschuldner[4]), dessen thatsächlich fehlender Vertragswille durch das Vollstreckungsgericht bezw. den Versteigerungsbeamten ersetzt werde, aufzufassen sei.[5]) Letztere Auffassung ist in der bayerischen Praxis[6]) angenommen und wird auch in der bayerischen Theorie[7]) überwiegend festgehalten. Jedenfalls steht soviel fest

a) daß, wenn auch die Annahme eines wirklichen Kaufvertrages, wie richtig aus allgemeinen Gründen unzulässig ist, doch die bayerische Subhastationsordnung mit ihrer Novelle ausdrücklich auf die Analogie des Kaufvertrages verweist[8]);

b) daß in beiden Fällen — ob man einen wirklichen Kaufvertrag oder nur eine analoge Anwendung der Kaufsgrundsätze zuläßt — die civilrechtlichen Bestimmungen über den Kaufvertrag nur Anwendung finden können, insoweit nicht die bayerische Subhastationsordnung mit der Novelle selbst Bestimmungen trifft und insoweit sie mit diesen und dem Geiste der beiden Gesetze in Einklang stehen.

§ 252.

Zuständigkeit.

A. Sachliche Zuständigkeit. — Vollstreckungsorgane.

I. Eigentliche Vollstreckungsorgane sind das Amtsgericht als Vollstreckungsgericht und der Notar als Vollstreckungsbeamte.[1])

1. Im Prinzipe sind die beiden Organe koordiniert. Amtsgericht wie Notar haben innerhalb des Vollstreckungsverfahrens eine selbstständige Stellung. Beide erledigen die ihnen zugewiesene Aufgabe und

---

Bd. I § 111 Anm. 4 6. Aufl. S. 757 und Ztschr. f. d. Civ.Proz. Bd. XX S. 196 erblicken nicht in der Eintragung, sondern in der Ersetzung der Eintragsbewilligung durch den Antrag den Zwang gegen den Schuldner.

[3]) So besonders Krech-Fischer S. 9, 10, 26 ff.; weitere Zitate s. bei Ortenau-Henle S. 16 Anm.

[4]) Darüber, wer der Vertragsgegner des Ansteigerers sei, herrscht übrigens auch wieder Streit; vgl. b. Not.Zeit. 1891 S. 52; Ortenau-Henle S. 15 Nr. 2.

[5]) Vgl. hiezu besonders Jäckel S. 325 ff., 401; Gruchot, Beiträge zur Erläuterung des deutschen Rechts XXVIII. 285 ff.

[6]) E. d. obst. L.G. IX. 10, 154, 638; XI. 70; XV. 57; auch IV. 282.

[7]) Bl. f. R.A. XLVII. 347; L. 279 ff.; Regelsberger, Hyp.R. 2. Aufl. § 85; Ortenau-Henle S. 17 Anm.; auch Seuffert, Komm. z. d. Ger.Ordn. IV. S. 332.

[8]) Die Art. 24 Ziff. 5, Art. 55 Ziff. 1, 4 und 5, Art. 57, 58, 59, 106, 117 Abs. 1, Art. 121 Abs. 5 Subh.Ordn., Art. 28, 31, 33, 37 der Nov. sprechen von Kaufpreis, Kaufgeldern; Art. 93 von Kaufbedingungen. Art. 58 Subh.Ordn. greift auf die civilrechtlichen Grundsätze der Entwehrung zurück.

[1]) § 765 Abs. 1 R.C.P.O.; Art. 29 Subh.Ordn. mit Art. 18 Not.Ges. Vgl. hiezu oben § 68 lit. A Ziff. 7 S. 474. — Zum Folgenden s. besonders auch Ortenau-Henle Einl. S. 6, 14—18, und S. 114 zu Art. 34 Nr. 3.

entscheiden[2]) innerhalb ihres Wirkungskreises von einander unabhängig und je unter eigener Verantwortlichkeit und Haftung.[3])

Das Vollstreckungsgericht kann dem Notar keine Aufträge erteilen.[4]) Wenn auch die Thätigkeit des Notars als Ganzes hier ihre Veranlassung nur in einem Auftrage des Gerichtes haben kann[5]), so ist dieser doch nur die Veranlassung, nicht der Rechtsgrund seiner Thätigkeit, der Vollzug des Auftrages bleibt immer die ihm gesetzlich übertragene Ausübung seines Vollstreckungsamtes.[6]) Der Notar darf regelmäßig die ihm angesonnene Thätigkeit nicht ablehnen[7]); lehnt er ab, so hat nicht das Vollstreckungsgericht, sondern nach den allgemein für die Notare geltenden Grundsätzen das dem Notar vorgesetzte Landgericht über die Stichhaltigkeit des Ablehnungsgrundes zu entscheiden.[8])

Anderseits kann freilich gegen einmal getroffene Entscheidungen des Notars, soferne sie gesetzeswidrig sind oder gesetzliche Interessen Beteiligter gefährden, von den Beteiligten Abhilfe beim Vollstreckungsgerichte, wenn auch teilweise in modifizierter Weise[9]) gegenüber dem

[2]) Vgl. hiezu bezüglich des Vollstreckungsgerichtes besonders die Art. 15 mit Art. 45—47; Art. 29, 32, 43, 82 (mit Art. 26 Nov.), 87, 88, 93, 94, 122 Subh.Ordn.; dann das ganze Verteilungsverfahren, wie die ganze Zwangsvollstreckung durch Zwangsverwaltung. Bezüglich des Notars vgl. die Art. 48, 51, 53, 54, 60, 63, 64, 70, 74, 76, 89, 90 Subh.Ordn.; Art. 24 Nov. Ueber die Gründe, aus denen der Notar als Vollstreckungsorgan zugelassen wurde, vgl. die Mot. z. S.O. S. 74 und den ausführlichen Aussch.Ber. z. Subh.Ordn. S. 479, 480; diese Zulassung forderten teils die Konsequenzen aus Art. 14, 18 Not.Ges., teils Zweckmäßigkeitsgründe.

[3]) Vgl. hiezu Art. 18 A.G. z. R.G.V.G. und Art. 46 Not.Ges. mit Kap. XVI § 3 der bayr. Ger.Ordn. von 1756 und Art. 81 A.G. z. R.C.P.O. (über die actio ex syndicatu); oben § 205 Ziff. VII S. 1130 ff. Bezüglich der Haftung des Staates vgl. neben Art. 149 Not.Ges. und E. d. obst. L.G. XIII. 149 oben § 44 Ziff. VIII, 2 S. 284—288.

[4]) Damit stehen nicht im Widerspruch die Art. 29 und 88 Abs. 4 Subh.Ordn., wie aus dem folgenden hervorgeht; auch nicht Art. 35, Abs. 2 Subh.Ordn., da unter den hier genannten „Anordnungen" nicht Aufträge an den Notar, sondern solche Schriftstücke zu verstehen sind, welche Maßnahmen des Vollstreckungsgerichtes innerhalb seiner Zuständigkeit, wie Anordnung einer Verwaltung, einer weiteren Beschlagnahme, Beschlagnahme von Miet- und Pachtgeldern u. s. w. enthalten. Vgl. auch Ortenau-Henle S. 114.

[5]) Vgl. hieher Art. 43 Abs. 2 Not.Ges. (oben § 70 lit. B Ziff. I, 1 a mit Nt. 3 S. 491, 492); Art, 29, 88 Abs. 4 Subh.Ordn. Im Aussch.Ber. z. Subh.-Ordn. S. 480 wird der Notar mit einem requirierten Gerichte verglichen.

[6]) Vgl. hiezu oben § 70 lit. B Ziff. I, 1 a mit Nt. 3 S. 491, 492; Mot. z. S.O. S. 74, 75; Rehm, Komm. z. Not.Ges. S. 71 Nt. 4; Ortenau-Henle S. 17, 18.

[7]) Art. 43 Abs. 1 insbesondere mit Art. 45 Abs. 2, Art. 47 Not.Ges. — Der Notar als gerichtlicher Vollstreckungsbeamter unterliegt auch den Vorschriften des § 34 Ziff. 6 (Schöffen) und § 83 R.G.V.G. (Geschworenen); vgl. d. Not.Zeit. 1880 S. 195 ff.; dagegen ist § 156 R.G.V.G. (Ausschluß des Gerichtsvollziehers) auf ihn nicht anwendbar; dafür Art. 47 Not.Ges. und Art. 73 Subh.Ordn.; ebenso Pemsel zu Art. 29 Subh.Ordn. Nt. 3. A. M. Ortenau-Henle S. 93.

[8]) Art. 50 Not.Ges. im Gegensatze zu § 685 Abs. 2 R.C.P.O. Dies folgt aus der selbständigen Stellung des Notars.

[9]) Art. 60 Abs. 2; Art. 82 (mit Art. 26 Nov.), 85; Art. 93 Subh.Ordn.

reichscivilprozeßrechtlichen Verfahren, nachgesucht werden, und ist auch der Notar an die Entscheidung des Vollstreckungsgerichtes gebunden[10]); aber eine Abänderung der Entscheidungen des Notars durch das Vollstreckungsgericht von Amts wegen ist schlechthin unzulässig.

Völlig im Widerspruch mit dem Prinzipe steht nur die Bestimmung, daß der Notar durch das Vollstreckungsgericht von Amts wegen zur Tragung der durch grobes Verschulden verursachten Kosten verurteilt werden kann; allein sie rechtfertigt sich aus Zweckmäßigkeitsgründen.[11])

2. Die Grenzen der Zuständigkeit zwischen Vollstreckungsgericht und Notar sind gesetzlich scharf gezogen. Die Zuständigkeit ist auf beiden Seiten eine ausschließliche und jeder Willkür der Vollstreckungsorgane selbst wie der Beteiligten entzogen.[12])

a) Jede Zuständigkeit des Notars ist von vornherein ausgeschlossen bei der Zwangsvollstreckung durch Zwangsverwaltung[13]) oder mittelst Vollstreckungshypothek[14]); hier ist nur das Vollstreckungsgericht zuständig.[15])

b) Innerhalb der Zwangsvollstreckung durch Zwangsversteigerung gebührt:

α) dem Vollstreckungsgerichte das Beschlagnahmeverfahren, die Anordnung und Ueberwachung der erforderlichen Sicherungs- und Verwaltungsmaßregeln in Ansehung der Vollstreckungsobjekte, die Anordnung der Wiederversteigerung im Falle der Nichterfüllung der Verbindlichkeiten seitens des Ansteigerers, das Verteilungsverfahren, die Entscheidung über Einstellung der Zwangsvollstreckung und Einwendungen gegen das vom Notar bei der Versteigerung zu beobachtende Verfahren, die Sorge für Bereinigung der öffentlichen Bücher nach beendeter Zwangsvollstreckung[16]);

β) dem Notar nur das eigentliche Versteigerungsverfahren[17]), lediglich beschränkt durch die unter lit. α angeführte gerichtliche Zuständigkeit.

Die zulässigen Abänderungen erfolgen auch hier nicht etwa von Amts wegen, sondern nur auf Antrag.

[10]) § 685 Abs. 1 R.C.P.O.

[11]) Art. 85 Abs. 4 Subh.Ordn. mit § 97 R.C.P.O.

[12]) Hiefür spricht sowohl die zwingende Vorschrift des Art. 29 Subh.Ordn., als die Analogie des § 707 mit § 40 Abs. 2 der R.C.P.O. Freilich sprechen die Mot. z. Subh.Ordn. S. 74 von dem Notar als „konkurrierendem" Organ, allein offenbar nicht in dem Sinne, als ob für die Thätigkeit des Gerichts auch der Notar, für die des Notars auch das Gericht zuständig, sohin die Ausscheidung der Zuständigkeiten nur eine instruktionelle sei.

[13]) Vgl. die Art. 125—156 Subh.Ordn.

[14]) Vgl. die Art. 40—43 Nov.

[15]) Bezüglich der Vollstreckungshypothek vgl. jedoch auch unten Ziff. II, 2.

[16]) Vgl. hiezu die oben Nr. 2 für das Vollstreckungsgericht zitierten Gesetzesstellen.

[17]) Vgl. hiezu die Art. 48—93 Subh.Ordn.; Art. 24 Nov.

II. Hilfsorgane des Vollstreckungsgerichtes (nicht des Notars) sind der Gerichtsvollzieher, der Gerichtsdiener, der Verwalter. Diese Hilfsorgane sind in ihrer Thätigkeit von den Aufträgen[18]) des Gerichtes abhängig und diesem unterworfen. Der Notar kann ihnen, abgesehen von einem unter lit. a erwähnten Falle keine Aufträge erteilen.[19]) Erinnerungen gegen jede Art ihrer Thätigkeit entscheidet das Vollstreckungsgericht, insbesondere greifen gegenüber dem Gerichtsvollzieher schlechthin die reichscivilprozeßrechtlichen Bestimmungen über Einwendungen in Ansehung des von demselben bei der Zwangsvollstreckung zu beobachtenden Verfahrens[20]) Platz.

Die Thätigkeit dieser Hilfsorgane erstreckt sich und zwar:

1. die des Gerichtsvollziehers auf Anfertigung des Pertinenzverzeichnisses[21]), auf Anstellung der zur Ermittelung der Miet- und Pachtverhältnisse des Vollstreckungsobjektes erforderlichen Erhebungen[22]), auf die gesonderte Versteigerung von beweglichen Zubehörungen und Früchten.[23]) Der Gerichtsvollzieher kann auch mit Zustellungen, sowohl vom Vollstreckungsgerichte, als vom Notar beauftragt werden[24]);

2. die des Gerichtsdieners konkurrierend mit dem Gerichtsvollzieher auf Anstellung der in lit. a genannten Erhebungen[25]) und gesonderte Versteigerung von beweglichen Zubehörungen und Früchten[26]);

3. die des Verwalters oder Sequesters auf die Wirtschaftsführung über die Vollstreckungsobjekte.[27])

III. Stellung des Hypothekenamtes.

1. Bei der Zwangsvollstreckung durch Zwangsversteigerung wie Zwangsverwaltung ist eine Thätigkeit des Hypothekenamtes nach

[18]) Vgl. auch Mot. z. S.O. S. 74, 75.

[19]) Wenngleich der Antrag nach Art. 36 und 37 Subh.Ordn. auch beim Notar gestellt werden kann.

[20]) § 685 R.C.P.O.; Art. 47, 140 Subh.Ordn.

[21]) Art. 37 Subh.Ordn.; § 6 Abs. 1 Ziff. 3 der Ger.Vollz.Ordn. v. 6. Sept. 1879 (G.V.Bl. S. 1091); § 92 der J.M.Bek. v. 30. Sept. 1879, die Ausführung der Zwangsvollstreckungen u. s. w. betr. (J.M.Bl. S. 145; W. XIV. S. 86); § 66 Abs. 2—4 der J.M.Bek.

[22]) Art. 38 Subh.Ordn.; § 6 Abs. 1 Ziff. 2 der Ger.Vollz.Ordn. v. 6. Sept. 1879; J.M.Bek. v. 30. Sept. 1879.

[23]) Art. 36 Abs. 2 und 3 Subh.Ordn. mit §§ 716—718, 725, 726 R.C.P.O. und Art. 13 Nov.; § 52 Abs. 3 der J.M.Bek. v. 30. Sept. 1879. Mit dieser Versteigerung können indes auch andere Personen als Gerichtsvollzieher und Gerichtsdiener betraut werden; diesen anderen Personen fehlt zwar an sich der amtliche Charakter; aber trotzdem wird § 685 R.C.P.O. auf sie entsprechende Anwendung zu finden haben.

[24]) §§ 152, 154 R.C.P.O.; Art. 17, Art. 63 Subh.Ordn. Vgl. hieher auch das Prinzip in Art. 23 Not.Ges. mit Art. 126 Ziff. 3 A.G. z. R.C.P.O. und Art. 24 Not.Ges. (oben § 71 lit. F S. 526, § 68 Ziff. VI, 4 S. 486).

[25]) Vgl. auch Ortenau-Henle S. 117.

[26]) Vgl. die Zitate in Nt. 18.

[27]) Art. 15, 45—47; Art. 140—142 Subh.Ordn. Der Verwalter hat amtlichen Charakter; ihm gegenüber sind gemäß Art. 142 Abs. 1 Subh.Ordn., der analog auf die Fälle sonstiger Verwaltung anwendbar ist, Ordnungsstrafen zulässig. Vgl. auch Ortenau-Henle S. 127 und die Zitate in Nt. 2 daselbst.

zweifacher Richtung hin veranlaßt, einmal auf unmittelbares Anrufen des Vollstreckungsgerichtes behufs Einschreibung und Löschung der Beschlagnahme im Hypothekenbuche, Berichtigung des Hypothekenbuches nach durchgeführter Zwangsvollstreckung[28]), Erteilung oder Ergänzung des erforderlichen Hypothekenbuchauszuges, dann von Amtswegen durch Mitteilung aller im Laufe des Zwangsvollstreckungsverfahrens im Hypotheken- oder Grundbuche erfolgenden Einträge und Vormerkungen an das Vollstreckungsgericht.[29])

2. Die Stellung des Hypothekenamtes ist aber hier weder die eines dem Vollstreckungsgerichte untergeordneten Hilfsorganes, noch die eines dem Vollstreckungsgerichte koordinierten Vollstreckungsorganes: das Hypothekenamt behält vielmehr auch hier seine Eigenschaft als Behörde der freiwilligen Rechtspflege bei und steht zum Vollstreckungsgerichte in keinem anderen Verhältnisse, wie zu einer sonstigen vor dem Hypothekenamte antragsberechtigten Behörde[30]); daher liegt auch Rechtshilfe im technischen Sinne nicht vor.

3. Aehnliches gilt für die Stellung des Hypothekenamtes sowohl bei der vormerkungsweisen und definitiven Einschreibung einer Vollstreckungshypothek in das Hypothekenbuch, wie bei Löschung derselben im Falle einer Einstellung der Zwangsvollstreckung und der etwa hiedurch bedingten Aufhebung der Vollstreckungsmaßregeln.[31]) Wenn auch hier unter Umgehung des Vollstreckungsgerichtes auf unmittelbaren Antrag des Vollstreckungsgläubigers bezw. Schuldners das Hypothekenamt angesichts der Vollstreckung thatsächlich allein thätig wird, so erscheint doch rechtlich nach der oben entwickelten rechtlichen Natur der hier in Frage kommenden Zwangsvollstreckung das Hypothekenamt nur um eine Handlung ersucht, die nach den Grundsätzen des

---

[28]) Art. 7 Abs. 2; Art. 30, 31; Art. 94, 122; Art. 130 Abs. 2, Art. 156 Subh.Ordn.

[29]) Art. 31 Abs. 2; Art. 130 Abs. 2 Subh.Ordn.

[30]) Diese Stellung ergiebt sich insbesondere aus den Worten des Art. 31 Abs. 1 Subh.Ordn. „soferne sich nicht aus dem Hypothekenbuche Anstände ergeben", wie aus allgemeinen Prinzipien; anderseits enthält diese Gesetzesstelle lediglich die konkrete Anwendung des § 95 Ziff. 3 Hyp.Ges. (s. oben § 98 Ziff. II S. 675). Vgl. hiezu besonders Ortenau-Henle S. 100—107. Zum ganzen s. auch oben § 102 Ziff. I, 3 S. 719. Es ist übrigens zweifelhaft, ob die Antragsberechtigung des Vollstreckungsgerichtes auf eine Art Parteistellung gegründet werden kann, so daß z. B. demselben das Recht der Parteibeschwerde (Art. 56 ff. A.G. z. R.C.P.O.) gegen das Hypothekenamt zustünde, oder ob nicht vielmehr das Vollstreckungsgericht, ähnlich wie sonst der Notar, lediglich eine antragsvermittelnde Stellung einnimmt, so daß ihm selbst lediglich das Recht der Dienstbeschwerde, die Parteibeschwerde aber nur der in ihren rechtlichen Interessen verletzten Privatperson zusteht. Ich möchte mich für die letztere Auffassung entscheiden. A.M. offenbar Ortenau-Henle S. 102 Nr. 4 unter Bezugnahme auf Bl. f. R.A. LIII. 79, insoferne als hier § 160 R.G.V.G. mit Art. 77 A.G. z. R.G.V.G. auf die etwaige Beschwerdebefugnis des Vollstreckungsgerichts angewendet werden will. In Ortenau, Komm. z. Subh.Ordn. 2. Aufl. zu Art. 30 Nr. 2 ist die Ansicht vertreten, daß die Ansicht des Vollstreckungsgerichts für das Hypothekenamt maßgebend sei; dagegen auch d. Not.Zeit. 1881 S. 383; Regelsberger, Hyp.R. 2. Aufl. § 84 Nr. 5.

[31]) Art. 40—42 Nov.

Hypothekenrechts zur Entstehung bezw. formellen Erlöschung jeder Hypothek erforderlich ist und nur von dem Hypothekenamte als Gericht der nichtstreitigen Rechtspflege vorgenommen werden kann. An dieser Rechtslage kann dann aber selbstverständlich der Umstand keine Aenderung bedingen, daß aus praktischen Erwägungen nicht das Vollstreckungsgericht selbst, sondern nur der betreibende Gläubiger bezw. Schuldner zur Stellung des Antrages beim Hypothekenamte auf Einschreibung bezw. Löschung der Vollstreckungshypothek berechtigt erklärt ist.[32]) Uebrigens kommt die thatsächliche und rechtliche Existenz eines besonderen Vollstreckungsgerichtes neben dem Hypothekenamte in allen jenen Fällen zur Geltung, in welchen der Schuldner Einwendungen gegen die Zulässigkeit der Vollstreckungsklausel und damit der Zwangsvollstreckung oder gegen die Art und Weise der Zwangsvollstreckung, soferne sie nur nicht das hypothekenamtliche Verfahren betreffen, erhebt und diese Einwendungen nach den Bestimmungen der Reichs-Civilprozeßordnung[33]) vom Vollstreckungsgerichte zu entscheiden sind.

4. Daraus folgt aber in all diesen Fällen:

a) daß für die Prüfungsbefugnis, wie überhaupt den Vollzug des Hypothekenamtes lediglich die Grundsätze des Hypothekenrechtes[34]) maßgebend sind, allerdings mit der Einschränkung, daß — abgesehen von der Vollstreckungshypothek — nur für das Legalitäts-[35]), nicht für das Konsensprinzip[36]) Raum

[32]) So die herrschende Meinung und die Praxis; vgl. E. d. obst.L.G. XIII. 621; b. Not.Zeit. 1890 S. 77; Ortenau-Henle S. 528 und die dortigen Zitate; Regelsberger, Hyp.R. 2. Aufl. § 85a S. 401. Abweichende Ansichten s. bei Ortenau-Henle a. a. O. Nt. 4. Die Frage ist immerhin zweifelhaft; so schlechthin wird die gegenteilige Ansicht, wonach je nach der Art der hier in Frage kommenden Prüfungsthätigkeit das Hypothekenamt nur Gericht der freiwilligen Rechtspflege oder auch Vollstreckungsgericht ist und hienach dann auch die Rechtsmittel u. s. w zu bemessen sind, nicht von der Hand zu weisen sein, wenn man nicht der im Texte gewählten Begründung beipflichtet (s. oben § 250 Ziff. 1 S. 1317).

[33]) Vgl. §§ 668, 703, 705 Abs. 3 R.C.P.O.; hiezu Art. 40 Abs. 2 Nov. Vgl. hiezu auch Ortenau-Henle S. 532; Hellmann S. 293, 294.

[34]) §§ 96, 97, 98 Ziff. 1, 105, 106 Hyp.Ges.; Mot. z. Subh.Ordn. S. 84. Zu § 106 Hyp.Ges. (Einschreibung von Vormerkungen und Protestationen) vgl. besonders Bl. f. R.A. L. 145. Ein direkter Verkehr des Hypothekenamtes mit den Beteiligten, wenngleich es Erhebungen pflegen kann, ist ebensowenig zulässig, wie bei notariellen Vorlagen; es kann daher an die Beteiligten keine Auflagen machen, Fehlendes nachzubringen, und für die Unterlassung Rechtsnachteile androhen: so b. Not.Zeit. 1881 S. 287, 294; Ortenau-Henle S. 102; auch oben § 105 Ziff. 9 S. 744.

[35]) Vgl. hierüber oben § 104 lit. B S. 727 ff.

[36]) § 98 Ziff. 2, §§ 107—112, 158 Hyp.Ges. Nicht aber etwa wegen des Wortlautes des Art. 31 Abs. 1 Subh.Ordn. („sofort"), wie Hellmann S. 36 annimmt, sondern einmal auf Grund des allgemeinen Prinzipes, daß bei der gesetzlich zugelassenen und vom Richter verfügten Zwangsvollstreckung die Zustimmung des Schuldners zu allen Handlungen, welche zur Durchführung der Zwangsvollstreckung gesetzlich zulässig und erforderlich sind, gesetzlich ignoriert wird, mit diesem Prinzipe aber das hypothekenrechtliche Konsensprinzip sich nicht verträgt, dann um des-

ist, sohin die Prüfung des Hypothekenamtes neben anderem doch nur die formale Existenz der vollstreckungsrichterlichen Entscheidung, nicht das Vorhandensein ihrer prozeßrechtlichen Voraussetzungen umfassen kann.[37]) Auch in Ansehung der Zwangsvollstreckung mittelst Vollstreckungshypothek bestehen hier keine Abweichungen von den hypothekenrechtlichen Prinzipien; denn das Hypothekenamt hat stets das Vorhandensein des behaupteten gesetzlichen Hypothekentitels und damit auch die einzelnen Voraussetzungen, auf denen er beruht, zu prüfen, daher hier nicht sowohl die rein hypothekenrechtlichen Voraussetzungen der Zulässigkeit der Einschreibung, als auch alle zunächst im Prozeßrechte begründeten Voraussetzungen der Zulässigkeit der Zwangsvollstreckung, die hier, weil darauf die Existenz des Vollstreckungshypothekentitels sich gründet, die hypothekenrechtliche Natur der Grundlagen eines gesetzlichen Hypothekentitels annehmen[38]); hier findet dann nicht einmal eine Durchbrechung des hypothekenrechtlichen Konsensprinzipes statt[39]), wenngleich dasselbe in einigen Punkten modifiziert erscheint;

b) daß das Hypothekenamt und das Vollstreckungsgericht von einander völlig unabhängig sind, insbesondere das Hypothekenamt an dessen rechtliche Auffassung nicht gebunden ist und vom Vollstreckungsgerichte keine Aufträge empfangen kann[40]);

c) daß gegen die Entscheidungen des Hypothekenamtes weder die Entscheidung des Vollstreckungsgerichtes[41]) angerufen, noch die sofortige Beschwerde der Reichs-Civilprozeßordnung[42]), auch nicht die Rechtshilfebeschwerde[43]), sondern lediglich die auch sonst in Hypothekensachen stattfindende Beschwerde der nichtstreitigen Rechtspflege[44]) zulässig ist.

willen, weil hier immer eine die Einschreibung in das Hypothekenbuch verfügende richterliche Entscheidung vorliegt. Vgl. hiezu oben § 104 lit. C Ziff. III S. 735.

[37]) Dies kommt insbesondere gegenüber dem Beschlagnahmebeschluß (Art. 29 bis 32 Subh.Ordn.) in Betracht. Der Ausdruck „Hypothekenbuch" im Art. 31 Subh.Ordn. ist in d. Not.Zeit. 1881 S. 379 und Ortenau-Henle S. 100 richtig mit „Führung des Hypothekenbuchs" erklärt; dagegen Hellmann S. 36; vgl. auch Bl. f. R.A. LIV. 304. Vgl. hiezu besonders Bl. f. R.A. XIV. 267; Ortenau-Henle S. 100—103 und Näheres noch unten § 268.

[38]) Vgl. hieher auch Ortenau-Henle S. 528—532; Hellmann S. 292, 293.

[39]) Vgl. hiezu Art. 40 Abs. 2 Nov. mit §§ 109, 110, 111 Hyp.Ges. (oben § 109 lit. C S. 733 ff.).

[40]) Vgl. auch d. Not.Zeit. 1881 S. 383; Ortenau-Henle S. 102; Regelsberger, Hyp.R. § 84 Nt. 5. A. M. Ortenau, 2. Aufl. zu Art. 34 Subh.Ordn.

[41]) § 685 R.C.P.O.

[42]) § 701 mit §§ 530—540 R.C.P.O.

[43]) § 160 R.G.V.G.; § 77 A.G. z. R.G.V.G.

[44]) § 94 Hyp.Ges. mit Art. 1 der Hyp.Nov. v. 29. Mai 1886; §§ 56—67 A.G. z. R.C.P.O.; vgl. oben § 242 S. 1282 ff.; E. d. obst. L.G. XIII. 261; XV. 523; d. Not.Zeit. 1890 S. 77; Regelsberger § 85a S. 401; Ortenau-Henle S. 528 mit den in Nt. 4 das. Zitierten.

5. Nur eine Ausnahme besteht. Das Hypothekenamt ist zur Erteilung einer neuen Vollstreckungsklausel zu vollstreckbaren Ausfertigungen von Hypothekurkunden befugt.[45]) In Ansehung dieser Thätigkeit fungiert das Hypothekenamt als Organ der streitigen Rechtspflege; gegen seine diesbezüglichen Entscheidungen greift daher auch die sofortige Beschwerde der Reichs-Civilprozeßordnung als Rechtsmittel der streitigen Rechtspflege Platz.[46])

IV. Streitigkeiten über die sachliche Zuständigkeit sind, soweit das Verhältnis zwischen Vollstreckungsgericht, Notar und Hilfsorganen der Vollstreckung in Frage kommt, im Wege der Aufsichtsbeschwerde zu erledigen. Die Privatbeteiligten können die Entscheidung solcher Streitigkeiten durch die gegen die Entscheidungen des betreffenden Vollstreckungsorganes jeweils zulässige Parteibeschwerde herbeiführen, gegenüber den Hilfsorganen durch Antrag auf Entscheidung des Vollstreckungsgerichtes.

B. Oertliche Zuständigkeit.

I. In Ansehung der örtlichen Zuständigkeit gilt der Gerichtsstand der belegenen Sache.

1. Oertlich zuständiges Vollstreckungsgericht ist daher dasjenige Amtsgericht, in dessen räumlichem Bezirke das Grundstück, in welches vollstreckt werden soll, bezw. das Grundstück, an welchem das den Gegenstand der Vollstreckung bildende Recht besteht, gelegen ist.[47])

Die Bestimmung des zuständigen Gerichts erfolgt durch das zunächst höhere Gericht:

a) wenn es mit Rücksicht auf die Grenzen verschiedener Amtsgerichtsbezirke ungewiß ist, welches Amtsgericht zuständig sei, und zwar nur auf Antrag eines Beteiligten;
b) wenn das Grundstück in den Bezirken verschiedener Amtsgerichte belegen ist, jedoch nur auf Antrag eines Beteiligten;
c) wenn die Zwangsvollstreckung in mehrere in verschiedenen Amtsgerichtsbezirken belegenen Grundstücke (auch Pertinenzgrundstücke) desselben Schuldners, bezw. in mehrere vollstreckungsfähige Rechte desselben Schuldners, welche an mehreren in verschiedenen Gerichtsbezirken belegenen Grundstücken begründet sind, beantragt wird.[49]) In allen diesen

---

[45]) Art. 132 Abs. 3 A.G. z. R.C.P.O.; vgl. oben § 240 lit. B Ziff. III, 1 b S. 1278.

[46]) §§ 530—540, 701 R.C.P.O.; E. d. obst. L.G. XIV. 707; oben § 105 Ziff. 11 Nt. 19 S. 745.

[47]) § 755 Abs. 1 R.C.P.O.; Art. 3 Subh.Ordn.

[48]) §§ 756, 36 Ziff. 1, 2, 4—6, § 37 R.C.P.O.; Art. 3 Subh.Ordn. — § 36 Ziff. 3 R.C.P.O. kann keine Anwendung finden.

[49]) Auf mehrere in Verbandhaft befindliche Grundstücke verschiedener Eigentümer kann diese Vorschrift nicht bezogen werden; hier ist die Bestimmung eines zuständigen Gerichts ausgeschlossen.

Fällen hat das zum Vollstreckungsgerichte bestimmte Amtsgericht von seiner Bestellung den beteiligten Amtsgerichten Kenntnis zu geben[50]):

d) wenn das an sich zuständige Gericht in einem einzelnen Falle an der Ausübung des Richteramts rechtlich oder thatsächlich verhindert ist;

e) wenn verschiedene Gerichte sich rechtskräftig für zuständig oder, obwohl eines derselben zuständig, sich für unzuständig erklärt haben.

Der Antrag auf Bestimmung des zuständigen Gerichts kann beim höheren Gerichte schriftlich oder zu Protokoll des Gerichtsschreibers gestellt werden und unterliegt nicht dem Anwaltszwange.[51]) Einer vorgängigen Zustellung des Vollstreckungstitels bedarf es nicht.[52]) Die Entscheidung über das Gesuch kann ohne vorgängige mündliche Verhandlung erfolgen. Der das zuständige Gericht bestimmende Beschluß ist unanfechtbar, der abweisende Beschluß dagegen mit einfacher Beschwerde anfechtbar.[53]) Das Verfahren ist gebührenfrei.

2. Für die örtliche Zuständigkeit des Notars gilt der Grundsatz, daß er nur innerhalb seines Amtsbezirkes, d. h. innerhalb des Landgerichtssprengels, in welchem er seinen Sitz hat, Amtshandlungen vornehmen darf. Da Grundstücke in derjenigen Gemeinde versteigert werden müssen, in deren Markung sie liegen, so kann nur ein Notar die Versteigerung vornehmen, in dessen Amtsbezirk der Versteigerungsort belegen ist. Nur wenn die in einem Verfahren zu versteigernden Grundstücke in verschiedenen Markungen liegen, kann derjenige Notar, in dessen Amtsbezirk das Hauptgebäude oder mangels eines solchen der bedeutendere Teil der Grundstücke liegt, auch die Versteigerung der nicht in seinem Amtsbezirke gelegenen Grundstücke bethätigen, andernfalls aber die Versteigerung der letzteren doch wieder dann nicht, wenn sie in verschiedenen Akten und in der Markung der betreffenden Grundstücke, welche nicht in seinem Amtsbezirke liegt, erfolgen

---

[50]) Vorzüglich, um Doppelverfahren zu vermeiden: Art. 14 Subh.Ordn. Die Vorschrift ist nur instruktioneller Natur; ihre Unterlassung hat also keine Rechtsnachteile für den Gläubiger zur Folge. Die Benachrichtigung der Amtsgerichte soll in der Regel gelegentlich der Requisitionen um Eintrag oder Vermerkung des Beschlagnahmebeschlusses im Hypothekenbuche erfolgen (Mot. z. Subh.-Ordn. S. 78).

[51]) Für diese äußerst bestrittene Frage ist ausschließlich Reichsrecht maßgebend. Zustimmend Ortenau-Henle S. 69 mit weiteren Litteraturangaben in Nt. 3; Gaupp, Komm. z. R.C.P.O. zu § 37 Anm. I; Reincke, Komm. z. R.C.P.O. zu § 37; Petersen, Komm. z. R.C.P.O. 2. Aufl. zu § 37 Nt. 1; v. Wilmowski und Levy, Komm. z. R.C.P.O. 7. Aufl. zu § 37 Nt. 1; E. d. R.G. I. 431; VII. 403; Ztschr. f. d. civ. Pr. III. 145. A. M. v. Planck, Lehrb. d. deutsch. Civ.-Proz.R. I S. 87; Bl. f. R.A. XLV. 97 und die bei Ortenau-Henle a. a. O. Zitierten.

[52]) Krech-Fischer zu § 3 Nt. 7 S. 77; Ortenau-Henle S. 69 Nt. 3. A. M. Jäckel zu § 3 Not. II, B.

[53]) § 530 R.C.P.O. So die herrschende Ansicht gegen Jäckel a. a. O.

soll. Der allgemeine Grundsatz über die örtliche Zuständigkeit des Notars fällt vollends dann weg, wenn es sich um Versteigerung geringwertiger Grundstücke handelt und der Notar, wie er befugt, ihre Versteigerung an seinem Wohnsitze vornimmt, oder, wenn es sich um Grundstücke handelt, die überhaupt keinem Gemeindebezirke angehören.

3. Für die örtliche Zuständigkeit des Gerichtsvollziehers gelten die oben § 67 (S. 471, 472) und für die Gerichtsdiener die oben § 231 (S. 1248, 1249) angeführten Grundsätze. Hinsichtlich des Verwalters bestehen keine örtlichen Zuständigkeitsgrenzen.

C. Verhältnis zu anderen Gerichten.

Der sachliche und örtliche Gerichtsstand des Vollstreckungsgerichtes ist auch im Verhältnis zu anderen Gerichten ein ausschließlicher Gerichtsstand; Prorogation daher in jeder Richtung ausgeschlossen.[54])

D. Mangel der Zuständigkeit.

Der Mangel der sachlichen oder örtlichen Zuständigkeit der eigentlichen Vollstreckungsorgane, wie die Vollstreckungshilfsorgane, begründet Nichtigkeit ihrer unzuständig vorgenommenen Handlungen. Die Nichtigkeit wird aber durch die rechtskräftige Erledigung des Verfahrens geheilt.[55])

§ 253.

Die Beteiligten der Zwangsvollstreckung.

A. Die einzelnen Arten der Beteiligten.

Die Beteiligten unterscheiden sich in die Subjekte der Zwangsvollstreckung als unmittelbar Beteiligte und die Beteiligten im weiteren Sinne als mittelbar Beteiligte. Bei der Zwangsvollstreckung durch Vollstreckungshypothek gibt es vom prozeßrechtlichen Standpunkte aus nur Subjekte der Zwangsvollstreckung, den Vollstreckungsschuldner als Eigentümer des mit der Vollstreckungshypothek zu belastenden Gegenstandes und den Vollstreckungsgläubiger. Die folgende Darstellung beschränkt sich auf die Beteiligten der Zwangsvollstreckung durch Zwangsversteigerung und Zwangsverwaltung.

I. Die Subjekte der Zwangsvollstreckung sind Beteiligte der Zwangsvollstreckung im engsten Sinne. Subjekte der Zwangsvollstreckung sind diejenigen Personen, deren Rechtssphäre unmittelbar durch die Zwangsvollstreckung betroffen wird. Es sind dies der Beschlagnahmegläubiger und der Vollstreckungsschuldner[1]); beide sind sowohl durch ein materiell=rechtliches als prozeßrechtliches Element

---

[54]) §§ 707, 40 Abs. 2 R.C.P.O.

[55]) arg. § 540 Abs. 2, §§ 541—543 R.C.P.O.

[1]) Vgl. hiezu Art. 40 Abs. 1 Ziff. 1, Art. 40 Abs. 2, Art. 147 erster Satz und Ziff. 3 Subh.Ordn.

gekennzeichnet. Eine verschiedenartige Stellung nimmt der Konkursverwalter des in Konkurs geratenen Vollstreckungsschuldners ein.

1. Beschlagnahmegläubiger ist derjenige Gläubiger, auf dessen Antrag zum Zwecke der Befriedigung eines Geldanspruches, um dessentwillen also die Zwangsvollstreckung in das unbewegliche Vermögen betrieben wird und dessen Vollstreckungsberechtigung aus dem Vollstreckungstitel oder der ihm beigefügten Vollstreckungsklausel ersichtlich ist.[2]) Auch mehrere Beschlagnahmegläubiger sind möglich und gelten dann alle als unmittelbar Beteiligte und zwar jeder jeweils vom Zeitpunkte der von ihm erwirkten Beschlagnahme an.[3]) Bei der Zwangsvollstreckung durch Zwangsverwaltung kommen in Ansehung je einer Rechnungsperiode jedoch immer nur solche Beschlagnahmegläubiger in Betracht, welche jeweils vor Ablauf der betreffenden Rechnungsperiode die Beschlagnahme erwirkt haben.[4]) Dem Beschlagnahmegläubiger ist in Ansehung des Verfahrens kraft positiver Gesetzesvorschrift der Konkursverwalter gleichgestellt, soferne er selbst die Zwangsversteigerung oder Zwangsverwaltung des zur Konkursmasse gehörigen unbeweglichen Vermögens betreibt.[5])

2. Vollstreckungsschuldner ist im allgemeinen diejenige Person, aus deren unbeweglichem Vermögen die Befriedigung eines Geldanspruches, sei es infolge persönlicher oder dinglicher Haftung hiefür, erfolgen soll.

a) Nach materiellem Rechte und allgemeinem prozeßrechtlichen Prinzipe kann Vollstreckungsschuldner nur derjenige sein, welcher zur Zeit der Beschlagnahme Eigentum am Vollstreckungsobjekte besitzt oder dieses doch auf Grund eines zum Eigentumserwerbe tauglichen Vorganges erworben hat und durch den Vollstreckungstitel oder die ihm beigefügte Vollstreckungsklausel als Schuldner des zu verwirklichenden persönlichen oder dinglichen Geldanspruches ausgewiesen ist.[6]) In letzterer Hinsicht hat aber das bayerische Recht die unter lit. b angeführte Ausnahme geschaffen. In materiellrechtlicher Hinsicht kommt noch folgendes in Betracht:

α) Das bloße Hypothekenbucheigentum genügt zur Passivlegitimation des Vollstreckungsschuldners nicht.[7]) Anderseits ist es

---

[2]) § 671 Abs. 1, § 703 R.C.P.O.; Art. 136 A.G. z. R.C.P.O.

[3]) Vgl. den Wortlaut des Art. 40 Ziff. 1, dann Art. 42, 143 Subh.Ordn.

[4]) Art. 147 Ziff. 3 Subh.Ordn.

[5]) Art. 171 Ziff. 2 R.K.O.

[6]) § 671 Abs. 1, § 703 R.C.P.O.; Art. 136 A.G. z. R.C.P.O.; E. d. obst. L.G. IX. 487.

[7]) Dieser Satz ist äußerst bestritten. Für den im Texte aufgestellten Satz sprechen zwei durchschlagende Gründe, einmal der Umstand, daß nach allgemeinen Grundsätzen nur das Vollstreckungsgegenstand sein kann, was dem Schuldner wirklich eigentümlich gehört, dann daß der Beschlagnahme als solcher die Wirkungen der Oeffentlichkeit des Hypothekenbuches nicht zukommen, da sie keinen hypothekenrechtlichen Erwerb bedeutet. Vgl. hiezu oben § 132 lit. B Ziff. II Nr. 20; § 111 Ziff. II S. 764. Für die im Texte vertretene Ansicht auch E. d. obst. L.G. XI. 129; Bl. f. R.A. XLVIII. 278; Regelsberger, Hyp.R. 2. Aufl. § 79 Ziff. II;

freilich möglich, daß im Falle der Durchführung der Zwangsvollstreckung gegen den bloßen Bucheigentümer infolge der Wirkungen des Oeffentlichkeitsprinzipes schließlich eine Anfechtung des Zuschlages seitens des materiellen Eigentümers ausgeschlossen ist.[8])

β) Daß der Vollstreckungsschuldner hypothekenbuchmäßiger Eigentümer sei, ist nicht absolutes Erfordernis.

aa) Ist für das Grundstück überhaupt kein Hypothekenbuchfolium eröffnet, so genügt einerseits, ist aber anderseits auch regelmäßig erforderlich, daß das Grundstück in den rentamtlichen Katastern auf den Vollstreckungsschuldner umgeschrieben ist.

bb) Ist im Hypothekenbuche ein Folium eröffnet, so ist zwar regelmäßig erforderlich, daß der Vollstreckungsschuldner auch durch das Hypothekenbuch als Eigentümer ausgewiesen ist; dieses formale Erfordernis der Beschlagnahme kann dann durch anderen Nachweis des Eigentums nicht ersetzt werden.[9])

cc) Um diesen Erfordernissen genügen zu können, ist jedem mit einer vollstreckbaren Urkunde für eine fällige Forderung versehenen Gläubiger die Befugnis eingeräumt, alle Rechte des Schuldners auf Besitztitelberichtigung oder rentamtliche Umschreibung auszuüben.

dd) Wenn aber der rentamtlichen Umschreibung oder Berichtigung des Besitztitels im Hypothekenbuche Hindernisse entgegenstehen, obgleich das Eigentum des Vollstreckungsgrundstückes an den Schuldner übergegangen ist, so wird von dem Ausweise des Eigentums durch die rentamtlichen Kataster oder das Hypothekenbuch Abstand genommen.

ee) In allen Fällen ist es gleichgiltig, ob im Falle der Zwangsvollstreckung wegen einer auf dem Vollstreckungsobjekte haftenden Schuld der Vollstreckungsschuldner als Eigentümer des Vollstreckungsobjektes zugleich persönlich haftender oder nur dinglich haftender Schuldner ist.[10])

b) Trotzdem läßt das bayerische Recht[11]), abweichend vom allgemeinen prozeßrechtlichen Prinzipe, im Interesse einer schleunigen

---

Hellmann S. 24. Dagegen noch E. d. obst. L.G. XIV. 722; Ortenau-Henle, 3. Aufl. S. 82 ohne Gründe. Zweifelhaft die Mot. z. Subh.Ordn. S. 80, 82; im Sinne des Textes Aussch.Ber. z. Subh.Ordn. S. 487.

[8]) Vgl. hierüber unten § 290 lit. E Ziff. III.

[9]) Vgl. d. Mot. z. Subh.Ordn. S. 80.

[10]) Art. 21, 23 Abs. 3 Subh.Ordn.

[11]) Art. 23 Subh.Ordn. Vgl. hiezu oben § 132 lit. F S. 877, 878 und besonders Ortenau-Henle S. 85—87. Art. 23 Abs. 4 Subh.Ordn. bemerkt noch ausdrücklich, daß durch diese Vorschriften an der Befugnis des Hypothekgläubigers, gegen den Drittbesitzer auf Befriedigung durch den Verkauf der Hypothekobjekte selbständig zu verfahren, nichts geändert werde; gegen den selbständig verfolgten Drittbesitzer sei in Ansehung der Zwangsvollstreckung nach Maßgabe der den Schuldner betreffenden Vorschriften zu verfahren.

Rechtsverfolgung der auf einem Grundstücke haftenden Schulden die Zwangsvollstreckung durch Zwangsversteigerung, nicht durch Zwangsverwaltung[12]), in dieses Grundstück selbst dann zu, wenn es im Eigentume einer Person sich befindet, welche der Vollstreckungstitel oder die ihm beigefügte Vollstreckungsklausel nicht als Vollstreckungsschuldner bezeichnet.[13]) Immerhin gilt aber auch hier nur der hierin bezeichnete als wahrer Vollstreckungsschuldner, nicht der „Drittbesitzer"; es liegt nicht ein selbständiges Vollstreckungsverfahren gegen letzteren, sondern nur ein in der Person jenes Vollstreckungsschuldners fortgesetztes Vollstreckungsverfahren gegen den Drittbesitzer als Rechtsnachfolger in das zu beschlagnahmende Grundstück vor. Letzterer wird infolgedessen lediglich zur Wahrung seiner Interessen zu dem Verfahren beigezogen und nimmt in demselben eine Stellung ein, welche im gewissen Sinne mit der eines als Streitgenossen der Hauptpartei geltenden Nebenintervenienten verglichen werden kann.[14]) In Ansehung des rentamtlichen oder hypothekenbuchsmäßigen Ausweises dieses Drittbesitzers als Eigentümers am Vollstreckungsgrundstücke gelten die unter lit. a erwähnten Grundsätze.[15])

c) Im Falle ein Zwangsvollstreckungsverfahren in das zur Konkursmasse gehörige unbewegliche Vermögen des Gemeinschuldners beantragt oder fortgesetzt wird, tritt an Stelle des Gemeinschuldners nunmehr der Konkursverwalter.[16])

Wird jedoch vom Konkursverwalter selbst die Zwangsversteigerung oder Zwangsverwaltung in das zur Konkursmasse gehörige unbewegliche Vermögen betrieben, so gilt zwar der Gemeinschuldner nicht mehr als Beteiligter, aber an seiner Stelle auch nicht der Konkursverwalter; letzterer ist vielmehr in Ansehung des Verfahrens als Beschlagnahmegläubiger zu betrachten.[17]) Wenn nun hier freilich formell ein Vollstreckungsschuldner nicht vorhanden ist, so entsprechen doch jene Rechtsstellungen einerseits der allgemeinen Wirkung des Konkurses auf die Dispositionsfähigkeit des Gemeinschuldners[18]), andrerseits der besonders gearteten rechtlichen

---

[12]) arg. Art. 125 Abs. 2 Subh.Ordn. Hier muß gegen den Drittbesitzer immer selbständig vorgegangen werden.

[13]) In diesem Sinne ist hier der in Art. 23 Abs. 1 Subh.Ordn. gebrauchte Ausdruck „Drittbesitzer" zu verstehen. Hiebei ist es gleichgiltig, ob er nur dinglich oder auch persönlich haftet. Vgl. oben § 247 lit. C Ziff. 1 S. 1309, 1310.

[14]) Mot. z. Subh.Ordn. S. 81; E. d. obst. L.G. X. 129; XIV. 726; Bl. f. R.A. XLIX. 174.

[15]) Art. 23 Abs. 3 Subh.Ordn.

[16]) Art. 170 Subh.Ordn.

[17]) Art. 171 Ziff. 2 Subh.Ordn.; § 116 R.K.O.

[18]) § 5 R.K.O.

Stellung des Konkursverwalters.[19]) Gerade daraus folgt aber wieder, daß im Falle der Freigabe unbeweglichen Vermögens und der Konkursmasse seitens des Konkursverwalters nunmehr wieder der Gemeinschuldner selbst, materiell wie formell, als Vollstreckungsschuldner und Beteiligter in Betracht kommt und der Konkursverwalter aus dem Kreise der Beteiligten in jeder Beziehung ausscheidet.[20])

II. Außer den eigentlichen Subjekten der Zwangsvollstreckung kommen noch als Beteiligte der Zwangsvollstreckung im weiteren Sinne in Betracht alle diejenigen Personen, welche ein mittelbares rechtliches Interesse an der Zwangsvollstreckung haben. Je nach der Art der Zwangsvollstreckung ist auch die Art dieser Beteiligten verschieden:

1. Bei der Zwangsversteigerung: Hier ist zu unterscheiden zwischen der eigentlichen Zwangsversteigerung und dem Verteilungsverfahren.

a) Bei der Zwangsvollstreckung durch Zwangsversteigerung sind Beteiligte im weiteren Sinne[21])

α) folgende Gläubiger:

aa) diejenigen, welche Beschlagnahme zum Zwecke der Zwangsverwaltung erwirkt haben;

bb) die bevorzugten Gläubiger der ersten Reihe;

cc) diejenigen, für welche auf dem beschlagnahmten Gegenstande zur Zeit der Beschlagnahme eine Hypothek oder eine Dispositionsbeschränkung eingetragen oder vorgemerkt war;

dd) die Ewiggeldgläubiger;

ee) diejenigen, welche in Ansehung des beschlagnahmten Gegenstandes, der beweglichen Zubehörungen oder der ausstehenden Erträgnisse bereits die Einleitung eines anderen Zwangsvollstreckungsverfahrens oder die Vollziehung eines Arrestes oder einer einstweiligen Verfügung erwirkt haben;

β) diejenigen, welchen ein Vorkaufsrecht[22]) oder ein Recht auf Zurücknahme an dem beschlagnahmten Gegenstande (Vorbehalt des Eigentumsrückfalles) zusteht;

---

[19]) Die rechtliche Stellung des Konkursverwalters ist allerdings eine äußerst bestrittene. Die Sätze der Subh.Ordn. sind ohne weiteres erklärlich, wenn man der neuerlichen Ansicht des Reichsgerichts (E. d. R.G. XXIX. 29 mit Litteraturangaben) folgt, welche in dem Konkursverwalter, m. E. richtig, ein im öffentlichen Interesse geschaffenes Organ für die Durchführung des Zweckes des Konkurses erblickt, das seine Legitimation zur Ausübung der ihm übertragenen Funktionen unmittelbar aus dem Gesetze entnimmt und weder als gesetzlicher Vertreter des Gemeinschuldners, noch der Konkursgläubiger, noch der Konkursmasse erscheint. Die Vertretungstheorien müssen sich in dem einen oder anderen Falle gesetzliche Durchbrechungen des Prinzipes konstatieren. Gezwungen ist die Auffassung von Petersen-Kleinfeller, Komm. z. R.K.O. 2. Aufl. S. 407 Nt. 1.

[20]) Art. 173 Subh.Ordn.

[21]) Art. 40, 41 Subh.Ordn.; Art. 14 Nov. mit Art. 108 Ziff. 1 Subh.Ordn.

[22]) Vgl. hiezu oben § 158 S. 964 ff.

γ) derjenige, welcher ein Pfandrecht an dem Anspruche eines beteiligten Gläubigers — auch des Beschlagnahmegläubigers — erlangt hat, ist in gleicher Weise, wie dieser Gläubiger, aber nicht an dessen Stelle, sondern lediglich neben diesem als Beteiligter zu erachten. Wird das Pfandrecht erst im Laufe des Verfahrens aktenmäßig bekannt, so muß der Pfandgäubiger das Verfahren in der Lage annehmen, in welcher sich dasselbe zur Zeit des Bekanntwerdens des Pfandrechtes befindet.[23])

Diese Personen gelten als Beteiligte zunächst nur für das eigentliche Versteigerungsverfahren und das Vorverfahren; und selbst für das vorausgehende eigentliche Versteigerungsverfahren besteht mit Rücksicht auf das mangelnde rechtliche Interesse insoferne eine Einschränkung, als bei der Aufstellung der Versteigerungsbedingungen die Gläubiger, deren Ansprüche in dem gesetzlichen Mindestgebote Deckung finden müssen, nur gegenüber solchen Bedingungen als Beteiligte angesehen werden, durch welche ihre Rechte berührt werden.[24])

b) Nach dem Zuschlage erweitert sich der Kreis der Beteiligten insoferne, als noch der Ansteigerer[25]), bei einer Wiederversteigerung auch der zweite Ansteigerer, sowie für das Verteilungsverfahren diejenigen, welche zur Geltendmachung der Rechte des Schuldners auf den Ueberschuß berechtigt sind[26]), in den Kreis der Beteiligten eintreten.

Anderseits scheiden im Verteilungsverfahren aus dem Kreise der Beteiligten alle diejenigen Gläubiger aus, welche auf den Erlös keinerlei Anrecht und damit jedes rechtliche Interesse an

---

[23]) Der Pfandgläubiger tritt nicht an die Stelle seines Pfandschuldners, sondern neben diesem. Dabei ist aber vorausgesetzt, daß der Pfandgläubiger nicht civilrechtlich an die Stelle seines Pfandschuldners bereits getreten ist; ist dies der Fall, wie dann, wenn dem Pfändungspfandgläubiger die gepfändete Forderung zur Einziehung oder an Zahlungsstatt überwiesen worden ist (§§ 730, 736, 737 R.C.P.O.), so scheidet, insoweit dies der Fall, der Pfandschuldner wegen mangelnder Aktivlegitimation überhaupt aus dem Beteiligten=Verhältnis aus, während in seine Stelle der Pfändungspfandgläubiger eintritt. Sonst hat der Pfandgläubiger die Stellung eines Nebenintervenienten nach Analogie der §§ 63, 64 R.C.P.O. mit der Wirkung der §§ 66 und 58 R.C.P.O.; eine Vertretungsbefugnis aus § 59 R.C.P.O. kommt ihm jedoch nicht zu. Vgl. Mot. z. Subh.Ordn. S. 85.

[24]) Art. 19 Abs. 1 Nov. So brauchen sie für die Fälle des Art. 59 Abs. 3 und Art. 61 Subh.Ordn. nicht gehört zu werden und können die in Art. 59 Abs. 1, Art. 51 und Art. 36 Abs. 2 genannten Bedingungen, Anordnungen und Abänderungen derselben (Art. 60 Subh.Ordn.) nicht beantragen.

[25]) Und zwar dieser auch für ein etwaiges Wiederversteigerungsverfahren. Vgl. besonders Art. 88 Abs. 3, 96 und 102 Subh.Ordn.

[26]) Daher insbesondere derjenige, welcher den Anspruch des Vollstreckungsschuldners auf den Ueberschuß hat pfänden und sich zur Einziehung oder an Zahlungsstatt hat überweisen lassen (§§ 736, 737 R.C.P.O.), der Cessionar dieses Anspruches. Vgl. hiezu Ortenau=Henle S. 119 Nt. 1, aber auch E. d. obst. L.G. VI. 513.

der Verteilung des Erlöses, sohin am Verteilungsverfahren verloren haben, daher die Vorkaufsberechtigten, diejenigen, für welche lediglich eine Dispositionsbeschränkung auf dem versteigerten Gegenstande eingetragen war, und diejenigen, welche bezüglich desselben eine einstweilige Verfügung erwirkt hatten.

2. Bei der Zwangsverwaltung[27]) ist zu unterscheiden zwischen den Beteiligten bei der Rechnungsabhör und den Beteiligten bei der Verteilung der Ertragsüberschüsse:

a) bei der Rechnungsabhör sind Beteiligte der Verwalter und die sämtlichen Gläubiger, welche aus den Erträgnissen eine Befriedigung anzusprechen haben:

b) bei der Verteilung der Ertragsüberschüsse nur folgende Gläubiger:

α) die Gläubiger, welche Ansprüche der ersten Reihe oder bevorzugte Ewiggeldrückstände ordnungsgemäß angemeldet haben;

β) die Gläubiger, welchen Forderungen der zweiten Reihe zustehen, in Ansehung der von ihnen angemeldeten Zinsrückstände, sowie der während des Laufes der Rechnungsperiode verfallenen Zinsen:

γ) die Gläubiger, für welche vor der Beschlagnahme ausstehende Erträgnisse gepfändet worden sind.

3. Bei der Zwangsvollstreckung in Anteile an gemeinschaftlichen Sachen gelten auch die Miteigentümer als Beteiligte des Verfahrens.[28])

4. Bei der Zwangsvollstreckung in einen unbeweglichen Kux gilt auch die Gewerkschaft, vertreten durch ihren Repräsentanten oder Grubenvorstand, als Beteiligte.[29])

B. Die rechtliche Bedeutung der Beteiligteneigenschaft.

Die Eigenschaft eines Beteiligten äußert sich darin, daß diese zu allen wesentlichen, ihre rechtlichen Interessen berührenden Maßnahmen beigezogen werden müssen, ihnen hinsichtlich der ihre rechtlichen Interessen berührenden Maßnahmen Antragsbefugnisse eingeräumt sind, oder ihre Zustimmung erholt werden muß[30]), daß aber auch die Nichtausübung oder nicht rechtzeitige Ausübung ihrer Befugnisse in gewissen Fällen mit Rechtsnachteilen für sie verknüpft ist.[31]) Dabei kommt in verschiedenster Weise auch der Unterschied zwischen den

[27]) Vgl. Art. 147 Subh.Ordn., welcher jedoch selbst nicht die im Texte gemachte, jedoch gleichwohl erforderliche Scheidung trifft.

[28]) Art. 160 Abs. 2 Subh.Ordn.

[29]) Art. 179 Abs. 2 Subh.Ordn.

[30]) Vgl. hieher besonders die Art. 15, 36 Abs. 2, Art. 37, 44, Art. 51 Abs. 2, Art. 59, 61, 67, 68, 76 Abs. 4, Art. 84, 87; Art. 95, 96, 97 Abs. 2, Art. 99 Abs. 2, Art. 101, 141, 142; Art. 12, 16 Abs. 1, Art. 17, Art. 20 Abs. 2 und 3, Art. 28 Nov. — Art. 18 Abs. 2, Art. 19, 62, 85, 88, 144; Art. 22 Nov. (Zustellungen); — Art. 35 Abs. 1 (Verzeichnis der Beteiligten).

[31]) Art. 82 Abs. 3, Art. 102, 118, 133, 148 Subh.Ordn.; Art. 3 Abs. 2 Nov.

eigentlichen Subjekten der Zwangsvollstreckung und den bloßen Beteiligten derselben zur Geltung.[32]) Im einzelnen sind die verschiedenen Wirkungen der Beteiligteneigenschaften jeweils am einschlägigen Orte des Näheren zu erwähnen.

§ 254.

Allgemeine Rechte der Gläubiger behufs Ermöglichung der Zwangsvollstreckung.[1])

1. Jeder Gläubiger, welcher eine Zwangsvollstreckung betreiben will und sich im Besitze einer vollstreckbaren Urkunde (über eine Geldforderung) befindet, kann persönlich oder durch einen bevollmächtigten Vertreter[2]) von den öffentlichen Büchern und Urkunden, somit insbesondere vom Hypothekenbuche, von Plänen, welche das unbewegliche Vermögen des Vollstreckungsschuldners oder Drittbesitzers betreffen, sowie von den Akten über Zwangsvollstreckungen in das unbewegliche Vermögen derselben an den einschlägigen Stellen, an deren Kenntnis er ein rechtliches Interesse hat[3]), Einsicht nehmen und die erforderlichen Abschriften und Auszüge daraus verlangen.[4])

2. Jeder mit einer vollstreckbaren Urkunde für eine fällige Forderung versehene Gläubiger, welcher die Zwangsvollstreckung in das unbewegliche Vermögen betreiben will, ist befugt, alle Rechte des Vollstreckungsschuldners auf Besitztitelberichtigung oder rentamtliche Umschreibung in Ansehung des Vollstreckungsgegenstandes auszuüben.[5])

§ 255.

Besondere rechtlich erhebliche Zeitpunkte im Zwangsvollstreckungsverfahren durch Zwangsversteigerung und Zwangsverwaltung und ihre Wirkungen.

Für das Zwangsvollstreckungsverfahren in das unbewegliche Vermögen sind sechs Zeitpunkte von besonderer rechtlich erheblicher

---

[32]) Vgl. besonders die Art. 34, 46, 48 Ziff. 2 und 3; Art. 51 Abs. 1; Art. 64 Abs. 3 Ziff. 2; Art. 70, 73, 78 Subh.Ordn.; Art. 11 Abs. 1 Nov.

[1]) Diese Rechte besitzt der Gläubiger nicht bloß, um die Zwangsvollstreckung durch Zwangsversteigerung und Zwangsverwaltung zu ermöglichen, sondern auch, um den Antrag auf Einschreibung einer Vollstreckungshypothek stellen zu können: Mot. z. Nov. S. 163; d. Not.Zeit. 1886 S. 226; d. Not.Zeit. 1890 S. 21; d. Not.Zeit. 1886 S. 142; Bl. f. R.A. L. 115, 129, 145; Ortenau-Henle S. 529.

[2]) Mot. z. Subh.Ordn. S. 78; Aussch.Ber. z. Subh.Ordn. S. 485 (§ 74 R.C.P.O.); Verh. d. Aussch. z. Subh.Ordn. S. 8.

[3]) Aussch.Ber. z. Subh.Ordn. S. 485; Verh. d. Aussch. z. Subh.Ordn. S. 8.

[4]) Art. 13 Subh.Ordn. — Diese Berechtigung steht mit Rücksicht auf den Zweck der Vorschrift nur einem Gläubiger zu, der eine Zwangsvollstreckung betreiben will: vgl. auch d. Not.Zeit. 1881 S. 381; Ortenau-Henle S. 68; jedoch wird sich im Einzelfalle, wenn dieser Wille behauptet wird, das Gegenteil schwer feststellen lassen. Art. 93 Not.Ges. hat hier keine Anwendung. Aussch.Verh. z. Subh.Ordn. S. 9; Aussch.Ber. z. Subh.Ordn. S. 485. — Die Einsichtnahme kann auch durch gehörig bevollmächtigte Vertreter (§ 74 ff. R.C.P.O.) erfolgen.

[5]) Art. 21 Abs. 2, Art. 125 Abs. 2 Subh.Ordn. Daher das etwaige Recht

Bedeutung: der Beginn des Zwangsvollstreckungsverfahrens, der Beginn der Zwangsvollstreckung, der Zeitpunkt der bewirkten Beschlagnahme, die Zustellung des Beschlagnahmebeschlusses, die Beendigung der Zwangsvollstreckung (und damit in der Zwangsversteigerung der Zeitpunkt des Zuschlages) und die Beendigung des Zwangsvollstreckungsverfahrens.[1])

A. Beginn des Zwangsvollstreckungsverfahrens.

I. Das Zwangsvollstreckungsverfahren beginnt regelmäßig mit dem Antrage auf Erteilung der Vollstreckungsklausel bezw. einer vollstreckbaren Ausfertigung des Vollstreckungstitels[2]) oder, soferne ein Antrag nicht erforderlich, mit Erteilung der Vollstreckungsklausel[3]) oder wenn selbst diese nicht erforderlich, mit der Existenz des Vollstreckungstitels.[4])

II. Der Beginn des Zwangsvollstreckungsverfahrens setzt einen zur Vollstreckung geeigneten Titel voraus: solche Titel sind rechtskräftige oder vorläufig vollstreckbare Endurteile, Prozeßvergleiche, alle mit Beschwerde anfechtbaren Entscheidungen, Vollstreckungsbefehle[5]), Gerichts-, Notariats- und Hypothekurkunden gewissen Inhaltes[6]), Ewiggeldbriefe[7]), vollstreckungsfähige Beschlüsse und Urkunden der Verwaltungsbehörden[8]), Gemeindebehörden und Verwaltungen öffentlicher Stiftungen.

1. Organe zur Erteilung vollstreckbarer Ausfertigungen.

Die vollstreckbare Ausfertigung wird erteilt:

a) von Urteilen, Prozeßvergleichen, mit Beschwerde anfechtbaren Entscheidungen und Vollstreckungsbefehlen durch den Gerichtsschreiber der ersten Instanz, unter gewissen Voraussetzungen jedoch nur auf Anordnung des Vorsitzenden[9]);

b) von gerichtlichen Urkunden durch den Gerichtsschreiber des Gerichts, welches die Urkunde aufgenommen hat, von notariellen Urkunden durch den Notar, welcher die Urkunde verwahrt, oder die Behörde, bei welcher sich die Urkunde in

---

auf Vereinigung der Sache beim Notar, Gericht, Finanzbehörde, durch Erhebung von Beschwerden und Klagen: Ortenau-Henle S. 83, 84. — Bezüglich der Zwangsvollstreckung in Bergwerke vgl. Art. 174 Abs. 2 Subh.Ordn. und unten VI. Kapitel.

[1]) Der Beginn des Zwangsvollstreckungsverfahrens und der Beginn der Zwangsvollstreckung sind nicht immer identische Zeitpunkte, wie Hellmann S. 10 anzunehmen scheint; dies geht deutlich aus §§ 671, 693, 694 R.C.P.O. hervor. Vgl. hieher auch Seuff. Arch. XXXIX. 170.

[2]) §§ 662, 703 R.C.P.O.; Art. 136 A.G. z. R.C.P.O.

[3]) Vgl. z. B. Art. 6 und 8 A.G. z. R.C.P.O.

[4]) Wie regelmäßig bei Vollstreckungsbefehlen (§ 704 Abs. 1 R.C.P.O.).

[5]) § 644 Abs. 1, § 701 Ziff. 1—4 R.C.P.O.

[6]) § 702 Ziff. 5 R.C.P.O.; § 706 R.C.P.O. mit Art. 127 A.G. z. R.C.P.O. (vgl. hiezu oben § 240 S. 1275 ff.).

[7]) § 706 R.C.P.O. mit Art. 139 A.G. z. R.C.P.O.

[8]) Art. 6 und 8 A.G. z. R.C.P.O.; vgl. hiezu oben § 240 Nr. 2 S. 1275.

[9]) § 662 Abs. 2; §§ 666, 703 R.C.P.O.

Verwahrung befindet[10]), von Hypothekurkunden insbesondere durch den Notar, welcher die Hypothekurkunde verwahrt, oder durch den Gerichtsschreiber des Gerichts, welches die Urkunde über die Hypothekbestellung aufgenommen hat.[11]) Die gesetzlich erforderliche neue Vollstreckungsklausel zu einer früheren vollstreckbaren Ausfertigung einer Hypothekurkunde kann sowohl durch den Beamten, der die vollstreckbare Ausfertigung zu erteilen hat, als durch das Hypothekenamt erteilt werden[12]);

c) von vollstreckungsfähigen Beschlüssen und Urkunden der Verwaltungsbehörden, Gemeinden und Verwaltungen öffentlicher Stiftungen durch diejenige Verwaltungs-, Gemeinde- oder Stiftungsverwaltungsbehörde, welcher das Vollstreckungsrecht zusteht, bezw. welcher durch die besonderen Gesetze die Befugnis zur Erteilung vollstreckbarer Ausfertigungen erteilt ist.[13])

2. Voraussetzungen der Erteilung vollstreckbarer Ausfertigungen.

Die vollstreckbare Ausfertigung wird erteilt:

a) In subjektiver Hinsicht:

α) nur für den im Vollstreckungstitel bezeichneten Gläubiger, dessen Gesamt- und Sonderrechtsnachfolger[14]);

β) nur gegen den im Vollstreckungstitel bezeichneten Schuldner und schlechthin gegen dessen Gesamtrechtsnachfolger. Gegen den Sonderrechtsnachfolger wird die vollstreckbare Ausfertigung gerichtlicher Entscheidungen regelmäßig nur unter Berücksichtigung der §§ 236, 238 der Reichs-Civilprozeßordnung und nur dann erteilt, wenn an ihn die in Streit befangene Sache während der Rechtshängigkeit oder nach Beendigung des Rechtsstreites veräußert wurde.[15]) Ob eine vollstreckbare Ausfertigung anderer Vollstreckungstitel gegen den Sonderrechtsnachfolger, welcher nach Existenz des Vollstreckungstitels den Vollstreckungsgegenstand erwarb, erteilt werden kann, ist bestritten, richtig aber zu bejahen[16]); mindestens steht aber in Ansehung der Vollstreckung aus Hypothekurkunden landesgesetzlich fest, daß gegen jeden Besitzer des Hypothekgegenstandes die Er-

---

[10]) § 705 Abs. 2 und 3 R.C.P.O.

[11]) § 706 R.C.P.O. mit Art. 130 A.G. z. R.C.P.O.; vgl. hiezu oben § 240 lit. B Ziff. III, 1 a S. 1278.

[12]) § 706 R.C.P.O. mit Art. 132 Abs. 3 A.G. z. R.C.P.O.; vgl. hiezu oben § 240 lit. B Ziff. III, 1 b S. 1278.

[13]) Art. 6 und 8 A.G. z. R.C.P.O.; vgl. hiezu oben § 240 Nr. 2 S. 1275.

[14]) §§ 665, 703 R.C.P.O.; Art. 136 A.G. z. R.C.P.O.

[15]) §§ 665 R.C.P.O.

[16]) Vgl. hierüber oben § 132 lit. F Nr. 82 S. 877.

teilung einer vollstreckbaren Ausfertigung zulässig ist.[17]) Die Zulässigkeit der Zwangsvollstreckung durch Zwangsversteigerung gegen den im Vollstreckungstitel oder in der beigefügten Vollstreckungsklausel nicht bezeichneten Drittbesitzer als Rechtsnachfolger in das Vollstreckungsobjekt bildet in Wirklichkeit keine Ausnahme, da wahrer Vollstreckungsschuldner dennoch der dort bezeichnete Schuldner ist[18]);

b) in objektiver Hinsicht nur, wenn die nach dem Inhalt des Vollstreckungstitels zur Geltendmachung des hierin festgestellten Anspruches erforderliche und vom Gläubiger zu beweisende Thatsache eingetreten ist; nur der Umstand, daß die Geltendmachung von vorgängiger Sicherheitsleistung des Gläubigers abhängig ist, hindert außer bei Hypothekurkunden die Erteilung der Vollstreckungsklausel nicht, ebensowenig der Umstand, daß die Geltendmachung des Anspruches vom Eintritte eines Kalendertages abhängig ist[19]);

c) nur auf Klage und erwirktes Urteil, welches die Erteilung der Vollstreckungsklausel ausspricht, wenn die subjektive oder objektive Illiquidität der Zulässigkeit der Zwangsvollstreckung nicht in der gesetzlich vorgeschriebenen Weise sofort durch Vorlage öffentlicher Urkunden, Offenkundigkeit, bei Hypothekurkunden auch durch Hinweis auf Einschreibungen des Hypothekenbuches behoben werden kann. Die Klage ist regelmäßig beim Prozeßgerichte erster Instanz, hinsichtlich der Vollstreckungsbefehle bei dem Amtsgerichte, welches den Vollstreckungsbefehl erlassen hat, bezw. dem zuständigen Landgerichte, hinsichtlich gerichtlicher und notarieller Urkunden, auch Hypothekurkunden bei dem Gerichte, bei welchem der Schuldner im deutschen Reiche seinen allgemeinen Gerichtsstand und in Ermangelung eines solchen im Gerichtsstande des Vermögens des Schuldners zu erheben[20]);

d) zu Urteilen ausländischer Gerichte und zu Schiedssprüchen überhaupt nur dann, wenn die Zulässigkeit der Zwangsvollstreckung durch ein Vollstreckungsurteil ausgesprochen ist. Für die Klage auf Erlassung desselben ist das Amtsgericht oder Landgericht, bei welchem der Schuldner seinen allgemeinen Gerichtsstand hat, und in Ermangelung eines

---

[17]) § 706 R.C.P.O. mit Art. 128, 137 A.G. z. R.C.P.O. Vgl. hiezu oben § 132 lit. F S. 877, 878, § 240 lit. B Ziff. I, 3 S. 1277.

[18]) Art. 23 Subh.Ordn. Vgl. hierüber oben § 132 lit. F Ziff. I, 2 b S. 878; § 253 Ziff. I, 2 b S. 1329, 1330.

[19]) §§ 660, 661, 868 R.C.P.O.

[20]) § 664 R.C.P.O. und arg. § 672 R.C.P.O. Vgl. hieher auch die Art. 131—133 A.G. z. R.C.P.O. bezüglich Hypothekurkunden und hierüber oben § 240 lit. B Ziff. I, 3 S. 1278 ff.

solchen das Amtsgericht oder Landgericht zuständig, bei welchem der Gerichtsstand des Vermögens begründet ist.[21])

3. Form und Inhalt der vollstreckbaren Ausfertigung. Die vollstreckbare Ausfertigung ist eine beglaubigte Abschrift des Vollstreckungstitels unter Beifügung der Vollstreckungsklausel. Die Vollstreckungsklausel muß den Namen des vollstreckenden Gläubigers und des Vollstreckungsschuldners, im Falle einer offenkundigen Rechtsnachfolge die Erwähnung der Offenkundigkeit, im Falle der Erteilung auf Grund einer Hypothekenbucheinschreibung die Erwähnung dieses Umstandes, im Falle der Erteilung auf Anordnung des Gerichtsvorsitzenden, die Erwähnung dieser Anordnung, die Unterschrift und das Siegel der fertigenden Behörde enthalten.[22])

B. Beginn der Zwangsvollstreckung.

In Ansehung der Zwangsvollstreckung durch Zwangsversteigerung und Zwangsverwaltung muß zwischen dem prozessualen Beginn der Zwangsvollstreckung und dem Beginne ihrer materiellrechtlichen Wirkungen — der bewirkten Beschlagnahme — unterschieden werden.[23])

I. Der prozessuale Beginn der Zwangsvollstreckung tritt ein:

1. bei der Zwangsvollstreckung durch Zwangsversteigerung mit dem Beschlusse der Beschlagnahme zum Zwecke der Zwangsversteigerung;

2. bei der Zwangsvollstreckung durch Zwangsverwaltung mit dem Beschlusse der Beschlagnahme zum Zwecke der Zwangsverwaltung[24]);

3. bei der nach Konkurseröffnung vom Konkursverwalter beantragten Zwangsvollstreckung durch Zwangsversteigerung oder Zwangsverwaltung mit der einfachen Anordnung derselben durch das Vollstreckungsgericht.[25])

II. Der Beginn der Zwangsvollstreckung setzt im allgemeinen voraus:

1. einen mit der Vollstreckungsklausel versehenen Vollstreckungstitel (eine vollstreckbare Ausfertigung des Vollstreckungstitels)[26]);

2. daß die Personen, gegen welche die Zwangsvollstreckung beginnen soll, in dem Vollstreckungstitel selbst oder in der demselben

---

[21]) §§ 667, 703, 704 Abs. 3, § 705 Abs. 5 R.C.P.O.; Art. 134 Abs. 1 A.G. z. R.C.P.O. mit § 706 R.C.P.O.

[22]) §§ 663, 665 Abs. 2, 666 Abs. 3, 703 R.C.P.O.; Art. 134 Abs. 2 A.G. z. R.C.P.O. mit § 706 R.C.P.O. Bezüglich Notariats- und gerichtlicher Urkunden vgl. auch Art. 80 Not.Ges. mit Art. 126 Ziff. 4 A.G. z. R.C.P.O.; §§ 53, 54, 61 Instr. z. Not.Ges. mit J.M.Bek. v. 24. April 1880 (J.M.Bl. S. 110; W. XIV. S. 420) und hiezu oben § 71 lit. B Ziff. II, 12 lit. c S. 513 ff.; lit. C Ziff. II, 4 S. 522.

[23]) Die Mot. z. S.O. S. 76, 77 sind in dieser Hinsicht nicht genügend klar; besser der Aussch.Ber. z. Subh.Ordn. S. 482. Ebenso wie im Texte Ortenau-Henle S. 55; Hellmann S. 10.

[24]) Art. 7 Abs. 1 Subh.Ordn.

[25]) Art. 171 Ziff. 1 Subh.Ordn. Eine Beschlagnahme findet hier nicht statt.

[26]) § 662, 703 R.C.P.O.; Art. 136 A.G. z. R.C.P.O.

beigefügten Vollstreckungsklausel bezeichnet sind.[27]) Soll die Zwangsvollstreckung gegen den in dem Vollstreckungstitel oder der ihm angefügten Vollstreckungsklausel nicht genannten Drittbesitzer des Vollstreckungsobjektes begonnen werden, so hat der Gläubiger dem Drittbesitzer beglaubigte Abschrift von der vollstreckbaren Urkunde mit der Erklärung zustellen zu lassen, daß die Beschlagnahme beantragt werde, wenn nicht innerhalb eines Monates Zahlung erfolge. In dieser Erklärung ist das Grundstück, welches in Beschlag genommen werden soll, und die Forderung des Gläubigers in Haupt- und Nebensache zu bezeichnen. Wenn innerhalb des Monats Zahlung nicht erfolgt, kann vom Gläubiger die Beschlagnahme beantragt werden[28]);

3. daß der Zeitpunkt eingetreten oder die Sicherheit geleistet ist, von dessen Eintritt bezw. deren Leistung die Geltendmachung des zu vollstreckenden Anspruches abhängig ist[29]);

4. daß der Vollstreckungstitel dem Vollstreckungsschuldner bereits zugestellt ist. Hängt die Vollstreckung eines Vollstreckungstitels von dem durch den Gläubiger zu beweisenden Eintritt einer Thatsache ab oder handelt es sich um die Vollstreckung für die Rechtsnachfolger des im Vollstreckungstitel bezeichneten Gläubigers oder gegen die Rechtsnachfolger des hierin bezeichneten Schuldners als Vollstreckungsschuldner, so muß außer dem Vollstreckungstitel auch die demselben beigefügte Vollstreckungsklausel und, soferne die Vollstreckungsklausel auf Grund öffentlicher Urkunden erteilt ist, auch eine Abschrift dieser Urkunden vor Beginn der Zwangsvollstreckung zugestellt sein. Im Falle die Vollstreckung von einer dem Gläubiger obliegenden Sicherheitsleistung abhängt, darf der Beginn der Zwangsvollstreckung nur dann erfolgen, wenn die Sicherheitsleistung durch eine öffentliche Urkunde nachgewiesen und eine Abschrift dieser Urkunde bereits zugestellt ist.[30]) Die reichsgesetzlich zulässige gleichzeitige Zustellung hat für die bayerische Zwangsvollstreckung in das unbewegliche Vermögen keine Bedeutung.[31]) Die

---

[27]) §§ 671 Abs. 1; 703 R.C.P.O.; Art. 136 A.G. z. R.C.P.O.

[28]) Art. 23 Abs. 1 Subh.Ordn. Vgl. hiezu die Zitate oben Nt. 18.

[29]) § 672, 703 R.C.P.O.

[30]) §§ 671, 672, 703 R.C.P.O.; Art. 26 Ziff. 1, Art. 129 Subh.Ordn. Daß auch in den im Texte genannten Fällen eine Zustellung der Vollstreckungsklausel nicht erforderlich sei, scheint Ortenau-Henle S. 92 anzunehmen. Aus Art. 26 Ziff. 2 Subh.Ordn. kann eine solche weitgehende, alle allgemeinen Vollstreckungsprinzipien durchbrechende Ansicht m. E. nicht gefolgert werden. — Im übrigen bedarf es einer Zustellung der Vollstreckungsklausel nicht. Darüber, daß einmalige Zustellung genügt, falls aus demselben Vollstreckungstitel wiederholt vollstreckt werden soll, vgl. Seuffert, Komm. z. R.C.P.O. zu § 671 Nt. 3; Gaupp, Komm. z. R.C.P.O. zu § 671 Nt. IV a. E.; Bl. f. R.A. Erg.Bd. VI. 353, VII. 97; Jur. Wochenschrift 1890 S. 372. Hat der Schuldner dem Gläubiger den Vollstreckungstitel zustellen lassen, so ist auch eine nochmalige Zustellung seitens des Gläubigers an den Schuldner nicht mehr erforderlich; vgl. hierüber v. Planck, Lehrb. d. deutsch. Civ.Proz.R. I. S. 424 Nt. 38, S. 470 Nt. 33, 35; Seuffert, Komm. z. R.C.P.O. zu § 671 Nt. 2; Gaupp, Komm. z. R.C.P.O. zu § 671 Nt. IV a. E.; a. M. Falkmann, die Zwangsvollstreckung, Berlin 1888, S. 46.

[31]) Vgl. Art. 26 Ziff. 2, Art. 129 Subh.Ordn.

Zustellung einer Abschrift der Hypothekenbucheinschreibung, auf Grund deren die Vollstreckungsklausel zu einer Hypothekurkunde erteilt wird, findet nicht statt.[32])

5. Gegen eine dem aktiven Heere oder der aktiven Marine angehörende Militärperson darf die Zwangsvollstreckung erst beginnen, nachdem von derselben die vorgesetzte Militärbehörde Anzeige erhalten hat.[33])

III. Die Wirkungen des prozessualen Beginnes der Zwangsvollstreckung sind rein prozessualer Natur: hierunter sind alle und nur jene Wirkungen inbegriffen, welche das Gesetz ausdrücklich an den „Beginn der Zwangsvollstreckung" knüpft. Als solche prozessuale Wirkungen kommen in Betracht, daß jede zur Zeit des Todes des Schuldners bereits begonnene Zwangsvollstreckung in den Nachlaß desselben fortgesetzt werden kann und hier das Vollstreckungsgericht, wenn bei einer Vollstreckungshandlung die Zuziehung des Schuldners nötig ist, bei ruhender Erbschaft oder Unbekanntsein des Erben oder seines Aufenthaltes auf Antrag des Gläubigers dem Nachlasse oder dem Erben einen einstweiligen besonderen Vertreter zu bestellen hat, daß dagegen dann, wenn der Schuldner schon vor Beginn der Zwangsvollstreckung gestorben ist, nur das Nachlaßgericht auf Antrag des Gläubigers dem Nachlasse oder dem Erben einen Kurator zu bestellen hat.[34]) Eine Wirkung der Rechtshängigkeit im technischen Sinne knüpft sich an den prozessualen Beginn der Zwangsvollstreckung nicht.

C. Zeitpunkt und Wirkungen der bewirkten Beschlagnahme.

I. Die materiellrechtlichen Wirkungen der Zwangsvollstreckung treten nicht schon mit der Erlassung des Beschlagnahmebeschlusses[35]),

---

[32]) Art. 134 Abs. 2 A.G. z. R.C.P.O. mit § 706 R.C.P.O.

[33]) §§ 673, 703 R.C.P.O.; Art. 136 A.G. z. R.C.P.O. Uebereinstimmend von Wilmowski und Levy, Komm. z. R.C.P.O. zu § 673 Nt. 3; Ortenau-Henle S. 92.

[34]) Vgl. hiezu § 693, 694 R.C.P.O.; Aussch.Ber. z. Subh.Ordn. S. 482.

[35]) Für die Frage, wann der Beschlagnahmebeschluß — ein mit sofortiger Beschwerde anfechtbarer Beschluß — als erlassen gilt, sind die allgemeinen prozeßrechtlichen Grundsätze maßgebend, wonach Entscheidungen erlassen und prozeßrechtlich existent sind erst mit dem Zeitpunkte, in welchem sie an die Außenwelt treten. Hienach sind Beschlüsse, welche auf Grund mündlicher Verhandlung erlassen werden, zu verkünden, und mit der Verkündung erlassen und prozeßrechtlich existent, sonstige Beschlüsse sind zuzustellen und mit der Zustellung erlassen und prozeßrechtlich existent. Der Beschlagnahmebeschluß kann gemäß § 684 Abs. 3 R.C.P.O. auf Grund mündlicher Verhandlungen erlassen werden, und ist daher, wenn dies geschieht, mit der Verkündung erlassen; wird er ohne mündliche Verhandlung erlassen, wie dies wohl meistens geschieht, so steht nach Art. 34 und 130 Abs. 2 Subh.Ordn. fest, daß der Beschlagnahmebeschluß erst nach erfolgter Eintragung im Hypothekenbuche zugestellt werden darf, so daß hier schon die Präsentation des Beschlagnahmebeschlusses beim Hypothekenamt als derjenige Akt angesehen werden muß, durch welchen er an die Außenwelt tritt und damit prozeßrechtlich existent wird. Andernfalls käme man zu dem unhaltbaren Resultat, daß der Beschlagnahmebeschluß materielle Wirkungen äußern würde, bevor er überhaupt prozeßrechtlich existent

sondern erst mit der definitiven, in bestimmten Fällen auch vormerkungsweisen Einschreibung desselben in das Hypothekenbuch ein: „mit der Eintragung des Beschlagnahmebeschlusses im Hypothekenbuche gilt die Beschlagnahme als bewirkt“.[36]) Dabei ist nur der Zeitpunkt der Einschreibung in das Hypothekenbuch, nicht der Zeitpunkt des Einlaufes oder der Präsentation des Beschlagnahmebeschlusses beim Hypothekenamt oder der Einschreibung in das hypothekenamtliche Tagebuch entscheidend.[37]) Auch im Falle einer Kollision von Rechten ist nur der Moment der Einschreibung in das Hypothekenbuch[38]) maßgebend; eine Ausnahme besteht nur in Ansehung des Rangverhältnisses der durch die Beschlagnahme zu Gunsten der Beschlagnahmeforderungen bewirkten Vorzugsrechte; die Vorzugsrechte solcher Forderungen, für die am gleichen Tage die Beschlagnahme bewirkt worden ist, haben unter sich gleichen Rang.[39])

II. Die einzelnen Wirkungen, welche sich an die bewirkte Beschlagnahme zum Zwecke der Zwangsversteigerung wie Zwangsverwaltung knüpfen, sind folgende:

1. gegenüber den beteiligten Gläubigern:

a) Der Vollstreckungsgegenstand ist von nun ab in seinem ganzen Umfange den beteiligten Gläubigern verfangen. Daraus folgt:

α) Die beschlagnahmte Sache kann nicht mehr Gegenstand einer anderen, diese Verfangenheit verletzenden Zwangsvollstreckung sein; das Nähere hierüber ist bereits oben § 250 lit. B (S. 1314 ff.) erwähnt.

β) Die beweglichen Zubehörungen und die zur Zeit der bewirkten Beschlagnahme noch ausstehenden und nachher erst anfallenden Erträgnisse des Vollstreckungsgegenstandes gelten mit der bewirkten Beschlagnahme allen Gläubigern gegenüber als immobilisiert, sie stehen in Ansehung der Zwangsvollstreckung und ihren Wirkungen der beschlagnahmten Hauptsache gleich.[40]) Sie können demnach vom Zeitpunkte der bewirkten Beschlag-

---

wäre. Anderseits ist aber der Beschlagnahmebeschluß noch nicht mit seiner Niederschrift, auch noch nicht mit der Unterschrift des Richters erlassen und prozeßrechtlich existent.

[36]) Art. 7 Abs. 2, Art. 30 Abs. 2 Subh.Ordn. Der Grund ist, um ein jedermann erkennbares äußeres Moment als Beginn der wichtigen materiellrechtlichen Folgen der Beschlagnahme zu schaffen. Vgl. hiezu Mot. z. Subh.Ordn. S. 77; Ortenau-Henle S. 56.

[37]) Dies ist bestritten. Zustimmend Bl. f. R.A. XLVII. 295, 305; Hellmann S. 10; offenbar auch E. d. obst. L.G. IX. 722. A. M. Ortenau-Henle S. 56, 57 und die dort Nr. 3 Zitierten, sowie im Resultate Regelsberger 2. Aufl. § 24 Nr. 12; § 84 Nr. 1. Vgl. über die ganze Frage Näheres oben § 106 Ziff. I S. 747 Nr. 5.

[38]) Nicht der Tag der Einschreibung; § 23 Hyp.Ges. hat keine Anwendung. Hier zustimmend auch Ortenau-Henle S. 57 und Regelsberger 2. Aufl. § 84 Nr. 1; § 95 Ziff. 2. Zum ganzen s. Näheres oben § 141 Ziff. II S. 904, 905.

[39]) Art. 10 Ziff. 3 Subh.Ordn.

[40]) Art. 8 Abs. 1 Subh.Ordn.; vgl. hiezu oben § 249 S. 1311.

nahme an nicht mehr Gegenstand selbständiger Zwangsvollstreckung sein; bereits begonnene Zwangsvollstreckungen in Ansehung derselben sind, unbeschadet des vom Vollstreckenden bereits erworbenen Pfand- oder Vorzugsrechtes, einzustellen.[41]) Auch bezüglich der Miet- und Pachtzinsen besteht keine Abweichung, wenngleich der Mieter und Pächter die nach der bewirkten Beschlagnahme fällig gewordenen Miet- und Pachtzinsen noch solange an den Vollstreckungsschuldner bezahlen darf, bis er in der Zwangsversteigerung, in der Zwangsverwaltung der Vollstreckungsschuldner, durch Zustellung des Beschlagnahmebeschlusses von der Beschlagnahme benachrichtigt ist; hat der Vollstreckungsschuldner solche Miet- und Pachtzinsen vor diesem Zeitpunkte noch eingezogen, so sind zwar Mieter und Pächter, soferne sie nicht arglistig handelten, von einer nochmaligen Bezahlung befreit, gleichwohl gehören aber die eingezogenen Beträge bezw. die entsprechenden Ersatzansprüche gegen den Vollstreckungsschuldner zur Masse.[42])

γ) Die Beschlagnahme begründet ein Veräußerungsverbot.[43])

aa) Dieses Veräußerungsverbot ergreift den Vollstreckungsgegenstand in seinem ganzen Umfange, daher nicht nur die beschlagnahmte unbewegliche Sache in allen ihren Bestandteilen, sondern auch die durch die Beschlagnahme immobilisierten Zubehörungen und Früchte.

bb) Das Verbot erstreckt sich auf jede Art Verfügungen über den Vollstreckungsgegenstand, einseitige wie zweiseitige, dinglicher wie obligatorischer Natur.

cc) Das Verbot ergreift die Verfügungen des Vollstreckungsschuldners, der im Hypothekenbuche etwa noch als Besitzer eingetragenen Person (s. oben § 253 Ziff. I, 2a, β, dd S. 1329), wie des Drittbesitzers.

dd) Es erstreckt sich nur auf solche Verfügungen, welche zeitlich nach der Einschreibung der Beschlagnahme im Hypothekenbuche zur rechtlichen Existenz gelangten.

ee) Alle dem Veräußerungsverbot zuwiderlaufenden Verfügungen sind nichtig.

αα) Die Nichtigkeit tritt ipso iure ein; das Zwangsvollstreckungsverfahren nimmt daher ohne Rücksicht auf die verbotswidrige Verfügung seinen Fortgang; die Erwirkung einer

---

[41]) Dies die Bedeutung des Art. 8 zu Art. 39, 131, 138 Subh.Ordn. Mot. z. Subh.Ordn. S. 85. Vgl. hiezu oben § 249 Nr. 5 S. 1312 und unten § 276. Ueber die Rechtswohlthat des Notbedarfs s. unten § 258.

[42]) Art. 20 Abs. 2; Art. 128 Subh.Ordn. Darin beruht die Bedeutung des Art. 8 Subh.Ordn. Vgl. hiezu oben § 249 Nr. 5 S. 1312.

[43]) Art. 33, 130 Abs. 2 Subh.Ordn. Dieses Veräußerungsverbot knüpft an l. 12 D. de usurp. 43, 3 und l. 5 § 5 D. pro emt. 41, 4 an; vgl. auch l. 2 Cod. de lib. 8, 37.

die Nichtigkeit aussprechenden gerichtlichen Entscheidung oder eines Anerkenntnisses der Nichtigkeit seitens des Gegners ist nicht erforderlich.[44])

ββ) Die Nichtigkeit ist aber sonst relativer Natur und zwar in zweifacher Beziehung. Einmal wirkt sie in subjektiver Hinsicht nur zu Gunsten der durch die Verfügung benachteiligten Gläubiger, d. h. derjenigen Gläubiger, welche zur Zeit der Vornahme der Verfügung bereits ein Recht auf den beschlagnahmten Gegenstand hatten und in der Realisierung ihres Rechtes innerhalb der Zwangsvollstreckung infolge der Verfügung ganz oder teilweise behindert werden.[45]) Anderseits tritt objektiv die Nichtigkeit der Verfügung immer nur insoweit ein, als sie die Gläubiger beeinträchtigt, wie sie auch begrenzt ist durch den Zweck, dem sie dient, indem sie nur für den Fall der Durchführung der Zwangsvollstreckung und auch nur wieder jener Zwangsvollstreckung wirkt, deren grundlegende Beschlagnahme die Nichtigkeit bewirkte.

Diese Grundsätze gelten im Prinzipe auch für Hypothekbestellungen auf dem Beschlagnahmegegenstande. Immerhin können aber nach bewirkter Beschlagnahme Hypotheken für den Fall, daß die Zwangsversteigerung oder Zwangsverwaltung nicht durchgeführt werden sollte, vorgemerkt werden. Das Gesetz spricht dies ausdrücklich aus. Gerade mit Rücksicht hierauf wie im Hinblick auf die Begrenzung der Nichtigkeit durch ihren Zweck besteht aber kein Grund, die protestationsweise Vormerkung im Hypothekenbuche nicht auch für andere Verfügungen für den gleichen Fall zuzulassen. In allen Fällen ist hier aber die definitive Einschreibung der Verfügung im Hypothekenbuche nur dann zulässig, wenn diejenige Zwangsvollstreckung nicht durchgeführt wird, deren grundlegende Beschlagnahme die definitive Einschreibung verhinderte.[46]) Die streitige Frage, ob vor der Beschlagnahme getroffene Verfügungen nach erfolgter Beschlagnahme im Hypothekenbuche noch definitiv oder nur vormerkungs- bezw. protestationsweise eingeschrieben werden können, ist rein formaler Natur, da gemeiniglich zugegeben wird, daß sie in der Subhastation

---

[44]) Vgl. hiezu auch Mot. z. Subh.Ordn. S. 84; E. d. obst. L.G. V. 760.

[45]) Vgl. hiezu auch d. Not.Zeit. 1882 S. 23; Bl. f. R.A. Erg.Bd. VII, 289; Ortenau-Henle S. 108, woselbst richtig bemerkt ist, daß, wenn nach der Beschlagnahme das Anwesen an einen Hypothekgläubiger veräußert wird, eine Nichtigkeit dieser Veräußerung nicht Platz greift; denn einmal kann gegen den Erwerber die Zwangsvollstreckung fortgesetzt werden, anderseits konsolidiert die Hypothek des Erwerbers, was den übrigen beteiligten Gläubigern vorteilhaft ist.

[46]) Vgl. hierüber schon oben § 121 Nt. 27 S. 821; ebenso Ortenau-Henle S. 109.

geltend gemacht werden können, falls die Existenz des fraglichen Rechtes nachgewiesen werden kann.[47])

γγ) Dritte Personen, insbesondere auch die verfügenden Parteien können die Nichtigkeit der Verfügung nicht selbstständig geltend machen. Werden nach obigen Grundsätzen Verfügungen nichtig oder infolge dieser Nichtigkeit Vollstreckungsgegenstände Dritten entzogen, so kommen für das Rechtsverhältnis zwischen den verfügenden Parteien bezw. dem Nichtigkeitsgegner und dessen Rechtsvorgänger die bürgerlichrechtlichen Grundsätze über Entwehrung, Nichterfüllung des Vertrages u. s. w. zur Anwendung.

δ) Durch diese Grundsätze sind die allgemeinen Vorschriften über Anfechtung von Rechtshandlungen eines Schuldners außerhalb des Konkurses nicht berührt.

b) Durch die Beschlagnahme erwirbt der Beschlagnahmegläubiger ein eigenartiges Vorzugsrecht auf Befriedigung aus dem Vollstreckungserlöse, aber kein wirkliches Vollstreckungspfandrecht.

α) Dieses Vorzugsrecht erstreckt sich regelmäßig sowohl auf die beschlagnahmten Gegenstände als deren Erträgnisse, und zwar sowohl im Falle der Beschlagnahme zum Zwecke der Zwangsversteigerung wie Zwangsverwaltung, im Falle der Beschlagnahme zum Zwecke der Zwangsverwaltung nur dann lediglich auf die Erträgnisse des Beschlagnahmegegenstandes, wenn der beschlagnahmte Gegenstand nach bestehenden Rechtsverhältnissen der Zwangsversteigerung nicht unterstellt werden kann.[48])

β) Das Vorzugsrecht wirkt gegen alle Forderungen[49]),

aa) welche nicht bevorrechtigte der ersten Reihe sind,

bb) zu deren Gunsten nicht bereits vor der bewirkten Beschlagnahme im Falle der Beschlagnahme zum Zwecke der Zwangsversteigerung ein Vorrecht der zweiten oder dritten Reihe, bei Belastung des Vollstreckungsgegenstandes mit Ewiggeldkapitalien ein Vorrecht der zweiten und dritten Reihe oder der ersten und zweiten Zwischenreihe, im Falle der Beschlagnahme zum Zwecke der Zwangsverwaltung ein Vorrecht der zweiten Reihe, bei Belastung mit Ewiggeldkapitalien ein Vorrecht der zweiten Reihe oder der ersten und zweiten Zwischenreihe begründet ist;

---

[47]) Vgl. hiezu oben § 121 Nr. 25 S. 821 und § 250 lit. B Ziff. II S. 31[?]. Dazu s. Bl. f. R.A. LVIII. 413 und Ortenau-Henle S. 108 Nr. 4.

[48]) Art. 9 Subh.Ordn., im Gegensatze zu § 709 R.C.P.O. Unklar die Mot. z. S.O. S. 77, 78, 86 („Konstruktion auf pfandrechtlicher Grundlage“). Doch geht aus ihnen (S. 78) hervor, daß dem Gläubiger nicht schon durch die Beschlagnahme allein eine dingliche Sicherheit gewährt werden wollte. Vgl. hieher Ortenau-Henle S. 60, 61; Krech-Fischer S. 141, 148, 149 mit das. zit. abweichenden Ansichten; d. Not.Zeit. 1888 S. 141; E. d. R.G. XII. 262; XIX. 299.

[49]) Art. 10 Abs. 1 Subh.Ordn.

cc) für welche nicht schon vor bewirkter Beschlagnahme bewegliche Zubehörungen oder ausstehende Erträgnisse der beschlagnahmten Hauptsache gepfändet worden sind.

γ) Das durch eine später bewirkte Beschlagnahme begründete Vorzugsrecht steht auch dem durch eine früher bewirkte Beschlagnahme begründeten Vorzugsrechte am nämlichen Gegenstande nach; ist mehrfache Beschlagnahme desselben Gegenstandes am nämlichen Tage bewirkt worden, so haben die hiedurch begründeten Vorzugsrechte unter sich gleichen Rang.[50]

δ) Das durch die bewirkte Beschlagnahme begründete Vorzugsrecht wirkt auch gegenüber der Konkursmasse des Schuldners, soferne nicht bereits zur Zeit der bewirkten Beschlagnahme das Konkursverfahren eröffnet oder wenigstens das konkursrechtliche Veräußerungsverbot erlassen war; solche nach diesen Zeitpunkten erworbene Vorzugsrechte sind den Konkursgläubigern gegenüber ohne verbindliche Kraft. Auch ist die konkursrechtliche Anfechtung vorher erworbener Vorzugsrechte nicht ausgeschlossen.[51]

2. Gegenüber dem Vollstreckungsschuldner, der im Hypothekenbuche etwa noch als Besitzer vorgetragenen Person und dem Drittbesitzer bewirkt die Beschlagnahme eine relative Dispositionsbeschränkung in Ansehung der Beschlagnahmegegenstände in dem oben in Ziff. 1a bezeichneten Umfange. Es sind daher die genannten Personen nicht schlechthin an der Verfügung über die Beschlagnahmegegenstände rechtlich verhindert. Besitz, Benützung und Bewirtschaftung der Beschlagnahmegegenstände wird dem Vollstreckungsschuldner und Drittbesitzer nur durch die Beschlagnahme zum Zwecke der Zwangsverwaltung und hier erst mit der Zustellung des Beschlagnahmebeschlusses und wieder nicht die Benützung eines von ihm bewohnten beschlagnahmten Gebäudes, nicht aber schlechthin durch die Beschlagnahme zum Zwecke der Zwangsversteigerung entzogen.[52]

3. Gegenüber dritten Erwerbern von Beschlagnahmegegenständen. Die relative Nichtigkeit der nach Ziff. 1a und 2 verbotswidrigen Verfügungen wirkt nicht bloß gegenüber demjenigen, welcher von dem Vollstreckungsschuldner u. s. w. unmittelbar den Beschlagnahmegegenstand erworben hat, sondern auch gegen alle dritten Erwerber desselben. Der gute Glaube ist für die Frage der Vindizierbarkeit belanglos.[53] Nur im übrigen bemißt sich die Haftung des unmittelbaren wie späteren Erwerbers auf Rückgabe bezw. Schadenersatz nach den Grundsätzen

[50]) Art. 10 Abs. 2 Subh.Ordn.
[51]) Art. 11 Subh.Ordn.
[52]) Vgl. hiezu Art. 46, 131 Subh.Ordn.
[53]) Art. 306 des allg. deutsch. Hand.Ges.B. kann hier zu Gunsten eines dritten Erwerbers nicht Platz greifen, da die gegen das gesetzliche Veräußerungsverbot veräußerten Gegenstände den „gestohlenen Sachen" gleichzustellen sind, da sie der Erwerber wider Willen des maßgebenden Berechtigten an sich brachte.

des örtlichen bürgerlichen Rechtes über die Haftung des gut- und bösgläubigen Besitzers. Ob und von wem der Erwerber wegen Aufwendungen auf den Beschlagnahmegegenstand Ersatz verlangen kann, bemißt sich nach den gewöhnlichen civilrechtlichen Grundsätzen; Masseschulden sind derartige Aufwendungen nicht.[54])

4. Gegenüber Drittschuldnern. Die von Dritten geschuldeten Leistungen, welche zur Masse gehören, müssen auch zur Masse gemacht werden; Leistungen an den Vollstreckungsschuldner oder Drittbesitzer sind für die beteiligten Gläubiger unverbindlich. Anderseits können sich aber solche Drittschuldner im Falle der Beschlagnahme zum Zwecke der Zwangsverwaltung doch noch bis zum Zeitpunkte der Zustellung des Beschlagnahmebeschlusses an den Vollstreckungsschuldner oder Drittbesitzer durch Zahlung an den Vollstreckungsschuldner oder Drittbesitzer befreien; im Falle der Beschlagnahme zum Zwecke der Zwangsversteigerung ist dies sogar bis zur vollstreckungsrichterlichen Benachrichtigung der Drittschuldner von der Beschlagnahme zulässig[55]) Insoweit erscheint der in Ziff. 1 lit. a, γ ausgesprochene Grundsatz modifiziert.[56])

5. Für alle Beteiligten begründet die bewirkte Beschlagnahme das Recht auf vollstreckungsrichterliche Anordnung der zur Sicherung und Nutzbarmachung der Beschlagnahmegegenstände erforderlichen Maßregeln.[57]) (Vgl. hierüber unten §§ 275, 276.) In der Zwangsverwaltung wird, soferne das Vollstreckungsgericht nicht vorsorgliche Maßregeln anordnet, dem Vollstreckungsschuldner das Recht der Verwaltung erst mit der Zustellung des Beschlagnahmebeschlusses entzogen. (Vgl. hierüber unten lit. E.)

6. Weder der Beginn der Zwangsvollstreckung, noch die bewirkte Beschlagnahme schaffen in der „Subhastationsmasse", so wenig wie die Eröffnung des Konkurses in der „Konkursmasse" ein neues selbständiges Rechtssubjekt; mag man die Subhastationsmasse auch als ein besonderes Zweckvermögen behandeln, so läßt sich doch aus dem Gesetze die völlige Lostrennung von seinem bisherigen Subjekte, dem

---

[54]) Dies ist bestritten. Zustimmend E. d. obst. L.G. XIV. 596; Bl. f. R.A. LVIII. 365; auch Bl. f. R.A. IX. 212; Hellmann S. 130; unentschieden E. d. obst. L.G. XV. 161; a. M. Ortenau-Henle S. 380.

[55]) Art. 39, Art. 138 Subh.Ordn. Die Abweichung des Art. 138 von Art. 39 Subh.Ordn. ist schwer erklärlich. Vgl. hiezu schon oben § 249 Nr. 5 S. 1312 und § 255 lit. C Ziff. II, 1 a, β S. 1342.

[56]) Vgl. hiezu Bl. f. R.A. Erg.Bd. VII. 209 ff.; IX. 129 ff.; Ortenau-Henle S. 117.

[57]) Art. 15 Subh.Ordn. Hieher gehören auch als besondere Sicherungsmaßregeln die nach Art. 39 und 138 Subh.Ordn. zu erlassenden Benachrichtigungen und Aufträge, ferner die nach Art. 45—47 Subh.Ordn. zulässige Verwaltung (s. auch Mot. z. Subh.Ordn. S. 86). — § 820 R.C.P.O. kann hier keine Anwendung finden, sobald einmal die Zwangsvollstreckung begonnen hat, da die Bestimmungen im V. Abschnitte des VIII. Buches der R.C.P.O. nur auf das „antizipierte Sicherungszwangsvollstreckungsverfahren", nicht auf das eigentliche Zwangsvollstreckungsverfahren Anwendung haben. Daher richtig Hellmann S. 17. A. M. Ortenau-Henle S. 71.

Vollstreckungsschuldner, um des Zweckes willen, dem es dient, und damit auch die notwendige rechtliche Unterlage ebenso wie ein praktisches Bedürfnis eines zur juristischen Person zu erhebenden Zweckvermögens nicht nachweisen, im Gegenteil steht fest, daß der Vollstreckungsschuldner, wenn er auch mindestens in der Zwangsverwaltung nicht verwaltungsberechtigt, so doch an sich über die Masse verfügungsberechtigt ist und damit auch Rechtssubjekt derselben nach wie vor bleibt, bis durch die Versteigerung bezw. den Zuschlag von ihm auf den Ansteigerer oder sonstige Erwerber das Eigentum an den Massegegenständen übergeht.

D. Erlöschung der Beschlagnahme und ihrer Wirkungen.

I. Die Erlöschung der Beschlagnahme tritt ein, sobald die Zwangsvollstreckung aus irgend einem Grunde beendet ist, und zwar die materielle Erlöschung der Wirkungen der Beschlagnahme ohne weiteres mit dem Vorhandensein eines gesetzlichen Erlöschungsgrundes. Hypothekenrechtlich ist aber noch die formale Löschung der Beschlagnahme im Hypothekenbuche erforderlich. Diese hat das Vollstreckungsgericht und nur dieses, sobald ein Erlöschungsgrund vorhanden und gesetzlich wirksam ist, stets von Amts wegen beim Hypothekenamte zu veranlassen.[58])

II. Die Wirkungen des Erlöschens der Beschlagnahme äußern sich je nach dem Grunde desselben in verschiedener Weise:

1. zu Gunsten des Vollstreckungsschuldners oder Drittbesitzers, wie dritter Erwerber von Beschlagnahmegegenständen stets dann, wenn eine Zwangsverwaltung in Frage stand oder wenn die Zwangsversteigerung nicht durch Zuschlag beendet wurde, insbesondere auch, wenn die Wiederversteigerung zu keinem Resultate führte, und zwar insoferne, als der Vollstreckungsschuldner oder Drittbesitzer nun wieder volle und freie Verfügungsbefugnis über die beschlagnahmten Gegenstände und zu diesem Zwecke auch alle inzwischen angefallenen und angesammelten Erträgnisse zurückerhält und die etwaige Nichtigkeit früherer Verfügungen nunmehr gegenstandslos wird. Dagegen sind alle nach dem Erlöschen der Beschlagnahme noch weiter vorgenommenen Vollstreckungsakte nichtig[59])

[58]) Art. 12, Art. 71, Art. 94 Abs. 1 Ziff. 1, Art. 122, 156 Subh.Ordn. — Es ist unzulässig, daß die Löschung der Beschlagnahme von einem Beteiligten, selbst vom Notar, unmittelbar beim Hypothekenamte beantraat wird; das Hypothekenamt darf einem solchen Antrag nicht stattgeben; solche Anträge können nur beim Vollstreckungsgerichte gestellt werden. Vgl. hiezu Ztschr. d. b. Anw.Ver. XX. 293; Ortenau-Henle S. 67, 337. Das hypothekenrechtliche Konsensprinzip findet hier keine Anwendung; vgl. oben § 104 lit. B Ziff. 7 mit Nt. 23 S. 732 und lit. C Ziff. III, 1 S. 735. Ebenso Ortenau-Henle S. 67 Nt. 1; a. M. Hellmann S. 15.

[59]) So wenn z. B. den Vorschriften der Art. 12, 71, 72, 93 Subh.Ordn. zuwider versteigert wurde; vgl. Mot. z. Nov. S. 166.

und können weder dem Vollstreckungsschuldner oder Drittbesitzer, noch dritten Erwerbern das Eigentum an den hievon etwa betroffenen Gegenständen entziehen.[60]) Das Erlöschen der Beschlagnahme hebt also hier die Verfangenheit der Vollstreckungsgegenstände rückwärts wieder auf, freilich unbeschadet der Giltigkeit bereits durchgeführter Vollstreckungsmaßregeln insoferne, als aus dem Grunde des nunmehrigen Erlöschens der Beschlagnahme ihre Ungiltigkeit nicht behauptet werden kann[61]);

2. im Falle der Erteilung des Zuschlages zu Gunsten des Ansteigerers — vorausgesetzt, daß der Zuschlag an ihn prozeßrechtlich wirksam bleibt — und zwar insofern, als der Ansteigerer nunmehr (d. i. vom Zeitpunkte des Zuschlages an) volle und freie Verfügungsbefugnis über die zugeschlagenen Gegenstände erhält.

E. Zustellung des Beschlagnahmebeschlusses.[62])

Die Zustellung des Beschlagnahmebeschlusses, welche nur an die Subjekte der Zwangsvollstreckung erfolgt, hat regelmäßig nur eine prozessuale Bedeutung, insoferne dadurch diesen Beteiligten die Möglichkeit eröffnet wird, gegen den Beschluß das Rechtsmittel der sofortigen Beschwerde zu ergreifen: das Nähere hierüber findet sich unten in § 271 erörtert und gilt sowohl für die Zwangsvollstreckung durch Zwangsversteigerung, als durch Zwangsverwaltung. Nur in letzterem Zwangsvollstreckungsverfahren kommt der Zustellung des Beschlagnahmebeschlusses an den Vollstreckungsschuldner bezw. Drittbesitzer noch eine materiellrechtliche Bedeutung und zwar insoferne zu, als diese Personen mit jenem Zeitpunkte das Recht der Bewirtschaftung und Benützung der von der Zwangsverwaltung betroffenen Gegenstände, sowie der Einziehung der Erträgnisse — vorbehaltlich der Rechtswohlthat des Notbedarfes — verlieren.[63])

F. Beendigung der Zwangsvollstreckung.

I. Die Beendigung der Zwangsvollstreckung tritt ein:

1. wenn die Zwangsvollstreckung infolge freiwilliger Zurücknahme des Beschlagnahmeantrages oder infolge einer gesetzlichen Fiktion[64]) der Zurücknahme desselben nicht mehr weiter

---

[60]) Vgl. auch Bl. f. R.A. Erg.B. IX. 131.

[61]) Wenn daher zur Zeit des Erlöschens der Beschlagnahme Zubehörungen oder Früchte bereits versteigert waren, so kann der Schuldner oder Drittbesitzer, falls zu seinen Gunsten die Erlöschung wirkt, nicht die versteigerten Gegenstände zurückverlangen, sondern hat lediglich Anspruch auf den Erlös.

[62]) Art. 34, 130 Abs. 2 Subh.Ordn.

[63]) Art. 131 Abs. 1 Subh.Ordn. Vgl. bezüglich der Einziehung der Erträgnisse oben lit. C Ziff. II, 1 a, β S. 1342, bezüglich der Rechtswohlthat des Notbedarfs unten § 258 Ziff. 3 S. 1358.

[64]) Art. 71 Subh.Ordn. — Vgl. auch Art. 82 Ziff. 10 Subh.Ordn. über

betrieben werden darf und daher endgiltig einzustellen ist, insbesondere wenn das Verfahren auf Antrag des Beschlagnahmegläubigers oder infolge einer von ihm bewilligten Stundung eingestellt wurde und seit der Einstellung bereits ein Jahr ohne irgend welche prozessuale Thätigkeit des Vollstreckungsgerichtes oder Versteigerungsbeamten abgelaufen ist; wird das Verfahren in solcher Weise mehrmals unterbrochen, so werden die Zeiträume sämtlicher Unterbrechungen zusammengerechnet[65]);

2. wenn auf Grund einer gerichtlichen Entscheidung, welche die Unzulässigkeit der Zwangsvollstreckung oder deren endgültige Einstellung ausspricht, die Einstellung erfolgt und hienach die Vollstreckungsmaßregel d. h. hier die Beschlagnahme vom Vollstreckungsgerichte aufgehoben wird[66]);

3. im Falle der Zwangsversteigerung mit der durchgeführten Zwangsversteigerung im Zeitpunkte der Erteilung des Zuschlages, hinsichtlich ihrer materiellen Wirkungen allerdings auflösend bedingt dadurch, daß der Ansteigerer die bei der Versteigerung übernommenen Verbindlichkeiten vollständig erfüllt[67]); hier darf erst nach Eintritt dieser auflösenden Bedingung die Löschung der Beschlagnahme im Hypothekenbuche veranlaßt werden[68]); — im Falle der Zwangsverwaltung, wenn alle Gläubiger, welche die Beschlagnahme erwirkt und für ihre Forderung eine Stelle im Verteilungsplane gefunden hatten, aus den periodisch anfallenden Ertragsüberschüssen befriedigt sind.[69])

4. Wird nach der Beschlagnahme zum Zwecke der Zwangsverwaltung der nämliche Gegenstand zum Zwecke der Zwangsversteigerung beschlagnahmt, so wird damit die Zwangsvollstreckung durch Zwangsverwaltung noch nicht beendet, sondern zunächst nur unterbrochen, um im Falle der Nichtdurchführung der Zwangsversteigerung wieder aufgenommen zu werden[70]);

Aufhebung des Zuschlages, wenn ein vor dem Zuschlag gestellter begründeter Einstellungsantrag nicht berücksichtigt wurde.

[65]) Art. 12 Subh.Ordn. mit Art. 45 Ziff. 2 Nov. Vgl. hiezu über den Fristbeginn Näheres bei Ortenau-Henle S. 66. Auf die Fristberechnung findet § 200 R.C.P.O. entsprechende Anwendung.

[66]) Vgl. hiezu § 691 Ziff. 1 und 3, § 692 R.C.P.O.; auch Art. 82 Ziff. 10 Subh.Ordn. über Aufhebung des Zuschlages bei Nichtberücksichtigung eines vor dem Zuschlag gestellten begründeten Einstellungsantrages oder vollstreckungsrichterlichen Einstellungsbeschlusses; Art. 5 Subh.Ordn. und hierüber unten § 258 Ziff. 1 S. 1354.

[67]) Arg. Art. 81, 94 Abs. 1, Art. 156 Subh.Ordn.

[68]) Der Erfüllung der Verbindlichkeiten steht die Hypothekerrichtung für die nach drei Monaten erst fälligen Anweisungsbeträge (Art. 94 Abs. 2 Subh.Ordn.) wie der vorbehaltlose Verzicht der sämtlichen noch beteiligten Gläubiger auf sofortige Erfüllung der Verbindlichkeiten gleich.

[69]) Vgl. Mot. S. 103; hiezu auch Ortenau-Henle. Der Befriedigung steht natürlich auch hier der Verzicht auf Befriedigung gleich.

[70]) Vgl. hieher unten § 256 Ziff. II S. 1353.

erst mit der Erteilung des Zuschlages in der Zwangsversteigerung würde auch die Beendigung der unterbrochenen Zwangsvollstreckung eingetreten sein.

II. Die Beendigung der Zwangsvollstreckung erzeugt unmittelbar nur prozessuale Wirkungen; sie bewirkt:

1. das Erlöschen der Beschlagnahme[71]);
2. die Unzulässigkeit der Zurücknahme der Beschlagnahmeanträge;
3. die Unzulässigkeit der Einstellung oder Aufhebung der Zwangsvollstreckung aus einem Grunde, aus dem nicht längstens bis zur Beendigung der Zwangsvollstreckung die Einstellung derselben beim Vollstreckungsgerichte oder Versteigerungsbeamten in formgerechter Weise beantragt war. Nach dem Zuschlage entstandene Einstellungs- und Aufhebungsgründe können nur mehr das weitere Verfahren hemmen oder beseitigen, nicht mehr die mit dem Zuschlage beendete Zwangsvollstreckung und deren Wirkungen rückgängig machen[72]);
4. den Wegfall aller angeordneten und die Unzulässigkeit der Anordnung weiterer Sicherungsmaßregeln in Ansehung des Gegenstandes der Zwangsvollstreckung, sowie die Unzulässigkeit weiterer Verwaltung desselben.[73])

III. Eine Wiederaufnahme der beendeten Zwangsvollstreckung ist nur bei der Zwangsvollstreckung durch Zwangsversteigerung möglich; sie tritt ein:

1. allgemein, wenn der Zuschlag wieder aufgehoben wird[74]);
2. beschränkt, wenn der Ansteigerer seinen Verbindlichkeiten nicht nachgekommen ist und daher eine Wiederversteigerung stattfindet. Die Wirkung der Wiederaufnahme ist hier nur relativer Natur, insoferne durch dieselbe die prozessualen Wirkungen der bereits beendeten Zwangsvollstreckung nicht beseitigt werden, sondern nur das materiellrechtliche Verhältnis zum Ansteigerer und dies nur resolutiv bedingt aufgehoben wird.[75])

G. Beendigung des Zwangsvollstreckungsverfahrens.

I. Die Beendigung des Zwangsvollstreckungsverfahrens tritt in allen Fällen der Zwangsversteigerung wie Zwangsverwaltung erst mit der Erledigung aller dem Vollstreckungsgerichte nach Beendigung der Zwangsversteigerung oder Zwangsverwaltung noch gesetzlich obliegenden Maßregeln ein.[76]) Die Beendigung der Zwangsversteigerung

---

[71]) Vgl. oben lit. D S. 1347.

[72]) Vgl. hiezu Art. 82 Ziff. 10 Subh.Ordn. und hierüber unten § 256 Ziff. I, 3 S. 1353.

[73]) Vgl. hiezu unten § 275, 276.

[74]) Art. 82—86 Subh.Ordn.; Art. 26 Nov.

[75]) Art. 87—93 Subh.Ordn. Vgl. auch Ortenau-Henle S. 323 und unten § 293.

[76]) Wie die Vereinigung der öffentlichen Bücher. Vgl. hieher Art. 94, 156 Subh.Ordn.

oder Zwangsverwaltung fällt hienach mit der Beendigung des Zwangsvollstreckungsverfahrens zeitlich nicht zusammen; letztere ist zwar eine Folge der ersteren, folgt aber nicht einmal immer unmittelbar auf diese, insbesondere dann nicht, wenn nach der Zwangsversteigerung noch ein gerichtliches Verteilungsverfahren stattfindet[77]), oder wenn eine Wiederversteigerung im technischen Sinne stattfindet.[78])

II. Die Wirkungen der Beendigung des Zwangsvollstreckungsverfahrens sind ausschließlich formaler Natur; mit ihr hört die Anwendung aller prozeßrechtlichen Normen auf, die sich ausschließlich auf das Zwangsvollstreckungsverfahren beziehen.

III. Eine Wiederaufnahme des beendeten Zwangsvollstreckungsverfahrens kann erforderlich werden, wenn nach Beendigung desselben gegen Entscheidungen des Vollstreckungsgerichtes, welche im Verteilungsverfahren ergangen sind, trotz Ablauf der Beschwerdefrist, aus prozessualen Restitutions- oder Nichtigkeitsgründen die Beschwerde noch mit Erfolg eingelegt wird.[79])

§ 256.

Einstellung und Unterbrechung des Zwangsvollstreckungsverfahrens im besonderen.

I. Die Einstellung der Zwangsvollstreckung kann eine vorläufige und endgiltige sein; letztere bewirkt auch die Aufhebung der Beschlagnahme, soferne nicht bei der Zwangsversteigerung bereits der Zuschlag rechtswirksam erfolgt ist.[1])

1. Die vorläufige Einstellung der Zwangsvollstreckung hat zu erfolgen:

a) auf Antrag des Beschlagnahmegläubigers[2]);

b) wenn eine öffentliche Urkunde oder eine von den Gläubigern ausgestellte unverdächtige Privaturkunde vorgelegt wird, aus welcher sich ergibt, daß die Beschlagnahmegläubiger nach Erlassung des zu vollstreckenden Schuldtitels befriedigt sind oder Stundung bewilligt haben[3]);

c) wenn ein Postschein vorgelegt wird, aus welchem sich ergibt, daß nach Erlaß des Schuldtitels die zur Befriedigung der Beschlagnahmegläubiger erforderliche Summe zur Auszahlung an die letzteren bei der Post eingezahlt ist[4]);

---

[77]) Art. 95—124 Subh.Ordn.

[78]) Art. 87—93 Subh.Ordn.; Ortenau-Henle S. 323.

[79]) § 540 Abs. 2 R.C.P.O.

[1]) § 692 R.C.P.O.

[2]) Vgl. hiezu Art. 12 Subh.Ordn. und Art. 45 Ziff. 2 Nov; hiezu unten § 259 Ziff. I, 1 S. 1357.

[3]) Vgl. hiezu § 691 Ziff. 4 R.C.P.O. und bezüglich der Stundung auch die Zit. der Nt. 65.

[4]) § 691 Ziff. 2, § 692 R.C.P.O.

d) wenn die Ausfertigung oder beglaubigte Abschrift eines gerichtlichen Beschlusses vorgelegt wird, aus welchem sich ergibt, daß die einstweilige Einstellung der Vollstreckung oder einer Vollstreckungsmaßregel angeordnet ist[5]); ist im Gerichtsbeschlusse die Aufhebung der bereits erfolgten Vollstreckungsmaßregeln ausgesprochen, so ist das Verfahren nicht bloß einzustellen, sondern die Beschlagnahme aufzuheben;

e) die Wiederversteigerung ist einzustellen, wenn der frühere Ansteigerer vor dem Zuschlage nachweist, daß er inzwischen den Kaufbedingungen und seiner durch das Wiederversteigerungsverfahren entstandenen Kostenerstattungspflicht genügt hat[6]);

f) die Eröffnung des Konkurses hat auf den Fortgang der Zwangsvollstreckung keinen Einfluß, weil das unbewegliche Vermögen des Gemeinschuldners der abgesonderten Befriedigung dient und diese unabhängig vom Konkursverfahren erfolgt.[7])

2. Endgültige Einstellung der Zwangsvollstreckung hat zu erfolgen:

a) wenn der Beschlagnahmeantrag zurückgezogen wird oder gesetzlich als zurückgenommen gilt[8]), insbesondere auch, wenn seit dem Antrage des Beschlagnahmegläubigers auf vorläufige Einstellung (Ziff. 1 lit. a) oder im Falle einer von ihm bewilligten Stundung (Ziff. 1 lit. b) das Verfahren länger als ein Jahr ruht, wobei mehrere auf einem solchen Grunde beruhende vorläufige Einstellungen zusammengerechnet werden[9]);

b) wenn die Ausfertigung oder beglaubigte Abschrift einer rechtskräftigen oder vorläufig vollstreckbaren Entscheidung vorgelegt wird, aus welcher sich ergibt, daß das zu vollstreckende Urteil oder dessen vorläufige Vollstreckbarkeit aufgehoben oder daß die Zwangsvollstreckung für unzulässig erklärt oder deren Einstellung angeordnet ist[10]);

c) wenn eine öffentliche Urkunde vorgelegt wird, aus welcher sich ergibt, daß die zur Abwendung der Vollstreckung nachgelassene Sicherheitsleistung oder Hinterlegung erfolgt ist.[11])

3. Wird dem Vollstreckungsgerichte oder Notar ein Einstellungsgrund in formgerechter Weise nachgewiesen, so hat das Vollstreckungsgericht sofort die Einstellung der Vollstreckung und eventuell Aufhebung der Beschlagnahme zu beschließen und hievon den Versteigerungsbeamten zu verständigen, der Notar aber sofort mit dem weiteren

---

[5]) § 691 Ziff. 5 R.C.P.O.

[6]) Art. 93 Subh.Ordn. Vgl. hiezu unten § 293.

[7]) Vgl. hiezu §§ 3, 39 R.K.O.

[8]) Vgl. hiezu oben § 255 lit. F Ziff. I, 1 S. 1348, 1349 mit Nt. 64.

[9]) Art. 12 Subh.Ordn.; Art. 45 Ziff. 2 Nov.; hiezu oben § 255 lit. F Ziff. I, 1 S. 1349 mit Nt. 65.

[10]) § 691 Ziff. 1 R.C.P.O.

[11]) § 691 Ziff. 3 R.C.P.O.

Verfahren einzuhalten. Wird in der Zwangsversteigerung ein vor dem Zuschlage gestellter begründeter Antrag auf Einstellung der Zwangsvollstreckung oder ein Einstellungsbeschluß des Vollstreckungsgerichtes nicht berücksichtigt, so kann der Vollstreckungsschuldner oder Drittbesitzer, im Falle der Ziff. 1 e der beeinträchtigte Ansteigerer die Aufhebung des Zuschlages verlangen.[12])

4. Ist die Zwangsvollstreckung beendet, so ist eine Einstellung der Zwangsvollstreckung aus Gründen, die, weil vorher entstanden, auch vorher hätten geltend gemacht werden müssen, so wenig wie aus nachher entstandenen Gründen[13]), nicht mehr zulässig. Solche letztgenannte Gründe können nur das weitere Vollstreckungsverfahren verhindern und je nach Lage der Sache dem Vollstreckungsschuldner oder Drittbesitzer einen Anspruch auf den Versteigerungserlös gewähren. Eine solche Einstellung hat aber nur gegenüber der Zwangsvollstreckung durch Zwangsversteigerung, nicht durch Zwangsverwaltung Bedeutung, da hier das Vollstreckungsverfahren nicht in zwei fest abgegrenzte Abschnitte zerfällt.

II. Unterbrechung des Zwangsvollstreckungsverfahrens.

Tritt während des Zwangsvollstreckungsverfahrens der Tod oder die Prozeßunfähigkeit des Schuldners oder Drittbesitzers ein oder wird der Konkurs über sein Vermögen eröffnet, so wird hiedurch das Zwangsvollstreckungsverfahren nicht unterbrochen.[14]) Eine Unterbrechung der Zwangsvollstreckung durch Zwangsverwaltung entsteht durch die Beschlagnahme des nämlichen Gegenstandes zum Zwecke der Zwangsversteigerung und zwar insolange, als nicht das Verfahren durch Zwangsversteigerung aus einem anderen Grunde als durch Zuschlag beendet wird.[15])

§ 257.

Verbindung mehrerer Zwangsvollstreckungen.

I. Werden für mehrere unter sich verschiedenartige Gegenstände gesonderte Beschlagnahmen gleicher Art, also entweder zum Zwecke der Zwangsversteigerung oder zum Zwecke der Zwangsverwaltung beantragt und beschlossen, so ist eine Verbindung der mehreren selbstständigen Vollstreckungen zum Zwecke einheitlicher prozessualer Durchführung selbst für den Fall unzulässig, daß gesonderte Beschlagnahmen für dieselbe Forderung erwirkt wurden. Ein einheitliches Verfahren für solche mehrere Vollstreckungsgegenstände kann nur dadurch herbei-

---

[12]) Art. 82 Ziff. 10 mit Art. 89 Subh.Ordn.

[13]) Vgl. hiezu auch oben § 255 lit. F Ziff. II, 3 S. 1350.

[14]) Die §§ 217—229 R.C.P.O. haben im Zwangsvollstreckungsverfahren an sich keine Anwendung; vgl. auch §§ 665, 693, 694 R.C.P.O. Immerhin wird aber § 222 R.C.P.O. entsprechende Anwendung finden müssen. Bezüglich des Konkurses vgl. noch oben Ziff. I, 1 lit. f.

[15]) Art. 20 Abs. 2 Subh.Ordn.; vgl. hiezu oben § 255 lit. F Ziff. I, 4 S. 1349

geführt werden, daß der betreibende Gläubiger die einheitliche Beschlagnahme solcher mehrerer Gegenstände von vornherein beantragt, wobei besonders die oben § 252 lit. B (S. 1325) angeführten Grundsätze über die örtliche Zuständigkeit zu berücksichtigen sind.

II. Anderseits ist aber eine Verbindung mehrerer selbständiger Vollstreckungen aus Gründen des Sachzusammenhanges in dem Falle schlechthin zulässig, wenn ein Gläubiger, welcher weitere Beschlagnahme beantragt, noch andere Gegenstände desselben Schuldners oder Drittbesitzers als Beschlagnahmegegenstände bezeichnet.[1]) Wenngleich hier das auf diese bezügliche Verfahren ein völlig selbständiges ist, so kann doch ohne weiteren Antrag dasselbe vom Vollstreckungsgerichte mit dem bereits eingeleiteten Verfahren verbunden werden. Jedoch ist die Verbindung nur zulässig, insoweit sie ohne wesentliche Beeinträchtigung der Beteiligten möglich ist. Im übrigen entscheidet über die Verbindung das freie Ermessen des Vollstreckungsgerichtes. Bezüglich der örtlichen Zuständigkeit sind auch hier die oben § 252 lit. B (S. 1325) angeführten Grundsätze zu beachten.

§ 258.

Beschränkungen der Zwangsvollstreckung.

1. Zweck der Zwangsvollstreckung ist Befriedigung des betreibenden Gläubigers. Der allgemeine Grundsatz der Reichscivilprozeßordnung, daß die Zwangsvollstreckung nicht über das Maß des wirklichen Bedürfnisses ausgedehnt werden dürfe[1]), beherrscht daher auch die Zwangsvollstreckung ins unbewegliche Vermögen. Sie darf nicht weiter ausgedehnt werden, als zur Befriedigung des Beschlagnahmegläubigers und zur Deckung der Kosten erforderlich ist[2]); hiebei werden die Ansprüche der ersten Reihe für die ganze Zeit, auf welche ihr Vorzugsrecht sich erstreckt, die übrigen in Betracht kommenden Forderungen in gleicher Weise wie bei Feststellung des gesetzlichen Mindestgebotes, Zinsen und wiederkehrende Leistungen mit den laufenden Beträgen und zweijährigen Rückständen, Kautionshypotheken für Zinsen, Kosten und andere Nebenforderungen mit dem Höchstbetrage angesetzt, soweit nicht ein anderer Umfang der Haftung nachgewiesen ist.[3]) Es kann hienach zwar kein Gläubiger schlechthin gezwungen werden, nur auf das eine oder andere Objekt zuzugreifen[4]); eine umfassendere

---

[1]) Art. 44, 144 Subh.Ordn.; S. auch unten § 273.

[1]) § 708 R.C.P.O.

[2]) Art. 5 Subh.Ordn.

[3]) Art. 31 Nov.

[4]) Es ist auch nicht zulässig, einen Hypothekgläubiger auf die Hypothekobjekte (vgl. oben § 132 lit. F Ziff. I, 1 S. 875; auch Regelsberger, Hyp.R. 2. Aufl. § 79; Ortenau=Henle S. 51 Nt. 1; Jakubezky S. 279), oder einen Gläubiger, dem mehrere Objekte, sei es verbandweise oder als ein Gut, verhypotheziert sind, auf ein bestimmtes Hypothekobjekt oder einen bestimmten Teil desselben zu verweisen (vgl. oben § 132 lit. B Ziff. V S. 869 und § 145 Ziff. II, 4 S. 917,

Beschlagnahme muß aber abgelehnt werden, wenn untrüglich[5]) feststeht, daß der zu erwartende Erlös des einen oder anderen beschlagnahmten Gegenstandes den Zweck der Zwangsvollstreckung völlig erreichen läßt, ebenso mit einer weiteren Vollstreckung eingehalten werden, sobald aus einem der Vollstreckungsobjekte ein zur Befriedigung des Gläubigers und zur Kostendeckung hinreichender Erlös erzielt worden ist. Die übrigen Gläubiger haben kein Recht auf Fortsetzung der Vollstreckung.[6]) Diese Vorschrift gilt sowohl für das Vollstreckungsgericht, wie für den Notar. Wurde ihr zuwider in der Zwangsversteigerung ein weiterer Gegenstand versteigert, so kann der Vollstreckungsschuldner oder Drittbesitzer den Zuschlag anfechten.[7]) Eine Einwilligung dieser Personen zu einer Abweichung von dieser Beschränkung hat nur insoferne rechtliche Bedeutung, als sie auf die Anfechtung des Zuschlages verzichten können.[8]) Für die Zwangsvollstreckung durch Zwangsverwaltung besteht noch die weitere Beschränkung, daß das Gesuch um Beschlagnahme schon dann zurückgewiesen werden kann, wenn wegen geringen Wertes des Gegenstandes unverhältnismäßige Kosten zu besorgen sind und dem Gläubiger in Ansehung desselben Gegenstandes anderweite Vollstreckungsarten zu Gebote stehen.[9]) Gegenüber der Zwangsvollstreckung durch Vollstreckungshypothek besteht nur insoferne eine Beschränkung, als der Schuldner eine Hypothekerrichtung über das Maß der gesetzlichen Hypotheken hinaus verbieten kann.[10])

2. Beschränkungen der Zwangsvollstreckung durch Zwangsversteigerung sind auch durch die Einführung des gesetzlichen Mindestgebotes geschaffen; diese sind in anderem Zusammenhange (siehe unten § 265 Ziff. I) darzustellen.

3. Die Rechtswohlthat des Notbedarfs hat gegenüber der Zwangsvollstreckung durch Zwangsversteigerung und Zwangsverwaltung bestimmte Regelung erfahren.[11])

a) Der Besitz und die Benützung der von der Zwangsvollstreckung betroffenen Gegenstände wird durch die Beschlagnahme zum Zwecke der Zwangsversteigerung dem Vollstreckungs-

---

918; auch Regelsberger, Hyp.R. § 84 Nt. 3; Ortenau-Henle S. 51; E. d. obst. L.G. V. 978).

[5]) Ebenso Ortenau-Henle S. 51.

[6]) D. Not.Zeit. 1879 S. 341; Ortenau-Henle S. 51 Nt. 4 S. 468.

[7]) Art. 82 Ziff. 10 Subh.Ordn. mit Art. 45 Ziff. 7 Nov.

[8]) Sei es ausdrücklich oder stillschweigend durch Verstreichenlassen der für die Anfechtung bestimmten Fristen. Vgl. auch d. Not.Zeit. 1882 S. 264 ff.; Ortenau-Henle S. 52.

[9]) Art. 127 Subh.Ordn.; Mot. z. Subh.Ordn. S. 100.

[10]) Art 40 Abs. 3 Nov.; § 11 Hyp.Ges. Vgl. hiezu oben § 117 Ziff. I, b S. 795 und § 121 Nt. 14 S. 807, unten Kapitel VII.

[11]) Weder die civilrechtlichen Vorschriften über die Rechtswohlthat des Notbedarfs — eine Ausnahme s. unten lit. c — noch § 715 R.C.P.O. haben hier Bedeutung. Anderseits soll aber nach den Mot. z. Subh.Ordn. S. 76, 77 an den besonderen civilrechtlichen Vorschriften, welche dem Gläubiger die Befugnis geben, die Zwangsvollstreckung über die gesetzliche Maßgabe auszudehnen, z. B. an den Vorschriften der §§ 39 ff. Hyp.Ges., nichts geändert sein.

schuldner oder Drittbesitzer nicht entzogen, wenngleich die Anordnung einer besonderen Verwaltung zulässig ist.[12]) Die Beschlagnahme zum Zwecke der Zwangsverwaltung dagegen entzieht ihm regelmäßig sowohl die Bewirtschaftung, als die Benützung der Beschlagnahmegegenstände; selbst zur gänzlichen oder teilweisen Räumung der von ihm bewahrten und beschlagnahmten Gebäude kann er auf besonderen Antrag des Beschlagnahmegläubigers und vorgängigem Gehör angewiesen werden, wenn die Räumung im Interesse der Verwaltung liegt; nur von Kranken und Wöchnerinnen kann die Räumung nicht verlangt werden, so lange sie die zu räumende Wohnung nicht ohne Gefährdung ihrer Gesundheit verlassen können.[13])

b) Soweit der Vollstreckungsschuldner oder Drittbesitzer zur Bestreitung des notwendigen Unterhaltes für sich, seinen Ehegatten und seine unversorgten Kinder auf die Erträgnisse des beschlagnahmten Gegenstandes angewiesen war, kann ihm das Vollstreckungsgericht auf Antrag und nach vorgängiger Anhörung der Beschlagnahmegläubiger auch einen entsprechenden Teil der Erträgnisse[14]) für bestimmte Zeit oder für die ganze Dauer des Vollstreckungsverfahrens, im Falle einer Zwangsversteigerung jedoch nur aus den bis zum Zuschlage anfallenden Erträgnissen zuweisen.[15])

In der Zwangsvollstreckung durch Zwangsverwaltung darf der Vollstreckungsschuldner bezw. Drittbesitzer auch ohne Bewilligung des Vollstreckungsgerichtes bis zur förmlichen Einweisung des Verwalters jenen notdürftigen Unterhalt aus den Erträgnissen bestreiten.

c) Das verfassungsmäßige Recht des Familienfideikommißbesitzers auf die „Kompetenz“ ist durch die vorstehenden Bestimmungen nicht berührt.[16])

§ 259.

Verfahrensmaxime.

I. Dispositions- und Offizial-Prinzip.

1. Die Anordnung der Zwangsvollstreckung in das unbewegliche Vermögen erfolgt nach reichsrechtlich zwingender Vorschrift nur

---

[12]) Vgl. Art. 45—47 Subh.Ordn.; oben § 255 lit. C Ziff. II, 2 S. 1345. unten § 275, 276.

[13]) Art. 131 Subh.Ordn. Wird dem Vollstreckungsschuldner oder Drittbesitzer die Wohnung entzogen, so kann der nach lit. b zu gewährende notdürftige Unterhalt auch die Gewährung anderweitiger Wohnung umfassen.

[14]) Das ganze Erträgnis kann nie zugewiesen werden; vgl. Aussch.Ber z. Subh.Ordn. S. 482.

[15]) Gegen die nach lit. a und b ergehenden Entscheidungen des Vollstreckungsgerichts ist die sofortige Beschwerde zulässig: § 701 R.C.P.O.; Mot. z. Subh.Ordn. S. 77; Aussch.Ber. z. Subh.Ordn. S. 482.

[16]) Vgl. hiezu Mot. z. Subh.Ordn. S. 75, 76 und oben § 152 Nt. 67 S. 957.

auf Antrag eines Gläubigers.[1]) Die landesgesetzliche Ausführung derselben besteht darin, daß nur auf ein von einem Gläubiger dem Vollstreckungsgerichte eingereichtes Beschlagnahmegesuch die Beschlagnahme beschlossen, im Falle der Konkursverwalter die Zwangsvollstreckung in das zur Konkursmasse gehörige unbewegliche Vermögen betreibt, doch nur auf Antrag des Konkursverwalters die Zwangsversteigerung oder Zwangsverwaltung angeordnet werden kann. Ebenso muß nach landesgesetzlicher Vorschrift die Zwangsvollstreckung eingestellt werden, wenn die Beschlagnahmegläubiger vor Beendigung der Zwangsvollstreckung hierauf antragen.[3]) Hienach steht der Beginn wie der Fortlauf der Zwangsvollstreckung als Ganzes unter dem Dispositionsprinzipe. Auch bezüglich der Einleitung eines gerichtlichen Verteilungsverfahrens nach beendeter Zwangsvollstreckung herrscht insoferne Dispositionsprinzip, als unter gewissen Voraussetzungen bald von dem Willen der Gesamtheit der beteiligten Gläubiger, bald von dem Willen der Gesamtheit der Beteiligten überhaupt die Einleitung eines gerichtlichen Verteilungsverfahrens abhängig ist.[4])

2. Innerhalb dieser Grenzen des Dispositionsprinzipes herrscht aber im Gegensatze zum früheren Prozeßrechte Offizialprinzip.[5]) Die Zwangsvollstreckung durch Zwangsversteigerung und Zwangsverwaltung kann einerseits nur auf Anordnung des Vollstreckungsgerichtes erfolgen[6]), anderseits treffen dieses wie der Notar alle zur Durchführung der Zwangsvollstreckung erforderlichen Maßregeln von Amtswegen. Dieses Offizialprinzip erstreckt sich vorbehaltlich der nach Ziff. I zulässigen Disposition der Beteiligten auch auf die Einleitung und Durchführung des gerichtlichen Verteilungsverfahrens[7]) und gilt insbesondere auch für die Zustellungen der Beschlüsse und Verfügungen der Vollstreckungsorgane.[8]) Indes erleidet auch innerhalb dieses Umfanges der Offizialbetrieb einige Durchbrechungen, insoweit die einzelnen Maßnahmen nicht im Interesse der Allgemeinheit gelegen sind, sondern lediglich das Privatinteresse der einzelnen Beteiligten berühren. Es werden daher teils einzelne Maßregeln doch nur auf Antrag verfügt[9]), teils ist den Beteiligten gestattet, auf die Art und Weise der

---

[1]) § 755 Abs. 2 R.C.P.O.

[2]) Art. 24, 29 Abs. 1, Art. 129, 130 Abs. 1, Art. 171 Ziff. 1 Subh.Ordn.

[3]) Vgl. hierüber oben § 256 S. 1351 ff.

[4]) Art. 95, 96 Subh.Ordn.; Art. 32 Nov.; vgl. hierüber Näheres unten §§ 296, 297.

[5]) Vgl. hiezu auch Mot. z. Subh.Ordn. S. 73, 74; Ortenau-Henle S. 12; Hellmann, Einl. S. IX, X.

[6]) § 755 Abs. 2 R.C.P.O.; Art. 29 Abs. 1, Art. 130 Abs. 1, Art. 171 Ziff. 1 Subh.Ordn.

[7]) Vgl. besonders Art. 95 Abs. 2, Art. 96 Abs. 2 Subh.Ordn.; Mot. z. Subh.Ordn. S. 73.

[8]) Art. 17, 63 Subh.Ordn.; § 190 R.C.P.O. ist nicht anwendbar. Vgl. auch unten § 262 S. 1362.

[9]) Vgl. § 756 R.C.P.O. (vgl. oben § 252 lit. B Ziff. I S. 1325, 1326). — Art. 6 Subh.Ordn. — Art. 15, 46, 131 Subh.Ordn. — Art. 36 Subh.Ordn.;

Entfaltung der Offizialthätigkeit des Vollstreckungsgerichtes oder Notars bestimmenden Einfluß[10]) oder wenigstens Vorschlagsrechte[11]) auszuüben; auch ist die Aufhebung des Zuschlages[12]) wie die neue Versteigerung[13]) und die Wiederversteigerung im technischen Sinne immer nur auf Antrag zulässig.[14])

3. Die Zwangsvollstreckung durch Vollstreckungshypothek steht völlig unter dem Dispositionsprinzipe.

II. Prinzip der fakultativen Mündlichkeit.

Alle Erklärungen und Gesuche an das Vollstreckungsgericht können sowohl schriftlich eingereicht als zum Protokolle des Gerichtsschreibers angebracht werden. Die Entscheidungen innerhalb des Zwangsvollstreckungsverfahrens können regelmäßig ohne mündliche Verhandlung erfolgen. An dem hienach geltenden Prinzip der fakultativen Mündlichkeit ändert auch der Umstand nichts, daß in einzelnen Fällen eine vorgängige Anhörung von Beteiligten gesetzlich vorgeschrieben ist, da die Anhörung auch auf schriftlichem Wege erfolgen kann. Insoferne ein selbständiges Prozeßverfahren in Frage steht, kommen die allgemeinen prozeßrechtlichen Grundsätze zur Anwendung.

§ 260.

Die das Zwangsvollstreckungsverfahren betreffenden Einwendungen.

I. Einwendungen, welche das Zwangsvollstreckungsverfahren zum Zwecke der Zwangsversteigerung oder Zwangsverwaltung betreffen.

Einwendungen, welche die Zwangsvollstreckung betreffen, können vom Vollstreckungsschuldner, von den beteiligten Gläubigern und von Dritten erhoben werden.

1. Die Einwendungen, welche der Vollstreckungsschuldner erheben kann, können sich richten:

a) gegen die Zulässigkeit der Zwangsvollstreckung überhaupt, sei es, daß er aus prozeßrechtlichen Gründen schon die Zulässigkeit der Vollstreckungsklausel oder aus materiellrechtlichen Gründen den Bestand oder die Wirksamkeit des mittelst Zwangsvollstreckung zu verwirklichenden Anspruches bestreitet.[1])

Art. 13 Nov.; Art. 37 Subh.Ordn. — Art. 51 Abs. 2 — Art. 64 — Art. 74 — Art. 16 Nov.

[10]) Art. 24 Ziff. 6, Art. 29 Abs. 2, Art. 129, 135 Subh.Ordn. (Versteigerungsbeamter — Verwalter in der Zwangsverwaltung) — Art. 119 Subh.Ordn.

[11]) Art. 12 Nov.; Art. 116, 136 Subh.Ordn.

[12]) Art. 84 Subh.Ordn.

[13]) Art. 70 Subh.Ordn.

[14]) Art. 87 Subh.Ordn.; Art. 28 Nov.

[1]) Vgl. zum folgenden §§ 668, 686, 687, 704, 705 R.C.P.O.; jedoch auch

α) Ueber Einwendungen der ersteren Art entscheidet das Gericht, von dessen Gerichtsschreiber die Vollstreckungsklausel erteilt ist, bei Vollstreckung aus Notariatsurkunden das Amtsgericht, in dessen Bezirke der die Urkunde verwahrende Notar oder die die Urkunde verwahrende Behörde den Amtssitz hat. Wird der bei der Erteilung der Vollstreckungsklausel als bewiesen angenommene Eintritt der Thatsache, von welcher die Vollstreckung abhängt, oder die als eingetreten angenommene Rechtsnachfolge bestritten, so können diese Einwendungen auch im Wege der Klage beim Prozeßgerichte erster Instanz, bei der Zwangsvollstreckung aus Vollstreckungsbefehlen bei dem Amtsgerichte, welches den Vollstreckungsbefehl erlassen hat, bezw. dem zuständigen Landgerichte, aus sonstigen exekutorischen Urkunden im allgemeinen Gerichtsstand des Schuldners im deutschen Reiche, oder in Ermangelung eines solchen Gerichtsstandes am Gerichtsstande des Vermögens des Schuldners erhoben werden.

β) Einwendungen der zweiten Art sind im Wege der Klage bei dem Prozeßgerichte erster Instanz, im Falle der Zwangsvollstreckung aus Vollstreckungsbefehlen bei dem Amtsgericht, das den Vollstreckungsbefehl erlassen hat, bezw. dem zuständigen Landgericht, bei der Zwangsvollstreckung aus sonstigen exekutorischen Urkunden im allgemeinen Gerichtsstande des Schuldners im deutschen Reiche oder mangels eines solchen Gerichtsstandes im Gerichtsstande des Vermögens des Schuldners zu erheben;

b) gegen die Zulässigkeit der vom Gläubiger gewählten besonderen Art der Zwangsvollstreckung oder gegen die Art und Weise der Durchführung der zulässigen Art der Zwangsvollstreckung seitens der Vollstreckungsorgane. Diese Einwendungen sind stets bei dem Vollstreckungsgerichte geltend zu machen und von diesem zu entscheiden.[2]) Auch gegenüber den Notaren als Vollstreckungsbeamten sind Einwendungen dieser Art zulässig.[3])

2. Die Einwendungen, welche die beteiligten Gläubiger erheben können, sind folgende:

a) Einwendungen gegen die Art und Weise der Durchführung der Zwangsvollstreckung[4]); hiefür gelten die unter 1 b aufgestellten Grundsätze;

Art. 7 A.G. z. R.C.P.O. Bezüglich der öffentlich-rechtlichen Vollstreckungstitel (s. oben § 45 Ziff. I, 2 S. 296; § 47 Ziff. 7 S. 320; § 55 lit. A Ziff. V S. 376.

[2]) §§ 685, 703 R.C.P.O.

[3]) Vgl. hiezu oben § 252 lit. A Ziff. I, 1 S. 1319.

[4]) §§ 685, 703 R.C.P.O.

b) Einwendungen der Gläubiger gegen den Rang- und Rechtsbestand der in der Zwangsvollstreckung durch Zwangsversteigerung zu berücksichtigenden Forderungen:

α) Der Beschlagnahmegläubiger kann von jedem Gläubiger, dessen in das gesetzliche Mindestgebot einzurechnende Forderung im Range ihm vorgeht, wenn ihr Ansatz mit der wirklichen Rechtslage in Widerspruch steht, im Prozeßwege das Anerkenntnis dieses Widerspruches zu den Vollstreckungsakten verlangen.[5])

β) Bezüglich der in das gesetzliche Mindestgebot einzurechnenden und vom Ansteigerer zu übernehmenden Forderungen kann das gleiche Anerkenntnis nicht nur vom Beschlagnahmegläubiger, sondern auch von allen übrigen Gläubigern verlangt werden, deren Forderungen nicht in das gesetzliche Mindestgebot eingerechnet werden.[6])

γ) Gläubiger, welche für eine durch Hypothek oder Vormerkung gesicherte fällige Forderung einen vollstreckbaren Schuldtitel haben, können gegen Hypotheken, die ihnen im Range vorgehen, auch das dem Besitzer zustehende Recht auf Löschung geltend machen.[7])

3. Gläubiger, Ansteigerer, Vollstreckungsschuldner und Drittbesitzer können gegen die im Verteilungsplane angesetzten Forderungen Widerspruch erheben, soferne und insoweit sie an deren Nichtberücksichtigung ein rechtliches Interesse haben. Solche Widersprüche sind im gewöhnlichen Prozeßwege zu erledigen[8]) und innerhalb bestimmter Frist bei Meidung der Nichtberücksichtigung im Verteilungsverfahren rechtshängig zu machen.

4. Dritte können der Zwangsvollstreckung widersprechen, wenn ihnen an dem Gegenstande der Zwangsvollstreckung ein die Veräußerung hinderndes Recht zusteht.[9]) Der Drittbesitzer erscheint aber als solcher Dritter nicht, da er immerhin Beteiligter, wenn auch nur in Stellung eines Nebenintervenienten, ist; er kann den Beschlagnahmebeschluß nur mit sofortiger Beschwerde anfechten. Dagegen steht die Widerspruchsklage allen denjenigen dritten Eigentümern des Vollstreckungsgegenstandes zu, welche nicht vom Vollstreckungsschuldner oder seinem derivativen Rechtsnachfolger den Vollstreckungsgegenstand derivativ erworben haben.[10]) Der Widerspruch ist im Wege der Klage

---

[5]) Art. 11 Abs. 1 Nov. Das Rechtsmittel ist neben der Feststellungsklage aus § 231 R.C.P.O. und einer etwaigen auf das Anfechtungsgesetz v. 21. Juli 1879 sich stützenden Anfechtungsklage gegeben. Vgl. hiezu auch unten § 281 lit. F.

[6]) Vgl. die vorhergehende Note.

[7]) Art. 11 Abs. 2 Nov. Vgl. hiezu unten § 281 lit. F Ziff. I.

[8]) Art. 117 Subh.Ordn. Vgl. Näheres hiezu unten § 300.

[9]) § 690 R.C.P.O.

[10]) z. B. der im Hypothekenbuche noch eingetragene Vorbesitzer, der den Eigentumsübergang auf den Vollstreckungsschuldner bestreitet. Vgl. hiezu E. d.

bei dem Gerichte geltend zu machen, in dessen Bezirke die Zwangsvollstreckung erfolgt.[11]) Auch sind Einwendungen eines Dritten gegen die Art und Weise der Zwangsvollstreckung denkbar und zulässig.[12])

II. Die Zwangsvollstreckung durch Vollstreckungshypothek erfolgt durch Antrag auf Vormerkung und durch vormerkungsweise Einschreibung einer Hypothek auf dem unbeweglichen Vermögen des Schuldners auf Grund des gesetzlich gewährten Vollstreckungshypothekentitels.[13])

1. Einwendungen, welche die Existenz und Wirksamkeit dieses gesetzlichen Vollstreckungshypothekentitels betreffen, können daher entweder auf rein prozeßrechtlichem oder auf hypothekenrechtlichem Gebiete liegen.

a) In ersterer Hinsicht gelten die gewöhnlichen Grundsätze über Einwendungen gegen den zu vollstreckenden Anspruch oder das Vollstreckungsrecht des Gläubigers, nur daß die Geltendmachung der Einwendungen seitens des Vollstreckungsschuldners dem Hypothekenamte binnen bestimmter Frist nachgewiesen werden muß.[14]) Eine Zuständigkeit des Hypothekenamtes zur Entscheidung solcher Einwendungen ist schlechthin ausgeschlossen.

b) In zweiter Hinsicht können der Wirksamkeit des Hypothektitels auch Hindernisse, welche aus den Vorschriften über das Verfahren in Hypothekensachen entstehen, in den Weg treten. Einwendungen, die sich auf solche Hindernisse stützen, sind ausschließlich nach hypothekenrechtlichen Grundsätzen und nur vom Hypothekenamte zu entscheiden.[15])

2. Einwendungen gegen die Art und Weise der Zwangsvollstreckung sind auch hier denkbar und zulässig, müssen aber von den lediglich das hypothekenamtliche Verfahren betreffenden Einwendungen unterschieden werden; letztere gehören ausschließlich dem Gebiete der nichtstreitigen Rechtspflege, erstere ausschließlich dem der streitigen Rechtspflege an[16]); je nach der Zugehörigkeit zu diesem oder jenem Gebiete bemißt sich auch die Zulässigkeit der Rechtsmittel.[17])

---

obst. L.G.G. X. 129; XII. 418; auch Bl. f. R.A. Erg.Bd. VIII. 182 und hierüber zutreffend Ortenau-Henle S. 96 Nt. 1.

[11]) Vgl. auch Ortenau-Henle S. 96 Nt. 1.

[12]) § 685 R.C.P.O. Vgl. hierüber v. Wilmowski und Levy, Komm. z. R.C.P.O. zu § 685 Nt. 1; Gaupp, Komm. z. R.C.P.O. zu § 685 Nt. III nebst gegenteiligen Meinungen; Seuff., Arch. XXXVIII. 249.

[13]) Vgl. hierüber oben § 251 S. 1317.

[14]) Art. 40 Abs. 2 Nov. Näheres hierüber s. unten Kapitel VII.

[15]) Vgl. hierüber oben § 252 Ziff. III, 4a und c S. 1324 und unten Kapitel VII.

[16]) Einwendungen dieser Art sind z. B. die Einwendung, daß auf Grund besonderer Abmachung mit dem Gläubiger die Zwangsvollstreckung durch Vollstreckungshypothek überhaupt oder zur Zeit oder daß jede Art von Zwangsvollstreckung zur Zeit unzulässig sei u. s. w.

[17]) Vgl. unten § 261 S. 1362; auch E. d. obst. L.G. XIII. 711.

§ 261.

Rechtsmittelverfahren.

I. Gegen alle Entscheidungen des Vollstreckungsgerichtes, welche im Zwangsvollstreckungsverfahren ohne mündliche Verhandlung erfolgen können, findet sofortige Beschwerde statt.[1] Für die sofortige Beschwerde gelten die einschlägigen Grundsätze der Reichs-Civilprozeßordnung (§§ 530—540).

Gegen Entscheidungen des Notars ist das Rechtsmittel der sofortigen Beschwerde ausgeschlossen; nur der Weg der Gegenvorstellung beim Vollstreckungsgerichte ist möglich; wo dies der Fall, sind hiefür die Vorschriften des § 685 Abs. 1 der Reichs-Civilprozeßordnung maßgebend. Besonders gilt hiebei nur für die Abänderung rechtswidriger oder gesetzliche Interessen gefährdender Versteigerungsbedingungen, wie für die Aufhebung eines gesetzwidrig erfolgten Zuschlages[2]), insoferne hier das Gesetz besondere Fristen normiert.

II. Gegen hypothekenamtliche Verfügungen ist, soweit sie innerhalb der nichtstreitigen Rechtspflege ergehen, nach den oben § 252 Ziff. III (S. 1321 ff.) entwickelten Grundsätzen nur die Beschwerde der nichtstreitigen Rechtspflege zulässig, die sofortige Beschwerde als Rechtsmittel der streitigen Rechtspflege aber ausgeschlossen[3]); insoweit das Hypothekenamt gesetzlich als Organ der streitigen Rechtspflege auftritt[4]), unterliegen seine Entscheidungen der Anfechtung durch die sofortige Beschwerde der Reichs-Civilprozeßordnung.

III. Der Weg der Gegenvorstellung ist stets gegen Handlungen der Vollstreckungshilfsorgane zulässig. Auch hier ist wieder § 685 der Reichs-Civilprozeßordnung maßgebend.

IV. Wer im Einzelfalle beschwerde- oder gegenvorstellungsberechtigt ist, ist, soweit besonders erforderlich, an den einschlägigen Stellen bemerkt. Als allgemeiner Grundsatz gilt, daß nur derjenige anfechtungsberechtigt ist, der an der Abänderung ein rechtliches Interesse besitzt.

§ 262.

Die Zustellungen insbesondere.[1])

1. Die Zustellung der innerhalb des Zwangsvollstreckungsverfahrens ergehenden Beschlüsse und Verfügungen des Gerichtes oder Notars ist von Amts wegen zu bethätigen. Für die Zustellungen gelten im übrigen die einschlägigen Bestimmungen der Reichs-Civil-

---

[1]) § 701 R.C.P.O.; E. d. obst. LG. XII. 418; XIII. 711.

[2]) Art. 62, 82, 85 Subh.Ordn. Vgl. das Nähere hierüber unten § 289 lit. F.

[3]) Vgl. hiezu oben § 252 lit. A Ziff. III, 4c S. 1324; auch E. d. obst. LG. XV. 523.

[4]) Vgl. hiezu oben § 252 lit. A Ziff. III, 5 S. 1324.

[1]) Vgl. zum folgenden Art. 17—20 Subh.Ordn.

prozeßordnung[2]); der Notar hat jedoch um Erlassung derjenigen Ersuchschreiben, welche zur Bewirkung einer Zustellung im Auslande oder an Exterritoriale erforderlich sind, den Amtsrichter anzugehen.

2. Besonderes gilt für die öffentlichen Zustellungen. Zur öffentlichen Zustellung eines Schriftstückes, das keine Ladung enthält, wird, wenn sie die erste Zustellung an die Partei[3]) ist, außer der Beobachtung der in der Reichs-Civilprozeßordnung enthaltenen Vorschriften erfordert, daß ein Auszug des zuzustellenden Schriftstücks einmal in dasjenige Blatt, welches für den Sitz des Vollstreckungsgerichts zur Veröffentlichung der amtlichen Bekanntmachungen bestimmt ist, eingerückt werde. Der Auszug kann noch in ein anderes Blatt eingerückt werden. In dem Auszuge müssen das Vollstreckungsgericht und der Versteigerungsbeamte, falls ein solcher ernannt ist, der Beteiligte, an welchen die Zustellung gemacht werden soll, mit Angabe des Verhältnisses, auf welchem seine Beteiligung beruht, und Vollstreckungsschuldner oder Drittbesitzer, die Gegenstände der Beschlagnahme in summarischer Weise, das eingeleitete Verfahren, der Zweck der Zustellung und die etwaige Frist, innerhalb welcher der Beteiligte handeln soll, bezeichnet werden. Die Zustellung gilt als bewirkt, wenn sowohl seit dem Tage der Einrückung in dem zur Veröffentlichung der amtlichen Bekanntmachungen bestimmten Blatte, d. i. seit dem auf dem betreffenden Blatte bezeichneten Ausgabetage[4]), als auch seit dem Tage der Anheftung an die Gerichtstafel zwei Wochen verstrichen sind.

3. Besonderes gilt ferner für die Ernennung der Zustellungsbevollmächtigten. Wohnt ein bei der Zwangsvollstreckung Beteiligter nicht innerhalb des Bezirkes des Vollstreckungsgerichtes, so hat derselbe, falls er nicht einen in diesem Bezirke wohnhaften Prozeßbevollmächtigten bestellt hat, eine daselbst wohnhafte Person zum Empfange der für ihn bestimmten Schriftstücke zu bevollmächtigen. In dem ersten Antrage oder in der ersten Erklärung eines Beteiligten im Vollstreckungsverfahren oder, wenn ein Anlaß hiezu nicht früher gegeben ist, spätestens zwei Wochen nach der ersten im Vollstreckungsverfahren an ihn erfolgten Zustellung ist der Zustellungsbevollmächtigte, falls aber ein im Bezirke des Vollstreckungsgerichtes wohnhafter Prozeßbevollmächtigter bestellt und nicht aus den Akten bekannt ist, dieser zu den Vollstreckungsakten zu benennen. Erfolgt diese Benennung nicht, so werden weitere Zustellungen mit der Aufgabe zur Post, in Fällen, in welchen eine öffentliche Zustellung zu geschehen hätte, mit der Anheftung des zuzustellenden Schriftstückes an die Gerichtstafel als bewirkt angesehen.

---

[2]) §§ 152—190 R.C.P.O.

[3]) Vgl. hierüber zutreffend Ortenau-Henle S. 76.

[4]) B. Not.Zeit. 1893 S. 40, 41; Ortenau-Henle S. 75.

§ 263.

Kosten der Zwangsvollstreckung.

I. Die Einleitung und Durchführung des Zwangsvollstreckungsverfahrens in das unbewegliche Vermögen ist zwar nicht davon abhängig, daß ein die Kosten der Zwangsvollstreckung übersteigender Betrag aus der Zwangsversteigerung oder Zwangsverwaltung erzielt wird.[1]) Anderseits darf aber in der Zwangsversteigerung der Zuschlag doch nur dann erteilt werden, wenn wenigstens die Anschlagssumme der Massekosten durch das Meistgebot gedeckt ist.[2]) Bezüglich der Zwangsverwaltung besteht insoferne eine Beschränkung, als das Beschlagnahmegesuch zurückgewiesen werden kann, wenn wegen geringen Wertes des Gegenstandes unverhältnismäßige Kosten zu besorgen sind und dem Gläubiger in Ansehung desselben Gegenstandes anderweitige Vollstreckungsarten zu Gebote stehen.[3])

II. Zu den Kosten des Zwangsvollstreckungsverfahrens gehören im Prinzipe nur solche Kosten, welche im gemeinsamen Interesse aller Beteiligten auf die Einleitung und Durchführung des Vollstreckungsverfahrens — Verwaltung, Versteigerungsverfahren, Verteilungsverfahren — erwachsen, einschließlich der Kosten, welche auf unbegründete Einwendungen des Schuldners erwachsen sind oder von einem Gläubiger im Interesse der Masse aufgewendet wurden, soferne hiedurch der Masse ein Vorteil entstanden ist, wie die Kosten für die Vereinigung sämtlicher öffentlicher Bücher.[4]) Dagegen gehören nicht zu den Kosten des Zwangsvollstreckungsverfahrens:

1. die für Aufwendungen Dritter im Interesse der Masse erwachsenen Kosten[5]);

2. alle Kosten, welche nur für den einzelnen Gläubiger auf die Beitreibung seiner Forderung erwachsen sind[6]);

3. die Kosten des Versteigerungsprotokolls und der Gebühren des Versteigerungsbeamten für Aufnahme desselben, welche dem Ansteigerer zur Last fallen[7]);

4. die Kosten eines Anerkenntnisses der wirklichen Rechtslage im Verfahren über Festsetzung des Mindestgebotes; sie fallen dem

---

[1]) Wie dies in § 708 Abs. 2 R.C.P.O. für die Zwangsvollstreckung in das bewegliche Vermögen vorgeschrieben ist.

[2]) Art. 1 Abs. 1, Art. 5 Nov.; Art. 107 Subh.Ordn. Vgl. hiezu unten § 265 Ziff. 1.

[3]) Art. 127 Subh.Ordn. Vgl. hiezu oben § 258 Ziff. 1 S. 1355.

[4]) Art. 107 Abs. 1 und 2, Art. 150 Subh.Ordn. Vgl. hierüber Näheres unten § 299 lit. B Ziff. III, 1.

[5]) Vgl. hiezu unten § 299 lit. B Ziff. III, 1 d.

[6]) Art. 107 Abs. 1, Art. 150 Abs. 1, Art. 108 Abs. 1 Ziff. 2 und 5, Art. 151 Ziff. 2 und 4 Subh.Ordn. Vgl. hiezu unten § 299 lit. B Ziff. III, 1 b.

[7]) Art. 55 Abs. 1 Ziff. 5 Subh.Ordn.; Art. 11, 113, 114 b. Geb.Ges. v. 18. Aug. 1879 in der Fassung von 1892; unten § 282 lit. A Ziff. 2. Diese Kosten werden wie Kosten für die Beurkundung von Kaufverträgen behandelt.

das Anerkenntnis fordernden Gläubiger, vorbehaltlich etwaiger civil- oder prozeßrechtlicher Rückgriffsrechte, zur Last[8]);

5. die Kosten der Beihilfe eines Rechnungsverständigen bei Feststellung des Verteilungsplanes.[9])

III. Für den Ansatz der Kosten des Zwangsvollstreckungsverfahrens nach Art und Höhe ist in erster Linie das bayerische Gebührengesetz vom 18. August 1879 in der Fassung vom Jahre 1892 (Art. 8—24) maßgebend; subsidiär kommen die Normen des Reichsgerichtskostengesetzes vom 18. Juni 1878/29. Juni 1881 zur Anwendung.

IV. Die Kosten des Zwangsvollstreckungsverfahrens fallen regelmäßig dem Vollstreckungsschuldner zur Last. Für dieselben haftet aber nur die Masse; die Vollstreckung erstreckt sich also auch auf die eigenen Kosten.[10]) Sie sind als Massekosten vorweg aus der Masse zu befriedigen, soweit sie im gesetzlichen Mindestgebote berücksichtigt sind; soweit dies nicht der Fall, kommen sie erst hinter den sämtlichen im gesetzlichen Mindestgebote berücksichtigten Forderungen zum Zuge[11]). Die Berücksichtigung der Kosten erfolgt von Amts wegen. Sie sind regelmäßig bar zu bezahlen, können jedoch bei unzureichender Barmasse auch auf Erhebungsanweisungen verwiesen werden.[12]) Können sie aus dem Barbestande der Masse nicht entrichtet werden oder wird das Verfahren ohne Verteilung erledigt, so haften für dieselben die Beschlagnahmegläubiger nach Verhältnis ihrer Forderungen.[13])

Nur in folgenden Fällen treffen die Kösten oder Kosten des Zwangsvollstreckungsverfahrens nicht den Vollstreckungsschuldner:

1. Die Kosten einer wiederholten Veröffentlichung der Versteigerungsbekanntmachung können demjenigen, der sie beantragt, auferlegt werden.[14])

2. Die Kosten einer durch den säumigen Ansteigerer selbst beseitigten Wiederversteigerung treffen den säumigen Ansteigerer[15]), die Kosten einer erfolglos gebliebenen Wiederversteigerung, welche wegen eines der Forderung des Beschlagnahmegläubigers im Range nachstehenden Anspruches beantragt worden ist, den Antragsteller.[16])

3. Im Falle einer wiederholten Versteigerung können dem Notar, welcher sie verschuldet hat, die Kosten derselben von Amts wegen

---

[8]) Art. 11 Abs. 1 Nov. Vgl. hiezu unten § 281 lit. G.

[9]) Art. 104 Abs. 1 Subh.Ordn. mit Art. 45 Ziff. 9 Nov.; § 5 der J.M.Bek. v. 6. Dez. 1886, den Vollzug der Nov. betr. (J.M.Bl. S. 284; W. XVIII. S. 234); s. unten § 299 Ziff. I.

[10]) § 697 R.C.P.O.; Art. 107, 150 Subh.Ordn.

[11]) Art. 1, 33 Abs. 1 Nov. Vgl. hiezu unten § 299 lit. B Ziff. III, 2.

[12]) Art. 6 Nov.; Art. 121 Subh.Ordn. mit Art. 45 Ziff. 11 Nov.; Art. 33 Abs. 2 Nov. Vgl. hiezu unten § 302.

[13]) Art. 23 Abs. 1 und 2 des b. Geb.Ges.; Mot. z. Nov. S. 159.

[14]) Art. 64 Abs. 2 Subh.Ordn.; s. unten § 286 lit. B.

[15]) Art. 93 Subh.Ordn.; s. unten § 293.

[16]) Art. 28 Abs 4 Nov.; Art. 23 Abs. 2 des b. Geb.Ges; s. unten § 293.

überbürdet werden.[17]) Wird durch Verschulden des Gerichtsschreibers oder Gerichtsvollziehers die Anberaumung eines neuen Verteilungstermines erforderlich, so können auch diesen die hiedurch erwachsenden Kosten von Amts wegen auferlegt werden.[18])

4. Die Kosten eines von einem Beteiligten verschuldeten weiteren Verteilungstermines oder eines durch Nichterscheinen des Verwalters vereitelten Rechnungstermines hat der betreffende Beteiligte bezw. der Verwalter zu tragen.

5. Wird die Zwangsvollstreckung aus irgend einem Grunde nicht beendet, insbesondere weil es zu einem prozeßrechtlich endgiltigen Zuschlag nicht gekommen ist, oder weil eine beantragte Wiederversteigerung, abgesehen von dem in Ziff. 2 genannten Fall, erfolglos geblieben ist, so fallen die gesamten Kosten des Vollstreckungsverfahrens den Beschlagnahmegläubigern nach Verhältnis ihrer Forderungen zur Last.[19])

6. Sind durch eine im Laufe des Zwangsvollstreckungsverfahrens ergangene richterliche Entscheidung Kosten des Verfahrens einem bestimmten Beteiligten auferlegt, so hat dieselben immer ausnahmslos dieser Beteiligte zu tragen.[20])

V. Kostenvorschuß. Der Beschlagnahmegläubiger hat auf die Kosten des Zwangsvollstreckungsverfahrens einen Vorschuß zu erlegen, der sich nicht bloß auf die Gerichtsgebühren, sondern auch auf die Gerichtsauslagen (einschließlich der Kosten des Notars) erstreckt. Mehrere Beschlagnahmegläubiger haften hiefür solidarisch. Von der Erlage des Kostenvorschusses kann die Einleitung des Vollstreckungsverfahrens nur dann abhängig gemacht werden, wenn die Beschlagnahmegläubiger in Bayern nicht ihren ständigen Wohnsitz haben.[21])

VI. Rückgriffsrechte. Die in Ziff. IV statuierte Kostentragungspflicht schließt nicht aus, daß der zunächst Pflichtige oder derjenige, der durch die Bezahlung der Kosten aus der Masse benachteiligt ist, auf den bezahlten Betrag Rückgriff gegen denjenigen nimmt, der ihm aus besonderem Rechtsgrunde (Gesetz, Vertrag, unerlaubte Handlung) hiezu verbunden ist.[22]) Daraus folgt, daß auch Notare und Richter nach den Grundsätzen der Syndikatsklage für solche Kosten

---

[17]) Art. 85 Abs. 4 Subh.Ordn.; § 97 R.C.P.O.; s. unten § 292.

[18]) Art. 100 Abs. 4 Subh.Ordn.; § 97 R.C.P.O.; s. unten § 298 Ziff. III, 2 b, α.

[19]) Vgl. hiezu Art. 71 Abs. 2 Subh.Ordn.; Mot. z. Nov. S. 147 zu Art. 5 und unten § 293.

[20]) Dies gilt insbesondere auch für Kosten, die auf Erwirkung des Anerkenntnisses nach Art. 4 und 11 Nov. oder auf Erledigung von Widersprüchen (Art. 117 Subh.Ordn.) im Prozesse entstanden sind.

[21]) Art. 20, 256 b. Geb.Ges. Ebenso Ortenau-Henle S. 95, 96. A. M. in letzter Hinsicht Krech-Fischer S. 138.

[22]) Vgl. hieher z. B. Art. 92 Abs. 1 Subh.Ordn. bezüglich der Wiederversteigerung und hiezu unten § 293.

haftbar gemacht werden können, welche durch Verschulden derselben verursacht wurden.[23])

VII. Hinsichtlich der Zwangsvollstreckung durch Vollstreckungshypothek gilt gleichfalls das in Ziff. IV bezeichnete Prinzip, wonach sich die Vollstreckung auch auf die Kosten der Zwangsvollstreckung erstreckt, dieselben daher dem Schuldner zur Last fallen und aus dem Vollstreckungsobjekte zu befriedigen, hier hypothekarisch sicher zu stellen sind. Der zur Vollstreckungshypothek berechtigte Gläubiger kann daher auch für die Kosten der Vollstreckung, soferne sie nur dem Betrage nach feststehen[24]), die Vormerkung der Vollstreckungshypothek verlangen. Ob hier dann als Kosten der Vollstreckung auch die auf die Einschreibung in das Hypothekenbuch erwachsenden Kosten zu erachten sind, hängt davon ab, ob man hierin noch einen Vollstreckungsakt erblickt; nach der hier vertretenen Ansicht müssen sie den Vollstreckungskosten beigezählt werden.[25])

III. Kapitel.

Die Zwangsvollstreckung durch Zwangsversteigerung.

I. Abschnitt.

Allgemeines.

§ 264.

Abschnitte des Verfahrens.

Die Zwangsvollstreckung durch Zwangsversteigerung zerfällt je nach dem staatlichen Vollstreckungsorgane, vor welchem sich das Vollstreckungsverfahren im wesentlichen abspielt — Vollstreckungsgericht, Notar — in das vollstreckungsgerichtliche und in das Versteigerungsverfahren.

I. Das vollstreckungsgerichtliche Verfahren umfaßt:

1. das Beschlagnahmeverfahren und zwar sowohl die Anordnung der ersten wie der weiteren oder mehrfachen Beschlagnahmen. Die Anordnung der ersten Beschlagnahme, mit der auch stets die Ernennung eines Versteigerungsbeamten verbunden ist, geht immer dem Versteigerungsverfahren voraus, während die Anordnung weiterer Beschlagnahmen, wie die Anordnung einer gesonderten Versteigerung von beweglichen Zubehörungen oder Früchten auch noch während des Versteigerungsverfahrens zulässig ist;

---

[23]) Ueber die Syndikatsklage vgl. b. Ger.Ordn. von 1753 Kap. XVI § 3 mit Art. 81 A.G. z. R.C.P.O.; oben § 205 Ziff. VII S. 1130 ff.

[24]) Nicht für ein „Kostenaversum“, dies widerspricht dem Art. 5 Subh.Ordn. Vgl. auch Ortenau-Henle S. 531 Nt. 2; Bl. f. R.A. Erg.Bd. XIV. S. 81 ff.

[25]) Ebenso Ortenau-Henle S. 531 Nt. 2 und die herrschende im Anschluß an ihre rechtliche Konstruktion der Vollstreckungshypothek.

2. die Anordnung der Sicherungsmaßregeln und der Verwaltung der Beschlagnahmegegenstände; beide Anordnungen können sowohl vor als während des Versteigerungsverfahrens erfolgen;

3. das Verfahren über Aufhebung des Zuschlages aus prozessualen und rein faktischen Gründen und die Anordnung einer Wiederversteigerung im technischen Sinne; beide Arten des Verfahrens sind begrifflich erst nach erfolgtem Zuschlage möglich;

4. die zur völligen Bereinigung der Sache noch erforderliche Thätigkeit des Vollstreckungsgerichtes;

5. das etwaige Verteilungsverfahren nach Beendigung der Zwangsversteigerung;

6. das Rechtsmittelverfahren auf erhobene Erinnerungen der Beteiligten gegen das Verfahren vor dem Notar.

II. Das Versteigerungsverfahren umfaßt folgende Abschnitte:

1. die Vorbereitung der Versteigerung; dazu gehört die Bestimmung von Ort und Zeit der Versteigerung, die vorläufige Festsetzung der Versteigerungsarten und Versteigerungsbedingungen, darunter insbesondere des gesetzlichen Mindestgebotes und der Haftungsart des Ansteigerers für den Strichschilling, die Abhaltung der erforderlichen vorbereitenden und Verständigungs-Termine, der Erlaß der Versteigerungsbekanntmachung;

2. die Abhaltung des Versteigerungstermines; hiezu gehört die endgiltige Festsetzung der Versteigerungsarten und Versteigerungsbedingungen, die Vornahme des Versteigerungsgeschäftes, die Zuschlagserteilung und die Beurkundung der ganzen Versteigerungshandlung;

3. unter Umständen eine neue, wiederholte oder Wieder-Versteigerung;

4. die Behandlung der Vollstreckungsakten seitens des Versteigerungsbeamten nach beendeter Versteigerung.

Mit Rücksicht auf den Gang des Zwangsvollstreckungsverfahrens erscheint es zweckmäßig, zunächst das Beschlagnahmeverfahren (Abschnitt II Titel 1), dann die unter Ziff. I, 1 und 2 genannten Anordnungen (Abschnitt II Titel 2 und 3), hierauf das Versteigerungsverfahren und im Anschluß hieran das unter Ziff. I, 3 und 4 genannte Verfahren (Abschnitt IV), und schließlich das Verteilungsverfahren (Abschnitt V) darzustellen.

Das unter Ziff. I, 5 bezeichnete Verfahren bedarf mit Rücksicht auf die bereits oben § 261 dargelegten Grundsätze keiner weiteren gesonderten Erörterung.

§ 265.

Die beiden Hauptprinzipien der Zwangsvollstreckung durch Zwangsversteigerung.

Nach der Subhastationsordnung erfolgte die Zwangsversteigerung ohne Rücksicht auf die besseren Rechte der dem Beschlagnahmegläubiger im Range vorgehenden Gläubiger; der Zuschlag wurde erteilt, selbst wenn die dem Beschlagnahmegläubiger im Range vorgehenden Ansprüche durch das Meistgebot nicht gedeckt waren. Auch ging das versteigerte Grundstück frei von allen Hypotheken auf den Ansteigerer über, die Hypothekrechte erloschen mit dem Zuschlage und verwandelten sich in Vorzugsrechte auf den Erlös; die Hypothekforderungen wurden ohne Rücksicht auf ihre Fälligkeit aus dem Versteigerungserlöse, soweit dieser zureichte, nach Maßgabe der Rangordnung befriedigt. Daher war stets Barzahlung des Strichschillings erforderlich. Die Novelle zur Subhastationsordnung hat hierin wesentliche Aenderungen geschaffen. Sie hat, um die Erzielung eines besseren Preises zu ermöglichen, das sog. Deckungsprinzip und Uebernahmesystem eingeführt[1]) und zwar bezüglich des ersteren im wesentlichen Anschluß an das preußische, sächsische und württembergische System, in letzterer Hinsicht im Anschluß an das preußische und sächsische System.[2])

I. Das Deckungsprinzip.[3]) Unmittelbar und mit rechtlicher Bedeutung für die besseren Rechte der dem Beschlagnahmegläubiger vorgehenden Gläubiger, mittelbar und mit lediglich thatsächlicher Bedeutung für die wirtschaftlichen Interessen des Schuldners wurde der fundamentale Grundsatz aufgestellt: **der Zuschlag darf überhaupt nur dann erteilt werden, wenn das Meistgebot die dem Beschlagnahmegläubiger im Range vorgehenden[4]) Ansprüche deckt.** Es wird damit einerseits unzweifelhaft vermieden, daß besserberechtigte Gläubiger durch einen schlechter berechtigten um ihre dingliche Sicherheit gebracht werden können, umsomehr, als die dingliche Berechtigung des vorgehenden Gläubigers auch dem nachstehenden Gläubiger gegenüber wirken muß, anderseits wenigstens einigermaßen dem Umstande vorgebeugt, daß die Grundstücke nicht um Schleuderpreise dem Schuldner entzogen werden: freilich schlechthin ist solchen, die wirtschaftlichen Interessen des Schuldners oft frivol schädigenden Manipulationen der Gläubiger, zumal wenn ihnen Verständigungen unter einander gelingen, nicht die Spitze abgebrochen, ja fast jede Bedeutung des Deckungsprinzipes dem Schuldner oder Drittbesitzer dadurch genommen, daß der einzelne Gläubiger auf Deckung im Mindestgebote verzichten, das Mindestgebot von den beteiligten Gläubigern beliebig geändert und so der Steigerungspreis doch in einer den Schuldner oft unerhört schädigenden Weise herabgedrückt werden kann, ohne daß dem Schuldner ein Recht des Widerspruches hiegegen zustünde.

---

[1]) Vgl. zum folgenden die ausführliche Begründung der Mot. z. Nov. S. 135 ff.

[2]) Vgl. auch Mot. z. Nov. S. 152 zu Art. 19, 2. Abs.

[3]) Art. 1, 5 Nov.

[4]) Das sächsische System weicht hier vom bayerischen insoferne ab, als der betreibende Gläubiger wenigstens teilweise durch das Meistgebot gedeckt sein muß; es genügt aber hier der geringste Ueberschuß.

[5]) Bezüglich der Ewiggelder vgl. unten § 282 lit. B Ziff. I ad 1.

II. Das Uebernahmesystem. **Die dem Beschlagnahmegläubiger vorgehenden Hypothekforderungen** [5]) **sind vom Ansteigerer in Anrechnung auf den Steigerungspreis zu übernehmen,** nicht mehr wie früher aus dem Kaufschillinge bar zu bezahlen[6]); ihre Barzahlung kann weder vom Hypothekgläubiger gefordert, noch ihm aufgedrängt werden. Dagegen sind die Beschlagnahmeforderungen und die diesen im Range nachstehenden Hypothekforderungen stets aus dem Kaufschillinge bar zu bezahlen, soferne nicht deren Uebernahme durch besondere Vereinbarung bestimmt wird. Hiedurch ist eine gewisse Gewähr gegen zu niedrige Einsteigerungen aus Mangel an Bargeld im thatsächlichen Interesse des Schuldners geschaffen, in rechtlicher Hinsicht wirkt aber auch das Uebernahmeprinzip nur zu Gunsten der Gläubiger.

III. Durch die Einführung dieser beiden Prinzipien haben sich in das Vollstreckungsverfahren und zwar in das Versteigerungsverfahren, zwei weitere Unterabschnitte eingefügt, die Feststellung des zulässigen Mindestgebotes, welche auf Grund des Hypothekenbuches und der Anmeldungen durch den Versteigerungsbeamten erfolgt[7]), und damit auch eine Feststellung der Art und Weise der Strichschillingsberichtigung.[8])

IV. Die beiden Prinzipien sind, obwohl sie sich beide auf die dem Beschlagnahmegläubiger vorgehenden Ansprüche beziehen, nicht etwa in dem Sinne von einander abhängig, daß gerade die bei Feststellung des Mindestgebotes berücksichtigten Ansprüche auch wirklich übernommen werden müßten; je nach der wirklichen Rechtslage kann sich schließlich im Verteilungsverfahren die Frage, welche Forderungen wirklich zu übernehmen sind, in teilweiser oder völlig abweichender Weise gestalten. Nur soviel steht fest, daß der Ansteigerer keinesfalls für die Bereinigung des Strichschillings in anderer Weise haftet, als dies auf der Grundlage des gesetzlichen Mindestgebotes in den Versteigerungsbedingungen festgestellt wurde.[9])

II. Abschnitt.

Das vollstreckungsrichterliche Verfahren vor dem Zuschlage.

1. Titel.

Das Beschlagnahmeverfahren.

§ 266.

Allgemeines.

Das Beschlagnahmeverfahren zerfällt in folgende Unterabschnitte: das Beschlagnahmegesuch, den Beschlagnahmebeschluß, die Aufstellung

---

[6]) Art. 6, 9 Nov.
[7]) Art. 2, 24 Nov.
[8]) Art. 7, 35 Nov.
[9]) Art. 7, 34, 35 Nov.

des Versteigerungsbeamten, dazwischen die hypothekenamtliche Behandlung des Beschlagnahmebeschlusses als Thätigkeit der freiwilligen Rechtspflege, dann die Zustellung des Beschlagnahmebeschlusses nebst etwaigen Benachrichtigungen, die Uebermittelung der Vollstreckungsakten an den Versteigerungsbeamten, die Anordnung einer etwaigen weiteren Beschlagnahme.

§ 267.

Das Beschlagnahmegesuch.

Die Beschlagnahme setzt einen an das Vollstreckungsgericht einzureichenden Antrag eines Gläubigers auf Beschlagnahme eines bestimmten vollstreckungsfähigen Gegenstandes zu Gunsten einer bestimmten Forderung voraus.

Das Beschlagnahmegesuch muß in erster Linie die Richtung der Zwangsvollstreckung in objektiver und subjektiver Beziehung, daher den zu beschlagnahmenden Gegenstand und die Subjekte der Zwangsvollstreckung, sodann den Grund und Zweck der Beschlagnahme, daher den Vollstreckungstitel und die Art des Zweckes, ob Beschlagnahme zum Zwecke der Zwangsversteigerung oder Zwangsverwaltung, erkennen lassen.

In dem Beschlagnahmegesuche müssen aber auch alle prozessualen Voraussetzungen der Zulässigkeit der Zwangsvollstreckung überhaupt, sowie der Immobiliarzwangsvollstreckung im besonderen, dem Vollstreckungsgerichte nachgewiesen und entsprechend belegt werden.

Außerdem kann und soll das Beschlagnahmegesuch, gewissermaßen als eine Art vorbereitender Schriftsatz, noch die zur Vorbereitung der Zwangsversteigerung und Aufklärung der einschlägigen Verhältnisse dienenden Aufschlüsse enthalten.

Im einzelnen ist folgendes anzuführen:

A. Inhalt des Beschlagnahmegesuches.

I. Das Beschlagnahmegesuch muß behufs Darlegung der Richtung, des Grundes und Zweckes der Zwangsvollstreckung enthalten[1]):

1. Die Bezeichnung der zu vollstreckenden Gesamtforderung des Gläubigers in Haupt- und Nebensache. Soll die Beschlagnahme auch wegen der dem Gläubiger auf die Zwangsvollstreckung erwachsenden Kosten erfolgen, so sind auch diese und zwar einzeln zu bezeichnen und zu belegen; die Angabe eines Kostenaversums genügt nicht.[2])

---

[1]) Art. 24 Ziff. 1, 2, 3, 4 und Art. 25 Subh.Ordn.

[2]) Dafür, daß die Beschlagnahme auch auf die Kosten der Zwangsvollstreckung ausgedehnt werden darf, spricht in Bayern eine allgemeine Praxis; vgl. hiezu § 697 R.C.P.O., Art. 108 Ziff. 5 Subh.Ordn. und Ortenau-Henle S. 89; auch Bl. f. R.A. Erg.Bd. VII. 296; b. Not.Zeit. 1889 S. 224.

2. Namen, Stand oder Gewerbe und Wohnort:
   a) des Schuldners,
   b) des etwaigen Drittbesitzers,
   c) des Gläubigers.

   Die Angabe der Firma eines Einzelkaufmanns genügt nicht; es muß mindestens der bürgerliche Name beigefügt sein. Bei juristischen Personen oder solchen Personenverbänden, welche als solche Prozeßsubjekte sein können, ist die genaue Angabe des Namens (der Firma) und Sitzes derselben erforderlich.
3. Die Bezeichnung der vollstreckbaren Urkunde, auf welcher die zu vollstreckende Forderung beruht (des Vollstreckungstitels).
4. Die Bezeichnung des Gegenstandes der Beschlagnahme in möglichst genauer Weise, soweit dies zur Individualisierung desselben erforderlich ist. Besteht er in Grundstücken, so muß angeführt werden:
   a) die Gattung als Gebäude, landwirtschaftliche Grundstücke, Wald u. s. w.,
   b) der beiläufige Flächeninhalt,
   c) die Lage nach Steuergemeinde oder Straße,
   d) die Plannummer und bei Gebäuden die Hausnummer.
5. Die ausdrückliche Angabe, daß die Beschlagnahme zum Zwecke der Zwangsversteigerung beantragt werde.

II. Dem Beschlagnahmegesuche müssen behufs Nachweises der prozessualen Voraussetzungen der Zwangsvollstreckung überhaupt, wie der Immobiliarzwangsvollstreckung im besonderen, folgende Schriftstücke beigefügt werden[3]):

1. behufs Nachweises der allgemeinen prozessualen Voraussetzungen der Zwangsvollstreckung
   a) die in Ziff. I, 3 genannte vollstreckbare Urkunde, d. h. die vollstreckbare Ausfertigung, aus welcher die Vollstreckung betrieben wird;
   b) der Nachweis, daß die in lit. a genannte Urkunde, dann insoferne für die Zulässigkeit des Vollstreckungsbeginnes weiter erforderlich, die dem Vollstreckungstitel beigefügte Vollstreckungsklausel und die Abschriften der der Vollstreckungsklausel etwa zu Grunde liegenden öffentlichen Urkunden dem Schuldner zugestellt sind[4]);
   c) die öffentliche Urkunde über die für die Zulässigkeit des Vollstreckungsbeginnes etwa erforderliche, vom Gläubiger bethätigte Sicherheitsleistung und der Nachweis, daß eine Abschrift dieser Urkunde dem Schuldner bereits zugestellt ist[5]);

---

[3]) Art. 26, 28 Subh.Ordn.
[4]) Vgl. hiezu oben § 255 lit. B Ziff. II, 4 S. 1339.
[5]) Vgl. hiezu oben § 255 lit. B Ziff. II, 3 und 4 S. 1339.

d) im Falle der Zwangsvollstreckung gegen eine dem aktiven Heere oder der aktiven Marine angehörende Militärperson der Nachweis, daß der vorgesetzten Militärbehörde von der beabsichtigten Zwangsvollstreckung Anzeige erstattet ist, sofern nicht das Vollstreckungsgericht selbst die Anzeige vor Erlassung des Beschlagnahmebeschlusses erstattet [6]);

2. behufs Nachweises der besonderen Voraussetzungen der Immobiliarzwangsvollstreckung

a) im Falle der Beschlagnahmegegenstand im Hypothekenbuche eingetragen ist,

α) ein beglaubigter Auszug aus dem Hypothekenbuche bezüglich des Beschlagnahmegegenstandes oder wenigstens eine Bezugnahme auf das Hypothekenbuch, wenn das zuständige Hypothekenamt mit dem Vollstreckungsgerichte verbunden ist;

β) im Falle der Besitztitel im Hypothekenbuche noch nicht auf den Vollstreckungsschuldner und Eigentümer wegen entgegenstehenden Hindernisses berichtigt ist, auch die öffentliche Urkunde, aus welcher sich der Eigentumsübergang ergibt [7]);

b) im Falle der Beschlagnahmegegenstand im Hypothekenbuche nicht eingetragen ist,

α) eine hypothekenamtliche Bestätigung hierüber oder wenigstens eine Bezugnahme auf das Hypothekenbuch, wenn das zuständige Hypothekenamt mit dem Vollstreckungsgerichte verbunden ist, sowie

β) ein richtig gestellter beglaubigter Auszug aus dem Grundsteuerkataster oder falls der rentamtlichen Umschreibung auf den Vollstreckungsschuldner und Eigentümer ein Hindernis entgegensteht, die öffentliche Urkunde, aus welcher sich der Eigentumsübergang ergibt [8]);

c) im Falle der fortgesetzten Zwangsvollstreckung gegen den Drittbesitzer der Nachweis, daß diesem beglaubigte Abschrift der vollstreckbaren Urkunde, sowie die gesetzlich vorgeschriebene Erklärung (s. oben § 255 lit. B Ziff. II, 2) zugestellt ist. [9])

III. Das Beschlagnahmegesuch soll zur Vorbereitung der Zwangsversteigerung und Aufklärung der einschlägigen Verhältnisse enthalten [10]):

---

[6]) Vgl. hiezu oben § 255 lit. B Ziff. II, 5 S. 1340.

[7]) Vgl. hiezu oben § 253 lit. A Ziff. I, 2 a, β, bb und dd S. 1329.

[8]) Vgl. hiezu oben § 253 lit. A Ziff. I, 2 a, β, aa und dd S. 1329.

[9]) Vgl. hiezu oben. Eine Behauptung, daß der Drittbesitzer weder gezahlt noch notifiziert habe, wie Ortenau-Henle annehmen, gehört m. E. nicht zur Vollständigkeit des Beschlagnahmegesuches, da es sich nur um die antizipierte Widerlegung einer Einrede handeln könnte.

[10]) Art. 24 Ziff. 5—7 Subh.Ordn. Die Gesetzesstelle spricht zwar auch hier davon, daß das Beschlagnahmegesuch diesen Inhalt zu enthalten habe, allein

1. die Angabe der von dem Beschlagnahmegläubiger vorgeschlagenen Versteigerungsbedingungen[11]), insbesondere der Frist für Erlegung des Strichschillings[12]);
2. die etwaigen Anträge des Gläubigers in Bezug auf Ort, Zeit[13]) und Art[14]) der Versteigerung, auf die Person des Versteigerungsbeamten[15]) und auf die Veröffentlichung der Versteigerungsbekanntmachung[16]);
3. Namen, Stand oder Gewerbe und Wohnort der dem Gläubiger bekannten Vorkaufsberechtigten[17]);
4. die dem Gläubiger etwa bekannten Mieter und Pächter des Beschlagnahmegegenstandes;
5. die dem Gläubiger etwa bekannten bereits erfolgten Vollstreckungen in bewegliche Zubehörungen oder ausstehende Erträgnisse des Beschlagnahmegegenstandes.

B. Einreichung des Beschlagnahmegesuches.

Das Beschlagnahmegesuch ist nebst den erforderlichen Belegen bei dem zuständigen Vollstreckungsgerichte einzureichen: welches Gericht das zuständige Vollstreckungsgericht ist, ist bereits oben § 252 bemerkt. Dem Anwaltszwange unterliegt das Beschlagnahmegesuch nicht.[18]) Mit der Einreichung des Beschlagnahmegesuches hat der Beschlagnahmegläubiger auch den erforderlichen Kostenvorschuß zu erlegen: dieser umfaßt sowohl die eigentlichen Gerichtsgebühren, als die entstehenden Auslagen[19]), wozu auch die Kosten des Versteigerungsbeamten[20]) zu rechnen sind.

§ 268.

Entscheidung des Vollstreckungsgerichts.

A. Prüfung des Beschlagnahmegesuches.

I. Das Vollstreckungsgericht hat von Amts wegen zu prüfen:
1. seine Zuständigkeit;

der Sinn ergibt den lediglich instruktionellen Charakter derselben; das Beschlagnahmegesuch, welches diesen Erfordernissen nicht entspricht, ist nicht formell ungiltig.

[11]) Vgl. Art. 60, auch Art. 48 Ziff. 7 Subh.Ordn.; unten § 280.

[12]) Vgl. Art. 59 und 53 Ziff. 1 Subh.Ordn.; unten § 282 lit. B Ziff. II.

[13]) Vgl. Art. 54 Subh.Ordn.; unten §§ 277, 278.

[14]) Vgl. Art. 51 Abs. 1 Subh.Ordn.; Art. 12 Nov.; unten § 279.

[15]) Vgl. Art. 29 Abs. 2 Subh.Ordn.; unten § 268 lit. C.

[16]) Vgl. Art. 64 Abs. 2 Subh.Ordn. und unten § 286.

[17]) Art. 15, 16, 20 Abs. 2, Art. 45 Abs. 2 Nov.

[18]) § 74 R.C.P.O.

[19]) Vgl. hiezu oben § 263 und speziell Ziff. V daselbst; § 81 R.G.K.G.; Art. 7, 22, 23 des b. Geb.Ges. in der Fassung von 1892; b. Not.Zeit. 1890 S. 197; Ortenau-Henle S. 95. Ueber vorgängige Erlage des Kostenvorschusses durch Ausländer, welche von einem bayerischen Rechtsanwalte vertreten sind, s. zutreffend auch Ortenau-Henle S. 95, 96; a. M. Krech-Fischer S. 138, welche es schlechthin für unzulässig erachten, von der Erlage eines Kostenvorschusses die Einleitung des Verfahrens abhängig zu machen.

[20]) Art. 19—23 b. Geb.Ges. in der Fassung von 1892; dazu b. Not.Zeit. 1889 S. 185; Enderlein, Mat. z. Not.Ges. S. 353 Ziff. 3; Ortenau-Henle S. 95.

2. ob das Beschlagnahmegesuch Richtung, Grund und Zweck der Beschlagnahme (s. oben § 267 lit. A Ziff. I) enthält;
3. ob die allgemeinen prozessualen Voraussetzungen der Zwangsvollstreckung gegeben und nach Maßgabe der Ziff. I, 2a entsprechend belegt sind (s. oben § 267 lit. A Ziff. II, 1);
4. ob die besonderen prozessualen Voraussetzungen der Immobiliarzwangsvollstreckung gegeben und nach Maßgabe des § 267 lit. A Ziff. II, 2 entsprechend belegt sind;
5. ob der für die Einleitung der Zwangsvollstreckung etwa erforderliche Kostenvorschuß erlegt ist.

II. Auf diese vorbezeichnete Prüfungsbefugnis hat sich das Vollstreckungsgericht aber auch zu beschränken. Alle Hindernisse der Zwangsvollstreckung, welche nur auf Einwendungen der Beteiligten zu berücksichtigen und in einem nicht vor dem Vollstreckungsgerichte stattfindenden Verfahren zu erledigen sind, sind aus allgemeinen Kompetenzgründen von dem Umfange seiner Prüfungsbefugnis ausgeschlossen.

Es darf daher insbesondere nicht prüfen, ob die vollstreckbare Ausfertigung, die Vollstreckungsklausel zu Recht erteilt ist, wenn sie nur formell giltig ist, ob der zu vollstreckende Anspruch noch zu Recht besteht, ob er noch oder zur Zeit wirksam geltend gemacht werden kann, ob Rechte dritter Personen der Beschlagnahme entgegenstehen und begründet sind, soferne nur aus den vorgelegten Urkunden das Eigentum des Schuldners oder Drittbesitzers am Beschlagnahmegegenstande ersichtlich ist.

Dagegen können und müssen Einwendungen gegen die Art und Weise der Zwangsvollstreckung, welche vom Vollstreckungsgerichte zu verbescheiden sind, soferne sie vor der Beschlußfassung vorgebracht wurden, bei dieser sofort und entsprechend berücksichtigt werden.

III. Eine obligatorische mündliche Verhandlung ist nicht vorgeschrieben; soll auch regelmäßig nicht stattfinden; doch ist die Anordnung einer solchen nicht ausgeschlossen, aber nur aus ganz besonders triftigen Gründen zweckmäßig.

B. Entscheidung des Vollstreckungsgerichtes — Beschlagnahmebeschluß — Abänderung desselben.

I. Findet das Vollstreckungsgericht einen Mangel hinsichtlich der von Amts wegen zu berücksichtigenden Punkte (s. oben lit. A Ziff. I), so ist das Beschlagnahmegesuch beschlußmäßig unter Angabe entsprechender Gründe zurückzuweisen.

II. Führt die Prüfung zu keiner Beanstandung des Beschlagnahmegesuches innerhalb der oben in lit. A Ziff. I und II bezeichneten Grenzen, so hat das Vollstreckungsgericht die Beschlagnahme anzuordnen. Die Anordnung erfolgt durch Beschluß, den sogenannten Beschlagnahmebeschluß.[1])

[1]) Art. 29 Abs. 1 Subh.Ordn.

1. Der Beschlagnahmebeschluß muß schriftlich abgefaßt werden;
2. er muß den allgemeinen Formalien eines Beschlusses entsprechen (s. oben § 71 lit. C Ziff. I, 1 S. 517);
3. er muß mit, wenn auch kurzen Gründen, welche das Vorhandensein der allgemeinen und besonderen Voraussetzungen der Vollstreckung erkennen lassen, versehen sein;
4. er muß die objektive und subjektive Richtung, den Grund und Zweck der Beschlagnahme enthalten; daher
   a) die individualisierende Bezeichnung des Beschlagnahmegegenstandes in der oben § 267 lit. A Ziff. I, 4 bezeichneten Weise;
   b) die Bezeichnung der Subjekte der Zwangsvollstreckung, daher des betreibenden Gläubigers, des Vollstreckungsschuldners und des etwaigen Drittbesitzers;
   c) die Bezeichnung der zu vollstreckenden Forderung unter Angabe des Vollstreckungstitels, auf dem sie beruht;
   d) die ausdrückliche Angabe, daß die Beschlagnahme zum Zwecke der Zwangsversteigerung beschlossen werde.

III. Rechtliche Natur des Beschlagnahmebeschlusses. Der Beschlagnahmebeschluß ist eine gerichtliche Entscheidung darüber, was in Ansehung des Vollstreckungsgegenstandes im Hinblick auf die Rechte des Gläubigers für die Zukunft Rechtens, ob er der Zwangsvollstreckung zum Zwecke der Befriedigung eines Gläubigers unterworfen, ob ihm die unbewegliche Sache seines Schuldners zur Befriedigung aus ihrem Erlöse verfangen sein und ein Recht auf vorzugsweise Befriedigung daraus zustehen soll. Hieran ändert auch der Umstand nichts, daß die Wirkungen der Verfangenheit erst mit der Eintragung des Beschlagnahmebeschlusses im Hypothekenbuche entstehen. Der Beschlagnahmebeschluß, wie der den Beschlagnahmeantrag abweisende Beschluß ist daher nicht ein Beschluß rein prozeßleitender Natur, sondern trägt Urteilsnatur in sich.[2])

IV. Eine Verkündung des abweisenden Beschlusses, wie des Beschlagnahmebeschlusses findet nur dann statt, wenn er auf Grund einer mündlichen Verhandlung erlassen wird.[3]) Nur in diesem Falle ist ins-

---

[2]) Vgl. über diese Unterscheidung v. Planck, Lehrb. d. deutsch. Civ.Proz.R. Bd. I S. 476.

[3]) Vgl. zustimmend Mot. z. R.C.P.O. Drucks. d. Reichst. 2. Leg.Per. 2. Session 1874—1875 Nr. 6 S. 333, die Kommentare zur R.C.P.O. von Struckmann und Koch, Petersen, v. Wilmowski und Levy zu § 540 R.C.P.O.; Arch. f. civ. Pr. LXIV. 408; Wallmann, jur. Ztschr. IX. S. 319; Seuff. Arch. XLVIII. 230. A. M. Krech-Fischer S. 139, welche jeden mit sofortiger Beschwerde anfechtbaren Beschluß und daher auch den Beschlagnahmebeschluß nach Ablauf der Notfrist für abänderlich erachten; Seuffert, Gaupp, Komm. z. R.C.P.O. zu § 540; Hellmann, Lehrbuch des Civ.Pr.R. S. 770; Wach, Vorträge S. 97. Ob sich die gegenteilige Meinung auf v. Planck, Lehrb. d. deutsch. Civ.Pr.R. I. S. 476 stützen kann, halte ich mit Rücksicht auf dessen Ausführungen in Ziff. 1 daselbst für sehr zweifelhaft. Die Richtigkeit der von mir vertretenen Ansicht wird durch die Ausnahmebestimmung des Art. 32 Subh.Ordn. bestätigt.

besondere der Beschlagnahmebeschluß schon mit der Verkündung erlassen und — vorbehaltlich einer positiven Ausnahme (s. unten Ziff. VI) — für das Vollstreckungsgericht unabänderlich.[4]) Sonst gilt er als erlassen und — vorbehaltlich dieser Ausnahme — als unabänderlich erst vom Zeitpunkte der Präsentation beim Hypothekenamte an (s. unten § 269 Ziff. II, 1)[5]); die nachher erfolgende und wenn auch trotz Verkündung erforderliche Zustellung des Beschlagnahmebeschlusses (s. unten § 271) an die Beteiligten hat auf die Frage und den Zeitpunkt seiner Erlassung und Unabänderlichkeit keinen Einfluß.[6]) Der abweisende Beschluß gilt, wenn nicht schon mit der Verkündung, stets erst mit der Zustellung an den betreibenden Gläubiger als erlassen[7]) und unabänderlich; die Zustellung erfolgt hier nur dann, wenn der Beschluß nicht verkündet wird[8]), nur an den betreibenden Gläubiger[9]) und von Amts wegen.[10]) Die Unabänderlichkeit des Beschlagnahmebeschlusses, wie des abweisenden Beschlusses ist schon eine Folge der nur mittelst sofortiger Beschwerde möglichen Anfechtbarkeit derselben.

V. Gegen den abweisenden Beschluß, wie den Beschlagnahmebeschluß ist das Rechtsmittel der sofortigen Beschwerde zulässig.[11]) Im ersteren Falle steht sie nur dem betreibenden Gläubiger, im zweiten Falle dem Vollstreckungsschuldner bezw. Drittbesitzer[12]), dem betreibenden Gläubiger aber nur insoweit zu, als der Beschlagnahmebeschluß seinen Anträgen nicht entspricht. Aufschiebende Wirkung äußert die gegen den Beschlagnahmebeschluß eingelegte Beschwerde regelmäßig nicht, doch kann sowohl das Vollstreckungsgericht selbst, als das Beschwerdegericht die Aussetzung des Vollzuges anordnen.[13]) Zu einer Abänderung seiner mit Beschwerde angefochtenen Entscheidung ist das Vollstreckungsgericht selbst, abgesehen von einer positiven Ausnahme (s. unten Ziff. VI), nicht befugt.[14]) Die rechtskräftige Zurückweisung des Beschlagnahmegesuches steht der Erneuerung desselben nicht entgegen.

VI. In Ziff. IV wurde bereits bemerkt, von welchem Zeitpunkte an der Beschlagnahmebeschluß als erlassen und unabänderlich gilt. Mit dieser Unabänderlichkeit des Beschlagnahmebeschlusses seitens des Vollstreckungsgerichtes ist aber einmal nicht die Aufhebung der Beschlagnahme auf die in einem gesonderten Verfahren geltend gemachten

[4]) § 294 Abs. 1, §§ 281, 283 R.C.P.O.

[5]) Denn von diesem Zeitpunkte an ist der Beschluß an die Außenwelt getreten. Damit ist aber nicht der Zeitpunkt der bewirkten Beschlagnahme (s. oben § 255 lit. C S. 1340) zu verwechseln.

[6]) Eine vor Eintragung des Beschlagnahmebeschlusses in das Hypothekenbuch erfolgte Zustellung ist wirkungslos; s. unten § 271 Ziff. I, 1.

[7]) Vgl. § 294 Abs. 1 und 3 R.C.P.O.

[8]) § 294 Abs. 3 R.C.P.O.

[9]) Vgl. hiezu Ortenau-Henle S. 98, 99.

[10]) Vgl. hiezu oben § 253 lit. A Ziff. I, 1 S. 1327; Mot. S. 80.

[11]) § 294 Abs. 3 R.C.P.O.; Art. 17 Subh.Ordn.; s. oben § 262.

[12]) Vgl. hiezu oben § 262 Ziff. I.

[13]) § 535 R.C.P.O.

[14]) 540 Abs. 3 R.C.P.O.

Einwendungen eines Beteiligten hin zu verwechseln. Anderseits läßt das Gesetz doch ausnahmsweise, ohne daß solche Einwendungen erhoben worden wären, unter gesetzlich bestimmten Voraussetzungen eine Abänderung des Beschlagnahmebeschlusses seitens des Vollstreckungsgerichtes von Amts wegen zu.[15] Ergibt sich nämlich aus den dem Hypothekenamte von Amts wegen obliegenden Mitteilungen (s. oben § 252 lit. A Ziff. III (S. 1322) und § 269 lit. C (S. 1383)[16]) ein Umstand, der schon zur Zeit der Erlassung des Beschlagnahmebeschlusses (vgl. hierüber Ziff. IV) objektiv vorhanden, aber dem Vollstreckungsgerichte subjektiv nicht bekannt war, und wenn bekannt, die Erlassung des Beschlagnahmebeschlusses zum Zwecke der Zwangsversteigerung gehindert hätte, so hat das Vollstreckungsgericht entweder:

1. den Beschlagnahmebeschluß sofort beschlußmäßig aufzuheben bezw. entsprechend abzuändern, je nachdem der bekannt gewordene Umstand den Beschlagnahmebeschluß in allen oder nur in einzelnen selbständigen Punkten ergreift, oder
2. dem Beschlagnahmegläubiger beschlußmäßig aufzugeben, innerhalb einer nach Ermessen zu bestimmenden Frist darzuthun, daß das Hindernis beseitigt sei, und ihm die Aufhebung des Beschlagnahmebeschlusses für den Fall des fruchtlosen Ablaufes der Frist anzudrohen. Erfolgt dann jener Nachweis nicht innerhalb der Frist, so muß das Vollstreckungsgericht, ohne zu einer nochmaligen Fristsetzung oder Fristerstreckung befugt zu sein, sofort nach Ablauf der Frist die Aufhebung bezw. Abänderung des Beschlagnahmebeschlusses beschlußmäßig verfügen.

Die Berücksichtigung solcher nachträglich bekannt gewordener Umstände, die Aufforderung des Beschlagnahmegläubigers, wie die Abänderung bezw. Aufhebung des Beschlagnahmebeschlusses erfolgt in allen diesen Fällen von Amts wegen; eines Antrages des Vollstreckungsschuldners oder Drittbesitzers bedarf es nicht: auch eine von diesen Personen gegen den Beschlagnahmebeschluß eingelegte Beschwerde hindert diese Maßnahmen nicht, mag sich die Beschwerde auf einen solchen von Amts wegen zu berücksichtigenden Umstand oder auf einen andern Grund stützen; ist vom Vollstreckungsgerichte nach Maßgabe der vorstehenden Grundsätze der Beschlagnahmebeschluß aufgehoben worden, so wird die noch nicht verbeschiedene Beschwerde gegenstandslos.

---

[15]) Art. 32 Subh.Ordn. Diese Ausnahme ist nach der hier vertretenen Ansicht über die Unabänderlichkeit des Beschlagnahmebeschlusses eine gemäß den oben § 245 S. 1298 ff. genannten Grundsätzen zulässige landesgesetzliche Abweichung von den Prinzipien der R.C.P.O. Vgl. hiezu Ztschr. f. d. Civ.Pr. IX. 156; Ortenau-Henle S. 104 Nt. 1 und die das. angeführten Zitate. Eine Mittelmeinung vertreten Jäckel S. 262 Nt. 3 und Mugdan S. 11. In Ztschr. f. d. Civ.Pr. VII. 570 wird die Zulässigkeit in Zweifel gezogen.

[16]) Erlangt das Vollstreckungsgericht von anderer Seite her Kenntnis von solchen Umständen, so darf es auf Grund derselben den Beschlagnahmebeschluß nicht von Amts wegen aufheben. Es muß hier darauf warten, ob seitens der Beteiligten die entsprechenden gesetzlich zulässigen Einwendungen erhoben werden.

C. Ernennung des Versteigerungsbeamten.

I. Wird die Beschlagnahme beschlossen, so ist zugleich ein Versteigerungsbeamter zu ernennen.[17])

Versteigerungsbeamter kann — abgesehen von dem Falle der gesonderten Versteigerung von beweglichen Zubehörungen und Früchten[18]) — nur ein Notar sein.[19]) Die Ernennung des Versteigerungsbeamten obliegt ausschließlich dem Vollstreckungsgerichte; sie erfolgt im Beschlagnahmebeschlusse. Das Vollstreckungsgericht ist hiebei gesetzlich nur an die Grundsätze über die örtliche Zuständigkeit der Notare[20]) gebunden, instruktionell, soweit diese Grundsätze nicht entgegenstehen, auf die im Bezirke des Vollstreckungsgerichtes wohnhaften Notare, deren möglichst gleichmäßige Berücksichtigung nach einer festgesetzten Reihenfolge zu erfolgen hat, verwiesen[21]), keinesfalls aber von Anträgen des Beschlagnahmegläubigers, wenngleich ihm ein Vorschlagsrecht zukommt, abhängig.[22]) Die Aufstellung mehrerer Versteigerungsbeamte ist nicht nur zulässig, sondern kann aus örtlichen Zuständigkeitsgründen sogar notwendig werden, wenn mehrere gesonderte Versteigerungen in Frage kommen.[23])

II. Die abermalige Ernennung eines Versteigerungsbeamten kann erforderlich werden, wenn der hiezu ernannte Notar entweder kraft Gesetzes von der Ausübung seines Amtes für den Einzelfall ausgeschlossen ist[24]) oder aus rechtfertigenden Gründen die Uebernahme der Zwangsversteigerung abgelehnt hat[25]) oder vor Beendigung der Zwangsversteigerung gestorben, suspendiert worden oder seines Amtes verlustig gegangen ist.[26]) Die Ernennung erfolgt dann in einem gesonderten Beschlusse des Vollstreckungsgerichtes, eventuell unter Aufhebung der früheren Ernennung.

III. Die Ernennung ist schlechthin aufzuheben, wenn sich aus den dem Hypothekenamte von Amts wegen obliegenden Mitteilungen ergibt, daß die neuerliche Beschlagnahme desselben Gegenstandes nicht die erste, sondern in Wirklichkeit nur eine weitere Beschlagnahme und der

[17]) Art. 29 Subh.Ordn.

[18]) Art. 36 Subh.Ordn. Vgl. oben § 252 lit. A Ziff. II, 1 und 2 S. 1321, unten § 274.

[19]) Vgl. hiezu Art. 14, 18 Not.Ges. und oben § 252 lit. A Ziff. I S. 1318 ff.

[20]) Vgl. hierüber oben § 252 lit. B Ziff. II S. 1326.

[21]) J.M.Bek. v. 7. Nov. 1868, die Art. 19, 51 und 52 Not.Ges. und den § 101 Abs. 3 der Instr. z. Not.Ges. betr. (J.M.Bl. S. 232; W. VII. S. 520); und hiezu oben § 71 Nt. 3 S. 491, 492.

[22]) Art. 29 Abs. 2 Subh.Ordn.

[23]) Vgl. hiezu oben § 252 lit. B Ziff. II S. 1326. Das Vollstreckungsgericht kann also hier einen Notar zum Versteigerungsbeamten ernennen, bezw. ernennen müssen, der außerhalb des Landgerichtssprengels des Vollstreckungsgerichtes seinen Wohnsitz hat. — Natürlich können nicht für die einheitliche Versteigerung des nämlichen Grundstückes mehrere Versteigerungsbeamte aufgestellt werden.

[24]) Vgl. hiezu § 69 S. 490.

[25]) Art. 43, 50 Not.Ges. Vgl. hiezu oben § 252 lit. A Ziff. I, 1 S. 1319.

[26]) Vgl. hiezu Art. 100, 101, 102, 117, 140 Not.Ges.

neuerdings ernannte Versteigerungsbeamte ein anderer als der anläßlich der ersten Beschlagnahme zum Versteigerungsbeamten ernannte Notar ist.[27])

IV. Abgesehen von den vorbezeichneten Fällen, sowie dem Falle einer wiederholten Versteigerung ist das Vollstreckungsgericht nicht befugt, mit der Durchführung des Versteigerungsverfahrens einen anderen, als den bisherigen Notar zu betrauen.

§ 269.

Ueberleitung des Beschlagnahmebeschlusses an das Hypothekenamt — hypothekenamtliche Behandlung des Beschlagnahmebeschlusses — hypothekenamtliche Mitteilungen.

A. Ueberleitung des Beschlagnahmebeschlusses an das Hypothekenamt.[1])

Der Beschlagnahmebeschluß ist sofort nach seiner Fassung vom Vollstreckungsgerichte an das Hypothekenamt, unter dessen Gerichtsbarkeit die Beschlagnahmegegenstände stehen, zu leiten und zwar:

1. mit den oben § 267 lit. A Ziff. II genannten, dem Vollstreckungsgerichte vorgelegten Urkunden. Die Vorlage der Erwerbsurkunde lediglich aus dem Grunde der Folienfreiheit des Vollstreckungsgegenstandes ist nach Ansicht der oberstrichterlichen Praxis nicht erforderlich[2]);
2. mit dem Ersuchen:
   a) entweder die Beschlagnahme im Hypothekenbuche definitiv einzuschreiben, worin übrigens kraft Gesetzes stets das Ersuchen um vormerkungsweise Einschreibung enthalten ist, falls der definitiven Einschreibung ein hypothekenrechtliches Hindernis entgegenstehen sollte — oder, falls der Besitztitel auf den Vollstreckungsschuldner im Hypothekenbuche nicht einmal noch vormerkungsweise berichtigt sein sollte, nach Maßgabe der den Eigentumsübergang ausweisenden vorgelegten Urkunde zunächst diese Besitztitelberichtigung und dann die Beschlagnahme vormerkungsweise einzuschreiben;
   b) einen beglaubigten Hypothekenbuchsauszug mitzuteilen oder den dem Beschlagnahmegesuche beigefügten und übermittelten Auszug zu ergänzen.

B. Hypothekenamtliche Behandlung des Beschlagnahmebeschlusses.

1. Das Hypothekenamt hat den vollstreckungsrichterlichen Antrag sofort nach Einlauf mit dem Präsentatum zu versehen und in das Tagebuch einzuschreiben.[3])

---

[27]) Art. 32 Subh.Ordn.; vgl. hiezu oben § 268 lit. B Ziff. VI.

[1]) Art. 30 Subh.Ordn.

[2]) Vgl. hierüber oben § 100 lit. B Nr. 33 S. 703 und § 104 lit. B Nr. 7 S. 729.

[3]) Vgl. hiezu oben § 103 Ziff. III S. 725; auch § 106 S. 746.

2. Das Hypothekenamt hat den Antrag auf Einschreibung der Beschlagnahme in das Hypothekenbuch nach Maßgabe der hypothekenrechtlichen Grundsätze, jedoch nur nach Maßgabe des Legalitäts-, nicht des Konsensprinzipes zu prüfen.[4]) Auf eine Prüfung der prozessualen Voraussetzungen der Beschlagnahme darf sich die hypothekenamtliche Prüfungsthätigkeit nicht erstrecken. Erhebungen kann das Hypothekenamt gleichfalls nur innerhalb der ihm durch das Hypothekengesetz gezogenen Grenzen vornehmen.[5])

3. Findet das Hypothekenamt den vollstreckungsrichterlichen Antrag vom hypothekenrechtlichen Standpunkte aus in Ordnung, so hat es[6])

a) den definitiven Eintrag der Beschlagnahme im Hypothekenbuche, bezw. in dem oben in lit. A Ziff. 2a genannten Falle die entsprechenden vormerkungsweisen Einschreibungen zu beschließen;[7])

b) diesen Beschluß durch entsprechende Einschreibung in der zweiten Rubrik des Hypothekenbuches zu vollziehen und zu diesem Zwecke vorgängig für den Vollstreckungsgegenstand Hypothekfolium, falls solches noch nicht bestehen sollte, zu eröffnen, wozu die Vorlage der Erwerbsurkunde des Vollstreckungsschuldners nach oberstrichterlicher Praxis nicht verlangt werden kann;[8])

c) den Vollzug auf dem Beschlagnahmebeschlusse zu bestätigen;

d) den erforderlichen Hypothekenbuchsauszug zu fertigen bezw. den vorgelegten entsprechend zu ergänzen;

e) den Beschlagnahmebeschluß samt Bestätigung, gefertigtem oder ergänztem Hypothekenbuchsauszug und den übrigen mitgeteilten Aktenstücken an das Vollstreckungsgericht zurückzuleiten;

f) im Falle auf der beschlagnahmten Sache Ewiggelder haften, dem Hypothekenbuchsauszuge unter Hinweis auf die hierin

---

[4]) Art. 31 Abs. 1 Subh.Ordn.; §§ 96—99, 105, 106 Hyp.Ges. Vgl. hierüber oben § 104 S. 727 ff. und besonders lit. C Ziff. III, 1 S. 735; Mot. z. Subh.Ordn. S. 84; Ortenau-Henle S. 100—105.

[5]) Dabei sind die Vorschriften über notarielle Vorlagen entsprechend anzuwenden; s. oben § 105 S. 739 ff.

[6]) Art. 31 Abs. 1 und 2 Subh.Ordn.

[7]) Ueber einen besonderen Anwendungsfall des Art. 30 Abs. 2 mit Art. 21 Abs. 3 Subh.Ordn. im Hinblick auf §§ 39, 40 Hyp.Ges. s. d. Not.Zeit. 1881 S. 284 und dagegen zutreffend Ortenau-Henle S. 104, 105. — Ueber die Frage, ob die Vormerkung des Eigentumsüberganges und der Beschlagnahme nach Art. 30 Abs. 2 Subh.Ordn. auch dann erfolgen dürfe, wenn die Staatsgebühren für die Erwerbsurkunde (Art. 261 Geb.Ges.) noch nicht bezahlt sind, s. E. d. obst. L.G. XII. 63, XIV. 238, XV. 345; auch Bl. f. R.A. L. 175 und zutreffend verneinend Ortenau-Henle S. 105 und d. Not.Zeit. 1881 S. 214, 219 ff.

[8]) Vgl. hierüber oben § 104 Nr. 7 S. 729. Diese Frage ist sehr bestritten; vgl. gegen die oberstrichterliche Praxis auch Ortenau-Henle S. 101; Regelsberger Hyp.R. 2. Aufl. § 84 Nr. 4; Bl. f. R.A. LV. 369; d. Not.Zeit. 1881 S. 381; 1891 S. 54.

enthaltene summarische Angabe der Gesamtewiggeldbelastung aus dem Grundbuche ein nach der Zeitfolge des Eintrages geordnetes Verzeichnis der Ewiggelder und der Ewiggeldgläubiger, sowie der Fälligkeitstermine der Gilten einzureihen.

4. Findet das Hypothekenamt hypothekenrechtliche Bedenken gegen den Vollzug des vollstreckungsrichterlichen Antrages, so hat es zunächst zu erwägen, ob nach Maßgabe der hypothekenrechtlichen Grundsätze

a) nicht wenigstens ein vormerkungsweiser Vollzug des Antrages möglich ist, wobei insbesondere der hypothekenrechtliche Grundsatz zu beachten ist, daß der Antrag auf definitive Einschreibung kraft Gesetzes stets den Antrag auf vormerkungsweise Einschreibung enthält.[9]) Bejahenden Falles gelten entsprechend die oben unter Ziff. 3 a—f angeführten Grundsätze;[10]) oder

b) ob jeder, auch der vormerkungsweise Vollzug unzulässig ist.[11]) Bejahenden Falles hat das Hypothekenamt seinen abweisenden Beschluß dem Antrage des Vollstreckungsrichters beizufügen und die ganze Vorlage an dasselbe zurückzuleiten.

5. Mit der definitiven und in dem oben Ziff. 2 a genannten Falle auch mit der vormerkungsweisen Einschreibung der Beschlagnahme im Hypothekenbuche ist die Beschlagnahme bewirkt.[12]) Welche Rechtswirkungen sich an die bewirkte Beschlagnahme knüpfen, ist bereits oben § 255 lit. C angeführt. Eine sonst nur vormerkungsweise vollzogene Einschreibung der Beschlagnahme hat jene Wirkungen nur dann, wenn der zunächst nur provisorische Zustand später durch definitive Einschreibung der Beschlagnahme in einen definitiven Zustand übergeführt worden ist.

6. Das Hypothekenamt hat an die Beteiligten weder von der Einschreibung des Beschlagnahmebeschlusses, noch von deren Unterlassung Mitteilung zu machen. Die nach Hypothekenrecht vorgeschriebenen Mitteilungen sind hier durch die in § 271 angeführten Zustellungen und Benachrichtigungen durch das Vollstreckungsgericht ersetzt.[13])

C. Hypothekenamtliche Mitteilungen.

Die dem Hypothekenamte von Amts wegen obliegenden Mitteilungen an das Vollstreckungsgericht (s. oben § 252 lit. A Ziff. III, 1 S. 1321, 1322) erstrecken sich auf alle im Laufe des

---

[9]) § 106 Hyp.Ges.; vgl. hiezu oben § 102 Ziff. IV Abs. 2 S. 725.

[10]) Ist schon ein Folium für den Beschlagnahmegegenstand eröffnet, aber der Besitztitel aus irgend einem Hinderungsgrunde noch nicht auf den Vollstreckungsschuldner berichtigt, so hat das Hypothekenamt, wenn ihm der Eigentumsübergang entsprechend nachgewiesen ist, mindestens eine vormerkungsweise Besitztitelberichtigung und vormerkungsweise Einschreibung der Beschlagnahme zu bethätigen. Vgl. auch Ortenau-Henle S. 106; d. Not.Zeit. 1884 S. 125, 126; auch Regelsberger Hyp.R. 2. Aufl. § 69 Nt. 6 gegen d. Not.Zeit. 1884 S. 13.

[11]) § 106 Hyp.Ges.; vgl. hiezu oben § 105 Ziff. 2 S. 741 ff.

[12]) Art. 7 Abs. 2, Art. 30 Abs. 2 Subh.Ordn.

[13]) Aussch.Ber. z. Subh.Ordn. S. 491.

Zwangsvollstreckungsverfahrens erfolgenden definitiven, protestations- und vormerkungsweise erfolgenden Einschreibungen in das Hypotheken- oder Grundbuch. Die Benachrichtigung hat jeweils sofort nach jeder Einschreibung ohne Verzug zu geschehen.[14])

§ 270.

Stellung des Vollstreckungsgerichtes zum Hypothekenamte in Ansehung dessen Beschlusses.

1. Billigt das Vollstreckungsgericht die Bedenken des Hypothekenamtes, welche die beantragte Einschreibung der Beschlagnahme in das Hypothekenbuch verhinderten, so hat es den oben § 268 lit. B Ziff. VI, 1 und 2 bezeichneten Weg zu beschreiten. Hat hienach der betreibende Gläubiger das Hindernis rechtzeitig behoben, so hat das Vollstreckungsgericht neuerdings seinen Antrag auf definitive Einschreibung der Beschlagnahme in das Hypothekenbuch an das Hypothekenamt zu wiederholen; hiefür gelten wieder die oben § 269 lit. B angeführten Grundsätze.

2. Anerkennt das Vollstreckungsgericht die hypothekenamtlichen Bedenken nicht, so hat das Vollstreckungsgericht, abgesehen von der etwa zulässigen Dienstbeschwerde gegen das Hypothekenamt, es dem Beschlagnahmegläubiger zu überlassen, ob er auf dem Wege der Parteibeschwerde Abhilfe gegen das Hypothekenamt suchen will.[1])

§ 271.

Zustellung des Beschlagnahmebeschlusses. — Benachrichtigungen.

I. Zustellung des Beschlagnahmebeschlusses.[1])

1. Die Zustellung des Beschlagnahmebeschlusses darf erst nach bewirkter Beschlagnahme erfolgen; eine vorherige Zustellung ist wirkungslos und bewirkt nicht einmal die Erlassung und Unabänderlichkeit des Beschlagnahmebeschlusses, selbst für den Fall, daß hinterher die Beschlagnahme im Hypothekenbuche wirksam eingeschrieben wurde.

2. Die Zustellung muß an den Antragsteller, an den Vollstreckungsschuldner und etwaigen Drittbesitzer erfolgen.

3. Der Beschlagnahmebeschluß ist in Ausfertigung und mit der hypothekenamtlichen Bestätigung des definitiven Eintrages oder der Vormerkung der Beschlagnahme in dem oben § 269 lit. A Ziff. 2 a erwähnten Falle dem Vollstreckungsschuldner und etwaigen Drittbesitzer auch mit einer Abschrift des Beschlagnahmegesuches zuzustellen.

---

[14]) Art. 31 Abs. 3 Subh.Ordn.

[1]) Vgl. hiezu Art. 56 ff. A.G. z. R.C.P.O. mit § 94 Hyp.Ges. und Art. 1 der Hyp.Nov. v. 29. Mai 1886 (s. oben § 97 lit. F S. 671) und oben § 261 Ziff. II.

[1]) Art. 34 Abs. 1, Art. 17—19 Subh.Ordn.; hiezu oben § 261.

4. Die Zustellung erfolgt von Amts wegen durch das Vollstreckungsgericht.

5. Die Unterlassung der Zustellung, wie die nicht gehörige Zustellung an den Vollstreckungsschuldner oder Drittbesitzer begründet für diese das Recht zur wirksamen Anfechtung des Zuschlages, wenn die betreffende Beschlagnahme auch in der Versteigerungsbekanntmachung nicht angeführt worden ist und lediglich infolge dieser Beschlagnahme die Versteigerung stattgefunden hat.[2])

II. Ist im Hypothekenbuche oder Grundsteuerkataster noch der Vorbesitzer als Eigentümer eingetragen (s. oben § 253 lit. A Ziff. I, 2 a, β, dd), so ist demselben von der vormerkungsweisen Besitztitelberichtigung auf den Vollstreckungsschuldner und vormerkungsweisen Einschreibung der Beschlagnahme im Hypothekenbuche durch das Vollstreckungsgericht von Amts wegen Kenntnis zu geben.[3])

III. Der in einer bereits begonnenen Zwangsvollstreckung durch Zwangsverwaltung aufgestellte Verwalter oder Sequester, die Mieter und Pächter von Beschlagnahmegegenständen sind von der Beschlagnahme zu benachrichtigen[4]) (s. hierüber unten §§ 275, 276).

IV. Im Falle Bräuhäuser, Malzhäuser, Gähr- oder Lagerkeller, welche dem Betriebe der Bierbrauerei dienen, beschlagnahmt wurden und nicht ein Verwalter oder Sequester aufgestellt ist, ist instruktionsgemäß eine Abschrift des Beschlagnahmebeschlusses dem einschlägigen Hauptzollamte mitzuteilen.[5])

§ 272.

Uebermittelung der Vollstreckungsakten an den Versteigerungsbeamten.[1])

Zugleich mit der Anordnung der Zustellungen des Beschlagnahmebeschlusses sind die Vollstreckungsakten dem ernannten Versteigerungsbeamten zum Vollzug der Zwangsversteigerung (mittelst einfacher Note) zu übermitteln.

1. Das Vollstreckungsgericht hat zunächst ein Verzeichnis der bei der Versteigerung beteiligten und der beschlagnahmten Grundstücke anzufertigen.

2. Aus den zu übermittelnden Akten sind die in Ziff. 1 genannten Verzeichnisse, sowie alle jene Aktenstücke, welche für den Vollzug der Versteigerung entbehrlich und für etwaige weitere Anordnungen des Gerichtes erforderlich sind, vom Vollstreckungsgerichte

---

[2]) Vgl. Art. 82 Ziff. 2 Subh.Ordn.

[3]) Art. 34 Abs. 1 Subh.Ordn.

[4]) Art. 39, 45 Subh.Ordn.

[5]) J.M.Bek. v. 15. Sept. 1888, den Vorzug des Aerarial- und Lokalmalzaufschlages bei der Zwangsvollstreckung in die dem Betriebe der Bierbrauerei dienenden Bräuhäuser, Malzhäuser, Gähr- und Lagerkeller betr. (J.M.Bl. S. 199).

[1]) Art. 34 Abs. 2, Art. 35 Subh.Ordn.

zurückzubehalten, um etwa weiter veranlaßte Verfügungen auch ohne Zurückverlangen der Akten treffen zu können.

3. Die Uebermittelung der Vollstreckungsakten an den Notar hat gleichzeitig mit der Anordnung der Zustellungen, nicht erst nach deren Bewirkung, zu erfolgen.

4. Später erfolgende Anordnungen [2]) oder einlaufende Aktenstücke hat das Vollstreckungsgericht, soferne sie für den Vollzug der Versteigerung von Einfluß sind, den Versteigerungsbeamten nachträglich zu übermitteln.

2. Titel.

Die weitere Beschlagnahme.[1])

§ 273.

I. Begriff und rechtliche Natur der weiteren Beschlagnahme.

1. Jede Beschlagnahme zum Zwecke der Zwangsversteigerung kann nur für eine bestimmte Forderung verfügt werden,[2]) jedoch schließt die zu Gunsten einer Forderung erwirkte Beschlagnahme zum Zwecke der Zwangsversteigerung eine nochmalige (mehrfache, weitere) Beschlagnahme des nämlichen Vollstreckungsgegenstandes zu gleichem Zwecke zu Gunsten einer anderen Forderung nicht aus. Es wird also durch eine bereits bestehende Beschlagnahme kein Gläubiger, weder derselbe noch ein anderer, soferne er nur für seine Person die Voraussetzungen der Zulässigkeit der Zwangsvollstreckung besitzt, gehindert, auch für andere vollstreckungsreife Forderungen aus dem nämlichen Vollstreckungsgegenstande Befriedigung zu suchen und zu diesem Zwecke die Beschlagnahme desselben Gegenstandes zum Zwecke der Zwangsversteigerung zu beantragen. Die mehreren Beschlagnahmen können hier bald gleichzeitig, bald zeitlich nacheinander erfolgen. Das Gesetz gebraucht für solche mehrere Beschlagnahmen, selbst wenn sie vom nämlichen Gläubiger beantragt sind, sowohl den Ausdruck mehrfache als weitere Beschlagnahme; auch die mehreren gleichzeitigen Beschlagnahmen, selbst wenn äußerlich im nämlichen Beschlagnahmebeschlusse und zu Gunsten ein und desselben Gläubigers für verschiedene Forderungen desselben verfügt, sind im Verhältnis zu einander nichts anderes als weitere Beschlagnahmen.[3])

2. Jeder Antrag auf weitere Beschlagnahme ist für sich ein selbständiger Antrag auf Beschlagnahme eines bereits vordem in

---

[2]) Vgl. hierüber oben § 252 Nr. 4 S. 1319.

[1]) Art. 42—44 Subh.Ordn.; Mot. z. Subh.Ordn. S. 85, 86.

[2]) Vgl. hiezu schon oben § 267 lit. A Ziff. I, 1 und § 268 lit. B Ziff. II, 4 c.

[3]) So bezieht sich der Ausdruck „mehrfache Beschlagnahme" in Art. 1 Abs. 2 und Art. 23 Nov. sowohl auf den Fall mehrerer gleichzeitig als nacheinander erfolgter Beschlagnahmen. Freilich ist dies bestritten, indem die Anwendung dieser Gesetzesstellen bei mehrfacher Beschlagnahme durch denselben Gläubiger verneint wird. Hierüber s. Näheres unten § 281 lit. A Ziff. II, 4 mit Nr. 8.

Beschlag genommenen und noch beschlagnahmten Gegenstandes zum Zwecke der Zwangsversteigerung.

3. Mit jedem Beschlusse auf solche weitere Beschlagnahme wird im Grunde eine selbständige Immobiliarzwangsvollstreckung für den neubetreibenden Gläubiger begonnen. Jede solche weitere bewirkte Beschlagnahme erzeugt daher selbständig alle jene Wirkungen, welche sich an die bewirkte Beschlagnahme knüpfen, natürlich unbeschadet jenes Vorzugsrechtes, welches für den früheren Beschlagnahmegläubiger bereits durch die frühere Beschlagnahme begründet worden ist. Immerhin schließt sich aber prozessual das neue Vollstreckungsverfahren nicht nur an das bisherige Vollstreckungsverfahren an, sondern bildet mit ihm prozessual geradezu ein einziges einheitliches Vollstreckungsverfahren. Die einzelnen Folgerungen aus dieser rechtlichen Natur der weiteren Beschlagnahme sind unter den Sätzen der folgenden Ziffern enthalten.

II. Die für die weitere Beschlagnahme im einzelnen geltenden Grundsätze sind folgende:

1. Die weitere Beschlagnahme kann sowohl vom nämlichen Beschlagnahmegläubiger, als von einem anderen Gläubiger, zu Gunsten einer der bisherigen Beschlagnahmeforderung im Range vor-, gleich- oder nachstehenden Forderung, nie aber zu Gunsten der gleichen Forderung und nie zum Zwecke der Zwangsverwaltung, sondern nur wieder zum Zwecke der Zwangsversteigerung beantragt werden.

2. Der Begriff der weiteren Beschlagnahme setzt voraus, daß die nämlichen Vollstreckungsgegenstände neuerdings beschlagnahmt werden. Werden noch andere Gegenstände der neuerlichen Beschlagnahme unterstellt, so liegt in Ansehung derselben keine weitere, sondern eine erste und völlig selbständige Beschlagnahme, die allen Konsequenzen einer solchen unterliegt, vor; trotzdem ist aber eine Verbindung der mehreren Vollstreckungsverfahren zum Zwecke der Vereinfachung und Beschleunigung des Verfahrens, wie der Kostenersparung möglich.

3. Eine weitere Beschlagnahme ist im Prinzipe bis zum Zeitpunkte des Zuschlages und zwar auch im Falle einer neuen oder wiederholten Versteigerung, nicht aber im Falle einer Wiederversteigerung nach dem ersten Zuschlage mehr zulässig. Jedoch ist zu beachten, daß der Zuschlag vom Vollstreckungsschuldner oder Drittbesitzer angefochten werden kann, wenn ihm der Beschluß einer in der Versteigerungsbekanntmachung nicht angeführten Beschlagnahme nicht gehörig zugestellt worden ist und lediglich infolge dieser Beschlagnahme die Versteigerung stattgefunden hat.[4])

---

[4]) Art. 82 Abs. 1 Ziff. 2 und Abs. 2 Subh.Ordn. — Bezüglich einzelner Streitfragen über Abhaltung des Versteigerungstermines vgl. d. Not.Zeit. 1881 S. 340 ff., 1882 S. 183 ff., 243 ff., 1883 S. 52 ff., 289 ff.; d. Not.Zeit. 1894 S. 185, 186; Bl. f. R.A. Erg.Bd. VIII. 346, 347; Ortenau-Henle S. 123.

4. Im übrigen finden hinsichtlich der Zulässigkeit des Zwangsvollstreckungsverfahrens, des Beginnes der Zwangsvollstreckung, der hinsichtlich des gesamten Zwangsvollstreckungsverfahrens rechtlich erheblichen Zeitpunkte und der hieran sich knüpfenden Wirkungen die gewöhnlichen Grundsätze des Vollstreckungsverfahrens zum Zwecke der Zwangsversteigerung, soweit nicht entbehrlich (s. Ziff. I, 3), Anwendung und zwar so, als ob ein völlig selbständiges Vollstreckungsverfahren in Frage käme. Die Zulässigkeit der Zwangsvollstreckung überhaupt, wie der Immobiliarzwangsvollstreckung im besonderen bemißt sich daher ausschließlich nach den im Zeitpunkte der neuerlichen Vollstreckung gegebenen Verhältnissen; die Wirkungen der neuerdings bewirkten Beschlagnahme insbesondere treten zu Gunsten der weiteren zu vollstreckenden Forderung erst mit dem Zeitpunkte der neuerlich bewirkten Beschlagnahme, nicht rückwärts vom Zeitpunkte der früher bewirkten Beschlagnahme ein. Jeder weitere Beschlagnahmegläubiger hat erst vom Zeitpunkte der für ihn bewirkten Beschlagnahme die prozessuale Stellung eines Rechtssubjektes und Beteiligten der Zwangsvollstreckung: vgl. hierüber oben § 253 lit. A Ziff. I, 1 S. 1328.

5. Für das Beschlagnahmegesuch gelten die oben § 267 angeführten Grundsätze, jedoch braucht den hiebei in Ziff. II, 2a und b daselbst genannten Erfordernissen, als durch die frühere Beschlagnahme entbehrlich, nicht entsprochen zu werden.

6. Wird das Beschlagnahmegesuch für begründet erachtet, so hat das Vollstreckungsgericht durch Beschluß die weitere Beschlagnahme zum Zwecke der Zwangsversteigerung anzuordnen und die Einschreibung des Beschlagnahmebeschlusses im Hypothekenbuche zu veranlassen. Hiefür gelten wieder die oben § 269 genannten Grundsätze.

7. Für das hypothekenamtliche Verfahren gegenüber dem weiteren Beschlagnahmegesuche, für die Stellung des Vollstreckungsgerichtes zum Hypothekenamte gelten die oben §§ 269 und 270 genannten Grundsätze. Die weitere Beschlagnahme gilt insbesondere, wie die frühere Beschlagnahme, — abgesehen von dem einen oben § 269 lit. A Ziff. 2a genannten besonderen Falle — als bewirkt erst mit dem Zeitpunkte der definitiven Einschreibung in das Hypothekenbuch.

8. Für die Zustellung des Beschlagnahmebeschlusses gelten die oben angeführten Grundsätze; er ist daher dem Antragsteller, dem Vollstreckungsschuldner bezw. Drittbesitzer, jedoch auch denjenigen Gläubigern, welche bereits früher Beschlagnahme erwirkt haben, nicht aber allen Beteiligten zuzustellen. Nur unter gewissen Voraussetzungen hat der Versteigerungsbeamte auch anderen Gläubigern von einer weiteren Beschlagnahme Mitteilung zu machen.[5]) Für die Uebermittelung der durch die weitere Beschlagnahme beim Vollstreckungsgerichte erwachsenen Aktenstücke an den Versteigerungsbeamten sind die oben in § 272 genannten Vorschriften maßgebend.

---

[5]) Vgl. Art. 22 Nov.; hiezu unten § 281 lit A Ziff. II, 4.

9. Die Aufstellung eines neuen Versteigerungsbeamten findet nicht statt[6]); hierin zeigt sich insbesondere die prozessuale Einheitlichkeit der Vollstreckungen.

10. Eine Wiederholung der unten in §§ 275, 276 bezeichneten Maßregeln findet nicht statt.

11. Ueber den etwaigen Einfluß einer weiteren Beschlagnahme auf die Festsetzung des gesetzlichen Mindestgebotes[7]) siehe unten § 281 lit. A Ziff. II, 4.

12. Wird die Zwangsvollstreckung durch Zuschlag beendet, so ist damit die ganze Zwangsvollstreckung, daher auch die auf weiteren Beschlagnahmen beruhende Vollstreckung beendet. Fällt eine Beschlagnahme vor dem Zuschlag weg, so macht sich sofort die Selbständigkeit der noch bestehenden Beschlagnahmen geltend; auf Grund dieser ist die Zwangsvollstreckung zu Gunsten der ihnen zu Grunde liegenden Forderungen fortzusetzen.

3. Titel.

Anordnung gesonderter Versteigerung von beweglichen Zubehörungen und natürlichen Früchten.[1])

§ 274.

Regelmäßig ist die Hauptsache mit ihren Zubehörungen und natürlichen Früchten als Ganzes zu versteigern[2]); ausnahmsweise gestattet aber das Gesetz doch auch eine gesonderte Versteigerung der beweglichen Zubehörungen und natürlichen Früchte, während die juristischen Früchte überhaupt von der Versteigerung ausgeschlossen sind und als solche schon zur Teilungsmasse gehören.[3])

1. Diese gesonderte Versteigerung kann nur durch das Vollstreckungsgericht, nicht durch den Versteigerungsbeamten, und zwar bis zum Zeitpunkte des Zuschlages der Hauptsache angeordnet werden.[4])

2. Die Anordnung kann nicht von Amts wegen, sondern nur auf Antrag eines beteiligten Gläubigers stattfinden.

3. Die gesonderte Versteigerung beweglicher Zubehörungen, nicht der Früchte[5]), ist unzulässig, wenn die Veräußerung der Zubehörungen das Recht derjenigen Gläubiger, deren Forderungen nach Maßgabe der Festsetzung des gesetzlichen Mindestgebotes vom Ansteigerer in

---

[6]) Vgl. hiezu oben § 268 lit. C.

[7]) Art. 1 Abs. 2, Art. 23 Nov.

[1]) Art. 36 Subh.Ordn., Art. 13 Nov.

[2]) Art. 36 Abs. 1 Subh.Ordn. ist lediglich eine Verfahrensvorschrift, keine Rechtsvermutung hinsichtlich des Umfanges der geschehenen Versteigerung: Ortenau-Henle S. 115 Nt. 2; E. d. obst. L.G. XIV. 840.

[3]) Vgl. hiezu Aussch.Ber. z. Subh.Ordn. S. 491, 492 gegen Aussch.Verh. z. Subh.Ordn. S. 18.

[4]) Mot. z. Nov. S. 149. Ebenso Ortenau-Henle S. 115.

[5]) Hellmann S. 248; Ortenau-Henle S. 115; Bl. f. R.A. Erg.Bd. IX. 216, 217, 225. A. M. Ortenau, 2. Aufl. zu Art. 36 Subh.Ordn.

Anrechnung auf den Steigerungspreis zu übernehmen sind, beeinträchtigen, sohin das Grundstück durch Wegversteigerung der Zubehörungen eine die Sicherheit dieser Forderungen gefährdende Wertminderung erleiden würde. Hierüber hat das Ermessen des Vollstreckungsgerichtes zu entscheiden.[6])

4. Der Beschluß des Vollstreckungsgerichtes, welcher ohne mündliche Verhandlung erlassen werden kann, ist, soweit nicht verkündet, den beteiligten Gläubigern und dem Vollstreckungsschuldner bezw. Drittbesitzer von Amts wegen zuzustellen.

5. Die gesonderte Versteigerung erfolgt durch einen Gerichtsvollzieher oder auf Antrag der beteiligten Gläubiger oder des Vollstreckungsschuldners bezw. Drittbesitzers durch eine hiezu bestellte andere Person.[7]) Für das Versteigerungsverfahren selbst sind durchweg die Vorschriften der §§ 716—718, 725, 726 der Reichscivilprozeßordnung maßgebend.

4. Titel.

Anordnung von Sicherungsmaßregeln. — Verwaltung.

§ 275.

Anordnung von Sicherungsmaßregeln.

I. Die Anordnung der etwa erforderlichen Sicherheitsmaßregeln in Ansehen des beschlagnahmten Gegenstandes kann nur durch das Vollstreckungsgericht erfolgen[1]); sie ist auch noch während des eigentlichen Versteigerungsverfahrens bis zur Rechtswirksamkeit des Zuschlages zulässig. Die Anordnung von Sicherungsmaßregeln ist regelmäßig nur auf Antrag eines Beteiligten statthaft[2]); dies gilt auch für die Beauftragung des Gerichtsvollziehers mit der Anfertigung eines Verzeichnisses über die beweglichen Zubehörungen des Beschlagnahmegegenstandes[3]) und für die Anordnung einer Verwaltung durch Aufstellung eines Verwalters als Sicherungsmaßregel.[4]) Ist aber ein Antrag auf Anordnung von Sicherungsmaßregeln gestellt, so entscheidet das freie Ermessen des Vollstreckungsgerichtes, welche Maßnahmen zur Erfüllung des Zweckes im einzelnen erforderlich sind.

---

[6]) § 684 Abs. 3, § 294 Abs. 3 R.C.P.O.; Art. 17 Subh.Ordn.; vgl. oben § 262 Ziff. 1.

[7]) Vgl. hiezu § 52 Abs. 3 der J.M.Bek. v. 30. Sept. 1879, die Ausführung der Zwangsvollstreckung u. s. w. betr. (J.M.Bl. S. 1531; W. XIV. S. 86) und oben § 252 lit. A Ziff. II, 1 und 2 S. 1321.

[1]) Doch ist dies bestritten; s. oben § 252 lit. A Ziff. I S. 1319, 1320; Bl. f. R.A. XLV. 401; Ortenau-Henle läßt die Anwendung des § 820 R.C.P.O. zu.

[2]) Art. 15 Subh.Ordn.

[3]) Art. 37 Subh.Ordn.

[4]) Diese fällt unter Art. 15, nicht Art. 45—47 Subh.Ordn.; vgl. auch Ortenau-Henle S. 126. Vgl. dazu b. Not.Zeit. 1892 S. 96 über Aufstellung einer Person zur Einhebung der Mietzinsen.

Für den etwa aufgestellten Verwalter gelten in entsprechender Weise die unten in § 276 aufgeführten Grundsätze.[5])

II. Nur folgende Sicherungsmaßregeln muß das Vollstreckungsgericht von Amts wegen anordnen:

1. Ergibt sich aus dem Gesuche um Beschlagnahme oder aus dem sonstigen Inhalte der Vollstreckungsakten, daß Beschlagnahmegegenstände vermietet oder verpachtet sind, ohne daß die Mieter oder Pächter bezeichnet sind, so hat das Vollstreckungsgericht die zur Ermittelung derselben erforderlichen Erhebungen zu veranlassen.[6]) Mit den Erhebungen kann der Gerichtsvollzieher oder Gerichtsdiener betraut werden[7]), welche über das Ergebnis ihrer Erhebungen schriftlichen Bericht an das Vollstreckungsgericht zu erstatten haben.

2. An die aus den Vollstreckungsakten bekannten oder ermittelten Mieter und Pächter von Beschlagnahmegegenständen hat das Vollstreckungsgericht unter Benachrichtigung von der Beschlagnahme den Auftrag zu erlassen, die vom Zeitpunkte der Benachrichtigung an fällig werdenden Miet- und Pachtgelder bei Meidung der Doppelzahlung an das Vollstreckungsgericht vorbehaltlich der in § 276 Ziff. 4a erwähnten Anordnungen zu entrichten.[8]) Anderseits hat das Vollstreckungsgericht die Mieter und Pächter auch im Falle des Erlöschens der Beschlagnahme zu Gunsten des Vollstreckungsschuldners entsprechend zu verständigen.

§ 276.

Verwaltung der Beschlagnahmegegenstände.

Die Verwaltung der Beschlagnahmegegenstände kann entweder den Zweck der Sicherung oder den Zweck der Nutzbarmachung der Erträgnisse der Beschlagnahmegegenstände verfolgen. Von der Anordnung einer Verwaltung zum Zwecke der Sicherung wurde bereits oben in § 275 Ziff. I gehandelt; nur die Verwaltung zum Zwecke der Nutzbarmachung der Erträgnisse des Beschlagnahmegegenstandes ist noch Gegenstand der folgenden Darstellung.[1])

Die Anordnung einer solchen Verwaltung der Beschlagnahmegegenstände erfolgt bald von Amts wegen, bald auf Antrag.

1. Die Beschlagnahme zum Zwecke der Zwangsversteigerung hat zwar die Einstellung einer bereits vorher begonnenen Zwangsvollstreckung durch Zwangsverwaltung zur Folge. Gleichwohl wird aber durch die Beschlagnahme zum Zwecke der Zwangsversteigerung

---

[5]) Der analogen Anwendung der Art. 47, 140—142 Subh.Ordn. steht m. E. nichts im Wege.

[6]) Art. 38 Subh.Ordn.

[7]) Vgl. oben § 252 lit. A Ziff. II, 1 und 2 S. 1321.

[8]) Art. 39 Subh.Ordn.; Mot. S. 85; vgl. auch oben § 249 Nr. 5 S. 1312; § 255 lit. B Ziff. II, 1 a, β S. 1342.

[1]) Auf diese Verwaltung finden die Art. 45—47 und analog die Art. 140—142 Subh.Ordn. Anwendung; vgl. auch Ortenau-Henle S. 127.

die auf Grund der Zwangsvollstreckung durch Zwangsverwaltung bereits angeordnete und in Vollzug gesetzte Verwaltung oder Sequestration des Beschlagnahmegegenstandes nicht sistiert; vielmehr hat das Vollstreckungsgericht an den aufgestellten Verwalter oder Sequester unter Benachrichtigung von der neuerlichen Beschlagnahme von Amts wegen den Auftrag zu erlassen, die Verwaltung nunmehr für Rechnung der bei der Zwangsversteigerung beteiligten Gläubiger fortzuführen und die von jetzt ab anfallenden Ertragsüberschüsse bei dem Vollstreckungsgerichte zu hinterlegen.

2. In allen anderen Fällen kann eine solche Verwaltung der Beschlagnahmegegenstände nur auf Antrag, nicht von Amts wegen erfolgen.

a) Der Antrag kann nur von einem Beschlagnahmegläubiger, nicht von anderen Beteiligten gestellt werden.

b) Die Verwaltung kann nur vom Vollstreckungsgerichte, nicht vom Versteigerungsbeamten angeordnet werden.

c) Vor der Entscheidung des Vollstreckungsgerichtes ist der Vollstreckungsschuldner bezw. Drittbesitzer mündlich oder schriftlich zu hören.

d) Die Anordnung der Verwaltung und damit letztere selbst kann sich auf alle Beschlagnahmegegenstände oder nur auf einen Teil derselben erstrecken.

e) Die Entscheidung (Beschluß) ist dem Antragsteller und dem Vollstreckungsschuldner bezw. Drittbesitzer von Amts wegen zuzustellen.[2])

3. Die Verwaltung selbst.

a) Für die zur Durchführung der Verwaltung erforderliche Geschäftsführung ist vom Vollstreckungsgerichte ein Verwalter zu bestellen, soferne nicht aus der bisherigen Zwangsverwaltung bereits ein solcher vorhanden ist. Er kann auch nur vom Vollstreckungsgerichte seiner Thätigkeit enthoben werden.

b) Auf den Verwalter und seine Geschäftsführung finden, soweit das Gesetz nicht besonders bestimmt, die bürgerlich-rechtlichen Grundsätze des Auftrages oder der Geschäftsführung entsprechende Anwendung; freilich ein wirkliches Vertragsverhältnis besteht weder zwischen ihm und dem Vollstreckungsgerichte einerseits, noch dem Beschlagnahmegläubiger oder Vollstreckungsschuldner bezw. Drittbesitzer anderseits. Er ist weder Mandatar, noch gesetzlicher Vertreter des Vollstreckungsschuldners oder der Gläubiger, sondern ein gerichtlich (staatlich) berufenes Organ zur Wahrung der Interessen der Beteiligten und zwar in erster Linie berufen im Interesse des Beschlagnahmegläubigers, in dessen unmittelbarem Interesse die

---

[2]) Vgl. oben § 262 Ziff. 1.

Zwangsvollstreckung überhaupt und damit auch die Verwaltung erfolgt, erst in zweiter Linie auch im Interesse der übrigen Beteiligten. Er ist Hilfsorgan des Vollstreckungsgerichts, wie sich aus den umfassenden Aufsichtsbefugnissen des Vollstreckungsgerichtes ergiebt. Er hat im wesentlichen eine ähnliche Stellung wie der Konkursverwalter.

c) Der Verwalter hat insbesondere über seine Geschäftsführung dem Vollstreckungsgerichte Bericht zu erstatten, jedenfalls nach beendeter Zwangsvollstreckung Rechnung zu stellen[3]) und das, was aus der Geschäftsführung an ihn gelangt ist, je nach dem Grunde der Beendigung entweder zur Masse an das Vollstreckungsgericht oder an den Vollstreckungsschuldner abzuliefern.[4]) Er hat alle im Interesse der Nutzbarmachung der Beschlagnahmegegenstände erforderlichen und zweckmäßigen Maßnahmen zu ergreifen[5]), steht jedoch hiebei unter der Aufsicht des Vollstreckungsgerichtes (s. Ziff. 4). Die Verwaltung endet mit dem Zuschlage[6]) oder einer früheren Beendigung der Zwangsvollstreckung.[7])

d) Die Kosten der Verwaltung und damit auch die Honorar- und Auslageansprüche der Verwaltung sind Massekosten; ist eine hinreichende Masse zur Deckung derselben nicht vorhanden oder wird die Zwangsvollstreckung nicht durchgeführt, so hat der Verwalter wegen jener Ansprüche keinen Rückgriff auf den Staat, sondern lediglich auf den Beschlagnahmegläubiger, auf dessen Antrag und in dessen erstem und unmittelbarem Interesse die Geschäftsführung erfolgte, und der auf Verlangen auch die Kosten der Verwaltung vorzuschießen hat.[8])

4. Aufsicht des Vollstreckungsgerichtes.

Die Aufsicht des Vollstreckungsgerichtes ist sehr umfassender und eingreifender Natur und benimmt dem Verwalter fast jede selbstständige Geschäftsführung.

a) Das Vollstreckungsgericht führt von Amts wegen die Aufsicht über die Verwaltung und damit über den Verwalter: hierin äußert sich seine Eigenschaft als Hilfsorgan des Voll-

---

[3]) Vgl. hiezu die Ziff. 5.

[4]) Die Ueberschüsse wie Einnahmerückstände aus der Verwaltung sind Teil der Masse (Art. 117, 121 Subh.Ordn.); vgl. hiezu unten § 299 lit. A.

[5]) Ueber etwaige Klagestellung seitens des Verwalters s. d. Not.Zeit. 1888 S. 146 Nr. 42; über die Befugnisse des Verwalters s. auch E. d. R.G. in Strfs. XXIII. 314.

[6]) Ebenso Ortenau-Henle S. 127. Ueber Rechnungsstellung des Verwalters und Anhaltung desselben hiezu durch das Vollstreckungsgericht in diesem Falle s. zutreffend Bl. f. R.A. Erg.Bd. IX. 131.

[7]) Vgl. hiezu oben § 255 lit. E.

[8]) Ebenso unter eingehender Begründung Bl. f. R.A. IX. 146 ff.; Ortenau-Henle S. 127, 128.

streckungsgerichtes. Das Vollstreckungsgericht hat von Amts wegen die bezüglich der Verwaltung erforderlichen Anordnungen zu treffen, insbesondere auch die Mieter und Pächter von Beschlagnahmegegenständen entsprechend zu verständigen (s. oben § 275 Ziff. II, 2). Der Verwalter hat die Anordnungen des Vollstreckungsgerichtes zu vollziehen.

b) Das Vollstreckungsgericht entscheidet über alle in Ansehung der Verwaltung sich ergebenden Anstände, insbesondere über die widersprochene Zulässigkeit beabsichtigter Verwaltungsmaßregeln, wie über Erinnerungen gegen das Verhalten des Verwalters. Erforderlichen Falles sind vor der Entscheidung die Beteiligten schriftlich oder mündlich zu hören, auch mit Sachverständigen kann sich das Gericht nötigenfalls vor der Entscheidung benehmen.[9])

c) Das Vollstreckungsgericht kann den Verwalter, der mit der Rechnungsstellung oder mit der Ablieferung der Ertragsüberschüsse oder sonstiger zur Masse gehöriger Sachen im Rückstande ist, von Amts wegen oder auf Antrag eines Beteiligten zur Erfüllung seiner Verpflichtungen anhalten und nötigenfalls gegen ihn Ordnungsstrafen bis zu zweihundert Mark festsetzen.

d) Das Vollstreckungsgericht kann von Amts wegen oder auf Antrag eines Beteiligten jederzeit die Entlassung des Verwalters verfügen.

5. Die Verwaltung endet mit der Beendigung der Zwangsvollstreckung. Im Falle der Beendigung der Verwaltung ist der Verwalter von Amts wegen zur Rechnungsstellung und Ablieferung des Rechnungsüberschusses, sei es zur Masse an das Vollstreckungsgericht oder an den Vollstreckungsschuldner, wenn zu dessen Gunsten die Beendigung der Zwangsvollstreckung und damit das Erlöschen der Beschlagnahme erfolgt, anzuhalten.

6. Auf Grund des teils unmittelbaren, teils mittelbaren Interesses eines jeden Beteiligten an der Verwaltung ist jeder Beteiligte im eigenen Namen und selbständig befugt, gegen den Verwalter Klage auf Rechnungsstellung oder Klage aus der gelegten Rechnung auf Ablieferung zur Masse zu erheben.[10])

Trotzdem hat aber das erstrittene Urteil Rechtskraft auch für und wider die übrigen Beteiligten.[11])

---

[9]) Eine förmliche Einvernahme des Sachverständigen nach Maßgabe der Vorschriften der R.C.P.O. über den Sachverständigenbeweis ist nicht erforderlich: Ortenau-Henle S. 452.

[10]) Die Subhastations- oder Verwaltungsmasse ist kein Rechtssubjekt; s. oben § 255 lit. C Ziff. II, 6 S. 1346. Die ihm etwa zur Last fallenden Kosten des Prozesses hat der klagende Beteiligte selbst zu tragen.

[11]) Dies ist die rechtliche Bedeutung der Worte in Art. 142 Abs. 2 Subh.-Ordn.: „Namens der Masse".

III. Abschnitt.

Das Versteigerungsverfahren mit dem hiezu gehörigen vollstreckungsrichterlichen Verfahren.

1. Titel.

Ort und Zeit der Versteigerung.

§ 277.

Ort der Versteigerung.[1])

1. Der Grundgedanke des Gesetzes ist, daß die Versteigerung von Grundstücken möglichst an Ort und Stelle vorgenommen werden soll, weil nur dadurch, bezw. durch die hiedurch ermöglichte oder erleichterte Augenscheinseinnahme ein dem wahren Werte des Grundstückes entsprechender Erlös zu erhoffen sei. Als Regel gilt daher, daß Grundstücke in derjenigen Gemeinde zu versteigern sind, in deren Markung sie liegen. Liegen die zu versteigernden Grundstücke in verschiedenen Gemeindemarkungen, so ist, falls eine Gesamtversteigerung im gewöhnlichen oder gesetzlich technischen Sinne in Frage kommt oder auch verschiedene Versteigerungsarten nebeneinander, jedoch in einem Akte, vorgenommen werden sollen, die Versteigerung in derjenigen Gemeinde vorzunehmen, zu welcher das Hauptgebäude oder in Ermangelung eines solchen, der bedeutendere Teil der Grundstücke gehört.[2]) Nur bei geringwertigen Grundstücken kann behufs Fernhaltung unverhältnißmäßigen Zeit- und Kostenaufwandes, wenn hiedurch eine Verkürzung des Erlöses nicht zu besorgen ist, die Ver-

---

[1]) Art. 53, 54 Subh.Ordn.

[2]) Daher der oben § 251 lit. B Ziff. II S. 1326 aufgestellte Satz, daß nur derjenige Notar zuständig ist, in dessen Amtssprengel nach den obigen Grundsätzen die Versteigerungs**handlung** vorzunehmen ist, aber gleichgiltig ist, ob die zu versteigernden Grundstücke in seinem oder dem Amtssprengel eines anderen Notars liegen. — Die Alternative „oder in Ermangelung . . .“ hat besonders auch Bedeutung, wenn eine Gesamtversteigerung im gewöhnlichen Sinne mehrerer auf verschiedenen Hypothekenbuchfolien vorgetragener, in verschiedenen Notariatssprengeln gelegener Anwesenskomplexe desselben Schuldners in Frage kommt. Während für eine solche Gesamtversteigerung immer nur ein Notar zuständig ist, kann, wenn mehrere Gesamtversteigerungen im gesetzlich technischen Sinne in Frage kommen, und dieselben nicht mit jener Gesamtversteigerung in einem Akte erledigt werden sollen, die Aufstellung mehrerer Notare erforderlich werden, da dann mit Rücksicht auf das Prinzip des Gesetzes hier der Ort der Versteigerung für jede einzelne Gesamtversteigerung gesondert nach Art. 53 Abs. 1 und 2 Subh.Ordn. zu bestimmen ist und nach dem Ort der Versteigerung sich wieder die Zuständigkeit des Notars richtet, vorausgesetzt, daß hienach die Versteigerungsorte in den Amtssprengeln verschiedener Notare gelegen sind. Das Gleiche gilt in entsprechender Weise, wenn mehrere auf dem nämlichen Folium vorgetragene Grundstücke einzeln versteigert werden sollen. Für die Zulässigkeit der Teilung des Versteigerungsaktes spricht sich auch Ortenau-Henle S. 144, dagegen Hellmann S. 55, m. E. zu Unrecht unter Bezugnahme auf Art. 51 Subh.Ordn. aus.

steigerung auch am Wohnsitze des Versteigerungsbeamten stattfinden.[3]) Gehört ein Grundstück keinem Gemeindebezirke an, so hat der Versteigerungsbeamte nach seinem Ermessen zu bestimmen, wo die Versteigerung desselben stattzufinden hat.[4])

2. Im übrigen kann die Versteigerung sowohl in der Amtsstube des Notars, als außerhalb derselben stattfinden.[5])

3. Den Beteiligten steht zwar hinsichtlich des Ortes der Versteigerung ein Vorschlagsrecht zu[6]), der Notar ist aber an die Anträge der Beteiligten nicht gebunden. Gegen die Ortsbestimmung des Notars können die Beteiligten Abhilfe beim Vollstreckungsgerichte nachsuchen.[7]) Die Aufhebung des Zuschlages kann nur dann verlangt werden, wenn in der vorgeschriebenen Veröffentlichung des Auszuges aus der Versteigerungsbekanntmachung der Ort der Versteigerung in einer Weise nicht richtig bezeichnet war, daß hiedurch die Identität der Versteigerung zweifelhaft wurde, und eine den Umständen entsprechende Berichtigung nicht erfolgt ist.[8])

§ 278.

Zeit der Versteigerung.[1])

1. Minimalfrist.[2]) Die Zustellung wie die Veröffentlichung der Versteigerungsbekanntmachung (s. unten § 285) darf nicht später als einen Monat vor dem Versteigerungstermine erfolgen. Hienach bemißt sich auch die Minimalfrist, innerhalb der die Versteigerung nicht vorgenommen werden darf.

2. Maximalfrist. Die Maximalfrist, innerhalb welcher längstens die Versteigerung vorgenommen werden muß, beträgt regelmäßig drei Monate vom Tage der Festsetzung der Versteigerung an gerechnet.[3])

---

[3]) Dabei ist wieder die Lage des geringwertigen Grundstückes völlig bedeutungslos.

[4]) Hier gilt wieder das in Nt. 3 Gesagte. Vgl. hieher Art. 3 der rechtsrh. b. Gem.Ordn. vom 29. April 1869 über die sog. exemten Markungen (s. oben § 55 lit. B Ziff. I S. 378).

[5]) Vgl. hiezu Näheres in der J.M.Bek. v. 30. März 1865, Zeit und Ort der Vornahme von Notariatsgeschäften und Aufrechterhaltung der Ordnung bei denselben betr. (J.M.Bl. S. 53; W. VI. S. 425); dann Art. 7 des b. A.G. z. R.Strafproz.Ordn.; § 367 Ziff. 16 R.St.G.B. und M.Bek. v. 17. Okt. 1894, oberpolizeiliche Vorschrift über öffentliche Versteigerungen betr. (G.V.Bl. S. 588); Enderlein, Mat. z. Not.Ges. S. 2, 141; oben § 71 lit. B Ziff. I, 5 S. 495. Die Wahl eines anderen Lokales in derselben Gemeinde noch am Termine selbst unterliegt wohl keinem Bedenken, nur muß dies entsprechend ersichtlich gemacht werden; vgl. auch Ortenau-Henle S. 263; Krech-Fischer S. 234.

[6]) Vgl. besonders Art. 24 Ziff. 6 Subh.Ordn. und oben § 259 Ziff. I S. 1357.

[7]) § 685 Abs. 1 R.C.P.O.; Art. 82 Abs. 1 Ziff. 4, Abs. 2 und 3 Subh.Ordn.

[8]) Art. 82 Abs. 1 Ziff. 4, Abs. 2 und 3 Subh.Ordn.

[1]) Art. 52—54 Subh.Ordn.; Art. 45 Ziff. 4 Nov.

[2]) Für die Berechnung der Minimal- wie Maximalfristen ist § 200 R.C.P.O. maßgebend.

[3]) Art. 62, 64 Subh.Ordn.

Nur ausnahmsweise kann die Maximalfrist auf sechs Monate erstreckt und der Versteigerungstermin bis dorthin hinausgeschoben werden, wenn dies zur Erzielung eines angemessenen Kaufpreises oder zur Vorbereitung der Versteigerung erforderlich ist[4]); einer vorherigen Anhörung des Beschlagnahmegläubigers bedarf es nicht.

3. An Sonn- und Feiertagen dürfen Versteigerungen nicht vorgenommen werden.[5]) Die Tagesstunde der Versteigerung ist in einer Weise festzusetzen, daß die Beendigung derselben noch am gleichen Tage erwartet werden kann.[6])

4. Den Beteiligten steht zwar hinsichtlich der Festsetzung des Versteigerungstermines ein Vorschlagsrecht zu, der Notar ist aber hiebei an die Anträge der Beteiligten nicht gebunden. Gegen die Zeitbestimmung des Notars können die Beteiligten Abhilfe beim Vollstreckungsgerichte nachsuchen.[7]) Die Aufhebung des Zuschlages lediglich um deswillen, weil die dreimonatliche Frist ohne erheblichen Grund überschritten worden sei, kann von den Beteiligten nicht verlangt werden.[8]) Dagegen kann die Aufhebung des Zuschlages dann beantragt werden, wenn in der vorgeschriebenen Veröffentlichung des Auszuges aus der Versteigerungsbekanntmachung die Zeit der Versteigerung nicht richtig bezeichnet war und eine den Umständen entsprechende Berichtigung nicht erfolgt ist oder wenn die Minimalfristen nicht eingehalten sind, vorausgesetzt, daß bei Nichteinhaltung der zwischen der Zustellung der Versteigerungsbekanntmachung und dem Versteigerungstermine gesetzlich eingeschobenen Frist der Beteiligte eine hiedurch bewirkte Verhinderung an der Wahrung seiner Rechte glaubhaft machen kann.[9]) Eine Verletzung der Maximalfrist kann nur dann zur Aufhebung des Zuschlages führen, wenn eine den Umständen entsprechende Berichtigung der vorgeschriebenen Veröffentlichung des Auszuges aus der Versteigerungsbekanntmachung nicht rechtzeitig und rechtsförmlich erfolgt ist.[10])

2. Titel.

Versteigerungsarten. — Umfang der Versteigerung.

§ 279.

Die Versteigerungsarten können verschieden sein, je nachdem das Verhältnis der einzelnen Beschlagnahmegrundstücke zu einander,

---

[4]) Vgl. hiezu Ortenau-Henle S. 143 Nt. 1 und d. Not.Zeit. 1886 S. 376 Nt. 2.

[5]) J.M.Bek. v. 30. März 1865 (s. § 277 Nt. 5); § 681 R.C.P.O.

[6]) Ortenau-Henle S. 145.

[7]) § 685 Abs. 1 R.C.P.O. — Ueber die ausschließliche Anwendung dieser Gesetzesstelle bei Verstößen gegen Ziff. 3 vgl. E. d. obst. L.G. IX. 572, 573; Bl. f. R.A. XLVII. 211, 212; Enderlein, Mat. z. Not.Ges. S. 139; Ortenau-Henle S. 145.

[8]) Vgl. auch d. Not.Zeit. 1886 S. 377 Nt. 2; Ortenau-Henle S. 143.

[9]) Art. 82 Abs. 1 Ziff. 1, 4, 5, Abs. 2 und 3 Subh.Ordn.

[10]) Art. 82 Abs. 1 Ziff. 4 mit 5, Abs. 2 und 3 Subh.Ordn.

mögen sie auch Pertinenzgrundstücke sein, oder das Verhältnis der einzelnen Grundstücke als Hauptsachen zu ihren beweglichen Zubehörungen und Früchten als Nebensachen in Betracht gezogen wird.

A. Versteigerungsarten nach dem Verhältnisse der einzelnen Beschlagnahmegrundstücke zu einander.[1])

I. Die Beschlagnahme kann nur ein einziges, sie kann mehrere Grundstücke umfassen; diese mehreren Grundstücke können auf einem, sie können auf verschiedenen Hypothekenbuchfolien vorgetragen sein; auch ein einzelnes von mehreren auf einem Folium vorgetragenen Grundstücken kann Gegenstand der Beschlagnahme sein. An sich sind sowohl eine einheitliche Versteigerung der sämtlichen beschlagnahmten, selbst auf verschiedenen Hypothekenbuchfolien vorgetragenen Grundstücke als Einheit — Gesamtversteigerung im gewöhnlichen Sinne — als eine gesonderte Versteigerung einzelner, selbst auf dem nämlichen Hypothekenbuchfolium vorgetragenen Grundstücke, d. h. Plannummern — Einzelversteigerung im gewöhnlichen, engeren Sinne —, selbst eine Versteigerung einzelner Parzellen eines Grundstückes — Parzellenversteigerung oder Einzelversteigerung im weiteren Sinne —, auch Vereinigungen und Kombinationen dieser Versteigerungsarten denkbar und gesetzlich zulässig, soweit nicht im nachstehenden besonderes bemerkt ist. Es wird damit der Zweck verfolgt, unter Wahrung der Interessen der Hypothekgläubiger und der Sicherheit des Versteigerungsverfahrens zur Erzielung eines günstigen Ergebnisses möglichst freie Bewegung zu gestatten.[2])

Im Verhältnis zur Gesamtversteigerung im gewöhnlichen Sinne ist eine Einzelversteigerung im gewöhnlichen Sinne jede Versteigerungsart, welche nicht alle beschlagnahmten Gegenstände zusammen, d. h. als Ganzes, sondern diese jeweils gesondert, sei es nach Hypothekenbuchfolien oder nach Gruppen, welche nur die auf einem Folium vorgetragenen Einzelgrundstücke oder nur einzelne Parzellen solcher umfassen, ausgeschieden, zur Versteigerung bringt. Im gesetzlich technischen Sinne ist Gesamtversteigerung die Gesamtversteigerung aller auf dem nämlichen Hypothekenbuchfolium vorgetragenen Grundstücke, Einzelversteigerung im gesetzlich technischen Sinne jede Versteigerung, welche die auf demselben Folium vorgetragenen Grundstücke oder Parzellen derselben einzeln zur Versteigerung bringt. Der rechtlich prozessuale Unterschied der Gesamtversteigerung im gewöhnlichen Sinne und der Gesamtversteigerung im gesetzlich technischen Sinne besteht vorzüglich darin, daß letztere versucht werden muß (s. Ziff. 1), erstere nur versucht werden kann[3]), die rechtliche Erheblichkeit des Verhältnisses zwischen ersterer und letzterer als Einzel-

---

[1]) Art. 49—51 Subh.Ordn.; Art. 12 Nov.

[2]) Mot. z. Subh.Ordn. S. 86.

[3]) Vgl. zum Vorgehenden auch Bl. f. R.A. XLVII. 148 ff.; E. d. obst. L.G. IX. 419; d. Not.Zeit. 1883 S. 25 ff.; Hellmann S. 53.

versteigerung vorzüglich darin, daß, falls der Erlös einer Gesamtversteigerung im gewöhnlichen Sinne für den Zuschlag maßgebend ist, doch für die Verteilung des Erlöses auf die etwa zu bildenden einzelnen Teilungsmassen das bei einer etwa als Einzelversteigerung vorgenommenen Gesamtversteigerung im gesetzlich technischen Sinne erzielte Höchstgebot die Grundlage bildet.[4])

Ob diese oder jene Versteigerungsart Platz greifen soll, entscheidet der Versteigerungsbeamte im allgemeinen selbständig und nach freiem Ermessen, soll jedoch hiebei die Vorschläge und Anträge der Beschlagnahmegläubiger, ohne hieran gebunden zu sein, möglichst berücksichtigen[5]); er hat zu bestimmen, „ob die zu versteigernden Gegenstände im ganzen oder einzeln zur Versteigerung zu bringen, oder ob und in welcher Weise mehrere Versteigerungsarten zu verbinden sind". Dieses freie Bestimmungsrecht des Versteigerungsbeamten erleidet jedoch folgende gesetzliche Einschränkungen:

1. Grundstücke, welche auf dem nämlichen Hypothekenbuchfolium vorgetragen sind, müssen, insoweit sie beschlagnahmt sind[6]), auch ohne besonderen Antrag, immer dann als Einheit, als ein Ganzes zur Versteigerung gebracht werden, wenn nicht sämtliche Beteiligte darauf verzichten.[7]) Sind die Grundstücke mehrerer Hypothekenbuchfolien beschlagnahmt, so wird zwar hiedurch die Gesamtversteigerung im gewöhnlichen Sinne aller beschlagnahmten Grundstücke als Einheit nicht ausgeschlossen; wollen aber Einzelversteigerungen vorgenommen werden, so muß vorbehaltlich des Verzichtes aller Beteiligten die Einzelversteigerung der auf einem Folium vorgetragenen Grundstücke stets in sich eine Gesamtversteigerung im technischen Sinne sein, wenngleich sie im Verhältnis zu den auf anderen Folien vorgetragenen Beschlagnahmegrundstücken Einzelversteigerung bleibt.

2. Jeder einzelne Beteiligte kann neben der in Ziff. 1 genannten obligatorischen Gesamtversteigerung im gesetzlich technischen Sinne die Versteigerung aller beschlagnahmten Gegenstände als Ganzes — Gesamtversteigerung im gewöhnlichen Sinne — sowie die Versteigerung jedes auf dem nämlichen Folium vorgetragenen Beschlagnahmegrundstückes einzeln, d. h. jeder Plannummer einzeln — Einzelversteigerung im gesetzlich technischen Sinne — verlangen. Dieses Verlangen kann selbst noch im Versteigerungstermine bis zur Aufforderung zur Abgabe von Geboten gestellt werden. Jedoch kann und darf das Verlangen einer

---

[4]) Vgl. Art. 105 Abs. 2 Subh.Ordn. und unten § 299 lit. A Ziff. IV, sowie die Zitate in Nt. 3.

[5]) Vgl. hierüber auch Ztschr. d. Anw.Ver. f. B. XX. 310; Ortenau-Henle S. 137.

[6]) Ebenso Ortenau-Henle S. 137.

[7]) Es muß also die Gesamtversteigerung im gesetzlich-technischen Wege versucht werden, wenn nicht alle Beteiligten darauf verzichten. Diese Vorschrift des Art. 49 Subh.Ordn. ist nur eine Konsequenz der §§ 39, 40 Hyp.Ges.; vgl. über diese oben § 126 Ziff. I, 2 S. 845, 846.

Einzelversteigerung der auf dem nämlichen Hypothekenbuchfolium vorgetragenen beschlagnahmten Grundstücke nur dann berücksichtigt werden, wenn hiezu diejenigen Gläubiger, deren Forderung nach Maßgabe der Festsetzung des gesetzlichen Mindestgebotes zu übernehmen sind und deren Rechte sonst beeinträchtigt würden, eingewilligt haben[8]), widrigenfalls dieselben die Aufhebung des Zuschlages verlangen können.[9])

3. Andere Versteigerungsarten, als die in Ziff. 2 genannte Gesamt- oder Einzelversteigerung, wie z. B. eine Parzellenversteigerung dürfen nur dann zugelassen werden,

a) wenn sie entweder schon in der Versteigerungsbekanntmachung[10]) enthalten waren oder

b) wenn die sämtlichen im Versteigerungstermine anwesenden beteiligten Gläubiger ihre Zustimmung erklären; hiebei muß aber der Antrag auf Berücksichtigung einer solchen Versteigerungsart längstens vor der Aufforderung zur Abgabe von Angeboten gestellt sein. Die in Ziff. 2 zu Gunsten der Gläubiger, deren Forderungen nach Maßgabe der Festsetzung des gesetzlichen Mindestgebotes zu übernehmen sind, angeführte Vorschrift findet auch hier entsprechende Anwendung.

4. Parzellenversteigerungen, bei denen zum Vollzuge die Ummessung einer Plannummer erforderlich ist, sind nur dann zulässig, wenn ein Ummessungsplan des Geometers vorgelegt wird.[11])

II. Sind mehrere Versteigerungsarten zu berücksichtigen, so sind dieselben nebeneinander versuchsweise vorzunehmen, sohin immer unter der Bedingung, daß nicht die andere Versteigerungsart oder die Wiederholung einer früheren Versteigerungsart ein besseres Ergebnis erzielen läßt.[12]) Ein Verstoß hiegegen, wie auch die Nichtzulassung einer nach den vorgehenden Sätzen gesetzlich zulässigen Versteigerungsart rechtfertigt die Aufhebung des Zuschlages[13]), wie auch schon vordem gegen diesbezügliche Entscheidungen des Notars Abhilfe beim Vollstreckungsgerichte nachgesucht werden kann.[14]) Die Reihenfolge der einzelnen zu berücksichtigenden Versteigerungsarten bestimmt der Notar nach freiem Ermessen unter Berücksichtigung der in Betracht kommenden

---

[8]) Auch Art. 12 Nov. ist eine Konsequenz der §§ 39, 40 Hyp.Ges. Die Gläubiger, deren Forderungen bar zu bezahlen sind, können der Einzelversteigerung nicht widersprechen.

[9]) Art. 26 Ziff. 2 Nov.

[10]) Siehe unten § 285.

[11]) Daß der Ummessungsplan von der Kreisregierung revidiert sein müsse, ist nicht vorgeschrieben; vgl. hierüber Ortenau-Henle S. 138; auch Ziff. 7 der J.M.Bek. v. 16. Dez. 1877, die Einführung des Meterfeldmaßes betr. (J.M.Bl. S. 246) und hierüber oben § 100 Nt. 5 Ziff. III S. 697; E. d. obst. L.G. XIII. 134.

[12]) Diese Interpretation folgt aus den Worten der Motive z. Subh.Ordn. S. 86 und ist auch in den Verhandlungen des Gesetzgebungsausschusses und in der Berichterstattung Verh. d. K. d. Abg. Beil.Bd. V S. 493 wiederholt als richtig anerkannt.

[13]) Art. 82 Abs. 1 Ziff. 7 und 8 Subh.Ordn.

[14]) arg. Art. 82 Abs. 3 Subh.Ordn. Zustimmend Ortenau-Henle S. 140, 141. Art. 60 Abs. 2 Subh.Ordn. ist nicht anwendbar.

Zweckmäßigkeitsgründe, sei es, daß er, wie regelmäßig, mit der detailliertesten Einzelversteigerung beginnt und allmählich zur Gesamtversteigerung aufschreitet, oder ausnahmsweise aus besonderen Gründen den umgekehrten Weg einschlägt. Eine Wiederholung der einen oder anderen Versteigerungsart ist mit Rücksicht darauf, daß jede Versteigerungsart versuchsweise vorgenommen werden darf, nicht ausgeschlossen[15]), insbesondere dann nicht, wenn die Wiederholung in der Versteigerungsbekanntmachung vorbehalten ist oder die sämtlichen anwesenden Beteiligten zustimmen.

III. Ist die Versteigerung in mehreren Arten vorgenommen worden, so gilt diejenige Versteigerung, durch welche der höchste Erlös erzielt wurde.[16]) Dem Ansteigerer dieser Versteigerung ist der Zuschlag zu erteilen. Wird hiegegen verstoßen, so kann von den hiedurch geschädigten Beteiligten die Aufhebung des Zuschlages verlangt werden.[17]) Sind bei Durchführung mehrerer Versteigerungsarten und überall gleichem Versteigerungserlöse einzelne Grundstücke oder Parzellen unversteigert geblieben, so gilt diejenige Versteigerungsart, bei welcher die den größten Flächeninhalt ausweisenden Gegenstände unversteigert geblieben sind. Im übrigen gilt bei gleichem Versteigerungserlöse immer die zeitlich früher vorgenommene Versteigerungsart.

IV. Werden mehrere Versteigerungsarten vorgenommen, so sind jeweils die einzelnen Meistgebote in der Versteigerungsurkunde festzustellen und bei dem Uebergang zur nächsten Versteigerungsart unter Aufforderung zu höheren Geboten bekannt zu geben. Zu einer anderen Versteigerungsart kann immer erst dann geschritten werden, wenn bei der jüngst vorgenommenen ein weiteres Gebot nicht mehr erfolgt ist.[18]) Ein Zuschlag ist überhaupt immer erst dann zu erteilen, wenn das ausschlaggebende Meistgebot feststeht.[19])

---

[15]) Faßt man die Bedingung in der im Texte bezeichneten Weise, so können gegen diesen Satz Einwendungen aus der civilrechtlichen Natur der Versteigerung nicht erhoben werden. Keinesfalls sind aber die in d. Not.Zeit. VIII. S. 6 angeführten Bedenken bezüglich der Arbeitsüberbürdung zur Widerlegung unserer Ansicht geeignet; dagegen auch Ortenau=Henle S. 139. Letztere, wie Hellmann S. 53, wollen eine Wiederholung derselben Versteigerungsart nur dann zulassen, wenn sie von Anfang an ausdrücklich vorbehalten wurde oder wenn sämtliche anwesende Beteiligte zustimmen.

[16]) Hat eine Versteigerung aller Beschlagnahmegegenstände, dann aller je auf einem Folium vorgetragenen Grundstücke und aller einzelnen Grundstücke der einzelnen Folien stattgefunden, so gibt der Höchsterlös der bei der einen oder anderen Versteigerungsart den Ausschlag, nicht ist etwa bloß der Erlös der ersten und letzten Versteigerungsart, wie offenbar Ortenau=Henle S. 141 annehmen, in Vergleich zu ziehen. Werden daher bei einer Gesamtversteigerung im gewöhnlichen Sinne 100000 Mk., bei lauter Gesamtversteigerungen im gesetzlich technischen Sinne 120000 Mk., bei Versteigerung der einzelnen Foliengrundstücke zusammen 110000 Mk. erzielt, so ist der Erlös von 120000 Mk. maßgebend.

[17]) Art. 82 Abs. 1 Ziff. 8 und 9 Subh.Ordn.

[18]) Vgl. hiezu Krazer S. 49, 50.

[19]) In der Praxis besteht eine verschiedenartige Handhabung; von manchen Notaren wird bei jeder Versteigerungsart der Zuschlag provisorisch und bedingt erteilt; für die im Texte aufgestellte Handhabungsweise auch Ortenau=Henle S. 141.

B. Versteigerungsarten nach dem Verhältnis von Hauptsache zur Nebensache.

Als Regel gilt, daß zugleich mit der Hauptsache auch die beweglichen Zubehörungen und natürlichen Früchte derselben zu versteigern sind. Nur ausnahmsweise ist eine gesonderte Versteigerung der beweglichen Zubehörungen und natürlichen Früchte zulässig. Hierüber ist das Nähere bereits oben § 274 bemerkt. Eine Versteigerung der juristischen Früchte findet weder gesondert, noch in Verbindung mit der Hauptsache statt; sie bilden schon als solche einen Bestandteil der Teilungsmasse.[20])

3. Titel.

Die Versteigerungsbedingungen.

§ 280.

Allgemeines.

A. Arten der Versteigerungsbedingungen.

I. Die Zwangsversteigerung ist ein mit kaufvertragsähnlichen Grundlagen und Wirkungen ausgestatteter, Eigentum übertragender staatlicher Rechtsakt. Wie die Entstehung des Kaufvertrages von dem Vorhandensein gewisser essentieller Momente, nämlich der Bestimmung von Preis und Ware, abhängig ist, so gehört auch zum Begriff der Zwangsversteigerung das Angebot einer bestimmten Sache und die Festsetzung eines bestimmten Preises; beide Momente sind notwendige, der Willkür der Beteiligten entzogene Versteigerungsbedingungen. Dazu kommen noch kraft singulärer gesetzlicher Vorschrift als notwendige und sohin zwingende unabänderliche Versteigerungsbestimmungen:

a) die für einen gewisse Ansprüche umfassenden Teil des Strichschillings normierte unabänderliche gesetzliche Zahlungsfrist[1]);
b) die derivative Wirkung des Zuschlages und damit zusammenhängend
c) die Haftung wegen Entwehrung des Zuschlagsobjektes und damit wieder
d) der Wegfall der Zahlungspflicht des Ansteigerers im Falle der Entwehrung.[2])

Hinsichtlich der Zahlungsfrist ist das Nähere in § 282 enthalten; die übrigen notwendigen singulären Versteigerungsbedingungen sind weniger eigentliche Versteigerungsbedingungen, als vielmehr notwendige Wirkungen des Zuschlages und daher mit den präsumtiven,

---

[20]) Vgl. hierüber schon oben § 274 S. 1388.

[1]) Art. 10 Nov.

[2]) Art. 58 Subh.Ordn. Dagegen ist nach E. d. obst. L.G. XIII. 564 eine Vereinbarung dahin, daß der Ansteigerer für den Fall drohender Entwehrung den Strichschilling bezahlen müsse, nicht ausgeschlossen.

stillschweigenden Wirkungen des Zuschlages in der Lehre vom Zuschlage näher zu behandeln.

II. Neben den notwendigen Merkmalen eines Kaufes gibt es noch eine Anzahl anderer Merkmale, welche kraft Gesetzes insolange zum Inhalte des Kaufvertrages gehören, als nicht die Parteien Abweichendes vereinbaren; man kann sie die präsumtiven oder stillschweigenden Vertragsmomente nennen. Gleiches gilt auch für die Zwangsversteigerung; es sind daher neben den notwendigen noch die präsumtiven oder stillschweigenden Versteigerungsbedingungen zu unterscheiden, welche der Willkür der Beteiligten unterliegen[3]). Die stillschweigenden Versteigerungsbedingungen sind im Gesetze einzeln festgelegt, daher auch hier im einzelnen aufzuführen und teilweise näher zu erörtern; sie sind der Natur und dem Zwecke der Zwangsversteigerung angepaßt und sollen eine für alle Versteigerungen gleichmäßige Regelung des Versteigerungsgeschäftes ermöglichen.

III. Die Ausmachungen der Beteiligten, durch welche stillschweigende Versteigerungsbedingungen abgeändert werden, sind die gewillkürten Versteigerungsbedingungen. Solche auszuschließen bestand kein Grund: vielmehr muß, da die Versteigerungsbedingungen im einzelnen für die Höhe des zu erzielenden Strichschillings von weittragendem Einflusse sind, den Beteiligten in gewissem Maße ein bestimmender Einfluß auf die Festsetzung der Versteigerungsbedingungen gewährt werden.

Für die gewillkürten Versteigerungsbedingungen stellt das Gesetz nur allgemeine Grundsätze auf.

B. Die stillschweigenden Versteigerungsbedingungen.

I. Die einzelnen stillschweigenden Versteigerungsbedingungen sind in der Hauptsache folgende:

1. Der Zuschlag darf nur erteilt werden, wenn die in das gesetzliche Mindestgebot eingerechneten Ansprüche durch das Meistgebot gedeckt sind; vgl. hierüber das Nähere unten § 281.

2. Die Feststellung des gesetzlichen Mindestgebotes ist in gewissem Umfange maßgebend für die Haftung des Ansteigerers hinsichtlich der Art und Weise der Strichschillingsberichtigung; vgl. hierüber das Nähere unten § 282.

3. Der Ansteigerer hat den barzuzahlenden Strichschilling binnen zwei Wochen nach dem Zuschlag zu berichtigen und von dem Tage des Zuschlages an bis zur Berichtigung mit fünf vom Hundert zu verzinsen; vgl. hiezu unten § 282.

4. Weder für den angegebenen Flächeninhalt[4]), noch für Freiheit von Grunddienstbarkeiten wird Gewährschaft geleistet.[5])

---

[3]) Vgl. zunächst Art. 55 und 61 Subh.Ordn.; Mot. z. Subh.Ordn. S. 87.

[4]) Vgl. auch Art. 25 Abs. 1, Art. 48 Ziff. 4 Subh.Ordn.

[5]) Siehe hiezu auch unten § 290 lit. E. Diese Bedingung entspricht nicht nur der herrschenden gemeinrechtlichen Lehre, sondern auch einem praktischen Bedürfnisse, da namentlich bei den zahlreichen und schwer erkennbaren ländlichen

5. Das Eigentum der versteigerten Sache geht auf den Ansteigerer über[6]):

a) mit dem Zuschlage, jedoch

b) nur unter der auflösenden Bedingung der Erfüllung der bei der Versteigerung übernommenen Verbindlichkeiten;

c) mit den Rechten und dinglichen Lasten, mit welchen der bisherige Eigentümer die versteigerte Sache besessen hat, mit den dinglichen Lasten jedoch dann nicht,

α) wenn in gesetzlich zulässiger Weise eine lastenfreie Versteigerung vorgenommen wurde; vgl. hierüber unten § 283;

β) wenn eine im Hypothekenbuche nicht eingetragene dingliche Last auch in den Versteigerungsbedingungen nicht angegeben wurde und der gutgläubige Ansteigerer des Grundstückes mit dieser Last seine Gewährschaftsklage[7]) gegen einen Hypothekgläubiger richten müßte, der sich für das Vorrangverhältnis seiner Hypothek gegenüber jener Last und damit für seine Befriedigung auf die Oeffentlichkeit des Hypothekenbuches wirksam berufen könnte und deshalb im Gewährschaftsstreite obsiegen müßte.[8]) Den dinglichen Lasten ist im wesentlichen der Vorbehalt des Rückfalls des Eigentums gleichgestellt, anderseits aber doch verschieden zu behandeln, je nachdem er für sich oder zur Sicherung einer Forderung besteht; vgl. hierüber das Nähere unten § 283. Das Ewiggeld wird in der Subhastation nicht als dingliche Last in vorbezeichnetem Sinne, sondern gleich den Hypotheken behandelt.[9])

6. Ohne ausdrückliches Verlangen eines Beteiligten braucht der Bieter für die Erfüllung seiner Verbindlichkeiten nicht Sicherheit zu leisten; vgl. hiezu das Nähere unten § 284.

7. Die Kosten des Versteigerungsprotokolles und die Versteigerungsgebühren des Notars sind außer dem Strichschillinge sogleich bei der Versteigerung zu bezahlen; vgl. hierüber das Nähere unten § 282.

II. Der Aufstellung der stillschweigenden Versteigerungsbedingungen kann regelmäßig ein einzelner Beteiligter nicht widersprechen; ihre Abänderung ist nur mit Zustimmung aller hieran jeweils rechtlich interessierten Beteiligten zulässig (s. unten lit. C). Auf Deckung durch das gesetzliche Mindestgebot insbesondere, kann jeder Berechtigte einseitig

---

Grunddienstbarkeiten der Entwehrungsgefahr im Zeitpunkte der Versteigerung meistens gar nicht zu begegnen wäre. (Mot. z. Subh.Ordn. S. 87).

[6]) Art. 55 Ziff. 2 Subh.Ordn.

[7]) Art. 58 Subh.Ordn.

[8]) Vgl. auch Ortenau-Henle S. 131 und unten § 290 lit. E.

[9]) Art. 38 Nov.

verzichten[10]), anderseits kann Sicherheitsleistung durch den Bieter jeder berechtigte Beteiligte einseitig verlangen (s. lit. C).[11])

III. Einer besonderen Erörterung bedürfen unter den in Ziff. I aufgeführten stillschweigenden Versteigerungsbedingungen nur die in Ziff. 1—3, 6 und 7 genannten: das Nähere hierüber ist in den folgenden §§ 281—284 enthalten. Die in Ziff. 5 angeführten Versteigerungsbedingungen sind weniger Versteigerungsbedingungen im eigentlichen Sinne, als vielmehr der Abänderung der Beteiligten unterliegende Wirkungen des Zuschlages und sind daher im Verein mit den gleichgearteten notwendigen Versteigerungsbedingungen als notwendigen Wirkungen des Zuschlages in der Lehre vom Zuschlage näher zu behandeln.

C. Die willkürlichen Versteigerungsbedingungen.

Die für die willkürlichen Versteigerungsbedingungen geltenden allgemeinen Grundsätze sind folgende:

1. Die Abänderung jeder Art stillschweigender Versteigerungsbedingung durch Aufstellung einer abweichenden gewillkürten Versteigerungsbedingung ist ohne Ausnahme zulässig, jedoch nur durch Uebereinkunft sämtlicher hieran jeweils rechtlich interessierten Beteiligten.[12]) Hieraus folgt im einzelnen:

a) Diejenigen Gläubiger, deren Ansprüche in dem gesetzlichen Mindestgebote Deckung finden müssen, gelten bei Abänderung von Versteigerungsbedingungen von vorneherein nur dann als Beteiligte, wenn durch die aufzustellende Bedingung ihre Rechte berührt werden[13]); insoweit braucht weder ihre Zustimmung eingeholt zu werden und schadet auch ihre Abwesenheit im Termine nicht, noch können sie selbst solche abändernde Bedingungen beantragen.

b) Berührt die Abänderung einer stillschweigenden Versteigerungsbedingung nur die Rechte Einzelner oder der übrigen Beteiligten im Gegensatze zu einem Einzelnen, ohne die Interessen der anderen Beteiligten zu gefährden oder zu verletzen, so muß schon auf Antrag jenes Einzelnen ohne Zustimmung der übrigen Beteiligten bezw. auf Antrag jener übrigen Beteiligten ohne Widerspruchsrecht des Einzelnen die Abänderung erfolgen. So kann auf Deckung durch das gesetzliche Mindestgebot jeder Berechtigte einseitig verzichten[14]), während umgekehrt der Bedingung, daß eine von der Uebernahme ausgeschlossene Verband=, Kautions= oder bedingte Hypothekforderung übernommen werden soll, weder der Gläubiger

---

[10]) Art. 19 Abs. 2 Nov.; s. unten § 281.
[11]) Art. 55 Ziff. 4 Subh.Ordn.; s. unten § 283.
[12]) Art. 61 Subh.Ordn.
[13]) Art. 19 Abs. 1 Nov.
[14]) Art. 19 Abs. 2 Nov.; s. unten § 281.

dieser Forderung, noch nachstehende Hypothekgläubiger widersprechen können[15]; eine zweite Versteigerung ohne Vorbehalt des Eigentumsrückfalles kann jeder durch die erste Versteigerung benachteiligte Gläubiger verlangen.[16]

c) Gewisse stillschweigende Versteigerungsbedingungen müssen nach einer bestimmten Richtung hin, weil für das Interesse des Einzelnen das Interesse der Gesamtheit nicht als widersprechend vom Gesetze erachtet wird, schon auf Antrag eines einzelnen Beteiligten, der an der Abänderung zunächst nur für sich ein rechtliches Interesse hat, abgeändert werden; so steht das Recht, Sicherheitsleistung von einem Bieter zu verlangen, jedem Beteiligten zu, dessen Rechte durch Nichterfüllung des Gebotes beeinträchtigt werden[17]; Zahlungsfristen bis zu drei Monaten müssen schon auf Antrag eines Beteiligten bewilligt werden.[18]

2. Die Abänderung kann bis zur Erteilung des Zuschlages beantragt werden. Die Nichtberücksichtigung einer durch Uebereinkunft aller jeweils rechtlich hieran interessierten Beteiligten festgestellten Versteigerungsbedingung, ebenso wie die Zulassung einer ohne die Zustimmung aller dieser Beteiligten aufgestellten Versteigerungsbedingung giebt, soferne sie wesentlich, d. h. auf Höhe, Fälligkeit und Sicherheit des Strichschillings von Einfluß ist, dem in seinen Rechten verletzten Beteiligten das Recht auf Aufhebung des Zuschlages.[19]

D. Unzulässige Versteigerungsbedingungen.

I. Unzulässige Versteigerungsbedingungen sind alle Bedingungen[20], welche

1. gegen die Rechtsordnung verstoßen, sei es gegen zwingende allgemeine Rechtsnormen oder gegen die zwingenden Bestimmungen der Subhastationsordnung im besonderen: „rechtswidrige Versteigerungsbedingungen“; solche darf der Versteigerungsbeamte, wenn sie gegen ein Strafgesetz, gegen die öffentliche Ordnung oder gegen die guten Sitten verstoßen, selbst auf Antrag der Beteiligten aus allgemeinen Grundsätzen nicht als Versteigerungsbedingungen aufstellen und daher auch nicht in die Versteigerungsbekanntmachung aufnehmen;
2. das gesetzlich geschützte Interesse eines Beteiligten gefährden, sohin Bedingungen, welche entweder die stillschweigenden Versteigerungsbedingungen ohne die erforderliche Zustimmung

---

[15] Art. 19 Abs. 3 Nov.; Mot. z. Nov. S. 152; s. unten § 284 lit. B. denn der Schuldner hat dort kein Recht auf ein bestimmtes Mindestgebot, der Gläubiger hier kein Recht auf Barzahlung.
[16] Art. 16 Nov.; s. unten § 282 lit. B.
[17] Art. 55 Ziff. 4 Subh.Ordn.; Art. 17 Nov.
[18] Art. 59 Abs. 1 Subh.Ordn.
[19] Art. 82 Ziff. 6, Art. 84 Subh.Ordn.
[20] arg. Art. 60 Abs. 2 Subh.Ordn.

eines rechtlich hieran interessierten Beteiligten abändern oder, eine stillschweigende Versteigerungsbedingung enthaltend, trotz zulässigen Abänderungsantrages eines Beteiligten nicht in der zulässigen Weise abgeändert wurden und daher das rechtlich geschützte Interesse des betreffenden Beteiligten gefährden oder verletzen. Die Aufstellung solcher Versteigerungsbedingungen und damit ihre Aufnahme in die Versteigerungsbekanntmachung kann zwar nicht von Amts wegen erfolgen, ist aber doch nicht schlechthin als verboten zu erachten, wenn der Beschlagnahmegläubiger oder ein anderer Beteiligter hierauf Antrag stellt. Die hiedurch etwa gefährdeten Rechte der übrigen Beteiligten sind durch die ihnen nach Ziff. II gewährten Befugnisse genügend gewahrt.

II. Abänderung unzulässiger Versteigerungsbedingungen.

1. Die Abänderung kann beantragt werden:

a) von jedem Beteiligten schlechthin, wenn die Bedingung rechtswidrig ist (Ziff. I a);

b) wenn sie das rechtlich geschützte Interesse eines Beteiligten gefährdet oder verletzt (Ziff. I b), nur von demjenigen Beteiligten, dessen rechtliches Interesse durch die Bedingung gefährdet oder verletzt wird.

2. Der Antrag muß, falls es sich nicht um eine der in Ziff. I, 1 genannten besonderen rechtswidrigen Versteigerungsbedingungen handelt[21]) und die Bedingung schon in der Versteigerungsbekanntmachung enthalten ist, spätestens zwei Wochen[22]) vor dem Versteigerungstermine bei dem Vollstreckungsgerichte gestellt werden. Ist ein Beteiligter erst so spät dem Verfahren beigetreten, daß diese Frist nicht mehr eingehalten werden kann, so kann der Antrag auch noch während der Frist gestellt werden. Werden erst nach Erlaß der Versteigerungsbekanntmachung oder gar erst im Versteigerungstermine unzulässige Bedingungen aufgestellt, so ist, soferne nicht mehr die Frist gewahrt bezw. der Antrag wegen der Kürze der Zeit nicht mehr verbeschieden werden kann, jedenfalls die Aufhebung des Zuschlages gerechtfertigt (s. unten Ziff. 4).

3. Ueber den Antrag entscheidet das Vollstreckungsgericht ohne obligatorische mündliche Verhandlung.[23]) Die Entscheidung ist dem

---

[21]) Diese Ausnahme, wenngleich im Art. 60 Abs. 2 Subh.Ordn. nicht genannt, ist die notwendige Folge allgemeiner, auch in Art. 45 Abs. 2 Not.Ges. wiedergegebener Rechtsprinzipien und ist nicht anzunehmen, daß die Subh.Ordn. sich über dieselben hinwegsetzen wollte. M. E. muß der Notar rechtswidrige Versteigerungsbedingungen stets sogar von Amts wegen streichen, insoweit als Fälle des Art. 45 Abs. 2 Not.Ges. in Frage kommen (s. oben Ziff. I, 1); die analoge Anwendung dieser Gesetzesstelle erscheint mir nicht nur zulässig, sondern geboten.

[22]) Nach Ablauf der Frist ist die Abänderung nur mehr mit Zustimmung aller hieran rechtlich interessierten Beteiligten möglich (Mot. z. Subh.Ordn. S. 89).

[23]) §§ 685, 684 Abs. 3 R.C.P.O.; vgl. oben § 260 Ziff. I, 1 b S. 1359

Antragsteller, und wenn die angefochtene Bedingung abgeändert wird, auch den übrigen hiebei rechtlich interessierten Beteiligten zuzustellen.

4. Die Nichtbeachtung der vollstreckungsrichterlichen Entscheidung gibt dem hiedurch in seinen Rechten gefährdeten Beteiligten das Recht auf Aufhebung des Zuschlages.[24])

Die Aufhebung des Zuschlages kann auch dann verlangt werden, wenn ein Beteiligter durch Naturereignisse oder andere unabwendbare Zufälle verhindert war, die Abänderung einer unzulässigen Versteigerungsbedingung zu beantragen.[25])

III. Nach den vorentwickelten Grundsätzen hat der Zuschlag auf Grund einer unzulässigen Versteigerungsbedingung nicht die Nichtigkeit, sondern nur Anfechtbarkeit desselben zur Folge. Und selbst die Anfechtbarkeit erlischt, wenn sie nicht rechtzeitig geltend gemacht wird; ist letzteres der Fall und ist auch eine Wiedereinsetzung in den vorigen Stand ausgeschlossen, so ist die anfängliche vorhandene Anfechtbarkeit des Zuschlages, immerhin aber nur die Anfechtbarkeit aus prozeßrechtlichen Gründen, für alle Zeiten geheilt, nicht aber die Nichtigkeit oder Anfechtbarkeit des Zuschlages aus civilrechtlichen Gründen; die letztere hat ihre besondere Bedeutung, wenn auf rechtswidrige Versteigerungsbedingungen der Zuschlag erteilt wurde.[26])

E. Verfahren bei Festsetzung der Versteigerungsbedingungen.

1. Die notwendigen und stillschweigenden Versteigerungsbedingungen bedürfen der Aufnahme in die Versteigerungsbekanntmachung nicht[27]); sie gelten insolange als Inhalt des Versteigerungsgeschäftes, als sie nicht, soweit überhaupt möglich, abgeändert worden sind.

2. Sollen willkürliche Versteigerungsbedingungen zum Inhalte des Versteigerungsgeschäftes gemacht werden, so müssen sie regelmäßig schon in die Versteigerungsbekanntmachung als Grundlage der Versteigerung aufgenommen werden.[28])

Der Versteigerungsbeamte hat selbständig nicht die Befugnis, ihm zweckmäßig erscheinende willkürliche Versteigerungsbedingungen aufzunehmen, sondern muß auf etwaige Vorschläge der Beschlagnahmegläubiger warten. Die Vorschläge der Beschlagnahmegläubiger, wie

---

und § 259 Ziff. II S. 1358. Bezüglich der sofortigen Beschwerde gegen die Entscheidung des Vollstreckungsgerichts s. § 701 R.C.P.O. und oben § 261 S. 1362.

[24]) Art. 82 Ziff. 6, Art. 84 Subh.Ordn.

[25]) Art. 83 Subh.Ordn.

[26]) Wurden z. B. unsittliche Versteigerungsbedingungen aufgestellt, so kann m. E. der Vollstreckungsschuldner oder Drittbesitzer die zugeschlagene Sache immer noch vindizieren; wurde die Bedingung aufgestellt, daß das Eigentum auf den Ansteigerer selbst dann übergehe, wenn der Vollstreckungsschuldner bezw. Drittbesitzer es nicht besessen hat, so kann der wirkliche Eigentümer jeder Zeit die zugeschlagene Sache vindizieren (vgl. jedoch unten § 290 lit. E Ziff. III, 1 a, α).

[27]) Art. 48 Abs. 2 Ziff. 7 Subh.Ordn.

[28]) Vgl. das Zitat der Note 24.

auch die etwa schon vor den Bekanntmachungen gemachten Vorschläge anderer Beteiligter, muß dann der Versteigerungsbeamte, soweit sie nicht gegen zwingende Normen verstoßen, berücksichtigen. Anderseits steht ihm aber doch die Befugnis zu, unter widersprechenden Vorschlägen mehrerer Beschlagnahmegläubiger den ihm zweckmäßigsten Vorschlag zu wählen; gegen die Wahl kann, soferne sie nicht auf eine unzulässige Bedingung fällt, Abhilfe beim Vollstreckungsgerichte nicht nachgesucht werden.[29]) Ueber die Abhilfe gegen Aufnahme unzulässiger Versteigerungsbedingungen wurde das Nähere bereits oben in lit. D Ziff. II erwähnt.

3. Die endgiltige Festsetzung der Versteigerungsbedingungen erfolgt erst im Versteigerungstermine. Bis zum Versteigerungstermine, wie in diesem selbst, können daher die stillschweigenden willkürlichen Versteigerungsbedingungen immer noch abgeändert werden.[30]) Insbesondere kann der Versteigerungsbeamte auch nach Erlaß der Versteigerungsbekanntmachung noch Vorbereitungs- und Verständigungstermine mit den Beteiligten über die aufzustellenden Versteigerungsbedingungen abhalten. Hinsichtlich der Feststellung des gesetzlichen Mindestgebotes, der mit Rücksicht hierauf festzusetzenden Haftung des Ansteigerers für die Art und Weise der Strichschillingsberichtigung und der bezüglich des Vorbehaltes des Eigentumsrückfalles aufzustellenden Versteigerungsbedingungen ist die Vornahme einer Verständigung, sogar noch im Versteigerungstermine, obligatorisch vorgeschrieben.[31])

4. Bei Festsetzung oder Abänderung der Versteigerungsbedingungen hat der Versteigerungsbeamte jeweils Antragsberechtigung, sowie die Zulässigkeit des Antrages nach Frist und Inhalt zu prüfen und dann hierüber zu entscheiden.

5. Die Versteigerungsbedingungen, soweit andere als die stillschweigenden bestimmt worden sind, müssen im Versteigerungsprotokolle niedergelegt werden.

6. Gegen die Festsetzung oder Ablehnung einer Versteigerungsbedingung kann der rechtlich Gefährdete oder verletzte Beteiligte Abhilfe beim Vollstreckungsgerichte nachsuchen und wenn solches ohne Verschulden nicht mehr möglich, die Aufhebung des Zuschlages verlangen.[32]) Ergeben sich hiebei Streitigkeiten über Existenz, Inhalt und Umfang grundlegender Privatrechte, so kann hierüber nur im ordentlichen Rechtswege entschieden werden und sind daher in solchen Fällen die Streitsteile auf die Austragung im Rechtsstreite zu verweisen.[33])

---

[29]) Art. 60 Abs. 1 Subh.Ordn.; Mot. z. Subh.Ordn. S. 89.
[30]) arg. Art. 61 Subh.Ordn.; Art. 24 Nov.
[31]) Art. 78 Abs. 1 Ziff. 3 Subh.Ordn., Art. 25 Ziff. 2 und 3 Nov.
[32]) Vgl. hiezu oben § 260 Ziff. I, 1 b S. 1359, auch § 280 lit. D Ziff. II, 4.
[33]) Bl. f. R.A. Erg.Bd. VIII. 341.

§ 281.

Das gesetzliche Mindestgebot (geringste zulässige Gebot).

Durch die Novelle der Subhastationsordnung ist das sogenannte Deckungsprinzip eingeführt. Hienach darf der Zuschlag nur dann erteilt werden, wenn durch das Meistgebot die Massekosten und die der Forderung des Beschlagnahmegläubigers im Range vorgehenden Ansprüche gedeckt sind. Es gilt als Versteigerungsbedingung, daß durch das Meistgebot das gesetzliche Mindestgebot gedeckt sein muß.[1])

A. Umfang des gesetzlichen Mindestgebotes.

Das gesetzliche Mindestgebot umfaßt:

I. Die aus der Masse zu berichtigenden Kosten[2]); diese sind des Näheren unten § 300 lit. B bezeichnet. Hiezu gehören aber keinesfalls die Kosten des Versteigerungsprotokolls, die für Abfassung desselben erwachsenen Notariatsgebühren.[3])

II. Die der Forderung des Beschlagnahmegläubigers im Range vorgehenden Hypothekforderungen und Ewiggelder.[4])

1. Ob die Forderung des Beschlagnahmegläubigers, zu deren Gunsten die Beschlagnahme erwirkt ist, irgend welche Deckung erhält, ist gleichgiltig; im Prinzipe ist daher der Zuschlag selbst dann möglich und zulässig, wenn nur die aus der Masse zu berichtigenden Kosten durch das gesetzliche Mindestgebot gedeckt sind, soferne nur der Beschlagnahmegläubiger der nächstzubefriedigende Gläubiger ist.

2. Die mit der Beschlagnahmeforderung des Beschlagnahmegläubigers im Range gleichstehenden Ansprüche brauchen durch das gesetzliche Mindestgebot nicht gedeckt zu sein.

3. Welche Ansprüche der Beschlagnahmeforderung des Beschlagnahmegläubigers im Range vorgehen, gleichstehen oder nachgehen, bemißt sich nach der für die Verteilung des Versteigerungserlöses geltenden Rangordnung[5]); das Nähere hierüber findet sich unten in

---

[1]) Art. 1 Abs. 1 und 5 Nov.

[2]) Art. 1 Abs. 1 Nov.; Art. 107 Subh.Ordn.

[3]) Vgl. § 55 Abs. 1 Ziff. 5 Subh.Ordn. und unten § 300 lit. B Ziff. III, 1 c.

[4]) Art. 1 Abs. 1 Nov.

[5]) Art. 108, 109 Subh.Ordn.; Art. 46 Nov.; Art. 10 Subh.Ordn. — Darüber, daß Vorrechtseinräumungen auch für die Festsetzung des gesetzlichen Mindestgebotes maßgebend und hiebei zu berücksichtigen sind, vgl. Mot. z. Nov. S. 144; Ortenau-Henle S. 161, 162. — Nur die dem Beschlagnahmegläubiger vorgehenden Hypothekforderungen und Ewiggelder werden in das gesetzliche Mindestgebot eingerechnet, nicht andere dingliche Lasten, auch wenn sie in Geld veranschlagt werden können; solche Lasten gehen, soferne nicht lastenfreie Versteigerung erfolgte, auf den Ansteigerer über und werden in den Betrag, welchen der Strichschilling erreichen muß, damit der Zuschlag erteilt werden kann, nicht eingerechnet. Ansprüche auf Leibrenten, Pfründereichnisse und ähnliche Leistungen werden demnach, wenn sie der Forderung des Beschlagnahmegläubigers vorgehen, verschieden behandelt, je nachdem sie Gegenstand einer Hypothekforderung sind oder eine Reallast bilden; im ersteren Falle müssen sie in das gesetzliche Mindestgebot

§ 300 lit. B Ziff. III. Im einzelnen kann die für die Feststellung des gesetzlichen Mindestgebots maßgebende Forderung des Beschlagnahmegläubigers sowohl ein Kapitals-, als Zinsenanspruch, ein Anspruch auf Kostenersatz oder ein anderer Nebenanspruch sein; sie kann eine privilegierte oder eine Currentforderung sein; je nachdem ist der Umfang des gesetzlichen Mindestgebots enger oder umfassender. Zum mindesten muß das gesetzliche Mindestgebot immer den Ansatz der Massekosten umfassen.[6])

4. Im Falle mehrfacher Beschlagnahme ist diejenige Beschlagnahmeforderung maßgebend, welche den besten Rang hat[7]), nicht aber diejenige Beschlagnahmeforderung, zu deren Gunsten zuerst die Beschlagnahme bewirkt wurde. Hiebei ist es gleichgiltig, ob die mehreren Beschlagnahmeforderungen demselben oder einem anderen Gläubiger zustehen, ob zu Gunsten der einen oder anderen die Beschlagnahme gleichzeitig oder später erwirkt wurde.[8])

Jedoch wird eine weitere Beschlagnahme dann nicht beachtet, wenn den nach der Versteigerungsbekanntmachung im gesetzlichen Mindestgebote zu berücksichtigenden Gläubigern die Mitteilung von der weiteren Beschlagnahme nicht längstens zwei Wochen vor dem Versteigerungstermine vom Versteigerungsbeamten zugestellt wurde[9]): die Berücksichtigung einer solchen weiteren Beschlagnahme entgegen diesen Vor-

---

eingerechnet werden, im zweiten Falle gehen sie ohne Anrechnung auf den Strichschilling auf den Ansteigerer über. Mot. z. Nov. S. 144; s. ferner Ortenau-Henle S. 162; d. Not.Zeit. 1886 S. 297. — Beispiele verschiedener Art s. überhaupt bei Ortenau-Henle S. 162—164. — Auch Ansprüche auf Nebenleistungen, wie Zinsen können die für die Festsetzung des gesetzlichen Mindestgebotes ausschlaggebende Beschlagnahmeforderung sein; hiebei sind besonders die §§ 42, 43 Hyp.-Ges. (vgl. hierüber oben § 127 S. 853 ff.) zu beachten. Vgl. hiezu Ortenau-Henle S. 163; d. Not.Zeit. 1887 S. 28 ff.; Bl. f. R.A. VII. 290; auch d. Not.Zeit. 1888 S. 181 mit abweichenden Ansichten.

[6]) Vgl. hiezu besonders Aussch.Ber. z. Nov. S. 261.

[7]) Art. 1 Abs. 2 Subh.Ordn.

[8]) Zustimmend d. Not.Zeit. 1887 S. 28 ff.; 1888 S. 177; Bl. f. R.A. Erg.Bd. VII. 290; Ortenau-Henle S. 165. — A. M. in verschiedenartigster Weise d. Not.Zeit. 1887 S. 78, 79; 101, 111; 185, 186. — Die Geschichte des Art. 1 Abs. 2 Subh.Ordn. spricht für die im Texte vertretene Ansicht: vgl. Mot. z. Nov. S. 144; Aussch.Ber. z. Nov. S. 262—264, 286.

[9]) Art. 22 Abs. 1 Nov.; Mot. z. Nov. S. 153. Es findet daher keine Verlegung des Versteigerungstermines statt. Die frühere Beschlagnahme ist dann sowohl für die Feststellung des gesetzlichen Mindestgebotes als für die Entscheidung, welche Hypotheken liegen bleiben, maßgebend; selbstverständlich wird das Recht des weiteren Beschlagnahmegläubigers, für seine Forderung Zahlung aus dem Steigerungspreise zu beanspruchen, nicht berührt. Wird ein Gebot erzielt, auf welches der Zuschlag erteilt werden kann, so ist auch dem Anspruche des Gläubigers, welcher die weitere Beschlagnahme erwirkt hat, auf Durchführung der Zwangsversteigerung Genüge geleistet. Kann der Zuschlag wegen Mangels eines zulässigen Gebotes nicht erteilt werden, so muß zur Verwirklichung seines Rechtes ein neuer Versteigerungstermin anberaumt werden, ohne daß es hiezu eines besonderen Antrages bedarf. Der neue Versteigerungstermin ist so zu bestimmen, daß die Frist, welche den durch die weitere Beschlagnahme mit einem Ausfalle bedrohten Gläubigern offenstehen muß, gewahrt werden kann. Mot. z. Nov. a. a. O.

schriften kann zur Aufhebung des Zuschlages führen.[10]) Um den ungünstigen Wirkungen dieser Bestimmung abzuhelfen, hat der Versteigerungsbeamte unter den sämtlichen Beteiligten über die Feststellung des gesetzlichen Mindestgebotes spätestens am Tage der Versteigerung vor dem Beginne des Versteigerungstermins eine Verständigung zu versuchen. Die hienach durch Uebereinkunft aller rechtlich interessierten Beteiligten für die Feststellung des gesetzlichen Mindestgebotes maßgebend bezeichnete Forderung ist dieser zu Grunde zu legen.[11])

III. Von der hienach festgestellten Summe sind abzuziehen diejenigen Beträge, welche aus einer bestehenden Verwaltung, Vermietung oder Verpachtung der Vollstreckungsgegenstände, aus gesonderter Versteigerung der beweglichen Zubehörungen und Früchte, soweit sie nicht einer gesonderten, vor der Beschlagnahme bewirkten Pfändung unterworfen sind[12]), bis zum Zeitpunkte des Zuschlages zur Masse gekommen sind. Diese Abrechnung ist jedoch nur insoweit statthaft, als das gesetzliche Mindestgebot nach Maßgabe der unten in § 282 aufgestellten Grundsätze bar zu erlegen, nicht insoweit als es durch Uebernahme von Hypothekforderungen und Ewiggeldern zu decken ist.[13])

B. Ansatz der in das gesetzliche Mindestgebot einzurechnenden Ansprüche.

I. Der Ansatz im allgemeinen.

1. Die aus der Masse zu berichtigenden Kosten stehen zur Zeit der Feststellung des gesetzlichen Mindestgebotes nach Art und Höhe noch nicht fest und sind daher mit einer Anschlagssumme zu berücksichtigen.[14]) Der Ansatz erfolgt ohne Anmeldung von Amts wegen. Wird der Kostenbetrag zu niedrig angesetzt, so kommt der nichtangesetzte Betrag bei der Verteilung des Strichschillings erst hinter allen übrigen im gesetzlichen Mindestgebote zu berücksichtigenden Ansprüchen zum Zuge.[15])

2. Ansatz der Hypothekforderungen von Amts wegen ohne Anmeldung.[16]) Zur Berücksichtigung der Hypothekforderungen bei Feststellung des gesetzlichen Mindestgebotes bedarf es keiner

---

[10]) Weil das gesetzliche Mindestgebot unrichtig festgesetzt ist; vgl. das Nähere unten lit. F.

[11]) Art. 23 Subh.Ordn.

[12]) Vgl. hiezu oben § 274 S. 1388 und Art. 110 Subh.Ordn. (s. unten § 300 lit. A Ziff. IV, 3).

[13]) Art. 9 Subh.Ordn.; Mot. z. Nov. 147, 148; Aussch.Ber. z. Nov. S. 272. Vgl. hiezu unten § 282.

[14]) Art. 107 Abs. 3 Subh.Ordn.

[15]) Art. 33 Abs. 1 Subh.Ordn. Reicht der Strichschilling zur Deckung des nicht angesetzten Betrages nicht mehr aus, so hat für den ungedeckten Betrag der Beschlagnahmegläubiger aufzukommen: Mot. S. 144; d. Not.Zeit. 1886 S. 289; Krazer S. 33 Nt. 2; Ortenau-Henle S. 161.

[16]) Art. 2 und 3 Nov.

besonderen Anmeldung derselben; sie werden in Ansehung des Betrages[17]) und Ranges nach den Einschreibungen im Hypothekenbuche angesetzt und gelten insolange hinsichtlich Bestand, Höhe und Rang zu Recht bestehend, bis entweder durch freiwilliges Anerkenntnis des betreffenden Hypothekgläubigers oder durch richterliches Urteil der Widerspruch mit der wirklichen Rechtslage festgestellt ist.[18]) Im einzelnen ist noch folgendes zu beachten:

a) Hypothekforderungen von unbestimmter Höhe (Kautionshypotheken), mit einer Ausnahme für die sogenannten Zinsen- und Kostenkautionen[19]) (s. unten Ziff. 3 a—c), aufschiebend und auflösend bedingte Hypothekforderungen (dies incertus an, certus und incertus quando), Forderungen, für welche eine Hypothek nur vorgemerkt ist[20]), sind jeweils mit dem vollen hypothekenbuchmäßigen Betrage in Ansatz zu bringen.[21])

b) Verzinsliche Hypothekforderungen sind ohne Rücksicht auf die Höhe des Zinsfußes zum vollen hypothekenbuchmäßigen Kapitalsbetrage anzusetzen.[22])

c) Nichtbetagte unverzinsliche Hypothekforderungen sind mit ihrem vollen hypothekenbuchmäßigen Kapitalsbetrage, betagte unverzinsliche Hypothekforderungen, wenn der Zeitpunkt der Fälligkeit bestimmt ist (dies certus an, certus quando) zwar unter Zugrundelegung des vollen hypothekenbuchmäßigen Kapitalsbetrages, aber nur mit ihrem Realwerte, d. h. derjenigen Summe anzusetzen, welche unter Hinzurechnung der bis zur Fälligkeit nach Maßgabe des gesetzlichen[23]) Zinsfußes anfallenden Zwischenzinsen, vom Tage der Feststellung des gesetzlichen Mindestgebotes an gerechnet, den vollen Kapitalsbetrag der Hypothekforderung

---

[17]) Daher müssen Hypothekkapitalien, welche durch Fristenzahlungen oder Annuitätenleistungen abzutragen sind, mit dem im Hypothekenbuche noch eingeschriebenen Kapitalsbetrage (Mot. z. Nov. S. 144; Aussch.Ber. z. Nov. S. 265), Pfandbriefdarlehen nach dem vollen Nominal- nicht Kurswerte angesetzt werden; so richtig Gruchot, Beitr. z. Erl. d. d. R. XXXVI. 1094; Ortenau-Henle S. 167 Nt. 5; a. M. E. d. obst. L.G. VII. 894.

[18]) Art. 4 und 11 Nov. Vgl. hiezu unten lit. C und oben § 260 Ziff. I, 2 b S. 1360.

[19]) Vgl. hiezu d. Not.Zeit. 1886 S. 291 über Verständigung des Notars mit dem Kautionshypothekgläubiger.

[20]) Im einzelnen ist jedoch, wenn es sich um aufschiebende Bedingungen handelt, zuzusehen, ob der Anspruch erst mit dem Eintritte der fraglichen Thatsache entsteht oder ob der Eintritt der Thatsache lediglich Erfüllungszeitpunkt ist; im letzteren Falle liegt ein unbedingter Anspruch vor.

[21]) Vgl. hiezu oben § 123 Ziff. III S. 830 ff.

[22]) Vgl. auch die Mot. z. Nov. auf S. 144 und 147, wo dies ausdrücklich auch bezüglich der nach einem geringeren als dem gesetzlichen Zinsfuße verzinslichen Forderungen bemerkt ist.

[23]) Vgl. hiezu oben § 194 lit. C S. 1091.

ergibt.[24]) Hiebei ist, wenn solche betagte unverzinsliche Forderungen vom Ansteigerer nicht übernommen werden[25]), für die Berechnung der Zwischenzinsen anzunehmen, daß die Auszahlung ein halbes Jahr nach dem Zuschlage erfolge.[26])

Ist der Zeitpunkt der Fälligkeit einer betagten unverzinslichen Hypothekforderung unbestimmt (dies certus an, incertus quando), so ist der Ansatzbetrag lediglich durch Schätzung festzustellen.

d) Hypothekforderungen auf wiederkehrende Leistungen sind unter Berücksichtigung der hypothekenbuchmäßigen Gesamtanschlagssumme als äußersten Ansatzgrenze[27]),

α) soweit die einzelnen Hebungen auf die Zeit nach dem Zuschlage treffen,

aa) wenn von bestimmter Dauer, wie betagte unverzinsliche Hypothekforderungen zu behandeln; für jede einzelne Leistung ist dann mit Rücksicht auf ihren Fälligkeitstermin nach Maßgabe der lit. c ihr Realwert festzustellen; die Summe der hienach berechneten einzelnen Realwerte ist der maßgebende Gesamtansatzbetrag[28]);

bb) wenn von unbestimmter Dauer, mit demjenigen Werte anzusetzen, welcher sich aus dem Gesamtbetrage der wahrscheinlichen Zahl der künftigen Jahresleistungen unter Abzug vier-

---

[24]) Die Formel für die Berechnung der Zwischenzinsen nach der anerkannten Hofmann'schen Methode ist:

$$x \text{ (Realkapitalswert)} = \frac{100 \times k \text{ (Nominalkapitalsbetrag)}}{100 + (z \text{ [Zeit vom Auszahlungstage bis zum Fälligkeitstage]} \times p \text{ [Zinsfuß])}}$$

oder $100 + (p \times z) : 100 = k : x$. — In b. Not.Zeit. 1887 S. 13, 60, 122—126 sind verschiedene Tabellen zur Berechnung der Zwischenzinsen enthalten; vgl. hiezu Ortenau-Henle S. 173, 176. — Ueber die bestrittene Behandlung solcher Forderungen, welche einen bestimmten und zugleich unbestimmten Fälligkeitstermin haben, vgl. b. Not.Zeit. 1887 S. 62, 91, 1888 S. 59; Bl. f. R.A. Erg.Bd. IX. 247 gegen b. Not.Zeit. 1887 S. 24 und Ortenau-Henle S. 172 Nr. 1; über den Vorausanspruch bei Einkindschaftungen nach fränkischem Recht als bedingte Forderungen vgl. Bl. f. R.A. Erg.Bd. I, 136, X, 177, 257 gegen Bl. f. R.A. Erg.Bd. IX, 245.

[25]) Zustimmend Bl. f. R.A. Erg.Bd. VII, 1; Ortenau-Henle S. 182; a. M. Hellmann S. 231, der auch im Falle der Barzahlung diese Fiktion Platz greifen läßt, dabei aber den Grund der gesetzlichen Vorschrift übersieht.

[26]) Vgl. hiezu Mot. z. Nov. S. 146: „Wie lange die Auszahlung verschoben werden muß, läßt sich nicht im voraus bestimmen; von seltenen Ausnahmsfällen abgesehen, wird aber der Ansatz eines halben Jahreszinses genügen, um die Unzureichendheit des Kaufpreises zu verhüten".

[27]) Mot. z. Nov. S. 145; b. Not.Zeit. 1887 S. 27, 72; Bl. f. R.A. Erg.Bd. VIII, 330; Ortenau-Henle S. 175 Nr. 2 und S. 178. — Unter den Forderungen auf wiederkehrende Leistungen sind auch solche auf fortdauernde Gewährung von Nutzungen, insbesondere der Nutzung von Wohnungsräumen zu verstehen: Mot. z. Nov. S. 144.

[28]) Vgl. hiezu die übereinstimmende Vorschrift in Art. 113 Subh.Ordn. für das Verteilungsverfahren. Mot. z. Nov. S. 144.

prozentiger Zwischenzinsen ergibt. Hiebei ist für lebenslängliche Leistungen die wahrscheinliche Lebensdauer[29]), für nicht lebenslängliche Leistungen ein etwaiges Uebereinkommen der Beteiligten oder in Ermangelung eines solchen eine vorzunehmende Schätzung zu Grunde zu legen.[30])

Bei Leistungen, deren Gegenstand nicht in Geld besteht, ist in beiden Fällen der durch Uebereinkommen oder Schätzung zu bestimmende Geldwert zu Grunde zu legen;

β) soweit die einzelnen Hebungen auf die Zeit vom letzten Verfalltermine vor der Beschlagnahme bis zum Zuschlage treffen, mit den unter α bezeichneten Summen anzusetzen, soferne der Verfalltermin im Hypothekenbuche eingetragen ist; andernfalls sind nur die von der Beschlagnahme, im Falle mehrfacher Beschlagnahme die von der ersten Beschlagnahme an bis zum Zuschlage fällig werdenden Leistungsbeträge in Ansatz zu bringen.

d) Mit verzinslichen Hypothekkapitalsforderungen werden angesetzt und zwar

α) mit solchen, welche vom Ansteigerer zu übernehmen sind, Zinsen für die Zeit vom letzten Verfalltermine vor der Beschlagnahme bis zum Zuschlage, soferne der Verfalltermin im Hypothekenbuche eingeschrieben ist; andernfalls die von der Beschlagnahme und zwar im Falle mehrfacher Beschlagnahme von der ersten Beschlagnahme an erlaufenden Zinsen[31]);

β) mit solchen, welche vom Ansteigerer nicht zu übernehmen sind, außer den unter aa) genannten Zinsbeträgen für die während des Verteilungsverfahrens erlaufenden Zinsen der auf ein halbes Jahr treffende Zinsbetrag.[32])

f) Verbandhypothekforderungen, d. h. Hypothekforderungen, welche mit ungeteilter Summe auf mehreren, je gesonderte Hypothekenbuchfolien aufweisenden Grundstücken eingeschrieben sind, sind mit ihrem ganzen hypothekenbuchmäßigen Betrage in Ansatz zu bringen, selbst wenn nicht alle der verbandhaftenden Grundstücke (nicht alle Folien) beschlagnahmt sind. Stets findet aber innerhalb des gesamten Festsetzungsverfahrens nur ein einmaliger Ansatz der Verband-Hypothekforderung zum vollen Betrag statt.

---

[29]) Vgl. hiezu J.M.Bek. v. 6. Dez. 1886, den Vollzug des Ges. v. 29. Mai 1886 ꝛc. betr. (J.M.Bl. S. 279; W. XVIII. S. 294) mit Tabellen. Die Mot. z. Nov. S. 145 verweisen auch auf die in § 35 des bürg. Ges.B. für das Kgr. Sachsen befindliche Tabelle.

[30]) Abweichend von Art. 113 Subh.Ordn.; vgl. hiezu Mot. z. Nov. S. 144, 145; ferner d. Not.Zeit. 1886 S. 293, 294; b. Not.Zeit. 1887 S. 25, 93; E. d. obst. L.G. VI. 568; Ortenau-Henle S. 177; Krazer S. 9, 10 Nt. 1.

[31]) Das Gesetz geht davon aus, daß man annehmen dürfe, der Eigentümer habe diese Zinsen und wiederkehrenden Leistungen nicht mehr entrichtet: Mot. z. Nov. S. 141.

[32]) Vgl. hiezu besonders Krazer S. 30 und 37.

3. Ansatz nur auf Anmeldung.

Nur auf Anmeldung sind bei Festsetzung des gesetzlichen Mindestgebotes in Ansatz zu bringen:

a) rückständige Zinsen, soweit sie nicht bereits unter die in Ziff. 2 lit. e genannten fallen, selbst wenn dafür Kautionshypothek besteht[33]),

b) rückständige wiederkehrende Leistungen, soweit sie nicht bereits unter die in Ziff. 2 lit. d genannten fallen;

c) Kostenansprüche und sonstige Nebenforderungen, für welche Kautionshypothek besteht;

d) alle Massekosten, welche dem Versteigerungsbeamten nicht bekannt sein können[34]);

e) die Ansprüche der ersten Reihe.[35])

Zur Anmeldung dieser Ansprüche ist in der Versteigerungsbekanntmachung ausdrücklich aufzufordern; sie muß beim Versteigerungsbeamten oder zu Protokoll des Gerichtsschreibers des Vollstreckungsgerichtes spätestens im Versteigerungstermine vor der Aufforderung zur Abgabe von Geboten geschehen[36]); sonst kann sie formlos, mündlich oder schriftlich erfolgen; einer Glaubhaftmachung der Ansprüche bedarf es nicht.

Die Unterlassung der rechtzeitigen Anmeldung hat nur die Nichtberücksichtigung bei Festsetzung des gesetzlichen Mindestgebotes für die konkrete Versteigerung, nicht aber die Nichtberücksichtigung bei Festsetzung des gesetzlichen Mindestgebotes für weitere Versteigerungen selbst des nämlichen Gegenstandes im nämlichen Verfahren — neue, wiederholte, Wiederversteigerung — noch weniger die Nichtberücksichtigung im Verteilungsverfahren zur Folge.[37]) Jedoch kommen nicht angemeldete Ansprüche erst hinter den übrigen im gesetzlichen Mindestgebote zu berücksichtigenden Ansprüchen zum Zuge.[38])

4. Ansatz der Ewiggeldkapitalien.

Für den Ansatz der Ewiggeldkapitalien und Ewiggilten im gesetzlichen Mindestgebote gelten die gleichen Vorschriften wie für die Hypothekforderungen; die Ewiggeldkapitalien selbst, wie die vom letzten Verfalltermine vor der Beschlagnahme bezw. vor der ersten Beschlagnahme an laufenden Ewiggilten werden ohne Anmeldung nach dem

---

[33]) Vgl. hiezu d. Not.Zeit. 1886 S. 292.

[34]) Ebenso d. Not.Zeit. 1886 S. 289; Ortenau-Henle S. 181.

[35]) Art. 108 Ziff. 1 Subh.Ordn. und Art. 46 Nov.; s. unten § 300 lit. B Ziff. III, 2 a; über Handlohnsäquivalente s. auch d. Not.Zeit. 1888 S. 90.

[36]) Art. 20 Abs. 2 und 3 Nov.; Ortenau-Henle S. 181; d. Not.Zeit. 1886 S. 382.

[37]) Mot. z. Nov. S. 146: „Wird bei der Versteigerung, zu welcher der Anspruch nicht angemeldet worden ist, der Zuschlag nicht erteilt, so entsteht aus der Unterlassung kein Nachteil."

[38]) Art. 33 Abs. 1 Nov.

Eintrage im Grundbuche berücksichtigt, sonstige rückständige Ewiggilten dagegen nur, wenn sie spätestens im Versteigerungstermine vor der Aufforderung zur Abgabe von Geboten angemeldet worden sind; zu dieser Anmeldung muß gleichfalls in der Versteigerungsbekanntmachung aufgefordert werden.[39])

II. Ansatz je nach der Versteigerungsart.[40])

1. Im Falle einer Gesamtversteigerung im gewöhnlichen Sinne werden alle in das gesetzliche Mindestgebot einzurechnenden Ansprüche zusammengezählt; die Gesamtsumme ist das für die Gesamtversteigerung maßgebende gesetzliche Mindestgebot.

2. Im Falle mehrerer Gesamtversteigerungen im technischen Sinne wird für jedes einzelne selbständige Grundstück (Hypothekenbuchfolium) das gesetzliche Mindestgebot gesondert berechnet. Hiebei werden die aus der Masse zu berichtigenden Kosten im Verhältnis zu den möglicherweise durch Schätzung zu ermittelnden Werten der einzelnen Grundstücke auf diese verteilt.[41])

3. Wenn mehrere beschlagnahmte, einer Verbandhypothek unterworfene Grundstücke einzeln versteigert werden, so wird zwar für jedes verbandhaftende Grundstück (Folium), falls auf ihm die Verbandhypothek in das gesetzliche Mindestgebot fällt, die aus der Zahl derselben sich ergebende Quote der Ansatzsumme angesetzt[42]); diese Verteilung ist aber für die Zulässigkeit der Zuschlagserteilung nicht in dem Sinne maßgebend, als ob nur dann das gesetzliche Mindestgebot gewahrt wäre, wenn bei der Versteigerung eines Verbandstückes der Erlös dieser Versteigerung das für dasselbe festgesetzte gesetzliche Mindestgebot erreicht; es ist vielmehr auf das Gesamtergebnis der Einzelversteigerungen zu sehen, so daß durch einen bei der einen Einzelversteigerung erzielten Uebererlös über das für dieses festgesetzte gesetzliche Mindestgebot der bei der anderen Einzelversteigerung zu dem hiefür festgesetzten gesetzlichen Mindestgebote noch fehlende Erlös-

---

[39]) Vgl. hiezu oben § 247 Ziff. IV S. 1307.

[40]) Beispiele für die Fälle I, II und IV s. Jur. Monatschr. 4. Jahrg. 1894 S. 245—247.

[41]) Das Prinzip des Art. 105 Abs. 2 mit Nov. Art. 45 Abs. 1 Ziff. 10, wie des Art. 107 A Subh.Ordn. ist hier entsprechend anzuwenden, nur daß hier als Massen die einzelnen Werte der einzelnen Grundstücke erscheinen müssen. Vgl. auch Jur. Monatschr. 4. Jahrg. 1894 S. 245: „Der Wert der einzelnen Grundstücke verhält sich zu dem Gesamtwerte derselben, wie der zu suchende Teil der Kosten zu den Gesamtkosten." — Eine Ergänzung wie in Ziff. III und IV ist hier unzulässig, selbst dann, wenn die mehreren einzelversteigerten Grundstücke mit einer Verbandhypothek belastet sind und diese auf einem derselben dem Beschlagnahmegläubiger nachgeht, allerdings hier nur, insoweit der Erlös dieses Grundstückes in Frage kommt.

[42]) Hier ist das Prinzip des Art. 106 Abs. 1 Subh.Ordn. entsprechend anzuwenden, nicht etwa die Verbandhypothek auf die einzelnen Grundstücke im Verhältnis zum Werte zu verteilen. Widerspricht der Beschlagnahmegläubiger nicht, so ist der Zuschlag zu erteilen.

betrag zu ergänzen ist. Für diese Ergänzung bestehen aber Grenzen einmal insoweit, als durch sie die Rechte der dem Beschlagnahmegläubiger auf dem Ergänzungsgrundstücke nachstehenden Hypothekgläubiger nicht verletzt werden dürfen, so daß das gesetzliche Mindestgebot dann nicht erreicht ist, wenn ohne Verletzung dieser Hypothekgläubiger die Ergänzung nicht vollzogen werden kann, dann insoferne, als der Beschlagnahmegläubiger einer Ergänzung widersprechen kann, mit einem solchen Widerspruche aber zugleich den Zuschlag unmöglich macht.[43])

4. Sollen die auf einem Hypothekenbuchfolium vorgetragenen Grundstücke oder Parzellen solcher einzeln versteigert werden, so sind alle in das gesetzliche Mindestgebot einzurechnenden Ansprüche, einschließlich der Verbandhypothekforderungen, den Wertsverhältnissen der einzelnen Grundstücke oder Parzellen entsprechend auf diese zu verteilen.[44]) Hiebei ist in gleicher Weise (s. Ziff. III) zu ergänzen, wie bei den Verbandhypotheken, nur daß die dort geltenden Ergänzungsgrenzen hier keine Bedeutung haben.

C. Feststellung widersprechender Rechtslage bei Ansätzen im Mindestgebote.[45])

Wie bereits oben erwähnt, werden die Hypothekforderungen (auch Ewiggelder) im großen und ganzen nach der durch das Hypothekenbuch ausgewiesenen Rechtslage im gesetzlichen Mindestgebote berücksichtigt. Hiedurch ist die Möglichkeit nicht ausgeschlossen, daß Forderungen, welche in Wirklichkeit nicht oder nicht mehr ganz zu Recht bestehen, im gesetzlichen Mindestgebote angesetzt werden und dieses in unzukömmlicher Weise hinaufschrauben.

---

[43]) Vgl. auch Mot. z. Nov. S. 141, 145; Ortenau-Henle S. 168, 169; b. Not.Zeit. 1887 S. 100, 1888 S. 84, 1889 S. 77 ff.; d. Not.Zeit. 1886 S. 294; Krager S. 74; Jur. Monatschr. 4. Jahrg. 1894 S. 248. A. M. Hellmann S. 219. Beispiel aus den Motiven S. 145:

Verbandgrundstück M.		Verbandgrundstück N.
Hypothek des A. zu 800 M. Hypothek des B. zu 600 M.	Beide von D. beschlagnahmt wegen seiner Hypothekforderung zu 100 M.	Hypothek des A. zu 800 M. Hypothek des Beschlagnahmegläubigers D. zu 100 M. Hypothek des C. zu 200 M.

Das Gesamtmindestgebot beträgt 1400 M., das Mindestgebot für M. 1000 M., für N. 400 M. Der Zuschlag ist zu erteilen auch dann, wenn für M. 1100 M. und für N. 300 M., oder für N. 500 M. und für M. 900 M. Erlös erzielt werden und D. der Ergänzung der Hypothekforderung des B. bezw. A. mit 100 M. nicht widerspricht. Werden für M. 800 M., für N. 600 M. erzielt, so kann der Zuschlag nicht erteilt werden, weil die auf C. treffenden 100 M. nicht für B. verwendet werden dürfen. — Die Mot. z. Nov. S. 145 bemerken hiezu noch: „Das Verfahren des Versteigerungsbeamten wird sich so gestalten, daß er bei der Bekanntgabe der Versteigerungsbedingungen die Einzelbelastungen der Grundstücke und die Korrealhypothek getrennt anführt und erklärt, der Zuschlag sei davon abhängig, daß nicht nur die Einzelbelastungen durch die Einzelpreise gedeckt werden, sondern die Summe der Einzelpreise überdies hinreicht, die Korrealhypothek zu befriedigen."

[44]) Hier kann nicht Art. 106 Subh.Ordn., sondern nur wieder das in Nt. 41 genannte Prinzip entsprechend angewendet werden.

[45]) Art. 4 und 11 Abs. 1 und 2 Nov.

I. Um nun eine der wirklichen Rechtslage entsprechende Feststellung des gesetzlichen Mindestgebotes zu ermöglichen, sind durch die Novelle zur Subhastationsordnung, abgesehen von der oben § 260 Ziff. I, 2 a, γ (S. 1360) bereits genannten Löschungsbefugnis der Gläubiger, zwei besondere Wege eröffnet.

1. Der Gläubiger einer der wirklichen Rechtslage widersprechenden Forderung kann das Anerkenntnis des Widerspruchs freiwillig zu den Vollstreckungsakten mündlich oder schriftlich, zu Protokoll des Gerichtsschreibers oder zu notarieller Urkunde des Versteigerungsbeamten erklären. Schriftliche Erklärungen bedürfen zur Wirksamkeit öffentlicher Beglaubigung, soweit sie nicht an sich schon die Eigenschaft öffentlicher Urkunden besitzen.[46] Für Kreditanstalten können durch königliche Verordnung Ausnahmen von dem Erfordernisse öffentlicher Beglaubigung zugelassen werden; solche Ausnahmen bestehen zur Zeit für die Bayerische Hypotheken- und Wechselbank, die Süddeutsche Bodenkreditbank, die Bayerische Vereinsbank, die Bayerische Handelsbank in München, die Vereinsbank in Nürnberg und die Pfälzische Hypothekenbank in Ludwigshafen.[47]

2. Wird das Anerkenntnis des Widerspruches mit der wirklichen Rechtslage nicht freiwillig abgegeben, so kann es im Prozeßwege erzwungen werden. Da aber einerseits durch eine Erhöhung des gesetzlichen Mindestgebotes zwar die Rechte des Beschlagnahmegläubigers, dem hiedurch die Rechtsverfolgung erschwert wird, nicht aber die Rechte der dem Beschlagnahmegläubiger vorgehenden, gleich- oder nachstehenden Gläubiger, wie des Eigentümers berührt werden, anderseits aber doch das Liegenbleiben einer unrichtigen Forderung nicht nur den betreibenden Gläubiger, sondern auch die ihm gleich- und nachstehenden Gläubiger insoferne benachteiligen kann, als der bar zu zahlende Teil des Kaufpreises durch die Uebernahme derselben geschmälert wird, und die letzten zum Zuge kommenden Gläubiger statt baren Geldes eine Hypothekforderung erhalten und sich die vielleicht ungünstigen Verzinsungs- und Zahlungsmodalitäten derselben gefallen lassen müssen, ist der privatrechtliche Anspruch auf Abgabe des Anerkenntnisses nur

a) den Beschlagnahmegläubigern schlechthin,
b) den übrigen Gläubigern insoferne gewährt, als ihre Forderungen nicht in das gesetzliche Mindestgebot eingerechnet werden und der unrichtigen Forderung im Range gleich- oder nachstehen, und nur gegenüber solchen Gläubigern, deren Forderungen nach Maßgabe der Versteigerungsbedingungen zu übernehmen sind.

Der Beschlagnahmegläubiger kann, um im Prozeßwege das Anerkenntnis zu erlangen, die Einstellung des Vollstreckungsverfahrens

---

[46]) Wie Erklärungen des Staates, der Gemeinden, öffentlicher Stiftungen. Mot. z. Nov. S. 146. Vgl. hieher die J.M.Bek. v. April 1885; Min.Bek. v. 12. März 1885; v. 14. März 1885; v. 3. Nov. 1886; v. 4. Mai 1891.

[47]) Ver. v. 22. Dez. 1886, den Vollzug des Art. 4 Abs. 1 der Nov. v. 29. Mai 1888 betr. (G.V.Bl. S. 665), und 28. Febr. 1895 gleich. Betr. (G.V.Bl. S. 121).

veranlassen, den andern Gläubigern steht eine derartige Befugnis nicht zu.[48]) Die zu erhebende Klage unterliegt den gewöhnlichen civilprozessualen Grundsätzen über die Zuständigkeit. Die Kosten des Anerkenntnisses hat in allen Fällen der dasselbe verlangende Gläubiger zu tragen und auf Begehren vorzuschießen. Jedoch ist ihm der Anspruch auf Erstattung derselben sowohl gegen den Schuldner, als auch gegen den zur Erklärung des Anerkenntnisses Verpflichteten, falls diese Personen die Kosten aus einem besonderen Rechtsgrunde treffen[49]), aber dennoch vom Gläubiger bezahlt wurden, vorbehalten.

II. Das hienach zu den Vollstreckungsakten freiwillig abgegebene oder im Prozeßwege erzwungene Anerkenntnis des Widerspruchs mit der wirklichen Rechtslage ist für die Festsetzung des gesetzlichen Mindestgebotes maßgebend; die widersprochene Forderung darf, insoweit hienach der Widerspruch wirksam ist, bei Festsetzung des gesetzlichen Mindestgebotes nicht in Ansatz gebracht werden, widrigenfalls die unter lit. F Ziff. 1 bezeichneten Rechtsfolgen eintreten.

III. Bei Forderungen auf wiederkehrende Leistungen, welche auf die Lebenszeit des Berechtigten beschränkt sind, bedarf es, wenn der Berechtigte gestorben oder für tot erklärt ist, des Anerkenntnisses der Erben nicht, weil der Eintrag im Sterberegister, im Falle der Todeserklärung das dieselbe aussprechende Urteil, eine ausreichende Grundlage für die Berichtigung bildet.[50])

IV. Durch die in Ziff. I bezeichneten Wege ist dem benachteiligten Gläubiger nicht verwehrt, mittels einer Anfechtungsklage nach Maßgabe des Reichsgesetzes über die Anfechtung von Rechtshandlungen eines Schuldners außerhalb des Konkurses vom 21. Juli 1879 oder einer Feststellungsklage im Sinne des § 231 der Reichscivilprozeßordnung die Nichtexistenz einer ihm im Vollstreckungsverfahren nachteiligen Forderung mit der Wirkung der Berücksichtigung der Feststellung zur Anerkennung zu bringen, soferne nur jeweils die Voraussetzungen der einzelnen Klagen gegeben sind.

D. Gewillkürte Festsetzung des gesetzlichen Mindestgebotes.

I. Eine von den gesetzlichen Vorschriften abweichende Festsetzung des gesetzlichen Mindestgebotes kann nur mit Zustimmung der hieran jeweils rechtlich interessierten Beteiligten[51]), auf eine höhere Summe daher nur mit Zustimmung des Beschlagnahmegläubigers und der etwa einzurechnenden nachfolgenden Gläubiger, falls ihre Forderung

---

[48]) Vgl. Mot. z. Nov. S. 148.; Ber. z. Nov. S. 273.

[49]) Vgl. § 697 R.C.P.O.; 107 Abs. 2, 108 Ziff. 5 Subh.Ordn.; Mot. z. Nov. S. 148; Ber. z. Nov. S. 273.

[50]) Mot. z. Nov. S. 147. Jede analoge Ausdehnung dieser Vorschrift scheint mir mit Rücksicht auf die Unanfechtbarkeit der rechtsaufhebenden Thatsache unzulässig. A. M. Ortenau-Henle S. 186.

[51]) Vgl. Art. 61 Subh.Ordn.; Art. 19 Abs. 1 Nov. und oben § 280. Ebenso Ortenau-Henle S. 240, 241.

zur Uebernahme bestimmt werden soll, die Festsetzung eines geringeren Gebotes stets mit Zustimmung der dem Beschlagnahmegläubiger vorgehenden Gläubiger stattfinden.[52]) Ja, es kann sogar jeder, welcher Anspruch auf Berücksichtigung im gesetzlichen Mindestgebote hat, einseitig hierauf verzichten und damit eine Herabsetzung des gesetzlichen Mindestgebotes bewirken, ohne damit aber für seine Forderung das Recht auf Barzahlung, soweit sie durch den Kaufpreis gedeckt würde, zu erlangen (s. Ziff. II).[53]) Das hiernach dem Willen der Beteiligten entsprechende Mindestgebot gilt gleichfalls als gesetzlich zulässiges Mindestgebot und hat die gleiche rechtliche Bedeutung wie sonst.

II. Der einseitige Verzicht auf Deckung im gesetzlichen Mindestgebote im besonderen.[54])

Ein rechtliches Interesse auf Deckung im gesetzlichen Mindestgebote hat nur der Gläubiger der zu deckenden Forderung; er kann daher auch einseitig hierauf verzichten, ohne daß es einer Zustimmung der übrigen Gläubiger, nicht einmal des Beschlagnahmegläubigers, oder des Vollstreckungsschuldners bezw. Drittbesitzers bedarf. Der Verzicht kann sowohl bis zum Zuschlage, als auch noch nach demselben erklärt werden, hat aber doch in jedem Falle verschiedenartige Wirkungen[55]):

1. Wird der Verzicht bis zum Zuschlage erklärt, so wird die Forderung, für welche verzichtet wurde, bei Feststellung des gesetzlichen Mindestgebotes nicht weiter berücksichtigt; um ihren Betrag mindert sich das gesetzliche Mindestgebot. Der Gläubiger verzichtet aber damit weder auf sein Forderungs- noch Hypothekrecht, auch nicht auf Befriedigung aus dem Stricherlöse oder Uebernahme seiner Forderung, nicht einmal auf den Vorrang seiner Forderung schlechthin; sein Verzicht hat einmal überhaupt nur Bedeutung dann, wenn es wirklich zum Zuschlage kommt, anderseits tritt der verzichtende Gläubiger mit seinem Deckungsanspruche nur hinter die sämtlichen übrigen, im gesetzlichen Mindestgebote zu berücksichtigenden Forderungen zurück. Im übrigen wird aber seine Forderung rechtlich doch als eine im gesetzlichen Mindestgebote zu berücksichtigende insoferne erachtet, als der Gläubiger, wenn das Meistgebot das herabgeminderte Mindestgebot überschreitet, für dieselbe nun nicht etwa schlechthin ein Recht auf entsprechende Barzahlung erlangt, sondern, soferne seine Forderung ohne Verzicht nach Maßgabe der Feststellung des gesetzlichen Mindestgebotes zu übernehmen gewesen wäre, sich mit der Uebernahme in Anrechnung auf den Strichschilling begnügen muß.

---

[52]) Daher auch auf Zustimmung der dem Beschlagnahmegläubiger vorgehenden Gläubiger der Zuschlag erteilt werden muß, wenn das gesetzliche Mindestgebot nicht erreicht ist: Ortenau-Henle S. 187; d. Not.Zeit. 1886 S. 390.

[53]) Art. 19 Abs. 2 Nov.

[54]) Art. 19 Abs. 2 Nov.

[55]) Vgl. auch Ortenau-Henle S. 239, 240.

2. Der Verzicht nach dem Zuschlage kann rechtlich keine andere Bedeutung haben, als die eines Verzichtes auf Befriedigung aus dem Strichschillinge selbst. Die Folge ist, daß die betreffende Forderung ausfällt und ihr Hypothekrecht erlischt. In Ansehung der Ausweisung des Strichschillings treten dann alle jene Folgen ein, welche sich bei Ausfall einer zur Uebernahme bestimmten Forderung bis zur Verteilung des Strichschillings auch sonst ergeben würden.[56])

E. Verfahren und Zeitpunkt der Festsetzung des gesetzlichen Mindestgebotes.

1. Die Festsetzung des gesetzlichen Mindestgebotes erfolgt durch den Versteigerungsbeamten, nicht durch das Vollstreckungsgericht. Gegen eine rechtlich unzulässige Festsetzung des gesetzlichen Mindestgebotes durch den Versteigerungsbeamten kann aber, solange hierauf der Zuschlag noch nicht erteilt ist, Abhilfe beim Vollstreckungsgerichte nachgesucht werden. Wurde hierauf der Zuschlag erteilt, so ist das Rechtsmittel der sofortigen Beschwerde ausgeschlossen; nur durch Antrag auf Aufhebung des Zuschlages kann den durch eine solche unrichtige Festsetzung bewirkten Benachteiligungen abgeholfen werden.[57])

2. Schon bei der Versteigerungsbekanntmachung sind die Hypothekforderungen und Ewiggelder, jedoch ohne Angabe der auf die Verzinsung und Fälligkeit bezüglichen Bestimmungen, sowie der Betrag, mit welchem betagte unverzinsliche Forderungen und Forderungen auf wiederkehrende Leistungen, soweit sie im gesetzlichen Mindestgebote zu berücksichtigen sind, anzugeben.[58]) Dagegen hat der zu veröffentlichende Auszug aus der Versteigerungsbekanntmachung lediglich die Mitteilung zu enthalten, daß die aus den Vollstreckungsakten zu entnehmenden Aufschlüsse über die im gesetzlichen Mindestgebote zu berücksichtigenden Ansprüche bei dem Versteigerungsbeamten erholt werden können.[59]) Diese Mitteilungen sind aber nur vorläufiger Natur und ohne bindende Wirkung.

3. Im Falle weiterer Beschlagnahme zu Gunsten einer Forderung besseren Ranges muß der Versteigerungsbeamte den nach der Versteigerungsbekanntmachung im gesetzlichen Mindestgebote zu berücksichtigenden Gläubigern zur Wahrung ihrer Interessen bei Festsetzung des gesetzlichen Mindestgebotes Mitteilung hierüber zustellen lassen. Alle anderen der besseren Beschlagnahmeforderung nachstehenden Gläubiger sollen von der weiteren Beschlagnahme benachrichtigt werden.[60])

4. Zur Festsetzung des gesetzlichen Mindestgebotes kann der Versteigerungsbeamte von Amts wegen vor dem Versteigerungstermine

a) Erörterungen der Beteiligten veranlassen,

---

[56]) Ebenso Bericht z. Nov. S. 275; Ortenau-Henle S. 240. A. M. Hellmann S. 255.

[57]) Vgl. auch Mot. z. Nov. S. 154.

[58]) Art. 20 Abs. 1 Nov.

[59]) Art. 21 Nov.

[60]) Art. 22 Nov.

b) einen Vorbereitungstermin abhalten, ohne daß aber solche Erörterungen und Abmachungen gegenüber nachträglich noch zu berücksichtigenden Aenderungen bindende Kraft besäßen.[61])

5. Im Falle mehrfacher Beschlagnahme muß der Versteigerungsbeamte unter den sämtlichen Beteiligten ohne Unterschied[62]) über die Festsetzung des gesetzlichen Mindestgebotes einen Verständigungstermin abhalten und zwar spätestens am Tage der Versteigerung vor Beginn des Versteigerungstermines.[63]) Aber auch die hier erzielte Verständigung hat nur insoweit bindende Wirkung, als alle Beteiligten dem Ergebnisse zustimmen und sich nicht nachträglich noch zu berücksichtigende Aenderungen ergeben. An das Nichterscheinen eines Beteiligten im Verständigungstermine, wie an die Nichtabhaltung desselben überhaupt, ist ein Rechtsnachteil nicht geknüpft. Das Ergebnis des Verständigungstermines ist zu beurkunden.

6. Endgiltig kann die Festsetzung des gesetzlichen Mindestgebotes erst in demjenigen Termine erfolgen, welcher jeweils zur Versteigerung des betreffenden Grundstückes, für welches das gesetzliche Mindestgebot festgestellt werden soll, angesetzt ist. Und auch hier ist erst der Zeitpunkt des Zuschlages für den Umfang des gesetzlichen Mindestgebotes endgiltig maßgebend.[64]) Daraus folgt auch, daß sowohl im Falle einer neuen als wiederholten Versteigerung, wie im Falle einer Wiederversteigung, das gesetzliche Mindestgebot immer wieder neu berechnet werden muß und nicht das frühere, sondern nur das neu festgesetzte gesetzliche Mindestgebot der Erteilung des Zuschlages zu Grunde zu legen ist. Auch Anmeldungen zu berücksichtigender Ansprüche sind dann jeweils noch bis zur Aufforderung zur Abgabe von Geboten in jedem neuen Versteigerungstermine zulässig; auch bezüglich der Wiederversteigerung ist in dieser Hinsicht keine Ausnahme zu machen.[65]) Das Nähere über das Verfahren im Versteigerungstermine selbst siehe unten § 288.

F. Rechtliche Bedeutung des gesetzlichen Mindestgebotes.

1. Die Festsetzung des gesetzlichen Mindestgebotes hat zunächst die Bedeutung, daß Gebote, welche den Betrag desselben nicht erreichen, überhaupt nicht berücksichtigt werden dürfen und der Zuschlag nicht erteilt werden darf, wenn das Meistgebot das gesetzliche Mindestgebot nicht erreicht hat.[66]) Der Versteigerungstermin ist in einem solchen

---

[61]) Art. 24 Abs. 1 Nov.

[62]) Nur diejenigen Beschlagnahmegläubiger bleiben außer Betracht, welche bei Feststellung des gesetzlichen Mindestgebotes infolge der Nichteinhaltung der Frist des Art. 22 Nov. nicht berücksichtigt werden können: Bericht z. Nov. S. 276.

[63]) Art. 23 Nov. Ueber die Frage, wessen Zustimmung rechtlich zu einer Abänderung des gesetzlichen Mindestgebotes erforderlich ist, s. oben lit. D.

[64]) Mot. z. Nov. S. 144; Ortenau-Henle S. 164; d. Not.Zeit. 1886 S. 325.

[65]) Art. 24 Abs. 1 und 3 (Frist von 1 Stunde) Nov. Vgl. auch Ortenau-Henle S. 264 und unten § 300.

[66]) Art. 1 und 5 Nov.

Falle als ergebnislos zu schließen; wird dann nicht rechtzeitig von einem Beschlagnahmegläubiger Antrag auf Anberaumung eines neuen Versteigerungstermines gestellt oder im neu anberaumten Versteigerungstermine abermals das gesetzliche Mindestgebot nicht erreicht, so gelten die Beschlagnahmegesuche als zurückgezogen[67]) (vgl. oben § 255 lit. F Ziff. I, 1 S. 1349).

Wird der Zuschlag erteilt, obwohl das Meistgebot das gesetzliche Mindestgebot nicht erreicht hat, so kann die Aufhebung des Zuschlages[68]) von allen denjenigen Gläubigern verlangt werden, deren Forderungen im gesetzlichen Mindestgebot zu berücksichtigen waren und infolge des Zuschlages einen Ausfall erleiden. Die Gläubiger, deren Forderungen in das gesetzliche Mindestgebot nicht einzurechnen sind, sowie der Vollstreckungsschuldner und der Drittbesitzer sind nicht benachteiligt, weil sie kein Recht auf Wahrung des gesetzlichen Mindestgebotes haben.

Wurde das gesetzliche Mindestgebot zu hoch angesetzt, dieses Gebot erreicht und hierauf der Zuschlag erteilt, so ist für keinen Beteiligten eine Rechtsverletzung gegeben, daher auch jede Anfechtung des Zuschlages ausgeschlossen; wurde das angesetzte gesetzliche Mindestgebot nicht erreicht und deshalb der Zuschlag nicht erteilt, so ist gleichfalls jeder Anfechtung des Zuschlages der Boden entzogen; gegen die unrichtige Festsetzung des gesetzlichen Mindestgebotes steht dem Beschlagnahmegläubiger nur das Recht auf Abhilfe durch das Vollstreckungsgericht zu. Wurde der Zuschlag um ein Gebot erteilt, welches das unrichtig angesetzte gesetzliche Mindestgebot erreicht hat, aber auch das richtig angesetzte gesetzliche Mindestgebot gedeckt hätte, so ist eine Anfechtung des Zuschlages um deswillen ausgeschlossen, weil es nur darauf ankommen kann, daß das objektiv richtige gesetzliche Mindestgebot wirklich erreicht worden ist, und wenn dies der Fall, jede objektive Schädigung des Beschlagnahmegläubigers oder nachfolgender Gläubiger als notwendige Voraussetzung einer Anfechtung fehlt. Aus gleichem Grunde ist eine Anfechtung des Zuschlages wenigstens aus dem Grunde der unrichtigen Festsetzung des gesetzlichen Mindestgebotes ausgeschlossen, wenn das gesetzliche Mindestgebot zwar zu niedrig angesetzt, aber der Zuschlag um ein Gebot erteilt wurde, welches das richtige, aber nicht das unrichtig angesetzte gesetzliche Mindestgebot deckt.

Insoweit hienach eine Aufhebung des Zuschlages rechtlich möglich ist, kann sie wegen jeder irrigen Berechnung des gesetzlichen Mindestgebotes, soferne für den anfechtenden Beteiligten hiedurch ein Nachteil begründet wird, erfolgen.[69]) Wurde im Falle einer mehrfachen

---

[67]) Art. 70—72 Subh.Ordn.; Mot. z. Nov. S. 147; d. Not.Zeit. 1886 S. 394; Ortenau-Henle S. 187. Vgl. unten § 300.

[68]) Art. 26 Ziff. 1 Nov.; Art. 84 Subh.Ordn. (s. unten § 300). Vgl. zum folgenden besonders Mot. z. Nov. S. 155, 156.

[69]) Dabei ist es auch gleichgiltig, bei welcher Forderung der unrichtige An-

Beschlagnahme eine weitere Beschlagnahme bei Festsetzung des gesetzlichen Mindestgebotes berücksichtigt, obwohl sie nicht hätte berücksichtigt werden dürfen, so kann die Aufhebung des Zuschlages nur von denjenigen Gläubigern verlangt werden, welchen die vorgeschriebene Mitteilung dieser weiteren Beschlagnahme nicht rechtzeitig zugestellt worden ist und welche durch das gedeckte Gebot nicht gedeckt sind.[70])

2. Das gesetzlich zulässige Mindestgebot hat zwar bestimmenden Einfluß auf die Haftung des Ansteigerers hinsichtlich der Art und Weise der Berichtigung des Strichschillings, nicht aber auf die Art und Weise der Verteilung dieser Haftung auf die einzelnen auf den Steigerungserlös anzuweisenden Gläubiger[71]); hierüber s. unten § 282 lit. A Ziff. II.

§ 282.

Die Art und Weise der Berichtigung der dem Ansteigerer obliegenden Leistungen.

A. Allgemeines.

I. Die Verpflichtungen des Ansteigerers sind im wesentlichen zweifacher Natur:

1. Die Verpflichtung zur Berichtigung des Strichschillings. Der Strichschilling oder Ansteigerungspreis ist das bei der Versteigerung erzielte Meistgebot, auf welches der Zuschlag erteilt wurde. Der Ansteigerer ist auf Grund des Zuschlages verpflichtet, den Ansteigerungspreis nach Maßgabe der Versteigerungsbedingungen zu begleichen.[1])

2. Die Verpflichtung zur Bezahlung der Steigerungskosten im engsten Sinne. Außer dem Ansteigerungspreis fallen dem Ansteigerer kraft Gesetzes die Kosten des Versteigerungsprotokolls und die für dessen Abfassung erwachsenen Notariatsgebühren zur Last, ohne daß er sich dieselben auf den Ansteigerungspreis anrechnen dürfte. Im Falle mehrerer Einzelversteigerungen sind diese Kosten von den mehreren Ansteigerern nach Verhältnis der Zuschlagspreise zu tragen. Sie sind sofort bei der Versteigerung zu entrichten[2]), jedoch kann von Amts wegen weder Kaution hiefür verlangt,

---

satz gemacht worden ist. Auch kann der Antrag auf Aufhebung des Zuschlages darauf gegründet werden, daß der Wert der Naturalleistungen oder der Wert einer Forderung auf wiederkehrende Leistungen von unbestimmter Dauer oder einer betagten unverzinslichen Forderung auf unbestimmte Fälligkeitszeit zu niedrig angesetzt sei. Immerhin kommt aber die unrichtige Berechnung des Wertes einer Forderung doch nur dann in Betracht, wenn sie nicht vom Ansteigerer übernommen wird, weil sie andern Falls mit dem angesetzten Betrage auf den Strichschilling angerechnet wird und deshalb kein Nachteil entsteht. Mot. z. Nov. S. 155.

[70]) Art. 22 Abs. 1 Nov.

[71]) Vgl. hiezu Art. 7 und 34 Nov.

[1]) Art. 55 Abs. 1 Ziff. 1, 2 Subh.Ordn.

[2]) Art. 55 Abs. 1 Ziff. 5 Subh.Ordn.

noch von der Entrichtung der Zuschlag abhängig gemacht, noch bei Nichtentrichtung die Aufhebung des Zuschlages verlangt werden.[3])

II. Die Bedeutung des gesetzlichen Mindestgebotes für die Strichschillingsberichtigung.

Das gesetzliche Mindestgebot hat insofern eine unbedingte rechtliche Bedeutung für die Art und Weise der Strichschillingsberichtigung, als durch das gesetzliche Mindestgebot festgestellt ist,

1. daß der Ansteigerer — abgesehen von der bezüglich der Ewiggelder bestehenden Ausnahme (s. lit. D) — den außerhalb des gesetzlichen Mindestgebotes fallenden Teil des Strichschillings bar zu bezahlen hat;
2. daß der Ansteigerer den innerhalb des gesetzlichen Mindestgebotes fallenden Teil des Strichschillings durch Uebernahme von Forderungen gut zu machen hat, soweit nicht ausnahmsweise auch hier wieder Barzahlung bestimmt ist.[4])

Selbstverständlich kann sowohl hinsichtlich der unter Ziff. 1 als 2 bezeichneten Wirkung Abweichendes durch Vereinbarung der hieran rechtlich interessierten Beteiligten bestimmt werden.

Die Festsetzung des gesetzlichen Mindestgebotes hat hienach absolute Wirkung nur bezüglich der Höhe und Qualität, dagegen bezüglich der Spezies der zu übernehmenden oder bar zu bezahlenden Forderungen nur relative Wirkung. Die Feststellung in den Versteigerungsbedingungen, wessen Gläubigers Anspruch nach Maßgabe des gesetzlichen Mindestgebotes in Anrechnung auf den Strichschilling zu übernehmen oder bar zu bezahlen sei, ist für das Verteilungsverfahren hinsichtlich der zu übernehmenden Forderungen nur insoferne bindend, als die in das gesetzliche Mindestgebot eingerechneten Forderungen nur dann wirklich übernommen werden müssen, wenn und soweit ihr Ansatz im Mindestgebote nach Grund, Rang und Höhe sich im Zeitpunkte des Zuschlages als richtig erweist; insoferne aber nicht bindend, als Forderungen, welche zwar im gesetzlichen Mindestgebote berücksichtigt wurden, deren Ansatz sich aber hinterher als unrichtig herausstellt, nicht übernommen, sondern andere Forderungen in gleicher Höhe und wesentlich gleicher Qualität substituiert werden. Durch das gesetzliche Mindestgebot wird daher im Prinzipe nur der Betrag und die Qualität oder der objektive Umfang der zu übernehmenden Ansprüche endgiltig fixiert, nicht aber werden hiedurch die aktiven subjektiven Beziehungen (die Gläubigerseite) der einzelnen zu übernehmenden Forderungen schon endgiltig festgestellt, sohin die einzelnen zu übernehmenden Forderungen noch nicht endgiltig spezialisiert. „Die in

[3]) Vgl. auch Ortenau-Henle S. 158; d. Not.Zeit. 1878 S. 357; 1879 S. 9; § 14 der M.Bek. v. 21. Sept. 1879 (J.M.Bl. S. 1117); Art. 22 und 112 Ziff. 1 des b. Geb.Ges. in der Fassung von 1892; E. d. obst. L.G. IX. 85, 625.

[4]) Art. 6 Nov. Vgl. schon oben § 281 lit. F Ziff. II S. 1424; Mot. z. Nov. S. 138 ff.; Ber. z. Nov. S. 259 ff.; sten. Ber. S. 531, 553; d. Not.Zeit. 1886 S. 66 ff., 286 ff., 294, 300 ff., 324 ff.

den Versteigerungsbedingungen festgesetzte Uebernahme hat nicht den Sinn, daß die bestimmte Forderung auch wirklich übernommen wird, sondern sie begründet zunächst nur eine Haftung des Ansteigerers auf den Betrag derselben mit den für sie geltenden Zins- und Zahlungsbestimmungen in der Art, daß die Bestimmung der Forderung, für welche die Haftung wirken soll, dem Verteilungsverfahren vorbehalten bleibt.[5]) Dementsprechend sagt das Gesetz: „Die Uebernahme wird für die nach den Versteigerungsbedingungen übernommene Forderung erst dadurch wirksam, daß diese bei der Verteilung des Erlöses zur Uebernahme bestimmt wird; fällt dieselbe aus oder ist sie aus der Masse zu bezahlen, so wird für die übernommene Haftung eine andere bestimmt.“ [6])

Daraus folgt aber wieder, daß die nicht übernommenen Hypothekforderungen nicht mehr, wie früher, schon mit dem Zuschlage materiell erlöschen, sondern erst dann, wenn im Falle eines gerichtlichen Verteilungsverfahrens bei Ausführung des Verteilungsplanes die betreffende Hypothekforderung nicht zur Uebernahme endgiltig bestimmt worden ist, und daß erst mit diesem Zeitpunkte sich ihre Umwandlung in einen Anspruch auf vorzugsweise Barbefriedigung aus dem bar zu bezahlenden Teil des Strichschillings nach Maßgabe der Rangordnung vollzieht. Findet ein gerichtliches Verteilungsverfahren nicht statt, so treten diese Wirkungen nunmehr in dem Zeitpunkte ein, in welchem nach der außergerichtlich geschaffenen Verteilungsgrundlage die Uebernahme endgiltig feststeht.

Versteigerungsbedingung ist sonach, daß der Ansteigerer als Gegenleistung Haftungen in der Höhe und Art der in das gesetzliche Mindestgebot eingerechneten Forderungen — soweit nicht Ausnahmen bestehen — in Anrechnung auf den Strichschilling zu übernehmen und den Rest des Strichschillings bar zu bezahlen hat.

B. Die Uebernahme der Hypothekforderungen und der Eintritt in die persönliche Haftung derselben als Versteigerungsbedingung.

I. Bezüglich der Uebernahme der in das gesetzliche Mindestgebot eingerechneten Hypothekforderungen sind zu unterscheiden die beiden Fragen:

1. welche Forderungen und in welchem Umfange sie übernommen? und
2. welche Forderungen und in welchem Umfange sie auf den Strichschilling angerechnet werden?

Zu 1. a) Alle in das gesetzliche Mindestgebot eingerechneten Hypothekkapitalien sind regelmäßig vom Ansteigerer zu übernehmen. Ewiggeldkapitalien müssen selbst dann übernommen werden, wenn sie im gesetzlichen Mindestgebot keinen Platz gefunden haben (s. lit. D). Die Uebernahme erstreckt sich auch auf die Nebenrechte, soweit die

[5]) Mot. z. Nov. S. 152.
[6]) Art. 7 Nov.

Ansprüche hieraus nach dem Zuschlage fällig werden. Von der Uebernahme sind nur ausgeschlossen:

α) die Kautions- und bedingten Hypothekforderungen; den bedingten Hypothekforderungen stehen die vorgemerkten Hypothekforderungen nur insoweit gleich, als die Vormerkung für eine bedingte Forderung erfolgte[7]);

β) die vor dem Zuschlage fällig gewordenen Zinsen und Beträge wiederkehrender Leistungen;

γ) die vor dem Zuschlage fällig gewordenen Annuitätenbeträge der Hypothekforderungen;

δ) Verbandhypothekforderungen nur dann, wenn die sämtlichen verbandhaftenden Grundstücke (Folien) nicht im gleichen Verfahren zur Versteigerung kommen und hierin nicht von dem nämlichen Ansteigerer erworben werden.[8])

Dieser Ausschluß der Verbands-, Kautions- und bedingten Hypothekforderungen von der Uebernahme und damit die Barzahlungspflicht ist jedoch weder im Interesse des Gläubigers einer solchen Forderung, noch der gleich- oder nachstehenden Beteiligten, sondern lediglich wegen der mit der Uebernahme verknüpften besonderen Schwierigkeiten angeordnet; diesen Personen steht daher kein Recht auf Barzahlung zu und können sie daher auch einer vereinbarten abweichenden Bedingung, wonach eine solche Forderung übernommen werden soll, rechtswirksam nicht widersprechen.[9])

b) Die Uebernahme einer hienach übernahmsfähigen Forderung erstreckt sich nicht bloß auf die dingliche, sondern auch auf die persönliche Haftung, in letzterer Hinsicht jedoch nur unter der Voraussetzung, daß der bisherige Besitzer des Vollstreckungsobjektes für die Hypothekforderung persönlich haftet.[10])

Im Rechtssinne hat dieser Eintritt in die dingliche und persönliche Haftung als stillschweigende Versteigerungsbedingung eine positive und negative Bedeutung: eine negative insoferne, als das Grundstück von den auf ihm lastenden Hypothekrechten, deren Forderungen in das gesetzliche Mindestgebot fallen, durch den Zuschlag nicht frei wird, eine positive insoferne, als der Ansteigerer auch in die diesen Hypothekrechten zu Grunde liegenden Forderungsverhältnisse als Schuldner eintritt. Gleichwohl

[7]) Die Bestimmung solcher Forderungen zur Uebernahme würde mit erheblichen Schwierigkeiten verknüpft sein und komplizierte Rechtsverhältnisse zwischen den Ansteigerern und den einzelnen Gläubigern schaffen; daher weicht das Gesetz in dieser Hinsicht vom preußischen und sächsischen System ab. Mot. z. Nov. S. 141.

[8]) Hier gilt Aehnliches wie für bedingte Forderungen, s. daher Nt. 7. Mot. z. Nov. S. 141.

[9]) Mot. z. Nov. S. 142.

[10]) Denn der Ansteigerer erhält in dem Grundstücke den vollen Gegenwert für Hypothek und persönliche Haftung aus dem Vermögen des Besitzers. Mot. z. Nov. S. 147.

bewirkt aber diese gesetzlich statuierte und gesetzlich sich vollziehende Schuldübernahme nicht kraft Gesetzes die Befreiung des bisherigen Schuldners von dem persönlichen Schuldverhältnisse; sie wirkt zunächst nicht privativ, sondern kumulativ und erzeugt ein echtes Korrealschuldenverhältnis zwischen dem bisherigen Schuldner und dem Uebernehmer. Aber der bisherige Schuldner hat das Recht, von dem Ansteigerer zu fordern, daß er ihn gegen künftige Inanspruchnahme vertrete, und unter Umständen Aussicht darauf, daß der Gläubiger ihn freigeben werde.[11]) Im einzelnen gelten sodann für diese Schuldübernahme die Grundsätze der hypothekenrechtlichen Schuldübernahme.[12])

Der Versteigerungsbeamte hat schon in der Versteigerungsbekanntmachung, dann noch besonders im Versteigerungstermine anzugeben, bei welchen Forderungen der Ansteigerer in die persönliche Haftung einzutreten hat. Jedoch hat die Unterlassung dieser Angabe Rechtsnachteile für den Gläubiger nicht zur Folge.[13])

c) Die Uebernahme umfaßt die mit Hypothekrecht gesicherten Forderungen, so wie sie im Hypothekenbuche eingeschrieben sind, natürlich vorbehaltlich des Rechtes des Ansteigerers, sie in ihrem Rechtsbestande zu bekämpfen: sie umfaßt nicht bloß die Hypothekkapitalsforderung, sondern die sämtlichen Haupt- und Nebenverbindlichkeiten des Vollstreckungsschuldners und die hiefür etwa bestehenden Kautionshypotheken (Zinsen- und Kostenkautionen), daher insbesondere auch die Verbindlichkeit zur Zahlung der vom Zuschlage an laufenden Zinsen oder sonstigen Leistungen (Annuitäten).[14])

d) Auch die Qualität einer zu übernehmenden Forderung wird durch die Uebernahme regelmäßig nicht berührt. Jedoch wirkt eine vor dem Zuschlage erfolgte Kündigung der Forderung oder der vorher erfolgte Eintritt einer sonstigen Bedingung ihrer Fälligkeit, selbst wenn sie im Hypothekenbuche eingeschrieben ist, nur dann gegen den Ansteigerer, wenn das die Fälligkeit bewirkende Ereignis spätestens im Versteigerungstermine vor der Aufforderung zur Abgabe von Geboten bei dem Versteigerungsbeamten angemeldet worden ist[15]), hindert aber keinesfalls die Bestimmung

---

[11]) Mot. z. Nov. S. 147; Ber. z. Nov. S. 266; b. Not.Zeit. 1886 S. 324; 1889 S. 223 Nr. 5; Ortenau-Henle S. 188.

[12]) Vgl. § 56 Hyp.Ges. mit Art. 1 Ziff. 2 der Hyp.Nov. v. 29. Mai 1886; oben § 139 S. 896 ff.

[13]) Art. 20 Abs. 1 Nov.; Art. 24 Abs. 2 Nov.

[14]) Mot. z. Nov. S. 147. Nicht aber die vor dem Zuschlage fällig gewordenen Annuitäten, angeblich „weil sich bei diesen die Tilgungsrate von der Zinsrate nicht trennen läßt“ (?).

[15]) Denn die Bieter müssen wissen, in welche Rechtsverhältnisse sie eintreten sollen: Mot. z. Nov. S. 141. Die Anmeldung der Fälligkeit muß auch bei Bekanntgabe der Versteigerungsbedingungen ausdrücklich angeführt werden; die Rechtswirksamkeit des Fälligkeitsgrundes ist aber von dieser Bekanntgabe nicht abhängig: Mot. z. Nov. S. 147.

der gekündeten bezw. fälligen Forderung zur Uebernahme.[16]) Streitigkeiten über die Fälligkeit sind zwischen Gläubiger und Ansteigerer im ordentlichen Rechtswege auszutragen.[17])

e) Für die Frage, ob und in welchem Umfange eine bestimmte Forderung zu übernehmen sei, entscheidet in allen Beziehungen der Zeitpunkt des Zuschlages.[18])

f) Jeder Verstoß gegen die Bestimmungen über die Uebernahme von Forderungen durch den Ansteigerer, sei es, daß eine hienach zu übernehmende Forderung zur Barzahlung oder eine hienach barzuzahlende Forderung zur Uebernahme bestimmt wird, begründet die Aufhebung des Zuschlages.[19]) Zur Anfechtung des Zuschlages sind im ersteren Falle sowohl der Gläubiger, dessen Forderung zu übernehmen wäre, als auch alle übrigen einen Ausfall erleidenden Gläubiger, wie der Vollstreckungsschuldner oder Drittbesitzer, im zweiten Falle sowohl alle diejenigen Gläubiger, welche ein Recht auf Barzahlung haben und nun anstatt der Barzahlung sich die Uebernahme ihrer Forderung gefallen lassen müssen, als alle nachstehenden nicht mehr zum Zuge kommenden Gläubiger, wie auch der Vollstreckungsschuldner oder Drittbesitzer berechtigt.[20])

Zu 2. a) Alle zu übernehmenden Forderungen sind im Prinzipe auch auf den Strichschilling anzurechnen[21]), d. h. die barzuzahlende Summe des Strichschillings mindert sich um den anzurechnenden Betrag dieser Forderungen. Die Kautionshypotheken für Zinsen, Kosten und andere Nebenansprüche zu übernehmender Forderungen gehen, soweit sie sich auf künftige, d. h. nach dem Zuschlage fällig werdende Ansprüche beziehen, ohne Anrechnung auf den Ansteigerer über.

b) Die Höhe des Betrages, mit welchem eine Forderung auf den Strichschilling anzurechnen ist, bestimmt sich nach dem Ansatze

---

[16]) Der Gläubiger kann zwar dann sofort seine fällige Forderung gegen den Ansteigerer geltend machen und gegen diesen eventuell mit Zwangsvollstreckung vorgehen; aber die konkrete Zwangsversteigerung wird nicht auf die Beitreibung dieser Forderung erstreckt, nachdem sie von vornherein nicht darauf gerichtet war: Mot. z. Nov. S. 141; b. Not.Zeit. 1888 S. 181; E. d. obst. L.G. X. 454; Bl. f. R.A. L. 279; d. Not.Zeit. 1885 S. 264; Ortenau-Henle S. 190. — Im übrigen besteht zwischen Gläubiger und Ansteigerer als Uebernehmer volle Vertragsfreiheit. Vgl. auch Ortenau-Henle S. 190; E. d. obst. L.G. XIII. 187.

[17]) Ber. z. Nov. S. 266; Bl. f. R.A. Erg.Bd. VII. 295.

[18]) Vgl. hiezu unten § 300 lit. C Ziff. III. Dies ist besonders wichtig für Forderungen auf wiederkehrende Leistungen von unbestimmter Dauer. Besteht die Forderung im Zeitpunkte des Zuschlages, so übernimmt sie der Ansteigerer in ihrer unbestimmten Dauer; es kommt ihm zu gute, wenn sie alsbald erlischt, wie anderseits der Nachteil ihn trifft, wenn sie die veranschlagte Zeit überdauert. Ist eine solche Forderung zur Zeit des Zuschlages weggefallen, so tritt an die Stelle derselben ein Hypothekkapital im angesetzten Betrage (s. unten § 300 lit. C Ziff. III): Mot. z. Nov. S. 147.

[19]) Art. 26 Ziff. 1 Nov.; Art. 84 Subh.Ordn.

[20]) Vgl. Mot. z. Nov. S. 155; Aussch.Ber. z. Nov. S. 266.

[21]) Vgl. Art. 6 und 8 Nov.

im gesetzlichen Mindestgebote; es kommen daher auch hier die oben § 281 lit. B aufgeführten Grundsätze zur Geltung, so zwar, daß auch bei betagten unverzinslichen Forderungen, sowie Forderungen auf wiederkehrende Leistungen nur der Realwert, welcher im gesetzlichen Mindestgebote Ansatz fand, auf den Strichschilling angerechnet wird.[22])

C. Die Barzahlung des Strichschillings als Versteigerungsbedingung.

I. Umfang der Barzahlung.

Die Barzahlung des Strichschillings erstreckt sich auf folgende Beträge:

a) trotz Ansatzes im gesetzlichen Mindestgebote:
   α) auf die Ansatzsumme der aus der Masse zu berichtigenden Kosten;
   β) auf den Betrag der in erster Reihe zu befriedigenden Ansprüche;
   γ) auf den Betrag der Kautions- und bedingten Hypothekforderungen [23]);
   δ) auf den Betrag der vor dem Zuschlage fällig gewordenen Zinsen, wiederkehrenden Leistungen und Annuitäten;
   ε) auf den Gesamtbetrag jeder nicht übernommenen Verbandhypothekforderung [24]);

b) auf den Differenzbetrag zwischen dem gesetzlichen Mindestgebote und dem darüber hinaus erzielten Meistgebote, soferne nicht Ewiggelder außerhalb des gesetzlichen Mindestgebotes stehen (s. lit. D).

II. Art der Barzahlung.

1. An dem barzubezahlenden Teile des Strichschillings darf sich der Ansteigerer abrechnen[25]):

a) denjenigen Betrag, welcher auf eine ihm selbst zustehende bar zu bezahlende Forderung nach den Ergebnissen der Vollstreckung entfällt;

b) den Betrag einer an sich barzubezahlenden und nach dem Ergebnisse der Vollstreckung gedeckten Forderung, welche, nach besonderer Uebereinkunft zwischen dem Gläubiger derselben und dem Ansteigerer von diesem als Alleinschuldner übernommen, an Stelle der Barzahlung weiterbestehen soll. Durch eine solche Uebereinkunft können aber die Rechte des bisherigen Schuldners nicht verkürzt werden, so daß derselbe, insoweit die fragliche Forderung zur Barzahlung hätte kommen sollen, aus der persönlichen Haftung unbedingt frei wird. Die Uebereinkunft hat

---

[22]) Mot. z. Nov. S. 147; Ber. z. Nov. S. 266; d. Not.Zeit. 1886 S. 294, 303, 325; Krazer S. 74; Ortenau-Henle S. 189. Sonst werden daher unverzinsliche oder mit einem geringeren als dem üblichen Zinsfuße verzinsliche Forderungen mit dem vollen Betrage angerechnet; durch besondere Versteigerungsbedingungen kann hier Ungerechtigkeiten abgeholfen werden.

[23]) Vgl. hiezu besonders oben lit. B Ziff. I, 1 d S. 1427 bezüglich Uebernahme und Mot. z. Nov. S. 152.

[24]) S. die vorhergehende Note.

[25]) Art. 55 Ziff. 1 Subh.Ordn.

hier die rechtliche Natur und Wirkung einer Novation und zwar im besonderen den der Expromission.

Handelt es sich hier um eine Hypothekforderung und soll nicht bloß die persönliche, sondern auch die dingliche Haftung weiter bestehen, so steht diese Uebereinkunft völlig der Neubestellung einer Hypothek gleich und bedarf daher zur Rechtsgiltigkeit der notariellen Verlautbarung.[26])

2. Der hienach noch barzuerlegende Strichschilling ist vom Ansteigerer binnen zwei Wochen nach dem Zuschlage zu bezahlen. Jedoch ist auf Antrag eines Beteiligten die Frist für Erlegung der barzuzahlenden Summe bis zu drei Monaten zu verlängern. Längere Zahlungsfristen können nur mit Einwilligung sämtlicher rechtlich interessierten Beteiligten bestimmt werden. Als solche gelten nicht nur die aus dem Erlöse bezugsberechtigten, sondern auch andere Gläubiger, der Vollstreckungsschuldner oder Drittbesitzer, soweit ihnen jeweils das Recht auf Wiederversteigerung zusteht[27]). Der Antrag auf Fristverlängerung muß bei dem Versteigerungsbeamten spätestens vor der Aufforderung zur Abgabe von Geboten gestellt werden. Wird diesen Vorschriften entgegen die Bewilligung einer Zahlungsfrist in unzulässiger Weise verweigert oder eine Zahlungsfrist in unzulässiger Weise ausgedehnt, so kann von dem rechtlich Verletzten die Aufhebung des Zuschlages begehrt werden.[28])

Für den Betrag, welcher zur Deckung der bis zum Zuschlage fällig gewordenen Zinsen, wiederkehrenden Leistungen und Annuitätenbeträge wie der Kosten erforderlich ist, ist jede Fristverlängerung ausgeschlossen.

Die Zahlung des Strichschillings erfolgt auf dem Wege und in der Form der Hinterlegung beim Vollstreckungsgerichte.[29]) Mit dieser Hinterlegung tritt die Erfüllung der Zahlungsverbindlichkeit des Ansteigerers und damit unmittelbar die Befriedigung aller aus dem barbezahlten Betrage bezugsberechtigten Personen ein; sie erzeugt alle jene Wirkungen, welche das Gesetz an die Erfüllung der Verbindlichkeiten des Ansteigerers knüpft.[30])

3. Der barzubezahlende Betrag ist vom Tage des Zuschlages an bis zu der in Ziff. 2 genannten Hinterlegung bezw. Bezahlung mit fünf vom Hundert zu verzinsen.[31]) Für Art, Weise und Wirkung der Zinszahlung gelten die unter Ziff. 2 genannten Grundsätze.

---

[26]) Art. 14 Not.Ges. Zustimmend E. d. obst. L.G. IX. 293; Bl. f. R.A. XLVII. 7; XLVIII. 1, 33; Erg.Bd. III. 402; Ortenau-Henle S. 148 (abweichend nur insoferne, als für gerichtlich abgeschlossene Vergleiche mit Rücksicht auf Art. 86 A.G. z. R.C.P.O. die Formvorschrift des Art. 14 nicht gefordert wird; dagegen s. oben § 203 lit. B Ziff. 4 S. 1125 und Hausers Ztschr. f. Reichs- und Landesrecht V. 314).

[27]) Art. 28 Abs. 2 und 3 Nov.; s. unten § 294.

[28]) Art. 55 Ziff. 1, Art. 59 Subh.Ordn.; Art. 10 Nov.; Art. 82 Ziff. 5, Art. 84 Subh.Ordn.; Mot. z. Nov. S. 148.

[29]) Vgl. hiezu oben § 44 Ziff. VIII, 3 S. 288 ff.

[30]) Vgl. b. Not.Zeit. 1891 S. 49 ff.; und unten § 289 lit. E Ziff. III, 1 a, η.

[31]) Art. 55 Ziff. 1 Subh.Ordn.

III. Rechtliche Bedeutung der Bestimmung der Barzahlung.

Die Bestimmung einer Forderung zur Barzahlung hat nur gegenüber dem Vollstreckungsverfahren rechtliche Bedeutung. Die zur Barzahlung bestimmte Forderung, und nur insoweit dies der Fall, wird damit lediglich zahlbar; der Gläubiger ist verpflichtet, die Barzahlung anzunehmen, aber eine allgemeine Fälligkeit der Forderung derart, daß alle civilrechtlichen Wirkungen, welche sich an die Fälligkeit knüpfen, nun existent würden, tritt damit nicht ein.[32])

D. Uebernahme der Ewiggelder.

Die rechtliche Natur der Ewiggelder schließt jede Barzahlung des Ewiggeldkapitales aus; daraus folgt, daß Ewiggeldkapitalien, auch wenn sie nicht mehr im gesetzlichen Mindestgebote Deckung finden, dennoch in Anrechnung auf den Strichschilling vom Ansteigerer zu übernehmen sind und auf dem Grundstücke liegen bleiben[33]), natürlich immer nur insoweit, als sie bei Barzahlung durch den Strichschilling gedeckt worden wären. Auch die für die Kündigung von Hypothekforderungen geltenden Vorschriften finden auf Ewiggelder, die überhaupt nur auf Seite des Schuldners kündbar sind, keine Anwendung.

§ 283.

Die Sicherheitsleistung des Bieters.[1])

Als stillschweigende Versteigerungsbedingung gilt, daß der Bieter auf Verlangen eines Beteiligten für Erfüllung der bei der Versteigerung übernommenen Verbindlichkeiten Sicherheit zu leisten hat.

I. Verpflichteter:

1. Zur Sicherheitsleistung ist der Bieter verpflichtet und zwar jeder Bieter hinsichtlich des von ihm gestellten Gebotes.
2. Die Person des Bieters bedingt hinsichtlich der Verpflichtung zur Sicherheitsleistung keinen Unterschied. Auch der Staat wie öffentliche Korporationen sind von dieser Verpflichtung nicht befreit.[2])
3. Der Umstand, daß frühere Bieter ohne Sicherheitsleistung zugelassen worden sind, hebt die Verpflichtung eines späteren Bieters zur Sicherheitsleistung nicht auf.
4. Die Verpflichtung tritt nur auf Verlangen eines berechtigten Beteiligten ein. Der Bieter kann nicht von Amts wegen hiezu angehalten werden.

---

[32]) Vgl. Bl. f. R.A. Erg.Bd. VIII. 353 ff.

[33]) Mot. z. Nov. S. 161.

[1]) Art. 55 Ziff. 4 Subh.Ordn.; Art. 17, 18 Nov.; Art. 74 Subh.Ordn. Vgl. hiezu d. Not.Zeit. 1886 S. 390 ff.

[2]) Ortenau-Henle S. 156 Nr. 1 meint, der Fiskus als Bieter werde kautionsfrei sein; das Gesetz gewährt hiefür keinen Anhaltspunkt; s. auch Ortenau-Henle S. 280 Nr. 3.

II. Berechtigt, Sicherheitsleistung zu verlangen, ist jeder Beteiligte, dessen Rechte durch Nichterfüllung des Gebotes beeinträchtigt würden. Hienach haben diese Berechtigung:

1. überhaupt nicht alle jene Gläubiger, welche nach Maßgabe des Gebotes des beanstandeten Bieters ausfallen,
2. die Gläubiger der nach diesem Gebote liegen bleibenden Hypothekforderungen und Ewiggelder nur insoweit, als sie ein Recht auf Barzahlung haben.

Anderseits ist die Berechtigung eines Beteiligten zur Sicherheitsleistung mindestens dann schon als gegeben zu erachten, wenn das Gebot den Betrag der Kosten, der angemeldeten und dem beanstandenden Beteiligten vorgehenden Ansprüche erster Reihe und die Kapitalssummen der übrigen, dem beanstandenden Beteiligten noch vorgehenden Forderungen ohne Rücksicht auf Zinsen und sonstige Nebenforderungen übersteigt. Den Bietern selbst steht als solchen kein Recht zu, von anderen Bietern Sicherheitsleistung zu verlangen.

III. Die Sicherheitsleistung kann erfolgen entweder

1. durch Erlegung von Bargeld oder kursfähigen Wertpapieren oder
2. durch Stellung eines zahlungsfähigen solidarischen Bürgen.

Zwischen beiden Arten der Sicherheitsleistung hat der Pflichtige regelmäßig freie Wahl.

IV. Höhe der Sicherheit.

1. Für die Berechnung der Höhe der zu leistenden Sicherheit bleiben die Forderungen, welche dem Bieter selbst zustehen oder in Ansehung welcher er von dem Gläubiger durch besondere Uebereinkunft als Alleinschuldner übernommen wird, sowie die vom Ansteigerer in Anrechnung auf den Strichschilling nach Maßgabe des gesetzlichen Mindestgebotes zu übernehmenden Hypothekforderungen und Ewiggelder von vornherein außer Ansatz.
2. Die Sicherheit muß
   a) zum mindesten den Betrag der Kosten und der bis zum Zuschlage fällig gewordenen Zinsen wiederkehrender Leistungen und Annuitäten erreichen und darf
   b) zum höchsten ohne Einwilligung des Bieters nicht den Betrag von zwanzig Prozent des betreffenden Gebotes übersteigen; nur die Bürgschaft erstreckt sich mangels abweichenden Uebereinkommens auf die ganze Höhe des nach Abrechnung der in lit. a genannten Posten noch verbleibenden Gebotes.[3])

V. Das Verlangen einer Sicherheitsleistung kann regelmäßig nur bis zum Zuschlage gestellt werden; eine Ausnahme siehe unten Ziff. X, 4.

---

[3]) Nach Ortenau-Henle S. 158 Ziff. 5 kann auch für die in Art. 55 Ziff. 5 Subh.Ordn. genannten Beträge Sicherheit verlangt werden; diese Aufstellung steht m. E. mit dem Gesetze in Widerspruch und scheint auch von Ortenau-Henle S. 156 Nt. 5a, 233 Nt. 1 lit. b a. E. selbst aufgegeben zu sein.

VI. Die Erlage der Sicherheit erfolgt beim Versteigerungsbeamten, welcher sie mit der Rückleitung der Akten an das Vollstreckungsgericht abzuliefern hat.[4])

VII. Die geforderte Sicherheit muß der Bieter sofort im Anschlusse an sein Gebot leisten; davon, ob er der Meistbietende bleibt, hängt seine Verpflichtung zur Sicherheitsleistung nicht ab.[5])

Leistet der Bieter auf berechtigtes Verlangen eines Beteiligten nicht sofort die erforderliche Sicherheit, so ist sein Angebot zurückzuweisen; für den Fortgang der Versteigerung ist die Sachlage so, als ob dieses Gebot überhaupt nicht gestellt worden wäre.

VIII. Ueber die Befugnis, Sicherheit zu verlangen, wie über die Angemessenheit der geforderten oder angebotenen Sicherheit entscheidet bei Meinungsverschiedenheiten zwischen dem Beteiligten und dem Bieter der Versteigerungsbeamte.

IX. Die Aufhebung des Zuschlages kann nur verlangt werden:

1. wenn das Angebot eines bietenden Beteiligten wegen mangelnder oder ungenügender Kaution zu Unrecht zurückgewiesen wurde, von jedem Beteiligten, also auch dem bietenden Beteiligten, der wirklich Meistbietender gewesen und geblieben ist;
2. wenn aus diesen Gründen das Angebot eines Dritten zu Unrecht zurückgewiesen wurde, von den Beteiligten, nicht aber dem dritten Bieter.[6])

X. In besonderer Weise gestaltet sich die Pflicht zur Sicherheitsleistung, wenn für einen Dritten geboten wird.[7])

1. Erklärt der Bieter schon beim Bieten, daß er dies für einen Dritten thue, so ist der Dritte zur Sicherheitsleistung verpflichtet; wird die erforderliche Sicherheit nicht sofort im Anschluß an das Gebot von dem Dritten selbst oder seinem Stellvertreter geleistet, so darf das Gebot nicht berücksichtigt werden.
2. Gibt der Bieter seine Stellvertretung beim Bieten nicht zu erkennen, so ist er selbst zur Sicherheitsleistung verpflichtet; leistet er die erforderliche Sicherheit nicht sofort im Anschluß an sein Gebot, so wird sein Gebot nicht berücksichtigt.
3. Bleibt der Bieter Meistbietender, so kann, falls er bis zum Zuschlage das Gebot ausdrücklich als für den Dritten gelegt bezeichnet oder unter Verschweigung der Stellvertretung für sich legte, nur bis zum Zuschlage Sicherheit von dem Dritten bezw. ihm selbst verlangt werden; in beiden Fällen darf der Zuschlag nicht erteilt werden, wenn nicht die erforderliche Sicherheit gestellt worden ist.

---

[4]) Vgl. hiezu Art. 36 Not.Ges. Dazu über Depositalgebühren des Notars Krazer S. 61.

[5]) Ebenso Ortenau-Henle S. 280, 281; zweifelhaft Krazer S. 61.

[6]) Art. 82 Ziff. 9, Art. 84 Subh.Ordn.

[7]) Art. 76 Subh.Ordn.

4. Nun kann aber der Meistbieter gebliebene Selbstbieter, von dem entweder überhaupt keine Sicherheit verlangt worden ist oder der die erforderliche Sicherheit geleistet hat und dem infolgedessen der Zuschlag erteilt wurde, auch nach dem Zuschlage bis zur Unterzeichnung desselben noch einen Dritten als Ansteigerer benennen. Thut er dies, so ist nunmehr hinsichtlich der Sicherheit der zu erfüllenden Verbindlichkeiten nicht mehr die Person des Bieters, sondern des Dritten maßgebend und kann daher noch bis zur Unterzeichnung des Strichprotokolls von dem Dritten Sicherheitsleistung verlangt werden. Wird dann aber die geforderte Sicherheit nicht geleistet, so wird der Zuschlag nicht etwa rückwärts aufgehoben, sondern gilt kraft Gesetzes der stellvertretende Meistbieter als solidarischer Bürge des Dritten; hatte hier der Meistbieter als früherer Selbstbieter Sicherheit bestellt, so bleibt diese Sicherheit für seine Solidarhaftung aufrecht, bis entweder der Vertretene Sicherheit bestellt hat oder seinen Verbindlichkeiten nachgekommen ist. Ob diese Bürgschaftsleistung genügende Sicherheit ist, hängt dann davon ab, ob von dem Meistbieter als Selbstbieter rechtzeitig bis zum Zuschlage Sicherheit verlangt (bezw. gestellt) worden war oder nicht:

a) Im letzteren Falle steht fest, daß der Meistbieter als Selbstbieter von den Beteiligten als genügend zahlungsfähig erachtet wurde und daher auch seine Solidarbürgschaft hinreichende Sicherheit bieten muß; es kann daher in diesem Falle eine weitere Sicherheit nicht verlangt werden.

b) Im ersteren Falle dagegen steht fest, daß die Zahlungsfähigkeit des Meistbieters als Selbstbieters nur im Verein mit der von ihm gestellten Sicherheit als gegeben erachtet wurde; diese Sicherheit muß daher auch für seine nunmehrige Solidarbürgenhaftung aufrecht bleiben, solange sie nicht von den sämtlichen Beteiligten ganz oder teilweise nachgelassen wird oder der Dritte selbst die erforderliche Sicherheit bestellt oder seine Verbindlichkeiten erfüllt hat, anderseits aber auch genügen.

Die hienach eintretende Solidarbürgenhaftung des Meistbieters als Selbstbieters kann aber selbst wieder eine unbedingte oder aufschiebend bedingte sein; eine unbedingte, wenn die erforderliche Vollmacht des Stellvertreters sofort zu den Vollstreckungsakten vorgelegt wurde und daher der Dritte sofort als Ansteigerer gilt, eine aufschiebend bedingte, wenn dies unterlassen wurde und infolgedessen zunächst der stellvertretende Meistbieter als Ansteigerer unter auflösender Bedingung gilt; wird dann die Vollmacht oder Genehmigung des Dritten zur Einsteigerung rechtzeitig und rechtsförmlich beigebracht, so tritt sowohl die auflösende als aufschiebende Bedingung ein und gilt damit der Dritte endgiltig als Ansteigerer und der stellvertretende Bieter endgiltig als solidarhaftender Bürge, sei es mit oder ohne weitere Sicherheit; geschieht jenes aber nicht, so fällt sowohl die auflösende als die aufschiebende Bedingung aus und der stellvertretende Bieter gilt endgiltig als Ansteigerer, sei es mit oder ohne Sicherheit; für seine Solidarbürgenhaftung aber ist keine Grundlage mehr vorhanden.

§ 284.

Die Nichtbefreiung des Vollstreckungsgrundstückes von dinglichen Lasten als Versteigerungsbedingung.

A. Die dinglichen Lasten mit Ausnahme des Vorbehaltes des Eigentumsrückfalles.[1])

Als stillschweigende Versteigerungsbedingung gilt, daß das ersteigerte Grundstück mit den dinglichen Lasten, mit welchen der bisherige Eigentümer dasselbe besessen hat, auf den Ansteigerer übergeht, oder richtig negativ gefaßt, daß das Eigentum am Grundstücke durch den Zuschlag und den Uebergang in die Hand des Ansteigerers von den beschränkenden dinglichen Lasten nicht frei wird. Hiebei sind unter den dinglichen Lasten sowohl die Dienstbarkeiten (Grund- wie persönliche Dienstbarkeiten) als Reallasten zu verstehen.[2]) Dieses Prinzip erleidet jedoch im einzelnen Modifikationen. Bevor diese selbst angeführt werden können, ist zur Klärung der gesetzlichen Vorschriften auf einige civilrechtliche Rechtssätze zurückzugreifen.

I. Nach civil- und speziell hypothekenrechtlichen[3]) Grundsätzen ist zur Entstehung der Dienstbarkeiten wie Reallasten die Einschreibung derselben in das Hypothekenbuch nicht erforderlich. Einschreibungszwang besteht nur insoferne, als zum Nachteile einer Hypothek das Grundstück mit der nicht eingeschriebenen dinglichen Last nicht beschwert erscheint, die nicht eingeschriebene dingliche Last zum Nachteile einer Hypothek nicht geltend gemacht werden kann, wenn der Gläubiger der Hypothek sich wirksam auf die Oeffentlichkeit des Hypothekenbuches beruft, und selbst dieser Einschreibungszwang besteht nicht für passive Grunddienstbarkeiten, sog. irreguläre Personaldienstbarkeiten, für Reallasten, die für solche Grundstücke, wie das zu subhastierende, allgemein oder örtlich hergebracht sind, für die Grundgefälle des Staates und der Ablösungskasse bezw. die an deren Stelle getretenen Leistungen.[4]) Hienach kann eine dingliche Last

1. aus dreifachen Gründen einer Hypothek vorgehen:

a) wenn die dingliche Last vor der Hypothek entstand und, soweit Einschreibungszwang besteht, vor Einschreibung der Hypothek

---

[1]) Art. 55 Ziff. 2, Art. 57 Subh.Ordn.

[2]) Bezüglich Dienstbarkeiten s. oben §§ 87—90; bezüglich Reallasten oben §§ 90—92. Ueber Handlohnsäquivalente in der Subhastation b. Not.Zeit. 1888 S. 90 ff.

[3]) Vgl. hiezu oben § 99 lit. C Ziff. I, 1 S. 683.

[4]) § 22 Ziff. 5, § 25 Hyp.Ges. und Art. 1 Ziff. 1 der Hyp.Nov. v. 29. Mai 1886.

in das Hypothekenbuch eingeschrieben wurde, wobei hier wie dort der Moment der Einschreibung entscheidend ist;

b) wenn die dem Einschreibungszwange unterworfene dingliche Last vor der Hypothek entstand, und entweder überhaupt nicht oder nicht vor der Hypothekeinschreibung in das Hypothekenbuch eingeschrieben wurde, aber der Gläubiger der Hypothek sich auf die Oeffentlichkeit des Hypothekenbuches aus irgendeinem Grunde nicht berufen kann;

c) wenn der Hypothekgläubiger der dinglichen Last den Vorrang vor seiner Hypothek eingeräumt hat;

2. aus dreifachen Gründen einer Hypothek nachgehen:

a) wenn die dingliche Last erst nach dem Momente der Einschreibung der Hypothek in das Hypothekenbuch entstand;

b) wenn die dem Einschreibungszwange unterworfene dingliche Last zwar schon vor der Hypothek entstanden war, aber in das Hypothekenbuch nicht eingeschrieben wurde und der Gläubiger der Hypothek sich wirksam auf die Oeffentlichkeit des Hypothekenbuches berufen kann;

c) wenn der Hypothek der Vorrang vor der dinglichen Last eingeräumt wurde.[5])

In allen Fällen der Ziff. 1 und 2 ist aber zu beachten, daß die Vorrangs- bezw. Nachrangsverhältnisse immer nur relative, nicht absolute Wirkung, d. h. nur Wirkung gegenüber denjenigen Hypotheken haben, in Ansehung derer die jene Verhältnisse begründenden Thatsachen vorhanden sind.

II. Hat nach diesen Grundsätzen eine Hypothek gegenüber einer auf dem zu subhastierenden Grundstücke ruhenden dinglichen Last den Vorzug, so ist unter gewissen weiteren Voraussetzungen eine lastenfreie Versteigerung des betreffenden Grundstückes zulässig, damit der vorgehende Hypothekgläubiger durch den infolge der dinglichen Belastung des Grundstückes etwa bewirkten Mindererlös nicht zu Schaden kommt. Denn ihm haftet das Grundstück ohne die beschwerende dingliche Last, ihm muß schließlich der Wert des Grundstückes, wie er sich ohne dingliche Last darbietet, zur Befriedigung gestellt werden. Andererseits hat aber auch der Lastenberechtigte Anspruch auf Deckung des Wertes seiner Last und demnach auf den nach Befriedigung der ihm im Range vorgehenden Hypothekforderungen verbliebenen Ueberschuß.[6])

Die einzelnen Voraussetzungen der lastenfreien Versteigerung sind folgende:

1. Es muß die dingliche Last, ohne welche das Grundstück versteigert werden soll, nach Maßgabe der unter Ziff. I erwähnten Grundsätze einer Hypothek nachgehen.

---

[5]) E. d. obst. L.G. XIII. 18; zu lit. a besonders E. d. obst. L.G. XI. 239.
[6]) Mot. z. Nov. S. 149, 150.

2. Es muß der lastenfreien Versteigerung des Grundstückes eine Versteigerung mit der nachgehenden Last vorausgegangen sein und diese Versteigerung des Grundstückes mit der nachgehenden Last darf nicht einen die vorgehenden Hypotheken unzweifelhaft deckenden Erlös ergeben haben. Denn wenn der bei der Versteigerung mit der Last erzielte Erlös die sämtlichen vorgehenden Hypotheken noch unzweifelhaft deckt, steht fest, daß durch die nachgehende Last die vorgehenden Hypothekgläubiger nicht in ihren Rechten geschädigt werden und fehlt damit für sie jedes rechtliche Interesse an einer lastenfreien Versteigerung.

Die Versteigerung mit der Last erfolgt daher in allen Fällen, in welchen eine Hypotheken nachgehende Last auf dem Grundstücke ruht, kraft Gesetzes unter einer zweifachen, stillschweigenden, aufschiebenden Bedingung:

a) einmal unter der Bedingung, daß sie einen die vorgehenden Hypotheken unzweifelhaft deckenden Erlös ergibt. Bei der hienach vorzunehmenden Berechnung sind die oben in § 258 Ziff. 1 (S. 1354) angeführten Grundsätze maßgebend.[7]) Es sind daher bei der lastenfreien Versteigerung von vornherein nur Gebote zulässig, welche den bei der Versteigerung mit der Last erzielten Strichschilling übersteigen; andere Gebote dürfen überhaupt nicht berücksichtigt werden. Der Ausfall der Bedingung ist schon dann gegeben, wenn es auch nur einigermaßen zweifelhaft ist, ob der erzielte Erlös die erforderliche Deckung gewähren wird, und hat die lastenfreie Versteigerung zur gesetzlichen Folge. Der Eintritt der Bedingung ist gegeben, wenn feststeht, daß aus dem Erlöse ohne allen Zweifel die vorgehenden Hypotheken gedeckt werden können, und hat den Zuschlag zur Folge;

b) dann unter der weiteren Bedingung, daß die lastenfreie Versteigerung nicht ein besseres Resultat ergibt, als die Versteigerung mit der Last. Der Ausfall dieser Bedingung hat die Wirkungslosigkeit der Versteigerung mit der Last und den Zuschlag auf die lastenfreie Versteigerung, der Eintritt der Bedingung dagegen, der schon dann gegeben ist, wenn die lastenfreie Versteigerung ein gleiches Resultat liefert, den Zuschlag auf die Versteigerung mit der Last und die Wirkungslosigkeit der lastenfreien Versteigerung zur Folge.

Anderseits erfolgt auch die lastenfreie Versteigerung nur unter der stillschweigenden aufschiebenden Bedingung, daß sie ein besseres Resultat, als die Versteigerung mit der Last ergibt. Der Eintritt oder Ausfall dieser Bedingung hat die unter lit. b genannten korrespondierenden Wirkungen zur Folge.

3. Die Ankündigung der lastenfreien Versteigerung in der Versteigerungsbekanntmachung ist nicht nur nicht erforderlich, sondern auch überflüssig.

---

[7]) Art. 31 Nov.

4. Der Antrag eines Hypothekgläubigers oder sonstigen Beteiligten ist zur Vornahme der lastenfreien Versteigerung nicht erforderlich; sie erfolgt von Amts wegen, wenn ihre Voraussetzungen gegeben sind. Jeder vorgehende Hypothekgläubiger kann aber einseitig auf die lastenfreie Versteigerung verzichten; sein Verzicht bewirkt, daß, wenn trotzdem die lastenfreie Versteigerung vorgenommen wurde, weil noch ein anderer vorgehender Hypothekgläubiger auf lastenfreie Versteigerung nicht verzichtete, die Anweisung des verzichtenden Gläubigers auf den Erlös nach dem Ergebnisse der Versteigerung mit der Last zu bemessen ist.

5. Im Verhältnis zum gesetzlichen Mindestgebote besteht nunmehr für die Zulässigkeit der lastenfreien Versteigerung eine gewisse Einschränkung. Darf nach den Grundsätzen über das gesetzliche Mindestgebot der Zuschlag überhaupt nicht erteilt werden, wenn nicht die Versteigerung des Grundstückes, so wie es beschaffen ist, sohin mit den dinglichen Lasten, einen das gesetzliche Mindestgebot deckenden Erlös ergibt, so gewährt die lastenfreie Versteigerung für die in das gesetzliche Mindestgebot eingerechneten, der dinglichen Last vorgehenden Hypothekforderungen und Ewiggelder in keiner Weise mehr ein rechtliches Interesse und kann daher auch von den Gläubigern dieser Forderungen nicht mehr verlangt werden; dagegen haben sie nach Maßgabe der oben § 281 lit. F erwähnten Grundsätze unter Umständen das Recht auf Aufhebung des Zuschlages, aber nur aus dem Grunde des Verstoßes gegen die Bestimmungen über das gesetzliche Mindestgebot. Hienach ist das Verlangen der lastenfreien Versteigerung nur mehr ein Recht der nicht in das gesetzliche Mindestgebot eingerechneten Hypothekforderungen und Ewiggelder, mit anderen Worten für die Frage, ob eine lastenfreie Versteigerung erfolgen kann und darf, ist in minimo nur mehr die für die Festsetzung des Umfanges des gesetzlichen Mindestgebotes maßgebende Forderung bezw. deren Rangverhältnis zur dinglichen Last von Bedeutung.

III. Streitigkeiten darüber, ob Hypotheken vor dinglichen Lasten den Vorrang haben, können nicht vom Versteigerungsbeamten entschieden werden, sondern sind im ordentlichen Prozeßwege auszutragen.[8]) Bis zur Entscheidung der für die lastenfreie Versteigerung bestehenden Präjudizialpunkte hat der Notar die Versteigerung auszusetzen.

IV. Ein Verstoß gegen diese Grundsätze kann je nach Lage der Sache die Aufhebung des Zuschlages begründen.[9]) Die einzelnen Fälle sind folgende:

1. Das Grundstück mit der dinglichen Last wurde versteigert, ohne daß die erforderliche lastenfreie Versteigerung

---

[8]) E. d. obst. L.G. XIII. 20.

[9]) Art. 82 Ziff. 6 und 9, Art. 84 Subh.Ordn.

versucht worden ist, sei es, daß die Last bekannt oder unbekannt war. Im ersteren Falle können die Aufhebung des Zuschlages alle durch die Versteigerung mit der Last benachteiligten Gläubiger, nicht aber der Vollstreckungsschuldner oder Drittbesitzer (selbstverständlich auch nicht der Lastenberechtigte und der Ansteigerer) verlangen[10]; im zweiten Falle ist mangels eines Kausalzusammenhanges zwischen dem Ergebnis der Versteigerung mit der Last und einer Beeinträchtigung der Rechte der Gläubiger, abgesehen davon, daß die unbekannten Lasten unter gewissen Voraussetzungen mit dem Zuschlage untergehen[11], eine Anfechtung des Zuschlages überhaupt ausgeschlossen.[12]

2. Die lastenfreie Versteigerung wurde in unzulässiger Weise vorgenommen. Dem Lastenberechtigten steht hier ein Anfechtungsrecht nicht zu. Denn mit einer unzulässigen lastenfreien Versteigerung ist seine Last nicht erloschen; er kann sie stets gegen den Ansteigerer des Grundstückes geltend machen.[13] Letzterem steht dann allerdings wegen der teilweisen Entwertung der ersteigerten Grundstücke[14] unter gewissen Voraussetzungen der civilrechtliche Rückgriff entweder gegen denjenigen, der aus der lastenfreien Versteigerung auf seine Kosten bereichert erscheint, daher entweder gegen den der betreffenden Last nachgehenden, aber aus dem bei der lastenfreien Versteigerung erzielten Mehrerlöse befriedigten Gläubiger oder gegen den Vollstreckungsschuldner bezw. Drittbesitzer, dem dieser Mehrerlös zu gute gekommen ist, zu, oder er kann Entschädigung von dem Notar verlangen, der ohne gesetzlichen Grund die lastenfreie Versteigerung vorgenommen hat.[15] Dem Lastenberechtigten selbst kommen aber diese Rückgriffsrechte nicht zu, da ihm, wie oben erwähnt, die Last durch die unzulässige lastenfreie Versteigerung nicht verloren gegangen und er daher durch diese nicht geschädigt ist.

Aus diesen Sätzen folgt aber wieder, daß alle regreßpflichtigen Gläubiger wie der regreßpflichtige Vollstreckungsschuldner oder Drittbesitzer die Aufhebung des Zuschlages verlangen können, da durch die unzulässige lastenfreie Versteigerung ihre Rechte berührt werden. Dem Meistbieter der Versteigerung mit der Last kommt ein Anfechtungsrecht nicht zu.

3. Wurde die lastenfreie Versteigerung vorgenommen, ohne daß vorher die Versteigerung mit der Last versucht worden ist, so gelten in entsprechender Weise die unter Ziff. 2 genannten

---

[10]) Die bekannte Last geht auf den Ansteigerer über: d. Not.Zeit. 1881 S. 1.

[11]) Vgl. unten § 289 lit. E Ziff. III, 1 c, γ bb.

[12]) Vgl. auch Ortenau-Henle S. 217, 218; Hausers Ztschr. f. Reichs- und Landesrecht IV. 204.

[13]) Dies ist freilich bestritten. Zustimmend Hellmann S. 214, 215; Mot. z. Hyp.Ges. Nov. S. 378. A. M. Ortenau-Henle S. 218, 219 und daher auch dessen teilweise abweichende Meinung gegenüber den folgenden Sätzen.

[14]) Art. 58 Subh.Ordn. Vgl. hierüber unten § 289 lit. E Ziff. III, 1 c, γ bb.

[15]) Vgl. hiezu Art. 46 Not.Ges. und Bl. f. R.A. XXXII. 17 ff.

Grundsätze, soferne nicht von vorneherein feststeht, daß die Versteigerung mit der Last niemals das erforderliche Ergebnis erzielen läßt; in letztem Falle ist aus allgemeinen Gründen jede Anfechtung ausgeschlossen.[16])

B. Der Eigentumsrückfall als dingliche Last des Beschlagnahmegrundstückes.[17])

Der Eigentumsvorbehalt kann die Eigenschaft einer aufschiebenden oder auflösenden Bedingung haben. Hat er die Eigenschaft einer aufschiebenden Bedingung, so ist eine Zwangsvollstreckung in das aufschiebend bedingt veräußerte Grundstück in der Richtung gegen den Erwerber überhaupt insolange unzulässig, als die Bedingung nicht eingetreten ist; nur einen im nächsten Absatze noch näher bezeichneten Fall nimmt die Subhastationsordnung aus. Hat der Eigentumsvorbehalt dagegen die Eigenschaft einer auflösenden Bedingung, so ist der Erwerber zunächst Eigentümer des auflösend bedingt veräußerten Grundstückes geworden, die Zwangsvollstreckung in dieses Grundstück ist während des Schwebens der Bedingung in der Richtung gegen den Erwerber zulässig, aber der Ansteigerer erwirbt, wenn der Zuschlag während dieser Schwebezeit erfolgt, infolge der derivativen Wirkung des Zuschlages nur Eigentum unter auflösender Bedingung, so wie es der Vollstreckungsschuldner bezw. Drittbesitzer besessen hat.

Nur als Vorbehalt des Rückfalls des Eigentums hat daher der Eigentumsvorbehalt hypothekenrechtlich die Bedeutung einer Verpfändungsbeschränkung des Eigentümers[18]) und vom Standpunkte der Subhastationsordnung die Bedeutung und Wirkung einer dinglichen Last; es müßte denn sein, daß trotz der Eigenschaft einer aufschiebenden Bedingung die sofortige Eintragung des Besitztitels des Erwerbers bewilligt wurde; in diesem Falle wird auch der Eigentumsvorbehalt unter aufschiebender Bedingung dem Vorbehalte des Eigentumsrückfalles, aber nur für die Behandlung in der Subhastation gleichgestellt[19]), da von den Parteien selbst nach außen hin nur das letztere Rechtsverhältnis zum Ausdruck gebracht, trotzdem ihm aber nicht etwa allgemein die civilrechtliche Bedeutung einer auflösenden Bedingung beigelegt ist.[20])

Anderseits verliert aber der Vorbehalt des Eigentumsrückfalles für die Subhastation doch wieder dann jede Bedeutung, wenn entweder der Vorbehaltsberechtigte selbst für seine durch den Vorbehalt gesicherte Forderung die Zwangsvollstreckung in das damit belastete Grundstück betreibt[21]) oder im Falle der Versteigerung mit der Last der Vorbehaltsberechtigte

---

[16]) Vgl. auch E. d. obst. L.G. XI. 239; LI. 44; b. Not.Zeit. 1888 S. 55; Ortenau-Henle S. 218, 219.

[17]) Art. 15, 16 Nov. (sind an Stelle der Art. 67, 68 Subh.Ordn. getreten; vgl. Art. 45 Abs. 2 Nov.).

[18]) Vgl. oben § 122 lit. B Ziff. IV, 1 d, α S. 824.

[19]) Vgl. hiezu E. d. obst. L.G. VII. 838, IX. 485; Bl. f. R.A. XXXI. 345; XXXIII. 412; oben § 122 Nr. 41 S. 824.

[20]) Vgl. Aussch.Ber. z. Nov. S. 274.

[21]) Vgl. Ortenau-Henle S. 225.

selbst der Ansteigerer ist.[22]) Denn im ersteren Falle will er nur aus dem Erlöse Befriedigung haben und verzichtet damit auf den Vorbehalt, im zweiten Falle tritt Konsolidation und damit Erlöschung des Vorbehaltes ein, ohne daß der Ansteigerer irgend einen Anspruch auf den Erlös, sei es auch nur im Wege der Aufrechnung, geltend machen könnte.

Auf den Eigentumsrückfall bei beweglichen Sachen (wie Zubehörungen) finden die nachstehenden Sätze keine Anwendung.[23])

Im einzelnen ist sodann für die Behandlung des Vorbehaltes des Eigentumsrückfalles als dingliche Last zu unterscheiden, ob er zur Sicherung einer Forderung oder zu anderem Zwecke bedungen ist.

I. Ist der Vorbehalt des Eigentumsrückfalles nicht zur Sicherung einer Forderung bedungen, so wird er in allen Punkten den sonstigen dinglichen Lasten gleich behandelt; es kommen daher für ihn ausnahmslos die unter lit. A genannten Grundsätze zur Anwendung.[24])

II. Ist der Vorbehalt des Eigentumsrückfalles zur Sicherung einer Forderung bedungen, so kommen die Grundsätze der lit. A nur insoweit zur Anwendung, als nicht im nachfolgenden besonderes angeführt ist[25]):

1. Der Vorbehalt wird überhaupt nur dann berücksichtigt, wenn der Vorbehaltsberechtigte der in der Versteigerungsbekanntmachung enthaltenen Aufforderung zur entsprechenden Anmeldung und Glaubhaftmachung seiner Forderung rechtzeitig, d. h. vor der Aufforderung zur Abgabe von Geboten, nachgekommen ist. Für die Glaubhaftmachung gelten die allgemeinen Grundsätze der Reichs-Civilprozeßordnung[26]); darüber, ob glaubhaft zu machen sei, entscheidet der Versteigerungsbeamte. Der Anmeldung bedarf es nur dann nicht, wenn der Vorbehalt zu Gunsten einer auf dem belasteten Grundstücke ruhenden Hypothekforderung besteht und dies aus dem Hypothekenbuche ersichtlich ist; doch müssen auch hier wenigstens die oben § 281 lit. B Ziff. I, 3 S. 1415) genannten Ansprüche unter dem vorbezeichneten Präjudize angemeldet und glaubhaft werden. Unterbleibt die Anmeldung und Glaubhaftmachung, soweit geboten, so wird das dem Vorbehalte unterliegende Grundstück frei von ihm versteigert, vorausgesetzt, daß die vorgeschriebene Aufforderung ordnungsgemäß ergangen ist; andernfalls bleibt der Vorbehalt selbst dann bestehen, wenn in den Versteigerungsbedingungen sein Erlöschen bestimmt ist.[27]) Durch die Unterlassung der Anmeldung und Glaubhaftmachung verliert aber der Vorbehaltsberechtigte nicht schlechthin das Recht auf Befriedigung aus dem Erlöse, er kommt nur bei der Verteilung des

---

[22]) E. d. obst. L.G. XIV. 398; Bl. f. R.A. LVIII, 360; b. Not.Zeit. 1893 S. 46, 47; Ortenau-Henle S. 225.

[23]) Bl. f. R.A. LIV. 401 ff., LV. 81 ff.

[24]) Vgl. auch Mot. z. Nov. S. 149, 150; E. d. obst. L.G. XIV. 398; Bl. f. R.A. LVIII. 360.

[25]) Im einzelnen vgl. hiezu auch die Mot. z. Nov. S. 150, 151.

[26]) § 266 R.C.P.O.

[27]) Mot. z. Nov. S. 155.

Erlöses unter allen Umständen erst hinter den Ansprüchen zur Befriedigung, welche in dem gesetzlichen Mindestgebote Deckung finden müssen.[28])

2. Hat der Vorbehaltsberechtigte, soweit erforderlich, seiner Pflicht zur Anmeldung und Glaubhaftmachung der durch den Vorbehalt gesicherten Ansprüche genügt, so ist das Grundstück zunächst mit dem Vorbehalte zu versteigern.

a) Reicht der Strichschilling zur Deckung der dem Vorbehalte im Range vorgehenden Ansprüche nicht aus, so muß nach den oben in lit. A genannten Grundsätzen eine zweite Versteigerung des Grundstückes ohne Vorbehalt vorgenommen werden, für welche lediglich die dort bezeichneten Grundsätze gelten.[29]) Für die hiernach erforderliche Berechnung der vorgehenden Ansprüche kommen die oben in § 258 Ziff. 1 (S. 1354) genannten Grundsätze zur Anwendung.[30])

b) Reicht der Erlös der ersten Versteigerung mit Vorbehalt zur Deckung der dem Vorbehalte vorgehenden Ansprüche aus, so kann doch auch zu dem Zwecke, um einerseits den Vorbehaltsberechtigten aus dem Strichschillinge zu befriedigen und so den Vorbehalt zu beseitigen, anderseits um durch Beseitigung dieser dem Ansteigerer lästigen Verpfändungsbeschränkung einen besseren Strichschilling und damit Befriedigung der ihm nachgehenden Forderungen zu ermöglichen, eine zweite vorbehaltsfreie Versteigerung unter folgenden Voraussetzungen verlangt werden.

α) Der Erlös der Versteigerung mit Vorbehalt darf nicht die Forderung des Vorbehaltsberechtigten bereits vollständig decken; ist er aber auch nur zu einem kleinsten Teile nicht gedeckt, so ist eine vorbehaltsfreie Versteigerung zulässig. Für die hienach erforderliche Berechnung der dem Vorbehaltsberechtigten vorgehenden Ansprüche kommen die oben in § 258 Ziff. 1 (S. 1354) angeführten Grundsätze zur Anwendung.[31])

β) Die vorbehaltsfreie Versteigerung ist nur auf Antrag zulässig. Der Antrag kann von jedem dem Vorbehalte nachstehenden Beteiligten, da er durch die Versteigerung mit dem Vorbehalte geschädigt erscheint, und muß längstens vor der Erteilung des Zuschlages gestellt werden.

γ) Wurde der Antrag rechtzeitig gestellt, so erfolgt der Zuschlag auf die Versteigerung mit Vorbehalt nur unter der Bedingung, daß die vorbehaltsfreie Versteigerung nicht das gesetzlich erforderliche Ergebnis (s. lit. δ) gewährt. Der Eintritt dieser Bedingung macht den Zuschlag der ersten Versteigerung sofort

---

[28]) Art. 33 Abs. 1, Art. 20 Abs. 3 Nov.
[29]) Ebenso Ortenau-Henle S. 223; Hellmann S. 251.
[30]) Art. 31 Nov.
[31]) Art. 31 Nov.

endgiltig und der Vorbehalt bleibt zu Gunsten des nicht gedeckten Restes der durch ihn gesicherten Forderung bestehen; der Ausfall der Bedingung macht die erste Versteigerung völlig wirkungslos und der Vorbehalt erlischt.

δ) Bei der vorbehaltsfreien Versteigerung sind nur Gebote zulässig, welche den Betrag der durch Vorbehalt gesicherten Forderung und der ihm im Range vorgehenden Ansprüche übersteigen. Dabei finden auf den Ansatz jener Forderung die oben § 281 lit. B Ziff. I, 2 (S. 1411 ff.) genannten Grundsätze entsprechende Anwendung.

c) Wurde bei der Versteigerung mit Vorbehalt das gesetzliche Mindestgebot nicht erzielt, so sind folgende Fälle denkbar:

α) Die Forderung des Beschlagnahmegläubigers geht dem Vorbehalte im Range vor; in diesem Falle ist wieder das unter lit. a Gesagte anwendbar.

β) Die Forderung des Beschlagnahmegläubigers geht dem Vorbehalte im Range nach; hier kann

aa) der Beschlagnahmegläubiger innerhalb gesetzlicher Frist eine nochmalige, neue Versteigerung mit Vorbehalt verlangen; hiefür gelten die unten § 292 genannten Grundsätze;

bb) der Beschlagnahmegläubiger wie jeder andere, dem Vorbehalte im Range nachstehender Beteiligter, welcher durch das Ergebnis der Versteigerung mit Vorbehalt nicht völlig und unzweifelhaft gedeckt ist, eine zweite, vorbehaltslose Versteigerung verlangen, für welche im allgemeinen die oben unter lit. b angeführten Grundsätze gelten, jedoch mit der Aenderung, daß hier nur solche Gebote zulässig sind, welche das gesetzliche Mindestgebot und die Forderung der Vorbehaltsberechtigten decken.

d) Die vorbehaltsfreie Versteigerung, wie unter lit. b und c β, bb genannt, erfährt aber endlich allgemein für den Fall eine Einschränkung, daß die durch den Vorbehalt gesicherte Forderung keine Geldleistung ist oder wiederkehrende Leistungen von unbestimmter Dauer zum Gegenstande hat.[32]) Hier ist eine vorbehaltsfreie Versteigerung überhaupt nur dann zulässig, wenn der Rückfall des Eigentums mehrerer auf verschiedenen Hypothekenbuchfolien vorgetragener Grundstücke vorbehalten ist, und dieselben nicht sämtlich von dem nämlichen Aufsteigerer erworben werden.

3. Wegen jeden Verstoßes gegen die vorstehenden unter Ziff. 1 und 2 angeführten Grundsätze kann jeder durch den Verstoß geschädigte Beteiligte die Aufhebung des Zuschlages verlangen[33]), und zwar der Vorbehaltsberechtigte, sobald er in das Verfahren hereingezogen ist, wenn das Grundstück zu Unrecht vorbehaltsfrei

---

[32]) Vgl. hiezu d. Not.Zeit. 1886 S. 299.
[33]) Art. 26 Ziff. 1 Nov.; Art. 84 Subh.Ordn.

versteigert wurde, der einen Ausfall erleidende Gläubiger und der Vollstreckungsschuldner oder Drittbesitzer, wenn zu Unrecht der Vorbehalt aufrecht erhalten wurde, der Antragsteller, dessen Antrag auf vorbehaltsfreie Versteigerung nicht entsprochen wurde.[34])

4. Titel.

Die Versteigerungsbekanntmachung.

§ 285.

Erlassung der Versteigerungsbekanntmachung.[1])

A. Die Versteigerungsbekanntmachung bildet vorbehaltlich späterer Abänderung die vorläufige Grundlage der Versteigerung; sie verfolgt den Zweck, den einzelnen Gläubigern sichere und genaue Kenntnis aller wesentlichen, für sie erheblichen Umstände zu verschaffen, die nötigen Anhaltspunkte zur Wahrung ihrer Interessen durch Stellung von Anträgen auf Berichtigung und Abänderung der Versteigerungsbedingungen, sowie die Möglichkeit, für eine möglichst günstige Veräußerung thätig zu werden, zu bieten und sie muß daher alle wichtigen Thatsachen und Verhältnisse enthalten, welche zur Aufklärung der Gläubiger über die Sachlage und zur Wahrung ihrer Rechte erforderlich sind.[2]) Die Versteigerungsbekanntmachung ist im prozeßrechtlichen Sinne eine abänderliche Entscheidung des Versteigerungsbeamten.

B. Inhalt der Versteigerungsbekanntmachung.

I. Die Versteigerungsbekanntmachung hat zu enthalten:

1. die Erwähnung, daß die Versteigerung im Zwangswege durch den Notar als Versteigerungsbeamten erfolgt, unter Anführung des Beschlagnahmebeschlusses und des Tages seiner Eintragung im Hypothekenbuche;
2. die individualisierende Bezeichnung der Gläubiger, welche die Beschlagnahme erwirkt haben, in der oben § 267 lit. A Ziff. I, 2 c angeführten Weise;
3. die individualisierende Bezeichnung des Vollstreckungsschuldners und etwaigen Drittbesitzers in der oben § 267 lit. A Ziff. I, 2 a und b angeführten Weise;
4. eine nähere Beschreibung der Versteigerungsobjekte und zwar
   a) die individualisierende Bezeichnung der zu versteigernden Gegenstände in der oben § 267 lit. A Ziff. II, 4 angeführten Weise[3]);

---

[34]) Mot. z. Nov. S. 156, 157.

[1]) Art. 48 Subh.Ordn.; Art. 20 Nov.

[2]) Vgl. hiezu Mot. z. Subh.Ordn. S. 89; Mot. z. Nov. S. 152; d. Not.-Zeit. 1886 S. 377.

[3]) Ueber gebührenfreie Ausfertigung von Besitz- und Belastungszertifikaten für die Notare vgl. F.M.E. v. 1. Okt. 1880 (J.M.Bl. S. 346); E. d. obst. L.G. VI. 77; XI. 239.

b) die Angabe der beweglichen Zubehörungen, sowie die Bemerkung, ob die oben § 249 Ziff. I, 1 b (S. 1312) genannten besonderen Zubehörungen landwirtschaftlicher Güter vorhanden sind und ob die Zubehörungen mitversteigert werden;

c) die Angabe des Betrages der auf den Versteigerungsgegenständen haftenden Ewiggeldkapitalien, wenngleich sie sonst den Hypotheken in der Subhastation gleichgestellt sind[4]);

d) die Angabe der im Hypothekenbuche eingetragenen dinglichen Lasten (auch des Vorbehaltes des Eigentumsrückfalles), die auf den Versteigerungsgegenständen haften;

5. die Angabe von Ort, Tag und Stunde der Versteigerung mit genauer Bezeichnung des Lokals, in dem sie vorgenommen werden soll;

6. die Angabe der sämtlichen für die nämlichen Versteigerungsgegenstände erwirkten und nicht zurückgenommenen Beschlagnahmen, selbst wenn sie für mehrere Forderungen desselben Beschlagnahmegläubigers erwirkt sind;

7. die Angabe der zu berücksichtigenden Versteigerungsarten, ob die Gegenstände im einzelnen oder im ganzen zur Versteigerung gebracht oder ob und in welcher Weise mehrere Versteigerungsarten vorgenommen werden;

8. die willkürlichen Versteigerungsbedingungen;

9. die Hypothekforderungen, welche in dem gesetzlichen Mindestgebote Deckung finden müssen und zwar

a) individualisiert nach Betrag, Art und Gläubigerschaft,

b) mit der Angabe, ob der Betrag der einzelnen Forderungen bar zu zahlen oder ob sie vom Ansteigerer zu übernehmen seien und ob dieser auch in die persönliche Haftung einzutreten habe;

c) bei betagten unverzinslichen Forderungen und bei Forderungen auf wiederkehrende Leistungen mit der Angabe des Betrages, mit welchem sie bei der Feststellung des gesetzlichen Mindestgebotes angesetzt werden sollen[5]);

d) jedoch unter Weglassung aller auf die Verzinsung und Fälligkeit bezüglichen Bestimmungen.

10. Die Aufforderung:

a) an „die Gläubiger der ersten Reihe“ (ohne Namensnennung) ihre auf die Zeit bis zum Zuschlage treffenden Ansprüche längstens im Versteigerungstermine vor der Aufforderung zur Abgabe von Geboten anzumelden, unter Androhung des Rechtsnachteiles, daß im Falle der Unterlassung dieselben erst hinter den bei der Feststellung des gesetzlichen Mindestgebotes berücksichtigten Ansprüchen zum Zuge kommen;

---

[4]) Vgl. hiezu oben § 247 Ziff. IV S. 1307.

[5]) Vgl. hiezu Mot. z. Nov. S. 152; d. Not.Zeit. 1886 S. 294.

b) an „die Hypothekgläubiger“[6]) (ohne Namensnennung),

α) die etwaige Kündigung[7]) oder den Eintritt einer sonstigen Bedingung der Fälligkeit ihrer Forderungen (die bis zur Aufforderung zur Abgabe von Geboten dem Schuldner gegenüber erfolgte),

β) rückständige Zinsen wiederkehrender Leistungen, Kosten und andere Nebenforderungen

spätestens im Versteigerungstermine vor der Aufforderung zur Abgabe von Geboten anzumelden unter Androhung des Rechtsnachteiles für den Fall der Unterlassung,

zu α), daß die Kündigung oder der sonstige Fälligkeitsgrund dem Ansteigerer gegenüber unwirksam sei (s. oben § 282 lit. B Ziff. I, 1 d S. 1428),

zu β), daß diese Ansprüche erst hinter den bei der Feststellung des gesetzlichen Mindestgebotes berücksichtigten Ansprüchen zum Zuge kommen;

c) an die Berechtigten eines zur Sicherung einer Forderung bestehenden Vorbehaltes des Eigentumsrückfalles[8]) (mit genauer Personalbezeichnung)[9]), die Forderung spätestens im Versteigerungstermine vor der Aufforderung zur Abgabe von Geboten anzumelden und glaubhaft zu machen unter Androhung des Rechtsnachteiles für den Fall der Unterlassung, daß das Grundstück frei von dem Vorbehalte versteigert werde und die Forderung, wenn der Vorbehalt der für die Feststellung des gesetzlichen Mindestgebotes maßgebende Forderung im Range vorgehe, bei der Verteilung des Erlöses gleichwohl erst hinter den Ansprüchen zum Zuge komme, welche im gesetzlichen Mindestgebote Deckung finden müssen. (Vgl. oben § 284 lit. B Ziff. II, 1 S. 1442.)

II. Die Versteigerungsbekanntmachung **kann** enthalten die Anberaumung eines Verständigungs- oder Vorbereitungstermines bezüglich der Feststellung des gesetzlichen Mindestgebotes, insbesondere im Falle mehrfacher Beschlagnahme[10]), der sonstigen Versteigerungsbedingungen, zum Zwecke der Anmeldung und Glaubhaftmachung von Forderungen u. s. w. und die Ladung der Beteiligten zum anberaumten Termine, wie auch sonstige für die Versteigerung etwa in Betracht kommende Thatsachen und Verhältnisse, deren Bekanntgabe zweckmäßig erscheint.

C. Erlassung der Versteigerungsbekanntmachung.

I. Die Erlassung der Versteigerungsbekanntmachung erfolgt

1. durch den Versteigerungsbeamten;

---

6) Auch wenn der erste Hypothekgläubiger beschlagnahmt hat: b. Not.Zeit. 1887 S. 137; Hellmann S. 288; Ortenau-Henle S. 133.

7) Bl. f. R.A. Erg.Bd. VII. 294 ff.; Ortenau-Henle S. 133.

8) Vgl. hiezu besonders Art. 15 Abs. 1 Nov. und oben § 284 lit. B.

9) Krazer S. 12; Ortenau-Henle S. 134.

10) Vgl. Art. 23, 24 Abs. 1 Nov. und oben § 281 lit. E S. 1421 ff.

2. sobald der Versteigerungsbeamte die Vollstreckungsakten erhalten hat, ohne Rücksicht darauf, ob die Rechtskraft des Beschlagnahmebeschlusses bereits eingetreten ist, soferne nicht dessen Vollzug vom Vollstreckungs- oder Beschwerdegerichte ausgesetzt wurde[11]);
3. von Amts wegen, ohne Antrag irgend eines Beteiligten.[12])

II. Die Versteigerungsbekanntmachung gilt prozessual mit der Zustellung (s. § 286 lit. A) als erlassen.

D. Wurde eine Versteigerungsbekanntmachung überhaupt nicht erlassen oder der Inhalt derselben in einem für den Beteiligten wesentlichen Punkte nicht richtig angegeben, so ist der benachteiligte Gläubiger, oder wenn die nach lit. B Ziff. I, 10 c erforderliche Aufforderung an den Vorbehaltsberechtigten nicht erlassen wurde, sowohl der geschädigte (einen Ausfall erleidende) Gläubiger, als der Vollstreckungsschuldner bezw. Drittbesitzer befugt, die Aufhebung des Zuschlages zu verlangen.[13])

§ 286.

Zustellung und Veröffentlichung der Versteigerungsbekanntmachung.[1])

A. Zustellung der Versteigerungsbekanntmachung.

Um die Beteiligten von den vorläufigen Grundlagen der Versteigerung behufs Wahrung ihrer Rechte in Kenntnis zu setzen, ist die Zustellung der Versteigerungsbekanntmachung obligatorisch vorgeschrieben.

1. Zuzustellen ist eine gebührenfreie beglaubigte Abschrift der ganzen Versteigerungsbekanntmachung, wie ihr Inhalt in § 285 Ziff. II angegeben.

2. Die Zustellung erfolgt durch den Versteigerungsbeamten von Amts wegen.

3. Sie hat zu geschehen:

a) spätestens einen Monat vor dem Versteigerungstermine
   α) an den Vollstreckungsschuldner und den etwaigen Drittbesitzer,
   β) an die zur Zeit der Erlassung der Bekanntmachung, d. i. der Zustellung selbst, aus den Vollstreckungsakten ersichtlichen beteiligten Gläubiger;
b) nachträglich ohne Einhaltung einer Frist noch an diejenigen beteiligten Gläubiger, welche erst nach Erlassung der Bekanntmachung zur aktenmäßigen Kenntnis gelangen;
c) ohne jegliche Fristeinhaltung an den etwa aufgestellten Verwalter der Beschlagnahmeobjekte.

---

[11]) Vgl. hiezu oben § 268 lit. B Ziff. V S. 1377.
[12]) Bl. f. R.A. XLIV. 9.
[13]) Art. 82 Ziff. 1 Subh.Ordn.; Art. 26 Ziff. 3 Nov.; Art. 84 Subh.Ordn.
[1]) Art. 62, 63 Subh.Ordn.

4. Für das Verfahren bei der Zustellung gelten im übrigen die Vorschriften der §§ 157 ff. Reichs-Civilprozeßordnung. Hiebei sind speziell die oben § 262 S. 1362 ff. erwähnten Sätze zu beachten.

5. Wurde die Zustellung an einen Beteiligten entweder gar nicht oder nicht gehörig oder nicht rechtzeitig bewerkstelligt oder ist in der zugestellten Abschrift der Inhalt der Versteigerungsbekanntmachung in einem für den Beteiligten wesentlichen[2]) Punkte nicht richtig angegeben, so kann der betreffende Beteiligte die Aufhebung des Zuschlages verlangen[3]), im Falle nicht rechtzeitiger Zustellung aber nur dann, wenn er glaubhaft machen kann, daß er gerade hiedurch an der Wahrung seiner Rechte gehindert war.

B. Veröffentlichung der Versteigerungsbekanntmachung.[4])

Die Veröffentlichung der Versteigerungsbekanntmachung hat vornehmlich den Zweck, das Publikum von der bevorstehenden Versteigerung in Kenntnis zu setzen, um Steigerungslustige herbeizuziehen, sowie unbekannte Beteiligte zur Wahrung ihrer Interessen zu veranlassen[5]); sie kann sich daher auf denjenigen Teil der Versteigerungsbekanntmachung beschränken, der für das Publikum und die unbekannten Beteiligten das wesentlichste Interesse in Anspruch nimmt. Das Gesetz unterscheidet eine obligatorische und eine fakultative Veröffentlichung.

I. Die obligatorische Veröffentlichung der Versteigerungsbekanntmachung.

1. Veröffentlicht wird nur ein Auszug aus der Versteigerungsbekanntmachung. Dieser Auszug muß enthalten;

a) die Erwähnung, daß die Versteigerung im Zwangswege durch den Notar als Versteigerungsbeamten erfolgt;
b) die individualisierende Bezeichnung des Vollstreckungsschuldners und etwaigen Drittbesitzers;
c) die summarische Bezeichnung der zur Versteigerung zu bringenden Gegenstände, jedoch unter Angabe der Eigenschaft der Gebäulichkeiten, des beiläufigen Gesamtflächenmaßes und der Parzellenzahl einer jeden Gattung von Grundstücken, sowie der Steuergemeinde, in welcher sie belegen sind;
d) die Angabe, ob die Gegenstände einzeln oder im ganzen zur Versteigerung gebracht oder ob und in welcher Weise mehrere Versteigerungsarten verbunden werden;
e) Ort, Tag und Stunde der Versteigerung mit genauer Bezeichnung des Lokals, in welchem sie vorgenommen werden soll;

---

[2]) Vgl. hierüber besonders Ortenau-Henle S. 243.

[3]) Art. 82 Abs. 1 Ziff. 1, Abs. 2; Art. 84 Subh.Ordn.

[4]) Art. 64, 65 Subh.Ordn.; Art. 21 Nov.

[5]) Mot. z. Subh.Ordn. S. 89. Mot. z. Nov. S. 153.

f) die Bemerkung, daß die nähere Beschreibung des Versteigerungsgegenstandes, sowie die Versteigerungsbedingungen bei dem Versteigerungsbeamten eingesehen werden können, insbesondere auch die Mitteilung, daß die aus den Vollstreckungsakten zu entnehmenden Aufschlüsse über die Ansprüche, welche in dem gesetzlichen Mindestgebote Deckung finden müssen, und über den Betrag der zu übernehmenden Hypothekforderungen bei dem Versteigerungsbeamten erholt werden können.[6])

2. Die Veröffentlichung erfolgt durch den Versteigerungsbeamten.

3. Die obligatorische Veröffentlichung hat spätestens einen Monat vor dem Versteigerungstermine zu geschehen.

4. Die Veröffentlichung muß auf zweifache Art erfolgen:

a) durch Anheftung eines Auszuges in der Ortsgemeinde, in welcher das beschlagnahmte Grundstück belegen ist, an dem hiefür üblichen Platze durch einen Gerichtsvollzieher; eine bestimmte Zeit, wie lange der Auszug angeheftet sein muß, ist nicht vorgeschrieben. Diese Art der Veröffentlichung unterbleibt, wenn das Grundstück keiner Ortsgemeinde angehört[7]);

b) durch Veröffentlichung des Auszuges in demjenigen Blatte, welches für den Sitz des Vollstreckungsgerichtes zur Veröffentlichung der amtlichen Bekanntmachungen bestimmt ist; eine einmalige solche Veröffentlichung genügt.

5. Die Beobachtung der in Ziff. 1—4 genannten Förmlichkeiten ist teilweise wesentlicher Natur. Es kann nämlich die Aufhebung des Zuschlages verlangt werden[8]),

a) wenn eine der in Ziff. 4 genannten Arten der Veröffentlichung nicht stattgefunden hat;

b) wenn in einer der Arten der Veröffentlichung Gegenstand, Ort oder Zeit der Versteigerung nicht richtig bezeichnet war und eine den Umständen entsprechende Berichtigung nicht erfolgt ist, vorausgesetzt, daß durch die unrichtige Bezeichnung von Gegenstand und Ort die Identität in Frage gestellt wurde;

c) wenn die in Ziff. 3 genannte Frist zwischen der ersten Einrückung in das Amtsblatt und dem Versteigerungstermin nicht eingehalten ist.[9])

---

[6]) Nähere Angaben über das gesetzliche Mindestgebot und die Uebernahme der Hypothekforderungen sollen hier nicht gemacht werden, um hiedurch die Kauflustigen nicht in die irrige Meinung zu versetzen, sich auf dieselben verlassen zu können: Mot. z. Nov. S. 153.

[7]) Ebenso Hellmann S. 70; Ortenau-Henle S. 248, 249. A. M. Bl. f. R.A. XXXIV. 342; Ortenau 1. Aufl. zu Art. 64, Henle pr. b. Subh.Ordn. S. 119 Nt. 3, Krazer S. 18: „Die Anheftung müsse am Sitze der Distriktsgemeinde — an demjenigen Orte, wo die Versteigerung stattfindet — bethätigt werden."

[8]) Art. 82 Abs. 1 Ziff. 3, 4, 5 und Abs. 2, Art. 84 Subh.Ordn.

[9]) Nichteinhaltung der Frist bei der Anheftung an die Gemeindetafel ist nicht erheblich: Bl. f. R.A. Erg.Bd. VIII. 337 ff.

Das Recht auf Aufhebung des Zuschlages steht nicht nur jedem Gläubiger, welcher einen Ausfall erlitten hat, sondern auch dem Vollstreckungsschuldner und Drittbesitzer zu.

II. Die fakultative Veröffentlichung der Versteigerungsbekanntmachung.

1. Eine wiederholte Veröffentlichung oder andere Art der Veröffentlichung der Versteigerungsbekanntmachung erfolgt nur auf Antrag eines Beteiligten.

a) Jeder Beteiligte ist antragsberechtigt.

b) Dem Antrag muß vom Versteigerungsbeamten stattgegeben werden, wenn der Antragsteller die durch die Veröffentlichung entstehenden Kosten übernimmt und sogleich bar erlegt. Gegen den abweisenden Bescheid des Versteigerungsbeamten kann Abhilfe beim Vollstreckungsgerichte nachgesucht werden.[10]) Sonst liegt es im Ermessen des Versteigerungsbeamten, ob er dem Antrage willfahren will.

c) Es wird auch hier nur ein Auszug aus der Versteigerungsbekanntmachung veröffentlicht. Für den Inhalt desselben ist das unter Ziff. I, 1 Gesagte maßgebend.

d) Eine Frist für die Veröffentlichung besteht nicht.

e) Für die Frage, wie oft und in welcher Art zu veröffentlichen sei, entscheidet der Antrag des Beteiligten.

f) Die Veröffentlichung erfolgt durch den Versteigerungsbeamten.

g) Die Unterlassung der beantragten Veröffentlichung begründet ein Recht auf Aufhebung des Zuschlages

α) nur zu Gunsten des durch die Versteigerung geschädigten Antragstellers und

β) nur dann,

aa) wenn nach Maßgabe der lit. b dem Antrage stattgegeben werden mußte;

bb) wenn Gegenstand, Ort und Zeit der Versteigerung nicht richtig angegeben war und durch die unrichtige Angabe von Gegenstand und Ort die Identität in Frage gestellt wurde.[11])

2. Der Versteigerungsbeamte kann, wenn in der Ortsgemeinde, in welcher die Versteigerung stattfindet, deren Bekanntmachung durch die Schelle oder in ähnlicher Weise üblich ist, auch diese Art der Bekanntmachung vor dem Beginne der Versteigerung veranlassen.

---

[10]) § 685 R.C.P.O.; Art. 82 Abs. 3 Subh.Ordn.

[11]) Art. 82 Abs. 1 Ziff. 3—5, Abs. 2 und 3, Art. 84 Subh.Ordn.

§ 287.

Bekanntgabe nachträglicher Aenderungen des Inhaltes der Versteigerungsbekanntmachung.[1])

I. Werden lediglich die Versteigerungsbedingungen oder die Versteigerungsart abgeändert, so erfolgt zwar eine öffentliche Bekanntmachung dieser Abänderungen nicht, aber die Zustellung der Abänderung ist in folgenden Fällen erforderlich:

1. wenn eine weitere Beschlagnahme für eine Forderung besseren Ranges erwirkt wird:
   a) hier muß den Gläubigern, welche dadurch den ihnen nach der Versteigerungsbekanntmachung zustehenden Anspruch auf Deckung im gesetzlichen Mindestgebote verlieren, Mitteilung hierüber zugestellt werden. Diese Zustellung muß mindestens zwei Wochen vor dem Versteigerungstermine erfolgen, andernfalls die betreffende weitere Beschlagnahme bei der Feststellung des gesetzlichen Mindestgebotes außer Betracht zu bleiben hat. Die Unterlassung der Zustellung rechtfertigt aber nicht die Aufhebung des Zuschlages;
   b) sollen auch die übrigen im Range nachstehenden Gläubiger hievon benachrichtigt werden;
2. wenn im übrigen eine Abänderung der Versteigerungsbedingungen oder der Versteigerungsart in einem wesentlichen Punkte erfolgt, so muß den in Ziff. 1 a genannten Beteiligten die Abänderung zugestellt werden[2]), andernfalls der benachteiligte Beteiligte die Aufhebung des Zuschlages verlangen kann.[3])

II. Kann sonst aus irgend einem Grunde die Versteigerung nicht[4]) oder nicht in der angekündigten Weise stattfinden, so muß durch den Versteigerungsbeamten

1. dies durch jene Blätter, in welchen die Ausschreibung enthalten war, öffentlich bekannt gemacht werden. Eine Frist ist für diese Publikation nicht vorgeschrieben;
2. wenn zwar die bisherige Terminsbestimmung beibehalten, der Termin aber in anderer als in der angekündigten Weise abgehalten wird und die Abänderung einen für die Beteiligten wesentlichen Punkt betrifft, die Abänderung diesen Beteiligten auch zugestellt werden, andernfalls von dem geschädigten Beteiligten die Aufhebung des Zuschlages verlangt werden kann.

---

[1]) Art. 65, 66 Subh.Ordn.; Art. 22 Nov.

[2]) arg. Art. 66 Abs. 3 Subh.Ordn., die sich nicht bloß auf Abs. 2, sondern auch auf Abs. 1 des Art. 66 Subh.Ordn. beziehe. Vgl. auch Ortenau-Henle S. 253.

[3]) Art. 82 Abs. 1 Ziff. 1, Art. 84 Subh.Ordn.

[4]) Die Verlegung des Termins empfiehlt sich oft zu dem Zwecke, um der Aufhebung des Zuschlages vorzubeugen und dann in der Zwischenzeit den Mangel zu beheben: Mot. z. Subh.Ordn. S. 90; Aussch.Ber. z. Subh.Ordn. S. 495.

III. Hat die Versteigerung nach Beseitigung des ihrer Abhaltung entgegenstehenden Hindernisses[5]) (s. Ziff. II) am gleichen oder einem späteren Termine stattzufinden, so muß durch den Versteigerungsbeamten die desfallsige Ankündigung

1. wenigstens zwei Wochen vor dem neuen Termine in jenen Blättern, in welchen die frühere Ausschreibung enthalten war, öffentlich bekannt gemacht werden. Diese Ankündigung muß auf die frühere Bezug nehmen und etwaige wesentliche Abänderungen enthalten. Ist diese öffentliche Bekanntmachung nicht oder nicht rechtzeitig erfolgt, so kann der geschädigte Beteiligte die Aufhebung des Zuschlages verlangen[6]);
2. den in Ziff. I, 1 a genannten Beteiligten zugestellt werden. Eine Frist ist für diese Zustellung nicht vorgeschrieben. Die Unterlassung der Zustellung gibt dem geschädigten Beteiligten das Recht auf Aufhebung des Zuschlages.[7])

5. Titel.

Die Versteigerung.[1])

§ 288.

Vorbereitende Termine — Versteigerungstermin.

A. Vorbereitende Termine.

Dem Versteigerungstermine können Vorbereitungs- und Verständigungstermine zum Zwecke der Feststellung der Versteigerungsbedingungen vorausgehen; im Falle mehrfacher Beschlagnahme ist die Abhaltung eines Verständigungstermines spätestens am Tage der Versteigerung vor dem Beginne des Versteigerungstermines zum Zwecke der Feststellung des gesetzlichen Mindestgebotes sogar obligatorisch vorgeschrieben.[2])

B. Der Versteigerungstermin selbst.

I. Die Eröffnung, Leitung und Schließung des Versteigerungstermines obliegt dem Versteigerungsbeamten. Der Versteigerungsbeamte darf sich eines Ausrufers und Gehilfen bedienen.

II. Der Versteigerungstermin ist zu dem in der Versteigerungsbekanntmachung oder in einer nachträglichen Aenderung festgesetzten

---

[5]) Wurde die Versteigerung nur wegen Stundung oder infolge sonstiger Vereinbarung zwischen Gläubiger und Schuldner eingestellt, so finden nicht die im Texte genannten Vorschriften, sondern für die Fortsetzung des Verfahrens regelmäßig geltenden Gesetzesvorschriften Anwendung: so Ortenau-Henle S. 251 gegen Krazer S. 26.

[6]) Art. 82 Abs. 1 Ziff. 1, Art. 84 Subh.Ordn. Vgl. hiezu auch Ortenau-Henle S. 252.

[7]) Vgl. die Zitate der Nt. 23.

[1]) Art. 69, 76 Abs. 1—3 Subh.Ordn.; Art. 24 Nov.

[2]) Vgl. hiezu oben § 281 lit. E S. 1421 ff.

Zeit und am ebenda festgesetzten Orte abzuhalten. Die Hinausschiebung des Anfanges, wie die Wahl eines anderen, als des angekündeten Lokals innerhalb derselben Ortsgemeinde ist zulässig, jedoch muß das neue Versteigerungslokal entsprechend ersichtlich gemacht werden.[3])

III. Der Versteigerungstermin zerfällt im wesentlichen in zwei Abschnitte: in das einleitende und vorbereitende Verfahren und das eigentliche Versteigerungsverfahren:

1. Das einleitende und vorbereitende Verfahren.

a) Der Versteigerungstermin beginnt mit dem Aufruf der Sache.

b) Sodann folgt die Auflegung der Vollstreckungsakten. Der Versteigerungsbeamte hat zunächst die Versteigerungsbekanntmachung (nebst Aenderungen)[4]) als Grundlage der Versteigerung, den Hypothekenbuchsauszug, sowie die sonstigen, die Beschreibung des Versteigerungsgegenstandes und die Versteigerungsbedingungen betreffenden Urkunden zur Einsicht aufzulegen.

c) Hieran schließt sich die Bekanntgabe sämtlicher — der stillschweigenden und willkürlichen — für die Versteigerung maßgebenden Versteigerungsbedingungen durch wortwörtliches Vorlesen seitens des Versteigerungsbeamten.

d) Hierauf folgt die Feststellung der Versteigerungsbedingungen und zwar

α) die Feststellung des gesetzlichen Mindestgebotes.

aa) Der Versteigerungsbeamte hat zunächst die Anmeldung und die vorgeschriebene Glaubhaftmachung derjenigen Ansprüche, welche im gesetzlichen Mindestgebote nur auf Anmeldung zu berücksichtigen sind, wie die Anmeldung und Glaubhaftmachung der Ansprüche des Vorbehaltsberechtigten, soweit diese Ansprüche nicht schon vor dem Termine angemeldet worden sind, entgegenzunehmen. Für diese Anmeldungen ist mindestens eine Stunde Zeit zu gewähren; sie sind aber noch bis zur Aufforderung zur Abgabe von Geboten statthaft; der Versteigerungsbeamte hat ausdrücklich darauf hinzuweisen, daß Anmeldungen, welche nicht noch vor diesem Zeitpunkte erfolgen, ausgeschlossen seien;

bb) zu gleicher Zeit können sich die Beteiligten zur Feststellung des gesetzlichen Mindestgebotes äußern und etwaige Beanstandungen vorbringen;

cc) sodann ist über die sämtlichen Anmeldungen und sonstigen Vorbringen mit den Beteiligten zu verhandeln; etwaige Anerkenntnisse zu den Vollstreckungsakten, über den Rechtsbestand der in das gesetzliche Mindestgebot einzurechnenden Forderungen sind entgegenzunehmen;

---

[3]) Vgl. hiezu oben §§ 277, 278 S. 1394 ff.

[4]) S. oben § 285; E. d. obst. L.G. VIII. 101.

dd) schließlich hat der Versteigerungsbeamte nach Maßgabe des Ergebnisses der Verhandlungen (auch der Vorbereitungs- und Verständigungstermine) die sämtlichen im gesetzlichen Mindestgebote zu berücksichtigenden Ansprüche in einer nach instruktionsgemäßem Formulare[5]) anzufertigenden Uebersicht zusammenzustellen oder die zweckmäßigerweise bereits vorbereitete Uebersicht entsprechend zu berichtigen.

β) Die Festsetzung der Art und Weise der Strichschillingsberichtigung in der oben § 282 bezeichneten Weise unter Zugrundelegung des festgestellten gesetzlichen Mindestgebotes und des Ergebnisses der über den Strichschillingsausweis mit den Beteiligten gepflogenen Verhandlungen. Die Festsetzung ist ebenfalls in dem in lit. α, dd genannten Formulare einzutragen.

γ) Die Festsetzung der sämtlichen übrigen Versteigerungsbedingungen nach Maßgabe der hierüber mit den Beteiligten gepflogenen Verhandlungen. Jedoch hat auch hier die endgiltige Feststellung der Versteigerungsbedingungen zunächst nur relativen Wert, da bis zur Erteilung des Zuschlages bezw. bis zum Schluß des Versteigerungstermines immer noch Abänderungen möglich und zulässig sind.[6]) Werden im Versteigerungstermine die auf die Entgegennahme der Anmeldung und Glaubhaftmachung von Ansprüchen und der zulässigen Anträge oder die auf die Verhandlung über die Versteigerungsbedingungen bezüglichen Vorschriften verletzt, so steht dem hiedurch geschädigten Beteiligten das Recht auf Aufhebung des Zuschlages zu.[7])

e) Sodann hat der Versteigerungsbeamte das festgestellte gesetzliche Mindestgebot bekannt zu geben und zwar mit Angabe

α) der in Anrechnung auf den Strichschilling zu übernehmenden Forderungen, der auf die Fälligkeit derselben bezüglichen Anmeldungen und mit der Angabe, ob der Ansteigerer auch in die persönliche Haftung einzutreten hat;

β) des bar zu zahlenden Betrages des Strichschillings;

γ) der Forderung, zu deren Sicherung ein Vorbehalt des Eigentumsrückfalls besteht, wenn das Grundstück mit Aufrechterhaltung dieses Vorbehaltes versteigert werden soll.

f) Schließlich hat der Versteigerungsbeamte noch auf das oben in lit. d α, aa genannte Präjudiz hinzuweisen.

g) Werden bis zur Erteilung des Zuschlages die Versteigerungsbedingungen nochmals geändert, so muß die in lit. e bezeichnete Bekanntgabe entsprechend wiederholt werden.

---

[5]) Vgl. d. Not.Zeit. 1886 S. 388 ff.; Krazer S. 27; Ortenau-Henle S. 263 ff.

[6]) Diese Uebersicht kann dem Versteigerungsprotokolle als Anlage beigefügt werden. J.M.Bek. v. 6. Dez. 1886 (J.M.Bl. S. 281, 288 ff.).

[7]) Vgl. hiezu Näheres bei den einzelnen Versteigerungsbedingungen.

2. Das eigentliche Versteigerungsverfahren.

a) Der Versteigerungsbeamte hat zunächst den Steigerungslustigen die durch eine etwa notwendig werdende Wiederversteigerung für den Ansteigerer entstehende Rechtsfolge bekannt zu geben.[8])

b) Sodann hat er zur Abgabe von Geboten aufzufordern. Dies darf aber erst dann geschehen, wenn von dem für den Beginn des Versteigerungstermines festgesetzten Zeitpunkte an mindestens eine Stunde abgelaufen ist. Die Nichteinhaltung dieser Frist gibt dem geschädigten Beteiligten das Recht auf Aufhebung des Zuschlages.[9])

c) Hierauf folgen die einzelnen Gebote.

d) Sodann wird entweder

α) der Zuschlag auf das das gesetzliche Mindestgebot erreichende Meistgebot erteilt. Der Zuschlag erfolgt durch den Versteigerungsbeamten; dies darf aber erst nach dreimaligem Aufrufe und erst eine Minute nach dem letzten Aufrufe geschehen, andernfalls der geschädigte Beteiligte die Aufhebung des Zuschlages verlangen kann[10]),

β) oder es erfolgt der Schluß des Versteigerungstermines wegen Mangels eines zulässigen Gebotes.

Weder der Zuschlag noch der Schluß des Versteigerungstermines mangels Gebotes darf vor Ablauf einer halben Stunde nach der Aufforderung zur Abgabe von Geboten geschehen, anderseits ist aber selbstverständlich die Versteigerung insolange fortzusetzen, als Gebote abgegeben werden.

e) Zum Schlusse erfolgt die Anfertigung und Verlesung des Versteigerungsprotokolls und dessen alsbaldige Unterschrift durch den Meistbietenden, dem der Zuschlag erteilt worden ist; siehe hierüber Näheres unten § 295.

3. Im einzelnen ergeben sich noch Verschiedenheiten des Verfahrens, je nachdem niemand oder nur Steigerungslustige im Versteigerungstermine erscheinen.[11])

a) Erscheint im Versteigerungstermine weder ein Beteiligter noch ein Steigerungslustiger, so findet weder eine Festsetzung des gesetzlichen Mindestgebotes und der Art und Weise der Strichschillingsberichtigung, noch eine Bekanntgabe der Versteigerungsbedingungen, noch eine Aufforderung zur Abgabe von Geboten statt. Der Versteigerungsbeamte muß aber vom Zeitpunkte des Beginnes des Versteigerungstermines einundeinhalb Stunden zuwarten, bis er denselben als erfolglos schließen darf.[12])

---

[8]) Art. 24 Ziff. 4 Nov.; Art. 84 Subh.Ordn.

[9]) Art. 92 Subh.Ordn.; s. unten § 289 lit. B.

[10]) Art. 26 Ziff. 4 Nov.; Art. 84 Subh.Ordn.

[11]) Art. 82 Abs. 1 Ziff. 11, Art. 84 Subh.Ordn.

[12]) Erscheint nur ein Beteiligter, so muß das ganze unter Ziff. III bezeichnete Verfahren stattfinden.

b) Erscheinen im Termine lediglich ein oder mehrere Steigerungslustige, so fällt lediglich die Anmeldung und die Verhandlung über die Versteigerungsbedingungen weg.[13])

§ 289.

Das Versteigerungsgeschäft im allgemeinen.

I. Das Versteigerungsgeschäft besteht aus drei Teilen, dem Angebote, dem Zuschlage und der Beurkundung des Versteigerungsaktes.

1. Das Angebot ist die kraft Gesetzes im gewissen Maße bindende Erklärung einer Person, den Vollstreckungsgegenstand unter den festgesetzten Bedingungen um einen bestimmten Preis zu Eigentum erwerben zu wollen.

2. Der Zuschlag ist die namens der Staatsgewalt durch den Versteigerungsbeamten erfolgende Bezeichnung desjenigen, an welchen kraft gesetzlicher Vorschrift unter den festgesetzten Bedingungen der Vollstreckungsgegenstand zu Eigentum übergeht.

3. Die Beurkundung dient nicht bloß zur Beweissicherung, sondern ist essentielle Form des Versteigerungsaktes.

Angebot wie Zuschlag sind einseitige Erklärungen, welche nicht auf den Abschluß eines Vertrages abzielen und daher auch einen solchen nicht entstehen lassen. Die Angebote sind hienach auch keine Vertragsofferten, wenngleich im gewissen Maße bindend, sondern haben lediglich den Zweck, diejenige Person festzustellen, an welche der Versteigerungsbeamte den Zuschlag erteilen muß, damit an sie durch den Zuschlag kraft Gesetzes das Eigentum am Vollstreckungsgegenstande übergehe. Der Zuschlag ist nicht die Annahme eines Vertragsofferte, sondern lediglich ein staatlicher Rechtsakt, welcher kraft Gesetzes auf den Ansteigerer das Eigentum am Vollstreckungsgegenstande überträgt und daher eine gesetzliche, aber wie unten § 291 lit. E noch näher darzulegen, nur derivativ wirkende Eigentumserwerbsart; die Aufforderung zur Abgabe von Geboten, aber noch weniger als das Angebot selbst, ein Vertragsoffert des Versteigerungsbeamten, sondern lediglich eine Einladung zur Abgabe derjenigen Erklärungen, welche schließlich die Person des Ansteigerers feststellen sollen. Die reine Vertragstheorie, welche diese Art des Versteigerungsgeschäftes schlechthin unter den Begriff des Kaufvertrages oder unbenannten Konsensualkontraktes bringen will, läßt sich von vornherein mit der rechtlichen Stellung des Versteigerungsbeamten nicht vereinbaren; gleichwohl ist die analoge Anwendung der

---

[13]) Mot. z. Nov. S. 154. Er kann aber noch länger zuwarten, nur darf er nicht den Anschein erwecken, als ob der Termin geschlossen worden wäre, sonst könnte von einem Beteiligten, der als Bieter hätte auftreten können, mit Rücksicht auf Art. 83 Subh.Ordn. der Zuschlag angefochten werden; vgl. Ortenau-Henle S. 269.

Kaufvertragsgrundsätze auf das Zwangsversteigerungsgeschäft nicht schlechthin ausgeschlossen.[1])

II. Kraft ausdrücklicher Gesetzesvorschrift können Vorkaufsrechte bei der Zwangsversteigerung nicht ausgeübt werden.[2]) Die Einlösungsrechte der Hypothek- und Ewiggeldgläubiger sind beseitigt.[3])

§ 290.

Die Angebote.

A. Subjekte des Angebotes. — Stellvertretung.[1])

I. Nicht nur eine einzelne Person, sondern auch mehrere Personen zusammen können Subjekte eines Angebotes sein.[2])

II. Das Steigern (Bieten) kann von demjenigen, der durch den Zuschlag den Vollstreckungsgegenstand erwerben will (Ansteigerer), soweit nicht ein gesetzlicher Zwang zur Stellvertretung besteht, in Person oder durch einen Stellvertreter vorgenommen werden.

III. Im Falle einer Stellvertretung und zwar gesetzlichen[3]) wie vertragsmäßigen, sind drei Fälle zu unterscheiden:

1. Der Stellvertreter erklärt sofort beim Bieten oder wenigstens, wenn auch erst nach dem Zuschlage, so doch sofort nach dem Zuschlage bis zur Unterzeichnung des Zuschlages (siehe oben § 283 Ziff. X, 4 S. 1435), daß das Gebot für einen Dritten oder für ihn und einen Dritten — Anwesenden oder Nichtanwesenden — gelten solle, benennt sofort diesen Dritten und legt Vollmacht desselben vor oder weist ordnungsgemäß seine gesetzliche Vertretungsbefugnis nach, bezw. der Dritte gibt sofort seine Zustimmung. Hier gilt dann als Rechtssubjekt des Gebotes der Dritte, bezw. der Dritte und der Bieter; dem Dritten, bezw. beiden gemeinsam ist der Zuschlag zu erteilen.[4])

2. Der Stellvertreter handelt in der gleichen, wie unter Ziff. 1 bezeichneten Weise, kann aber formgerechte Vollmacht nicht sofort vorlegen, bezw. die gesetzliche Vertretungsbefugnis nicht sofort nachweisen. Hier muß der Stellvertreter binnen einer Woche nach Er-

---

[1]) Vgl. hiezu oben § 251 Ziff. 2 S. 1318.

[2]) Art. 77 Subh.Ordn. Vgl. hiezu den Landtagsabschied v. 10. Nov. 1861 Abschn. III § 28 und oben § 158 S. 964 ff. Im Hypothekenbuche eingeschriebene bloße Dispositionsbeschränkungen des Eigentümers, ohne Zustimmung des einen oder anderen nicht veräußern zu dürfen, haben m. E. in der Subhastation, sowenig wie sonst bei Eigentumsveräußerungen eine diese hindernde Wirkung und Bedeutung.

[3]) Bezüglich der Hypothekgläubiger (§ 64 Hyp.Ges.) schon durch die b. Civ.-Proz.Ordn. v. 29. April 1869, bezüglich der Ewiggeldgläubiger durch Art. 167 Subh.Ordn.

[1]) Vgl. zum folgenden Art. 76 Abs. 4—6 Subh.Ordn.

[2]) Vgl. b. Not.Zeit. 1893 S. 103; Ortenau-Henle S. 279, 280.

[3]) Ortenau-Henle S. 283 sind der Ansicht, daß die Analogie des Art. 76 Abs. 4 Subh.Ordn. diese Ausdehnung rechtfertige; ich bin der Meinung, daß schon die Wortfassung dieser Gesetzesstelle den Satz des Textes ergibt. Vgl. auch Krazer S. 54, 72.

[4]) Vgl. hiezu E. d. obst. L.G. XV. 57; b. Not.Zeit. 1893 S. 103.

teilung des Zuschlages formgerechte Vollmacht oder Genehmigungserklärung des Dritten zu den Vollstreckungsakten bringen, d. h. dem Versteigerungsbeamten oder Vollstreckungsgerichte vorlegen, bezw. die gesetzliche Vertretungsbefugnis ordnungsgemäß zu den Vollstreckungsakten nachweisen, widrigenfalls er als Ansteigerer behandelt wird.[5]) Der Zuschlag gilt hier dem Dritten unter der aufschiebenden Bedingung, dem Stellvertreter unter der auflösenden Bedingung der rechtzeitigen Nachbringung der Vollmacht oder Genehmigungserklärung erteilt; tritt die Suspensivbedingung ein und fällt damit die Resolutivbedingung aus, so gilt der Dritte, bezw. der Dritte und Stellvertreter gemeinsam vom Zeitpunkte des Zuschlages an als Rechtssubjekt des Meistgebotes und Ansteigerer, d. h. die Suspensivbedingung äußert rückwirkende Kraft. Fällt die Suspensivbedingung aus und tritt damit die Resolutivbedingung ein, so steht nunmehr endgiltig fest, daß der Stellvertreter vom Zeitpunkte des Zuschlages an selbst Rechtssubjekt des Meistgebotes und damit Ansteigerer war.

3. Wird das Stellvertretungsverhältnis vom Bieter überhaupt nicht bekannt gegeben oder die in Ziff. 2 genannte Frist versäumt, so gilt immer der stellvertretende Bieter als Rechtssubjekt des Gebotes und Ansteigerer. Eine Uebertragung des Eigentums am zugeschlagenen Gegenstande auf den Vertretenen ist dann nur mehr durch einen außerhalb des Vollstreckungsverfahrens vorzunehmenden Rechtsakt möglich.[6])

Die Vollmacht wie die Genehmigungserklärung muß im Falle der Ziff. 1 wie 2 in notarieller Urkunde erteilt sein, andernfalls sie ungiltig ist und nicht beachtet wird.[7])

Verstöße gegen diese Rechtssätze sind geeignet, die Ungiltigkeit des Zuschlages aus civilrechtlichen Gründen zu rechtfertigen.[8])

Ueber die Eigenschaft des Stellvertreters als Solidarbürgen s. oben § 283 Ziff. X (S. 1434).

B. Zulässigkeit der Angebote.

Die Zulässigkeit eines Angebotes hängt davon ab, daß der Bieter (Steigerer) die subjektive Fähigkeit zum Bieten (Steigern) besitzt und daß objektiv der Inhalt des Angebotes nicht gesetzwidrig ist.

---

[5]) Die Erlegung des Strichschillings durch den Dritten kann nicht die in öffentlicher Urkunde aufzubringende Vollmacht bezw. Genehmigung ersetzen.

[6]) Vgl. auch b. Not.Zeit. 1887 S. 10 ff., 1893 S. 103 ff.; E. d. obst. L.G. XV. 57; Ortenau-Henle S. 285.

[7]) Art. 76 Abs. 6 sagt in „öffentlicher Urkunde"; mit Rücksicht auf Art. 11 Abs. 2 Ziff. 1 und auch Art. 18 mit 14 Not.Ges. ist notarielle Urkunde und zwar m. E. ohne Ausnahme in personeller Hinsicht — soweit nicht dem Not.Ges. nachfolgende Gesetze anders bestimmen — erforderlich. A. M. Ortenau-Henle S. 285.

[8]) S. unten § 292 lit. F Ziff. I.

I. Die subjektive Fähigkeit zum Steigern (Bieten).

1. Hinsichtlich der Fähigkeit zum Bieten ist zu unterscheiden:

a) die Fähigkeit, Rechtssubjekt eines Gebotes zu sein.

α) Diese fehlt allen physischen und juristischen Personen, denen entweder nach örtlichem Civilrecht oder kraft singulärer landesgesetzlicher Vorschrift allgemein oder für den konkreten Erwerb die Rechtsfähigkeit fehlt.

β) Kraft singulärer landesgesetzlicher Vorschrift fehlt sie[9]):

aa) dem persönlich haftenden, nicht aber dem mit dem Vollstreckungsobjekte nur dinglich haftenden Schuldner[10]);

bb) dem Versteigerungsbeamten und seiner Ehefrau, nicht aber seinen Verwandten und Verschwägerten[11]);

cc) den bei der Versteigerung vom Versteigerungsbeamten verwendeten Gehilfen und Ausrufern.

Für rechtsunfähige Personen kann auch ein Stellvertreter rechtswirksam nicht bieten.

b) Die Fähigkeit, rechtswirksam die Steigerungshandlung (das Bieten) selbst, sei es für sich oder einen Dritten, vornehmen zu können.

α) Die Fähigkeit, für sich selbst steigern zu können, mangelt:

aa) denjenigen, welche nicht civilrechtliches Subjekt eines Gebotes sein können;

bb) denjenigen, welche nach örtlichem Civilrecht unfähig sind, sich durch Verträge zu verpflichten[12]);

cc) den Stummen, Taubstummen, Tauben, welche nicht lesen können, und Personen, welche der deutschen Sprache nicht mächtig sind.[13])

Für die unter lit. bb und cc bezeichnete Personen kann aber durch Stellvertreter geboten werden.

β) Die Fähigkeit, als Stellvertreter eines Dritten zu steigern, gestaltet sich verschieden, je nachdem der Stellvertreter unter sofortiger Vollmachtsvorlage oder ohne solche bietet:

aa) im ersteren Falle sind auch die unter lit. a, α, b, α, aa und bb bezeichneten Personen fähig, als Stellvertreter zu bieten, unfähig dagegen die in lit. a, β und lit. b, α, cc angeführten Personen;

---

[9]) Art. 73 Subh.Ordn.

[10]) Bl. f. R.A. XLV. 168. Diesem stellt Ortenau-Henle S. 277 Nr. 6 den Benefizialerben gleich.

[11]) Vgl. Art. 47 Not.Ges. schon oben § 15 Ziff. 2 S. 43 Ebenso Ortenau-Henle S. 277; a. M. Krazer S. 53

[12]) Die Analogie der Verträge greift hier Platz. Bezüglich der Ehefrauen entscheidet das eheliche Güterrecht, ob sie allein oder nur mit Zustimmung des Ehemannes bieten können. Vgl. hieher auch d. Not.Zeit. 1886 S. 390; Krazer S. 235, 236, 244; Ortenau-Henle S. 279.

[13]) Vgl. Näheres bei Ortenau-Henle S. 280.

bb) im zweiten Falle sind die sämtlichen unter lit. a und b, α genannten Personen auch unfähig, als Stellvertreter zu bieten; hiebei macht es keinen Unterschied, ob sie an sich bevollmächtigt sind oder nicht.

c) Die Fähigkeit, das Angebot realisieren zu können, die Zahlungsfähigkeit des Bieters; es muß daher der Bieter auf Verlangen Sicherheit leisten, das Nähere hierüber ist bereits oben § 283 (S. 1432 ff.) dargelegt.

d) Das für die Beamten des äußeren Dienstes bestehende Verbot, in ihrem Amtsbezirke keine Gutsrealitäten zu erwerben, hat weder civilrechtliche noch prozeßrechtliche Bedeutung.[14])

2. Wirkungen der Unfähigkeit zum Bieten. Die Unfähigkeit eines Bieters zum Bieten bewirkt, daß sein Angebot als unzulässig zurückgewiesen werden muß. Wurde der Zuschlag auf ein Gebot erteilt, das wegen Unfähigkeit des Bieters bezw. Stellvertreters nicht berücksichtigt werden durfte, so ist der Zuschlag aus civilrechtlichen Gründen ungiltig. Wurde ein Beteiligter mit Unrecht als Bieter zurückgewiesen und hiedurch geschädigt, so kann er die Aufhebung des Zuschlages verlangen; das gleiche Recht steht einem Beteiligten auch dann zu, wenn das Angebot eines Dritten in unzulässiger Weise zurückgewiesen wurde, dieser Dritte in Wirklichkeit Meistbietender geblieben war und der Beteiligte durch die Zurückweisung geschädigt ist.[15])

C. Objektiver Inhalt der Angebote.

Jedes Angebot muß einen Preis bezeichnen, um welchen der Bieter den Vollstreckungsgegenstand erwerben will. Hiebei sind nur solche Angebote zulässig, welche den Preis in Geld nach deutscher Reichswährung ausdrücken und nicht gegen die jeweils erforderliche gesetzliche Mindestsumme verstoßen. Hienach sind unzulässige Gebote:

1. diejenigen, welche nicht den Preis in Geld nach deutscher Reichswährung, sondern in anderer Währung oder in anderer Ware bestimmen;
2. diejenigen, welche nicht das gesetzliche Mindestgebot erreichen; s. oben § 282 lit. F (S. 1422 ff.).
3. im Falle einer lastenfreien oder vorbehaltsfreien Versteigerung alle diejenigen, welche nicht die hier gesetzlich besonders festgesetzte Höhe erreichen; s. oben § 284 (S. 1436 ff.).
4. im Falle der Wiederversteigerung zu Gunsten eines für die Feststellung des gesetzlichen Mindestgebotes dem Beschlagnahmegläubiger nachgehenden Gläubigers diejenigen Gebote, welche nicht die vorgehenden Ansprüche und die Kosten der Wiederversteigerung decken; s. unten § 294.

---

[14]) § 21 Abs. 2 der IX. Verf.Beil. nebst Erkl. v. 24. Aug. 1818 (R.Bl. S. 987); Bl. f. R.A. II. 256; IX. 317; Ortenau-Henle S. 279; oben § 36 Ziff. I, 2 S. 211 ff.

[15]) Art. 82 Ziff. 9, Art. 84 Subh.Ordn.

Solche unzulässige Gebote dürfen vom Versteigerungsbeamten nicht berücksichtigt, sondern müssen zurückgewiesen werden[16]); ein Verstoß gegen das in Ziff. 1 aufgestellte Erfordernis begründet die civilrechtliche Nichtigkeit des Zuschlages, wenn auf ein solches gesetzwidriges Gebot der Zuschlag erteilt wurde. Die Berücksichtigung der nach Ziff. 2 bis 4 unzulässigen Gebote kann je nach Lage der Sache die Aufhebung des Zuschlages aus prozeßrechtlichen Gründen rechtfertigen; das Nähere hierüber ist bereits an einschlägiger Stelle dargelegt bezw. noch darzulegen.

D. Form der Angebote.

Die Form, in welcher die Angebote abgegeben werden müssen, ist die mündliche. Das Gesetz kennt schriftliche Angebote nicht; solche sind unzulässig. Wurde einem nicht in der zulässigen Weise abgegebenen Meistgebote der Zuschlag erteilt, so ist die Anfechtung des Zuschlages aus civilrechtlichen Gründen zulässig.[17]) Mit dem mündlichen Gebote ist die Erklärung des Bieters rechtsverbindlich; insbesondere ist die Rechtsverbindlichkeit des Meistbietenden nicht von der allerdings gesetzlich noch vorgeschriebenen Unterzeichnung des Zuschlages abhängig.[18])

E. Rechtliche Wirkung der Angebote.

I. Jedes Angebot bewirkt eine rechtliche Gebundenheit des Bieters, sich als diejenige Person feststellen zu lassen, an welche der Zuschlag erteilt und damit in allen rechtlichen Beziehungen als Ansteigerer behandelt werden soll. Im einzelnen ist hiezu folgendes zu bemerken.

1. Die rechtliche Gebundenheit des Bieters und damit die rechtliche Unzulässigkeit der Zurücknahme eines Angebotes besteht
   a) im Falle eines Mehrgebotes innerhalb der nämlichen oder einer weiteren Versteigerungsart nur bis zur Annahme dieses Mehrgebotes; die Annahme steht aber erst fest, wenn das Mehrgebot bis zum Zuschlage nicht zurückgewiesen worden ist[19]);
   b) nur dann, wenn nicht nach Abgabe des Gebotes und vor dem Zuschlage eine Abänderung der Versteigerungsbedingungen erfolgt;
   c) nur dann, wenn nicht vor dem Zuschlage das Verfahren oder der Termin aufgehoben wird.[20])
2. Die rechtliche Gebundenheit lebt nicht wieder auf, wenn der Zuschlag später aus irgend einem Grunde wieder aufgehoben wird.[21])

---

[16]) Art. 75 Subh.Ordn. Vgl. auch E. d. obst. L.G. VI. 978.

[17]) Art. 82 Ziff. 9 Subh.Ordn. wird hier nicht Anwendung finden können.

[18]) Art. 76 Abs. 3 Subh.Ordn. Vgl. hiezu auch E. d. obst. L.G. VII. 995.

[19]) Wird das Mehrgebot bis zum Zuschlage zurückgewiesen, so ist daher die Folge, daß dem nächstvorgehenden Gebote der Zuschlag erteilt werden muß: ebenso Ortenau-Henle S. 281, 282; a. M. E. d. obst. L.G. VI. 976; d. Not.Zeit. 1878 S. 316 ff.

[20]) Ortenau-Henle S. 281.

[21]) Ebenso Ortenau-Henle S. 282.

2. Wird ein höheres Gebot nicht mehr gelegt, so ist der Höchstbietende rechtlich gebunden, wenn sein Gebot nicht als unzulässig zurückgewiesen wird und nicht die unter Ziff. 1 a bis c bezeichneten Fälle eingetreten sind.

3. Die rechtliche Gebundenheit des Bieters ist im wesentlichen einseitiger Natur. Der rechtlich noch gebundene Bieter muß sich den Zuschlag gefallen lassen, während der Zuschlag an einen rechtlich nicht mehr gebundenen Bieter civilrechtlich nichtig ist. Dagegen hat der Bieter selbst weder prozessuale Rechtsmittel, um den Zuschlag für sich herbeizuführen, noch ein Klagerecht auf Erteilung des Zuschlages; ja er selbst hat nicht einmal ein Recht auf Anfechtung des Zuschlages, wenn einem anderen Bieter in unzulässiger Weise der Zuschlag erteilt wurde; er müßte denn Beteiligter sein; nur als solchem steht ihm, soferne er durch den Zuschlag benachteiligt ist, das Recht auf Aufhebung des Zuschlages aus prozeßrechtlichem Grunde zu.[22])

§ 291.

Der Zuschlag.

A. Die rechtliche Natur des Zuschlages.

Die rechtliche Natur des Zuschlages ist bereits oben § 289 dargelegt; hienach ist derselbe ein einseitiger staatlicher Rechtsakt, der kraft Gesetzes, jedoch nur mit derivativer Wirkung, den Uebergang des Eigentums am zugeschlagenen Gegenstande unter den festgesetzten Bedingungen auf den Ansteigerer bewirkt, der aber, soweit nicht gesetzlich oder nach Inhalt der Versteigerungsbedingungen besonderes bestimmt ist, ein dem Kaufvertrage analoges und hienach auch zu beurteilendes Rechtsverhältnis begründet (s. oben § 251 Ziff. 2 S. 1318).

B. Voraussetzungen des Zuschlages.[1])

Der Zuschlag darf nur erteilt werden,

a) wenn den oben § 288 lit. B Ziff. III, 1 d, α, aa und 2 d (S. 1454, 1456) genannten Zeitbestimmungen genügt ist,

b) wenn nach Abgabe des Meistgebotes noch ein dreimaliger Aufruf zu höheren Geboten durch den Notar erfolgt war;

c) an denjenigen noch rechtlich gebundenen Bieter, der das gesetzlich zulässige Meistgebot abgegeben hat.

Ein Verstoß gegen eine dieser Voraussetzungen rechtfertigt die Aufhebung des Zuschlages aus prozeßrechtlichen Gründen.[2])

---

[22]) Art. 82 Ziff. 9, Art. 84 Subh.Ordn.

[1]) Art. 76 Abs. 1 und 2 Subh.Ordn.; Art. 24 Abs. 3 und 4 Nov.

[2]) Art. 82 Ziff. 9 und 11 Subh.Ordn.; Art. 26 Ziff. 4 Nov.; Art. 84 Subh.Ordn. Eine Ueberschreitung der Minimalfristen schadet natürlich nicht.

C. Form des Zuschlages.[3])

1. Der Zuschlag muß durch den Versteigerungsbeamten in Person erteilt werden, andernfalls er civilrechtlich ungiltig ist.

2. Der Zuschlag erfolgt mündlich und besteht in der Erklärung, daß dem Meistbieter der Zuschlag hiemit erteilt sei.

3. Ueber den Zuschlag ist ein formgerechtes Versteigerungsprotokoll abzufassen[4]), andernfalls der Zuschlag civilrechtlich nichtig ist (s. unten lit. F Ziff. I). Die Unterzeichnung desselben durch den Meistbietenden ist jedoch zur Giltigkeit des Zuschlages nicht erforderlich.[5])

D. Perfektion des Zuschlages.

Die prozessuale Perfektion des Zuschlages tritt regelmäßig mit der Zuschlagserklärung des Versteigerungsbeamten ein. Die etwaige civilrechtliche Nichtigkeit des Zuschlages hindert seine prozessuale Existenz und Perfektion nicht. Wurde der Zuschlag in den etwa zulässigen Fällen nur unter einer Bedingung erteilt, so steht die endgiltige Perfektion erst mit Eintritt der Bedingung fest, aber unter Rückwirkung auf den Zeitpunkt des Zuschlages; einer förmlichen Wiederholung der Zuschlagserklärung bedarf es nicht; es wird die Konstatierung des Eintrittes der Bedingung durch den Versteigerungsbeamten in einer Notariatsurkunde genügen.

E. Wirkungen des Zuschlages.

I. Der Zuschlag schafft ein einem perfekten, resolutiv bedingten und durch Tradition vollzogenem Kaufvertrage ähnliches Rechtsverhältnis zwischen dem Ansteigerer in der Stellung eines Käufers auf der einen Seite und den Gläubigern bezw. dem Vollstreckungsschuldner oder Drittbesitzer als Verkäufer auf der anderen Seite. Die Stellung des Verkäufers kommt dem Vollstreckungsschuldner bezw. Drittbesitzer hauptsächlich insoferne zu, als es sich um die Haftung für Entwehrung und Anfechtung des Versteigerungsgeschäftes aus civil- und prozeßrechtlichen Gründen, den Gläubigern insoferne, als es sich um die Bezahlung des Strichschillings und Anfechtung des Zuschlages aus prozeßrechtlichen und rein faktischen Gründen handelt; immerhin ist aber in ersterer Hinsicht die Stellung der Gläubiger als Verkäufer nur äußerst beschränkter Natur.

II. Für den Umfang der Wirkungen des Zuschlages ist ausschließlich der Zeitpunkt der Perfektion des Zuschlages maßgebend. Die Folgen dieses Satzes zeigen sich bei der Erörterung der einzelnen Wirkungen.

---

[3]) Art. 76 Abs. 1 Subh.Ordn.

[4]) Art. 76 Abs. 3, Art. 78 Subh Ordn.

[5]) arg. Art. 78 Ziff. 7 Subh.Ordn.; s. unten § 295 lit. A Ziff. III.

III. Die einzelnen Wirkungen des Zuschlages sind teils dinglicher, teils obligatorischer Natur.[6])

1. Die dinglichen Wirkungen:

a) Der Eigentumsübergang am Zuschlagsobjekte auf den Ansteigerer.

α) Der Zuschlag bewirkt ohne weiteres den Uebergang des Eigentums an den zugeschlagenen Vollstreckungsgegenständen vom Vollstreckungsschuldner bezw. Drittbesitzer auf den Ansteigerer. Eine Besitzeseinweisung des Ansteigerers ist zum Eigentumsübergang nicht erforderlich, wenn auch obligatorisch ein Räumungsbefehl an den bisherigen Besitzer oder im Falle der Wiederversteigerung an den säumigen Ansteigerer erlassen wird. Auf Grund vollstreckbarer Ausfertigung des Räumungsbefehls kann auch der bisherige Besitzer zwangsweise ausgetrieben werden. Diese vollstreckbare Ausfertigung des im Versteigerungsprotokolle enthaltenen Räumungsbefehles[7]) darf aber erst erteilt werden, wenn nicht die Aufhebung des Zuschlages innerhalb einer zweiwöchentlichen Frist von dessen Erteilung an beantragt oder der Antrag abgewiesen worden ist; Rechtskraft des Abweisungsbeschlusses ist jedoch nicht erforderlich. Bis dahin hat das Vollstreckungsgericht auf Antrag eines Beteiligten, insbesondere auch des Ansteigerers die erforderlichen Maßregeln zur Sicherung des Zuschlagsobjektes, seiner Zubehörungen und Früchte anzuordnen.[8])

β) Der Eigentumsübergang kann sich nur dann vollziehen, wenn der Vollstreckungsschuldner bezw. Drittbesitzer das materielle Eigentum am Zuschlagsobjekte besessen hat.

Der Zuschlag ist demnach nicht eine originäre, sondern derivative, gesetzliche Eigentumserwerbsart. Hatte der Vollstreckungsschuldner oder Drittbesitzer, sei es an allen oder nur einzelnen Zuschlagsobjekten (Grundstücken, Pertinenzen ꝛc.) nur publizianischen Besitz oder nicht einmal solchen, so erlangt der Ansteigerer auch nur Besitz bezw. je nach den Voraussetzungen in seiner Person publizianischen Besitz mit allen Wirkungen eines solchen: der wahre Eigentümer verliert dann regelmäßig durch den Zuschlag sein Eigentum nicht, sondern kann das ihm gehörige Zuschlagsobjekt dem Ansteigerer entwehren.[9]) Der entwehrte Ansteigerer ist be-

---

[6]) Vgl. hiezu Art. 55 Abs. 1 Ziff. 2—3 und 5 Subh.Ordn.

[7]) Art. 78 Abs. 1 Ziff. 8; Art. 79; Art. 90 Abs. 3 Subh.Ordn. Die vollstreckbare Ausfertigung kann vom Notar oder Vollstreckungsgerichte erteilt werden, je nachdem dieses oder jener das Versteigerungsprotokoll in Aufbewahrung hat: § 705 Abs. 2 R.C.P.O.; Art. 80 Abs. 2 Subh.Ordn.; Art. 80 Abs. 2 Not.Ges. mit Art. 126 Ziff. 4 A.G. z. R.C.P.O.

[8]) Art. 15 Subh.Ordn.; s. oben § 275 Ziff. I S. 1389.

[9]) Art. 58 Subh.Ordn. Vgl. hieher besonders Ortenau-Henle S. 226—230; E. d. obst. L.G. VII. 82; IX. 154.

rechtigt, den gezahlten Strichschilling — aber auch nur diesen, nicht das Interesse — bezw. den auf den entwehrten Gegenstand treffenden Teil hieran von dem Vollstreckungsschuldner oder von dem Gläubiger, welcher die Zahlung empfangen hat, zurückzuverlangen bezw. Befreiung von der persönlichen Haftung übernommener Schulden zu begehren, muß aber, um diese Berechtigungen ausüben zu können, dem dafür in Anspruch Genommenen im Entwehrungsprozesse den Streit verkündet haben[10]); im übrigen bemißt sich das Rechtsverhältnis der Entwehrung nach örtlichem Civilrechte.[11]) Eine Beschränkung dieser Folgen tritt lediglich durch das hypothekenrechtliche Oeffentlichkeitsprinzip ein; wurde nämlich infolge der Beschlagnahme zu Gunsten einer mit den Wirkungen dieses Prinzipes ausgestatteten Hypothekforderung gegen den buchmäßigen Nichteigentümer das Vollstreckungsverfahren durchgeführt, ohne daß der wirkliche Eigentümer die Widerspruchsklage nach § 690 Reichs-Civilprozeßordnung erhoben oder der Beschlagnahmegläubiger den Schutz der hypothekenrechtlichen Oeffentlichkeit verwirkt hatte, so ist ein Regreß des entwehrten Ansteigerers gegen den etwa befriedigten Beschlagnahmegläubiger undenkbar und damit aber auch eine Vindikation des Zuschlagsobjektes seitens des wirklichen Eigentümers ausgeschlossen[12]); denn den wirklichen Eigentümer würde der Vorwurf der Arglist treffen, wenn er trotz seiner Unthätigkeit die zum Zwecke der Befriedigung der an seinem Eigentume haftenden und gegen ihn wirkenden Hypothekschuld vorgenommenen Vollstreckungsmaßregel, nämlich den Zuschlag, nicht gegen sich gelten lassen wollte. Anderseits kann aber gerade mit Rücksicht auf diese Gründe nur für den Fall einer ganzen oder teilweisen Befriedigung dieses Beschlagnahmegläubigers der Ausschluß der Vindikation an-

---

[10]) Vgl. hiezu Art 15 A.G. z. R.C.P.O.; §§ 69—71 R.C.P.O. und hiezu oben § 238 Ziff. VIII S. 1256.

[11]) So der Begriff der Entwehrung, die Verjährungsfrage. Ebenso Ortenau-Henle S. 227; Hellmann S. 65.

[12]) Mot. z. Subh.Ordn. S. 89; E. d. obst. L.G. IV. 371, 479; VII. 82; XIV. 722; Ortenau-Henle S. 229, 230; Regelsberger Hyp.R. 2. Aufl. S. 354, 355. Diese Folge schließt nicht aus, daß die Beschlagnahme an sich gegen den nicht materiellen Bucheigentümer unzulässig ist, wenn auch der Beschlagnahmegläubiger für sein Hypothekrecht sich auf die Oeffentlichkeit des Hypothekenbuches berufen kann; das Vollstreckungsgericht hat, wenn es weiß, daß der Bucheigentümer nicht materieller Eigentümer ist, den Beschlagnahmeantrag abzuweisen (s. hiezu oben § 253 lit. A Ziff. I, 2a S. 1328), aber die an sich unzulässige Beschlagnahme konvalesziert hinterher, wenn der im Texte genannte Fall eintritt. Daher die Zustimmung oben § 111 Nt. 20 S. 764 zu der oberstrichterlichen Entsch., wenn auch nicht mit völlig zutreffender Begründung, und oben § 132 lit. B Ziff. II mit Nt. 20 S. 866.

erkannt werden, nicht, wenn der Strichschilling lediglich zur Deckung der ihm vorgehenden Ansprüche ausreichte.

γ) Der Eigentumsübergang auf den Ansteigerer kann sich nur an den beschlagnahmten Gegenständen vollziehen, an diesen aber stets dann, wenn der Vollstreckungsschuldner bezw. Drittbesitzer wenigstens im Zeitpunkte des Zuschlages Eigentum hieran besessen hat.[13]) Für die nach der Beschlagnahme zur beschlagnahmten Hauptsache hinzugekommenen Bestandteile und Pertinenzen ist ausschließlich der Zeitpunkt des Zuschlages entscheidend.[14]) Die Veräußerung der Beschlagnahmegegenstände nach bewirkter Beschlagnahme seitens des Vollstreckungsschuldners bezw. Drittbesitzers hindert den Eigentumsübergang nicht.[15])

δ) Für den Umfang des Eigentumsüberganges auf den Ansteigerer ist lediglich der Zuschlag entscheidend[16]), denn dieser, nicht die Beschlagnahme, ist der Veräußerungsakt. Nur diejenigen Gegenstände gehen daher in das Eigentum des Ansteigerers über, auf welche der Zuschlag erteilt ist, sohin nur diejenigen, welche im Strichsprotokolle, und mangels einer genügend deutlichen Bezeichnung der fraglichen Gegenstände hierin nur diejenigen, welche in der Versteigerungsbekanntmachung als Strichsgegenstände angeführt sind.[17]) Für den angegebenen Flächeninhalt wird jedoch keine Gewährschaft geleistet, außer wenn die Versteigerungsbedingungen anderes bestimmen.[18])

ε) Mit dem Eigentum an der Hauptsache geht auch das Eigentum an ihren einzelnen Bestandteilen[19]) und Pertinenzen, soweit nicht besondere Ausnahmen gemacht und rechtlich möglich sind, über. Wurden nach der Beschlagnahme und vor dem Zuschlage Bestandteile und Pertinenzen vom Vollstreckungsschuldner oder Drittbesitzer weiterveräußert oder verschleppt, so soll nach einer Meinung[20]) der Ansteigerer dieselben weder vindizieren, noch wegen der Veräußerung oder Verschleppung bezw. Verschlechterung des Grundstückes Ersatzansprüche erheben

---

[13]) Hat daher der Vollstreckungsschuldner im Zeitpunkte der Beschlagnahme nicht Eigentum am beschlagnahmten Grundstücke, erwirbt aber solches noch vor dem Zuschlage, so fällt die anfängliche Ungiltigkeit der Beschlagnahme und die civilrechtliche Ungiltigkeit des Zuschlages weg.

[14]) Vgl. auch Bl. f. R.A. LV. 81 ff.; b. Not.Zeit. 1888 S. 188 ff.

[15]) Art. 33 Subh.Ordn. Vgl. oben § 255 lit. C Ziff. II, 1 a γ S. 1342 ff.

[16]) Vgl. auch b. Not.Zeit. 1883 S. 85, 86; b. Not.Zeit. 1889 S. 223; Ortenau-Henle S. 150 und die dortigen Zitate aus der nichtbayerischen Litteratur.

[17]) E. d. obst. L.G. IX. 131; Ortenau-Henle S. 150.

[18]) Art. 55 Ziff. 3 Subh.Ordn.; vgl. oben § 280 lit. B Ziff. I, 4 S. 1402.

[19]) Vgl. hiezu b. Not.Zeit. 1888 S. 191 bezüglich eines auf einem beschlagnahmten Grundstücke errichteten, aber nicht genannten Gebäudes.

[20]) Ortenau-Henle S. 150, 151; Bl. f. R.A. Erg.Bd. VII. 131, 209; b. Not.-Zeit. 1888 S. 184 ff.

können, nach anderer Ansicht[21]) wird dagegen dem Ansteigerer schlechthin ein Recht auf solche Bestandteile und Zubehörungen eingeräumt. Bei Entscheidung der strittigen Frage darf von vornherein nicht übersehen werden, daß solche Veräußerungen den benachteiligten Gläubigern gegenüber nichtig sind und für diese es so anzusehen ist, als ob die veräußerten oder verschleppten Gegenstände noch im Eigentume des Veräußerers stünden.[22]) Daraus folgt aber, daß bei mangelndem Widerspruch dieser benachteiligten Gläubiger und ausdrücklichem Zuschlag auch der veräußerten oder verschleppten Gegenstände mit dem Zuschlage auch die Rechte der benachteiligten Gläubiger auf den Ansteigerer übergehen und dieser daher deren Vindikationsrechte oder Ersatzansprüche ausüben kann. Anders verhält sich die Sache regelmäßig bezüglich der nach der Beschlagnahme und vor dem Zuschlage abgetrennten natürlichen Früchte; und zwar um deswillen, weil die Früchte nach ihrer Trennung von Grund und Boden völlig selbstständige Sachen geworden sind, auf diese Früchte der Zuschlag regelmäßig nicht erteilt zu werden pflegt und der Zuschlag auf die Hauptsache nicht ohne weiteres auf die abgetrennten Früchte sich erstreckt, so daß sie einen Massebestandteil bilden[23]); doch ist auch hier nicht ausgeschlossen, daß die abgetrennten Früchte mit zum Gegenstande des Zuschlages gemacht werden, wie sie ja auch gesondert versteigert werden können; hat hier der Vollstreckungsschuldner bezw. Drittbesitzer unberechtigter Weise Früchte abgetrennt und veräußert oder verschleppt, so stehen auch hier dem Ansteigerer die entsprechenden Vindikationsbefugnisse bezw. Ersatzansprüche zu. Auf Grund vollstreckbarer Ausfertigung des Räumungsbefehls kann der Ansteigerer auch die Aushändigung der zugeschlagenen Bestandteile, Zubehörungen und natürlichen Früchte der zugeschlagenen Hauptsache vom Besitzer erzwingen.[24]) Werden zugeschlagene Bestandteile, Zubehörungen oder natürliche Früchte dem Ansteigerer entwehrt, so gelten die gleichen Grundsätze, wie im Falle der Entwehrung der Hauptsache, nur daß natürlich nur ein verhältnismäßiger Teil des Strichschillings zurückverlangt werden kann.[25])

ζ) Als Folge des Eigentumsüberganges im Zeitpunkte des Zuschlages ergibt sich auch,

---

[21]) Gruchot, Beiträge z. Erl. d. deutsch. Rechts XVII. 28 ff.

[22]) Art. 33 Abs. 1 Subh.Ordn.; vgl. oben § 255 lit. C Ziff. II, 1 a γ S. 1342 ff.

[23]) Vgl. oben § 62 S. 453; § 274 S. 1388.

[24]) Vgl. auch Ortenau-Henle S. 292.

[25]) Ebenso Ortenau-Henle S. 226 Nt. 3. Ueber die Regreßklage eines Ansteigerers wegen Entgang von Früchten (Mietzinsen) s. E. d. obst. L.G. XIII. 564.

aa) daß der Ansteigerer von diesem Zeitpunkte ab berechtigt ist die Nutzungen zu ziehen[26]),

bb) daß er von diesem Zeitpunkte an die Gefahr des Unterganges und der Verschlechterung zu tragen hat.[27])

η) Das Eigentum geht auf den Ansteigerer mit dem Zuschlage nur unter der Bedingung der Erfüllung der Strichsverbindlichkeiten über. Erfüllt der Ansteigerer die Strichsverbindlichkeiten nicht vollständig, so kann innerhalb bestimmter Frist die Wiederversteigerung beantragt werden, anderseits ist aber das Wiederversteigerungsverfahren doch dann wieder einzustellen, wenn der Ansteigerer bis zur Erteilung des Zuschlages in demselben oder im Falle ergebnisloser Wiederversteigerung bis zur Erlöschung der Beschlagnahme nachträglich alle seine Verbindlichkeiten einschließlich der durch das neue Verfahren für ihn entstandenen nachweist.[28])

aa) Der Eigentumsübergang auf den Ansteigerer findet hienach zwar im Zeitpunkte des Zuschlages aber nur unter einer zweifachen negativen und zweifachen affirmativen auflösenden Bedingung statt.[29]) Diese kumulativ wirkenden auflösenden Bedingungen sind dahin zu formulieren: Das Eigentum geht zwar auf den Ansteigerer mit dem Zuschlage über, er hört aber wieder auf, Eigentümer zu sein,

αα) wenn er seine Strichsverbindlichkeiten nicht vollständig erfüllt,

ββ) wenn rechtzeitig der Antrag auf Wiederversteigerung gestellt wird,

γγ) wenn der Ansteigerer nicht wenigstens bis zur Erteilung des Zuschlages im Wiederversteigerungsverfahren, im Falle ergebnisloser Wiederversteigerung bis zu dem Zeitpunkte, in welchem die Beschlagnahme kraft Gesetzes als erloschen betrachtet wird[30]), nachträglich seine Strichsverbindlichkeiten nebst den durch neue Verfahren für ihn erwachsenen Verbindlichkeiten erfüllt, oder im Falle seine Verbindlichkeiten noch nicht feststehen, den vom Vollstreckungsgerichte oder Versteigerungsbeamten bestimmten Betrag hinterlegt,

δδ) wenn in dem unten § 294 Ziff. III, 2 g bezeichneten Falle die Wiederversteigerung nicht erfolglos geblieben ist.

---

[26]) Ebenso Ortenau-Henle S. 149; Ztschr. f. d. Civ.Proz. XVII. 43, 44. — Ueber Beendigung der Verwaltung mit dem Zuschlage s. schon oben §§ 275, 276, S. 1389, 1390.

[27]) Vgl. d. Not.Zeit. 1891 S. 51; Ortenau-Henle S. 149.

[28]) Art. 55 Ziff. 2, Art. 87, 93 Subh.Ordn.; Art. 28 Abs. 4 Nov.

[29]) Ebenso E. d. obst. L.G. IX. 154; Hellmann S. 58; Ortenau-Henle S. 151. A. M. und für aufschiebende Bedingung Weber in d. Not.Zeit. 1885 S. 244.

[30]) Vgl. hiezu unten § 292 Ziff. III.

bb) Trotz der Eigenschaft der auflösenden Bedingung darf aber aus praktischen Gründen die Besitztitelberichtigung auf den Ansteigerer nicht sofort nach dem Zuschlage, sondern mindestens erst nach Ausfall einer dieser Bedingungen stattfinden.[31])

cc) Zum Schutze gegen nachteilige Verfügungen des Ansteigerers während der Schwebe der Bedingungen kann das Vollstreckungsgericht auf Antrag eines Gläubigers die erforderlichen Sicherheitsmaßregeln anordnen[32]); eine Verwaltung der Zuschlagsobjekte auf Rechnung des Ansteigerers findet während dieser Zeit nicht statt.[33])

dd) Treten diese vier Bedingungen ein, so steht fest, daß der Ansteigerer nie Eigentümer der Zuschlagsobjekte geworden war. Die Erfüllung dieser Bedingungen äußert rückwirkende Kraft. Der Ansteigerer muß dann das Zuschlagsobjekt, sowie alle in der Zwischenzeit gezogenen Nutzungen, die mit dem Zuschlag übereigneten Bestandteile, Zubehörungen und Früchte, und zwar entweder an den neuen Ansteigerer oder an den Vollstreckungsschuldner als Eigentümer herausgeben oder für Untergang und Verschlechterung nach Maßgabe der einschlägigen Grundsätze des örtlichen Civilrechtes Ersatz leisten. Die von ihm in der Zwischenzeit getroffenen Verfügungen dinglicher wie obligatorischer Natur über die Zuschlagsobjekte sind nach Maßgabe des einschlägigen Civilrechtes ungiltig.[34]) Hypothekbelastungen sind ihm überdies während des Schwebens der Bedingungen nicht einmal vormerkungsweise möglich, da er während dieser Zeit als Besitzer im Hypothekenbuche nicht eingeschrieben wird und selbst eine vormerkungsweise Besitztitelberichtigung nicht die Grundlage für eine Hypothekvormerkung bildet.[35]) Dagegen ist nicht ausgeschlossen, daß während der Schwebe der Bedingungen das Zuschlagsobjekt in der Richtung gegen den Ansteigerer beschlagnahmt werden kann: in solchem Falle ist sein Besitztitel (der Eigentumsübergang) und die Beschlagnahme im Hypothekenbuche vorzumerken[36]); treten dann die auflösenden Bedingungen ein, so werden diese Vormerkungen wieder gegenstandslos und sind im Hypothekenbuche zu löschen.

ee) Anderseits stellt der Ausfall auch nur einer dieser vier Bedingungen endgiltig fest, daß der Ansteigerer Eigentümer der Zuschlagsobjekte vom Zeitpunkte des Zuschlages an geworden

---

[31]) Art. 94—96, 122 Subh.Ordn.; vgl. unten § 297.

[32]) Art. 15 Subh.Ordn.; vgl. oben § 275 S. 1389.

[33]) Vgl. auch Ortenau-Henle S. 151.

[34]) Vgl. hiezu Windscheid, Pand. Bd. I § 91; Dernburg, Pand. Bd. I § 112.

[35]) Vgl. hierüber oben § 123 Ziff. III, 2 c S. 832.

[36]) Art. 30 Abs. 2 Subh.Ordn. (s. oben § 269 lit. A Ziff. 2 a S. 1380) kann hier m. E. keine Anwendung finden; ebensowenig Art. 15, 16 Nov. über den Vorbehalt des Eigentumsrückfalles.

und geblieben ist, vorbehaltlich natürlich einer etwaigen Anfechtung des Zuschlages aus prozeß- oder materiellrechtlichen Gründen.[37])

ϑ) Ist Ansteigerer der Drittbesitzer, so fallen für ihn mit dem Zuschlage unter den in lit. η genannten Bedingungen wieder alle durch die Beschlagnahme geschaffenen Beschränkungen hinweg und tritt für ihn völlig freies Verfügungsrecht über die Zuschlagsobjekte ein.

b) Der Uebergang der dinglichen Berechtigungen.

Mit dem Erwerbe des Eigentums und in gleicher Weise wie das Eigentum an den Zuschlagsobjekten erwirbt der Ansteigerer vorbehaltlich abändernder Versteigerungsbedingungen auch die mit den Zuschlagsobjekten im Zeitpunkte des Zuschlages verknüpften Berechtigungen, wie aktive Grunddienstbarkeiten, Reallastberechtigungen, die durch die Hagel- und Immobiliarbrandversicherung begründete Rechtsstellung des bisherigen Eigentümers[38]) und die hieraus bis zum Zuschlage angefallenen Entschädigungsgelder, letztere jedoch nur insoweit, als Brandversicherungsentschädigungen in Frage kommen.[39]) Ob auch die Ablösungskapitalien, welche auf eine vor dem Zuschlage erfolgte Ablösung von Rechten entstanden, oder die vor dem Zuschlage ab- und zugeteilten Gemeindegründe mit dem Zuschlage auf den Ansteigerer übergehen, hängt im wesentlichen von den über die Ablösung und Gemeindegrundteilung geltenden besonderen Bestimmungen[40]) und dem Inhalte der Versteigerungsbedingungen ab.

c) Die Nichtbefreiung von den dinglichen Lasten.

α) Durch den Zuschlag werden die Zuschlagsobjekte nicht von den darauf ruhenden dinglichen Lasten — passiven Grunddienstbarkeiten, persönlichen Dienstbarkeiten, Reallasten — befreit: diese Lasten bleiben vielmehr auf den Zuschlagsobjekten auch in der Hand des Ansteigerers weiter bestehen.[41])

β) Besteht eine Reallast aus periodisch wiederkehrenden Leistungen, so haftet der Ansteigerer nur für die vom Zeitpunkte des Zuschlages an sich berechnenden, nicht für die bis zum Zuschlage angewachsenen Leistungen.[42])

---

[37]) Ueber die Besitztitelberichtigung auf den Ansteigerer s. unten § 297.

[38]) Art. 4 des b. Hagelversicherungsges. v. 13. Febr. 1884 (W. XVI. S. 454); Art. 76 des b. Brandversicherungsges. v. 3. April 1875 (W. X. S. 672).

[39]) Art. 43, auch 38 und 39 des zit. Brandvers.Ges.; E. d. obst. L.G. X. 530; Ortenau-Henle S. 154; vgl. hiezu oben § 199 lit. B Ziff. 2a S. 1112, § 126 Ziff. V S. 852. Bezüglich anderer Versicherungsentschädigungen tritt diese Folge nicht ein; vgl. oben § 126 Ziff. V S. 852.

[40]) Vgl. oben § 92 S. 642 ff. (Ablösung) und § 55 lit. B Ziff. II, 2a S. 381 ff. (Gemeindegrundteilung).

[41]) Vgl. hiezu oben § 284 lit. A S. 1436.

[42]) Vgl. hierüber das Nähere bereits oben § 91 Ziff. II S. 639 und Ortenau-Henle S. 155. A. M. Jakubezky, Bem. z. Entw. eines bürg. Ges.B. f. d. d. Reich S. 264.

γ) Nur in folgenden Fällen geht die auf dem Zuschlagsobjekte ruhende dingliche Last mit dem Zuschlage unter:

aa) wenn in gesetzlich zulässiger Weise die Versteigerung des Objektes frei von der dinglichen Last erfolgte; s. oben § 284 (S. 1436 ff.).

bb) wenn die dingliche Last in den Versteigerungsbedingungen nicht genannt und im Hypothekenbuche nicht eingetragen war und, zur Entwehrung gegen den gutgläubigen Ansteigerer benützt, diesen auf den Regreß gegen einen befriedigten Hypothekgläubiger, der nach den Grundsätzen des hypothekenrechtlichen Oeffentlichkeitsprinzipes den Vorzug vor jener Last hat, verweisen würde, da hier der Regreß nach den oben lit. E Ziff. III, 1 a, β entwickelten Grundsätzen gegen jenen Hypothekgläubiger ausgeschlossen ist.

δ) Tritt der Ansteigerer mit dem Eigentumserwerbe in eine dingliche Last ein, die in den Versteigerungsbedingungen nicht genannt und ihm sonst im Zeitpunkte des Zuschlages nicht bekannt war, so kommt folgendes in Betracht:

aa) Für die Freiheit der Zuschlagsobjekte von Grunddienstbarkeiten wird überhaupt keine Gewährschaft geleistet, soferne nicht die Versteigerungsbedingungen anderes bestimmen.[43])

bb) Im übrigen begründet die Geltendmachung solcher dinglicher Lasten gegen den Ansteigerer eine teilweise Entwehrung des betreffenden Zuschlagsobjektes, welche den Ansteigerer berechtigt, einen verhältnismäßigen Teil des Strichschillings, nicht aber die Aufhebung des Zuschlages zu verlangen.[44]) Im einzelnen kommen auch für diese Entwehrung die oben lit. E Ziff. III, 1 a β genannten Grundsätze entsprechend zur Anwendung.

ε) Eigentümlich gestaltet sich die Sachlage bezüglich der auf dem Zuschlagsobjekte ruhenden Hypotheken. Mit dem Zuschlage steht hier nur fest, in welchem Umfange und in welcher Art Hypotheken auf dem Zuschlagsobjekte liegen bleiben, nicht aber die Spezies dieser Hypotheken; welche einzelne Hypotheken liegen bleiben und welche einzelne, sei es infolge Barzahlung oder Nichtbefriedigung bezw. Nichtübernahme, erlöschen, zeigt sich endgiltig erst im Verteilungsverfahren.[45])

2. Die obligatorischen Wirkungen.

a) Die Verpflichtung zur Barzahlung des Strichschillings.

α) Mit dem Zuschlage steht fest, welchen Teil des Strichschillings der Ansteigerer bar zu bezahlen hat.[46]) Diese Barzahlungspflicht ist mit dem Zuschlage Haftung im Rechtssinne geworden und wird zur Schuld im Rechtssinne, sobald die gewährte Zahlungsfrist abgelaufen ist und feststeht, welcher

---

[43]) Art. 55 Abs. 1 Ziff. 3 Subh.Ordn.
[44]) Art. 58 Subh.Ordn.; d. Not.Zeit. 1883 S. 34; Ortenau-Henle S. 223.
[45]) Vgl. oben § 282 lit. A Ziff. II S. 1425.
[46]) Vgl. hierüber das Nähere oben § 282 lit. C S. 1430.

Gläubiger auf den barzubezahlenden Strichschilling berechtigt ist. Von dieser Schuld wird der Ansteigerer nur dann frei,

aa) wenn er nach den oben lit. E Ziff. III, 1 a, η genannten Grundsätzen das Eigentum vom Zuschlagsobjekte wieder verliert;

bb) wenn und insoweit dem Ansteigerer die Zuschlagsobjekte entwehrt werden. Eine gegenteilige Versteigerungsbedingung, daß der Ansteigerer den Kaufpreis auch im Falle der Entwehrung bezahlen müsse, ist unzulässig.[47])

β) Ueber den Inhalt dieser Verbindlichkeit, sowie der Verpflichtung zur Zinszahlung vom Tage des Zuschlages an bis zur Hinterlegung des Strichschillings beim Vollstreckungsgerichte ist das Nähere schon oben § 282 lit. c (S. 1430) bemerkt.

γ) Gegen den Ansteigerer können auf Erfüllung dieser Schuld weder die Beschlagnahmegläubiger, noch die sämtlichen beteiligten Gläubiger klagen, vielmehr ist gegen den säumigen Ansteigerer, sofern nicht eine Wiederversteigerung durchgeführt wird, nur die sofortige Zwangsvollstreckung aus den im Verteilungsverfahren ausgestellten Erhebungsanweisungen für den einzelnen, mit einer solchen versehenen Gläubiger auf den ihm in der Erhebungsanweisung zugewiesenen Betrag des Strichschillings zugelassen.[48])

δ) An die völlige und rechtzeitige Begleichung des Strichschillings knüpfen sich die oben § 289 lit. E Ziff. III, 1 a, γ, ee bezeichneten Wirkungen.

ε) Die Unterlassung der Bezahlung des Strichschillings innerhalb der gewährten Frist an das Vollstreckungsgericht versetzt den Ansteigerer unter bestimmten Voraussetzungen ohne weiteres in Verzug. Die Folgen des Verzuges sind gesetzlich und ausschließend normiert.[49]) Im Falle einer durchgeführten Wiederversteigerung haftet nämlich der säumige Ansteigerer wie sein Solidarbürge[50]) sowohl für den bei der Wiederversteigerung sich ergebenden Mindererlös, für die Zinsen des barzuzahlenden Steigerungspreises und für die Kosten der Wiederversteigerung (s. unten § 294). Im übrigen bemißt sich die Frage des Verzugs nach örtlichem Civilrecht.

b) Mit dem Zuschlage steht fest, in welchem Umfange und in welcher Art die persönliche Haftung für die zu übernehmenden Hypothekforderungen auf den Ansteigerer übergeht; die endgiltige Feststellung der zur persönlichen Haftung zu übernehmenden Hypothekforderungen erfolgt erst im Verteilungsverfahren (siehe oben § 282 lit. A Ziff. II (S. 1425), lit. B Ziff. I, 1 b (S. 1427).

---

[47]) Art. 58 Subh.Ordn.; s. oben § 280 lit. A Ziff I d S. 1401.

[48]) Art. 87, 121 Subh.Ordn.; Ortenau-Henle S. 314, 315. A. M. Ortenau 1. Aufl. S. 149, 150.

[49]) Art. 92 Subh.Ordn.; vgl. hiezu unten § 294.

[50]) E. d. obst. L.G. VIII. 539.

c) Mit dem Zuschlage übernimmt der Ansteigerer die Verpflichtung zur sofortigen Zahlung der Kosten des Versteigerungsprotokolls und der die Versteigerung betreffenden Gebühren des Versteigerungsbeamten.[51])

d) Die Wirkung des Zuschlages auf die hinsichtlich der Zuschlagsobjekte bestehenden Miet- und Pachtverträge bemißt sich ausschließlich nach örtlichem Civilrechte.[52]) Hiebei ist in Ansehung der Miet- (nicht Pacht-) Verträge für Bayern mit Ausnahme des Gebietes des preußischen Landrechtes § 21 des Landtagsabschiedes vom 18. Februar 1871 maßgebend.[53]) Die Miet- und Pachtzinse als juristische Früchte gehen auf den Ansteigerer erst vom Zeitpunkte des Zuschlages an über.[54])

3. Mit dem Zuschlage tritt die Beendigung der Zwangsvollstreckung durch Zwangsversteigerung ein.[55]) Ueber deren Wirkungen s. oben § 252 lit. F Ziff I, 3 und II (S. 1349, 1350).

F. Aufhebung des Zuschlages.

Die Aufhebung des Zuschlages kann aus civilrechtlichen, aus prozeßrechtlichen und aus rein faktischen Gründen erfolgen.

I. Aus civilrechtlichen Gründen.

1. Der Zuschlag erzeugt ein dem Kaufvertrage ähnliches Rechtsverhältnis, das, soweit nicht besondere gesetzliche Normen bestehen, auch nach den Grundsätzen des Kaufvertrages zu beurteilen ist. Hieraus folgt, daß dieselben Gründe, welche civilrechtlich zur Ungiltigkeit und Aufhebung des Kaufvertrages führen — Nichtigkeits- und Anfechtbarkeitsgründe — auch die civilrechtliche Unwirksamkeit des Zuschlages, des Versteigerungsaktes begründen.[56]) Nur vereinzelt hat hier die Subhastationsordnung in das Civilrecht eingegriffen, indem sie gewisse civilrechtliche Ungiltigkeitsgründe entweder völlig beseitigte oder doch wenigstens besonders gestaltete.

Als civilrechtliche Ungiltigkeitsgründe kommen vornehmlich in Betracht: mangelnde Rechts- und Handlungsfähigkeit des Ansteigerers oder Stellvertreters; rechtswidrige Versteigerungsbedingungen; Mangel des Eigentums auf Seite des Vollstreckungsschuldners aber nur zu Gunsten des Eigentümers, nicht

---

[51]) Art. 55 Abs. 1 Ziff. 5 Subh.Ordn.; s. oben § 282 lit. A Ziff. I, 2 S. 1424.

[52]) Vgl. hiezu Ortenau-Henle S. 152, 153; Bl. f. R.A. XXXVIII. 184; XLIII. 132 (besonders bezüglich Pachtverträge).

[53]) Vgl. hierüber das Nähere oben § 201 lit. A Ziff. I S. 1114 ff.

[54]) Die bis zum Zeitpunkte des Zuschlages fällig gewordenen Zinsen gehören zur Teilungsmasse. S. oben § 274; § 291 lit. E Ziff. III, 1.

[55]) Art. 81 Subh.Ordn.

[56]) Vgl. auch oben § 251 Ziff. 2 S. 1318; E. d. obst. L.G. VII. 999, IX. 2, 10; Bl. f. R.A. XLVII. 347; L. 279; Roth, b. C.R. II. S. 148; d. Not.Zeit. 1883 S. 74; Ortenau-Henle S. 297.

zu Gunsten des Ansteigerers, der nur wegen Entwehrung den gesetzlich zulässigen Regreß nehmen[57]) kann; die Lehens- oder Fideikommißeigenschaft des Zuschlagsobjektes; Nichtigkeit des Versteigerungsprotokolles wegen Mangel wesentlicher Formen; Differenz zwischen Wille und Erklärung, Irrtum und Beweggrund, Zwang und Betrug; ein nicht beseitigtes Recht aus dem Vorbehalte eines Eigentumsrückfalles, nicht aber ein nicht berücksichtigtes Vorkaufsrecht.[58]) Die Frage, ob das Abhalten anderer Personen vom Bieten oder das Vorschieben von Strohmännern, um ein Gebot in die Höhe zu treiben, die civilrechtliche Unwirksamkeit des Zuschlages begründe, ist in der Praxis mit Recht verneint worden[59]); jedoch sind Vereinbarungen, bei einer zwangsweisen öffentlichen Versteigerung nicht zu bieten, als dem Zwecke des Verfahrens widersprechend, nichtig.[60]) Wurde der Zuschlag erteilt, obwohl gegen den Anspruch des betreibenden Gläubigers eine die Einstellung oder Aufhebung der Vollstreckung rechtfertigende civilrechtliche Einrede bestand, so ist zwar der Weg des § 686 der Reichscivilprozeßordnung nunmehr ausgeschlossen; dem Vollstreckungsschuldner sind aber damit weder die civilrechtlichen Rechtsmittel wegen ungerechtfertigter Bereicherung, Arglist u. s. w., noch das Widerspruchsrecht im Verteilungsverfahren genommen.[61])

2. Eine prozessuale Frist zur Geltendmachung der civilrechtlichen Ungiltigkeitsgründe besteht nicht; für sie sind die civilrechtlichen Verjährungsgrundsätze maßgebend.
3. Die Geltendmachung der civilrechtlichen Ungiltigkeitsgründe kann nur im ordentlichen Rechtswege erfolgen.
4. Aktiv- und Passivlegitimation, sowie die unmittelbaren und mittelbaren Wirkungen des Ungiltigkeitsgrundes bemessen sich ausschließlich nach Civilrecht.

II. Aus prozeßrechtlichen Gründen.[62])

1. Die Aufhebung des Zuschlages, und zwar sowohl gegenüber der ersten, als einer etwaigen neuen oder wiederholten Versteigerung, wie im Falle der Wiederversteigerung[63]), kann auch aus Gründen

---

[57]) Der Ansteigerer kann im Falle der Entwehrung nicht Aufhebung des Zuschlages verlangen, wenngleich er nach Civilrecht als Käufer Aufhebung des Kaufvertrages begehren könnte: Art. 58 Subh.Ordn.; s. oben lit. E Ziff. III, 1 a β.

[58]) Art. 77 Subh.Ordn. — Weitere Fälle s. oben § 290 lit. C und D.

[59]) E. d. obst. L.G. IV. 128, 813; VI. 128; VII. 997; IX. 9, 382, 553; Bl. f. R.A. Erg.Bd. I. 340; II. 270; IX. 8 ff; d. Not.Zeit. 1883 S. 83; jedoch auch Bl. f. R.A. Erg.Bd. III. 290. A. M. Bl. f. R.A. XXIII. 206. — S. auch Ortenau-Henle S. 297; Jur. Monatschrift Jhrg. 1894 Bd. IV S. 17 ff.

[60]) E. d. obst. L.G. II. 203; VI. 5, 125, 813; VII. 995; IX. 9, 382, 553; Jur. Monatschrift Jhrg. 1894 Bd. IV. S. 21.

[61]) Vgl. auch Gaupp, Komm. z. R.C.P.O. zu § 686 Nt. V; Seuff. Arch. XLIV. S. 376; auch Bl. f. R.A. XL. 194, 195; Ortenau-Henle S. 297.

[62]) Art. 82, 84, 85 Subh.Ordn.; Art. 26 Nov.

[63]) Vgl. hiezu auch unten §§ 292—294.

erfolgen, welche das bei der Zwangsversteigerung zu beobachtende Verfahren betreffen. Das Gesetz läßt aber die Aufhebung des Zuschlages nicht bei allen Verstößen gegen das Verfahren zu, sondern nur, wenn es sich um die Verletzung wesentlicher, zum Schutze der rechtlichen Interessen der Beteiligten gegebenen Vorschriften handelt und führt überdies die Aufhebungsgründe einzeln, erschöpfend und ausschließend auf.[64]) Einer Aufzählung derselben bedarf es hier nicht, da diejenigen Fälle, in welchen eine Aufhebung des Zuschlages aus prozeßrechtlichen Gründen zulässig ist, bereits bei Erörterung der betreffenden Verfahrensvorschrift jeweils angeführt sind.[65]) Die Aufhebungsgründe lassen sich im wesentlichen in zwei Kategorien scheiden: solche, welche das Verfahren vor dem Versteigerungsbeamten und solche, welche das Verfahren des Vollstreckungsgerichtes betreffen.[66]) Die ersteren sind jedoch weitaus die überwiegenden.

2. Die Aufhebung des Zuschlages muß längstens innerhalb einer Frist von zwei Wochen nach dem Zuschlage beantragt werden. Diese Frist ist die längste Ausschlußfrist. Nach Ablauf derselben ist jede Aufhebung des Zuschlages ausgeschlossen. Eine Wiedereinsetzung in den vorigen Stand gegen den Ablauf der Frist gibt es nicht. Die Aufhebung des Zuschlages kann sogar schon vor Ablauf dieser Frist ausgeschlossen sein, wenn einer der in lit. c bezeichneten Unzulässigkeitsgründe vorhanden ist.

3. Die Aufhebung des Zuschlages ist unzulässig:

   a) wenn über die Beobachtung der Verfahrensvorschrift bereits durch einen selbständig anfechtbaren Beschluß des Voll-

---

[64]) Mot. z. Nov. S. 155.

[65]) Zu **Art. 82 Abs. 1 Ziff. 1** vgl.: § 285 Ziff. IV S. 1448, § 286 lit. A Ziff. 5 S. 1449, § 287 Ziff. I, 2 S. 1452, Ziff. III, 1 S. 1453; **Ziff. 2**: § 271 Ziff. I, 5 S. 1384 Nt. 2, § 273 Ziff. II, 3 S. 1386 Nt. 4, § 278 Ziff. 4 Nt. 9 S. 1396, § 286 lit. B Ziff. I, 5 S. 1450, Ziff. II, 1 S. 1451 zu Nt. 11: **Ziff. 3**: § 286 lit. B Ziff. I, 5 S. 1450 Ziff. II, 1 g S. 1451; **Ziff. 4**: § 277 Ziff. 3 S. 1395 Nt. 8, § 278 Ziff. 4 Nt. 9, 10 S. 1396, § 286 lit. B Ziff. I, 5 S. 1450, Ziff. II, 1 g S. 1451 zu Nt. 11; **Ziff. 5**: § 278 Ziff. 4 Nt. 9, 10 S. 1396, § 286 lit. B Ziff. I, 5 S. 1450, Ziff. II, 1 g S. 1451 zu Nt. 11; **Ziff. 6**: § 280 lit. C Ziff. 2 S. 1405 Nt. 19, lit. D Ziff. II, 4 S. 1407 Nt. 24, § 284 lit. A Ziff. IV S. 1439; **Ziff. 7**: § 279 lit. A Ziff. II S. 1399 Nt. 13; **Ziff. 8**: § 279 lit. A Ziff. II S. 1399 Nt. 13, Ziff. III S. 1400 Nt. 17; **Ziff. 9**: § 279 lit. A Ziff. III S. 1400 Nt. 17, § 283 Ziff. IX S. 1434 Nt. 6, § 290 lit. B Ziff. I, 2, lit. E Ziff. III, § 291 lit. B Ziff. 2; **Ziff. 10**: § 255 S. 1348 Nt. 64, S. 1350 Nt. 72, § 256 Ziff. I, 3 S. 1353 Nt. 12, § 258 Ziff. 1 Nt. 7 S. 1355; **Ziff. 11**: § 291 lit. B Ziff. 2, § 288 lit. B Ziff. III, 2 d α S. 1456; **Art. 26 Ziff. 1 Nov.**: § 281 lit. F S. 1422, 1423, § 282 lit. B Ziff. I S. 1429 Nt. 19, § 284 lit. B Ziff. II, 2 c S. 1444; **Art. 26 Ziff. 2 Nov.**: § 279 lit. A Ziff. I, 2 S. 1399 Nt. 9; **Art. 26 Ziff. 3 Nov.**: § 285 Ziff. IV S. 1448; **Art. 26 Ziff. 4 Nov.**: § 288 lit. B Ziff. III, 2 b S. 1456; § 291 lit. B Ziff. 2.

[66]) Art. 82 Ziff. 2 und 10 Subh.Ordn. enthält Vorschriften der letzteren Art; sonst enthält Art. 82 Subh.Ord. und Art. 26 Nov. nur Vorschriften der ersteren Art.

[67]) arg. § 201 Abs. 3, § 211 Abs. 1 R.C.P.O.

streckungsgerichtes rechtskräftig entschieden ist, vorausgesetzt, daß die Rechtskraft bereits am Tage des Zuschlages eingetreten war[68]):

b) wenn der anfechtungsberechtigte Beteiligte nicht mindestens eine Woche vor dem Versteigerungstermine, in welchem der Zuschlag erfolgte, wegen der Verletzung der Verfahrensvorschrift Abhilfe bei dem Vollstreckungsgerichte beantragt hatte, vorausgesetzt, daß er die die Aufhebung begründenden Thatsachen vor Beginn dieser Woche kennen und geltend machen konnte. Anfechtungsgründe, deren grundlegende Thatsachen erst innerhalb dieser Woche entstanden oder dem anfechtungsberechtigten Beteiligten bekannt geworden sind, werden durch jene Fristbestimmung nicht berührt.[69]) Wird rechtzeitig Abhilfe beim Vollstreckungsgericht beantragt, so kann dasselbe einstweilige Anordnungen zur Verhütung von Nachteilen treffen, ebenso im Falle der Beschwerdeführung gegen den vollstreckungsrichterlichen Beschluß das Beschwerdegericht.[70])

Gleichgiltig ist, zu welcher Zeit das Vollstreckungsgericht die Abhilfe gewährt: war im Zeitpunkte des Zuschlages der Abhilfeantrag noch nicht verbeschieden, so ist doch der Antrag auf Aufhebung des Zuschlages zulässig, muß aber noch eigens innerhalb der in lit. b bezeichneten Frist für den Fall gestellt werden, daß bis zum Ablaufe dieser Frist der Abhilfeantrag nicht verbeschieden sein sollte. Wird dann der Abhilfeantrag noch vor Stellung oder Bescheidung des Aufhebungsantrages abweisend verbeschieden, so ist allerdings der auf den gleichen Grund sich stützende Aufhebungsantrag als unzulässig zurückzuweisen; wird ihm dagegen stattgegeben, so ist dadurch die Verbescheidung des Aufhebungsantrages noch nicht gegenstandslos geworden, ist aber nur dann noch gesetzlich zulässig, wenn der Antrag innerhalb der in lit. b bezeichneten Frist gestellt worden war.

c) Enthalten gerichtliche Beschlüsse einen Aufhebungsgrund, so ist weder die Einlegung der Beschwerde an die in lit. b genannte Frist gebunden, noch etwa die Stellung eines eigenen Abhilfeantrages innerhalb dieser Frist erforderlich, sondern lediglich die gewöhnliche Beschwerdefrist, sowie für den noch

---

68) Dies steht zwar nicht ausdrücklich in der Subh.Ordn., ist aber aus allgemeinen prozeßrechtlichen Grundsätzen zu entnehmen. Vgl. auch Ortenau-Henle S. 298, 299. Jedoch ist Wiedereinsetzung in den vorigen Stand gegen den Ablauf der Beschwerdenotfrist möglich: § 701, 540 Abs. 2, § 211 Abs. 1 R.C.P.O., und zwar auch noch nach Ablauf der sub b bezeichneten Frist.

69) Sie können noch innerhalb der unter lit. b bezeichneten Frist geltend gemacht werden.

70) §§ 685, 668 Abs. 2 R.C.P.O. Vgl. hiezu auch oben § 260, 261 S. 1358 ff.

besonders zu stellenden Aufhebungsantrag die in lit. b genannte Frist zu beachten.[71])

4. Die Aufhebung des Zuschlages ist beim Vollstreckungsgerichte zu beantragen.

5. Antragsberechtigt sind nur die Beteiligten (einschließlich des Vorbehaltsberechtigten). Die Aktivlegitimation des einzelnen Beteiligten für den einzelnen Fall ist aber dadurch bedingt,
   a) daß seine eigenen Rechte durch den geltend zu machenden Aufhebungsgrund berührt werden und
   b) daß seine eigenen Rechte durch den Zuschlag beeinträchtigt sind; insoweit hienach Forderungsberechnungen notwendig werden, sind hiefür die oben in § 258 Ziff. 1 (S. 1354) angeführten Grundsätze maßgebend.[72])

6. Die Entscheidung des Vollstreckungsgerichtes kann ohne mündliche Verhandlung erfolgen.[73]) Der Beschluß auf Aufhebung des Zuschlages hat zugleich hinsichtlich des die Aufhebung begründenden Mangels die Anordnung, in welcher Weise in einer wiederholten Versteigerung zu verfahren sei, sowie die etwaige Aufstellung eines anderen als des bisherigen Versteigerungsbeamten zu enthalten. Im Falle der Aufhebung des Zuschlages kann der Versteigerungsbeamte nach vorgängiger Anhörung zur Tragung der durch grobes Verschulden seinerseits veranlaßten Kosten durch das Vollstreckungsgericht verurteilt werden.[74]) Lautet die Entscheidung auf Verwerfung des Anfechtungsgrundes, so ist sie dem Antragsteller, lautet sie auf Aufhebung des Zuschlages, so ist sie den sämtlichen Beteiligten, dem Ansteigerer und dem zur Kostentragung verurteilten Versteigerungsbeamten von Amts wegen zuzustellen und im Falle eine Wiederholung der Versteigerung veranlaßt ist, auch dem für die wiederholte Versteigerung aufgestellten Versteigerungsbeamten mitzuteilen.

Gegen die Entscheidung des Vollstreckungsgerichtes findet das Rechtsmittel der sofortigen Beschwerde im gewöhnlichen Instanzenzuge statt. Im Falle der Aufhebung des Zuschlages sind, mit Ausnahme des Antragstellers, alle übrigen Beteiligten, wie der Ansteigerer, ebenso der in die Kosten verurteilte Versteigerungsbeamte, dieser aber nur hinsichtlich des Kostenpunktes, beschwerdeberechtigt.

---

[71]) Vgl. auch Ortenau-Henle S. 299, 300.

[72]) Art. 31 Nov.

[73]) Vgl. oben § 259 Ziff. II S. 1358.

[74]) Vgl. hiezu oben § 263 Ziff. IV, 3 S. 1365. Im Falle die Aufhebung des Zuschlages durch ein Verschulden des Gerichts veranlaßt wurde, können die Kosten nur im Wege der Klage gegen den Richter oder Fiskus verfolgt werden (actio ex syndicatu; oben § 205 Ziff. VII S. 1130; § 263 Ziff. VI S. 1366).

7. Wirkungen der Aufhebung des Zuschlages.

a) Die Anfechtung des Zuschlages kann nach Aufhebung desselben ohne Einwilligung sämtlicher Beteiligten nicht mehr zurückgenommen werden; nur eine Zurücknahme der Beschlagnahmegesuche ist noch möglich.

b) Im übrigen können die Wirkungen je nach der Art des Anfechtungsgrundes verschiedenartige sein:

α) Liegt der Aufhebung des Zuschlages ein Grund unter, der ein weiteres Vollstreckungsverfahren vorerst oder überhaupt verhindert, so hat das Vollstreckungsgericht je nach diesem Grunde entweder die einstweilige oder definitive Einstellung der Zwangsvollstreckung zu beschließen und letzteren Falles die Löschung der Beschlagnahme im Hypothekenbuche zu veranlassen.[75])

β) Liegt der Aufhebung ein Grund unter, welcher nur die Art und Weise der Durchführung der Zwangsvollstreckung betrifft, so wird unter Beobachtung der im vollstreckungsrichterlichen Beschlusse gegebenen Anordnungen das Verfahren von Amts wegen ohne Antrag fortgesetzt und die Versteigerung durch denselben oder einen anderen Notar wiederholt, soferne nicht die Beschlagnahmegläubiger selbst die vorläufige oder endgiltige Einstellung der Zwangsvollstreckung beantragen. Im Falle einer Wiederholung der Versteigerung hat daher das Vollstreckungsgericht die Vollstreckungsakten sofort an den Versteigerungsbeamten wieder abzugeben.

γ) In allen Fällen werden durch die Aufhebung des Zuschlages, endgiltig erst mit der rechtskräftigen Aufhebung desselben, alle jene Wirkungen beseitigt, welche nach Maßgabe der oben lit. E erwähnten Grundsätze sich an den Zuschlag knüpften, und zwar rückwärts vom Zeitpunkte der Erteilung des aufgehobenen Zuschlages an.

8. Ueber das Verfahren bei Wiederholung der Versteigerung s. unten § 293.

III. Aus rein faktischen Gründen.[76])

Die Subhastationsordnung läßt — analog den Grundsätzen der Reichscivilprozeßordnung über die Restitution — gegen die Nichtausübung gewisser Prozeßbefugnisse seitens eines Beteiligten auch in der Zwangsvollstreckung eine Art Wiedereinsetzung in den vorigen Stand zu, hat aber nicht nur die Fälle ihrer Zulässigkeit singulär und ausschließend normiert, sondern dieselbe auch sonst noch besonders gestaltet.

---

[75]) Vgl. hiezu auch oben § 256 S. 1351 ff.; unten § 297.

[76]) Art. 83 Subh.Ordn.; Art. 27 Nov.

1. Die Aufhebung des Zuschlages kann beantragt werden, wenn ein Beteiligter verhindert war, von folgenden ihm zustehenden Befugnissen Gebrauch zu machen:

a) Beantragung einer gewissen Versteigerungsart (s. oben § 279);
b) Anmeldung und Glaubhaftmachung von Forderungen behufs Berücksichtigung im gesetzlichen Mindestgebote oder Berücksichtigung des zur Sicherung einer Forderung bestehenden Vorbehaltes des Eigentumsrückfalles (s. oben §§ 281 und 283 lit. B).
c) Beantragung von längeren als den in der Versteigerungsbekanntmachung enthaltenen Zahlungsfristen; siehe oben § 282 lit. C Ziff. II, 2;
d) Beantragung der Abänderung einer rechtswidrigen oder das gesetzliche Interesse eines Beteiligten gefährdenden, in der Versteigerungsbekanntmachung enthaltenen Versteigerungsbedingung innerhalb der gesetzlich bestimmten Frist; s. oben § 280 lit. D;
e) Beantragung vorbehaltsfreier Versteigerung; s. oben § 284 lit. B;
f) Mitbieten im Versteigerungstermine.

2. Die Aufhebung des Zuschlages muß längstens innerhalb zwei Wochen nach dem Zuschlage beantragt werden; s. oben Ziff. II, 2.

3. Die Aufhebung des Zuschlages ist unzulässig in den oben in Ziff. II, 3 bezeichneten Fällen.

4. Die Aufhebung kann nur verlangt werden, wenn der Beteiligte durch Naturereignisse oder andere unabwendbare Zufälle an der Ausübung dieser Befugnisse verhindert war.[77])

5. Nur derjenige Beteiligte kann die Aufhebung des Zuschlages verlangen, in dessen Person der Aufhebungsgrund vorhanden und wirksam ist, sohin nur derjenige Beteiligte, dem die infolge eines unabwendbaren Zufalles verabsäumte Befugnis zusteht und dessen Rechte infolge Nichtausübung der verabsäumten Befugnis durch den Zuschlag beeinträchtigt sind.

6. Im übrigen gelten auch hier in entsprechender Weise die oben in Ziff. II, 6, 7 b β und γ und 8 angeführten Sätze.

§ 292.

Folgen ergebnisloser Versteigerung. — Neue Versteigerung im Falle einer solchen.[1])

A. Folgen ergebnisloser Versteigerung.

Ist der Versteigerungstermin resultatlos verlaufen, weil entweder kein zulässiges Gebot oder überhaupt kein Gebot gelegt wurde, so sind folgende Möglichkeiten denkbar:

---

[77]) Vgl. auch § 211 R.C.P.O. und die Civilprozeßlitteratur zu dieser Gesetzesstelle. Nach den Motiven erscheinen als unabwendbare Zufälle auch die Unterbrechungsgründe der §§ 217—219 R.C.P.O., während anderseits jedes Verschulden des Anfechtenden oder seines Vertreters die Wiedereinsetzung ausschließt. Vgl. auch Ortenau-Henle S. 308.

[1]) Art. 70—72 Subh.Ordn.

1. die Beschlagnahmegläubiger beantragen die sofortige Einstellung des Verfahrens unter Zurücknahme ihrer Beschlagnahmegesuche; hierüber s. oben § 256 Ziff. I, 2 (S. 1352);
2. es wird eine neue Versteigerung der unversteigert gebliebenen Grundstücke beantragt; hierüber s. unten lit. B;
3. die Beschlagnahmegläubiger verhalten sich völlig unthätig, indem sie innerhalb der gesetzlichen Frist den Antrag auf neue Versteigerung nicht stellen; hierüber s. oben § 255 lit. F Ziff. I, 1 (S. 1348) und unten lit. B Ziff. III;
4. die Beschlagnahmegläubiger vereinbaren mit dem Vollstreckungsschuldner ein Ruhen des Verfahrens; hiefür gelten die oben § 255 lit. F Ziff. I, 1 für den Fall einer Stundung, nicht die unten lit. B Ziff. III genannten Grundsätze.[2])

B. Die neue Versteigerung im Falle ergebnisloser Versteigerung.

Die neue Versteigerung im Falle einer ergebnislos verlaufenen Versteigerung unterscheidet sich von der wiederholten Versteigerung (s. § 293) und der Wiederversteigerung im technischen Sinne (s. § 294) dadurch, daß die beiden letzteren einen Zuschlag voraussetzen, während erstere gerade dadurch bedingt ist, daß ein Zuschlag auf das neuerdings zu versteigernde Grundstück nicht erteilt wurde. Inhaltlich dagegen stimmen die neue und wiederholte Versteigerung im wesentlichen überein, während die Wiederversteigerung einen wesentlichen anderen Charakter trägt.

I. Zulässigkeit.

1. Eine neue Versteigerung hinsichtlich des nämlichen Gegenstandes ist zulässig, wenn im ersten Versteigerungstermine trotz Versuches aller zu berücksichtigenden Versteigerungsarten kein zulässiges oder überhaupt kein Angebot gelegt und daher der Zuschlag nicht erteilt wurde, sei es, daß überhaupt kein Bieter erschienen war oder die erschienenen Bieter keine zulässigen, insbesondere das gesetzliche Mindestgebot nicht erreichende oder gar keine Angebote legten. Wurden mehrere im nämlichen Verfahren beschlagnahmte Grundstücke einzeln zur Versteigerung gebracht, so ist eine neue Versteigerung nur in Ansehung derjenigen Grundstücke zulässig, bezüglich derer kein zulässiges oder gar kein Gebot gelegt und deshalb der Zuschlag nicht erteilt wurde.

2. Die neue Versteigerung erfolgt nicht von Amts wegen, sondern nur auf Antrag.

a) Antragsberechtigt sind nur die Gläubiger, welche die Beschlagnahme zum Zwecke der Zwangsversteigerung erwirkt haben;

b) der Antrag ist bei dem Versteigerungsbeamten zu stellen;

---

[2]) Art. 12 Subh.Ordn. Vgl. oben § 255 lit F Ziff. I, 1 S. 1349. Art. 71 Subh.Ordn. findet hier keine Anwendung: Aussch.Ber. z. Subh.Ordn. S. 496.

c) der Antrag muß innerhalb einer Frist von drei Monaten nach dem ergebnislosen Versteigerungstermine gestellt werden, falls nicht der Beschlagnahmegläubiger mit dem Vollstreckungsschuldner oder Drittbesitzer ein längeres Ruhen der Vollstreckung vereinbart.

II. Verfahren.

1. Die neue Versteigerung ist lediglich eine auf Beendigung eines noch nicht abgeschlossenen und noch nie abgeschlossen gewesenen Verfahrens abzielende Fortsetzung des bisherigen Verfahrens. Daraus folgt, daß alle an den Zuschlag sich knüpfenden prozeßrechtlichen wie materiellrechtlichen Präjudizien und Folgen erst mit dem im neuen Versteigerungsverfahren erzielten Zuschlage eintreten.

2. Zwischen dem Tage der Festsetzung der neuen Versteigerung und dem neuen Versteigerungstermine dürfen nicht mehr als zwei Monate liegen.

3. Hinsichtlich der Zustellung und Veröffentlichung der neuen Terminsbestimmung finden die gewöhnlichen Grundsätze des Versteigerungsverfahrens entsprechende Anwendung; siehe oben § 286 (S. 1448 ff.).

4. Für die neue Versteigerung gelten die früheren Versteigerungsbedingungen, soweit sie nicht durch Zustimmung sämtlicher rechtlich interessierten Beteiligten in zulässiger Weise abgeändert werden. Nur das gesetzliche Mindestgebot, sei es höher oder geringer als früher, und die Art und Weise der Strichschillingsberichtigung ist stets neu festzusetzen, da hiefür der Zeitpunkt des Zuschlages entscheidet.[3])

III. Wird im neuen Versteigerungstermin abermals kein zulässiges oder überhaupt kein Angebot gelegt, oder von keinem der Antragsberechtigten der Antrag auf neue Versteigerung innerhalb der dreimonatlichen Frist vorbehaltlich anderweiter Vereinbarung zwischen Beschlagnahmegläubiger und Vollstreckungsschuldner bezw. Drittbesitzer[4]) gestellt, so sind die Beschlagnahmegesuche bezüglich der unversteigert gebliebenen Grundstücke kraft Gesetzes als zurückgenommen zu erachten. Der Versteigerungsbeamte hat sofort alle weiteren Vollstreckungsmaßnahmen einzustellen. Bezüglich des weiteren Verfahrens s. oben § 256 Ziff. I, 2 (S. 1352 ff.).

Die Kosten des erfolglos gebliebenen Versteigerungsverfahrens fallen den Beschlagnahmegläubigern als Antragstellern zur Last.[5])

---

[3]) D. Not.Zeit. 1886 S. 325, 394; Ortenau-Henle S. 275. Freilich kann hier unter Umständen das Recht auf Wiederversteigerung illusorisch werden, wenn längere als dreimonatliche Zahlungsfristen bestimmt sind und vor deren Ablauf der Verteilungsplan abgeschlossen wird: Bl. f. R.A. XLVI. 290.

[4]) Welche aber vor Ablauf der Frist getroffen sein muß, andernfalls sie die Erlöschung der Beschlagnahme nicht aufhalten kann.

[5]) Mot. z. Nov. S. 147 zu Art. 5.

§ 293.

Wiederholte Versteigerung im Falle einer Aufhebung des Zuschlages aus prozeßrechtlichen oder rein faktischen Gründen.[1])

I. Die wiederholte Versteigerung ist nicht mit der neuen Versteigerung und nicht mit der Wiederversteigerung zu verwechseln, wenngleich die beiden ersteren inhaltlich im wesentlichen miteinander übereinstimmen; s. oben § 292 und unten § 294.

II. Zulässigkeit.

1. Eine wiederholte Versteigerung desselben Grundstückes ist nur zulässig, wenn der Zuschlag aus prozeßrechtlichen oder rein faktischen Gründen aufgehoben wurde; s. oben § 291 lit. F Ziff. II und III. Von dem Eintritte der Rechtskraft des Aufhebungsbeschlusses ist die Wiederholung der Versteigerung nicht abhängig.

2. Die wiederholte Versteigerung ist nur zulässig, wenn nicht die Beschlagnahmegläubiger die Einstellung des Verfahrens beantragt haben; s. oben § 256 (S. 1351 ff.).

3. Die wiederholte Versteigerung erfolgt von Amts wegen ohne Antrag.

III. Nach Aufhebung des Zuschlages hat das Vollstreckungsgericht dem zur Wiederholung der Versteigerung bestimmten Versteigerungsbeamten sofort die Vollstreckungsakten zu übersenden.

IV. Verfahren.

1. Das Verfahren ist ein völlig neues mit allen Konsequenzen eines solchen. Der Zuschlag ist aus prozeßrechtlichen Gründen aufgehoben, daher nicht bloß in seinen materiellrechtlichen sondern auch prozeßrechtlichen Wirkungen. Es können daher im neuen Verfahren auch Einstellungsgründe geltend gemacht werden, welche schon vor dem früheren Zuschlage entstanden sind; die nach dem Zuschlage erfolgten weiteren Beschlagnahmen müssen berücksichtigt werden; die Beschlagnahmegesuche können bis zum neuerlichen Zuschlage wieder zurückgenommen werden. Innerhalb der wiederholten Versteigerung ist auch eine „neue Versteigerung" möglich.

2. Der Versteigerungsbeamte hat in gleicher Weise, wie bei einer ersten Versteigerung, soweit nicht besonderes vorgeschrieben ist, zu verfahren.

Besonderes ist nur insoferne vorgeschrieben:

a) als der Versteigerungsbeamte stets die im Aufhebungsbeschlusse getroffenen Anordnungen zu beobachten hat; eine Nichtbeachtung derselben rechtfertigt aber die Aufhebung des neuerlichen Zuschlages doch nur aus den gleichen Gründen und unter den gleichen Voraussetzungen, unter denen auch sonst die Aufhebung des Zuschlages zulässig ist;

---

[1]) Art. 85, 86 Subh.Ordn.

b) als zwischen dem Tage der Festsetzung der Versteigerung und dem Versteigerungstermine nicht mehr als zwei Monate in Mitte liegen dürfen; eine Ueberschreitung dieser Frist hat aber keine Rechtsnachteile zur Folge.

§ 294.

Die Wiederversteigerung.[1])

Die Wiederversteigerung unterscheidet sich von der neuen Versteigerung schon dadurch, daß ihr bereits ein durch Zuschlag beendetes Versteigerungsverfahren vorausgegangen sein muß, von der wiederholten Versteigerung dadurch, daß hier der Grund der abermaligen Versteigerung die Aufhebung des Zuschlages aus prozeßrechtlichen oder rein faktischen Gründen ist, der Grund der Wiederversteigerung aber dem materiellen Rechte — Nichterfüllung der durch den Zuschlag übernommenen Verbindlichkeiten seitens des Ansteigerers — angehört. Abgesehen davon ist das Wiederversteigerungsverfahren auch inhaltlich anders gestaltet, als das Verfahren bei der neuen und wiederholten Versteigerung.

I. Zulässigkeit.

1. Die Wiederversteigerung ist selbst dann zulässig, wenn die Versteigerungsbedingungen das Gegenteil bestimmen.

2. Die Wiederversteigerung des zugeschlagenen Grundstückes ist nur dann zulässig, wenn der Ansteigerer seiner Verbindlichkeit zur Barzahlung des Strichschillings nicht rechtzeitig und vollständig nachgekommen ist; damit verwirkt er das Recht aus dem Zuschlage (s. Ziff. III, 1 a).

3. Die Wiederversteigerung ist im Falle von Einzelversteigerungen nur hinsichtlich derjenigen Grundstücke zulässig, deren Ansteigerer in Erfüllung seiner Verbindlichkeiten säumig ist. Nur wenn Grundstücke, auf welchen eine in das gesetzliche Mindestgebot einzurechnende Verbandshypothek oder der nämliche Vorbehalt des Eigentumsrückfalls haftet, verschiedenen Ansteigerern zugeschlagen worden sind, so ist die Wiederversteigerung der sämtlichen Verbandgrundstücke zulässig, auch wenn nur einer ihrer Ansteigerer seiner Verbindlichkeit nicht nachkommt. Doch ist für diese Fälle, um nicht die nichtsäumigen Ansteigerer ohne Interesse für die Gläubiger in ihren erworbenen Rechten zu verletzen, eine der Sachlage entsprechende Beschränkung der Durchführung der Wiederversteigerung aufgestellt (s. unten Ziff. III, 2 g).

Diese Grundsätze gelten nicht nur für die Einzelversteigerung im technischen Sinne, sondern auch in entsprechender Weise für eine Einzelversteigerung im gewöhnlichen Sinne.

4. Die Wiederversteigerung erfolgt nicht von Amts wegen, sondern nur auf Antrag.

---

[1]) Art. 87—93 Subh.Ordn.; Art. 28—30 Nov.; Mot. z. Nov. S. 156—158.

a) Der Antrag ist nur zulässig:
 α) im Falle ein Verteilungsverfahren stattfindet, nur und stets bis zum Abschlusse des Verteilungsplanes[2]),
 β) wenn ein Verteilungsverfahren nicht stattfindet, insolange, bis die Voraussetzungen zur Löschung der Beschlagnahme gegeben sind, d. h. bis entweder der Ansteigerer alle Verbindlichkeiten erfüllt, sohin die bar zu zahlenden Beträge bezahlt und für die Zahlungsfristen Hypothek bestellt oder ein mit den bezugsberechtigten Gläubigern abgeschlossenes novierendes Uebereinkommen vorgelegt hat.[3])

b) Antragsberechtigt sind bald die beteiligten Gläubiger, bald der Vollstreckungsschuldner oder Drittbesitzer.[4])
 α) Antragsberechtigte Gläubiger sind:
  aa) diejenigen, welche Ansprüche auf den bar zu zahlenden Teil des Strichschillings, sei es auf Befriedigung oder Sicherstellung haben, soferne der erzielte Versteigerungserlös voraussichtlich wenigstens teilweise ihre Ansprüche decken würde. Hiebei ist der Feststellung letzterer Voraussetzung die zu den Vollstreckungsakten anerkannte oder rechtskräftig festgestellte wirkliche Rechtslage (s. oben § 260 Ziff. I, 2b und § 281 lit. C) zu Grunde zu legen; die vorgehenden Ansprüche sind nach den oben § 281 lit. B Ziff. 2 erwähnten Grundsätzen anzusetzen, hiebei die Zinsen und Nebenforderungen, sowie die Ansprüche der ersten Reihe nach Maßgabe der oben § 281 lit. B Ziff. 3 angeführten Grundsätze zu berücksichtigen.

  Hinsichtlich der Antragsberechtigung ist es an sich gleichgiltig, ob diese Ansprüche der für Feststellung des gesetzlichen Mindestgebotes maßgebende Beschlagnahmeforderung im Range vor- oder nachgehen; jedoch ist mit Rücksicht darauf, daß durch eine von einem nachgehenden Gläubiger beantragte Wiederversteigerung keinesfalls die ihm vorgehenden Gläubiger beeinträchtigt werden dürfen, die Durchführung der von einem nachgehenden Gläubiger beantragten Wiederversteigerung in entsprechender Weise beschränkt.
  bb) Gläubiger, deren Forderungen nach Maßgabe der Versteigerungsbedingungen in Anrechnung auf den Strichschilling zu übernehmen sind, nur insoweit, als sie zu den in lit. aa genannten Gläubigern gehören. Nach dem Gesetze sollen sie auch wegen der ihnen im Range

---

[2]) Vgl. Art. 120 Subh.Ordn. und unten § 302.

[3]) Art. 94—96 Subh.Ordn. Mot. z. Subh.Ordn. S. 94. S. unten § 298.

[4]) Mot. z. Subh.Ordn. S. 94; es handelt sich nicht um eine neue oder weitere Beschlagnahme: s. unten Ziff. III, 1 lit. d.

vorgehenden oder gleichstehenden Forderungen, deren Anweisung auf ausstehende Strichschillingsteile und hypothekarische Sicherung eine ihnen nachteilige Belastung des Grundstückes schaffen würde[5]), antragsberechtigt sein; allein

---

[5]) Ueber die Bedeutung und Anwendbarkeit dieses Satzes gehen die Meinungen wesentlich auseinander. Die Mot. z. Nov. S. 156, 157 gehen zunächst von der Ansicht aus, daß — abgesehen von dem Falle der Nov. Art. 37, in dem das Recht der übernommenen Hypothekgläubiger schon in anderer Weise gewahrt sei — die übernommenen Hypothekgläubiger es sich gefallen lassen müßten, daß ohne ihre Zustimmung in Ausführung des Verteilungsplanes zu Gunsten der ihnen vorhergehenden, barzuzahlenden, aber noch nicht barbezahlten Ansprüche nicht bloß Erhebungsanweisungen auf den ausständigen Strichschilling, sondern auch, und zwar von Amts wegen, Hypotheken an der bisherigen Rangstelle eingetragen werden. Bei dieser Auffassung ist es klar, daß hiedurch in verschiedener Weise eine höhere Belastung als bisher bezw. eine Verschiebung der bisherigen Rechtslage zu Ungunsten der übernommenen Hypothekgläubiger eintreten kann; um dies zu verhindern, sei ihnen das Recht auf Beantragung der Wiederversteigerung eingeräumt, das dann allerdings schon bis zum Abschluß des Verteilungsplanes ausgeübt sein müßte. Allein eine solche Offizialhypothekbestellung ist sowohl dem Hypothekengesetze, als der Subhastationsordnung fremd. Bei Bemessung der Bedeutung des Art. 28 Abs. 2 Nov. ist vielmehr davon auszugehen, daß ohne Zustimmung des Eigentümers und insbesondere nachstehender Hypothekgläubiger weder eine vorgehende Hypothek, noch eine nachteilige Aenderung hieran im Hypothekenbuche eingeschrieben werden kann und Art. 94 Abs. 2 Subh.Ordn. auch keinen gesetzlichen Hypothekentitel enthält. Dann ergibt sich aber folgendes:

1. Ist im Falle eines Verteilungsverfahrens, ohne daß von irgend einer Seite ein Antrag auf Wiederversteigerung gestellt worden ist, der Verteilungsplan bereits abgeschlossen und sollen in Ausführung desselben die hier barzuzahlenden, aber nicht barbezahlten Ansprüche mit Erhebungsanweisungen auf die ausständigen — fälligen oder nicht fälligen — Strichschillingsteile versehen und im Vorrang vor den übernommenen Hypotheken hypothekarisch gesichert werden, so ist einmal mit Abschluß des Verteilungsplanes jedes Recht auf Wiederversteigerung präkludiert, anderseits haben aber die übernommenen Hypothekgläubiger hieran auch gar kein Interesse, weil ohne ihre Zustimmung solche Hypotheken nicht eingetragen werden können, die auf Erhebungsanweisungen verwiesenen Ansprüche sogar gelöscht werden müssen; auch den Gläubigern dieser geschieht hiedurch ein materielles Unrecht nicht, da sie in der Lage waren, vor Abschluß des Verteilungsplanes die Wiederversteigerung zu beantragen, soferne die ihre Ansprüche deckenden Strichschillingsteile bereits fällig waren; war letzteres nicht der Fall, so können sie sich wieder nicht beklagen, da sie die Gewährung längerer als dreimonatlicher Zahlungsfristen verhindern konnten.
2. Wird ein Verteilungsverfahren nicht durchgeführt, so ist der Antrag auf Wiederversteigerung zulässig, bis die Voraussetzungen zur Löschung der Beschlagnahme gegeben sind (Art. 94—96 Subh.Ordn.). Auch hier kann in dem außergerichtlichen Uebereinkommen über die Verteilung eine Anweisung auf noch ausständige Zahlungsfristen nebst Hypothekbestellung hiefür erfolgen, aber ebenfalls wieder nicht ohne Zustimmung der den hierauf angewiesenen Gläubigern nachgehenden und hiedurch benachteiligten übernommenen Hypothekgläubiger. Hier könnte man dann dem Art. 28 Abs. 2 Nov. nur insoferne eine Bedeutung retten, als man entweder annimmt, es seien auf Grund desselben die übernommenen Hypothekgläubiger, welche durch die Hypothekbestellung geschädigt werden, um nicht das Verfahren unnötig zu verzögern, auf die zwingende Wahl verwiesen, entweder der

dieſem Antragsrecht kommt in Wirklichkeit eine rechtliche Bedeutung nicht zu.

β) Der Vollſtreckungsſchuldner bezw. Drittbeſitzer iſt antragsberechtigt nur wegen ſolcher Beträge, an deren Zahlung er ein rechtliches Intereſſe hat, alſo wegen aller derjenigen, für welche er perſönlich haftet, oder welche einer nach den Verſteigerungsbedingungen zu übernehmenden Forderung im Range vorgehen oder gleichſtehen.

c) Der Antrag iſt beim Vollſtreckungsgerichte ſchriftlich oder mündlich zu Protokoll des Gerichtsſchreibers zu ſtellen.

II. Entſcheidung des Vollſtreckungsgerichts.

1. Ueber die Zuläſſigkeit der Wiederverſteigerung entſcheidet das Vollſtreckungsgericht. Vor der Entſcheidung iſt der Anſteigerer zu hören. Der abweiſende Beſchluß iſt dem Antragſteller, der ſtattgebende Beſchluß allen Beteiligten einſchließlich des Anſteigerers zuzuſtellen. Gegen die Entſcheidung des Vollſtreckungsgerichtes ſteht im Falle der Abweiſung dem Antragſteller, im Falle der Stattgabe ſämtlichen Beteiligten, auch dem Anſteigerer, ſofortige Beſchwerde zu.

2. Iſt die Wiederverſteigerung beſchloſſen, ſo ſind die Vollſtreckungsakten dem Verſteigerungsbeamten ſofort zum Vollzuge der Wiederverſteigerung zu überſenden. Ein Eintrag im Hypothekenbuche findet nicht ſtatt.[6])

Hypothekbeſtellung zuzuſtimmen oder die Wiederverſteigerung zu beantragen — wofür die Friſt allerdings noch laufen würde — oder den übernommenen Hypothekgläubigern ohne ſolchen Zwang das Recht auf Wiederverſteigerung einräumt, wenn ſolche Hypothekbeſtellungen in Ausſicht genommen ſind. Allein erſtere Annahme führt ſchließlich entweder hinſichtlich der Zuſtimmung zur Hypothekbeſtellung zu einem im Geſetze ſelbſt wenigſtens nicht ausdrücklich aufgeſtellten Präjudize und einer geſetzlichen Fiktion oder zu einer Pflicht zur Beantragung der Wiederverſteigerung. Daß der Geſetzgeber dieſe Folge gewollt, läßt ſich aber aus dem Wortlaute des Geſetzes ſicher nicht, aus dem Geiſte desſelben aber keinesfalls mit Sicherheit nachweiſen. Die zweite Annahme aber hat um deswillen keine innere Berechtigung, weil die Hypothekgläubiger ſchon durch Verweigerung ihrer Zuſtimmung die ihnen nachteilige Belaſtung abwenden können.

Art. 28 Abſ. 2 Nov. dürfte daher, als auf irriger Auffaſſung des Geſetzgebers beruhend, gegenſtandslos ſein, da die bloße Anweiſung ohne Hypothekbeſtellung nie eine nachteilige Belaſtung des Grundſtückes enthalten kann, ſelbſt nicht im Falle des Art. 37 Abſ. 1 Nov. Anderſeits iſt freilich nicht zu verkennen, daß hienach eine ungebührliche Verzögerung der Bereinigung der öffentlichen Bücher entſtehen kann, und daß es gut wäre, wenn die Anſicht der Motive im Geſetze entſprechenden und paſſenden Ausdruck gefunden hätte. Ebenſo im Reſultate Ortenau-Henle S. 317. A. M. Hellmann, wenngleich er die irrige Auffaſſung der Motive zugibt, der aber überſieht, daß ohne Zuſtimmung der übernommenen Hypothekgläubiger eine ihnen nachteilige Hypothekbeſtellung nicht vorgenommen werden kann. Vgl. auch d. Not.Zeit. 1883 S. 84.

[6]) Vgl. hiezu die Mot. z. Nov. S. 156, 157.

3. Mit der Erlassung des Beschlusses auf Wiederversteigerung ist das Recht des Ansteigerers aus dem Zuschlage in der unten Ziff. III, 1 näher bezeichneten Weise verwirkt.

III. Das Wiederversteigerungsverfahren.

1. Rechtliche Natur und Wirkungen.

Die Wiederversteigerung erfolgt zwar als „neue Zwangsversteigerung", eine neue Beschlagnahme findet aber nicht statt: der Antrag auf Wiederversteigerung ist kein Antrag auf neue Beschlagnahme, sondern enthält nichts anderes, als die Erklärung des Antragstellers, statt des baren Geldes, welches der Ansteigerer zu zahlen verpflichtet ist, eine Anweisung auf den Ansteigerer nicht annehmen zu wollen. Das Wiederversteigerungsverfahren ist sohin nur eine Fortsetzung des bisherigen Vollstreckungsverfahrens gegen den ursprünglichen Vollstreckungsschuldner auf Grund der bisherigen Beschlagnahmen[7]), nicht etwa ein gegen den mit der Zahlung säumigen Ansteigerer gerichtetes selbständiges Vollstreckungsverfahren. Immerhin ist sie aber doch eine Fortsetzung der bisherigen Zwangsvollstreckung eigentümlicher Art. Für die Wirkungen der beschlossenen Wiederversteigerung ist der Umstand, daß ihr Grund auf materiellrechtlichem und nicht prozeßrechtlichem Gebiete liegt, derart wesentlich, daß auch mit dem Beschlusse auf Wiederversteigerung nur die materiellrechtlichen, nicht die prozeßrechtlichen Wirkungen des früheren Zuschlages, beseitigt werden. Die Zwangsvollstreckung gilt prozessual in der Richtung gegen den Vollstreckungsschuldner beendet; aber trotzdem bedarf es einer nochmaligen Versteigerung, weil die materiellrechtlichen Wirkungen des Zuschlages, die den wirtschaftlichen Effekt der Zwangsvollstreckung bedingen, nicht eingetreten sind. Die einzelnen Folgen dieser besonderen Art des Wiederversteigerungsverfahrens sind folgende:

a) Es wird durch den Wiederversteigerungsbeschluß nur das zwischen dem Ansteigerer und dem Vollstreckungsschuldner bezw. den Gläubigern durch den Zuschlag geschaffene civilrechtliche Rechtsverhältnis wieder aufgehoben. Der Subhastat wird wieder Eigentümer des Zuschlagsobjektes, der Ansteigerer von allen durch den Zuschlag übernommenen Haftungen wieder frei, freilich immer nur unter der für ersteren Suspensiv-, für letzteren Resolutivbedingung:

α) daß der frühere Ansteigerer nicht bis zum neuerlichen Zuschlage oder im Falle der Ergebnislosigkeit der Wiederversteigerung bis zur Erlöschung der Beschlagnahme die Erfüllung seiner Strichsverbindlichkeiten und neu erwachsenen Verpflichtungen nachweist, oder im Falle sie noch nicht festgestellt sind, einen vom Vollstreckungsgerichte oder vom Versteigerungsbeamten zu bestimmenden Betrag hinterlegt;

---

[7]) Mot. z. Nov. S. 147 zu Art. 5.

β) daß in dem unten Ziff. 2 g bezeichneten Falle die Wiederversteigerung nicht erfolglos bleibt.

Anderseits hat aber der Ansteigerer und dessen Solidarbürge[8]) doch den durch die Säumnis in Erfüllung seiner Verbindlichkeiten entstandenen Schaden zu ersetzen; er haftet im Falle der Durchführung der Wiederversteigerung für den bei der Wiederversteigerung sich ergebenden Mindererlös, für die Zinsen des Steigerungspreises und für die Kosten der Wiederversteigerung.[9]) Daraus folgt auch, daß bei der Wiederversteigerung der den nichtsäumigen Ansteigerern zugeschlagenen verbandhaftenden Grundstücke diese Ansteigerer mangels Verschuldens nicht nur keine Haftung für den Ausfall trifft, sondern sie sogar den bezahlten oder erlegten Strichschilling zurückverlangen können, während umgekehrt die säumigen Ansteigerer solcher Grundstücke selbst für denjenigen Ausfall haften, welcher sich bei der Wiederversteigerung der den nichtsäumigen Ansteigerern zugeschlagenen Grundstücke ergibt.

Inwieweit die Wiederaufhebung des Rechtsverhältnisses den Ansteigerer sonst schadenersatzpflichtig macht, z. B. wegen Untergang und Beschädigung der Zuschlagsobjekte, bemißt sich nach örtlichem Civilrechte.[10])

Neuerliche Beschlagnahmen in der Richtung gegen den bisherigen Vollstreckungsschuldner sind schon aus dem Grunde, daß er zunächst nur wieder aufschiebend bedingter Eigentümer der subhastierten Sache geworden ist, nach dem früheren Zuschlage während der Schwebe der Bedingungen unzulässig und muß ihnen daher jeder Einfluß auf das laufende Wiederversteigerungsverfahren und damit auch auf die Festsetzung des gesetzlichen Mindestgebotes bei der Wiederversteigerung versagt werden; ja es kommt ihnen Bedeutung nicht einmal für den Fall zu, daß der Subhastat Mangels Zuschlages in der Wiederversteigerung endgiltig Eigentümer der subhastierten Sache werden sollte, da gegen den aufschiebend bedingten Eigentümer jede Beschlagnahme rechtlich unmöglich ist. Nach dem früheren Zuschlage und während der Schwebe der Bedingungen bewirkte Beschlagnahmen sind daher als „weitere Beschlagnahmen" im technischen Sinne, wie als völlig neue Beschlagnahmen unzulässig.[11])

---

[8]) E. d. obst. L.G. VIII. 539.

[9]) Nicht für die Kosten der früheren Versteigerung. S. auch d. Not.Zeit. 1878 S. 359.

[10]) Bl. f. R.A. LIX. 175, 176; Ortenau-Henle S. 327. Solche Ersatzbeträge fallen zur Masse.

[11]) Teilweise a. M. Mot. z. Nov. S. 147; Ortenau-Henle S. 326. Wie im Texte Hellmann S. 326. Die Unzulässigkeit einer „weiteren Beschlagnahme" ist auch die notwendige Folge der prozessualen Beendigung der Zwangsvollstreckung; s. auch oben § 273 Ziff. II, 3 S. 1386. — Die Wiederversteigerung tritt trotz

b) Prozessual ist und bleibt aber die Zwangsvollstreckung mit dem früheren Zuschlage abgeschlossen und die prozeßrechtlichen Wirkungen des früheren Zuschlages bleiben bestehen. Daraus folgt, daß jedenfalls eine freiwillige Zurücknahme der Beschlagnahmegesuche nicht mehr möglich, daß die Geltendmachung von Einstellungs- und Aufhebungsgründen, welche vor dem früheren Zuschlage entstanden sind, überhaupt ausgeschlossen und die Geltendmachung neu entstandener Einstellungsgründe nur zu dem Zwecke möglich ist, um das Verteilungsverfahren aufzuhalten, nicht aber um die Wiederversteigerung zu beseitigen.[12])

c) Da die Wiederversteigerung keine Vollstreckung gegen den Ansteigerer ist, so gebührt auch ein hiebei erzielter Mehrerlös nicht dem Ansteigerer, sondern dem Vollstreckungsschuldner oder Drittbesitzer bezw. der Masse.

Anderseits hat aber der Ansteigerer mit Rücksicht auf seine bisherige civilrechtliche Rechtsstellung zum Zuschlagsobjekte Anspruch doch auf denjenigen Mehrerlös, der nach Abrechnung seiner Schuld an Hauptsache, Zinsen und Kosten übrig bleibt und eine Folge seiner auf die Sache gemachten Verwendungen (ohne Unterschied) ist[13]), jedoch ist ihm jedes Zurückbehaltungsrecht hiewegen versagt.

d) Da der Antrag auf Wiederversteigerung keinen Antrag auf neue Beschlagnahme enthält, so sind für die Festsetzung des gesetzlichen Mindestgebotes die bereits bestehenden Beschlagnahmen, nicht die Forderung des Antragstellers maßgebend[14]);

e) Aus dem gleichen Grunde hat im Falle der Erfolglosigkeit der Wiederversteigerung nicht der Antragsteller, sondern der Beschlagnahmegläubiger die Kosten des Verfahrens zu tragen; eine Ausnahme von dieser Kostentragungspflicht besteht nur, wenn die erfolglose Wiederversteigerung von einem Gläubiger beantragt wurde, welcher der für die Feststellung des gesetzlichen Mindestgebotes maßgebenden Beschlagnahmeforderung im Range nachsteht (s. unten Ziff. 2 lit. g).

2. Das Verfahren im einzelnen.

a) Für die Wiederversteigerung ist im wesentlichen das gleiche Verfahren einzuhalten wie bei der gewöhnlichen Versteigerung, soweit nicht im folgenden besonderes bemerkt ist. Die Wiederversteigerung wird auch von dem früheren Versteigerungsbeamten

---

ihrer Eigenart mit den im Texte aufgestellten Sätzen nicht in Widerspruch; denn zur Zeit der maßgebenden Beschlagnahmen war der Vollstreckungsschuldner unbedingter Eigentümer und im Zeitpunkte des neuerlichen Zuschlages ist er wieder unbedingter Eigentümer der Vollstreckungsobjekte geworden.

[12]) Ebenso Ortenau-Henle S. 323; Hellmann S. 103, 87, 88; vgl. auch die Mot. z. Subh.Ordn. S. 91.

[13]) Mot. z. Subh.Ordn. S. 94.

[14]) Aber nicht für reine Unterhaltskosten; vgl. Ortenau-Henle S. 327.

durchgeführt.[15]) Der säumige Ansteigerer ist Beteiligter, aber nicht allgemein, sondern nur insoweit sein Interesse reicht. Der neue Zuschlag ist in gleicher Weise und aus den gleichen Gründen anfechtbar, wie sonst ein Zuschlag.

b) Zwischen dem Tage der Festsetzung der Wiederversteigerung und dem Versteigerungstermine dürfen nicht mehr als zwei Monate in Mitte liegen; doch hat die Ueberschreitung dieser Frist Rechtsnachteile nicht zur Folge.

c) Für die Wiederversteigerung gelten die früheren Versteigerungsbedingungen, soweit nicht durch Zustimmung der sämtlichen rechtlich interessierten Beteiligten (einschließlich des Ansteigerers) eine Abänderung erfolgt.[16]) Auch die Vorschriften über die Versteigerung mit und ohne Last, mit und ohne Vorbehalt des Eigentumsrückfalls finden entsprechende Anwendung. Das gesetzliche Mindestgebot und damit die Art und Weise der Strichschillingsberichtigung ist jedoch unter Berücksichtigung etwa erfolgter Neuanmeldungen auch im Wiederversteigerungsverfahren neu festzusetzen[17]); nur dürfen hiebei die erst nach dem früheren Zuschlage erfolgten Beschlagnahmen nicht berücksichtigt werden[18]), weshalb der obligatorische Verständigungstermin wegfällt. Besondere Beschränkungen des Wiederversteigerungsverfahrens enthält noch die lit. g.

d) Die an die Beteiligten zu erlassende Bekanntmachung, wie die Veröffentlichung, stimmt im wesentlichen mit dem sonst zu veröffentlichenden Auszug aus der Versteigerungsbekanntmachung überein; sie hat daher lediglich zu enthalten die oben § 286 lit. B Ziff. I, 1 (S. 1449) bezeichneten Angaben mit der Bezeichnung des säumigen Ansteigerers nach Vor- und Familiennamen, Stand oder Gewerbe und Wohnort und mit der Bemerkung, daß auch das Protokoll über die frühere Versteigerung bei dem Versteigerungsbeamten eingesehen werden könne. Die Zustellung muß auch an den säumigen Ansteigerer erfolgen.[19])

e) Der säumige Ansteigerer wie der säumige Solidarbürge desselben sind unfähig, in der Wiederversteigerung zu bieten; auch Stellvertreter können für sie nicht bieten, wie sie auch als Stellvertreter nicht für andere bieten können.

f) Innerhalb des Wiederversteigerungsverfahrens ist sowohl im Falle der Ergebnislosigkeit der ersten hierin vorgenommenen Versteigerung eine neue Versteigerung mit allen ihren Konsequenzen[20]), als im Falle der Aufhebung des Wiederver-

---

[15]) Ebenso Ortenau-Henle S. 322. A. M. Pemsel S. 304.
[16]) Mot. z. Subh.Ordn. S. 94.
[17]) Vgl. d. Not.Zeit. 1886 S. 325; Ortenau-Henle S. 326.
[18]) Ebenso Ortenau-Henle S. 326; Hellmann S. 236.
[19]) Ebenso Ortenau-Henle S. 325; a. M. Hellmann S. 107.
[20]) Art. 70—72 Subh.Ordn. Ebenso die Mot. z. Nov. S. 157; Ortenau-Henle

steigerungszuschlages aus prozeßrechtlichen oder rein faktischen Gründen eine wiederholte Versteigerung mit allen ihren Konsequenzen möglich und zulässig.

g) Beschränkungen. Im Hinblick auf die oben Ziff. I, 3 bezeichneten Gründe ist die Durchführung der Wiederversteigerung, wenn sie wegen eines Anspruches beantragt wurde, welcher der für die Feststellung des gesetzlichen Mindestgebotes maßgebenden Beschlagnahmeforderung im Range nachsteht, beschränkt. Hier darf, um die vorgehenden Gläubiger nicht zu beeinträchtigen, der Zuschlag nur dann erteilt werden, wenn ein Strichschilling erzielt wird, welcher die dem Anspruche im Range vorgehenden Forderungen, ohne Rücksicht darauf, ob sie im gesetzlichen Mindestgebot Deckung finden müssen, und die Kosten der Wiederversteigerung deckt. Ist hienach die Wiederversteigerung erfolglos geblieben, so wird auch das durch den früheren Zuschlag begründete civilrechtliche Rechtsverhältnis zwischen dem früheren Ansteigerer und dem Schuldner bezw. Gläubiger gar nicht aufgehoben, der dem früheren Ansteigerer erteilte Zuschlag mangels jeglichen rechtlichen Grundes mit allen seinen Wirkungen bleibt vielmehr aufrechterhalten und die Kosten der Wiederversteigerung hat nach allgemeinen Grundsätzen der unterlegene Antragsteller zu tragen.

Wurde die Wiederversteigerung mehrerer verschiedenen Ansteigerern zugeschlagener Grundstücke beschlossen, so darf die Wiederversteigerung der den nichtsäumigen Ansteigerern zugeschlagenen Grundstücke, um diese ihrer erworbenen Rechte nicht

---

S. 329. Zweifelhaft könnte nur sein, ob bei ergebnisloser neuer Versteigerung wirklich die Beschlagnahmegesuche als zurückgenommen erachtet werden müssen, oder ob es nicht bei den materiellrechtlichen Wirkungen des früheren Zuschlages nun wieder sein Bewenden hat. Denn nach dem Charakter des Wiederversteigerungsverfahrens erscheint, wie oben Ziff. III, 1 b angenommen, jedenfalls eine freiwillige Zurücknahme der Beschlagnahmegesuche nach dem Zuschlage nicht mehr zulässig. Gleichwohl erscheint mir zunächst der Schluß von der Unzulässigkeit der freiwilligen Zurücknahme der Beschlagnahmegesuche auf die gesetzlich fingierte Zurücknahme derselben oder von dieser auf jene nicht unbedingt zwingend. Anderseits kommt aber in Betracht, daß wenn auch Art. 71 Subh.Ordn. nicht direkte Anwendung sollte finden können, doch das Prinzip desselben in entsprechender Weise zur Anwendung kommen muß. Die materiellrechtlichen Wirkungen des früheren Zuschlages können rückwärts nicht mehr eintreten, denn die antragsberechtigten Gläubiger brauchen sich nicht mit zweifelhaften Erhebungsanweisungen begnügen (s. Nt. 21). Fällt aber so das wirtschaftliche Resultat der bisherigen Zwangsvollstreckung unbedingt hinweg, so ist nicht anzunehmen, daß der Gesetzgeber in infinitum neuerliche Wiederversteigerungsversuche zulassen wollte; das Verfahren muß einmal in dieser oder jener Weise seinen Abschluß erlangen, wie auch aus den Mot. z. Nov. S. 157 genügend ersichtlich ist. Dann bleibt aber nichts anderes übrig, als Art. 71 Subh.Ordn. wenigstens analog anzuwenden, d. h. die Sachlage schließlich gerade so anzusehen, als ob die Beschlagnahmegesuche als zurückgezogen zu gelten hätten, weil der wirtschaftliche Effekt der Beschlagnahmen, auf die sich der Zuschlag gründet, nicht mehr erreichbar ist. Die Mot. z. Nov. S. 157 Abs. 4 gehen freilich von der Ansicht aus, daß nach dem Zuschlage die Beschlagnahmegesuche auch freiwillig noch zurückgenommen werden können.

ohne Grund und Interesse für die Gläubiger zu berauben, erst dann stattfinden, wenn die Wiederversteigerung der dem säumigen Ansteigerer zugeschlagenen Grundstücke erfolglos geblieben ist.

h) Das Wiederversteigerungsverfahren ist einzustellen:

α) wenn der säumige Ansteigerer vor dem Zuschlage nachweist, daß er inzwischen den Strichsbedingungen vollständig genügt und die durch das neue Verfahren erwachsenen Kosten berichtigt, oder für dieselben, soweit sie noch nicht festgestellt sind, einen vom Vollstreckungsgerichte oder Versteigerungsbeamten zu bestimmenden Betrag hinterlegt hat;

β) wenn die Wiederversteigerung der den säumigen Ansteigerern zugeschlagenen verbandhaftenden Grundstücke den entsprechenden Erfolg hat, in Ansehung der den nichtsäumigen Ansteigerern zugeschlagenen verbandhaftenden Grundstücke;

γ) hinsichtlich der den nichtsäumigen Ansteigerern zugeschlagenen verbandhaftenden Grundstücke, wenn die nichtsäumigen Ansteigerer bis zur Erteilung des Zuschlages den zur Befriedigung des antragstellenden Gläubigers erforderlichen Betrag und die Kosten erlegen. Machen sie von dieser Befugnis Gebrauch, so geht auf sie kraft Gesetzes der Anspruch des abgefundenen Gläubigers auf Befriedigung aus dem von dem säumigen Ansteigerer geschuldeten Kaufpreise über.

δ) in dem oben lit. g bezeichneten Falle der Erfolglosigkeit der Wiederversteigerung.

In allen diesen Fällen bleibt hinsichtlich derjenigen Grundstücke, auf welche sich die Einstellung erstreckt, der frühere Zuschlag mit allen seinen Wirkungen aufrechterhalten;

ε) wenn außer dem in lit. δ genannten Falle die Wiederversteigerung mangels eines Gebotes oder eines zulässigen gesetzlichen Gebotes endgiltig erfolglos bleibt; damit ist das durch den Zuschlag begründete Rechtsverhältnis endgiltig wieder aufgehoben; der Vollstreckungsschuldner oder Drittbesitzer erhält das Eigentum des zugeschlagenen Grundstückes endgiltig zurück, der Ansteigerer ist von jeder Haftung aus den Strichsverbindlichkeiten frei, die Kosten des Wiederversteigerungsverfahrens fallen den Beschlagnahmegläubigern zur Last.[21])

---

[21]) Vgl. hiezu Nr. 20. Die Mot. z. Nov. S. 157 führen hiezu aus: „Die Haftung des Beschlagnahmegläubigers als Antragstellers für die Kosten rechtfertigt sich durch die Erwägung, daß das von ihm betriebene Verfahren den ihm vorgehenden oder gleichstehenden Gläubiger genötigt hat, die Wiederversteigerung zu beantragen, wenn dieser nicht, wozu er nicht verpflichtet war, sich mit einer Anweisung auf den Ansteigerer begnügen wollte, und daß es ihm freistand, die Durchführung der Wiederversteigerung durch Zurücknahme der Beschlagnahme abzuwenden (?). Für diesen Fall kann deshalb der Antrag auf Wiederversteigerung als in dem Beschlagnahmegesuche notwendig enthalten angesehen werden."

IV. Gegenüber jedem säumigen Ansteigerer einer Wiederversteigerung ist abermals ein Wiederversteigerungsverfahren zulässig; für dieses gelten in entsprechender Weise jeweils die gleichen Grundsätze, wie für das erste Wiederversteigerungsverfahren.

§ 295.

Die öffentliche Beurkundung der Versteigerung.

Im Falle die Versteigerung durch Zuschlag beendet wird, ist eine öffentliche Urkunde — das Versteigerungsprotokoll — als Solennitäts- und Beweisurkunde, insoweit sie ergebnislos verläuft, lediglich eine öffentliche Beweisurkunde hierüber zu errichten.

A. Das Versteigerungsprotokoll.[1])

I. Ueber den Versteigerungsakt — in der ersten, neuen, wiederholten und Wiederversteigerung — ist von dem Notar als Versteigerungsbeamten jeweils eine öffentliche Urkunde, das Versteigerungsprotokoll, aufzunehmen. Zur Rechtsgiltigkeit der Versteigerung in formeller Hinsicht ist hienach zweierlei erforderlich, einmal die Vornahme der Versteigerung durch einen Notar, dann die Beurkundung des Versteigerungsaktes in Form der Aufnahme eines Versteigerungsprotokolls durch den Notar. Damit ist den zwingenden Formvorschriften des Art. 18 des bayerischen Notariatsgesetzes und zugleich der Analogie der Immobiliarkaufverträge in Ansehung der Formvorschriften im Hinblick auf Art. 14 des genannten Gesetzes genügt. Der Mangel einer der beiden Formen oder wesentlicher Formalitäten derselben begründet die civilrechtliche Nichtigkeit des Versteigerungsaktes.

II. Inhalt des Versteigerungsprotokolles.

Das Versteigerungsprotokoll muß nicht alle einzelnen Vorgänge des Versteigerungsaktes, insbebesondere nicht alle Gebote, sondern nur die wesentlichen Punkte desselben enthalten, und zwar im einzelnen folgendes:

1. die Veranlassung der Versteigerung;
2. die Bezeichnung der Subjekte der Zwangsvollstreckung, sohin der Beschlagnahmegläubiger, des Vollstreckungsschuldners oder etwaigen Drittbesitzers;
3. die möglichst individualisierende Bezeichnung der zur Versteigerung gestellten Gegenstände; hinsichtlich der Zubehörungen ist es zweckentsprechend, auf das Pertinenzverzeichnis zu verweisen;
4. die im Versteigerungstermine erfolgten Anmeldungen der nur auf Anmeldung im gesetzlichen Mindestgebote zu berücksichtigenden Ansprüche;
5. das Ergebnis der Verhandlungen, welche zum Zwecke der Feststellung der Versteigerungsbedingungen im Versteigerungstermine gepflogen wurden;

---

[1]) Art. 78 SubhOrdn.; Art. 90 Abs. 3 Art. 25 Nov.

6. die willkürlichen Versteigerungsbedingungen und stets auch das festgestellte gesetzliche Mindestgebot und die bei Bekanntgabe desselben gemachten Mitteilungen über die Art und Weise der Strichschillingsberichtigung, über die durch einen Vorbehalt des Eigentumsrückfalles gesicherte Forderung und über den Eintritt des Ansteigerers in die persönliche Haftung der in Anrechnung auf den Strichschilling zu übernehmenden Forderungen;
7. die Angabe, daß und in welcher Weise den wesentlichen Vorschriften über das Verfahren im Versteigerungstermine[2]), wie über die Frage der Sicherheitsleistung genügt wurde;
8. die Zeit des Beginnes und Schlusses der Verhandlung, sowie die Angabe des Zeitpunktes, in welchem zur Abgabe von Geboten aufgefordert worden ist;
9. das gelegte Meistgebot, den Meistbieter und den Zuschlag unter genauer Bezeichnung desjenigen, an welchen, und des Preises, um welchen der Zuschlag erfolgte;
10. den Befehl an den Vollstreckungsschuldner oder Drittbesitzer, im Falle der Wiederversteigerung lediglich an den säumigen Ansteigerer, dem Ansteigerer den Besitz des zugeschlagenen Gegenstandes bei Vermeidung der Zwangsausweisung zu räumen.

III. Formen des Versteigerungsprotokolls.

Im allgemeinen sind die geltenden Formvorschriften der über Versteigerungen aufzunehmenden Notariatsurkunden zu beachten; dieselben sind oben in § 70 (S. 491 ff.) und § 197 lit. D Ziff. 2 (S. 1105 ff.) angeführt.[3]) Statt der Unterzeichnung des Protokolles durch den Meistbietenden, sei es, daß dieser nicht unterzeichnen kann oder will, genügt jedoch die Unterzeichnung durch zwei Anwesende als Beweiszeugen, welche den Vorschriften über Beweiszeugen bei sonstigen Notariatsurkunden genügen müssen.[4]) Inwieweit die einzelnen Formvorschriften wesentlicher Natur sind, bemißt sich nach den Grundsätzen des Notariatsgesetzes über die Versteigerungsurkunden; vgl. hierüber oben § 71 (S. 532). Die Unterlassung der Unterschrift des Meistbietenden oder der beiden vorgenannten Zeugen ist stets unwesentlicher Natur; auf sie kann die Anfechtung des Zuschlages keinesfalls gegründet werden.

B. Die öffentliche Beweisurkunde im Falle ergebnisloser Versteigerung.

Im Falle ergebnisloser erster oder neuer Versteigerung muß der Versteigerungsbeamte eine den Anforderungen des Notariats-

---

[2]) Art. 78 Subh.Ordn. verweist auf Art. 69 Abs. 1, Art. 76 und 74 Subh.Ordn.

[3]) Ueber die Wesentlichkeit der Unterschrift des Notars vgl. E. d. obst. L.G. XI. 520; XIII. 149; Bl. f. R.A. LII. 62; d. Not.Zeit. 1888 S. 55; 1891 S. 60.

[4]) Art. 69 Abs. 2, Art. 53, 54 Not.Ges. In d. Not.Zeit. 1879 S. 356 wird die Anwendung der Art. 53, 54 Not.Ges. mit Unrecht geleugnet. Dagegen auch Ortenau-Henle S. 290.

gesetzes entsprechende öffentliche Urkunde errichten, in welcher die wesentlichen Vorgänge des Versteigerungstermines, insbesondere die Einhaltung der gesetzlich vorgeschriebenen Fristen darzulegen sind.[5])

§ 296.

Behandlung der Vollstreckungsakten nach Beendigung der Zwangsversteigerung. — Thätigkeit des Vollstreckungsgerichtes nach Beendigung der Zwangsversteigerung.

A. Behandlung der Vollstreckungsakten.

I. Der Notar hat, wenn die Versteigerung zu einem Ergebnisse geführt hat, dem einschlägigen Rentamte die Besitzveränderung durch Aufnahme in das monatliche dorthin abzugebende Besitzveränderungsverzeichnis mitzuteilen.[1])

II. Alsbald nach Abschluß der Versteigerung, ohne Rücksicht darauf, ob der Zuschlag angefochten wird, hat der Notar die Vollstreckungsakten nebst der Urschrift des Versteigerungsprotokolls[2]) und dessen Beilagen an das Vollstreckungsgericht abzugeben, um dem Vollstreckungsgerichte die Betreibung des weiteren Verfahrens zu ermöglichen.[3])

III. Ebenso hat der Notar, wenn die Beschlagnahmegesuche zurückgenommen wurden, oder wenn das Verfahren über die gesetzlich zulässige Zeitdauer hinaus infolge einer Vereinbarung des Beschlagnahmegläubigers mit dem Vollstreckungsschuldner ruht, oder wenn infolge ergebnisloser Versteigerung die Beschlagnahmegesuche als zurückgenommen gelten, alsbald die Vollstreckungsakten nebst den über die ergebnislosen Versteigerungen aufgenommenen öffentlichen Urkunden[4]) dem Vollstreckungsgerichte zum Zwecke der Einstellung des Zwangsvollstreckungsverfahrens und Veranlassung der Löschung der Beschlagnahmeeinträge im Hypothekenbuche hinsichtlich der unversteigert gebliebenen Grundstücke zu übersenden.

B. Thätigkeit des Vollstreckungsgerichtes.

I. Ist das Zwangsvollstreckungsverfahren nach Maßgabe des § 296 Ziff. III endgiltig einzustellen, so hat das Vollstreckungsgericht

---

[5]) Art. 69 Abs. 4 Subh.Ordn.

[1]) J.M.Bek. v. 10. Dez. 1880, die Katasterumschreibung bei Zwangsversteigerungen betr. (W. XIV. S. 604; J.M.Bl. S. 374). Das Rentamt darf aber noch nicht im Kataster umschreiben, sondern muß hiezu noch die vollstreckungsrichterliche Mitteilung abwarten (s. unten § 297 Ziff. II, 3).

[2]) Denn das Versteigerungsprotokoll ist ein Bestandteil der gerichtlichen Akten: Art. 80 Subh.Ordn. ist daher eine notwendige Folge des Art. 82 Abs. 3 Not.Ges. Vgl. auch Rehm Not.Ges. S. 110.

[3]) Art. 80 Subh.Ordn. — Auch wenn nun auf einzelne der zu versteigernden Grundstücke der Zuschlag erteilt wurde, sind die Vollstreckungsakten dem Vollstreckungsgerichte zu übersenden: Vgl. hiezu Näheres Krazer S. 46 und d. Not.Zeit. 1879 S. 358; Ortenau-Henle S. 293.

[4]) Vgl. hiezu oben § 295 lit. B.

sofort Einstellungsbeschluß zu erlassen, den Beteiligten zuzustellen und die Löschung der Beschlagnahmeeinträge auf den unversteigert gebliebenen Grundstücken beim Hypothekenamte von Amts wegen zu veranlassen. Hierauf werden die Vollstreckungsakten hinterlegt.

II. Wurde die Zwangsversteigerung durch Zuschlag beendet, so hat das Vollstreckungsgericht nach Empfang der Vollstreckungsakten von Amts wegen die durch den Eigentumsübergang und die beendete Zwangsvollstreckung erforderliche Bereinigung der öffentlichen Bücher zu veranlassen.[5])

1. Voraussetzung hiefür ist aber nicht bloß, daß ein Zuschlag erteilt worden ist, sondern weiter:

a) daß die zur Anfechtung des Zuschlages gegebene zweiwöchentliche Frist abgelaufen ist, ohne daß ein Antrag auf Aufhebung des Zuschlages gestellt wurde;

b) oder daß im Falle einer Wiederversteigerung dieselbe mit der Wirkung der Aufrechterhaltung des früheren Zuschlages eingestellt wurde[6]);

c) oder daß der auf Aufhebung des Zuschlages gestellte Antrag rechtskräftig abgewiesen wurde;

d) im Falle der Durchführung eines gerichtlichen Verteilungsverfahrens

α) wenn der ganze Strichschilling bar zu bezahlen, dem Ansteigerer keine oder wenigstens keine längere als dreimonatliche Zahlungsfrist gewährt ist: daß der Ansteigerer den ganzen Strichschilling bar bezahlt hat. Der Abschluß des Verteilungsplanes braucht hier nicht abgewartet zu werden; nur insolange ein Verbandgläubiger auch die Wiederversteigerung der den nichtsäumigen Ansteigerern zugeschlagenen Grundstücke beantragen kann, ist trotz der Erfüllung der Verbindlichkeiten seitens dieser Ansteigerer hinsichtlich ihrer Grundstücke die Bereinigung der öffentlichen Bücher unzulässig[7]);

β) in anderen Fällen: entweder

aa) daß der Ansteigerer nach vollständiger Ausführung des Verteilungsplanes seine Verbindlichkeiten durch Uebernahme der hiezu bestimmten Forderungen und Barzahlung des bar zu erlegenden Strichschillings oder wenigstens Hypothekerrichtung für die ausständigen, aber in späterer als dreimonatlicher Frist fälligen Streichschillingsbeträge zu Gunsten der hierauf angewiesenen Gläubiger nach der Reihenfolge ihrer Anweisung vollständig erfüllt hat, oder

---

[5]) Vgl. zum folgenden Art. 94—96 Subh.Ordn.

[6]) Art. 29 Nov.; s. oben § 294.

[7]) Bezüglich der Löschung nicht gedeckter Ewiggeldkapitalien und Feststellung der hienach sich berechnenden Gilten s. Art. 168 Subh.Ordn.

bb) daß die sämtlichen an der Strichschillingsausweisung beteiligten Gläubiger die Bereinigung der öffentlichen Bücher vorbehaltlos bewilligt haben;

e) im Falle der Umgangnahme von einem gerichtlichen Verteilungsverfahren: daß der Ansteigerer seine Verbindlichkeiten entweder vollständig erfüllt oder für längere als dreimonatliche Zahlungsfristen zu Gunsten der hierauf angewiesenen Gläubiger Hypothek errichtet oder ein mit den bezugsberechtigten Gläubigern abgeschlossenes novatorisches Uebereinkommen vorgelegt hat. (Näheres s. unten § 297.)

2. Die Bereinigung der öffentlichen Bücher umfaßt:

a) die Richtigstellung des Hypothekenbuches und zwar

α) die Löschung der Beschlagnahmen und aller der Berichtigung des Besitztitels auf den Ansteigerer sonst entgegenstehenden Einschreibungen auf dem zugeschlagenen Gegenstande;

β) die Löschung der vom Ansteigerer nicht übernommenen Hypotheken;

γ) die Berichtigung des Besitztitels auf den Ansteigerer.

Um diese Berichtigungen herbeizuführen, hat das Vollstreckungsgericht an das Hypothekenamt ein genau spezifiziertes Ersuchen zu stellen; eine Thätigkeit des Hypothekenamtes von Amts wegen ist unzulässig; eine Zuleitung der Vollstreckungsakten ist nicht erforderlich, aber zweckentsprechend.

b) die Richtigstellung des Grundbuches in entsprechender Weise wie unter lit. a;

c) die Besitzumschreibung in den rentamtlichen Katastern. Zu diesem Zwecke hat das Vollstreckungsgericht dem einschlägigen Rentamte von dem Zuschlage Kenntnis zu geben.[8])

C. Ausfertigungen und Auszüge aus den Vollstreckungsakten werden nur vom Gerichtsschreiber des Vollstreckungsgerichts auf Verlangen eines Beteiligten erteilt.[9])

IV. Abschnitt.

Verteilung des Stricherlöses. — Außergerichtliches und gerichtliches Verteilungsverfahren.

Titel 1.

Außergerichtliche Verteilung. — Beschränkte gerichtliche Verteilung.[1])

§ 297.

Regel ist die gerichtliche Verteilung des Strichschillings, das gerichtliche Verteilungsverfahren. Ausnahmsweise ist jedoch auch

---

[8]) Vgl. hieher § 296 Nr. 1.

[9]) Art. 80 Abs. 2 Subh.Ordn.

[1]) Art. 95, 96 Subh.Ordn.

eine außergerichtliche Verteilung oder wenigstens nur ein beschränktes gerichtliches Verteilungsverfahren zulässig.

I. Die gerichtliche wie außergerichtliche Verteilung haben zur notwendigen Voraussetzung, daß

1. die zweiwöchentliche Frist zur Anfechtung des Zuschlages abgelaufen ist, ohne daß ein Antrag auf Aufhebung des Zuschlages gestellt wurde;
2. oder daß der gestellte Antrag auf Aufhebung des Zuschlages rechtskräftig abgelehnt wurde;
3. oder daß im Falle einer Wiederversteigerung dieselbe mit der Wirkung der Aufrechterhaltung des früheren Zuschlages eingestellt wurde.

II. In folgenden Fällen findet in der Hauptsache außergerichtliche Verteilung und nur ein beschränktes gerichtliches Verteilungsverfahren statt:

1. wenn außer den Kosten nur Gläubiger der ersten Reihe, Gläubiger zu übernehmender Hypothekforderungen oder Ewiggelder und nur ein einziger weiterer Beteiligter, welcher Barzahlung zu beanspruchen hat[2]), vorhanden und die Rechte der etwaigen Gläubiger der ersten Reihe in irgend einer rechtsverbindlichen Weise gewahrt sind.[3])

a) Berechtigt die Umgangnahme von der gerichtlichen Verteilung anzuregen, ist jeder Interessent, daher der Vollstreckungsschuldner oder Drittbesitzer, soferne sich für ihn ein Ueberschuß ergibt, der Ansteigerer, wenn er noch nicht den ganzen Strichschilling erlegt hat, der auf Barzahlung berechtigte Gläubiger. Jedoch bedarf es einer solchen Anregung seitens eines Interessenten nicht; das gerichtliche Verteilungsverfahren ist vom Vollstreckungsgerichte von Amts wegen zu unterlassen, sobald ihm die Voraussetzungen der außergerichtlichen Verteilung urkundlich nachgewiesen sind.

b) Das Vollstreckungsgericht hat, nachdem es die Unterlassung der gerichtlichen Versteigerung beschlossen hat[4]), doch noch das Erforderliche zur Befriedigung der einzelnen auf Barzahlung berechtigten Gläubiger zu verfügen, sohin nach Maßgabe der durch die urkundlichen Nachweise ausgewiesenen Rechtslage entweder den eingezahlten Strichschilling auf die Gläubiger zu verteilen oder, soweit nicht bar zu bezahlende Gläubiger den Ansteigerer durch besonderes Uebereinkommen als alleinigen Schuldner über-

---

[2]) Im Gegensatze zu dem Falle, wenn nur ein Gläubiger befriedigt werden kann.

[3]) Sei es durch eine mit Quittung belegte Barzahlung, Hinterlegung des erforderlichen Barbetrages, Schuldübernahme mittelst novatorischen Uebereinkommens, Verzicht.

[4]) Gegen den positiven wie negativen Beschluß des Vollstreckungsgerichtes kann der jeweils rechtlich Interessierte natürlich die sofortige Beschwerde (§ 701 R.C.P.O.) erheben.

nommen haben [5]), auf den nichteingezahlten Strichschilling die erforderlichen Erhebungsanweisungen auszustellen. [6])

c) Die Vereinigung der öffentlichen Bücher darf erst dann verfügt werden, wenn der Ansteigerer entweder allen Verbindlichkeiten nachgekommen ist oder für längere als dreimonatliche Zahlungsfristen zu Gunsten der hierauf angewiesenen Gläubiger in der Höhe der zugewiesenen Beträge und nach der Reihenfolge der Anweisung Hypotheken bestellt oder ein mit den bezugsberechtigten Gläubigern abgeschlossenes novatorisches Uebereinkommen [7]) vorgelegt hat. Die Hypothekerrichtungsurkunden müssen dem Vollstreckungsgerichte vorgelegt werden;

2. wenn im Falle der Beteiligung mehrerer, als der in Ziff. 1 genannten Gläubiger zwischen diesen mehreren beteiligten Gläubigern, den Gläubigern der nach Maßgabe der Versteigerungsbedingungen zu übernehmenden Hypothekforderungen oder Ewiggeldkapitalien und dem Vollstreckungsschuldner oder Drittbesitzer unter Wahrung der Rechte der Gläubiger der ersten Reihe in öffentlicher (notarieller [8]) oder prozeßgerichtlicher) Urkunde ein Uebereinkommen über die Art und Weise der Strichschillingsausweisung getroffen worden ist. [9]) Hier gelten in entsprechender Weise die unter Ziff. 1 a und b aufgeführten Grundsätze; an Stelle der sonstigen urkundlichen Nachweise tritt hier die außergerichtliche Verteilungsurkunde, welche dem Gerichte vorzulegen ist und die maßgebende Richtschnur der Verfügungen des Vollstreckungsgerichtes bildet.

III. Außergerichtliches Verteilungsverfahren unter Ausschluß jeder gerichtlichen Mitwirkung.

1. Ein solches findet nur statt, wenn

a) mehrere, als die in Ziff. II, 1 bezeichneten Gläubiger bei der Strichschillingsausweisung beteiligt sind und

b) ein Uebereinkommen in öffentlicher Urkunde über die Verteilung nach Ziff. II, 2 nicht getroffen worden ist,

c) der Ansteigerer aber die zu übernehmenden Hypothekforderungen übernommen oder die nach dem Versteigerungsergebnisse allein zum Zuge kommenden Gläubiger vollständig befriedigt hat bezw. von diesen als alleiniger Schuldner in notarieller Urkunde besonders übernommen worden ist [10]);

---

[5]) Vgl. Art. 55 Ziff. 1 Subh.Ordn. und oben § 282 lit. C Ziff. II, 1 b S 1430, 1431.

[6]) Ebenso E. d. obst. L.G. XIV. 737; Ortenau-Henle S. 342.

[7]) Art. 94 Abs. 2 Subh.Ordn.

[8]) Art. 11 Abs. 2 Ziff. 1, Art. 14 Not.Ges. Vom Versteigerungsbeamten braucht diese Urkunde nicht aufgenommen zu sein; vgl. Ortenau-Henle S. 343; jedoch auch E. d. obst. L.G. XIV. 378.

[9]) Soweit nicht einzelne Gläubiger in öffentlicher Urkunde auf Befriedigung aus dem Erlöse verzichtet haben.

[10]) Auch diese Uebernahme hat novatorische Wirkung: E. d. obst. L.G. XIV. 739; Ortenau-Henle S. 344. Die Uebernahme muß daher im Hinblick auf Art. 14

d) auf die vollstreckungsgerichtliche Aufforderung an die Beteiligten zur Abgabe etwaiger Erinnerungen solche binnen zwei Wochen nicht erhoben worden sind.

2. Die Unterlassung des gerichtlichen Verteilungsverfahrens findet hier nur auf Antrag, nicht von Amts wegen statt; antragsberechtigt ist nur der Ansteigerer. Der Antrag ist zugleich auf Verfügung der Vereinigung der öffentlichen Bücher zu richten und beim Vollstreckungsgerichte unter Vorlage der nach Ziff. 1 c erforderlichen urkundlichen Nachweise zu stellen.

3. Das Vollstreckungsgericht hat sodann

a) sofort die vorläufige Unterlassung des gerichtlichen Verteilungsverfahrens und falls solches schon eingeleitet ist, dessen Aussetzung zu beschließen;

b) unter abschriftlicher Mitteilung des Antrages an die beteiligten Gläubiger und zwar auch an die Gläubiger der nach Maßgabe der Versteigerungsbedingungen zu übernehmenden Hypothekforderungen und Ewiggelder, sowie an den Vollstreckungsschuldner oder Drittbesitzer die schriftliche Aufforderung zustellen zu lassen, binnen einer von der Zustellung an laufenden Frist von zwei Wochen etwaige Erinnerungen geltend zu machen.

4. Werden Erinnerungen innerhalb dieser Frist nicht erhoben, so hat das Vollstreckungsgericht sofort nach Ablauf der Frist

a) die endgiltige Unterlassung des gerichtlichen Verteilungsverfahrens überhaupt, oder falls ein solches schon eingeleitet ist, die endgiltige Einstellung desselben zu beschließen;

b) die Vereinigung der öffentlichen Bücher zu verfügen.

5. Werden Erinnerungen erhoben, so hat das Vollstreckungsgericht, ohne ihre Stichhaltigkeit zu prüfen, das gerichtliche Verteilungsverfahren einzuleiten bezw. das vorläufig eingestellte gerichtliche Verteilungsverfahren wieder aufzunehmen.

2. Titel.

Gerichtliches Verteilungsverfahren.

§ 298.

Allgemeines.

I. Das gerichtliche Verteilungsverfahren findet vor dem Vollstreckungsgerichte und zwar von Amts wegen statt; eine Disposition über dessen Wegfall steht den Beteiligten nur in den oben § 297 bezeichneten Fällen zu, in welchen sie außergerichtliche Verteilung des Erlöses vornehmen und damit die Unterlassung des gerichtlichen Verteilungsverfahrens herbeiführen können. Hienach ist auch Voraus-

---

Not.Ges. notariell beurkundet werden. Vgl. oben § 282 lit. C Ziff. II, 1 b S. 1430, 1431.

setzung sowohl der Einleitung, als der Fortsetzung des gerichtlichen Verteilungsverfahrens nur, daß nicht zur Zeit seiner Einleitung bereits die Voraussetzungen außergerichtlicher Verteilung dem Vollstreckungsgerichte nachgewiesen sind bezw. während der Durchführung des gerichtlichen Verteilungsverfahrens nachgewiesen werden, andernfalls von solchem Verfahren entweder ganz oder beschränkt Umgang zu nehmen oder dasselbe einzustellen ist.

II. Die Einleitung des gerichtlichen Verteilungsverfahrens setzt nicht voraus, daß der Zuschlag aus prozeßrechtlichen oder rein faktischen Gründen unanfechtbar geworden ist; nicht einmal die Stellung eines Antrages auf Aufhebung des Zuschlages hindert die Einleitung dieses Verfahrens; vielmehr ist das gerichtliche Verteilungsverfahren vom Zeitpunkte des Zuschlages an jeweils hinsichtlich des Erlöses aus den bereits zugeschlagenen Grundstücken zulässig.[1]) Anderseits ist aber wieder die sofortige Einleitung des gerichtlichen Verteilungsverfahrens nicht zwingende Notwendigkeit; je nach der Sachlage und der Zweckmäßigkeit wird vielmehr die Einleitung desselben länger oder kürzer hinauszuschieben sein, insbesondere um abzuwarten, ob nicht die Voraussetzungen außergerichtlicher Verteilung nachgewiesen werden könnten, um so den Beteiligten unnötige Kosten zu ersparen[2]), oder wenn Anfechtungsgründe geltend gemacht werden, deren Durchdringen die ganze weitere Zwangsvollstreckung verhindern würde, oder dreimonatliche Zahlungsfristen bewilligt sind, um nicht durch früheren Abschluß des Verteilungsplanes die Rechte auf Wiederversteigerung zu gefährden.[3])

III. Die Thätigkeit des Vollstreckungsgerichts innerhalb des Verteilungsverfahrens ist nicht prozeßrichterliche Thätigkeit im Sinne der Entscheidung von Rechtsstreitigkeiten, sondern lediglich prozeßleitende Thätigkeit im Sinne einer Mitwirkung des Gerichtes zur schleunigeren Erledigung des Vollstreckungsverfahrens. Daraus folgt der allgemeine Rechtssatz, daß durch die Verfügungen des Vollstreckungsgerichtes materiellen Rechten in keiner Weise präjudiziert werden kann. Dies zeigt sich besonders bei den Wirkungen der Verteilung auf die durch das Vollstreckungsverfahren berührten Rechtsverhältnisse; es zeigt sich weiter darin und hat zur Folge, daß, soweit es sich um die Aufstellung des materiellen Inhaltes des Verteilungsplanes handelt, gegen die Verfügungen des Vollstreckungsgerichtes nicht das Rechtsmittel der sofortigen Beschwerde, sondern nur der im ordentlichen Rechtswege auszutragende Widerspruch und nur gegen solche Verfügungen des Vollstreckungsgerichtes, welche die rein formale Sachbehandlung betreffen, das Rechtsmittel der sofortigen Beschwerde zulässig ist.[4])

---

[1]) Vgl. Mot. z. Subh.Ordn. S. 95.
[2]) Vgl. E. d. obst. L.G. XIV. 737.
[3]) Bl. f. R.A. XLVI. 290.
[4]) Vgl. hiezu auch Ortenau-Henle S. 361, 408. Verschiedene Konsequenzen

IV. Ueber die Beteiligten des Verteilungsverfahrens siehe oben § 253 lit. A Ziff. I und II, b (S. 1329 ff.).

V. Uebersicht des Verfahrens.

Das Verteilungsverfahren zerfällt in sechs Abschnitte:

1. in das einleitende Verfahren, welches den Zweck hat, die schließliche Verteilung zu ermöglichen; dasselbe umfaßt die Festsetzung des Verteilungstermins, die Bethätigung der nötigen Aufforderungen und Mitteilungen an die am Verfahren beteiligten Personen und die Anmeldung der bei der Verteilung zu berücksichtigenden Ansprüche;
2. in die Aufstellung des Verteilungsplanes als eines Vorschlages über die schließliche Verteilung unter Bezeichnung der Teilungsmasse, der Schuldenmasse, der Art und Weise, wie die Verteilung erfolgen soll, und der ausfallenden Ansprüche durch das Vollstreckungsgericht;
3. in die Abhaltung des Verteilungstermines oder der erforderlichen mehreren Verteilungstermine zu dem Zwecke, um den Verteilungsplan unter Zuziehung der Beteiligten festzustellen und Gelegenheit zu Widersprüchen gegen ihn, wie auch zur Erledigung derselben zu geben;
4. in den Abschluß des Verteilungsplanes durch das Vollstreckungsgericht, sei es mit oder ohne Beisein der Beteiligten;
5. in die Ausführung des Verteilungsplanes durch Einweisung der bezugsberechtigten Gläubiger in die Teilungsmasse, die allerdings sowohl vor wie erst nach Abschluß des Verteilungsplanes erfolgen kann, je nachdem schon vorher Liquidität vorhanden ist oder nicht. Im Anschluß hieran sind auch die Wirkungen zu erörtern, welche die Verteilung auf die durch das Vollstreckungsverfahren berührten Rechtsverhältnisse äußert;
6. in die Bereinigung der öffentlichen Bücher.

§ 299.

Einleitung des Verteilungsverfahrens.

Das einleitende Verfahren bezweckt die Vorbereitung des Verteilungsplanes und Verteilungstermines, der eigentlichen Verteilung des Erlöses und umfaßt:

A. die Festsetzung des Verteilungstermines;

B. die Bethätigung der erforderlichen Ladungen, Mitteilungen und Aufforderungen;

C. das Anmeldeverfahren, bestehend aus:

I. der Aufforderung an die beteiligten Gläubiger zur Anmeldung ihrer der Anmeldung bedürftigen Forderungen;

II. der Anmeldung der einzelnen Forderungen.

---

dieses Prinzipes s. im Laufe der folgenden Darstellung; z. B. § 301 lit. B Ziff. I, 2 bei Nr. 26; Ziff. II, 2c bei Nr. 40.

A. Die Festsetzung des Verteilungstermines. [1])

Das Vollstreckungsgericht setzt, nachdem es vom Versteigerungsbeamten die Vollstreckungsakten erhalten hat, den Verteilungstermin und zwar nicht über sechs Wochen hinaus an.

B. Ladungen, Mitteilungen und Aufforderungen.

I. Ladungen. [2])

Zum Verteilungstermine müssen die sämtlichen Beteiligten [3]) mit Ausnahme der Masseglaubiger [4]), der Ansteigerer, im Falle der Wiederversteigerung auch der säumige Ansteigerer [5]), sowie der etwaige Verwalter schriftlich geladen werden, und zwar:

1. Die beteiligten Gläubiger (nicht die Masseglaubiger) einschließlich der Gläubiger von Forderungen, für welche vor der Beschlagnahme bewegliche Zubehörungen oder ausstehende Erträgnisse gepfändet worden sind:
   a) mit der Aufforderung zur Anmeldung ihrer Forderungen; s. unten lit. C Ziff. I:
   b) mit der Aufforderung in dem Verteilungstermine zur Erklärung über den Verteilungsplan, über die darin eingestellten Ansprüche und die von einem etwaigen Verwalter gestellte Rechnung, sowie zur Ausführung der Verteilung zu erscheinen [6]);
   c) unter Androhung des Rechtsnachteiles, es werde angenommen, daß der Nichterscheinende mit dem aufgestellten oder im Termine berichtigten Verteilungsplan, sowie mit dessen Ausführung einverstanden sei und die Rechnung des Verwalters anerkenne;
   d) zweckmäßiger Weise auch mit dem Hinweis, daß dem nicht erschienenen Gläubiger auf seine Kosten und Gefahr die auf ihn treffenden Geldbeträge und Erhebungsanweisungen zugesendet bezw. wenn sein Aufenthalt unbekannt, in gerichtliche Verwahrung genommen würden. [7])
2. Der Vollstreckungsschuldner und etwaige Drittbesitzer [8]) unter dem Rechtsnachteile, daß sie im Falle ihres Nichterscheinens mit ihren Einwendungen gegen den aufgestellten oder im Termine

---

[1]) Art. 97 Abs. 1 Subh.Ordn.

[2]) Art. 97 Abs. 1 Ziff. 1 und 2, Art. 102, 103 Subh.Ordn.

[3]) Vgl. hierüber oben § 253 S. 1327 ff.

[4]) Ueber den Begriff Masseglaubiger s. unten § 301 lit. B Ziff. III, 1.

[5]) Vgl. hierüber zutreffend Ortenau-Henle S. 358 gegen Hellmann S. 121.

[6]) Ueber die Wirkung dieses Präjudizes über die Subhastation hinaus für den Konkurs s. E. d. obst. L.G. v. 29. Febr. 1892 in Ztschr. f. franz. Civ.R. XXIII. S. 507 und hiezu Arch. f. civ. Pr. Bd. LXXXI. S. 369 ff.; dagegen s. jedoch unten § 304 Ziff. V.

[7]) Art. 121 Abs. 4 Subh.Ordn.

[8]) § 761 Abs. 2 R.C.P.O. kann hier keine Anwendung finden. Vgl. auch Ortenau-Henle S. 358, 359.

berichtigten Verteilungsplan, die darin aufgenommenen Forderungen und die von einem etwaigen Verwalter aufgestellte Rechnung ausgeschlossen seien.

3. Der etwaige Verwalter:

a) mit der Aufforderung, seine etwa noch nicht gestellte Rechnung und den hienach sich ergebenden Ueberschuß binnen zwei Wochen dem Vollstreckungsgerichte zu übergeben und im Verteilungstermine zu erscheinen;

b) unter Androhung des Rechtsnachteiles, daß im Falle seines Nichterscheinens im Verteilungstermine das Verteilungsverfahren ohne Rücksicht auf seine Ansprüche fortgesetzt würde.

II. Allen Beteiligten ohne Unterschied ist zugleich mit der Ladung die schriftliche Mitteilung zu machen, daß die erfolgten Anmeldungen sowie der Entwurf des Verteilungsplanes während der letzten Woche vor dem Verteilungstermine auf der Gerichtsschreiberei des Vollstreckungsgerichtes zur Einsichtnahme aufliegen.

III. Für die Zustellung, Ladungen und Mitteilungen gelten die oben § 262 (S. 1362 ff.) angegebenen Vorschriften.

C. Anmeldeverfahren.

I. Aufforderung zur Forderungsanmeldung.[9]) An die sämtlichen beteiligten Gläubiger (s. oben § 253 S. 1327 ff.) ist:

a) zugleich mit der Ladung zum Verteilungstermine die schriftliche Aufforderung zu erlassen, binnen zwei Wochen von der Zustellung an gerechnet unter Vorlage der Beweisurkunden oder unter Bezugnahme auf die bei den Akten befindlichen Beweismittel ihre Ansprüche mit Angabe des Betrages in Haupt- und Nebensache, des Grundes der Forderung, sowie des beanspruchten Ranges bei dem Vollstreckungsgerichte anzumelden, und

b) ihnen das Präjudiz anzudrohen, daß im Falle unterlassener Anmeldung ihre Ansprüche bei Aufstellung des Verteilungsplanes nicht berücksichtigt würden.

Die unter lit. a genannte zweiwöchentliche Frist hat jedoch nicht präklusiven Charakter, sie ist zunächst nur eine für den Fortgang des vollstreckungsrichterlichen Verfahrens bestimmte, instruktionelle, richterliche „uneigentliche" Frist in dem Sinne, daß vor Ablauf derselben mit der Aufstellung des Verteilungsplanes nicht begonnen werden darf, Anmeldungen dagegen je nach Lage der Sache und unter gewissen Voraussetzungen selbst dann noch berücksichtigt werden müssen, wenn sie erst im Verteilungstermine erfolgen (s. unten Ziff. III, 2).

II. Die Anmeldung selbst.

1. Jeder einzelne beteiligte Gläubiger hat seine Forderung,

---

[9]) Art. 97 Abs. 1 Ziff. 1 Subh.Ordn.

welche im Verteilungsverfahren berücksichtigt werden soll, in der in Ziff. I bezeichneten Weise beim Vollstreckungsgerichte anzumelden.

2. Die Anmeldung kann schriftlich oder mündlich zu Protokoll des Gerichtsschreibers erfolgen.

3. Die Anmeldung muß entweder durch den Gläubiger persönlich oder dessen Stellvertreter unter Vorlage ordnungsgemäßen Ausweises über seine Stellvertretungsbefugnis erfolgen. Ist eine Hypothekforderung auf den Namen mehrerer Gläubiger ungeteilt eingetragen, so ist, wenn einer derselben die ganze Forderung anmeldet, das Recht der übrigen Gläubiger auf Berücksichtigung im Verteilungsverfahren gewahrt. Die Anmeldung der auf den Inhaber gestellten Hypothekforderungen kann rechtswirksam auch durch den bestellten Treuhänder erfolgen.[10])

4. Die Anmeldungen müssen längstens bis zum Schlusse des Verteilungstermines geschehen sein, andernfalls die unangemeldeten Forderungen von der Befriedigung aus der Masse ausgeschlossen sind; das Nähere s. Ziff. III.

III. Folgen unterlassener Anmeldung.

1. Die unterlassene Anmeldung schadet überhaupt nicht

a) denjenigen Forderungen, für welche Beschlagnahme erwirkt worden ist;

b) sonstigen Forderungen, soweit sie aus den Vollstreckungsakten erhellen, samt den vom jüngsten Verfalltermine von der ersten Beschlagnahme an laufenden Zinsen.

Alle diese Ansprüche werden von Amts wegen in den Verteilungsplan eingestellt und von Amts wegen bei Verteilung der Teilungsmasse berücksichtigt.

2. Im übrigen ist zu unterscheiden, ob dem säumigen Gläubiger die Aufforderung zur Anmeldung zugestellt worden ist oder nicht.

a) Wurde dem säumigen Gläubiger die Aufforderung zur Anmeldung zugestellt, so gilt folgendes:

α) Anmeldungen nach Ablauf der zweiwöchentlichen Frist, soferne sie noch vor Auflegung des Verteilungsplanes auf der Gerichtsschreiberei erfolgten, können, müssen aber nicht vom Vollstreckungsgerichte bei Aufstellung des Verteilungsplanes berücksichtigt werden. Unterläßt das Vollstreckungsgericht aus Zweckmäßigkeitsgründen die Einstellung der nachträglich angemeldeten Forderungen in den Verteilungsplan, so müssen sie im Verteilungstermine nochmals angemeldet werden; hiefür gelten dann die unter lit. γ angeführten Sätze.

β) Das Gleiche gilt in entsprechender Weise für solche Forderungen, welche erst nach Auflegung des Verteilungsplanes,

---

[10]) **Vgl. das b. Ges. v. 18. März 1896, einige Bestimmungen über die Inhaberpapiere betr. (G.V.Bl. S. 179), in Kraft seit 18. März 1896, und hierüber Näheres unter den Nachträgen.**

aber noch vor Beginn des Verteilungstermines angemeldet wurden.

γ) Die Anmeldung von Forderungen ist aber selbst noch im Verteilungstermine und zwar bis zum Schluß desselben zulässig. Für solche erst im Verteilungstermine angemeldete Forderungen gelten aber folgende Sondervorschriften:

aa) sie müssen in den Verteilungsplan sofort eingesetzt werden nur dann, wenn alle Gläubiger, deren Rechte durch die nachträgliche Anmeldung berührt werden, anwesend sind und keiner derselben Widerspruch erhebt.

bb) Ist einer der in lit. aa bezeichneten Gläubiger nicht anwesend oder erhebt ein solcher anwesender Gläubiger Widerspruch, so ist auf Kosten des Säumigen ein neuer Termin zur Erhebung der Widersprüche gegen die neuangemeldeten Forderungen anzusetzen, wenn der Säumige den vom Vollstreckungsgerichte festzusetzenden Kostenbetrag sofort bar erlegt. Der neue Termin ist den in ihren Rechten berührten Gläubigern und zwar den anwesenden durch Verkündigung, den abwesenden durch Zustellung bekannt zu geben. Im neuen Termine wird dann gerade so verfahren, wie wenn die betreffende Forderung schon innerhalb der Anmeldefrist angemeldet worden wäre, nur kann der Säumige etwaige Widersprüche gegen die rechtzeitig angemeldeten Ansprüche nicht mehr in diesem neuen Termin geltend machen, wenn er dies im früheren Verteilungstermine unterlassen hat. Weitere nachträgliche Anmeldungen anderer Gläubiger sind im neuen Termine unzulässig.

cc) Wird der nach lit. bb festgestellte Kostenbetrag vom säumigen Gläubiger nicht sofort bar erlegt, so ist derselbe mit seiner verspätet angemeldeten Forderung von der Berücksichtigung aus der Teilungsmasse für das Verteilungsverfahren unbedingt und endgiltig ausgeschlossen; jede Anfechtung des Verteilungsplanes ist unzulässig.[11]) Ob gegen denjenigen, welcher infolge dieser Nichtberücksichtigung aus der Teilungsmasse etwas erhält, der ausgeschlossene Gläubiger Ersatz verlangen kann, bemißt sich nach dem einschlägigen Civilrechte.[12])

δ) Forderungen, die nicht einmal bis zum Schlusse des Verteilungstermines angemeldet worden sind, sind mit diesem Zeitpunkte von jeder Berücksichtigung aus der Teilungsmasse für das Verteilungsverfahren unbedingt und endgiltig ausgeschlossen. Hinsichtlich etwaiger Ersatzansprüche gilt das in lit. γ cc Gesagte.

---

[11]) Vgl. auch Art. 117, 124 Subh.Ord.; § 763 R.C.P.O.
[12]) Vgl. Prot. S. 32; Ortenau-Henle S. 354.

b) Wurde dem säumigen Gläubiger die Aufforderung zur Anmeldung nicht zugestellt, so kann er seine Ansprüche bis zum Abschlusse des Verteilungsplanes noch nachträglich anmelden; er darf durch die unterlassene Zustellung innerhalb des noch schwebenden Verfahrens wenigstens insoweit nicht prozessual präkludiert werden, als das Verfahren durch Verteilung nicht schon einen Abschluß gefunden hat.

Im einzelnen sind jedoch drei Fälle zu unterscheiden:

α) Der säumige Gläubiger meldet seine Forderungen noch vor dem Abschlusse des Verteilungsplanes und dem Beginne der Verteilung an. Haben hier die nach dem säumigen Gläubiger rangierenden Gläubiger, welche durch des ersteren Berücksichtigung benachteiligt wurden, diesem im Vorrange vor ihnen rangierenden säumigen Gläubiger auf gerichtliche Aufforderung hin ihr Einverständnis schriftlich oder mündlich erklärt, so ist die nachträgliche angemeldete Forderung ohne weiteres in den Verteilungsplan einzusetzen. Nur dann, wenn entweder ein Beteiligter, dessen Rechte durch die nachträgliche Anmeldung berührt werden, oder der nachträglich anmeldende Beteiligte den Antrag hierauf stellt, oder wenn das Vollstreckungsgericht nach Lage der Sache dies für angemessen erachtet, ist ein neuer Termin zur Geltendmachung von Widersprüchen anzusetzen. Dieser neue Termin gilt in allen Beziehungen als erster Verteilungstermin, so daß sowohl gegen die nachträglich angemeldeten Ansprüche, als auch gegen die früher angemeldeten Forderungen von allen Beteiligten, deren Rechte durch die nachträgliche Anmeldung berührt sind, Widerspruch erhoben werden kann; überhaupt wird im neuen Termine gerade so, wie in einem ersten Verteilungstermine verfahren; jedoch sind nachträgliche Anmeldungen in diesem neuen Termine nicht mehr zulässig. Die durch den neuen Termin veranlaßten Kosten fallen der Masse zur Last, soferne nicht § 97 Reichs-Civilprozeßordnung anwendbar erscheint.[13])

β) Der säumige Gläubiger meldet seine Forderung zwar noch vor Abschluß des Verteilungsplanes, aber erst nach teilweiser Verteilung der Masse an. Hier gilt das Gleiche wie im Falle der lit. α; nur insoweit der Verteilungsplan bereits vor dem Abschlusse ausgeführt ist, darf eine Abänderung desselben infolge der nachträglichen Anmeldung nicht mehr stattfinden. Der säumige, nicht befriedigte Gläubiger kann nur auf dem ordentlichen Rechtswege von demjenigen, der infolge der Nichtberücksichtigung der nachträglich angemeldeten Forderung aus der Teilungsmasse etwas, was er

[13]) Vgl. Ortenau-Henle S. 355, 356.

entweder der Art nach oder überhaupt nicht bei Berücksichtigung des nichtberücksichtigten Gläubigers erhalten haben würde, empfangen hat,[14]) oder von dem an der Nichtberücksichtigung schuldhaften Beamten nach den Grundsätzen der Syndikatsklage Ersatz verlangen;[15]) ein Rückersatz zur Masse findet nicht statt.

γ) Der säumige Gläubiger meldet seine Forderung erst nach Abschluß des Verteilungsplanes, gleichgiltig ob vor oder nach Ausführung desselben, an. In diesem Falle ist er von der Berücksichtigung aus der Teilungsmasse für das Verteilungsverfahren unbedingt und endgiltig ausgeschlossen und in gleicher Weise wie im Falle des lit. β, zur Geltendmachung seines Anspruches auf Ersatz gegen denjenigen, der infolge Nichtberücksichtigung der nachträglichen Anmeldung aus der Teilungsmasse etwas erhalten hat[16]), oder gegen den an der Nichtberücksichtigung schuldhaften Beamten nach den Grundsätzen der Syndikatsklage[17]) lediglich auf den ordentlichen Rechtsweg verwiesen.

§ 300.

Aufstellung des Verteilungsplanes.

I. Der Verteilungsplan wird vom Vollstreckungsgerichte entworfen. Der Entwurf darf erst nach Ablauf der zweiwöchentlichen Anmeldefrist begonnen werden und muß längstens eine Woche vor dem Verteilungstermin fertiggestellt sein.[1]) Die Zuziehung eines Rechnungsverständigen darf nur dann erfolgen, wenn die Anfertigung des Verteilungsplanes ganz besondere rechnerische Schwierigkeiten bietet.[2])

---

[14]) Art. 124 Abs. 2 Subh.Ordn. Die Klage ist die condictio sine causa. Gerade diese Eigenschaft rechtfertigt aber die Aufstellung im Texte. Zustimmend Hellmann S. 157; Krech-Fischer S. 361. A. M. Ortenau-Henle S. 430, welcher ein Klagerecht gegen jeden nachstehenden Gläubiger gibt, ohne Rücksicht darauf, ob dieser nur infolge der Nichtberücksichtigung des säumigen Gläubigers etwas erhalten hat.

[15]) Diese auszuschließen, besteht m. E. kein Grund.

[16]) Art. 124 Abs. 1 Subh.Ordn. Vgl. hiezu Mot. z. Subh.Ordn. S. 100 und Nt. 14.

[17]) Vgl. hiezu Nt. 15.

[1]) Art. 104 Abs. 1, Art. 97 Abs. 2 Subh.Ordn.

[2]) Art. 104 Abs. 1 Subh.Ordn. mit Art. 45 Ziff. 9 Nov. Nach J.M.Bek. v. 6. Dez. 1886 (J.M.Bl. S. 284) soll als Rechnungsverständiger regelmäßig ein Sekretär des Amtsgerichts oder ein bei demselben beschäftigter Gerichtsschreibergehilfe verwendet werden; eine besondere Vergütung wird für solche Arbeiten regelmäßig nicht gewährt; es ist jedoch vorbehalten, für besonders mühevolle Rechnungsarbeiten nach Maßgabe der bestehenden Bestimmungen Remunerationen zu gewähren. Aus der Masse oder von dem Kostenschuldner darf die durch Beiziehung eines Rechnungsverständigen entstehende Auslage in keinem Falle erhoben werden.

II. Der vom Vollstreckungsgerichte vor dem Verteilungstermine aufgestellte Verteilungsplan ist nur ein Entwurf; die endgiltige Feststellung des Verteilungsplanes erfolgt erst im Verteilungstermine[3]), bezw. nach endgiltiger Erledigung der Widersprüche mit dem Abschluß des Verteilungsplanes.

III. Der fertiggestellte Verteilungsplan ist während der letzten Woche vor dem Verteilungstermine auf der Gerichtsschreiberei des Vollstreckungsgerichts zur Einsicht aufzulegen.[4])

IV. Der Gerichtsschreiber des Vollstreckungsgerichts hat auf Verlangen jedem Gläubiger, welcher einen Anspruch angemeldet hat, Abschrift des Verteilungsplanes zu erteilen.[5])

V. Der Verteilungsplan enthält eine Feststellung der Teilungsmasse, der Schuldenmasse und der Art und Weise der Befriedigung der einzelnen bezugsberechtigten Gläubiger, d. h. der eigentlichen Verteilung und endlich des Ausfalls[6]); er bildet die Grundlage für die Berichtigung des Strichschillings auf die einzelnen Gläubiger. Für den Inhalt des aufzustellenden Verteilungsplanes sind die gesetzlichen Vorschriften nur dann maßgebend, wenn nicht die sämtlichen jeweils an der Abweichung hievon rechtlich interessierten Beteiligten besonderes vereinbaren. Jede bezüglich der Schuldenmasse erzielte Vereinbarung ist ein Vertrag zwischen den hieran teilnehmenden Beteiligten, sei es über die Befriedigung einer Forderung überhaupt, oder über die Höhe der Art und Weise ihrer Befriedigung, ihrer Rangstelle bei der Befriedigung, der einerseits einen Verzicht auf weitergehende Ansprüche, anderseits eine Anerkennung der geltend gemachten Ansprüche enthält und nicht bloß für die Ausführung des Verteilungsplanes, sondern auch über das Verteilungsverfahren hinaus auf die Gestaltung der civilrechtlichen Verhältnisse zwischen den Vertragskontrahenten wirkt, soferne nicht diese Wirkungen ausgeschlossen, modifiziert oder beschränkt werden; anderseits unterliegt ein solcher Vertrag auch der Anfechtung wegen aller civilrechtlichen Ungiltigkeitsgründe.[7])

A. Die Teilungsmasse.

I. Die Teilungsmasse umfaßt[8]):

1. die sämtlichen Verpflichtungen, welche der Ansteigerer hinsichtlich des Strichschillings durch den Zuschlag übernommen hat. Es sind daher anzuführen:
   a) alle vom Ansteigerer nach Maßgabe der Versteigerungsbedingungen in Anrechnung auf den Strichschilling über-

---

[3]) Vgl. unten § 301.
[4]) Art. 97 Abs. 2 Subh.Ordn.
[5]) Art. 97 Abs. 2 Subh.Ordn.
[6]) Ueber diese Einteilung vgl. Krech-Fischer S. 367 ff., welche auch Ortenau-Henle S. 408 der Praxis empfehlen.
[7]) Vgl. hiezu auch Krech-Fischer S. 356, 357.
[8]) arg. Art. 117 Abs. 1 Subh.Ordn.

nommenen Hypothekforderungen und Ewiggeldkapitalien nach Art und Höhe[9]);

b) der vom Ansteigerer nach Maßgabe der Versteigerungsbedingungen bar zu zahlende Teil des Strichschillings nebst den hierauf treffenden fünfprozentigen Zinsen vom Tage des Zuschlages an bis zur Hinterlegung bei Gericht[10]); hiebei sind sowohl die vom Ansteigerer bereits barbezahlten Beträge, hinsichtlich derer mit etwaigen Barkautionen aufzurechnen ist[11]), sowie die noch ausstehenden Summen nebst den hiefür etwa gewährten Zahlungsfristen[12]) je gesondert anzuführen:

2. den aus einer etwaigen Verwaltung vorhandenen Ueberschuß[13]);
3. den Erlös aus einer etwaigen gesonderten Versteigerung von natürlichen Früchten und beweglichen Zubehörungen[14]);
4. die auf die Zeit von der Beschlagnahme bis zum Zuschlage treffenden und noch ausständigen Miet- und Pachtzinsen.[15]) Dieselben sind unter Bezeichnung des Schuldners, der Höhe, des Fälligkeitstermines und etwaiger sonstiger besonderer Schuldmodalitäten anzuführen;
5. die etwaigen zu Gunsten der Masse bestehenden Forderungen und Ersatzansprüche[16]); sie sind unter Bezeichnung des Forderungsgrundes, des Schuldners, der Höhe, des Fälligkeitstermines und etwaiger sonstiger besonderer Schuldmodalitäten anzuführen.

II. Reine Teilungsmasse ist nur diejenige Summe der unter Ziff. I aufgeführten Bestandteile der Teilungsmasse, welche nach Abzug der Massekosten übrig bleibt.[17]) Das Nähere hierüber ist zweckmäßigerweise erst unter lit. C zu erwähnen.

III. In allen Fällen, in welchen nicht nach Ziff. IV gesonderte Massen zu bilden sind, wird nur eine Teilungsmasse gebildet, aus welchen die sämtlichen beteiligten Gläubiger nach Maßgabe ihres Vorzugsrechtes befriedigt werden.

---

[9]) Vgl. hiezu oben § 282 lit. B S. 1426 ff.

[10]) Vgl. hiezu oben § 282 lit. C S. 1430 ff.

[11]) Vgl. hiezu Art. 55 Ziff. 4, Art. 74 Subh.Ordn. und oben § 283 S. 1432 ff. Als Sicherheit geleistete Wertpapiere dürfen nicht eingestellt, bezw. veräußert und deren Erlös eingesetzt werden. Solche Wertpapiere sind lediglich ein vom Vollstreckungsgerichte für den bezugsberechtigten nichtbefriedigten Gläubiger verwahrtes Faustpfand, aus dem er nur nach Maßgabe der für die Befriedigung aus Faustpfändern solcher Art geltenden civilrechtlichen Bestimmungen Befriedigung suchen kann. Teilweise a. M. Ortenau-Henle S. 409.

[12]) Vgl. hiezu oben § 282 lit. C Ziff. III, 2 S. 1431.

[13]) Vgl. hiezu oben § 276 S. 1390 ff.

[14]) Vgl. hiezu oben § 274 S. 1388.

[15]) Vgl. hiezu oben § 291 lit. E Ziff. III, 2 d.

[16]) Hieher sind besonders zu erwähnen die Ersatzansprüche gegen den säumigen Ansteigerer im Falle der Wiederversteigerung (Art. 92 Subh.Ordn.; vgl. oben § 294).

[17]) Art. 107, 117 Abs. 1 Subh.Ordn.

IV. Bildung mehrerer Teilungsmassen.[18])

1. Die Bildung mehrerer Teilungsmassen aus dem Erlöse der versteigerten Grundstücke ist in folgenden Fällen notwendig und vorgeschrieben:

a) wenn sich das Vorzugsrecht der beteiligten Gläubiger nicht auf sämtliche zur Versteigerung gebrachten Grundstücke erstreckt;

b) wenn sich zwar das Vorzugsrecht der beteiligten Gläubiger auf alle zur Versteigerung gebrachten Gegenstände erstreckt, dasselbe aber auf einzelnen derselben einen verschiedenen Rang genießt und der Gläubiger des mit verschiedenem Rang ausgestatteten Vorzugsrechtes die Bildung verschiedener Teilungsmassen beantragt.

2. Herstellung der einzelnen Massen.

a) Sind die einzelnen Gegenstände, aus deren Erlös verschiedene Massen zu bilden sind, jeweils um einen gesonderten Preis zugeschlagen, so ist für jeden Gegenstand die Teilungsmasse nach Maßgabe der unter Ziff. I angeführten Grundsätze gesondert aufzustellen.

b) Sind diese einzelnen Gegenstände aber um einen Gesamtpreis zugeschlagen, so ist dieser auf die einzelnen Gegenstände nach dem Verhältnisse ihres Wertes zu verteilen.

Dieses Prinzip findet aber Einschränkungen, sobald alle oder auch nur einzelne der Gegenstände, aus deren Erlös gesonderte Massen zu bilden sind, erfolgreich einzeln versteigert worden sind, da der Ansatz einer geringeren Summe als des bei der Einzelversteigerung für das einzeln versteigerte Grundstück erzielten Erlöses eine ungerechtfertigte Schädigung der auf den Erlös desselben berechtigten Gläubiger bewirken würde. Hiebei ist unter Einzelversteigerung nicht sowohl die Einzelversteigerung im Verhältnis zur Gesamtversteigerung im technischen Sinne, sondern auch diese im Verhältnis zur Gesamtversteigerung im gewöhnlichen Sinne, wie auch jede gruppenweise Versteigerung innerhalb der Gesamtversteigerung im technischen wie gewöhnlichen Sinne zu verstehen.[19]) Die erwähnten Einschränkungen sind folgende:

α) Haben neben der maßgebenden Gesamtversteigerung Einzelversteigerungen stattgefunden, von denen einzelne zu einem Resultate, andere zu keinem Resultate führten, so ist zunächst festzustellen, ob nach dem Verhältnis der für die einzelnen Grundstücke ermittelten Werte auf die erfolgreich einzel-

---

[18]) Art. 105 Subh.Ordn.; Art. 45 Abs. 1 Ziff. 10 Nov.; Mot. z. Nov. S. 166. Beispiele s. bei Ortenau-Henle S. 364, 365; auch b. Not.Zeit. 1890 S. 125.

[19]) Vgl. über die einzelnen Begriffe oben § 279 lit. A S. 1397; dann E. d. obst. L.G. IX. 419; Bl. f. R.A. XLVI. 147; b. Not.Zeit. 1890 S. 126; Ortenau-Henle S. 365. A. M. Jäckel S. 394 ff.

versteigerten Grundstücke jeweils ein höherer Betrag als der erzielte Einzelversteigerungserlös trifft.

aa) Ist dies für alle erfolgreich einzeln versteigerte Grundstücke der Fall, so ist auf jedes derselben zunächst der Einzelversteigerungserlös auszuschlagen und erst der hienach vom Gesamtpreise noch übrig bleibende Betrag auf sämtliche Grundstücke nach den Wertverhältnissen zu verteilen.

bb) Ist dies für keines der erfolgreich einzeln versteigerten Grundstücke der Fall, so ist auf diese zwar der jeweils erzielte Einzelversteigerungserlös auszuschlagen; an dem hie nach noch übrigen Teil des Gesamtpreises nehmen sie aber nicht mehr teil; dieser ist vielmehr nur auf die noch übrigen Grundstücke nach ihren Wertsverhältnissen zu verteilen.

cc) Ist dies der Fall nur für einzelne der erfolgreich einzeln versteigerten Grundstücke, für die anderen derselben aber nicht, so ist für diejenigen Grundstücke, für welche ein den Schätzungswert übersteigender Einzelversteigerungserlös erzielt wurde, dieser maßgebend; an dem Ueberschusse nehmen sie aber nicht teil. Trifft von diesem Ueberschusse des Gesamtpreises auf die übrigen erfolgreich einzelversteigerten Grundstücke, für welche aber ein geringerer Einzelversteigerungserlös als der Schätzungswert erzielt wurde, nach ihrem Verhältnisse zu den übrigen nicht erfolgreich einzelversteigerten Grundstücken ein geringerer Betrag als der Einzelversteigerungserlös, so ist nur dieser auf das betreffende Grundstück auszuschlagen, der hienach noch vorhandene Ueberschuß aber lediglich auf die übrigen nicht erfolgreich einzelversteigerten Grundstücke nach ihren Wertverhältnissen zu verteilen.

β) Haben neben der maßgebenden Gesamtversteigerung Einzelversteigerungen sämtlicher Gegenstände, aus deren Erlös gesonderte Massen zu bilden sind, stattgefunden und hat von diesen sämtlichen Einzelversteigerungen auch jede zu einem Resultate geführt, so darf auf jedes einzelne Grundstück kein Betrag ausgeschlagen werden, der geringer ist, als der bei der Einzelversteigerung erzielte Erlös. Diese Einzelversteigerungserlöse müssen aber auch auf die einzelnen Grundstücke ausgeschlagen werden und erst der nach Abzug der sämtlichen Einzelversteigerungserlöse von dem Gesamtpreise noch übrig bleibende Betrag ist auf die einzelnen Grundstücke nach dem Verhältnisse der ermittelten Werte derselben, nicht nach dem Verhältnisse der erzielten Einzelversteigerungserlöse zu verteilen. Beträgt hiebei der ermittelte Schätzungswert eines Grundstückes weniger als der erzielte Einzelversteigerungserlös, so nimmt dieses Grundstück an der Verteilung des Ueberschusses nicht teil; letzterer ist nur auf die übrigen Grundstücke nach Maßgabe des ermittelten

Wertes auszuschlagen. Im übrigen ist es hier gleichgiltig, ob der Gesamtpreis den Schätzungswert aller Grundstücke übersteigt oder nicht.

γ) Ist der maßgebende Gesamtpreis geringer als die Summe der Einzelerlöse, so verbleibt es bei der Regel der Verteilung desselben nach den Wertverhältnissen; auf die Einzelgebote ist keine Rücksicht zu nehmen.

In allen Fällen, in welchen hienach der Wert der Grundstücke von Bedeutung ist, ist er entweder nach aktenmäßigen Anhaltspunkten oder mangels solcher nach Ermessen des Vollstreckungsgerichtes festzustellen; das Vollstreckungsgericht kann zu diesem Zwecke ein oder mehrere Sachverständige vernehmen.[20]) Die Beiziehung der Beteiligten ist zur Vernehmung der Sachverständigen nicht erforderlich. Gegen die Festsetzung des Vollstreckungsgerichtes ist nicht das Rechtsmittel der sofortigen Beschwerde, sondern nur der Widerspruch im Verteilungstermine zulässig.

3. Endlich wird die Bildung mehrerer Teilungsmassen dann erforderlich, wenn vor der Beschlagnahme bewegliche Zubehörungen oder ausstehende Erträgnisse gepfändet worden sind, und zwar für diese jeweils gepfändeten Gegenstände einerseits und die jeweils ungepfändeten Gegenstände samt ihren Grundstücken anderseits[21]); werden alle diese Gegenstände gemeinschaftlich versteigert, so sind die verschiedenen Massen im Verhältnis zu dem ermittelten Werte der ihr jeweils zugehörigen Gegenstände herzustellen.

B. Die Schuldenmasse.

Die Feststellung der Schuldenmasse umfaßt alle diejenigen Ansprüche, welche entweder nach dem Inhalte der Vollstreckungsakten oder nach Anmeldung bei der Feststellung der Verteilung berücksichtigt werden sollen; ob sie berücksichtigt werden, zeigt sich erst bei der endgiltigen Feststellung der Verteilung. Die Feststellung der Schuldenmasse weist demnach noch nicht aus, ob die einzelnen hierin aufgeführten Ansprüche auch wirklich Berücksichtigung finden. Insbesondere bewirkt die Aufnahme der nach Maßgabe des gesetzlichen Mindestgebotes zu übernehmenden Forderungen immer noch nicht die maßgebende Spezialisierung derselben.[22])

I. Allgemeine Grundsätze.

1. Die Forderungen, für welche Beschlagnahme erwirkt wurde, sowie die aus den Vollstreckungsakten erhellenden Forderungen, Zinsen und Ewiggilten jedoch nur vom jüngsten Verfalltermine vor der ersten Beschlagnahme an, werden von Amts wegen ohne Anmeldung, sonstige Forderungen nur auf Anmeldung in den Ver-

---

[20]) Vgl. §§ 135, 367—379 R.C.P.O.

[21]) Art. 110 Subh.Ordn.

[22]) Vgl. hiezu auch oben § 282 lit. A Ziff. II S. 1425 und unten §§ 302, 303.

teilungsplan eingestellt.[23]) Das Nähere über die Anmeldungspflicht und die Folgen ihrer Unterlassung ist bereits oben § 300 lit. c angeführt.

Ein Beweis für die zu berücksichtigenden Forderungen kann vom Vollstreckungsgerichte nicht verlangt werden.

2. Bei der Feststellung der Schuldenmasse sind alle jene Ansprüche anzusetzen, welche nach den Versteigerungsbedingungen in Anrechnung auf den Strichschilling zu übernehmen sind, ohne Rücksicht darauf, ob sie noch zu Recht bestehen oder nicht, ob ihre Nichtexistenz nach dem eigenen Vorbringen des Gläubigers oder urkundlich zu den Vollstreckungsakten feststeht. Dies kann und muß erst bei der Feststellung der Verteilung berücksichtigt werden.[24]) Anderseits müssen barzuzahlende Ansprüche, deren Berechnung für das gesetzliche Mindestgebot der Natur der Sache nach nicht eine endgiltige sein kann, neu berechnet werden und können barzuzahlende Ansprüche, welche sich nach dem eigenen Vorbringen des Anmeldenden oder nach den vorgelegten Urkunden als unbegründet darstellen, schon deshalb unberücksichtigt bleiben[25]), obwohl es auch bei diesen Ansprüchen richtiger ist, sie wenigstens in der Schuldenmasse mit aufzuführen und die Bemerkung beizusetzen, daß sie aus den oder jenen Gründen bei der Feststellung der Verteilung keine Berücksichtigung zu finden haben. Die bloße Vermutung der Unbegründetheit rechtfertigt die Unterlassung der Einstellung in den Verteilungsplan nicht, ebensowenig die Bestreitung des Anspruches und die Beibringung anderer widerlegender Beweismittel als Urkunden seitens eines anderen Beteiligten. Die Entscheidung des Vollstreckungsgerichtes über die Einstellung in die Schuldenmasse bedarf einer Zustellung nicht; sie kann mit dem Rechtsmittel der sofortigen Beschwerde nicht angefochten werden.[26]) Unterläßt das Vollstreckungsgericht die Einstellung des Anspruches, so sind dem nicht berücksichtigten Gläubiger dieselben Wege eröffnet, welche das Gesetz einem Gläubiger, dem die Aufforderung zur Anmeldung nicht zugestellt wurde, einräumt.[27]) Stellt das Vollstreckungsgericht den Anspruch in den Verteilungsplan ein, so obliegt es den übrigen Beteiligten, in der zulässigen Weise Widerspruch zu erheben und

---

[23]) Art. 98 Subh.Ordn. Forderungen, welche schon zur Berücksichtigung im Mindestgebote angemeldet worden sind, erhellen aus den Vollstreckungsakten und bedürfen daher nicht nochmaliger Anmeldung.

[24]) Vgl. hiezu Art. 7 und 35 Nov., und hierüber das Nähere unten lit. C.

[25]) Art. 104 Abs. 2 Subh.Ordn.

[26]) Dies ist eine Folge des oben § 299 Ziff. III bezeichneten Prinzipes. A. M. Hellmann S 120, 123. Läßt man die sofortige Beschwerde zu, so kann sie jedenfalls nur darauf gestützt werden, daß Art. 104 Abs. 2 Subh.Ordn. nicht richtig angewendet sei.

[27]) Vgl. hierüber oben § 300 lit. C Ziff. III, 2 b; ebenso Ortenau-Henle S. 361.

gegebenen Falls denselben in der vorgeschriebenen Weise zum Austrag zu bringen.[28])

3. Ist nur eine Teilungsmasse gebildet, so ist für diese die Schuldenmasse einheitlich festzustellen.

4. Sind mehrere Teilungsmassen gebildet, so muß für jede Teilungsmasse auch die Schuldenmasse gesondert festgestellt werden.

a) Lassen sich die Massekosten mit Rücksicht auf ihre Zugehörigkeit zu den einzelnen Gegenständen für jede Teilungsmasse nicht gesondert ausscheiden, so sind die hienach unausscheidbaren im Verhältnis zur Größe der Teilungsmassen auf dieselben auszuschlagen.[29])

b) Besonderes gilt für den Fall, daß auf den mehreren Gegenständen, für welche je gesonderte Teilungsmassen gebildet sind, Verbandhypotheken haften.[30]) Die Verbandhypothekforderung wird hier ohne Rücksicht auf das Wertverhältnis der einzelnen verbandhaftenden Grundstücke und ohne Rücksicht auf verbandhaftende, überhaupt nicht oder nicht im gleichen Verfahren beschlagnahmte weitere Grundstücke lediglich nach Quoten, berechnet nach der Zahl der einzelnen im nämlichen Verfahren beschlagnahmten und versteigerten verbandhaftenden Grundstücke, auf die einzelnen Teilungsmassen ausgeschlagen. Reicht dann die Teilungsmasse eines verbandhaftenden Grundstückes zur Deckung der hierauf ausgeschlagenen Quote nicht aus, so wird der jeweils ungedeckte Rest immer wieder quotenmäßig auf die übrigen verbandhaftenden Grundstücke verteilt und aus deren Teilungsmasse diese neue Quote zusammen mit der früher hierauf ausgeschlagenen Quote befriedigt, so daß die Aussicht besteht, daß die Teilungsmasse eines verbandhaftenden Grundstückes schließlich für die ganze Verbandhypothekforderung aufkommen muß. Bestritten ist hiebei, ob die geschädigten Nachhypothekare und der Eigentümer eines hienach über seine Quote hinaus in Anspruch genommenen Verbandgrundstückes von dem Eigentümer der nicht oder nicht im gleichen Verfahren beschlagnahmten oder zwar im gleichen Verfahren beschlagnahmten, aber unversteigert gebliebenen Verbandgrundstücke den entsprechenden Verbandbeitrag fordern können oder ob nicht gar diese Verband-

---

[28]) Vgl. hierüber unten § 301 Ziff. II, 4.

[29]) Art. 107 Abs. 1 Subh.Ordn. Diese Bestimmung ist m. E. nur subsidiär, falls die Ausscheidung nach der Zugehörigkeit nicht möglich ist. A. M. Ortenau-Henle S. 381 bezüglich der eigentlichen Massekosten, nicht aber bezüglich der „Masseschulden" (über diese Unterscheidung s. unten Ziff. III, 1), jedoch zustimmend für die Fälle des Art. 110 Subh.Ordn. unter Bezugnahme auf Ber. z. Nov. S. 272.

[30]) Art. 106 Subh.Ordn. Ueber die Tragweite dieser Gesetzesstelle s. das Nähere schon oben § 145 S. 918 ff., über deren Entwickelung die Zitate bei Regelsberger, Hyp.R. 2. Aufl. S. 264 Nr. 4. Vgl. hieher besonders die zutreffenden Ausführungen bei Ortenau-Henle S. 366—377.

beiträge einen Bestandteil der Teilungsmasse des über seine Quote in Anspruch genommenen Verbandgrundstückes bilden. Erstere Frage wurde vom bayerischen obersten Landesgerichte[31]), letztere Frage im Ausschußberichte zur Novelle bejaht.[32]) Beide Fragen sind aber richtig zu verneinen, wie bereits im Hypothekenrechte in der Lehre von den Verbandhypotheken (§ 145 S. 915) näher erörtert wurde.

c) Sind in dem oben lit. A Ziff. VI, 3 erwähnten Falle mehrere Teilungsmassen gebildet[33]), so bietet die Verteilung der Schuldenmasse hierauf dann keine Schwierigkeit, wenn die Pfandrechte an den beweglichen Zubehörungen und Früchten den Hypothek- und Ewiggeldgläubigern und Zurücknahmeberechtigten im Range vorgehen. Andernfalls sind die einen Vorrang genießenden Forderungen auf die einzelnen Teilungsmassen pro rata zu verteilen.[34])

II. Ansatz der einzelnen Forderungen.

1. Im allgemeinen sind unter der Schuldenmasse die Forderungen in der Art und Höhe anzusehen, wie sie sich nach der Anmeldung bezw. aus den bei den Vollstreckungsakten befindlichen Urkunden darstellen.[35]) Dies gilt insbesondere für alle nach den Strichsbedingungen zu übernehmenden Forderungen. Jedoch ist es zweckmäßig, bei solchen Forderungen, welche ihrer Art nach bei der Feststellung der Verteilung nur mit einem besonderen gesetzlich fixierten Werte berücksichtigt werden können, sofort auch diesen Wert in Ansatz zu bringen und letzteren auszuwerfen.

Dabei gilt als allgemeiner Grundsatz, daß Leistungen, deren Gegenstand nicht in Geld besteht, Forderungen, deren Wert nach der Wahrscheinlichkeit zu berechnen ist, und die während des Verteilungsverfahrens erlaufenden Zinsen für den Ansatz im Verteilungsplan stets neu berechnet werden müssen.[36])

2. Besondere Bestimmungen für den Ansatz gewisser Forderungen, falls sie bar zu bezahlen sind, bestehen in folgender Hinsicht:

a) Die Massekosten sind, soferne sie noch nicht festgestellt werden können, mit einer nicht an die Ansatzsumme im gesetzlichen Mindestgebote gebundenen Anschlagssumme in Ansatz zu bringen.[37])

---

[31]) Dem sich Regelsberger, Hyp.R. auch in 2. Aufl. S. 265—267 anschließt. Vgl. oben § 145 S. 919 Nr. 14.

[32]) Vgl. Aussch.Ber. z. Nov. S. 270, 271. Unbestimmt die Mot. z. Nov. S. 141.

[33]) Art. 110 Subh.Ordn.

[34]) Aussch.Ber. z. Subh.Ordn. S. 500; Ortenau-Henle S. 395.

[35]) Denn die Schuldenmasse soll nur eine Uebersicht über alle etwa in Betracht kommenden Forderungen gewähren.

[36]) Art. 34 Nov.

[37]) Art. 107 Abs. 3 Subh.Ordn. Vgl. hiezu oben § 281 lit B Ziff. I, 1 S. 1411; unten § 302.

b) Bedingte Forderungen werden aus dem Grunde der Bedingung hinsichtlich des Ansatzes nicht anders als unbedingte behandelt.[38])

c) Betagte unverzinsliche Forderungen werden nach ihrem Realwerte, sohin mit demjenigen Betrage angesetzt, welcher mit Hinzurechnung der gesetzlichen Zinsen aus demselben für die Zeit von der Auszahlung bis zur Fälligkeit dem vollen Betrage der Forderung gleichkommt. Ist der Zeitpunkt der Fälligkeit unbestimmt, so ist die Forderung in einem durch Schätzung festzustellenden Betrage in Ansatz zu bringen. Die Schätzung erfolgt durch das Vollstreckungsgericht nach freiem Ermessen, möglicherweise unter Zuziehung von Sachverständigen.[39]) Gegen die Schätzung ist nicht das Rechtsmittel der sofortigen Beschwerde, sondern nur der Widerspruch im Verteilungstermine zulässig.[40])

d) Hypothekforderungen von unbestimmter Höhe werden mit dem im Hypothekenbuche eingetragenen Maximalbetrage angesetzt, soweit nicht ein minderer Betrag bereits zu den Vollstreckungsakten festgestellt ist.[41]) Für andere begründete, aber der Summe nach nicht feststehende Forderungen ist ein zur Befriedigung vollständig ausreichender Betrag auszuwerfen.[42])

e) Für alle mit dem Eintritte eines unbestimmten Zeitpunktes erlöschende Forderungen, wie Leibrenten, Pfründereichnisse u. s. w., welche vom Ansteigerer weder nach den Versteigerungsbedingungen, noch besonderem Uebereinkommen übernommen werden, ist ein Kapitalsbetrag auszuwerfen, welcher hinreichend ist, um aus seinen Zinsen die fällig gewordenen Leistungen zu entrichten.[43])

III. Rangordnung der einzelnen Forderungen.[44])

Hinsichtlich der Rangordnung der einzelnen Forderungen ist es ohne Bedeutung, ob die Forderung eine bedingte[45]), verzinslich oder unverzinslich betagte, eine Forderung von unbestimmter

---

[38]) Vgl. auch Art. 111 Abs. 1 Subh.Ordn. Bedingte Forderungen sind gesetzlich zur Barzahlung bestimmt; s. oben § 282 lit. C Ziff. I a γ S. 1430; können aber durch Uebereinkunft der Beteiligten übernommen werden; dann s. Nov. Art. 35 und unten lit. C Ziff. III, 1 S. 1529.

[39]) Art. 113 Subh.Ordn. Die Berechnung ist also dieselbe wie bei Uebernahme solcher Forderungen; s. Nov. Art. 3 Abs. 3, Art. 6 Abs. 1 und oben § 281 lit. B Ziff. I, 2 S. 1412, 1413 und § 282 lit. B S. 1427 ff. Bezüglich der Schätzung vgl. § 3 R.C.P.O.

[40]) Dies ist eine Folge des oben § 299 Ziff. III bezeichneten Grundsatzes.

[41]) Hier ist besonders Art. 4 und 11 Nov. zu beachten; s. oben § 281 lit. C S. 1417 ff.

[42]) Art. 114 Abs. 1 Subh.Ordn. Ueber den Ansatz im Falle der Uebernahme vgl. Art. 2 Abs. 2 Nov. und oben § 281 lit. B Ziff. I, 2 S. 1412 f.; § 282 lit. B S. 1427.

[43]) Art. 115 Subh.Ordn. Bezüglich der Uebernahme vgl. Art. 2 und 7 Abs. 2 Nov. und hiezu oben § 281 lit. B Ziff. I, 2 S. 1412 ff.; § 282 lit. B S. 1427 und unten lit. C Ziff. III, 3 S. 1530.

[44]) Art. 107—109 Sub.Ordn.; Art. 46 Nov.

[45]) Vgl. Art. 111 Abs. 1 Subh.Ordn.

Höhe, eine Forderung auf wiederkehrende Leistungen von bestimmter oder unbestimmter Dauer u. s. w. ist. Auch verliert der Gläubiger dadurch, daß er das Beschlagnahmeobjekt selbst einsteigert, das seiner Forderung gebührende Vorzugsrecht nicht.[46])

Die Rangordnung im einzelnen gestaltet sich in folgender Weise:

1. Reine Teilungsmasse, d. h. Teilungsmasse, welche zur Befriedigung der Gläubiger dient, ist nur derjenige Betrag des Strichschillings, welcher nach Abzug der Kosten des Zwangsvollstreckungsverfahrens übrig bleibt. Diese Kosten müssen daher vorweg von dem Bestande der Masse in Abzug gebracht und befriedigt werden. Immerhin gilt dieser Vorzug aber nur für den im gesetzlichen Mindestgebote berücksichtigten Betrag. Soweit sie den hierin angesetzten Betrag übersteigen, kommen sie erst hinter den bei Feststellung des gesetzlichen Mindestgebotes zu berücksichtigenden Ansprüchen, wohl aber vor allen übrigen und den übrigen in gleicher Lage befindlichen Ansprüchen zum Zuge.[47]) Zu diesen Kosten gehören:

a) die Kosten der etwaigen im Zwangsversteigerungsverfahren angeordneten[48]) Verwaltung, soweit sie nicht aus den Verwaltungserträgnissen gedeckt sind[49]);

b) die im allgemeinen Interesse aller Beteiligten erwachsenen[50]) Kosten der Zwangsvollstreckung und des Verteilungsverfahrens, daher zwar auch diejenigen, welche durch unbegründete Einwendungen des Schuldners gegen das Verfahren bei der Zwangsvollstreckung, nicht aber diejenigen Kosten, welche den einzelnen Gläubigern auf die Geltendmachung ihrer Forderungen erwachsen sind;

c) die Kosten für Vereinigung des Hypothekenbuches und des Grundbuches, jedoch nicht die vom Ansteigerer zu tragenden Kosten der Besitztitelberichtigung im Hypothekenbuch und Umschreibung im rentamtlichen Kataster[51]);

d) die von einem Gläubiger im Interesse der Masse aufgewendeten Kosten, insoweit derselben hiedurch ein Vorteil erwachsen ist. Andere im Interesse der Masse entstandene Schulden gehören nicht zu den Massekosten, sondern können nur auf dem ordent-

---

[46]) E. d. obst. L.G. X. 581.

[47]) Art. 33 Abs. 1 Nov.; vgl. oben § 281 lit. B Ziff. I, 1 S. 1411.

[48]) Vgl. hiezu oben §§ 275, 276 S. 1389 ff.

[49]) Daher nicht die Kosten einer außerhalb der Subhastation verfügten Sequestration (R.C.P.O. §§ 816, 817, 819) oder der Verwaltung des Konkursverwalters (abgesehen vom Falle des Art. 45 Subh.Ordn.; s. oben § 276): E. d. obst. L.G. XIV. 592; XV. 156; Bl. f. R.A. LVIII. 364; LIX. 382; b. Not.Zeit. 1888 S. 188; Ortenau-Henle S. 378.

[50]) Vgl. Bl. f. R.A. XLV. 481; XLVI. 164; LII. 257; E. d. obst. L.G. X. 239; Ortenau-Henle S. 378, 379; Krech-Fischer S. 311; a. M. Bl. f. R.A. LII. 129, 340, 379.

[51]) Vgl. Art. 55 Abs. 1 Ziff. 5 Subh.Ordn. und oben § 282 lit. A Ziff I, 2 S. 1424; Ortenau-Henle S. 379.

lichen Rechtswege nach Maßgabe des örtlichen Civilrechtes gegen die hienach haftbaren Personen geltend gemacht werden.[52]) Ihre Einstellung ist nur dann zulässig, wenn die hiedurch Benachteiligten ihre Zustimmung erklären.

2. Die Rangordnung der eigentlichen Forderungen der Schuldenmasse:

a) die Forderungen der ersten Reihe sind folgende, soweit sie auf die Zeit von der Beschlagnahme bis zum Zuschlage und auf das bei der Beschlagnahme laufende und die vorhergehenden zwei Kalenderjahre treffen, sohin innerhalb der bezeichneten Zeiten anfallen[53]):

α) die auf die versteigerten Gegenstände treffenden Steuern, Kreis-, Distrikts- und Gemeindeumlagen[54]), Brand- und Hagelversicherungsbeiträge[55]); bei der Zwangsvollstreckung in die dem Betriebe der Bierbrauerei dienenden Bräuhäuser, Malzhäuser, Gär- und Lagerkeller genießt das Vorrecht der ersten Reihe auch der Aerarial- und Malzaufschlag, aber nur für das im letzten Jahre vor der Beschlagnahme steuerbar gewordene Malz[56]), und zwar nicht bloß hinsichtlich der dem Brauereibetriebe selbst dienenden Grundstücke, sondern auch hinsichtlich der Wohn-, Wirtschafts- und sonstigen Gebäude, welche mit den dem Brauereibetriebe dienenden Grundstücken räumlich verbunden sind, und der dazu gehörigen Rechte[57]);

---

[52]) Mot. z. Subh.Ordn. S. 97. Die Analogie des § 52 R.K.O. ist nicht zulässig. Ebenso Hellmann S. 130, 131; Bl. f. R.A. Erg.Bd. IX. 212, E. d. obst. L.G. XIV. 596; Bl. f. R.A. LVIII. 365; E. d. obst. L.G. XV. 161; A. M. Ortenau-Henle S. 380, 381.

[53]) Vgl. hiezu Mot. z. Subh.Ordn. S. 97; E. d. obst. L.G. VII. 441.

[54]) Hieher gehören nur solche Steuern 2c., welche auf die versteigerte Sache treffen, nicht solche, welche lediglich die versteigerte Sache, oder gar nicht einmal diese betreffen, daher z. B. nur die Haus- und Grundsteuern, nicht die Kapitalrenten-, Einkommen- und Gewerbssteuern, auch nicht die auf den Erwerb der versteigerten Gegenstände oder Hypothekbestellungen entstandenen Staats- und Notariatsgebühren, nicht die Kirchengemeindeumlagen, regelmäßig auch nicht die Landeskulturrenten (vgl. Art. 6—8 des Ges. v. 23. April 1884, die Landeskulturrentenanstalt betr. [W. XVI. S. 485; G.V.Bl. S. 113] und Jakubezky, Bem. z. Entw. eines bürg. Ges.B. f. d. d. Reich S. 263); nicht die Aufschlagsgefälle mit Ausnahme der im Texte genannten, nicht Leistungen, welche auf Grund von Ortsstatuten den Eigentümern der an neue Straßen grenzenden Grundstücke oder für Benützung von Gemeindeanstalten oder Gemeindeeinrichtungen auferlegt werden (vgl. Ortenau-Henle S. 383; auch E. d. Verw.Ger.H. X. 281; XII. 63; Rehm, die Anliegerbeiträge bei Trottoirisierung nach b. Rechte in Hirth's Annalen d. d. R. 1895 S. 50 ff.; Gruchot, Beitr. z. Erl. d. d. R. XXXIV. 1123; Mot. z. Subh.Ordn. S. 97; Aussch.Ber. S. 506; E. d. obst. L.G. VII. 615). Sind solche Leistungen aber Reallasten, dann fallen sie unter lit. γ; vgl. z. B. Bl. f. R.A. LX. 241.

[55]) Soweit sie sich auf das Brandversicherungsges. v. 3. April 1875 (Art. 72, 75) und das Hagelversicherungsges. v. 13. Febr. 1884 (Art. 4 ff.) gründen. Bl. f. R.A. Erg.Bd. IX. 132; b. Not.Zeit. 1889 S. 224.

[56]) Vgl. Mot. z. Nov. S. 166.

[57]) Vgl. hiezu Mot. z. Nov. S. 166; Ber. z. Nov. S. 281; stenogr. Ber. z. Nov. S. 569 ff.; Verh. d. K. der Reichsräte 1885/86 Prot.Bd. V S. 715.

β) die auf die Bedienung der beschlagnahmten Gegenstände erwachsenen Kaminkehrerlöhne;

γ) die auf die beschlagnahmten Gegenstände treffenden Einzelleistungen[58]) aus den dem jeweiligen Besitzer in dieser Eigenschaft obliegenden Lasten (Grundabgaben, Reallasten[59]) u. s. w.). Der Ansatz dieser Leistungen in erster Reihe hat aber insoweit keine Wirkung, als die zu Grunde liegenden Lasten den nachfolgenden Hypothekansprüchen nach Prioritätsgrundsätzen oder den Wirkungen des hypothekenrechtlichen Oeffentlichkeitsprinzipes weichen müssen und ihr Ansatz diesen Hypothekenansprüchen zum Nachteil gereichen würde. In diesen Fällen müssen die auf die einzelnen Leistungen entfallenden Beträge zur Befriedigung der aus jenen Gründen vorgehenden Hypothekansprüche verwendet werden, während anderseits gegenüber Kurrentforderungen oder den aus jenen Gründen nachgehenden Hypothekansprüchen der Rang jener Leistungen in erster Reihe nach jeder Richtung hin wirksam bleibt. Hiebei ist es zunächst ohne Bedeutung, ob die Last selbst auf den Ansteigerer überging oder infolge lastenfreier Versteigerung durch den Zuschlag unterging. Letzteren Falls ist aber der Lastenberechtigte befugt, für den Wert seiner Last aus demjenigen Erlöse Befriedigung zu beanspruchen, welcher nach Befriedigung der seiner Last vorgehenden Ansprüche übrig bleibt.[60])

Das Vorrecht der ersten Reihe kommt den bezeichneten Ansprüchen gegenüber den im gesetzlichen Mindestgebot berücksichtigten Forderungen aber nur insoweit und in solcher Höhe zu, als sie angemeldet und selbst in das gesetzliche Mindestgebot eingerechnet sind. Soweit dies nicht der Fall, kommen sie erst hinter den im gesetzlichen Mindestgebote berücksichtigten Forderungen und im Nachrange nach den in gleicher Lage befindlichen Massekosten zum Zuge.[61])

Sämtliche Forderungen der ersten Reihe, an welcher Stelle auch der Ansatz erfolgen mag, haben unter sich gleichen Rang und sind daher bei Unzureichendheit der Masse nach Verhältnis ihrer Höhe zu befriedigen.

Der hienach für die Forderungen der ersten Reihe bestehende Rang kommt auch dem Cessionar solcher Ansprüche, daher auch

---

[58]) Vgl. dazu Arch. f. civ. Pr. LXXI. 95; Jakubezky, Bem. z. Entw. eines bürg. Ges.B. f. d. d. Reich S. 263; b. Not.Zeit. 1888 S. 90; E. d. obst. L.G. V. 818; Bl. f. R.A. LI. 267 (bezüglich Handlohnsäquivalente); Gruchot, Beitr. z. Erl. d. d. R. XXXVI. 1111; Ortenau-Henle S. 385.

[59]) Vgl. hiezu oben §§ 91—93 S. 638 ff.

[60]) Vgl. hiezu oben § 284 lit. A Ziff. II S. 1437 und Mot. z. Nov. S. 147, 150.

[61]) Art. 33 Abs. 1 Nov. und oben § 281 lit. B Ziff. I, 1 S. 1419. Vgl. noch Art. 37 Nov. und hiezu unten § 303.

demjenigen zu, welcher die Mittel zur Begleichung dieser Ansprüche vorgeschossen hat.[62])

b) Die Forderungen der ersten Zwischenreihe zwischen erster und zweiter Reihe sind in folgender Rangfolge:

α) die Ewiggeldkapitalien, die aus dem letzten Giltjahre vor der Beschlagnahme rückständigen Ewiggilten (gefreite Gilten) und die von dem Verfalltermine bis zum Zuschlage sich berechnenden Giltbeträge;

β) die rückständigen Ewiggilten aus dem diesem letzten Giltjahre (s. lit. β) vorausgehenden Giltjahre (bevorzugte Gilten).

Insoweit aber rückständige Ewiggilten im gesetzlichen Mindestgebote nur auf Anmeldung zu berücksichtigen sind, kommen sie bei Unterlassung der Anmeldung erst hinter den übrigen im gesetzlichen Mindestgebote berücksichtigten Forderungen und im Nachrange nach den in gleicher Lage befindlichen Massekosten und Ansprüchen der ersten Reihe zum Zuge.[62a])

Die Forderungen der lit. α kommen unter sich nach der Zeitfolge des Eintrages im Grundbuche zum Zuge, die Forderungen der lit. β haben Rang nach denen der lit. α, unter sich aber Gleichrang und kommen daher bei unzureichender Masse nach Verhältnis ihres Betrages zum Zuge.

c) Die Forderungen der zweiten Reihe sind:

α) die Hypothekforderungen[63]) — definitiv wie vormerkungsweise eingeschriebene, soferne nur im letzteren Falle das Recht auf die Hypothek dargethan zu werden vermag[64]), Voll- wie Kautionshypothekforderungen[65]) (auch Zinsen- und Kostenkautionshypothekforderungen) —;

β) die vor der Beschlagnahme verfallenen bedungenen Zinsen derselben, welche auf das zur Zeit der ersten Beschlagnahme laufende und das vorausgegangene Zinsjahr treffen (privilegierte Zinsen), soferne das Kapital als verzinsliches im Hypothekenbuche eingeschrieben ist oder wenn dies nicht der

---

[62]) Ebenso Ortenau-Henle S. 386.

[62a]) Art. 33 Abs. 1, Art. 3, Art. 38 Nov.

[63]) Natürlich müssen auch Hypothekforderungen des Ansteigerers in den Verteilungsplan eingestellt werden (vgl. Art. 55 Ziff. 1 Subh.Ordn.), ohne Rücksicht darauf, ob er durch den inzwischen erfolgten Weiterverkauf des Strichobjektes besonderen Gewinn erzielt hat: E. d. obst. L.G. X. 454; d. Not.Zeit. 1885 S. 264. — Ueber Berücksichtigung besonderer Zahlungsbestimmungen vgl. Bl. f. R.A. L. 279.

[64]) Vgl. auch Art. 7, 8, 35 Abs. 3 Nov.; s. auch oben § 123 Ziff. III, 3 e S. 834. Bezüglich Uebernahme und Barzahlung vorgemerkter Hypothekforderungen E. d. obst. L.G. III. 29; Bl. f. R.A. XXXVIII. 45; XLV. 40; ferner oben § 281 lit. B Ziff. I, 1 a S. 1412 und § 282 lit. B Ziff. I, 1 a, α S. 1426 und lit. C Ziff. I, 1 c S. 1430. Ueber die Wirkungen, wenn von Anfang an nur eine Vormerkung bewilligt wurde, vgl. oben § 123 Nr. 18 S. 831.

[65]) Ueber den Ansatz der Kautionshypotheken s. Art. 2 Abs. 2, Art. 8 Abs. 2 Nov. und oben § 281 lit. B Ziff. I, 2 a S. 1412; unten lit. C Ziff. III, 2.

Fall, doch die Wirkungen des Oeffentlichkeitsprinzipes dieser Unterlassung gegenüber nicht Platz greifen[66]);

γ) ferner weitere Zinsrückstände, wie auch sonstige Zinsen (Verzugszinsen) ohne Rücksicht auf Eintragung in das Hypothekenbuch gegenüber allen nachstehenden Forderungen, welche gleich- oder nachstehende Hypothekforderungen sind, und vorausgesetzt, daß der Vollstreckungsschuldner zugleich persönlich haftender Schuldner ist[67]);

δ) die auf Ausklagung und Beitreibung der Hypothekforderungen erwachsenen Kosten, soferne sich die Zwangsversteigerung gegen den persönlich haftenden Schuldner richtet und soferne sie nicht auf die Geltendmachung im Zwangsvollstreckungsverfahren erwachsen sind, aber nur gegenüber solchen nachstehenden Forderungen, welche nicht gleich- oder nachstehende Hypothekforderungen sind.[68])

Insoweit jedoch durch hypothekarische Kaution gesicherte Hypothekzinsen, Kosten und sonstige Nebenforderungen nur auf Anmeldung im gesetzlichen Mindestgebote zu berücksichtigen sind, kommen solche unangemeldete Ansprüche erst hinter den im gesetzlichen Mindestgebote berücksichtigten Forderungen und im Nachrange nach den in gleicher Lage befindlichen Massekosten und Forderungen der ersten Reihe und ersten Zwischenreihe zum Zuge.[69])

Die unter lit. β genannten Zinsansprüche haben jeweils mit den zugehörigen Hypothekkapitalien gleichen Rang. Der Rang der Hypothekforderungen unter sich bemißt sich nach den hypothekenrechtlichen Grundsätzen der Priorität und der Oeffentlichkeit des Hypothekenbuches.[70]) Hypothekforderungen, welche nach bewirkter Beschlagnahme im Hypothekenbuche vorgemerkt wurden, können zwar nicht zum Nachteile der Gläubiger dieser Beschlagnahme, wohl aber gegenüber dem Gläubiger jeder weiteren Beschlagnahme, vor der jeweils die Vormerkung im Hypothekenbuche

---

[66]) Vgl. hiezu § 42 Hyp.Ges. und oben § 127 S. 853 ff.

[67]) Sonst können Zinsrückstände, soferne für sie nicht eine Kautionshypothek errichtet ist, das Vorzugsrecht der zweiten Reihe gegenüber gleich- oder nachstehenden Hypothekgläubigern nicht beanspruchen (vgl. § 43 Hyp.Ges.); ein solches Vorzugsrecht erkannte schon die b. C.Proz.Ordn. vom 29. April 1869 Art. 1092 Ziff. 3 nicht an, und die Subh.Ordn. gewährt den vor der Beschlagnahme verfallenen Zinsen ein Vorzugsrecht der 2. Reihe nur insoweit, als die einschlägigen Gesetze rückständigen Zinsen gleichen Rang wie der Hauptsache einräumen. Vgl. auch oben § 127 Ziff. 2 mit Nt. 3 S. 854; Ortenau-Henle S. 387 mit Nt. 5.

[68]) Vgl. § 43 Hyp.Ges. und oben § 127 Ziff. 2 S. 853; Ortenau-Henle S. 387—389.

[69]) Art. 33 Abs. 1 Nov.; vgl. oben § 281 lit. B Ziff. I, 3 S. 1415.

[70]) Es entscheidet daher mangels besonderer vertragsmäßiger Rangbestimmung die Priorität der Einschreibung in das Hypothekenbuch unter Beobachtung des § 23 Hyp.Ges. (Tagebuch); jedoch haben die am gleichen Tage eingeschriebenen Hypotheken unter sich gleichen Rang. Vgl. oben § 140 S. 902; auch d. Not.Zeit. 1883 S. 107; Zeitschr. d. Anw.Ver. f. B. XX. S. 254; XXI. 250.

eingeschrieben wurde, mit dem Vorrechte der zweiten Reihe geltend gemacht werden.[71])

Die unter lit. γ und δ genannten Forderungen kommen erst nach den unter lit. α und β genannten Ansprüchen zum Zuge und haben unter sich den Rang, welchen die zugehörigen Hypothekkapitalien einnehmen.

d) Die Forderungen der **zweiten Zwischenreihe** zwischen der zweiten und dritten Reihe sind:

alle weiteren Rückstände an Ewiggilten, welche nicht unter die befreiten oder bevorzugten Gilten fallen (s. lit. b, α und β). Sind sie zur Berücksichtigung im gesetzlichen Mindestgebote nicht angemeldet worden, so kommen sie erst hinter allen übrigen im gesetzlichen Mindestgebote berücksichtigten Ansprüchen und im Nachrange nach den in gleicher Lage befindlichen Massekosten und Ansprüchen der vorgehenden Reihe zum Zuge.[71a])

Die Forderungen der zweiten Zwischenreihe haben unter sich gleichen Rang und kommen daher bei unzureichender Masse nach Verhältnis ihres Betrages zum Zuge.

e) Die Forderungen der **dritten Reihe** sind diejenigen, zu deren Gunsten ein Vorbehalt des Eigentumsrückfalles besteht ohne Rücksicht darauf, ob er im Hypothekenbuche eingeschrieben ist oder nicht, soferne nur nicht das Rücknahmerecht selbst als dingliche Last ohne Anrechnung auf den Strichschilling auf den Ansteigerer übergeht. Insoweit solche Forderungen der Anmeldung und Glaubhaftmachung bedürfen, um Berücksichtigung im gesetzlichen Mindestgebot zu finden, kommen sie bei Unterlassung der Anmeldung bezw. Glaubhaftmachung[72]) erst hinter den im gesetzlichen Mindestgebote berücksichtigten Ansprüchen und nach den in gleicher Lage befindlichen Massekosten und Forderungen der vorgehenden Reihen zum Zuge.[73])

f) die Forderungen der **vierten Reihe** sind diejenigen, für welche die Beschlagnahme zum Zwecke der Zwangsvollstreckung erwirkt worden ist ohne Rücksicht darauf, ob sie Haupt- oder Nebenforderungen sind. Unter diesen Forderungen hat immer diejenige den Vorrang, zu deren Gunsten die Beschlagnahme zeitlich früher bewirkt wurde; jedoch haben mehrere Forderungen, zu deren Gunsten am gleichen Tage die Beschlagnahme bewirkt wurde, unter sich gleichen Rang und kommen daher bei unzureichender Masse nach Verhältnis ihres Betrages zum Zuge.[74])

---

[71]) Vgl. hiezu oben § 122 lit. B Ziff. IV, 1 b, α S. 821.

[71a]) Art. 33 Abs. 1, Art. 3, 38 Nov.

[72]) Vgl. hiezu Art. 15 Abs. 1 und 2, Art. 16 Abs. 2, Art. 20 Abs. 3 Nov. und hierüber oben § 284 lit. B S. 1441 ff.

[73]) Art. 33 Abs. 1 Nov.

[74]) In Art. 108 Ziff. 4 Subh.Ordn. sind auch diejenigen Forderungen genannt, für welche Arrest erwirkt ist; diese fallen jetzt unter die Forderungen der

g) Die Forderungen der fünften Reihe sind:

α) die Kosten, welche auf Geltendmachung der sämtlichen unter lit. b—f aufgeführten Forderungen im Zwangsvollstreckungsverfahren erwachsen sind, soweit sie nicht bereits durch eine hypothekarische Kostenkaution gesichert sind und damit das Vorrecht der zweiten Reihe genießen;

β) die nicht bevorzugten Zinsen der Forderungen der zweiten Reihe, soweit sie nicht bereits durch eine hypothekarische Zinsenkaution gesichert sind und damit das Vorrecht der zweiten Reihe genießen.

Beide Arten von Forderungen haben unter sich gleichen Rang und kommen daher bei unzureichender Masse nach Verhältnis ihres Betrages zum Zuge.

III. Sind zu Gunsten von Forderungen, für welche vor der Beschlagnahme bewegliche Zubehörungen oder ausstehende Erträgnisse gepfändet worden oder zu Faustpfand gegeben worden sind, gesonderte Teilungsmassen gebildet (s. oben lit. A Ziff. IV, 3), so gehen in allen diesen Massen die Forderungen der Ewiggeld- und Hypothekgläubiger, wie der Rücknahmeberechtigten, deren Realpfandrechte oder Rücknahmerechte älter als das Vollstreckungs- oder Faustpfandrecht sind, den Forderungen der Vollstreckungs- und Faustpfandgläubiger vor[75]), natürlich aber nur jeweils insoweit, als sich jene Rechte auch auf die die einzelnen Massen bildenden Gegenstände und an deren Stelle auf ihre Werte erstrecken[76]), dagegen die den älteren Vollstreckungs- und Faustpfandrechten zu Grunde liegenden Forderungen den jüngeren anderen Rechten vor, die jüngeren Hypothekforderungen freilich nur dann, wenn nicht die Wirkungen des Oeffentlichkeitsprinzipes entgegenstehen.[77]) Unter sich haben die mit einem Vollstreckungspfandrechte gesicherten Forderungen Rang nach dem Zeitpunkte der Begründung des Pfandrechtes.[78])

C. Die Verteilung.

I. Die „Feststellung der Verteilung" hat auszuweisen, welche einzelnen Forderungen nach Spezies, Art, Höhe und sonstigen Modalitäten (Zins- und Zahlungsbestimmungen) vom Ansteigerer in Anrechnung auf den Strichschilling endgiltig übernommen und welche einzelnen Forderungen nach Spezies, Art und Höhe endgiltig bar bezahlt werden sollen. Hiebei ist immer die Rangordnung der einzelnen Forderungen genau zu bezeichnen. Die endgiltige Bestimmung

---

zweiten Reihe, da der Arrest im Hinblick auf Art. 44, 45 Abs. 2 Nov. jetzt durch Hypothekvormerkung vollzogen wird; s. unten VIII. Kapitel.

[75]) Bl. f. R.A. XLVII. 292, 305, 343; E. d. obst. L.G. IX. 757; Ortenau-Henle S. 395.

[76]) Dabei ist Art. 8 Subh.Ordn. zu beachten; vgl. oben § 249 S. 1311; E. d. obst. L.G. VII. 413.

[77]) Vgl. hieher auch oben § 95 Ziff. IV S. 658—660.

[78]) § 709 Abs. 3 R.C.P.O.

zur Uebernahme oder Barzahlung steht erst mit dem Abschluß des Verteilungsplanes fest, die Uebernahme selbst wird erst durch besondere Bestimmung des Vollstreckungsgerichts bei Ausführung des Verteilungsplanes wirksam.[79])

II. Die einzelnen bei der Feststellung der Verteilung zu beachtenden Grundsätze sind folgende:

Wie schon oben § 282 lit. A Ziff. II (S. 1425) ausgeführt, ist die Feststellung des gesetzlichen Mindestgebotes und damit der Art und Weise der Strichschillingsberichtigung als Versteigerungsbedingung nicht in dem Sinne präjudiziell für das Verteilungsverfahren, daß die Spezies der dort bezeichneten Hypothekforderungen auch wirklich in Anrechnung auf den Strichschilling übernommen oder überhaupt die nach dem gesetzlichen Mindestgebot zum Zuge kommende Spezies von Forderungen auch wirklich in der dort angenommenen Weise oder überhaupt zum Zuge kommen müßte. Durch den Zuschlag auf Grund der Versteigerungsbedingungen steht vielmehr nur die Haftung des Ansteigerers in ihrer objektiven Beziehung fest; die Feststellung der subjektiven Beziehungen seiner Haftung ist erst Sache des Verteilungsverfahrens. Daraus folgt auch der allgemeine Grundsatz, daß durch eine unrichtige Feststellung des gesetzlichen Mindestgebots weder das Recht der Gläubiger, bei der Verteilung des Erlöses nach Maßgabe der gesetzlichen Rangordnung, noch das Recht mit dem wirklichen, aber vorher unrichtig angesetzten Betrage, noch das Recht mit Uebernahme oder Barzahlung zum Zuge zu kommen berührt wird[80]), soweit nicht die Art und Weise der durch den Zuschlag vom Ansteigerer übernommenen Haftung jede Aenderung überhaupt unmöglich macht. Reicht hienach der Strichschilling nicht mehr zur Deckung aller im gesetzlichen Mindestgebote berücksichtigten Gläubiger aus, so trifft der Ausfall die nach Maßgabe der jetzigen Rechtslage zuletzt zum Zuge kommenden Gläubiger.

III. Die Bestimmung zur Uebernahme.[81])

1. Bei der Bestimmung zur Uebernahme sind die zu übernehmenden Forderungen nach den gleichen Gesichtspunkten in Ansatz zu bringen, wie bei der Feststellung des gesetzlichen Mindestgebotes, jedoch stets unter Berücksichtigung des in Ziff. I genannten allgemeinen Grundsatzes.[82])

2. Ersatzübernahme[83]):

a) Die Bestimmung zur Uebernahme einer nach den Versteigerungsbedingungen zu übernehmenden Forderung kann aus zwei

---

[79]) Art. 7 Abs. 1 Nov.

[80]) Art. 34 Nov.

[81]) Vgl. ein Beispiel in J.M.Bek. v. 6. Dez. 1886 Ziff. 3; Krech-Fischer S. 367.

[82]) Art. 35 Abs. 1 Nov.

[83]) Art. 7, 35 Abs. 2 Nov. Vgl. hiezu besonders Aussch.Ber. z. Nov. S. 268; Ortenau-Henle S. 194.

Gründen entfallen; je nach der Lage der Sache muß dann eine Ersatzübernahme erfolgen, ohne daß es einer besonderen Uebernahmeerklärung seitens der hieran Beteiligten bedürfte. Ersatzübernahme findet statt:

α) wenn die betreffende Hypothekforderung im Zeitpunkte des Zuschlages nicht oder nicht mehr im vollen Umfange bestand; hier ist dann an Stelle der ausgefallenen Forderung die nächstfolgende, nach der bisherigen Rechtslage nicht oder nicht mehr völlig barzuzahlende Forderung, welche also ohne den Ausfall jener Forderung nicht oder nicht mehr ganz zum Zuge gekommen wäre, mit den Zins- und Zahlungsmodalitäten der ausgefallenen Forderung zur Uebernahme zu bestimmen. Hiebei ist es gleichgiltig, ob die ausgefallene Forderung die einzige oder nicht die einzige war, welche im gesetzlichen Mindestgebote Deckung zu finden hatte;

β) wenn die betreffende Hypothekforderung sich nunmehr (nach dem Zuschlage) als eine barzuzahlende erweist. Hier sind wieder zwei Fälle zu unterscheiden:

aa) War die nun bar zu zahlende Forderung die einzige, welche der für die Feststellung des gesetzlichen Mindestgebotes maßgebenden Forderung vorausging, so kann, wenn das Meistgebot das gesetzliche Mindestgebot nicht übersteigt, zwar der Gläubiger derselben unter gewissen Voraussetzungen die Aufhebung des Zuschlages verlangen[84]), aber wenn diese nicht erfolgt, ist eine Aenderung im Verteilungsverfahren unmöglich, weil sonst gegen die vom Ansteigerer nach den Versteigerungsbedingungen übernommene Haftung verstoßen würde. Hat dagegen das Meistgebot das gesetzliche Mindestgebot hier überstiegen, so ist die nun barzuzahlende Forderung, insoweit die Barmasse reicht, aus dieser zu bezahlen und an ihrer Stelle die nun jeweils als letzte zum Zuge kommende Forderung mit den Zins- und Zahlungsmodalitäten der nun bargezahlten Forderung, soweit sie bargezahlt ist, zur Uebernahme zu bestimmen; soweit sie nicht bar gezahlt ist, bleibt sie im Vorrange vor der nun gleichfalls zu übernehmenden Forderung zur Uebernahme bestimmt.[85])

bb) War die nunmehr bar zu zahlende Forderung nicht die einzige, welche der für die Feststellung des gesetzlichen Mindestgebotes maßgebenden Forderung vorausging, so ist, wenn das Meistgebot das gesetzliche Mindestgebot nicht überschreitet, die innerhalb des gesetzlichen Mindestgebotes jeweils letzte bar zu zahlende Forderung, jedoch mit ihren

---

[84]) Art. 82 Abs. 3 Ziff. 3, Art. 84 Subh.Ordn.; vgl. hiezu oben § 291 lit. F Ziff. II S. 1475 ff.

[85]) Vgl. Ber. z. Nov. S. 268, 269; d. Not.Zeit. 1886 S. 373, 374.

eigenen Zins- und Zahlungsbestimmungen, zur Uebernahme zu bestimmen, falls nicht der Gläubiger derselben deswegen die Aufhebung des Zuschlages erlangt hat.[86]) Sind aber innerhalb des gesetzlichen Mindestgebotes solche substitutionsfähige barzuzahlende Forderungen nicht vorhanden, so ist eine Substituierung ausgeschlossen und dem barzuzahlenden Gläubiger nur die Möglichkeit, die Aufhebung des Zuschlages zu verlangen, offen. Ueberschreitet das Meistgebot das gesetzliche Mindestgebot, so gilt das Gleiche, was für diesen Fall in lit. aa aufgestellt wurde.

b) Im einzelnen gelten sodann für die Ersatzübernahme noch folgende Grundsätze:

α) An der Höhe und Art der vom Ansteigerer durch die Versteigerungsbedingungen übernommenen Haftung, insbesondere an den von ihm hienach übernommenen Zins- und Zahlungsbestimmungen darf und kann durch die Ersatzübernahme nichts geändert werden.[87])

β) Ist eine zu übernehmende Forderung auf wiederkehrende Leistungen ausgefallen, so tritt an ihre Stelle nach Maßgabe der unter lit. a angeführten Grundsätze eine andere Forderung, jedoch als halbjährig kündbare Forderung in dem im gesetzlichen Mindestgebote für jene Forderung angesetzten Betrage (s. oben § 281 lit. B Ziff. I, 1 d S. 1413 ff.) und der dem Satze der Zwischenzinsen entsprechenden Verzinsung.[88])

γ) Ist die Forderung, an deren Stelle eine andere übernommen werden soll, betagt und unverzinslich, so wird die Haftung dem Gläubiger nur mit dem gegenwärtigen Werte (s. oben § 281 lit. B Ziff. I, 2 c S. 1412) angerechnet.[89])

δ) Ist für eine zu übernehmende Forderung Hypothek nur vorgemerkt und ist der die definitive Einschreibung hindernde Mangel noch nicht behoben, so kann sie — vorausgesetzt, daß sie nicht bar zu zahlen ist — nur unter dem Vorbehalte zur Uebernahme bestimmt werden, daß die Bestimmung unwirksam wird, wenn die Hebung des Mangels nicht erfolgt. Mit dieser Forderung ist dann zugleich eine andere Forderung zur Uebernahme zu bestimmen für den Fall, daß die Bestimmung jener unwirksam wird.

ε) Ist gegen eine zur Uebernahme angesetzte Forderung ein die Ausführung des Verteilungsplanes hemmender Widerspruch erhoben, so kann sie

aa) nur unter dem Vorbehalte zur Uebernahme bestimmt werden, daß sie nicht infolge des Widerspruches ausfällt;

---

[86]) Vgl. die Zitate in Nt. 84.
[87]) Vgl. dazu besonders Ber. z. Nov. S. 269.
[88]) Vgl. Mot. S. 147; Ber. z. Nov. S. 269; d. Not.Zeit. 1886 S. 292.
[89]) Mot. z. Nov. S. 160.

bb) ohne Vorbehalt nur dann zur Uebernahme bestimmt werden, wenn für die Ansprüche der anderen Beteiligten entsprechende Sicherheit geleistet ist.

In beiden Fällen muß aber vorsorglich immer zugleich eine andere Forderung zur Uebernahme bestimmt werden für den Fall, daß die erstbestimmte Forderung infolge des Widerspruches ausfallen sollte.

ζ) Durch die Bestimmung einer Forderung zur Uebernahme an Stelle einer anderen wird an den Rangverhältnissen der liegenbleibenden Hypothekforderungen zu einander nichts geändert.

η) Zur Wirkung der Ersatzübernahme bedarf es einer besonderen Uebernahmeerklärung der Beteiligten nicht, dagegen ist hiezu eine besondere beschlußmäßige Bestimmung des Vollstreckungsgerichtes bei Ausführung des Verteilungsplanes erforderlich.[90])

Solange die Bestimmung einer Forderung, welche als übernommen zu gelten hat, nicht oder nicht unbedingt erfolgt ist, ist der Ansteigerer befugt, fällige Beträge derselben beim Vollstreckungsgerichte zu hinterlegen.[91])

III. Bestimmung zur Barzahlung.[92])

1. Bedingte Forderungen[93]) sind bei der Feststellung der Verteilung aus dem Grunde der Bedingung an sich nicht anders zu behandeln als unbedingte Forderungen. Jedoch ist zu bestimmen,

a) wenn die Bedingung eine auflösende ist: daß der Gläubiger sein Guthaben nur gegen Sicherheitsleistung für den Fall des Eintrittes der Bedingung erhält;

b) wenn die Bedingung eine aufschiebende ist: daß den Betrag der Forderung zunächst diejenigen Gläubiger erhalten, deren Befriedigung die bedingte Forderung im Wege steht, jedoch nur gegen Sicherheitsleistung für den Fall des Eintrittes der Bedingung;

c) daß im Falle der Unterlassung der erforderlichen Sicherheitsleistung seitens des Bezugsberechtigten der Forderungsbetrag entweder

α) wenn die Beteiligten und der Ansteigerer einwilligen, dem letzteren gegen fortlaufende Verzinsung belassen oder

β) mangels solcher Uebereinkunft nach dem Antrage der Beteiligten (außer dem Ansteigerer) oder

γ) mangels solcher Einigung dieser Beteiligten nach Bestimmung des Vollstreckungsgerichtes auf ihre Gefahr verzinslich angelegt werde und die jeweiligen Zinsen der Gläubiger zu

---

[90]) Vgl. hierüber unten § 303.

[91]) Art. 7 Abs. 4 Nov.

[92]) Vgl. oben Nt. 81.

[93]) Art. 111, 112 Subh.-Ordn. Vgl. auch Art. 8 Abs. 2 Nov. und oben lit. B Ziff. II, 2 b.

empfangen habe, welcher den Forderungsbetrag gegen Sicherheitsleistung zu beziehen berechtigt gewesen wäre.[94])

Soferne der Forderungsbetrag nicht dem Ansteigerer belassen wird, ist er ein mit der betreffenden Anlageverpflichtung belasteter und zwar im Falle der lit. α ein auflösend bedingter Vermögensbestandteil des Gläubigers der bedingten Forderung, im Falle der lit. β ein auflösender bedingter Vermögensbestandteil der in lit. b bezeichneten Gläubiger.

Können sich die Beteiligten über die näheren Bestimmungen der Sicherheitsleistung oder Kapitalsanlage nicht vereinigen, so ordnet gleichfalls das Vollstreckungsgericht das Erforderliche an; gegen dessen Entscheidung ist, da sie nicht den materiellen Inhalt des Verteilungsplanes betrifft, lediglich die sofortige Beschwerde, nicht der Widerspruch gegen den Verteilungsplan zulässig.[95])

2. Begründete, aber der Summe nach auch im Verteilungsverfahren noch nicht feststehende Forderungen[96]) sind mit dem oben lit. B Ziff. II, 2 d (S. 1518) bezeichneten Betrage zu berücksichtigen. Hiebei ist zugleich

a) zu bestimmen, daß der Forderungsbetrag in entsprechender Anwendung der in Ziff. 1 c genannten Grundsätze entweder dem Ansteigerer belassen oder anderweitig angelegt werde;

b) vom Vollstreckungsgerichte eine Frist von nicht weniger als einem Monat festzusetzen, innerhalb welcher der Gläubiger dem Vollstreckungsgerichte nachzuweisen hat, daß er Klage auf Feststellung des Betrages bezw. der Höhe seiner Forderung erhoben habe, und ihm anzudrohen, daß im Falle der Unterlassung dieses Nachweises ohne Rücksicht auf seine Forderung zur Ausführung des Verteilungsplanes geschritten werde.

Während der anderweitigen Anlage ist der Forderungsbetrag ein mit der betreffenden Anlageverpflichtung belasteter resolutiv bedingter Vermögensbestandteil des Gläubigers.

3. Bei Forderungen, welche mit dem Eintritte eines unbestimmten Zeitpunktes erlöschen und bar zu bezahlen sind, ist in zweifacher Hinsicht zu unterscheiden:

a) Der Regel nach sind sie mit dem oben lit. B Ziff. II, 2 e (S. 1518) bezeichneten verzinslich anzulegenden Kapitalsbetrage anzusetzen. Auf die Zinsen hieraus ist der Gläubiger einer solchen Forderung zur Deckung der jeweils fällig gewordenen Leistungen, auf den Kapitalsbetrag selbst aber sind schon im voraus für den Fall des Erlöschens der Forderung diejenigen Gläubiger anzuweisen, welche den Kapitalsbetrag erhalten haben würden,

---

[94]) In die nach Civilrecht auf die Zinsen begründeten Rechte wollte mit dieser Vorschrift nicht eingegriffen werden; vgl. hierüber Ortenau-Henle S. 398, 399.

[95]) Ebenso Ortenau-Henle S. 398 und oben § 298 Ziff. III S. 1502.

[96]) Art. 114 Subh.-Ordn.

wenn die Forderung überhaupt nicht bestanden hätte. Hiebei ist dann weiter zu bestimmen:

α) daß das Kapital in entsprechender Anwendung der in Ziff. 1c genannten Grundsätze entweder dem Ansteigerer belassen oder anderweitig angelegt werde und an den Gläubiger zur Deckung der jeweils fällig gewordenen Leistungen die Zinsen hieraus zu entrichten seien bezw. das hieran infolge einer Minderung des Zinsfußes oder wegen eines mangels ausreichender Masse nicht in genügender Höhe angesetzten Kapitales Fehlende aus dem Kapitale selbst zu ergänzen sei;

β) daß nach Erlöschen der Forderung das Kapital denjenigen Gläubigern zufalle, welche es erhalten haben würden, wenn die Forderung nicht bestanden hätte.

Der Kapitalsbetrag ist, soferne er nicht dem Ansteigerer belassen wird, bereits ein mit dem erwähnten Zinsenbezugsrechte und der erwähnten Anlageverpflichtung belasteter Vermögensbestandteil der darauf im voraus angewiesenen Gläubiger.

b) Ergibt sich bei der Feststellung der Verteilung, daß eine in das gesetzliche Mindestgebot eingerechnete Forderung auf wiederkehrende Leistungen von unbestimmter Dauer nun bar bezahlt werden muß und reicht der Strichschilling nicht aus, um für sie den oben lit. B Ziff. II, 2c (S. 1518) genannten Kapitalsbetrag ohne Beeinträchtigung der übrigen in das gesetzliche Mindestgebot eingerechneten Forderungen auszuwerfen, so ist dem Gläubiger der ihrem Werte entsprechende Betrag als barzuzahlende Ablösung zu bestimmen.[97])

4. Bezüglich betagter unverzinslicher Forderungen ist der oben lit. B Ziff. II, 2c (S. 1518) bezeichnete Ansatz zu berücksichtigen.[98])

5. Im übrigen sind die barzuzahlenden Ansprüche mit dem aus der Anmeldung oder dem bei den Vollstreckungsakten befindlichen Urkunden hervorgehenden und nicht bestrittenen Betrage zu berücksichtigen. Sobald Widerspruch gegen eine barzuzahlende Forderung erhoben ist, kann das Vollstreckungsgericht anordnen, daß dem Gläubiger dieser Forderung der nach dem Verteilungsplan gebührende Betrag nur gegen eine nach freiem Ermessen zu bestimmende Sicherheitsleistung ausbezahlt werde. Jede solche Anordnung ist im Verteilungsplan entsprechend zu vermerken. Gegen diese Anordnung ist das Rechtsmittel der sofortigen Beschwerde zulässig.

IV. Vermerk im Verteilungsplan bei Ausführung desselben.

Wie schon in Ziff. I erwähnt, wird die endgiltige Bestimmung der Uebernahme einer Forderung erst wirksam durch besonderen voll-

---

[97]) Art. 33 Abs. 2 Nov.; Mot. z. Nov. S. 169, 170.

[98]) Es wird hier gleichfalls zulässig und übrigens am sichersten sein, analog dem Art. 111 Abs. 3 Subh.Ordn. zu verfahren; so Bl. f. R.A. Erg.Bd. X, 277; Ortenau-Henle S. 400 gegen Bl. f. R.A. Erg.Bd. IX, 241 (jedoch s. auch X, 257).

streckungsgerichtlichen Beschluß bei Ausführung des Verteilungsplanes. Ist dann bei der Ausführung des Verteilungsplanes eine Forderung endgiltig zur Uebernahme bestimmt worden, so muß dies, sowie die Art und Weise, in welcher es geschehen ist, im Verteilungsplane und zwar zweckmäßiger Weise bei jeder einzelnen Forderung unter der Feststellung der Verteilung vermerkt werden.[99]) Ebenso wird zu vermerken sein, ob und mit welchem Betrage eine barzuzahlende Forderung bei der Ausführung des Verteilungsplanes wirklich bar beglichen oder auf welche noch ausständige Ansprüche der Teilungsmasse sie hiebei angewiesen worden ist.

V. Folgen der Nichtberücksichtigung im Verteilungsplane.

Die Unterlassung der Einstellung einer bei der Verteilung zu berücksichtigenden Forderung in den Verteilungsplan (Feststellung der Verteilung) kann entweder beruhen:

1. auf Unterlassung der erforderlichen Anmeldung des Anspruches,
2. auf einem Versehen des Vollstreckungsgerichtes oder
3. auf einer Zurückweisung des angemeldeten oder nicht der Anmeldung bedürftigen Anspruches durch das Vollstreckungsgericht.

Zu 1. Wurde die Einstellung unterlassen wegen Unterlassung der erforderlichen Anmeldung, so kommt das bereits oben § 299 lit. C Ziff. III Gesagte zur Anwendung.

Zu 2. Für den Fall, daß die Nichteinstellung auf einem Versehen des Vollstreckungsgerichtes beruht, gleichgiltig ob die Forderung angemeldet war oder der Anmeldung nicht bedurfte, sind besondere gesetzliche Vorschriften nicht vorhanden. Der nichtberücksichtigte Gläubiger befindet sich aber offenbar in der gleichen Lage wie ein Gläubiger, dem die Aufforderung zur Anmeldung nicht zugestellt worden ist: er selbst trägt an der Nichtberücksichtigung seiner Forderung keine Schuld, selbst dann nicht, wenn er die Einsicht des Verteilungsplanes unterlassen hat oder im Verteilungstermin nicht erschienen ist. Daraus folgt einmal, daß dem nichtberücksichtigten Gläubiger die gleichen, jedoch auch keine weiteren Befugnisse zustehen, wie dem mit der bezeichneten Zustellung nichtbedachten Gläubiger, und daß im weiteren Verlaufe für jenen Gläubiger die gleichen Folgen eintreten, wie für diesen, anderseits daß auch die Lage der übrigen Beteiligten gegenüber einer solchen nachträglich noch berücksichtigten Forderung die gleiche sein muß, wie im Falle der nachträglichen Anmeldung durch den mit der bezeichneten Zustellung nicht bedachten Gläubiger.[100])

---

[99]) Art. 35 Abs. 1 Nov.; Mot. z. Nov. S. 60; d. Not.Zeit. 1886 S. 70.
[100]) Vgl. Ortenau-Henle S. 356 und oben § 299 lit. C Ziff. III, 2 b (S. 1507).

Zu 3. In der gleichen Lage befindet sich endlich auch derjenige Gläubiger, dessen Forderung, sei es mit oder ohne Grund, von der Einstellung im Verteilungsverfahren durch das Vollstreckungsgericht zurückgewiesen wurde[101]); denn die rechtskräftige Entscheidung der Frage, ob die Forderung begründet und zu berücksichtigen sei, gebührt nicht dem Vollstreckungsgerichte, sondern ist im ordentlichen Rechtswege auszutragen.[102])

D. Ausfall.

Am Schlusse des Verteilungsplanes empfiehlt sich eine individualisierende Zusammenstellung der einzelnen Forderungen, welche nach Vergleich der Schuldenmasse mit der Feststellung der Verteilung, sei es bedingt oder unbedingt, nicht mehr zum Zuge kommen; bei denjenigen Forderungen, welche nur bedingt ausfallen, genügt für die Bezeichnung der Bedingung ein Hinweis auf den korrespondierenden Vortrag in der Feststellung der Verteilung.

§ 301.

Der Verteilungstermin.[1])

Der von Amts wegen anberaumte und vor dem Vollstreckungsgerichte stattfindende Verteilungstermin dient dem Zwecke, den Inhalt des Verteilungsplanes zur Erörterung und Anerkennung durch die Beteiligten zu bringen.

I. Regelmäßig findet nur ein Verteilungstermin statt. Nur ausnahmsweise kommt es zu weiteren Verteilungsterminen, wenn nachträglich noch Anmeldungen von Forderungen erfolgen. Den Verhandlungen in einem solchen weiteren Verteilungstermine sind aber je nach dem Grunde, aus welchem derselbe notwendig wurde, bald die gleichen Grenzen wie einem ersten Verteilungstermine, bald engere Grenzen gezogen; das Nähere ist bereits oben § 299 lit. C Ziff. III (S. 1506 ff.) erörtert.

II. Das Verfahren im Verteilungstermine.

1. Die Leitung des Verteilungstermines obliegt dem Vollstreckungsrichter unter Zuziehung eines Gerichtsschreibers. Ueber den Gang und Inhalt der gepflogenen Verhandlungen und ihr Ergebnis ist ein Protokoll aufzunehmen, das den Anforderungen der Reichscivilprozeßordnung über die Aufnahme der gewöhnlichen Richterprotokolle zu entsprechen hat.[2])

---

[101]) Vgl. hiezu Art. 104 Abs. 2 Subh.Ordn. und oben § 299 lit. C Ziff. III, 2 b (S. 1507); Ortenau-Henle S. 356, 357 gegen Hellmann S. 120, 121.

[102]) Dies ist eine Folge des oben § 298 Ziff. III S. 1502 bezeichneten Grundsatzes.

[1]) Art. 117—119 Subh.Ordn.

[2]) §§ 145, 146 R.C.P.O.

2. Im Verteilungstermine ist festzustellen:

a) Die Teilungsmasse. Die Feststellung der Teilungsmasse wirkt gegen den Ansteigerer nur insoweit, als er die hierin festgestellte Verbindlichkeit in civilrechtlich wirksamer Weise anerkannt hat; ist dieses nicht der Fall, so kann er jeder Zeit im ordentlichen Rechtswege die entsprechenden Einwendungen geltend machen. Sein Nichterscheinen im Verteilungstermine schließt ihn mit diesen Einwendungen nicht aus.[3]) Anderseits kann aber nicht nur vom Ansteigerer, sondern von jedem Beteiligten, auch dem Vollstreckungsschuldner bezw. Drittbesitzer, Widerspruch gegen die Feststellung der Teilungsmasse erhoben werden.

b) Die Schuldmasse und die Verteilung.
Hiebei ist zunächst:
α) der Rang;
β) der Grund und
γ) der Wert bezw. der Betrag der einzelnen angemeldeten oder ohne Anmeldung zu berücksichtigenden Forderungen,
δ) die Uebernahme und
ε) die Barzahlung

je mit allen Modalitäten zu erörtern. Hiebei soll die im Verteilungsplane gewählte Reihenfolge eingehalten werden. In jedem dieser Punkte kann in rechtlicher und thatsächlicher Beziehung von jedem hieran rechtlich interessierten Beteiligten d. h. von jedem der durch die Berücksichtigung einer Forderung, so wie sie geschieht, benachteiligt wird, Widerspruch erhoben werden. Der Vorschlag über die Feststellung der Verteilung gilt hier jeweils als angenommen, wenn die Annahme entweder ausdrücklich geschah oder wenigstens bis zum Schluß des maßgebenden Verteilungstermines dem Vorschlage von den hiezu Berechtigten nicht widersprochen worden ist.

c) Der Ausfall. Dieser ergibt sich regelmäßig von selbst aus der Vergleichung der Verteilungsmasse und der Feststellung der Verteilung; es empfiehlt sich aber, auch ihn im Verteilungstermine ausdrücklich festzustellen.

3. Das Nichterscheinen eines einzelnen Gläubigers oder des Vollstreckungsschuldners bezw. Drittbesitzers im Verteilungstermine hat nur die Wirkung, daß angenommen wird, der Säumige sei mit dem Inhalte des angefertigten oder im Termine berichtigten Verteilungsplanes und dessen Ausführung vollständig einverstanden; es wird daher der Verteilungsplan so abgeschlossen und ausgeführt, als ob gegen denselben in seiner schließlichen Gestalt der Säumige selbst keinen Widerspruch erhoben hätte.[4])

---

[3]) Vgl. hiezu E. d. obst. L.G. X. 530; XII. 126; Bl. f. R.A. L. 28; d. Not.Zeit. 1885 S. 44; Ortenau-Henle S. 409.

[4]) Art. 97 Abs. 1 Ziff 2, Art. 102 Subh.Ordn. Vgl. hiezu oben § 299 lit. B S. 1504.

Wenn im Verteilungstermine überhaupt niemand erscheint, so muß das Vollstreckungsgericht gleichwohl die nach Ziff. 1 erforderlichen Feststellungen unter Berücksichtigung der für das Nichterscheinen der Beteiligten gesetzlich aufgestellten Präjudizien[5]) treffen.

4. Der Widerspruch im besonderen.

a) Der Widerspruch gegen den Verteilungsplan kann sich richten entweder gegen die Feststellung der Teilungsmasse[6]) oder gegen die Feststellung der Verteilung (s. Ziff. 2 lit. a und b), aber immer nur gegen eine hiebei berücksichtigte Forderung. Das Verlangen der Berücksichtigung einer nicht eingestellten Forderung ist zwar Widerspruch gegen die ganze Verteilung, wird aber vom Gesetze nicht als solcher behandelt; hiefür gelten die oben § 300 lit. C Ziff. V angeführten Grundsätze.

b) Der Widerspruch kann von jedem durch die vorgenommene Feststellung geschädigten Beteiligten erhoben werden.[7])

c) Der Widerspruch richtet sich gegen jeden „an dem Widerspruche Beteiligten" und gilt daher auch gegen jeden solchen Beteiligten erhoben. Als Beteiligte am Widerspruche sind aber nur diejenigen Beteiligten anzusehen, welche durch die in Frage kommende Aenderung des Verteilungsplanes einen Nachteil erleiden würden.

d) Widerspruch kann rechtzeitig nur im Verteilungstermine selbst erhoben werden.[8]) Vor dem Termine eingereichte Protestationen und Widersprüche gegen den Verteilungsplan werden dann nicht berücksichtigt, wenn sie nicht im Verteilungstermine wiederholt werden. Der Widerspruch muß auch regelmäßig bis zum Schluß des ersten Verteilungstermines erhoben sein; Ausnahmen bestehen in beschränktem Maße nur dann, wenn noch nachträgliche Anmeldungen erfolgten; hierüber siehe das Nähere schon oben § 299 lit. C Ziff. III (S. 1506 ff.).

e) Die Erhebung des Widerspruches im Verteilungstermine muß bei dem Vollstreckungsrichter und kann schriftlich oder mündlich zu Protokoll geschehen.

f) Ueber den erhobenen Widerspruch ist sofort zu verhandeln. Die hieran Beteiligten haben sich sofort über denselben zu erklären. Hiebei gilt hinsichtlich eines im Verteilungstermine nicht erschienenen Gläubigers bezw. des nichterschienenen Vollstreckungsschuldners oder Drittbesitzers die Fiktion, daß er, soferne er bei dem von einem anderen Gläubiger, dem Vollstreckungsschuldner

---

[5]) Vgl. die Zitate der vorigen Note.

[6]) Vgl. E. d. obst. L.G. X. 530.

[7]) Nach E. d. obst. L.G. XII. 84 kann ein Gläubiger, der Anspruch auf den dem Vollstreckungsschuldner zukommenden Ueberschuß hat, nicht Widerspruch nach Art. 117 Subh.Ordn. erheben, da solche Streitigkeiten nicht zu den Subhastations-Verteilungsstreitigkeiten gehören. Dagegen s. oben § 253 lit. A Ziff. II, 1 b S. 1332 und Ortenau-Henle S. 119 Nt. 1.

[8]) Anders nach § 763 R.C.P.O.; Bl. f. R.A. LII. 122.

oder Drittbesitzer erhobenen Widerspruche einer Forderung beteiligt ist, diesen Widerspruch nicht als begründet anerkenne, sohin sich für die Aufrechterhaltung des Verteilungsplanes ausspreche. Je nach den hiebei abgegebenen Erklärungen kann sich dann die Erledigung eines erhobenen Widerspruches in verschiedener Weise vollziehen.

Im einzelnen sind folgende Fälle zu unterscheiden:

α) Die sämtlichen am Widerspruche Beteiligten erkennen den Widerspruch als begründet an; in diesem Falle ist nach Maßgabe des Anerkenntnisses der Verteilungsplan sofort entsprechend zu berichtigen, abzuschließen und auszuführen.

β) Der Widersprechende nimmt seinen Widerspruch durch ausdrückliche Erklärung noch im Verteilungstermine wieder zurück. Die Folge ist, daß sein Widerspruch nicht weiter berücksichtigt und zum Abschluß wie zur Ausführung des Verteilungsplanes geschritten wird.

γ) Durch teilweises Anerkenntnis und teilweise Zurücknahme des Widerspruches kommt eine Einigung der hieran Beteiligten zu stande: der Verteilungsplan ist dann nach Maßgabe dieser Einigung sofort zu berichtigen, abzuschließen und auszuführen.

δ) Der Widerspruch wird nicht als begründet anerkannt. Hier ist zunächst in den Verteilungsplan eine Vormerkung über die Erhebung und den Inhalt des Widerspruches, unter Bezeichnung des Widersprechenden und derjenigen Beteiligten, welche den Widerspruch nicht anerkannt haben, einzuschreiben. Die Ausführung (nicht der Abschluß) des Verteilungsplanes kann dann hier nur insoweit stattfinden, als dies unbeschadet der zu gewärtigenden Entscheidung über die strittigen Punkte möglich ist; im übrigen ist aber die Ausführung des Verteilungsplanes und dessen Abschluß einzustellen, bis der Widerspruch endgiltig erledigt ist. Jedoch kann das Vollstreckungsgericht auf Antrag anordnen, daß dem Gläubiger der widersprochenen Forderung der ihm nach dem Verteilungsplane gebührende Betrag gegen Sicherheitsleistung ausbezahlt werde. Gegen diese Entscheidung steht jedem, der sich hiedurch benachteiligt glaubt, das Recht der sofortigen Beschwerde zu.

Die Erledigung des Widerspruches kann sich dann hier in zweifach verschiedener Weise vollziehen.

aa) Durch Entscheidung des Widerspruchs im ordentlichen Rechtswege.[9])

αα) Der widersprechende Beteiligte[10]) muß innerhalb einer mit

---

[9]) Vgl. hiezu § 757 Abs. 3, 765—768 R.C.P.O. und oben § 245 Ziff. 2 a δ S. 1301.

[10]) Auch für den Vollstreckungsschuldner bezw. Drittbesitzer gelten diese

dem Terminstage beginnenden Frist von einem Monate gegen sämtliche am Widerspruche noch Beteiligte Klage erheben und die prozeßgemäße Erhebung der erforderlichen Klage dem Vollstreckungsgerichte innerhalb jener Frist nachweisen. Die Frist ist eine gesetzliche und kann nur durch Vereinbarung aller Beteiligten (einschließlich des Vollstreckungsschuldners bezw. Drittbesitzers) verlängert oder verkürzt werden.[11])

ββ) Eine Aufforderung zur Erhebung der Klage findet nicht statt.

γγ) Die Klage ist gegen jeden zu erheben, der am Widerspruche noch beteiligt ist, sohin nicht gegen diejenigen, welche den Widerspruch, wenn auch erst nach dem Verteilungstermine, anerkannt haben.

δδ) Die Klage muß, wenn nicht das in lit. αα bezeichnete Präjudiz verwirkt werden will, ausdrücklich sich auf den gegen den Verteilungsplan erhobenen Widerspruch stützen[12]) und genau angeben, welche Aenderungen des Verteilungsplanes und aus welchen Gründen dieselben gewünscht werden: je nach dem Inhalte des Widerspruches kann auch der Klageantrag sich verschiedentlich gestalten.

εε) Für die Klage ist das Amtsgericht des Vollstreckungsgerichtes, und wenn der Streitgegenstand zur Zuständigkeit der Landgerichte gehört, das Landgericht zuständig, in dessen Bezirk jenes Amtsgericht seinen Sitz hat. Wenn jedoch auf Grund erhobener Widersprüche mehrere Klagen erhoben werden, so ist das Landgericht immer dann für sämtliche Klagen zuständig, wenn seine Zuständigkeit nach dem Inhalte der nicht erledigten Widersprüche auch nur für eine Klage begründet ist. Nur durch Vereinbarung (Prorogation) sämtlicher Beteiligten, sohin aller Kläger und Beklagten der klagsweise zu verfolgenden Widersprüche, kann hier auch die Zuständigkeit jenes Amtsgerichtes zur Entscheidung über alle Widersprüche begründet werden.

ζζ) In dem Urteile, durch welches über einen erhobenen Widerspruch entschieden wird, ist zugleich zu bestimmen, an welche Gläubiger und in welchen Beträgen der streitige Teil der Masse auszubezahlen sei. Wird dies nicht für angemessen erachtet, so ist die Anfertigung eines neuen Verteilungsplanes und ein anderweites Verteilungsverfahren im Urteile anzuordnen.[13])

Rechtssätze; § 686 R.C.P.O. hat hier keine Anwendung. Vgl. auch Ortenau-Henle S. 413. A. M. Krech-Fischer S. 380 ff.

[11]) § 202 R.C.P.O.

[12]) E. d. obst. L.G. XI. 578; Bl. f. R.A. LII. 122; Ortenau-Henle S. 413.

[13]) Vgl. E. d. obst. L.G. XI. 168.

ηη) Ergeht gegen einen widersprechenden Beteiligten ein Versäumnisurteil, so ist dies dahin zu erlassen, daß der erhobene Widerspruch als zurückgenommen anzusehen sei.

ϑϑ) Ist das den Widerspruch für ganz oder teilweise begründet anerkennende Urteil rechtskräftig geworden, so hat das Vollstreckungsgericht nach Maßgabe dieses Urteils den Verteilungsplan zu berichtigen bezw. neu anzufertigen und das angeordnete anderweite Verteilungsverfahren durchzuführen, hierauf den Verteilungsplan abzuschließen und zur Ausführung zu bringen.

bb) Durch Ablauf der zum Nachweise der Klageerhebung gesetzten Frist (s. oben lit. aa, αα), ohne daß bis zum Ablaufe derselben dieser Nachweis dem Vollstreckungsgericht ordnungsgemäß erbracht worden ist. Hier ist nach Ablauf der Frist ohne weitere Rücksicht auf den ausgeschlossenen Widerspruch sofort der Verteilungsplan abzuschließen und auszuführen.

cc) Durch Rücknahme des Widerspruches seitens des Widersprechenden.[14])

dd) Durch Vergleich.[15])

ε) Die Erledigung eines Widerspruchs wirkt immer nur für und gegen diejenigen Beteiligten, die den Widerspruch erhoben, und gegen die der Widerspruch erhoben wurde, bezw. für und gegen ihre Rechtsnachfolger. Dies gilt nach allgemeinen civilrechtlichen Grundsätzen über die subjektive Wirkung der Rechtskraft auch für das über den Widerspruch ergangene Urteil. Andere Beteiligte können sich regelmäßig auf die Erledigung eines Widerspruches und die hiedurch geschaffene Rechtslage nicht berufen, wenn sie sich nicht dem Widerspruche angeschlossen und auch für sich dessen Erledigung in der zulässigen Weise bewirkt haben. Nur wenn der Vollstreckungsschuldner Widerspruch erhoben hat, so kommt die Erledigung desselben freilich mittelbar auch den bisher nicht gedeckten Gläubigern zu gute.[16])

---

[14]) Der Widersprechende kann seinen Widerspruch einseitig zurücknehmen, sei es außerhalb des Prozeßverfahrens vor dem Vollstreckungsgerichte oder durch Verzicht auf die Klage oder den Klageanspruch. Welche Wirkung eine solche Rücknahme auf den anhängigen Feststellungsprozeß hat, bemißt sich zunächst danach, ob nur die Klage oder der Klageanspruch zurückgenommen wird (vgl. §§ 243, 277 R.C.P.O.); übrigens ist auch denkbar, daß der Rücknehmende nur auf den Widerspruch im Verteilungsverfahren verzichtet, sich aber die Geltendmachung seiner Rechte außerhalb desselben vorbehält; das dann etwa noch ergehende Feststellungsurteil hat auf das Verteilungsverfahren keinen Einfluß, soweit nur der Rücknehmende Widerspruch erhoben hatte.

[15]) Sei es Prozeß- oder außergerichtlichen Vergleich.

[16]) Vgl. zu dieser Frage Arch. f. civ. Pr. LXXX. 160 ff.; Jäckel S. 435 ff.; Ortenau-Henle S. 411, 412 (mit Beispielen).

§ 302.

Abschluß des Verteilungsplanes.[1])

I. Der Abschluß des Verteilungsplanes kann entweder schon im Verteilungstermine oder auch nachträglich stattfinden. Er ist immer erst dann zulässig, wenn sämtliche gegen den Verteilungsplan erhobenen Widersprüche vollständig erledigt sind. Die Nichterfüllung der Strichsverbindlichkeiten durch den Ansteigerer hindert den Abschluß des Verteilungsplanes nicht.

II. Beim Abschlusse des Verteilungsplanes dürfen vorbehaltlich des in Ziff. III Gesagten keine Aenderungen mehr vorgenommen werden, welche den durch die Anerkenntnisse der Beteiligten und durch die Erledigung der erhobenen Widersprüche erfolgten Feststellungen widersprechen.

III. Der Abschluß des Verteilungsplanes ist eine prozeßleitende Verfügung des Vollstreckungsgerichtes und fixiert zugleich den Zeitpunkt, in welchem die Verteilung endgiltig festgesetzt erscheint, soweit sie nicht durch eine bereits vorausgegangene Ausführung des Verteilungsplanes schon thatsächlich geschehen ist. Daraus folgt, daß diejenigen Beträge der Teilungs- und Schuldenmasse, welche selbst im Verteilungsplane und Verteilungstermine noch nicht in voller Höhe berücksichtigt werden konnten, unmittelbar vor Abschluß des Verteilungsplanes endgiltig berechnet werden müssen. Es sind daher einmal die Zinsbeträge des barzuzahlenden Strichschillings bis zum Auszahlungstage bezw. bis zum Fälligwerden der einzelnen Beträge zu berechnen, festzusetzen und in die Teilungsmasse einzusetzen, anderseits die bisher nur mit einem Anschlage berücksichtigten Massekosten nach ihrem vollen Betrage zu berechnen und an entsprechender Stelle in die Schuldenmasse bezw. in die Feststellung der Verteilung einzustellen.

IV. Der Abschluß des Verteilungsplanes erfolgt dadurch, daß letzteren der Vollstreckungsrichter mit Datum, Unterschrift und Amtssiegel versieht. Eine Zuziehung der Beteiligten ist nicht erforderlich.

V. Den beim Abschluß des Verteilungsplanes anwesenden Beteiligten ist der Abschluß zu verkünden. Den abwesenden Beteiligten muß diese prozeßleitende Verfügung des Vollstreckungsgerichtes zugestellt werden.[2])

VI. Gegen den Abschluß des Verteilungsplanes als prozeßleitender Verfügung des Vollstreckungsgerichtes ist nur das Rechtsmittel der sofortigen Beschwerde zulässig, sei es, weil der Verteilungsplan aus prozeßrechtlichen Gründen noch nicht oder nicht in der Weise, wie geschehen, abgeschlossen werden durfte; zu einer selbständigen Abänderung seiner Verfügung ist das Vollstreckungsgericht trotz ihrer rein prozeßleitenden Natur nicht befugt.

---

[1]) Art. 117 Abs. 3, 4 und 6, Art. 120 Subh.Ordn.

[2]) § 294 R.C.P.O.

VII. Der Abschluß des Verteilungsplanes bewirkt:

1. Die einseitige Unabänderlichkeit des Verteilungsplanes durch das Vollstreckungsgericht oder auf Antrag nur eines der mehreren an der Abänderung Beteiligten. Nur mit Zustimmung sämtlicher an der Abänderung jeweils Beteiligten (Gläubiger, wie des Vollstreckungsschuldners bezw. Drittbesitzers, unter Umständen auch des Ansteigerers) sind auch nach Abschluß des Verteilungsplanes noch Abänderungen zulässig.

Lediglich Schreibfehler, Rechnungsfehler und ähnliche offenbare Unrichtigkeiten kann das Vollstreckungsgericht auch ohne Antrag von Amts wegen berichtigen.

Jeder Beschluß auf Abänderung ist den anwesenden Beteiligten zu verkünden, den nichtanwesenden Beteiligten zuzustellen.[3]) Gegen den Abänderungsbeschluß ist nur das Rechtsmittel der sofortigen Beschwerde zulässig.

2. Die Unzulässigkeit der Berücksichtigung weiterer Anmeldungen; hierüber s. oben § 299 lit. C Ziff. III, 2 b S. 1508.

3. Die Unzulässigkeit eines Antrages auf Wiederversteigerung; hierüber s. oben § 294 Ziff. I, 4 a α S. 1485.

4. Ueber die Pflicht des Vollstreckungsgerichtes zur sofortigen Ausführung des abgeschlossenen Verteilungsplanes, soweit dies nicht bereits geschehen, s. unten § 303.

§ 303.

Ausführung des Verteilungsplanes.[1])

I. Die Ausführung des Verteilungsplanes muß erfolgen, sobald der Verteilungsplan abgeschlossen ist: sie ist aber nicht unbedingt von dem vorgängigen Abschlusse des Verteilungsplanes abhängig: eine Ausführung des Verteilungsplanes ist vielmehr schon dann jeweils zulässig, wenn Forderungen im Verteilungstermine und die zu ihrer Berücksichtigung erforderliche Teilungsmasse unbestritten geblieben sind, freilich immer nur insoweit, als die Ausführung unbeschadet der zu gewärtigenden Entscheidung über die strittig gebliebenen Ansprüche möglich ist, oder wenn für widersprochene Forderungen Sicherheit geleistet worden ist.[2]) Die Nichterfüllung der Strichsverbindlichkeiten durch den Ansteigerer oder eine auch noch so lange Stundung derselben vermag die Ausführung des Verteilungsplanes nicht zu hindern oder zu verzögern.

II. Die Ausführung des Verteilungsplanes erfolgt durch das Vollstreckungsgericht. Sie kann je nach der Liquidät der zu begleichenden

---

[3]) Vgl. hiezu auch §§ 290, 294 R.C.P.O.

[1]) Art. 121 Subh.Ordn. mit Art. 45 Ziff. 11 Nov.; Art. 36, 37 Nov.

[2]) Vgl. Art. 117 Abs. 3, 4, 6, Art. 119 Subh.Ordn. und oben § 301 Ziff. II, 4 f δ.

Ansprüche entweder schon im Verteilungstermine oder erst nachträglich erfolgen.

III. Die Ausführung des Verteilungsplanes besteht in der Einweisung der nach Maßgabe der Feststellung der Verteilung bezugsberechtigten Gläubiger bezw. auch des Vollstreckungsschuldners oder Drittbesitzers (hinsichtlich eines Ueberschusses) in die Teilungsmasse auf Grundlage der unbestrittenen Feststellungen des Verteilungsplanes und in der Berichtigung der Forderungsurkunden.

Im einzelnen erfolgt die Ausführung in folgender Weise:

1. Die nach Maßgabe der Strichsbedingungen bezw. Feststellung der Verteilung zu übernehmenden Forderungen sind nunmehr endgiltig zur Uebernahme zu bestimmen. Im Verteilungsplane ist dies entsprechend zu vermerken. Mit dieser Bestimmung wird die Uebernahme rechtlich wirksam.[3]) Auf den Urkunden solcher Forderungen sind vom Vollstreckungsgerichte die besonderen Bestimmungen, unter welchen die Uebernahme zu erfolgen hat, zu vermerken; bei den ohne Aenderung übernommenen Forderungen bedarf es eines solchen Vermerkes nicht; auch eines Vermerkes des Eintrittes des Ansteigerers in die persönliche Haftung des Vollstreckungsschuldners für übernommene Forderungen bedarf es nicht. Die Urkunden werden sodann an die Gläubiger zurückgegeben.

2. Soweit die vorhandene Barsumme reicht, sind die einzelnen auf Barzahlung verwiesenen Forderungen an ihre Gläubiger bar auszubezahlen. Gläubiger, zu deren Deckung ihrem Range nach die vorhandene Barmasse ausreicht, müssen bar befriedigt werden, wenn sie sich nicht ausdrücklich mit einer Erhebungsanweisung (s. lit. c) begnügen. Die Aushändigung des Barbetrages erfolgt entweder an den im Verteilungstermine anwesenden bezugsberechtigten Gläubiger, oder soferne der betreffende Gläubiger nicht anwesend ist oder die Aushändigung überhaupt erst nach dem Verteilungstermine erfolgen kann, dadurch, daß der Gerichtsschreiber des Vollstreckungsgerichtes auf dessen Anordnung dem Gläubiger den auf ihn treffenden Betrag auf seine Gefahr und Kosten übersendet.[4]) Ist der Aufenthalt des Gläubigers nicht bekannt, so ist der ihn treffende Betrag auf Gefahr und Kosten des Gläubigers in gerichtliche Verwahrung zu nehmen. Die Urkunden über bezahlte Forderungen sind zu kassieren und zu den Vollstreckungsakten zu nehmen.

3. Soweit die vorhandene Barsumme zur Begleichung der auf Barzahlung verwiesenen Forderungen nicht reicht, sind den Gläubigern dieser nicht befriedigten Forderungen Erhebungsanweisungen auf die noch ausständigen Beträge der Teilungsmasse auszustellen und auszuhändigen.

---

[3]) Art. 7 Abs. 1, Art. 35 Abs. 1 Nov.; vgl. auch oben § 282 Ziff. II S. 1425, 1426; § 300 lit. C Ziff. I, II S. 1525, 1526.

[4]) Vgl. hiezu auch § 39 der Dienstvorschriften für die Gerichtsschreiber v. 14. Sept. 1879 (J.M.Bl. S. 185).

a) Bei Austeilung der Erhebungsanweisungen auf die einzelnen Gläubiger sind die durch Sicherheit gewährleisteten Beträge und mangels solcher die in früheren Fristen fälligen Beträge mangels abweichenden Uebereinkommens immer auf die jeweils dem Range nach besseren Gläubiger zu verteilen.[5])

b) Die Erhebungsanweisung muß genau den erhebungsberechtigten Gläubiger, sowie seine Forderung nach Rechtsgrund, Art und Höhe, sowie die vom Ansteigerer aus dem Forderungsbetrage zu zahlenden Zinsen, sodann den zugewiesenen Schuldner, sowie die zugewiesene Schuld nach Rechtsgrund, Art, Höhe und Fälligkeit bezeichnen.

c) Die Aushändigung der Erhebungsanweisungen an die einzelnen bezugsberechtigten Gläubiger erfolgt in gleicher Weise wie die Aushändigung der Barbeträge.

d) Auf die Urkunden über die Forderungen ist vom Vollstreckungsgerichte zu bestätigen, zu welchem Betrage jede Forderung zum Zuge gekommen ist.

e) Soweit die Erhebungsanweisung den noch nicht bezahlten Strichschilling oder im Falle stattgehabter Wiederversteigerung den vom früheren Ansteigerer zu leistenden Ersatzbetrag[6]) betrifft, findet aus ihm als besonderem landesgesetzlichen Vollstreckungstitel[7]) die sofortige Zwangsvollstreckung statt, ohne daß eine Unterwerfung des Ansteigerers bezw. früheren Ansteigerers unter die sofortige Zwangsvollstreckung erforderlich wäre.[8])

Die Zwangsvollstreckung erfolgt nach den nämlichen Grundsätzen, welche nach den Bestimmungen der Reichscivilprozeßordnung für die Zwangsvollstreckung aus den sogenannten exekutorischen Urkunden, und da die Erhebungsanweisung eine gerichtliche Urkunde ist, speziell für die Zwangsvollstreckung aus gerichtlichen exekutorischen Urkunden gelten.[9])

f) Aus anderen Erhebungsanweisungen ist die Zwangsvollstreckung unzulässig; der Gläubiger muß hier erst den Klageweg beschreiten, soferne nicht bereits ein vollstreckbarer Titel über die ihm zugewiesene Forderung (Urteil, Vergleich u. s. w.) vorhanden ist.[10])

---

[5]) Aehnlich Ortenau-Henle S. 422; Jäckel S. 457.

[6]) Vgl. Art. 92 Abs. 1 Subh.Ordn. und oben § 294 Ziff. III, 1 S. 1489.

[7]) § 706 R.C.P.O.; vgl. hiezu oben § 240 lit. A Ziff. 2 S. 1275.

[8]) Nach E. d. obst. L.G. X. 196; Bl. f. R.A. XLVIII. 409; d. Not.Zeit. 1884 S. 30; Ortenau-Henle S. 422 kann der Gläubiger auch den Klageweg beschreiten; so ganz ohne jedes Bedenken ist indes diese Ansicht nicht, soferne die Betretung des Klageweges lediglich eine Chikane des Schuldners ist.

[9]) §§ 703, 705 R.C.P.O.

[10]) Art. 37 Nov.; Mot. z. Nov. S. 161, 162; Ber. z. Nov. S. 278. Diese Gesetzesstelle beruht auf der bereits oben § 294 Nr. 5 S. 1486 widerlegten Annahme, daß für die Erhebungsanweisungen von Amts wegen Hypotheken eingetragen werden müßten. Vgl. zustimmend auch Ortenau-Henle S. 428, 429.

g) Ist für barzuzahlende Kosten, Ansprüche der ersten Reihe oder Zinsen, Annuitäten, Hebungen und sonstige Nebenansprüche solcher Gläubiger, deren Kapitalsforderungen übernommen werden, bei Ausführung des Verteilungsplanes nicht die erforderliche Barschaft vorhanden, so werden zwar auch hier die erforderlichen Erhebungsanweisungen für ihre Gläubiger ausgefertigt, aber die einzelnen Beträge gelten, soweit für sie der Strichschilling noch reicht, hinsichtlich der Ausführung des Verteilungsplanes als dem Ansteigerer krediitiert und von ihm in Anrechnung auf den Strichschilling übernommen, jedoch immer nur mit dem Vorrechte, das ihnen ohne die nun durchgeführte Beschlagnahme zustehen würde. Die Bestellung von Hypotheken für diese Forderungen kann von dem Ansteigerer nicht erzwungen werden und ist auch ohne Zustimmung der benachteiligten Gläubiger an bevorzugter Rangstelle unzulässig.

h) In den oben § 300 lit. C Ziff. III (S. 1529 ff.) bezeichneten besonderen Fällen der Berücksichtigung bedingter, betagter unverzinslicher, begründeter, aber der Summe nach noch nicht feststehender oder mit dem Eintritt eines unbestimmten Zeitpunktes erlöschender Forderungen erfolgt die Ausführung des Verteilungsplanes durch Vollzug der dort bezeichneten Vereinbarung oder gerichtlichen Anordnung.[11])

i) Uebernimmt der Ansteigerer durch besonderes novatorisches Uebereinkommen[12]) mit dem betreffenden Gläubiger dessen barzuzahlende Forderung — Hypothek- oder Kurrentforderung — in Anrechnung auf den Strichschilling, sei es mit oder ohne Hypothekbestellung, so ist der Ansteigerer von der Einzahlung des auf den übernommenen Gläubiger treffenden Betrages zur Masse befreit. Uebernimmt er eine solche Forderung, welche nicht mehr durch den Strichschilling, sondern durch sonstige ausständige Teilungsmasse gedeckt wird, so hängt es von dem besonderen Uebereinkommen ab, ob der auf den übernommenen Gläubiger an sich treffende Betrag oder Anspruch nunmehr vom übernommenen Gläubiger oder Ansteigerer geltend zu machen ist. Die Ausstellung der etwa erforderlichen Erhebungsanweisungen auf den übernommenen Gläubiger in der Richtung gegen einen anderen Schuldner als den Ansteigerer kommt jedenfalls durch das Uebereinkommen nicht schlechthin in Wegfall.

Auf den Forderungsurkunden ist hier vom Vollstreckungsgerichte zu bestätigen, zu welchem Betrage die Forderung zum Zuge gekommen ist und zu welchem Betrage der Ansteigerer die Forderung in Anrechnung auf den Strichschilling über-

---

[11]) Darüber, daß der Ansteigerer auch kompensieren kann, vgl. Ztschr. d. Anw.Ver. f. B. XXV. 236; Ortenau-Henle S. 421.

[12]) Vgl. oben § 282 lit. C Ziff. II, 1 b S. 1430, 1431.

nommen hat. Sodann sind die Forderungsurkunden den Gläubigern auszuhändigen.

k) Der nach Befriedigung aller Bezugsberechtigten verbleibende Masserest wird dem Vollstreckungsschuldner bezw. Drittbesitzer oder demjenigen, der außerhalb der Subhastation Rechte hierauf besitzt — dem Pfändungspfandgläubiger, Konkursverwalter u. s. w. — ausgehändigt. Eine Ausstellung von Erhebungsanweisungen zu Gunsten des Vollstreckungsschuldners bezw. Drittbesitzers oder der von ihm Rechte ableitenden Dritten findet nicht statt.

l) Auf den Urkunden ausgefallener Forderungen ist zu bestätigen, daß bezw. bis zu welchem Betrage sie ausgefallen sind. Die Urkunden sind gleichfalls den Gläubigern zurückzugeben.

4. Die Ausführung des Verteilungsplanes ist vom Vollstreckungsgerichte zu den Vollstreckungsakten entsprechend zu beurkunden und im Verteilungsplane jeweils an der einschlägigen Stelle (lit. C und D) zu vermerken; die Nachweise über Auszahlungen und Aushändigung der Erhebungsanweisungen sind zu den Vollstreckungsakten zu sammeln.

§ 304.

Einfluß der Verteilung auf die civilrechtlichen Verhältnisse.

I. Uebernahme von Hypothekforderungen und Ewiggeldern.

1. Mit der Bestimmung einer Hypothekforderung zur Uebernahme bei der Ausführung der Verteilung (s. oben § 303) steht endgiltig fest:

a) daß diese übernommene Hypothekforderung auf dem versteigerten Grundstücke, auf welchem sie bisher eingetragen war, kraft Gesetzes[1]) liegen bleibt und daher der Ansteigerer für dieselbe samt ihren vom Zuschlage an laufenden Nebenforderungen mit jenem Grundstücke dinglich weiter haftet;

b) daß der Ansteigerer auch in die persönliche Haftung für eine solche Hypothekforderung samt deren Nebenforderungen kraft Gesetzes eingetreten ist, soferne nur auch der Vollstreckungsschuldner hiefür persönlich haftete. Ob der persönlich haftende Vollstreckungsschuldner dem Gläubiger nunmehr persönlich weiter haftet, bemißt sich nach den einschlägigen Grundsätzen des Civil- bezw. Hypothekenrechtes über die Schuldübernahme.[2]) Soferne hienach die persönliche Haftung noch weiter dauert, besteht, insolange dies der Fall, zwischen ihm und dem Ansteigerer ein echtes passives Korrealschuldnerverhältnis.

2. Für die Gestaltung des Rechtsverhältnisses zwischen Gläubiger und Ansteigerer einerseits und bisherigem persönlich haftenden Schuldner

---

[1]) Daher bedarf es keiner Uebernahmeerklärung: Art. 7 Abs. 2 Nov.; s. auch oben § 300 lit. C Ziff. II, 2 b, η S. 1529 bezüglich der Ersatzübernahme.

[2]) Vgl. § 56 Hyp.Ges. mit Hyp.Nov. v. 26. Mai 1886; s. oben § 139 S. 896 ff.

anderseits sind die bisherigen Grundlagen des Rechtsverhältnisses maßgebend. Nur wenn Ersatzübernahme eintritt, ändert sich das Rechtsverhältnis zwischen Ansteigerer und Gläubiger und zwar in dinglicher wie persönlicher Beziehung jeweils insoweit, als bei der Bestimmung zur Uebernahme eine Abänderung der Haftungsmodalitäten eintrat.[3]) Dagegen haben solche Abänderungen auf das Rechtsverhältnis zwischen dem Gläubiger und dem bisherigen persönlich haftenden Schuldner keinen Einfluß, ohne Rücksicht darauf, ob dieser der Vollstreckungsschuldner oder ein Dritter ist.

3. Auf die zur Sicherung der gleichen Forderung auf anderen nicht ersteigerten Objekten haftenden dinglichen Rechte hat dieser Schuldeintritt keinen Einfluß.

4. Bezüglich der Wirkung einer vor dem Zuschlage erfolgten Kündigung einer übernommenen Hypothekforderung gegen den Ansteigerer vgl. oben § 282 lit. B Ziff. I, 1 d (S. 1428).

5. Im Falle freiwilliger Uebernahme einer Hypothekforderung durch besonderes Uebereinkommen zwischen Gläubiger und Ansteigerer[4]) tritt Novation, und zwar im besonderen Expromission unter Befreiung des bisherigen Schuldners ein. Für das Rechtsverhältnis zwischen Ansteigerer und Gläubiger ist das zwischen ihnen geschlossene Uebereinkommen maßgebend.

Hinsichtlich des Erlöschens der zur Sicherung der übernommenen Forderung auf anderen nichtversteigerten Objekten haftenden dinglichen Rechte hat diese Schuldübernahme die gleichen Wirkungen wie die Barzahlung (s. Ziff. II).[5])

6. Auf die Uebernahme von Ewiggeldern finden die vorstehenden Sätze jeweils insoweit Anwendung, als sie mit der rechtlichen Natur des Ewiggeldes verträglich sind.

II. Die Barzahlung eines Gläubigers aus der Teilungsmasse bei Ausführung des Verteilungsplanes, und zwar erst diese[6]), bewirkt das unmittelbare Erlöschen des Forderungsrechtes auf den bezahlten Betrag. Zugleich steht aber fest, daß das zur Sicherung desselben auf dem versteigerten Grundstücke bestehende dingliche Recht schon mit dem Zuschlage materiell erloschen war, ohne Rücksicht darauf, ob die Forderung ganz oder nur teilweise befriedigt wurde. Besteht zur Sicherheit der gleichen Forderung auf anderen nichtversteigerten Objekten ein dingliches Recht, so ist dasselbe nur dann erloschen, wenn die ganze hiedurch gesicherte Forderung befriedigt worden ist; andernfalls besteht das dingliche Recht zu Gunsten des unbefriedigten Restes

---

[3]) Vgl. oben § 300 lit. C Ziff. III S. 1527 ff.

[4]) Dazu gehört auch die Hypothekbestellung für längere als dreimonatliche Zahlungsfristen: Art. 94 Abs. 2 Subh.Ordn.; d. Not.Zeit. 1883 S. 85; Ortenau-Henle S. 423; oben § 282 lit. C Ziff. II, 1 b S. 1430, 1431; § 303 Ziff. III, 3 i S. 1543.

[5]) Vgl. hiezu Bl. f. R.A. XLVII. 7, XLVIII. 1; Erg.Bd. III. 402; Ortenau-Henle S. 422, 423.

[6]) Vgl. auch Ortenau-Henle S. 422.

der Forderung fort. Die etwa veranlaßte Löschung der dinglichen Rechte auf den nichtversteigerten Objekten ist ausschließlich Sache der Beteiligten. Der Zahlung steht in ihren Wirkungen die gerichtliche Deponierung des Forderungsbetrages auf Gefahr oder als Vermögensbestandteil des Gläubigers (s. oben § 282 lit. C Ziff. II, 2 S. 1431) gleich.

III. Die Ausstellung und Behändigung einer Erhebungsanweisung auf noch ausständige Beträge der Teilungsmasse ist nicht Ueberweisung des zur Teilungsmasse gehörigen Anspruchs an Zahlungsstatt, nicht Cession, nicht Zahlung, sondern lediglich eine nach Maßgabe des festgestellten Verteilungsplanes vom Vollstreckungsgerichte als staatlichem Vollstreckungsorgane kraft Gesetzes auszusprechende Ueberweisung zur Einziehung zu eigenen Gunsten des Gläubigers und Versuch der Zahlung.[7]) Die Forderung des angewiesenen Gläubigers ist daher, soweit die Anweisung erfolgt, noch nicht mit der Anweisung, sondern erst mit der Befriedigung des überwiesenen Anspruches seitens des Ansteigerers bezw. sonstigen Schuldners bezahlt und erloschen. Für das Rechtsverhältnis zwischen dem angewiesenen Gläubiger und dem Schuldner des überwiesenen Anspruches sind die bisherigen Grundlagen des Rechtsverhältnisses maßgebend. Ob eine Benachrichtigung des überwiesenen Schuldners erforderlich ist und welche Wirkungen sich an ihre Vornahme und Unterlassung knüpfen, bemißt sich nach örtlichem Civilrecht; von Amts wegen erfolgt eine solche Benachrichtigung durch das Vollstreckungsgericht nicht.

IV. Ausfall. Fallen Forderungen nach Maßgabe des festgestellten Verteilungsplanes und der auf ihm beruhenden Ausführung der Verteilung aus, so gestalten sich die Rechtsverhältnisse in folgender Weise:

1. Es steht nunmehr fest, daß das auf dem versteigerten Grundstücke, aus dessen Erlös die Forderung nicht befriedigt wurde, zur Sicherung derselben ruhende dingliche Recht mit dem Zuschlage materiell erloschen ist.
2. Dagegen wird die persönliche Haftung des Vollstreckungs- oder sonstigen Schuldners durch den Ausfall nicht beseitigt; er haftet nach wie vor seinem Gläubiger auf den ausgefallenen Teil der Forderung weiter.
3. Bestehen zur Sicherung derselben Forderung auf anderen nichtversteigerten Objekten dingliche Rechte, so bleiben auch diese nach wie vor fortbestehen, soweit der Ausfall reicht.

V. Die vollstreckungsrichterliche Thätigkeit bei Aufstellung, Abschließung und Ausführung des Verteilungsplanes ist, wie schon oben erwähnt, hinsichtlich des materiellen Inhaltes des Verteilungsplanes nicht Entscheidung streitiger Rechtsverhältnisse mit materieller Rechtskraft,

[7]) Ueber die rechtliche Natur dieser Anweisungen ist Streit; vgl. Näheres bei Krech-Fischer S. 390, 391.

sondern lediglich staatliche Mitwirkung und Mithilfe zur möglichst schleunigen Durchführung des Vollstreckungsverfahrens, sohin rein prozeßleitende Thätigkeit, so daß gegen die vollstreckungsrichterliche Thätigkeit bei Aufstellung des materiellen Inhaltes des Verteilungsplanes nur der auf dem ordentlichen Rechtswege auszutragende Widerspruch, nicht die sofortige Beschwerde zulässig ist (s. oben § 298 Ziff. III S. 1502). Daraus folgt aber weiter, daß die vollstreckungsrichterliche Abschließung und Ausführung des Verteilungsplanes den materiellen Rechten aller Beteiligten nicht weiter präjudizieren kann, als dies gesetzlich ausdrücklich bestimmt oder die notwendige Folge anderer gesetzlicher Bestimmungen ist. In dieser Hinsicht ist einmal auf das in Ziff. I—IV Angeführte zu verweisen, anderseits nur noch zu bemerken, daß im Verteilungsverfahren nichtberücksichtigte Rechte durch den Abschluß des Verteilungsplanes naturgemäß für das Verteilungsverfahren und damit für das konkrete Zwangsvollstreckungsverfahren endgiltig ausgeschlossen sind und daher hierin nicht weiter ausgeübt werden können.[8]) Weitere Wirkungen auf den materiellen Rechtsbestand und die Geltendmachung nichtbefriedigter Ansprüche übt aber die bloße Nichtbefriedigung im Verteilungsverfahren mangels entsprechender gesetzlicher Normen nicht aus. Die Folgerungen hieraus hat das Gesetz zum Teil selbst ausdrücklich gezogen. So wird weder durch Versäumen der zum Nachweis der durch einen Widerspruch gegen den Verteilungsplan bedingten Klageerhebung bestehenden gesetzlichen Frist, noch durch Versäumen der vom Vollstreckungsgerichte zum Nachweise der Erhebung der Klage auf Feststellung einer zwar dem Grunde nach feststehenden, aber hinsichtlich der Höhe bestrittenen Forderung gesetzten richterlichen Frist, noch durch die infolgedessen erfolgte, die betreffende Forderung nicht berücksichtigende Abschließung und Ausführung des Verteilungsplanes dem ausgeschlossenen Gläubiger die Befugnis genommen, im Wege der Klage ein besseres Recht gegen diejenigen Gläubiger geltend zu machen, welche einen Geldbetrag oder eine Erhebungsanweisung nach dem ohne Rücksicht auf seine Forderung ausgeführten Verteilungsplane erhalten haben, aber nichts bekommen haben würden, wenn er berücksichtigt worden wäre.[9]) Eine ähnliche Folge hat das Gesetz ausdrücklich für diejenigen Gläubiger gezogen, welche infolge unverschuldeter Unterlassung oder Verspätung der Anmeldung nicht mehr Berücksichtigung finden konnten.[10]) Die Folgerungen sind aber nicht auf diese Fälle zu beschränken; sie sind vielmehr mit Rücksicht auf den ganzen Charakter des Verteilungsverfahrens und der hiebei entwickelten vollstreckungsrichterlichen Thätigkeit lediglich als der Ausdruck des obenbezeichneten allgemeinen Prinzipes anzusehen. Dann

---

[8]) Vgl. oben § 299 lit. C Ziff. III S. 1506 ff., § 300 Ziff. V S. 1532.

[9]) Vgl. Art. 114 Abs. 2, Art. 117 Abs. 7 Subh.Ordn.; dazu s. auch E. d. obst. L.G. IX. 737; Bl. f. R.A. XLVIII. 21.

[10]) Art. 124 Subh.Ordn.; vgl. oben § 299 lit. C Ziff. III S. 1506 ff.

steht aber fest, daß weder die Unterlassung der Anmeldung einer Forderung im Verteilungsverfahren, noch die Unterlassung des Widerspruches gegen eine Forderung im Verteilungstermine eine über das konkrete Verteilungsverfahren hinausreichende präjudizierende Bedeutung besitzen kann; eine solche Bedeutung könnte diesen Unterlassungen nur dann zukommen, wenn sie einen nach örtlichem Civilrecht zu beurteilenden Verzicht oder ein hienach zu beurteilendes Anerkenntnis enthalten würden. Ein solches Anerkenntnis kann aber keinesfalls schon lediglich daraus entnommen werden, daß beim Nichterscheinen eines beteiligten Gläubigers im Verteilungstermine sein Einverständnis sowohl mit dem aufgestellten oder im Termine berichtigten Verteilungsplane als mit dessen Ausführung angenommen wird; denn abgesehen davon, ob das Einverständnis mit der Ausführung des Verteilungsplanes, wie dies im gegebenen Falle nach den einschlägigen Bestimmungen der Reichscivilprozeßordnung angenommen wird, wirklich auch immer ein Einverständnis mit dem Verteilungsplane selbst enthalten muß, so fehlt doch gerade hier auf Seite des einverstandenen Gläubigers die Kenntnis dessen, was er anerkennen soll und müßte demnach geradezu ein generelles Anerkenntnis aller bekannten und unbekannten Ansprüche fingiert werden — ein Eingriff in das bürgerliche Recht, der, wie schon aus den oben angeführten ausdrücklichen Gesetzesvorschriften hervorgeht, keinem Gesetze ferner liegt, als der bayerischen Subhastationsordnung und daher, zumal er noch dazu eine Fiktion enthält, nur dann angenommen werden darf, wenn er entweder ausdrücklich bestimmt ist oder doch unzweideutig aus dem Inhalte des Gesetzes erhellt.[11])

Alle hienach möglichen civilrechtlichen Ersatzklagen sind keine Verteilungsstreitigkeiten, sondern unterliegen den gewöhnlichen Zuständigkeitsgrundsätzen.[12])

§ 305.

Vereinigung der öffentlichen Bücher und sonstige Thätigkeit des Vollstreckungsgerichts.

Insoweit nicht schon früher eine Vereinigung der öffentlichen Bücher — des Hypothekenbuches, Grundbuches, der rentamtlichen Kataster — stattgefunden hat (s. hierüber oben § 296 lit. B S. 1496 ff.), ist nach vollständiger Ausführung des Verteilungsplanes dieselbe vom Vollstreckungsgerichte zu veranlassen.[1])

I. Voraussetzung der Vereinigung ist aber auch hier, daß entweder innerhalb der zweiwöchentlichen Frist kein Antrag auf Aufhebung

---

[11]) Zustimmend Ortenau-Henle S. 410; Bl. f. R.A. Erg.Bd. X. 246. Krech-Fischer S. 373. A. M. E. d. obst. L.G. in Ztschr. f. franz. Civ.R. XXIII; 507 und dazu Arch. f. civ. Pr. LXXXI. 369 ff.; Hellmann S. 121. Vgl. auch oben § 246 S. 1303.

[12]) Arch. f. civ. Pr. LXXX. 174 ff.; Ortenau-Henle S. 415.

[1]) Art. 122 mit 94 Subh.Ordn.; Art. 36 Nov.

des Zuschlages gestellt oder der gestellte Antrag rechtskräftig abgewiesen ist, und daß der Ansteigerer die sämtlichen Strichsverbindlichkeiten erfüllt oder bei Bestimmung längerer als dreimonatlicher Zahlungsfristen Hypothekbestellungsurkunden vorgelegt hat[2]); nur die nach § 303 Ziff. III, 3 erfolgende weitere Kreditierung der dort bezeichneten Ansprüche hindert selbst ohne Hypothekbestellung die Bereinigung der öffentlichen Bücher nicht.

II. Für die Veranlassung der Bereinigung und den Vollzug derselben gelten die oben § 296 lit. B (S. 1496 ff.) bezeichneten Grundsätze in entsprechender Weise.

III. Für die Bereinigung des Hypothekenbuches kommt noch besonders folgendes in Betracht:

1. Die besonderen Bestimmungen, unter welchen Hypothekforderungen oder Ewiggelder nach den Strichsbedingungen bezw. nach der bei Ausführung des Verteilungsplanes getroffenen Bestimmung übernommen wurden, müssen nun auch im Hypotheken- bezw. Grundbuch eingetragen werden, während bei solchen Forderungen, die ohne Aenderung übernommen wurden, ein besonderer Eintrag in das Hypotheken- bezw. Grundbuch nicht zu machen ist.

2. Für jede unter der Bedingung des Ausfalls einer anderen Forderung zur Uebernahme bestimmte Hypothekforderung wird zunächst nur eine Hypothekvormerkung im Hypothekenbuche eingeschrieben.

3. Die durch besonderes novatorisches Uebereinkommen bestellten Hypotheken sind nach Maßgabe dieses Uebereinkommens im Hypothekenbuche und zwar mangels Rangausweichung vorgehender Hypotheken im Nachrange nach diesen einzutragen.

4. Alle diese Einschreibungen im Hypothekenbuche bezw. Grundbuche darf aber das Hypothekenamt nicht von Amts wegen, auch nicht auf Antrag der Beteiligten, sondern nur auf spezialisierten Antrag des Vollstreckungsgerichtes[3]), die unter Ziff. 3 genannten Einschreibungen insbesondere nur dann vornehmen, wenn zugleich die betreffenden Hypothekbestellungsurkunden mitvorgelegt worden sind. Auch die spätere Löschung der in Ziff. 2 genannten Vormerkung oder ihre spätere Umwandlung in einen Definitivantrag darf das Hypothekenamt nicht ohne weiteres auf Antrag der Beteiligten, sondern nur auf Antrag des Vollstreckungsgerichtes vollziehen.[4])

IV. Nach Bereinigung der öffentlichen Bücher werden die vom Hypothekenamte mit entsprechender Vollzugsbestätigung an das Vollstreckungsgericht zurückgeleiteten Vollstreckungsakten bei diesem hinterlegt.

V. Die beim Vollstreckungsgerichte nach Maßgabe der oben § 300 lit. C Ziff. III (S. 1529 ff.) bezeichneten Anordnungen hinter-

---

[2]) Ebenso Ortenau-Henle S. 424. A. M. b. Not.Zeit. 1890 S. 174.

[3]) Vgl. ein Beispiel eines solchen Antrages in Ziff. 3, II der J.M.Bek. v. 6. Dez. 1886.

[4]) Vgl. Bl. f. R.A. Erg.Bd. VII. 214; Ortenau-Henle S. 426.

legten Beträge, wie die als Sicherheit hinterliegenden Wertpapiere des Ansteigerers (s. oben § 283 S. 1432 ff.) dürfen erst dann ausgefolgt werden, wenn der jeweilige Grund der Hinterlegung weggefallen und dem Vollstreckungsgerichte nachgewiesen ist.

IV. Kapitel.

Die Zwangsvollstreckung durch Zwangsverwaltung.

I. Abschnitt.

Allgemeines.

§ 306.

I. Die Zwangsvollstreckung durch Zwangsverwaltung bezweckt die Befriedigung eines Gläubigers aus den Früchten einer unbeweglichen Sache.[1]) Wenngleich sie auch die Substanz der Sache im gewissen Maße ergreift, dadurch, daß die bewirkte Beschlagnahme zum Zwecke der Zwangsverwaltung die oben § 255 lit. C (S. 1340 ff.) bezeichneten Veräußerungsbeschränkungen des Vollstreckungsschuldners erzeugt, so ist ihr unmittelbarer Zweck, ihr eigentliches Ziel doch nur die Befriedigung aus den Erträgnissen, nur diese sind in Ansehung der Befriedigung von der Beschlagnahme ergriffen.

II. Die Zwangsvollstreckung durch Zwangsverwaltung ist ein rein vollstreckungsrichterliches Verfahren; eine Mitwirkung des Notars findet in keiner Weise statt.[2])

III. Das Verfahren selbst zerfällt im wesentlichen in drei große Abschnitte:

1. in das Beschlagnahmeverfahren,
2. in den Vollzug der Verwaltung,
3. in das Verteilungsverfahren.

II. Abschnitt.

Das Beschlagnahmeverfahren.

§ 307.

A. Allgemeines.

Das Beschlagnahmeverfahren verläuft hier in ähnlicher Weise wie bei der Zwangsvollstreckung durch Zwangsversteigerung, nur daß alles hinwegfällt, was lediglich der Natur der Zwangsversteigerung entspricht, wie die Aufstellung eines Versteigerungsbeamten und die Uebermittelung der Vollstreckungsakten an diesen. Die einzelnen Unterabschnitte sind daher: das Beschlagnahmegesuch, der Beschlagnahmebeschluß, dazwischen die hypothekenamtliche Behandlung des Beschlag-

---

[1]) Vgl. oben § 250 lit. A Ziff. I, 2 S. 1313.
[2]) Vgl. hiezu oben § 252 lit. A Ziff. I, 2a S. 1320.

nahmebeschlusses als Thätigkeit der freiwilligen Rechtspflege, dann die Zustellung des Beschlagnahmebeschlusses nebst etwaigen Benachrichtigungen, die Anordnung etwaiger weiterer Beschlagnahmen.

B. Das Beschlagnahmegesuch.[1])

Für das Beschlagnahmegesuch gelten die oben § 267 (S. 1371 ff.) aufgestellten Grundsätze, soweit sie nicht ihrem Inhalte nach lediglich für die Zwangsversteigerung zur Anwendung kommen können, wie dies bezüglich Angabe der Versteigerungsbedingungen, der Anträge des Beschlagnahmegläubigers hinsichtlich der näheren Modalitäten der Versteigerung, der Angabe der Vorkaufs- und Zurücknahmeberechtigten der Fall ist. Da es ferner ein fortgesetztes Zwangsvollstreckungsverfahren durch Zwangsverwaltung gegen den „Drittbesitzer" (s. oben § 253 lit. A Ziff. I, 2 b S. 1329 ff.) nicht gibt, fallen auch alle jene Vorschriften hinweg, welche den „Drittbesitzer" betreffen. Dagegen gehört als der besonderen Natur der Zwangsverwaltung entsprechend hier zum notwendigen Inhalte des Beschlagnahmegesuches die individualisierende Angabe derjenigen Person, welche als Verwalter vorgeschlagen wird, nach Namen, Stand oder Gewerbe und Wohnort, sowie der Nachweis, daß diese Person die Verwaltung zu übernehmen bereit sei. Der Beschlagnahmegläubiger kann sich hiebei selbst als Verwalter bezeichnen.

C. Entscheidung des Vollstreckungsgerichtes, hypothekenamtliche Behandlung und Zustellung des Beschlagnahmebeschlusses.[2])

Bezüglich der Entscheidung des Vollstreckungsgerichtes, der hypothekenamtlichen Behandlung des Beschlagnahmebeschlusses wie der Zustellung desselben, gelten entsprechend die oben in §§ 268—271 bezeichneten Grundsätze. Der Beschlagnahmebeschluß lautet natürlich auf Beschlagnahme zum Zwecke der Zwangsverwaltung und dementsprechend auch die erforderliche Einschreibung desselben im Hypothekenbuche. Von dem Beschlagnahmebeschluß sind auch hier zur Wahrung ihrer Rechte die Gläubiger der Ansprüche erster und zweiter Reihe, die Gläubiger, für welche vor der Beschlagnahme ausstehende Erträgnisse gepfändet worden sind, sowie die Ewiggeldgläubiger zugleich unter Bekanntgabe des Vollzugstermines (s. unten § 308) und unter ausdrücklichem Hinweis auf ihre Beteiligteneigenschaft (s. oben § 253 S. 1327 ff.) und etwaige Anmeldepflicht (s. unten § 312 Ziff. III) zu benachrichtigen. Besonders bemerkenswert ist die hier an die Zustellung des Beschlagnahmebeschlusses an den Vollstreckungsschuldner geknüpfte materiellrechtliche Wirkung, daß dieser vorbehaltlich der Rechtswohlthat des Notbedarfes (s. oben § 258 Ziff. 3 S. 1355 ff.) mit jenem Zeitpunkte

---

[1]) Art. 129 Subh.Ordn. Es wird hier auf die entsprechende Anwendung der Art. 24 Ziff. 1—4, Art. 25, 26 und 27 Subh.Ordn. verwiesen.

[2]) Art. 130, 131 Subh.Ordn. In Art. 130 Subh.Ordn. wird auf die entsprechende Anwendung der Art. 30—34 Subh.Ordn. verwiesen.

das Recht der Bewirtschaftung und Benützung der von der Zwangsverwaltung betroffenen Gegenstände, sowie der Einziehung der Erträgnisse verliert; vgl. hierüber schon oben § 255 lit. E (S. 1348).

D. Weitere Beschlagnahme.[3])

I. Wird eine weitere Beschlagnahme zum Zwecke der Zwangsversteigerung beantragt, so kommen die oben § 250 lit. B Ziff. II (S. 1385) angeführten Grundsätze zur Anwendung.

II. Werden weitere Beschlagnahmen zum Zwecke der Zwangsverwaltung beantragt, so gelten in entsprechender Weise unter Weglassung aller lediglich für die Zwangsversteigerung passenden Vorschriften die nämlichen Grundsätze, welche oben in § 273 (S. 1385 ff.) für weitere Beschlagnahmen zum Zwecke der Zwangsversteigerung gegenüber einer anderen solchen angeführt sind. Der Beschluß auf weitere Beschlagnahme ist nicht bloß den Subjekten der Zwangsvollstreckung, sondern auch dem Verwalter zuzustellen.

III. Abschnitt.

Vollzug der Verwaltung.

§ 308.

Der Vollzugstermin.

Zum weiteren Vollzuge der Zwangsverwaltung ist ein Vollzugstermin zu bestimmen.

Die Abhaltung des Vollzugstermines hat den Zweck, alle für die Durchführung der Zwangsverwaltung wichtigen Fragen mit den Beteiligten zu erörtern und nach Anhörung ihrer Vorschläge und Erinnerungen durch vollstreckungsrichterliche Verfügung zur thunlichst sofortigen Erledigung zu bringen.[1])

I. Terminsbestimmung.

1. Der Vollzugstermin wird vom Vollstreckungsgerichte bestimmt.

2. Der Termin hat regelmäßig an Ort und Stelle stattzufinden; nur ausnahmsweise darf er am Gerichtssitze abgehalten werden. Hat hienach der Termin außerhalb des Amtsbezirkes des Vollstreckungsgerichtes stattzufinden, so kann er vom Vollstreckungsgerichte selbst nur bei Gefahr im Verzuge oder nur mit Zustimmung des Amtsgerichtes, in dessen Amtsbezirke der Terminsort liegt, abgehalten werden. Im ersteren Falle ist letzterem Amtsgerichte Anzeige zu erstatten. Sonst ist der Weg der Rechtshilfe zu betreten.[2])

3. Eine Frist, innerhalb welcher oder nach deren Ablauf erst der Termin stattfinden dürfte, besteht nicht; auch die Rechtskraft des

---

[3]) Art. 143, 144 Subh.Ordn.

[1]) Art. 132—136 Subh.Ordn.; b. Not.Zeit. 1892 S. 87 ff.

[2]) §§ 157 ff.; 167 R.C.P.O.

Beschlagnahmebeschlusses braucht und darf nicht abgewartet werden.[3]) Immerhin muß aber der Termin derartig hinausgerückt werden, daß die erforderlichen Ladungen und Benachrichtigungen rechtzeitig erfolgen können.

II. Ladungen und Benachrichtigungen.

1. Zum Vollzugstermine sind zu laden:

a) der Vollstreckungsschuldner und zwar unter Androhung des Rechtsnachteiles, daß im Falle des Nichterscheinens sein Verzicht auf alle ihm im Termine zustehenden Anträge und Erinnerungen angenommen werde;

b) die Beschlagnahmegläubiger und zwar unter Androhung des Rechtsnachteiles, daß im Falle des Nichterscheinens zu Ungunsten des Säumigen die Zurücknahme seines Beschlagnahmegesuches angenommen werde;

c) die als Verwalter bezeichnete Person unter Androhung des Rechtsnachteiles, daß im Falle ihres Nichterscheinens die Verweigerung der Uebernahme der Verwaltung angenommen werde und ihr, falls die Verweigerung nicht rechtzeitig vor dem Termine dem Vollstreckungsgerichte mitgeteilt werde, auch die Kosten des hiedurch etwa vereitelten Termines zur Last fallen[4]) können.

Außerdem müssen diese Ladungen auch den Zweck des Termines (s. unten Ziff. III, 2) enthalten.

Die Ladung des Vollstreckungsschuldners und der Beschlagnahmegläubiger hat gleichzeitig mit der Zustellung des Beschlagnahmebeschlusses zu erfolgen.

2. Vom Vollzugstermine wie vom Beschlagnahmebeschlusse sind zur Wahrung ihrer Rechte in Kenntnis zu setzen:

a) die Gläubiger der Ansprüche erster und zweiter Reihe,

b) die Ewiggeldgläubiger,

c) die Gläubiger, für welche vor der Beschlagnahme ausstehende Erträgnisse gepfändet worden sind,

jeweils unter ausdrücklichem Hinweis auf ihre Beteiligteneigenschaft und ihre etwaige Anmeldepflicht (s. unten § 312 Ziff. III).

III. Das Verfahren im Vollzugstermine.

1. Die Leitung des Vollzugstermines obliegt dem Vollstreckungsgerichte, im Falle der Rechtshilfe dem Gerichte der Rechtshilfe, jeweils unter Zuziehung eines Gerichtsschreibers. Ueber die Verhandlungen und ihre Ergebnisse ist ein Protokoll aufzunehmen,

---

[3]) Mot. z. Subh.Ordn. S. 101.

[4]) Es kann Fälle geben, in denen der Verwalter, obwohl er erst im Termine die Weigerung erklärt, doch nicht zu den Kosten verurteilt werden kann, wenn er eben an der verspäteten Weigerung keine Schuld trägt; vgl. Ortenau-Henle S. 444, 445.

das den gewöhnlichen Anforderungen der Reichscivilprozeßordnung über Protokolle zu genügen hat.

2. Im einzelnen hat das Vollstreckungsgericht im Vollzugstermine jeweils nach vorgängiger Anhörung der Beteiligten folgende Verfügungen und Maßnahmen vorzunehmen:

a) den Verwalter zu ernennen, ihn über seine Befugnisse und Pflichten (s. unten § 310) zu belehren und ihm urkundliche Bescheinigung seiner Ernennung zu erteilen. Wird der vom Beschlagnahmegläubiger in Vorschlag gebrachte Verwalter (s. oben § 307 lit. A) vom Vollstreckungsgerichte nicht als die geeignete Persönlichkeit erachtet oder erhebt der Vollstreckungsschuldner begründete Bedenken gegen denselben, so ernennt das Vollstreckungsgericht nach freiem Ermessen eine taugliche Person zum Verwalter. Ist letzterenfalls die zum Verwalter bestimmte Person im Termin nicht anwesend, so muß sie vom Vollstreckungsgerichte zu einem besonderen Termine, in welchem die Anwesenheit der übrigen Beteiligten nicht erforderlich ist, in der oben § 308 Ziff. II, 1 c bezeichneten Weise vorgerufen, darin entsprechend belehrt und mit Ernennungsbescheinigung versehen werden: lehnt der vorgerufene Verwalter die Uebernahme der Verwaltung ab, so wiederholt sich jeweils das vorbezeichnete Verfahren.

Als Verwalter kann jede taugliche Person, auch ein Beschlagnahme- und sonst beteiligter Gläubiger, nur nicht der Vollstreckungsschuldner, mag er persönlich oder nur dinglich haften, aufgestellt werden.

Ob und in welcher Weise dem Verwalter eine Sicherheitsleistung aufzuerlegen sei, bestimmt sich in erster Linie nach der Uebereinkunft sämtlicher Beteiligten; erst mangels einer solchen und nur auf Antrag, nie von Amts wegen, entscheidet hierüber das Vollstreckungsgericht. Die Weigerung der Sicherheitsleistung gilt als Verweigerung der Uebernahme der Verwaltung[5]);

b) den Vollstreckungsschuldner aus dem Besitze der beschlagnahmten Gegenstände zu setzen, dieselben dem Verwalter zur Einziehung der Erträgnisse und zur Verwaltung zu überweisen und dem Vollstreckungsschuldner jede Einmischung in die letztere zu untersagen. Der etwa erforderliche zwangsweise Vollzug des vollstreckungsrichterlichen Ausweisungsbefehles erfolgt durch den Gerichtsvollzieher;

c) die etwaigen Anträge auf Gewährung des Notbedarfs an den Vollstreckungsschuldner und seine Familie zu erledigen;

d) die Belohnung des Verwalters zu bestimmen, soweit sie nicht zweckmäßigerweise einer späteren Festsetzung vorbehalten werden will;

---

[5]) Ortenau-Henle S. 448.

e) die auf den beschlagnahmten Gegenständen ruhenden Lasten und Abgaben, sowie die Ewiggilten nach Betrag und Fälligkeit zu bezeichnen und den Verwalter mit der Entrichtung dieser Beträge, soweit sie während der Dauer der Verwaltung fällig werden, zu beauftragen;
f) die Rechnungs- und Verteilungsperioden zu bestimmen und den Verwalter hinsichtlich seiner Geschäftsführung, insbesondere der Art und Weise der Verwaltung, der Rechnungsstellung und Ablieferung der Ertragsüberschüsse mit Anweisung zu versehen;
g) Bestimmungen über die etwaige Vorprüfung der Rechnungen des Verwalters zu treffen.[6])

3. Erscheinen die Beteiligten im Vollzugstermine nicht, so hat das Vollstreckungsgericht gleichwohl die in Ziff. 2 genannten Verfügungen und Maßnahmen vorzunehmen, und treten zu Ungunsten der einzelnen Beteiligten lediglich diejenigen Rechtsnachteile ein, welche jeweils in den Ladungen für den Fall des Nichterscheinens angedroht sind (s. oben § 308 Ziff. II). Die Anwesenheit der Beteiligten im Vollzugstermine zum Zwecke ihrer Anhörung ist nicht in dem Sinne obligatorisch, daß ohne dieselben nicht eine Entscheidung des Vollstreckungsgerichtes ergehen könnte. Daraus folgt aber, daß gegen alle im Vollzugstermine ergangenen Entscheidungen des Vollstreckungsgerichtes, da sie nicht auf Grund obligatorischer mündlicher Verhandlung erlassen sind, das Rechtsmittel der sofortigen Beschwerde zulässig ist.[7])

4. Die im Vollzugstermine erlassenen Entscheidungen des Vollstreckungsgerichtes müssen den anwesenden Beteiligten verkündet, den abwesenden Beteiligten zugestellt werden. Das Gleiche gilt für nachträglich erlassene Entscheidungen des Vollstreckungsgerichtes.

§ 309.

Die Rechnungsperioden im besonderen.[1])

Da die Zwangsverwaltung regelmäßig einen längeren Zeitraum umfaßt, so muß die Dauer der Zwangsverwaltung im Interesse einer geordneten ökonomischen Wirtschaft in mehrere Rechnungsperioden zerlegt werden, welche je nach den wirtschaftlichen Verhältnissen des Vollstreckungsgegenstandes zu bestimmen sind. Mit den einzelnen Rechnungsperioden laufen auch die Verteilungsperioden gleich.

Die Bedeutung der Einteilung des ganzen Zwangsverwaltungsverfahrens in mehrere Rechnungs- und Verteilungsperioden verfolgt aber nicht bloß ökonomische Zwecke, sondern hat auch erhebliche rechtliche Bedeutung; denn aus den Ertragsüberschüssen je einer Rechnungs-

---

[6]) Mot. z. Subh Ordn. S. 101. Vgl. hiezu unten § 310 Ziff. III, § 314 lit. A Ziff. I.
[7]) Ebenso Ortenau-Henle S. 448.
[1]) Vgl. hiezu Mot. z. Subh.Ordn. S. 101.

periode können nur immer diejenigen Gläubiger Befriedigung verlangen, welche für die einzelne Rechnungsperiode jeweils als Beteiligte gelten (s. oben § 253 lit. A Ziff. I. 1 und 2, S. 1327 ff.).

Die Einteilung erfolgt durch das Vollstreckungsgericht unter Beachtung obengenannter Gesichtspunkte nach freiem Ermessen vorbehaltlich des Rechtsmittels der sofortigen Beschwerde.

§ 310.

Die Verwaltung im besonderen.[1])

I. Im Zwangsverwaltungsverfahren wird dem Vollstreckungsschuldner jedenfalls mit der Zustellung des Beschlagnahmebeschlusses (s. oben § 255 lit. E S. 1348) das gesamte Verwaltungsrecht in Ansehung der beschlagnahmten Gegenstände entzogen und dem vom Vollstreckungsgerichte bestellten Verwalter übertragen. Ein Verfügungsrecht in Ansehung der Substanz derselben, wie dem Konkursverwalter, kommt aber dem Verwalter nicht zu; dasselbe verbleibt vielmehr bei dem Vollstreckungsschuldner, wenngleich auch dieser hierin den beteiligten Gläubigern gegenüber beschränkt ist (s. oben § 255 lit. C S. 1340 ff.).

Für die rechtliche Stellung des Verwalters gelten die oben § 276 (S. 1390 ff.) angeführten Grundsätze. Hienach ist er weder gesetzlicher Vertreter des Vollstreckungsschuldners, noch der beteiligten Gläubiger, sondern ein zur Wahrung aller gesetzlich begründeten Interessen staatlich berufenes Hilfsorgan der Zwangsvollstreckung, dessen Rechtshandlungen, soferne sie seinen gesetzlichen Wirkungskreis nicht überschreiten, kraft Gesetzes für die Beteiligten bindend sind.

II. Geschäftsführung des Verwalters. Im allgemeinen kommen auch hier die oben § 276 (S. 1390 ff.) angeführten Grundsätze zur Anwendung. Im einzelnen ist hiezu noch folgendes zu bemerken.

1. Das Verwaltungsrecht umfaßt alle Befugnisse, welche durch eine die Nutzbarmachung der beschlagnahmten Gegenstände bezweckende Verwaltung bedingt sind, daher insbesondere die Befugnis:

a) alle Einkünfte aus den beschlagnahmten Gegenständen einzuziehen;

b) alle zur Erhaltung und wirtschaftlichen Benützung der zur Verwaltung übernommenen Gegenstände dienenden Anordnungen zu treffen und Verträge, insbesondere Pacht- und Mietverträge, nach Lage des Falles abzuschließen und zu kündigen;

c) die zur Ausübung dieser Verwaltungsbefugnisse erforderlichen Klagen eigenen Namens zu erheben, wie umgekehrt auch der Verwalter der richtige Beklagte ist, wenn Dritte wegen der Verwaltung Ansprüche erheben wollen.

2. Pflichten des Verwalters.

a) Dem Verwalter obliegt die Pflicht, mit der Sorgfalt eines ordentlichen Hausvaters die ihm übertragene Verwaltung der

---

[1]) Art. 137—142 Subh.Ordn.

Beschlagnahmegegenstände zum Zwecke ihrer Nutzbarmachung zu besorgen. Die ihm nach Ziff. II, 1 gewährten Befugnisse sind daher auch je nach Lage des Falles zugleich Pflichten. Zur Vornahme der ihm hienach gebotenen Verwaltungsmaßregeln bedarf der Verwalter der vorgängigen Einwilligung der Beschlagnahmegläubiger und des Vollstreckungsgerichtes regelmäßig nicht. Nur in ungewöhnlichen Fällen und hier nur, wenn nicht Gefahr im Verzuge obwaltet, muß er die Einwilligung der Beschlagnahmegläubiger, sowie des Vollstreckungsgerichtes einholen; in solchen Fällen kann auch der Vollstreckungsschuldner vor der Entscheidung gehört werden;

b) der Verwalter hat insbesondere nach Ablauf jeder Rechnungsperiode die Verwaltungsrechnung, mit den erforderlichen Belegen versehen, unaufgefordert dem Vollstreckungsgerichte vorzulegen;

c) der Verwalter hat insbesondere nach Ablauf jeder Rechnungsperiode die Ertragsüberschüsse, sohin die Einkünfte nach Abzug der Verwaltungskosten, sonstiger Ausgaben, mit deren Bestreitung er beauftragt ist (s. oben § 308 Ziff. III, 1e), und eines etwa für die nächste Zeit erforderlichen Betriebsfonds an das Vollstreckungsgericht abzuliefern.

3. Um dem Verwalter seine Geschäftsführung zu erleichtern, hat das Vollstreckungsgericht auf Antrag des Verwalters die Mieter und Pächter der Beschlagnahmegegenstände unter Benachrichtigung von der Beschlagnahme zu beauftragen, die vom Tage der Beschlagnahme an fällig werdenden Miet- oder Pachtzinsen an den Verwalter zu entrichten. Der gleiche Auftrag ist auf Antrag des Verwalters auch an alle anderen Personen zu erlassen, welche aus einem anderen Rechtsverhältnisse zu einer Leistung an den Vollstreckungsschuldner verpflichtet sind, auf die sich die Wirkung der Beschlagnahme erstreckt.

III. Aufsicht des Vollstreckungsgerichts. Der Verwalter steht hinsichtlich der Verwaltung unter der Aufsicht des Vollstreckungsgerichtes. Hier gilt dasselbe, was oben § 276 Ziff. 4 (S. 1392) für die Verwaltung in der Zwangsvollstreckung durch Zwangsversteigerung über das Aufsichtsrecht gesagt wurde. Eine Prüfung der Rechnung des Verwalters durch das Vollstreckungsgericht findet regelmäßig nicht statt.

IV. Die Verwaltung endet mit der Beendigung der Zwangsvollstreckung. Im einzelnen gelten auch hier die oben § 276 Ziff. 5 (S. 1393) bezeichneten Grundsätze.

V. Bezüglich der Kosten der Verwaltung vgl. oben § 276 Ziff. 3d (S. 1392).

VI. Bezüglich des Klagerechtes der Beteiligten vgl. oben § 276 Ziff. 6 (S. 1393).

IV. Abschnitt.

Das Verteilungsverfahren.

§ 311.

Abschnitte des Verfahrens.

Das Verteilungsverfahren zerfällt im wesentlichen in sechs Abschnitte:

1. in das einleitende Verfahren,
2. in die Aufstellung des Verteilungsplanes,
3. in die Abhaltung des Rechnungs- und Verteilungstermines,
4. in den Abschluß des Verteilungsplanes,
5. in die Ausführung des Verteilungsplanes,
6. in die Bereinigung der öffentlichen Bücher.

Der Verteilungstermin und die letzteren drei Abschnitte fallen jedoch unter bestimmten Voraussetzungen weg.

§ 312.

Das einleitende Verfahren.[1])

Das einleitende Verfahren umfaßt die Anberaumung des Verteilungstermines, die Bethätigung der erforderlichen Ladungen und Mitteilungen an die Beteiligten und das Anmeldeverfahren.

I. Anberaumung des Rechnungs- und Verteilungstermines.

1. Jeweils nach Ablauf einer Rechnungsperiode und erfolgter Rechnungsstellung durch den Verwalter[2]) muß ein Verteilungstermin anberaumt werden.

2. Zwischen dem Ablauf der Rechnungsperiode und dem Verteilungstermine darf keine längere Frist als sechs Wochen liegen.

3. Die Anberaumung des Verteilungstermines erfolgt durch das Vollstreckungsgericht von Amts wegen.

4. Der Verteilungstermin findet vor dem Vollstreckungsgerichte statt.

II. Ladungen und Mitteilungen, Aufforderungen.

1. Zum Verteilungstermine müssen die sämtlichen jeweils an einer Rechnungsperiode Beteiligten (s. oben § 253 lit. A Ziff. I und II, 2 S. 1327) geladen werden und zwar:

a) der Verwalter unter Androhung des Rechtsnachteils, daß im Falle seines Nichterscheinens ihm die Kosten des hiedurch etwa vereitelten Termines zur Last fallen;
b) der Vollstreckungsschuldner unter der Androhung des Rechtsnachteils, es werde im Falle seines Nichterscheinens angenommen, daß er

---

[1]) Art. 146—149 Subh.Ordn.
[2]) Mot. z. Subh.Ordn. S. 102; Ortenau-Henle S. 456.

α) zur Rechnung des Verwalters nichts zu erinnern habe,
β) auch die Forderungen, wegen welcher die Beschlagnahme erfolgte, sowie die später angemeldeten Ansprüche als richtig anerkenne;

c) die beteiligten Gläubiger unter der Androhung des Rechtsnachteils, es werde im Falle ihres Nichterscheinens angenommen, daß sie
α) gegen die Rechnung des Verwalters nichts zu erinnern haben,
β) auf Erinnerungen gegen die Feststellung und Ausführung des Verteilungsplanes verzichten,
γ) jedoch einen gegen ihren eigenen Anspruch etwa erhobenen Widerspruch als begründet nicht anerkennen.

2. Zugleich mit der Ladung

a) ist sämtlichen Beteiligten bekannt zu geben, daß eine Woche vor dem Verteilungstermine die Rechnung des Verwalters nebst den infolge einer etwaigen Vorprüfung eingekommenen Erinnerungen und, falls eine gerichtliche Verteilung veranlaßt ist, auch der Entwurf des Verteilungsplanes auf der Gerichtsschreiberei zur Einsicht aufliege;

b) sind die sämtlichen beteiligten Gläubiger aufzufordern, noch nicht geltend gemachte Ansprüche auf Kostenersatz bei Meidung des Ausschlusses spätestens zwei Wochen vor dem Verteilungstermine anzumelden.

III. Anmeldeverfahren.

1. Der Anmeldung behufs Berücksichtigung bei der Verteilung bedürfen nur:

a) die Forderungen, für welche vor bewirkter Beschlagnahme eine Pfändung ausstehender Erträgnisse erfolgte, soferne sie nicht dem Vollstreckungsgerichte auf andere Weise bekannt geworden sind; ihre Berücksichtigung bei der Verteilung ist ausgeschlossen, sobald der Erlös derjenigen Früchte, auf welche sich ihr Vorzugsrecht bezieht, verteilt ist[3]);

b) die noch nicht geltend gemachten Kostenersatzansprüche der Beteiligten; zu deren Anmeldung wird vom Vollstreckungsgerichte aufgefordert. Sie werden endgiltig nicht mehr berücksichtigt, wenn sie nicht längstens zwei Wochen vor dem Verteilungstermine angemeldet worden sind;

c) die noch nicht vom Verwalter berichtigten Ansprüche der ersten Reihe, Hypothekzinsrückstände und Rückstände an Ewiggilten, insoferne dieselben das Vorzugsrecht der zweiten Reihe bezw. der ersten Zwischenreihe genießen, weil sie, ohne daß es zu ihren Gunsten einer Beschlagnahme bedarf, bei Aufstellung des Verteilungsplanes über die Ertragsüberschüsse einer Rechnungs-

---

[3]) Art. 153 Subh.Ordn.

periode zu berücksichtigen sind; jedoch müssen sie immer vor Ablauf der betreffenden Rechnungsperiode angemeldet worden sein, wenn sie in dieser noch Berücksichtigung finden wollen. Die nach der Beschlagnahme verfallenen Hypothekzinsen bedürfen keiner Anmeldung, sondern werden von Amts wegen berücksichtigt; ebensowenig alle anderen Forderungen der beteiligten Gläubiger, auf welche sich deren Beteiligtenverhältnis jeweils für eine Rechnungsperiode gründet.[4])

2. Die Anmeldungen erfolgen beim Vollstreckungsgerichte schriftlich oder mündlich zu Protokoll des Gerichtsschreibers.

§ 313.

Der Verteilungsplan.[1])

A. Allgemeines.

1. Die Aufstellung eines Verteilungsplanes erfolgt nur dann, wenn entweder:

a) nicht bloß ein einziger Gläubiger aus den Ertragsüberschüssen der betreffenden Rechnungsperiode zu befriedigen ist oder

b) die mehreren beteiligten Gläubiger sich über die Verteilung nicht geeinigt haben.

2. Der Verteilungsplan ist durch das Vollstreckungsgericht zu entwerfen.

3. Die Anfertigung des Entwurfes darf erst zwei Wochen vor dem Verteilungstermine begonnen werden und muß eine Woche vor demselben beendet sein; ist letzteres nicht möglich, so kann der Verteilungstermin verlegt werden, ohne daß aber damit an bereits eingetretenen Präjudizien etwas geändert würde.

4. Die Herstellung des Verteilungsplanes erfolgt auf Grund der Vollstreckungsakten.

5. Der Entwurf des Verteilungsplanes ist samt der Rechnung des Verwalters und den infolge einer etwaigen Rechnungsvorprüfung eingekommenen Erinnerungen auf der Gerichtsschreiberei zur Einsicht aufzulegen.[2])

B. Inhalt des Verteilungsplanes.

Der Inhalt des Verteilungsplanes zerfällt ebenso wie bei dem Verteilungsverfahren innerhalb des Zwangsvollstreckungsverfahrens durch Zwangsversteigerung in die Teilungsmasse, Schuldenmasse, Feststellung der Verteilung und den Ausfall.

I. Die Teilungsmasse besteht aus den vom Verwalter abgelieferten Ertragsüberschüssen der betreffenden Rechnungsperiode nach weiterem Abzug der Massekosten. Als solche gelten die im allgemeinen

[4]) Art. 145 Subh.Ordn.
[1]) Art. 149—153 Subh.Ordn.
[2]) Art. 146 Abs. 3 Subh.Ordn.

Interesse aller Beteiligten gelegenen Vollstreckungskosten, daher die Kosten der Einleitung und Führung der Verwaltung, die Kosten der Zwangsvollstreckung einschließlich des Verteilungsverfahrens, soweit dieselben nicht den Gläubigern auf die Geltendmachung ihrer Forderungen erwachsen sind, die durch unbegründete Einwendungen des Vollstreckungsschuldners gegen das Verfahren bei der Zwangsvollstreckung erwachsenen und die von einem beteiligten Gläubiger im Interesse der Masse aufgewendeten Kosten, insoweit letzterer hiedurch ein Vorteil erwachsen ist.[3])

Soferne diese Kosten noch nicht festgestellt werden können, ist eine Ansatzsumme in Anschlag zu bringen.

Sind vor bewirkter Beschlagnahme ausstehende Erträgnisse gepfändet worden, so kommen auch hier die oben § 300 lit. A Ziff. IV, 3 (S. 1514) erwähnten Grundsätze zur Anwendung.

II. Die Schuldenmasse setzt sich jeweils aus den bei der Verteilung für die betreffende Rechnungsperiode zu berücksichtigenden Forderungen der beteiligten Gläubiger zusammen. Bei jeder Forderung ist Betrag und Rang anzugeben.

1. Berücksichtigt werden regelmäßig nur diejenigen Forderungen, für welche vor Ablauf der betreffenden Rechnungsperiode Beschlagnahme zum Zwecke der Zwangsverwaltung erwirkt worden ist und zwar ohne weitere Anmeldung nach dem Inhalte der Vollstreckungsakten. Nur ausnahmsweise werden Ansprüche, ohne daß für sie Beschlagnahme zum Zwecke der Zwangsvollstreckung erwirkt worden ist, berücksichtigt, und zwar:

a) auf Anmeldung hin die vom Verwalter noch nicht berücksichtigten, während der betreffenden Rechnungsperiode erwachsenen Ansprüche der ersten Reihe, die Hypothekzinsrückstände und Rückstände an Ewiggilten, soferne sie das Vorrecht der zweiten oder ersten Zwischenreihe genießen und noch in die laufende Rechnungsperiode fallen[4]), und die Forderungen, für welche vor bewirkter Beschlagnahme ausstehende Erträgnisse gepfändet worden sind;

b) ohne Anmeldung von Amts wegen:
   α) die nach der Beschlagnahme und während des Laufes der Rechnungsperiode verfallenen Hypothekzinsen;
   β) diejenigen Forderungen, welche durch den Verteilungsplan der früheren Rechnungsperioden derselben Zwangsverwaltung nach Betrag und Rang festgestellt, aber aus den Ertragsüberschüssen dieser Perioden Deckung nicht erlangt haben.

2. Rangordnung.

a) Die erste Reihe setzt sich aus den oben § 300 lit. B Ziff. III, 2 a

---

[3]) Vgl. hiezu oben § 300 lit. B Ziff. III, 1 S. 1519.

[4]) Art. 145 Subh.Ordn.

(S. 1520) bezeichneten Forderungen mit gleichem Range unter sich zusammen;

b) die erste Zwischenreihe enthält

α) die Rückstände an gefreiten Ewiggilten (s. oben § 300 lit. B Ziff. III, 2 b α S. 1522) und die seit der Beschlagnahme bis zur Einweisung des Verwalters weiter verfallenen Gilten; unter sich haben diese Forderungen Rang nach der Zeitfolge des Eintrages der entsprechenden Ewiggeldkapitalien im Grundbuche;

β) die Rückstände an bevorzugten Ewiggilten (s. oben § 300 lit. B Ziff. III, 2 b β S. 1522) mit gleichem Range unter sich;

c) die zweite Reihe setzt sich aus den oben § 300 lit. B Ziff. III, 2 c (S. 1522) bezeichneten Forderungen zusammen; für diese untereinander gelten auch die dortselbst angegebenen Rangverhältnisse;

d) die zweite Zwischenreihe umfaßt die übrigen rückständigen Ewiggilten, soferne für sie Beschlagnahme erwirkt ist, mit gleichem Range unter sich;

e) in dritter Reihe stehen alle Forderungen, für welche Beschlagnahme zum Zwecke der Zwangsverwaltung erwirkt worden ist, mit gleichem Range unter sich.

Insoweit innerhalb einer Reihe Gleichrang besteht, erfolgt die Befriedigung nach Verhältnis der Forderungsbeträge.

3. Sind vor bewirkter Beschlagnahme ausstehende Erträgnisse gepfändet worden, so kommen auch hier die oben § 300 lit. B Ziff. IV (S. 1525) erwähnten Grundsätze zur Anwendung.

III. Die Feststellung der Verteilung ist hier zunächst nichts anderes als eine Wiederholung der zur Schuldenmasse gehörigen Forderungen, kann sich aber im Verteilungstermine, je nachdem ihr Rechtsbestand nur teilweise oder gar nicht anerkannt wird, verschieden von der Schuldenmasse gestalten.

IV. Die besondere Feststellung der wegen nicht genügender Masse ausfallenden Ansprüche empfiehlt sich vornehmlich mit Rücksicht darauf, daß sie bei der nächsten Verteilung wieder entsprechend zu berücksichtigen sind.

§ 314.

Der Rechnungs- und Verteilungstermin.[1])

Dieser zweite obligatorische Termin im Zwangsverwaltungsverfahren hat doppelten Zweck: einmal die unbedingt notwendige Rechnungsabhör des Verwalters und dann die Vornahme der etwa erforderlichen Verteilung. Der Termin findet vor dem Vollstreckungsgerichte statt; ihm obliegt auch unter Zuziehung eines Gerichtsschreibers die Leitung der Verhandlungen; über diese und ihre Ergebnisse ist

---

[1]) Art. 154, 155 Subh.Ordn.

ein Protokoll aufzunehmen, für das die gewöhnlichen Vorschriften der Reichscivilprozeßordnung über die Protokollaufnahme gelten.

A. Die Rechnungsabhör des Verwalters.

I. Eine Vorprüfung der Rechnung des Verwalters durch das Vollstreckungsgericht oder andere Personen findet nur statt, wenn dies im Vollzugstermine besonders bestimmt wurde. Die Thätigkeit des Vollstreckungsgerichtes im Rechnungstermine erstreckt sich sonst lediglich auf die unten in Ziff. III und IV bezeichnete Feststellung und Entlastungserteilung.

II. Im Rechnungstermine wird vom Vollstreckungsgerichte zunächst die vom Verwalter vorgelegte Abrechnung nebst den hiegegen bei einer Vorprüfung etwa erhobenen Erinnerungen bekanntgegeben. Hierauf werden die anwesenden Beteiligten mit ihren Erinnerungen gegen die Abrechnung, der Verwalter mit seinen Erwiderungen auf die sämtlichen gegen die Abrechnung erhobenen Erinnerungen gehört; hinsichtlich der nichtanwesenden Beteiligten treten die oben § 312 Ziff. II (S. 1558) bezeichneten Rechtsnachteile ein.

III. Nach diesen Erörterungen stellt das Vollstreckungsgericht fest, welche Erinnerungen durch Einverständnis der anwesenden Beteiligten und unter Berücksichtigung der für die nichterschienenen Beteiligten eingetretenen Rechtsnachteile als erledigt zu erachten sind und welche nicht. Das Vollstreckungsgericht ist aber nicht befugt, über die Begründet- oder Unbegründetheit der erhobenen Erinnerungen zu entscheiden; es kann nur einen Ausgleich versuchen.

IV. Sind gegen die Abrechnung keine Erinnerungen erhoben worden oder die erhobenen Erinnerungen erledigt, so hat das Vollstreckungsgericht ohne weitere Prüfung der Rechnung und der einzelnen Erinnerungen dem Verwalter Entlastung zu erteilen.

V. Sind Erinnerungen gegen die Abrechnung unerledigt geblieben, so sind die Beteiligten hiewegen auf den Rechtsweg zu verweisen. Eine gesetzliche Frist zur Erhebung der Klage besteht nicht und kann auch vom Vollstreckungsrichter nicht vorgesteckt, wohl aber von den Beteiligten vereinbart werden. Die Klage kann sowohl vom Verwalter als Feststellungsklage oder von dem Beteiligten, der die Erinnerung erhoben hat, als analoge Mandats- oder Geschäftsführungsklage erhoben werden. Die Gerichtszuständigkeit bemißt sich nach den allgemeinen prozessualen Grundsätzen.

VI. Erscheint der Verwalter im Termine nicht und sind gegen seine Abrechnung Erinnerungen erhoben worden, so muß ein neuer Rechnungs- und Verteilungstermin anberaumt werden. Die Kosten des vereitelten Termines hat der Verwalter zu tragen.[2]) Für das Verfahren im neuen Termine gelten wieder die sämtlichen vorgehenden Vorschriften.

---

[2]) Art. 148 Subh.Ordn.; s. oben § 308 Ziff. II, 1 c.

B. Die Verteilung.

I. Eine eigentliche gerichtliche Verteilung findet nicht statt:

a) wenn bloß ein einziger Gläubiger aus den Ertragsüberschüssen der betreffenden Rechnungsperiode zu befriedigen ist, oder

b) die sämtlichen mehreren beteiligten Gläubiger sich bereits über die Verteilung, sei es außergerichtlich oder im Termine selbst, geeinigt haben und ein Widerspruch gegen ihre Ansprüche seitens des Vollstreckungsschuldners nicht erhoben ist oder infolge seines Nichterscheinens (s. oben § 308 Ziff. II, 1 a) als nicht erhoben angenommen wird.

Trifft die eine oder andere Voraussetzung zu, so hat das Vollstreckungsgericht sofort nach Entlastung des Verwalters das Erforderliche anzuordnen, sohin nach Wegfertigung der Massekosten den einzigen Gläubiger oder die mehreren Gläubiger nach Maßgabe der Einigung aus den vom Verwalter abgelieferten Ertragsüberschüssen zu befriedigen und einen etwaigen Ueberschuß an den Vollstreckungsschuldner auszuhändigen.

II. Eine eigentliche gerichtliche Verteilung findet nur dann statt, wenn keine der in Ziff. I bezeichneten Voraussetzungen gegeben ist. In solchem Falle verläuft das Verteilungsverfahren und der Verteilungstermin in gleicher Weise wie im Zwangsversteigerungsverfahren, auch kommen in Ansehung des Abschlusses und der Ausführung des Verteilungsplanes, sowie der Geltendmachung der Widersprüche gegen denselben, der Bereinigung der öffentlichen Bücher und der Einwirkung der Verteilung auf die civilrechtlichen Verhältnisse die gleichen Vorschriften bezw. Grundsätze wie dort zur entsprechenden Anwendung.[3])

V. Abschnitt.

Beendigung der Zwangsverwaltung.[1])

§ 315.

I. Die Beendigung der Zwangsverwaltung tritt erst dann ein, wenn alle Gläubiger, welche die Beschlagnahme erwirkt und für ihre Forderung eine Stelle im Verteilungsplane gefunden haben, aus den periodisch anfallenden Ertragsüberschüssen befriedigt sind oder auf Befriedigung verzichtet haben.[2]) Die Beschlagnahme derselben Vollstreckungsobjekte zum Zwecke der Zwangsversteigerung bewirkt zunächst nur eine Unterbrechung des Zwangsverwaltungsverfahrens.[3])

---

[3]) Art. 155 Abs. 2 Subh.Ordn. verweist auf die entsprechende Anwendung der Art. 117—124 Subh.Ordn.

[1]) Art. 156 Subh.Ordn.

[2]) Vgl. oben § 255 lit. F Ziff I, 3 S. 1349; Mot. z. Subh.Ordn. S. 103; Ortenau-Henle S. 468.

[3]) Vgl. oben § 256 Ziff. II S. 1353.

II. Nach Beendigung der Zwangsverwaltung hat:

1. das Vollstreckungsgericht entweder mittelst schriftlicher Verfügung oder in einem besonderen Termine dem Vollstreckungsschuldner die der Zwangsverwaltung unterstellten Gegenstände in der Weise zurückzugewähren, daß es
   a) den Vollstreckungsschuldner wieder in deren Besitz, Benützung und Bewirtschaftung einweist;
   b) die an dritte Leistungspflichtige nach § 310 Ziff. II, 3 ergangenen Weisungen zurücknimmt und
   c) abgesehen von der sonstigen Bereinigung des Hypotheken- und Grundbuchs[4]) die Löschung der Beschlagnahmeeinträge im Hypothekenbuche veranlaßt; hierum hat stets das Vollstreckungsgericht das Hypothekenamt zu ersuchen; von Amts wegen oder auf Antrag eines Beteiligten darf das Hypothekenamt die Löschung nicht vollziehen;
2. der Verwalter dem Vollstreckungsschuldner Schlußrechnung zu stellen und einen etwaigen Kassarest auszuantworten. Dem Schuldner bleibt vorbehalten, gegen den Verwalter Klage auf Erfüllung dieser Verpflichtungen im ordentlichen Rechtswege zu erheben. Eine Frist zur Erhebung dieser Klage besteht nicht und kann auch dem Vollstreckungsschuldner vom Vollstreckungsgerichte nicht vorgestreckt werden; die Gerichtszuständigkeit bemißt sich nach den allgemeinen civilprozessualen Grundsätzen. Ergibt die Schlußrechnung des Verwalters einen Fehlbetrag, so sind zu dessen Deckung die betreibenden bei der letzten Rechnungsperiode noch beteiligten Gläubiger, nicht der Vollstreckungsschuldner verpflichtet; an die Staatskasse kann der Verwalter keine Ansprüche erheben.[5])

V. Kapitel.

Die Zwangsvollstreckung in Anteile an gemeinschaftlichen Sachen.[1])

§ 316.

Allgemeines.

I. Die besonderen Bestimmungen der Subhastationsordnung über Zwangsvollstreckung in Anteile an gemeinschaftlichen Sachen umfassen nur diejenigen Fälle, in welchen ein vollstreckungsfähiger Gegenstand im wahren Miteigentum mehrerer Personen im Sinne

---

[4]) Die sich in ähnlicher Weise wie bei der Zwangsvollstreckung durch Zwangsversteigerung vollzieht. Vgl. oben § 296 lit. B S. 1496 ff. und § 305 S. 1549.

[5]) Bl. f. R.A. Erg.Bd. IX. 146; Ortenau-Henle S. 469 gegen Krech-Fischer S. 458, 459.

[1]) Art. 157—163 Subh.Ordn. Die Nov. enthält keine besonderen Bestimmungen.

des bürgerlichen Rechtes sich befindet, sohin nicht real, sondern ideell nach Wertquoten unter die einzelnen Miteigentümer geteilt ist, nicht aber solche Fälle, in welchen das Eigentum einer Gesamtheit mehrerer Personen zusteht, die als solche ein selbständiges Rechtssubjekt bildet oder rechtlich doch wie ein solches behandelt wird[2]) oder in Ansehung derer Mitglieder gesetzlich eine Quotenteilung ausgeschlossen ist.

II. Steht eine Sache im wahren Miteigentum mehrerer Personen, so lassen sich je nach der Feststellung des Anteilsverhältnisses im wesentlichen zwei Fälle denken:

1. Entweder stehen die Anteile der Miteigentümer überhaupt noch nicht fest oder sie stehen mit Rücksicht auf eine zwischen den Miteigentümern wegen der Gemeinschaft noch zu pflegenden Verrechnung, die eine Aenderung des Quotenverhältnisses herbeizuführen geeignet ist, zwar vorläufig aber noch nicht endgiltig fest, so daß jeweils zur maßgebenden Feststellung der Anteile noch eine Auseinandersetzung zwischen den Miteigentümern erforderlich ist[3]);
2. oder die Anteile der Miteigentümer stehen bereits endgiltig fest, so daß eine weitere Auseinandersetzung der Miteigentümer zur endgiltigen Feststellung der Anteile nicht oder nicht mehr erforderlich ist.

Die Subhastationsordnung hat beide Fälle verschieden behandelt.

§ 317.

Die Zwangsvollstreckung bei nicht endgiltig feststehenden Anteilen.

Ob eine Auseinandersetzung der Miteigentümer zur endgiltigen Feststellung der Anteile noch erforderlich, ist im wesentlichen That-

[2]) Als Beispiele unzulässiger Zwangsvollstreckung in Anteile sind in den sten. Ber. z. Subh.Ordn. Bd. III S. 120 aufgeführt: wirkliche Gemeinde- und Stiftungsgüter, Allmendegüter. Dahin gehören überhaupt Immobilien, welche im Eigentume von Korporationen als juristischer Personen stehen, da hier das Eigentum der Gesamtheit, nicht den einzelnen Mitgliedern zusteht.

[3]) Als solche Fälle bezeichnen die Mot. z. Subh.Ordn. S. 104: die Gemeinschaft der Miterben, wenn noch Konferendposten auszugleichen sind, die gerade soviel oder noch mehr als der Anteil des Schuldners an dem gemeinschaftlichen Grundstücke betragen; das Gesellschaftsverhältnis, wenn einer der Schuldner als Gesellschafter mit Einlagen im Rückstande ist, während der andere Gesellschafter ein Grundstück als Einlage bereits in die Gesellschaft eingebracht hat; im Falle der ehelichen Gütergemeinschaft soll die Zwangsvollstreckung wegen einer Sonderschuld des einen Ehegatten nicht in dessen Anteil an einer zur Gemeinschaft gehörigen Sache stattfinden, ohne daß auf die Verwendungen Rücksicht genommen wird, welche aus dem Sondervermögen des anderen Ehegatten für die Gemeinschaft oder aus dem gemeinschaftlichen Vermögen für das Sondervermögen des schuldenden Ehegatten gemacht worden sind. Ueber die Zwangsvollstreckung in Immobiliarvermögen, welches in die eheliche allgemeine Gütergemeinschaft fällt; vgl. Näheres bei Ortenau-Henle S. 476 Nt. 2, ferner E. d. obst. L.G. III. 208;

frage, bei deren Entscheidung die oben in § 316 Ziff. II, 1 angeführten Gesichtspunkte zu beachten sind. Ist eine solche Auseinandersetzung noch geboten, so müßte, wenn der Anteil selbst als Gegenstand der Zwangsvollstreckung zugelassen wäre, innerhalb oder während eines solchen Vollstreckungsverfahrens erst eine Liquidation und Teilung erfolgen, welche eine wesentliche Verzögerung des Verfahrens mit sich bringen würde. Mit Rücksicht hierauf ist der noch ungewisse Anteil selbst nicht als Gegenstand einer Immobiliarzwangsvollstreckung zugelassen, sondern nur der Anspruch auf den ungewissen Anteil als bewegliches Vermögensrecht der Mobiliarzwangsvollstreckung unterworfen, für welche ausschließlich die Vorschriften des § 754 R.-C.-P.-O. und damit Reichsrecht maßgebend sind.[1])

§ 318.

Die Zwangsvollstreckung bei endgiltig feststehenden Anteilen.

I. Die Zwangsvollstreckung bei endgiltig feststehenden Anteilen kann nach Wahl des Gläubigers in zweifacher Weise bethätigt werden:

1. entweder vollstreckt er in den Anspruch des Miteigentümers auf Teilung der gemeinschaftlichen Sache; dieser Anspruch ist ein bewegliches Vermögensrecht, er unterliegt nur der Mobiliarzwangsvollstreckung, für welche § 754 R.-C.-P.-O., sohin Reichsrecht maßgebend ist;
2. oder er vollstreckt in den Anteil selbst, als ob dieser eine unbewegliche Sache wäre; hier findet Immobiliarzwangsvollstreckung statt, für welche die besonderen Vorschriften der Subhastationsordnung maßgebend sind.

Entstehen Kollisionen dadurch, daß der eine Gläubiger den ersten, der andere den zweiten Weg einschlägt, so geht die Zwangsvollstreckung in den Anteil selbst unter allen Umständen der Zwangsvollstreckung in den Anspruch auf den Anteil vor; erstere nimmt ihren Fortgang ohne jede Rücksicht auf die Pfändung des Anteilsanspruches.[1])

II. Die Immobiliarzwangsvollstreckung in den Anteil selbst ist möglich in Form der Zwangsversteigerung und in Form der Zwangsverwaltung.

1. Allgemeines.

a) Die Zulässigkeit der Zwangsvollstreckung in den Anteil selbst hängt zwar davon ab, daß der Anteil bereits endgiltig feststeht, bezw. daß eine Auseinandersetzung zwischen den Miteigentümern

---

XI. 340; XIII. 178; Bl. f. R.A. LII. 1 ff., 33 ff., woselbst auch auf eine (autogr.) J.M.E. v. 30. Aug. 1892 Nr. 3698 verwiesen ist.

[1]) Die einzelnen Grundsätze sind bei Ortenau-Henle S. 477—479 kurz zusammengestellt; dazu s. auch E. d. obst. L.G. VIII. 308; IX. 47; XIII. 598; Ztschr. d. Anw.Ver. f. B. XX. 161 und 298 ff.

[1]) Vgl. Ortenau-Henle S. 481; Hellmann S. 184, 185.

behufs Feststellung der Anteile nicht mehr erforderlich ist: gleichwohl hat aber nach den allgemeinen Grundsätzen über die Beweislast nicht der Gläubiger diese negative Thatsache, sondern der Widersprechende die positive Thatsache, daß noch eine Auseinandersetzung erforderlich sei, nachzuweisen.²)

Ueber die Zulässigkeit der Zwangsvollstreckung auch hinsichtlich dieser Voraussetzung entscheidet immer das Vollstreckungsgericht, wenn der Vollstreckungsschuldner deren Mangel rügt.³) Die anderen Miteigentümer können, wenngleich sie vor rechtskräftig eingeleitetem Vollstreckungsverfahren noch als Dritte, nicht als Beteiligte gelten, jenen Mangel sowohl in Form einer Einwendung gegen die Zulässigkeit der gewählten Art der Zwangsvollstreckung beim Vollstreckungsgerichte⁴), als im Wege der Widerspruchsklage nach § 690 R.C.P.O. geltend machen.

b) Die Rechtshängigkeit eines Teilungsprozesses zur Zeit der Beschlagnahme hindert die Zwangsvollstreckung in den Anteil nicht. Die Frage, ob die Rechtskraft des im Teilungsprozesse schließlich ergangenen Urteils auch für und wider den Beschlagnahmegläubiger und Ansteigerer wirkt, ist nach den oben § 238 Ziff. IX, 2 (S. 1257) angeführten Grundsätzen über die materielle subjekte Rechtskraft der Urteile zu entscheiden. Anderseits schließt aber eine zur Zeit der Beschlagnahme bereits erfolgte Abteilung, wie ein zu dieser Zeit bereits rechtskräftig gewordenes Teilungsurteil jede Zwangsvollstreckung in einen Anteil aus.⁵)

c) Für das Immobiliarzwangsvollstreckungsverfahren in einen Anteil gelten die gewöhnlichen Grundsätze, soweit nicht im folgenden bezüglich der Zwangsversteigerung noch einige Besonderheiten bemerkt sind. Gewisse Eigentümlichkeiten sind nur dadurch bedingt, daß sowohl die gemeinschaftliche Sache als Ganzes, als auch jeder einzelne Anteil gesondert oder nur einzelne der mehreren Anteile gleichartig hypothekarisch belastet sein können. Weist hienach eine Sache neben Anteilsbelastungen noch Gesamtbelastungen auf, so muß unterschieden werden, ob die Gesamtbelastung vor oder nach der Anteilsbelastung erfolgte.

α) Im ersteren Falle ist zu beachten, daß zur Zeit der Gesamtbelastung der von dieser ergriffene Gegenstand noch ein

---

²) Ebenso Hellmann S. 183; Ortenau-Henle S. 479; a. M. Pemsel S. 333 wegen Art. 125 Ziff. 1 Subh.Ordn.

³) Mot. z. Subh.Ordn. S. 105.

⁴) A. M. die Mot. z. Subh.Ordn. S. 105; stenogr. Ber. z. Subh.Ordn. Bd. III S. 121; Ortenau-Henle S. 480; Hellmann S. 183, 184. Diese abweichende Ansicht hat aber nicht, wie dies in Art. 162 Abs. 2 Subh.Ordn. der Fall, im Gesetze Ausdruck gefunden und greifen daher die oben § 260 Ziff. I, 4 S. 1360 bezeichneten allgemeinen Grundsätze Platz.

⁵) Vgl. hiezu Ortenau-Henle S. 482, 491; Pemsel S. 344; Krech-Fischer S. 37, 38.

einheitliches, nach Anteilen unausgeschiedenes Ganzes war und das Vollstreckungsobjekt nicht der den Gesamthypotheken unterstellte Gegenstand, sondern nur der den später bestellten Sonderhypotheken unterstellte Anteil ist. Daraus folgt aber, daß die Gesamthypotheken durch die Anteilsvollstreckung nicht im mindesten berührt werden können, auch im gesetzlichen Mindestgebote nicht zu berücksichtigen sind, sondern als gewöhnliche dingliche Last auf den Ansteigerer mit dem Zuschlage übergehen. In solchen Fällen erscheint dann der Gesamthypothekgläubiger auch gar nicht als Beteiligter des Verfahrens.[6])

β) Wurde dagegen eine Gesamthypothek erst nach einer Anteilsbelastung bestellt, so ist erstere in Wirklichkeit an dem Gegenstande nicht als Ganzem, sondern nur mehr an den bereits ausgeschiedenen sämtlichen Anteilen als gesonderten Gegenständen, sohin nicht mehr als Einheits-, sondern als Verbandhypothek entstanden und als solche auch mit allen ihren Konsequenzen innerhalb einer Anteilsvollstreckung zu behandeln.[7])

2. Die Zwangsvollstreckung durch Zwangsversteigerung in einen Anteil im besonderen.

Die Zwangsvollstreckung durch Zwangsversteigerung in einen Anteil kann entweder zu einer Versteigerung nur des Anteiles oder auch der ganzen Sache führen. Technisch wird sie im ersteren Falle als Anteilsversteigerung im eigentlichen Sinne, im letzteren Falle als Abteilungsversteigerung bezeichnet. Der Beschlagnahmegläubiger hat völlig freie Wahl, ob er diese oder jene beantragen und durchgeführt wissen will. Entstehen Kollisionen dadurch, daß der eine Gläubiger die Anteilsversteigerung im eigentlichen Sinne, der andere die Abteilungsversteigerung beantragt, so hat letztere den Vorzug und muß ersteres Verfahren eingestellt werden, sobald das andere angeordnet wird.[8]) Wird zunächst die Abteilungsversteigerung beantragt bezw. angeordnet und dann von einem Gläubiger aller Miteigentümer die Zwangsversteigerung der ganzen Sache beantragt, so geht letzterer Antrag vor; derselbe wird aber analog dem Antrage auf weitere Beschlagnahme behandelt.[9])

a) Bezüglich der Anteilsversteigerung im eigentlichen Sinne kommen die sämtlichen in Ziff. 1 angeführten Grundsätze zur Anwendung; sonstige besondere Vorschriften bestehen hiefür nicht.

---

[6]) Vgl. hierüber Mot. z. Subh.Ordn. S. 105; b. Not.Zeit. 1890 S. 127; Regelsberger, Hyp.R. 2. Aufl. S. 397; Ortenau-Henle S. 482, 483. A. M. Krazer, S. 483; Krech-Fischer S. 214, 358.

[7]) Vgl. hierüber Mot. z. Nov. S. 161; b. Not.Zeit. 1886 S. 296; Ortenau-Henle S. 482 mit Beispielen.

[8]) Mot. z. Subh.Ordn. S. 106; Ortenau-Henle S. 491.

[9]) Ortenau-Henle S. 491.

b) Die Abteilungsversteigerung im besonderen.

α) Die Abteilungsversteigerung ist nicht zulässig, wenn die Teilung durch Gesetz oder durch den Zweck der Gemeinschaft ausgeschlossen ist[10]) oder aus Gründen des öffentlichen Rechtes einer obrigkeitlichen Genehmigung bedarf.[11]) Der Widerspruch eines Teilhabers gegen die Versteigerung der ganzen Sache richtet sich hier ausschließlich nach den Bestimmungen in § 690 der Reichscivilprozeßordnung.

β) Die Beschlagnahme erfolgt nur bezüglich des betreffenden Anteils, nicht bezüglich der ganzen Sache; denn nur der Eigentümer des Anteils ist derjenige, wegen dessen Schuld die Zwangsvollstreckung stattfindet. Daraus folgt, daß die Mitversteigerung der nichtbeschlagnahmten Anteile vom Vollstreckungsgerichte besonders angeordnet werden muß, daß die an die bewirkte Beschlagnahme sich knüpfenden Wirkungen, insbesondere die durch die bewirkte Beschlagnahme eintretende Verfangenheit des Vollstreckungsgegenstandes nicht diesen als Ganzes, sondern immer nur den beschlagnahmten Anteil ergreifen können. Gleichwohl muß aber der Miteigentümer, wie wenn er Vollstreckungsschuldner wäre, die angeordnete Mitversteigerung seines nichtbeschlagnahmten Anteiles dulden, den Zuschlag auf den Ansteigerer und die hiedurch ohne seinen Willen bewirkte Uebertragung des Eigentümers mit allen sonstigen an den Zuschlag sich knüpfenden Wirkungen, insbesondere auch der des Unterganges aller nicht übernommenen Hypotheken, sich gefallen lassen[12]) und gilt daher schon ob dieses hiedurch für ihn geschaffenen Interesses am Vollstreckungsverfahren, sobald nur feststeht, daß eine Abteilungsversteigerung stattfinden soll, in Ansehung des Verfahrens als Beteiligter. Schon in dem Beschlagnahmegesuche, soferne hierin eine Abteilungsversteigerung beantragt wird, müssen daher außer dem Vollstreckungsschuldner auch die übrigen Miteigentümer individualisiert bezeichnet werden; denselben ist die Anordnung der Versteigerung der ganzen

---

[10]) z. B. bei den zu einer Kultur- oder Wasserschutzgenossenschaft gehörigen Grundstücken: stenogr. Ber. z. Subh.Ordn. Bd. III S. 121. Ist die Teilung durch Vertrag oder letztwillige Anordnung ausgeschlossen, so hat dieser Ausschluß nur dann eine Bedeutung, wenn er dem Zwecke der Gemeinschaft entspricht; immerhin ist hier aber die Abteilungsversteigerung nicht wegen des Vertrages oder der letztwilligen Anordnung, sondern deshalb unzulässig, weil die Teilung dem Zwecke der Gemeinschaft widerspricht. Insoferne richtig stenogr. Ber. Bd. III. S. 120; Hellmann S. 190; teilweise a. M. Ortenau-Henle S. 486, 487.

[11]) Wie dies stenogr. Ber. Bd. III S. 120 der Fall bezüglich der Teilung von Privatwaldungen nach Art. 20 Forstges. v. 28. Mai 1852 annehmen; Ortenau-Henle S. 488. A. M. Hellmann S. 191. Vgl. ferner noch hieher E. d. obst. L.G. VI. 68; VII. 491; XIII. 26; Bl. f. R.A. XLI. 328.

[12]) Mot. z. Subh.Ordn. S. 105, 106.

Sache mit dem Beschlagnahmebeschlusse zuzustellen, vor Aufstellung eines Verwalters — über die ganze Sache — ist ihnen Gehör zu gewähren[13]); der Räumungsbefehl muß auch an sie erteilt werden; ihre Ladung zum Verteilungstermine muß unter Androhung der gleichen Rechtsnachteile wie beim wirklichen Vollstreckungsschuldner erfolgen. Da aber der Miteigentümer des nicht beschlagnahmten Anteiles doch wieder in Wirklichkeit nicht derjenige Vollstreckungsschuldner ist, wegen dessen Schuld die Zwangsversteigerung erfolgt, so ist er zum Bieten nicht unfähig.[14]) Die Massekosten sind nur aus dem Erlöse des Anteiles des eigentlichen Vollstreckungsschuldners zu befriedigen. Anderseits erscheint der Miteigentümer des nicht beschlagnahmten Anteiles im Verfahren auch als beteiligter Gläubiger, welcher die Hinauszahlung des nicht von Hypothekenschulden in Anspruch genommenen Teiles des Erlöses seines Anteils verlangen kann. Der Beschlagnahmegläubiger, welcher nicht zugleich Hypothekgläubiger dieses Anteils ist, hat auf einen etwaigen solchen Ueberschuß keinen Anspruch. Hinsichtlich des ihm gebührenden Anteiles am Erlöse ist der Miteigentümer von Amts wegen zu berücksichtigen.

γ) Im übrigen kommen für die Beschlagnahme des Anteiles, die Versteigerung und die Verteilung die gewöhnlichen Grundsätze zur entsprechenden Anwendung. Schwierigere Verhältnisse können sich im einzelnen nur hinsichtlich der Feststellung des gesetzlichen Mindestgebotes und der Verteilung des Strichschillings ergeben[15]):

aa) Bezüglich der Feststellung des gesetzlichen Mindestgebotes sind zwei Fälle zu unterscheiden:

αα) sind nur Hypotheken vorhanden, welche auf der ganzen Sache haften (Gesamthypotheken), so wird das gesetzliche Mindestgebot gerade so festgestellt, als ob die ganze Sache beschlagnahmt wäre;

ββ) sind nur Hypotheken vorhanden, welche jeweils auf verschiedenen Anteilen haften (Anteilshypotheken), oder sind nur einzelne Anteile belastet, die anderen nicht, oder sowohl Gesamt- als Anteilshypotheken vorhanden, so muß das gesetzliche Mindestgebot jeweils einen solchen Betrag umfassen, der, auf die einzelnen Anteile nach Verhältnis der Quoten ausgeschlagen, für jeden

---

[13]) Mot. z. Subh.Ordn. S. 106; Ortenau-Henle S. 489. A. M. Pemsel S. 334.

[14]) Das Vorkaufsrecht der Miteigentümer (vgl. oben § 158 Ziff 3 S. 968) kann nicht ausgeübt werden: Art. 77 Subh.Ordn. (oben § 289 Ziff. II S. 1458); Mot. z. Subh.Ordn. S. 106.

[15]) Vgl. hiezu Beispiele bei Hellmann S. 189, 190; Ortenau-Henle S. 489, 490.

einzelnen Anteil die sämtlichen Ansprüche, welche hierauf der maßgebenden Beschlagnahmeforderung im Range vorgehen, deckt; hiebei ist bezüglich der nichtbeschlagnahmten Anteile anzunehmen, daß die sämtlichen hierauf lastenden Forderungen der maßgebenden Beschlagnahmeforderung im Range vorgehen.

bb) Immer dann, wenn einzelne Anteile mit besonderen Hypotheken belastet sind, müssen gesonderte Teilungs- und Schuldenmassen gebildet werden, auch wenn der Zuschlag um einen Gesamtpreis erfolgt ist. Hier wird dann, wenn die Anteile verschiedener Objekte im nämlichen Verfahren um einen Gesamtpreis zugeschlagen worden sind, zunächst eine Verteilung des Strichschillings nach dem Werte der einzelnen ganzen Sachen auf diese und dann noch eine Quotenverteilung des für jede einzelne ganze Sache ermittelten Wertes auf die einzelnen Anteile derselben erforderlich. Gläubiger, welchen ein Recht auf Befriedigung nicht aus der ganzen Sache zusteht, sind dann nur aus denjenigen Massebeträgen zu befriedigen, welche auf die ihnen verhafteten Anteile treffen.

VI. Kapitel.

Die Zwangsvollstreckung in das unbewegliche Vermögen im Falle eines Konkurses.[1])

§ 319.

Nach dem Reichskonkursrechte dienen zur abgesonderten Befriedigung diejenigen Gegenstände, welche in Ansehung der Zwangsvollstreckung zum unbeweglichen Vermögen gehören, insoweit ein dingliches oder sonstiges Recht auf vorzugsweise Befriedigung aus denselben besteht. Den Umfang der Immobiliarmasse, sowie den Umfang und die Rangordnung der aus derselben zu berichtigenden Ansprüche bestimmen die Landesgesetze. Machen Konkursgläubiger von diesem Absonderungsrechte Gebrauch, so erfolgt ihre Befriedigung zunächst aus der abgesonderten Masse mittelst Zwangsversteigerung oder Zwangsverwaltung außerhalb des Konkurses; als Konkursgläubiger können sie im allgemeinen Konkurse ihre absonderungsberechtigten Forderungen nur noch hinsichtlich desjenigen Betrages geltend machen, für welchen sie entweder auf abgesonderte Befriedigung verzichtet oder einen Ausfall erlitten haben.[2]) Dabei ist sowohl der Fall denkbar, daß zur Zeit

---

[1]) Art. 169--173 Subh.Ordn.; Mot. z. Subh.Ordn. S. 108—110. Die Nov. enthält keine besonderen Vorschriften; s. auch Mot. z. Nov. S. 162.

[2]) §§ 39, 3, 57 R.K.O.

der Konkurseröffnung bereits eine Zwangsvollstreckung in das Immobiliarvermögen des Gemeinschuldners anhängig ist, sei es, daß dieselbe von einem absonderungsberechtigten oder sonstigen Gläubiger, der durch die bewirkte Beschlagnahme ein auch dem Konkurse gegenüber wirksames Vorzugsrecht in Ansehung der Befriedigung aus den beschlagnahmten Gegenständen erlangt hat, betrieben oder daß erst nach der Konkurseröffnung auf Grund eines Absonderungsrechtes die Zwangsversteigerung oder Zwangsverwaltung beantragt wird. Anderseits ist aber auch der Konkursverwalter, soferne er nicht den freihändigen Verkauf wählt, befugt, die Zwangsversteigerung und Zwangsverwaltung der zur Masse gehörigen unbeweglichen Gegenstände bei der zuständigen Behörde zu betreiben[3]), wie es ihm auch freisteht, die Freigebung unbeweglichen Vermögens aus der Konkursmasse zu erklären.

In der verschiedensten Weise ist es hienach möglich, daß neben dem Konkursverfahren ein gesondertes Zwangsvollstreckungsverfahren in solche Immobilien, welche an sich zu dem vom Konkurse ergriffenen Vermögen des Gemeinschuldners gehören, erfolgt. Teils aus Billigkeitsgründen, teils mit Rücksicht auf den Umstand, daß nach der Konkurseröffnung die Vertretung des vom Konkurse ergriffenen Vermögens nicht mehr dem Gemeinschuldner, sondern dem Konkursverwalter gebührt[4]), hat die Subhastationsordnung für die obenerwähnten einzelnen Fälle einzelne, der besonderen Sachlage entsprechende Bestimmungen aufgestellt. Die Novelle hat hieran nichts geändert. Diese besonderen Bestimmungen sind im folgenden darzustellen.

I. Zur Zeit der Konkurseröffnung ist das zur Konkursmasse gehörige Immobiliarvermögen des Gemeinschuldners noch nicht beschlagnahmt.

1. Das Vollstreckungsverfahren richtet sich in allen diesen Fällen gegen den Konkursverwalter an Stelle des Gemeinschuldners, soferne nicht jener die Freigabe des Absonderungsgegenstandes erklärt. Der Konkursverwalter hat hienach im Vollstreckungsverfahren alle Rechte und Pflichten, die das Gesetz dem Gemeinschuldner im Verfahren zuweist.

2. Nach der Konkurseröffnung oder der öffentlichen Bekanntmachung eines allgemeinen Veräußerungsverbotes durch das Konkursgericht können Vorzugsrechte mit verbindlicher Kraft gegen die Konkursgläubiger nicht mehr erworben und in die Hypotheken- und Grundbücher nicht mehr eingetragen werden.[5]) Daraus folgt, daß nach jenen Zeitpunkten die abgesonderte Vollstreckung nur solche Gläubiger beantragen können, welche schon vorher ein Absonderungsrecht an dem Vollstreckungsgegenstande erworben hatten; damit fällt aber jedes durch

---

[3]) § 116 R.K.O.
[4]) § 5 R.K.O.
[5]) §§ 12, 98 R.K.O.

eine Beschlagnahme begründete Vorzugsrecht weg und werden daher die hierauf bezüglichen gesetzlichen Bestimmungen gegenstandslos.

3. Die Gläubiger, welche abgesonderte Befriedigung aus dem zur Konkursmasse gehörigen Vermögen zu beanspruchen haben und ihre Forderungen auch im Konkurse des Schuldners geltend zu machen berechtigt sind, können die Zwangsvollstreckung in das unbewegliche Vermögen selbst dann beantragen, wenn ihre Forderungen betagte oder bedingte sind. Hienach muß es sich aber von vornherein um einen Konkurs des persönlich haftenden Schuldners handeln; im Konkurse des nur dinglich haftenden Schuldners greift diese Bevorzugung nicht Platz.

Das gesetzliche Privilegium gewährt inhaltlich dem absonderungsberechtigten Gläubiger lediglich die Befugnis, auf Grund der Konkurseröffnung die Erteilung der Vollstreckungsklausel zu einem zwar vollstreckungsfähigen, aber noch nicht vollstreckungsreifen Schuldtitel zu verlangen.[6]) Erst auf Grund eines hienach für vollstreckbar erklärten Schuldtitels kann, soferne noch die übrigen Voraussetzungen ihrer Zulässigkeit gegeben sind, die Beschlagnahme beantragt werden; an diesen allgemeinen Voraussetzungen der Zulässigkeit der Zwangsvollstreckung, wie an dem Erfordernisse der Einreichung eines Beschlagnahmegesuches, wie der Beschlagnahme selbst, wollte durch das gewährte Privilegium nichts geändert werden.[7])

Durch dieses Privilegium wird auch die rechtliche Natur der bedingten und betagten Forderungen keineswegs berührt; sie werden hiedurch für das Vollstreckungsverfahren nicht unbedingte und unbetagte Forderungen und deshalb bei der Befriedigung aus dem Strichschillinge nicht anders als sonstige bedingte oder betagte Forderungen behandelt.[8])

4. Im übrigen richtet sich das Zwangsvollstreckungsverfahren nach den allgemeinen Grundsätzen.

II. Zur Zeit der Konkurseröffnung bezw. der öffentlichen Bekanntmachung eines allgemeinen Veräußerungsverbotes durch das Konkursgericht ist zur Konkursmasse gehöriges Immobiliarvermögen des Gemeinschuldners bereits beschlagnahmt. Hier wird das Verfahren nach Maßgabe der Ziff. I, 1 gegen den Konkursverwalter an Stelle des Gemeinschuldners fortgesetzt[9]); im übrigen richtet sich das Zwangsvollstreckungs-

---

[6]) Mot. z. Subh.Ordn. S. 109; Hellmann S. 196; Bl. f. R.A. XLVII. 20. A. M. Ortenau-Henle S. 499, 500.

[7]) Es bedarf daher auch eines Beschlagnahmebeschlusses, der Einschreibung der Beschlagnahme im Hypothekenbuch u. s. w. Vgl. Bl. f. R.A. XLV. 383; Ortenau-Henle S. 502 gegen Bl. f. R.A. XLV. 337. Der Konkursverwalter ist aber nicht ohne weiteres Verwalter der Beschlagnahmeobjekte; vgl. hiezu E. d. obst. L.G. XV. 156; Bl. f. R.A. LIX. 380.

[8]) Mot. z. Subh.Ordn. S. 109.

[9]) Vgl. hiezu die Mot. z. Subh.Ordn. S. 110.

verfahren nach den allgemeinen Grundsätzen; eine Unterbrechung desselben durch die Konkurseröffnung findet nicht statt.[10])

III. Die Zwangsversteigerung oder Zwangsverwaltung in das zur Konkursmasse gehörige unbewegliche Vermögen des Gemeinschuldners wird vom Konkursverwalter betrieben, sei es, daß zur Zeit der Konkurseröffnung bereits eine Beschlagnahme bewirkt ist oder nicht.

1. Die Vollstreckung kann vom Konkursverwalter ohne Rücksicht auf das Vorhandensein irgend einer absonderungsberechtigten Forderung und den Besitz einer vollstreckbaren Urkunde[11]) betrieben werden.

2. An Stelle des Beschlagnahmegesuches tritt ein Antrag des Konkursverwalters auf Anordnung der Zwangsversteigerung oder Zwangsverwaltung, welcher nur den oben § 266 lit. A Ziff. I, 2, 4, 5, Ziff. II, 2, III, 1—4 bezw. § 307 lit. A bezeichneten Erfordernissen eines Beschlagnahmegesuches genügen muß; zugleich muß aber der Konkursverwalter seine Antragsberechtigung in objektiver und subjektiver Beziehung nachweisen, sohin nicht nur den Konkurseröffnungsbeschluß vorlegen oder wenigstens auf dessen Einschreibung im Hypothekenbuche Bezug nehmen, sondern auch die urkundliche Bescheinigung über seine Ernennung dem Antrage beifügen.[12]) Der Antrag ist nicht an das Konkursgericht, sondern an das Vollstreckungsgericht zu stellen.

3. Eine förmliche Beschlagnahme findet nicht statt, ein förmlicher Beschlagnahmebeschluß wird nicht erlassen; an Stelle der Beschlagnahme tritt eine einfache schriftliche Anordnung der Zwangsversteigerung oder Zwangsverwaltung durch das Vollstreckungsgericht.

4. Die Anordnung des Vollstreckungsgerichtes bedarf nicht der Eintragung in das Hypothekenbuch; eine solche findet überhaupt nicht statt.

5. Die Wirkungen der bewirkten Beschlagnahme sind hier gegenstandslos, da schon durch die Konkurseröffnung die in Betracht kommenden gleichen Wirkungen eingetreten sind. Die Immobilisierung der beweglichen Zubehörungen und Früchte nebst ihren Wirkungen tritt daher zu Gunsten der Subhastationsmasse hier schon mit dem Zeitpunkte der Konkurseröffnung ein.[12])

6. Der Gemeinschuldner gilt nicht als Beteiligter am Verfahren. Dagegen hat der Konkursverwalter in Ansehung des Verfahrens durchgehends die Stellung eines Beschlagnahmegläubigers (vgl. Näheres hiezu oben § 253 lit. A Ziff. I, 1 S. 1328) und zwar hinsichtlich der

---

[10]) § 218 R.C.P.O. hat hier keine Anwendung. Vgl. hiezu auch Mot. z. Subh.Ordn. S. 109 und Ortenau-Henle S. 501, 502.

[11]) Vgl. hiezu § 706 R.C.P.O. E. d. obst. L.G. in Ztschr. f. franz. Civ.R. XXIII. 507; Ortenau-Henle S. 504.

[12]) Bl. f. R.A. Erg.Bd. IX, 225; Ortenau-Henle S. 505; oben § 126 S. 851 Nt. 39. A. M. E. d. R.G. XXV. 19.

Feststellung des gesetzlichen Mindestgebots natürlich die Stellung eines beschlagnahmenden Kurrentgläubigers.[13])

7. Wird die Zwangsversteigerung oder Zwangsverwaltung vom Konkursverwalter betrieben, obgleich schon vor Konkurseröffnung eine Beschlagnahme bewirkt war, so hat die neuerliche Anordnung der Zwangsversteigerung oder Zwangsverwaltung die rechtliche Natur einer weiteren Beschlagnahme. Umgekehrt schließt die Anordnung der Zwangsversteigerung oder Zwangsverwaltung auf Betreiben des Konkursverwalters eine weitere Beschlagnahme zu Gunsten eines absonderungsberechtigten Gläubigers nicht aus.

8. In allen Fällen ist die vom Konkursverwalter betriebene Zwangsversteigerung oder Zwangsverwaltung nicht ein Teil des Konkursverfahrens, sondern ein hievon unabhängiges, selbständiges Zwangsvollstreckungsverfahren.[14]) Für dasselbe gelten daher auch nicht die konkursrechtlichen Bestimmungen, sondern ausschließlich die Normen der Subhastationsordnung und zwar, soweit nicht im Vorstehenden besonders bemerkt ist, die allgemeinen Grundsätze des Vollstreckungsverfahrens.

IV. Der Konkursverwalter erklärt die Freigabe des unbeweglichen Vermögens aus der Konkursmasse. Hier scheidet der Konkursverwalter im Zeitpunkt der Freigabe als Beteiligter des Zwangsvollstreckungsverfahrens aus; der Gemeinschuldner erscheint hier wieder als Vollstreckungsschuldner und Beteiligter, so als ob der Konkurs nicht eröffnet wäre. Das Verfahren, mag die Beschlagnahme vor oder nach der Konkurseröffnung erfolgt sein, richtet sich nach den allgemeinen Grundsätzen. Immerhin greift aber auch hier das oben Ziff. I, 3 bezeichnete Privilegium Platz[15]), wie anderseits durch eine nach der Konkurseröffnung oder öffentlichen Bekanntmachung des allgemeinen Veräußerungsverbotes durch das Konkursgericht bewirkte Beschlagnahme kein Vorzugsrecht mehr begründet wird.

V. Die Ansprüche der fünften Reihe im Falle der Zwangsversteigerung bezw. die Ansprüche der vierten Reihe im Falle der Zwangsverwaltung werden im Falle eines Konkurses bei der Verteilung des Erlöses oder der Erträgnisse aus den beschlagnahmten Gegenständen nicht berücksichtigt[16]), sofern nur die Konkurseröffnung noch vor dem Zuschlage oder je vor dem Abschluß einer Rechnungsperiode erfolgt ist.[17])

---

[13]) Vgl. b. Not.Zeit. 1887 S. 134; Ortenau-Henle S. 506, 507.

[14]) § 3 R.K.O.; Ortenau-Henle S. 507.

[15]) Dies ist eine Folge des § 12 R.K.O.

[16]) So Ortenau-Henle S. 508, 509 mit Recht gegen Pemsel S. 379 und Hellmann S. 200.

[17]) Ebenso Bl. f. R.A. XLVI. 21 ff.; Ortenau-Henle S. 500, 501; Hellmann S. 197.

VII. Kapitel.

Zwangsvollstreckung in Bergwerke. — Gerichtliche Versteigerung von Bergwerken. (Anhang.)

§ 320.

Die Zwangsvollstreckung in Bergwerke.[1])

Gegenstand der Immobiliarzwangsvollstreckung und zwar zum Zwecke der Zwangsversteigerung wie Zwangsverwaltung kann nach den oben § 249 Ziff. I (S. 1311) entwickelten Grundsätzen auch das als unbewegliche Sache geltende Bergwerkseigentum sein, daher

1. Bergwerke, welche nach dem neuerern Bergrechte zur Gewinnung verleihbarer Mineralien verliehen sind[2]);
2. Bergwerke, Steinbrüche und Gräbereien des älteren Bergrechts, auf welche das neuere Bergrecht Anwendung findet[3]);
3. die unbeweglichen Kuxe des älteren Bergwerks.[4])

Für die Zwangsvollstreckung in diese Gegenstände gelten die allgemeinen Grundsätze der Immobiliarzwangsvollstreckung nur insoweit, als nicht im nachfolgenden besonderes angeführt ist:

1. Sind diese Gegenstände nicht im Hypothekenbuche eingetragen (s. oben § 120 Ziff. I, 1 S. 801), so ist erforderlich, daß aus den bezirksbergamtlichen Büchern die Umschreibung des Beschlagnahmegegenstandes auf den Vollstreckungsschuldner hervorgeht. Jeder mit einer vollstreckbaren Urkunde für eine fällige Forderung versehene Gläubiger ist befugt, das Recht des Schuldners auf bezirksbergamtliche Umschreibung auszuüben.

2. Im Beschlagnahmegesuche muß der Name des Bergwerks, des Steinbruches oder der Gräberei, der Flächeninhalt des verliehenen Feldes, die Bezeichnung der Gemeinden und Verwaltungsbezirke, in welchen das Feld liegt, die Benennung der Mineralien, auf welche das Bergwerkseigentum verliehen ist, und wenn ein unbeweglicher Kux beschlagnahmt werden soll, auch die Zahl der Kuxe, in welche das Bergwerkseigentum geteilt ist, angegeben werden.

Dem Beschlagnahmegesuche ist außer den oben § 267 lit. A Ziff. II (S. 1372 ff.) bezeichneten Schriftstücken eine beglaubigte Abschrift der Verleihungsurkunde und ein beglaubigtes Exemplar des dazu gehörenden Planes beizufügen. Insoweit nach den dort bezeichneten Vorschriften dem Beschlagnahmegesuche ein Auszug aus dem

---

[1]) Art. 174—181 Subh.Ordn.; Mot. z. Subh.Ordn. S. 110, 111. Die Nov. enthält keine besonderen Vorschriften. B. Berggesetz v. 20. März 1869 (W. VII. S. 607 ff.). Vgl. hiezu oben §§ 159—183 über Bergrecht. (S. 968 ff.)

[2]) Vgl. Art. 1 Berggeſ.; oben § 159 Ziff. III S. 970.

[3]) Vgl. Art. 221 Berggeſ.; oben § 170 Ziff. 2 S. 992.

[4]) Vgl. Art. 228 Berggeſ.; oben § 172 lit. C Ziff. 5 S. 1012.

Grundsteuerkataster beizufügen wäre, hat an dessen Stelle ein richtig gestellter, beglaubigter Auszug aus den bezirksamtlichen Büchern zu treten.

Wird die Zwangsverwaltung beantragt, so muß mit dem Beschlagnahmegesuche die bergbehördliche Bestätigung vorgelegt werden, daß die als Verwalter bezeichnete Person zur Betriebsleitung befähigt ist.

3. Die in Ziff. 2 bezeichneten Angaben muß auch der im Falle der öffentlichen Zustellung zu veröffentlichende Auszug, die Versteigerungsbekanntmachung, der zu veröffentlichende Auszug aus derselben und die im Falle der Wiederversteigerung zu erlassende Bekanntmachung enthalten.

4. Von der Bestellung eines Verwalters hat das Vollstreckungsgericht unter Bezeichnung der als Verwalter bestellten Person dem einschlägigen Bezirksbergamte Mitteilung zu machen. Einem Verwalter kann die technische Betriebsleitung eines Bergwerks nur dann übertragen werden, wenn dessen Befähigung hiezu von der Bergbehörde anerkannt ist.

5. Erstreckt sich das Bergwerk in die Markungen mehrerer Gemeinden, so hat der Versteigerungsbeamte nach seinem Ermessen zu bestimmen, wo die Versteigerung stattzufinden hat.

6. Die Anheftung des Auszuges aus der Versteigerungsbekanntmachung hat in der Gemeinde, in welcher die Versteigerung stattfinden soll, zu erfolgen.

7. Das Vollstreckungsgericht hat dem einschlägigen Bezirksbergamte von der erfolgten Beschlagnahme und von deren Aufhebung ungesäumt, von dem Zuschlage nach Ablauf der zweiwöchentlichen Anfechtungsfrist oder nach rechtskräftiger Abweisung des Antrages auf Aufhebung des Zuschlages Mitteilung zu machen.

8. Für die Zwangsvollstreckung in unbewegliche Kuxe gilt noch folgendes:

a) die Gewerkschaft, vertreten durch ihren Repräsentanten oder Grubenvorstand, gilt als bei der Zwangsvollstreckung Beteiligter;

b) die Kosten der Vereinigung des Berggegenbuches sind Kosten der Zwangsvollstreckung und daher Massekosten. Die bei der Beschlagnahme eines unbeweglichen Kuxes bestehenden Rückstände an den auf denselben ausgeschlagenen Beiträgen genießen ein Vorzugsrecht vor den Hypothekforderungen und nehmen somit eine Zwischenreihe zwischen den Ansprüchen der ersten und zweiten Reihe ein;

c) die rückständigen Beiträge des Gewerken werden in allen Beziehungen den Ansprüchen der ersten Reihe gleichgeachtet;

d) eine Abteilungsversteigerung ist in Ansehung des Bergwerkes unzulässig.[5])

---

[5]) Vgl. auch Art. 162 Subh.Ordn. und Art. 226, 227, 90 Berggeſ.

§ 321.

Gerichtliche Versteigerung. (Anhang.)[1]

Kommt der Bergwerkseigentümer der an ihn erlassenen bergbehördlichen Aufforderung zur Inbetriebsetzung des Bergwerkes oder zur Fortsetzung des Betriebes nicht nach oder erklärt er der Bergbehörde den freiwilligen Verzicht auf das Bergwerk (oder einzelne Teile eines Feldes), so kann jeder Gläubiger, Hypothekgläubiger und sonstiger Realberechtigter die gerichtliche Versteigerung des Bergwerkes (bezw. Feldteiles) verlangen.[2])

Ebenso erfolgt, wenn der Inhaber eines unbeweglichen Kuxes des älteren Rechtes behufs Abwendung seiner Verurteilung oder der Zwangsvollstreckung wegen der von ihm zu leistenden Beiträge den Kux der Gewerkschaft behufs Befriedigung anheimstellt oder auf seinen Kux in zulässiger Weise freiwillig verzichtet, im Falle der Unverkäuflichkeit des Kuxes die Zwangsversteigerung desselben.[3])

In allen diesen Fällen finden auf die hienach vorgeschriebene Versteigerung die §§ 755, 756 der Reichscivilprozeßordnung (Zuständigkeit und Antragserfordernis)[4]), sowie die Vorschriften der Subhastationsordnung, nicht aber der Novelle[5]), entsprechende Anwendung, soweit nicht im nachstehenden besonderes bemerkt ist.

1. Die Befugnis zur Einsicht der öffentlichen Bücher (s. oben § 254 S. 1334) steht allen zur Beantragung der Versteigerung des Bergwerkes Berechtigten zu. Sie haben bei Ausübung dieser Befugnis ihren Anspruch oder ihr Recht glaubhaft zu machen und nachzuweisen, daß ein zum Antrag auf Versteigerung berechtigender Fall vorliegt.

2. Auf das Gesuch um Anordnung der Versteigerung finden die Vorschriften über Gesuche um Beschlagnahme von Bergwerken und unbeweglichen Kuxen zum Zwecke der Zwangsversteigerung mit nachstehenden besonderen Vorschriften Anwendung.[6]) So muß das Gesuch insbesondere enthalten:

a) wenn ein Gläubiger oder Realberechtigter die Versteigerung des Bergwerks beantragt:

α) die Bescheinigung der Forderung oder des Realrechts, soferne sie nicht aus dem Hypothekenbuchsauszuge erhellen;

β) eine Ausfertigung des Beschlusses der Bergbehörde über Einleitung des Verfahrens wegen Entziehung des Bergwerks=

---

[1]) Art. 182—188 Subh.Ordn.; Mot. z. Subh.Ordn. S. 111—113; vgl. oben § 170 Ziff. 3 S. 992.

[2]) Art. 161, 163, 164 Berggeſ.; oben § 178 Ziff. I und II S. 1025.

[3]) Art. 232, 119—121 Berggeſ.; oben § 172 lit. C Ziff. 5 S. 1013.

[4]) S. oben § 245 Ziff. 2a S. 1301.

[5]) Durch Art. 39 Abs. 2 Nov. ist die Anwendung der Art. 1—37 Nov. ausgeschlossen. Mot. z. Nov. S. 134; Aussch.Ber. z. Nov. S. 278.

[6]) Art. 184 Subh.Ordn. nimmt auf Art. 24, 26, 27 (s. oben § 267 S. 1371 ff.), 175, 176 (s. oben § 320) Subh.Ordn. Bezug.

eigentums oder der von dem Bergwerkseigentümer abgegebenen Verzichtserklärung, oder anstatt dieser Schriftstücke einen Hinweis auf die Ausschreibung im Kreisamtsblatte und insoferne die Einhaltung der vorgeschriebenen 90tägigen Frist nicht anderweitig ersichtlich ist, den Nachweis über den Zeitpunkt der Zustellung des bergbehördlichen Beschlusses oder der Verzichtserklärung an den Antragsteller;

b) wenn der Bergwerkseigentümer selbst den Antrag auf Versteigerung stellt:

α) eine Ausfertigung des Beschlusses der Bergbehörde über Einleitung des Verfahrens wegen Entziehung des Bergwerkseigentums oder den Hinweis auf die Ausschreibung desselben im Kreisamtsblatte und, insoferne die Einhaltung der vorgeschriebenen 90tägigen Frist nicht anderweitig ersichtlich ist, den Nachweis über den Zeitpunkt der Zustellung des bergbehördlichen Beschlusses an den Antragsteller;

β) die Angabe der auf dem Bergwerke ruhenden Realrechte, welche aus dem Hypothenbuchsauszuge nicht ersichtlich sind;

c) wenn der Zwangsverkauf eines unbeweglichen Kuxes beantragt wird:

α) den Kuxschein im Originale oder das Ausschlußurteil, welches denselben für kraftlos erklärt,

β) den Nachweis, daß der Gewerke den Verkauf seines Anteils der Gewerkschaft zu ihrer Befriedigung anheimgestellt oder auf seinen Anteil freiwillig verzichtet hat, letzteren Falls auch den Nachweis über die ausdrückliche Einwilligung der Gläubiger.

3. Eine Beschlagnahme findet nicht statt; daher treten hier auch die Wirkungen der bewirkten Beschlagnahme nicht ein.[7]) An Stelle des Beschlagnahmebeschlusses tritt der die Versteigerung anordnende Gerichtsbeschluß, in welchem zugleich der Versteigerungsbeamte zu ernennen ist.

4. Eine Eintragung des Gerichtsbeschlusses im Hypothekenbuche findet nicht statt.

5. Der die Versteigerung anordnende Gerichtsbeschluß ist dem Antragsteller, dem einschlägigen Bezirksbergamte und im Falle ein Gläubiger oder Realberechtigter die Versteigerung beantragt hat, dem Bergwerkseigentümer, im Falle die Versteigerung eines Kuxes beantragt ist, dem Eigentümer dieses Kuxes zuzustellen. Die Zustellung an den Bergwerkseigentümer und an den Gewerken, dessen Kux der Versteigerung unterstellt ist, unterbleibt, wenn ein freiwilliger Verzicht auf das Bergwerk oder den Kux vorliegt.

6. Ist bereits auf Antrag eines Berechtigten die Versteigerung des Bergwerkes, des Steinbruches oder der Gräberei beschlossen oder ist die Beschlagnahme dieser Gegenstände zum Zwecke der Zwangs-

---

[7]) Mot. z. Subh.Ordn. S. 112.

versteigerung erfolgt und beantragt nun ein weiterer Beteiligter die gerichtliche Versteigerung, so hat das Gericht in seinem Beschlusse auszusprechen, daß die bereits eingeleitete Versteigerung auch für den weiteren Beteiligten stattfinde.

7. Der seitherige Eigentümer des Bergwerkes, des Steinbruches oder der Gräberei bezw. der Gewerke des unbeweglichen Kuxes ist unfähig zu bieten.[8])

8. Eine neue Versteigerung findet bei Ergebnislosigkeit der ersten Versteigerung nicht statt. Von der Erfolglosigkeit der Versteigerung hat das Gericht dem Bezirksbergamte Mitteilung zu machen.

VIII. Kapitel.

Die Vollstreckungshypothek (Zwangs- und Arresthypothek).[1])

§ 322.

Allgemeines.

I. Neben der Immobiliarzwangsvollstreckung durch Zwangsversteigerung und Zwangsverwaltung wurde durch die Novelle zur Subhastationsordnung noch eine dritte Art der Immobiliarzwangsvollstreckung geschaffen: die Zwangsvollstreckung durch Einschreibung einer Hypothek im Hypothekenbuche zur Sicherung der zu vollstreckenden Forderung auf Grund eines gesetzlich gewährten Hypothekentitels oder, wie die technische Bezeichnung lautet, die Vollstreckungshypothek in den beiden Formen der Zwangs- und Arresthypothek, erstere als wirkliche, letztere als anticipierte Zwangsvollstreckungsform. Es soll hiedurch dem Gläubiger die Möglichkeit verschafft werden, ohne sofort zur Zwangsversteigerung oder Zwangsverwaltung greifen zu müssen, das durch die bewirkte Beschlagnahme zu erlangende Vorzugsrecht sich in Form einer Hypothek zu verschaffen und auf diese Weise sich seine dermalige Rechtslage gegenüber einer künftigen Zwangsversteigerung oder Zwangsverwaltung zu sichern. Aber trotzdem sind weder die Zwangs- noch Arresthypotheken Kautions-, sondern Vollhypotheken. Die Arresthypothek ist überdies die einzig zulässige Form, in welcher Arrest in das unbewegliche Vermögen nach bayerischem Rechte vollzogen werden kann.

---

[8]) Vgl. hiezu Mot. z. Subh.Ordn. S. 113.

[1]) Art. 40—44 Nov.; Art. 26, 27, 29, 31 A.G. z. R.C.P.O. Die Art. 25, 27 Abs. 1 und 3 (Abs. 2 ist durch das R.G. v. 30. April 1886, die Ergänzung des § 809 R.C.P.O. betr. [R.G.Bl. S. 130; W. XVII. S. 716] gegenstandslos geworden: Ortenau-Henle S. 536 Nt. 3; a. M. Schierlinger S. 54), 28, 30 A.G. z. R.C.P.O. sind durch Art. 45 Abs. 2 Nov. für das rechtsrheinische Bayern aufgehoben. — Zum ganzen s. die Mot. z. Nov. S. 163—165; Regelsberger, b. Hyp R. 2. Aufl. S. 400—406; b Not.Zeit. 1886 S. 138 ff.; 223 ff.; 1889 S. 101, 137; b. Not.Zeit. 1890 S. 17 ff.; Arch. f. civ. Pr. LXXII. 332 ff. (über den Immobiliararrest); Krech-Fischer S. 94—132.

II. Die rechtliche Natur der Vollstreckungshypothek wurde bereits oben § 251 (S. 1317) dargelegt. Hienach besteht die Zwangsvollstreckung einmal in der Gewährung eines gesetzlichen Vollstreckungshypothekentitels, dann dem beim Hypothekenamte zu stellenden Antrage auf Einschreibung der Hypothek in das Hypothekenbuch; aber auch die Einschreibung in das Hypothekenbuch selbst erscheint noch als ein Teil der Ausführung der Zwangsvollstreckung, wenngleich sie vom Standpunkte des Hypothekenamtes aus die nach den Grundsätzen des Hypothekenrechtes zur Entstehung jeder Hypothek notwendige Thätigkeit des Hypothekenamtes als Gerichtes der nichtstreitigen Rechtspflege ist. Hienach bemißt sich sowohl die Stellung, welche das Hypothekenamt bei Einschreibung der Vollstreckungshypothek einnimmt, als die Art und Weise der Geltendmachung von Einwendungen; auch hierüber wurden bereits oben § 251 (S. 1317), § 252 lit. A Ziff. III (S. 1321 ff.), § 260 Ziff. II (S. 1361) und § 261 (S. 1362) die Grundzüge dargelegt.

III. Die Vollstreckungshypothek unterliegt, soweit nicht im nachstehenden etwa besonderes bemerkt ist, allen für gesetzliche Hypotheken geltenden Grundsätzen des Hypothekenrechtes, daher insbesondere auch dem Accessoritätsprinzip, dem Spezialitätsprinzip mit der für die gesetzlichen Hypotheken zugelassenen Beschränkung[2]), wie dem Oeffentlichkeitsprinzipe. Daß sie dem Oeffentlichkeitsprinzipe unterliegen, wird freilich in neuester Zeit lebhaft bestritten[3]); gleichwohl hat aber die Praxis neben verschiedenen Stimmen der Theorie mit Recht an der hier vertretenen Ansicht festgehalten.[4])

§ 323.

Die Zwangshypothek.

1. Der Antrag auf Einschreibung der Zwangshypothek ist beim zuständigen Hypothekenamte schriftlich oder mündlich oder zu Protokoll des Gerichtsschreibers unter Vorlage aller Belege, welche den gesetzlichen Zwangshypothekentitel ausweisen, zu stellen. Der Zwangshypothekentitel besteht aber nur dann, wenn die sämtlichen Voraussetzungen der Zulässigkeit der Zwangsvollstreckung überhaupt und der Immobiliarzwangsvollstreckung im besonderen hinsichtlich des in Frage kommenden Vollstreckungsobjektes gegeben sind; vgl. oben § 255 lit. A und B (S. 1334 ff.).

---

[2]) Vgl. § 11 Hyp.Ges. und hiezu oben § 117 Ziff. I b S. 795; § 121 Nt. 14 S. 807.

[3]) So von Regelsberger, Hyp.R. 2. Aufl. S. 400; Ortenau-Henle S. 533; Bl. f. R.A. LX. 113; b. Not.Zeit. 1890 S. 22.

[4]) Eine Entscheidung der Praxis über die konkrete Frage ist z. B. allerdings nicht vorhanden; sie ist aber nach gleichen Gesichtspunkten zu entscheiden, wie die Frage, ob das Pfändungspfandrecht an einer Hypothekforderung dem Oeffentlichkeitsprinzipe unterliegt, und diese Frage ist in der Praxis des obst. L.G. wie R.G. bejaht; vgl. oben § 113 lit. A Ziff. IV, 3 b S. 777 Nt. 52. Zustimmend auch Jakubezky, Bem. S. 216; Bl. f. R.A. LXI. 81 ff.

2. Das Hypothekenamt hat den Antrag lediglich nach Maßgabe der hypothekenrechtlichen Grundsätze zu prüfen. Dazu gehört aber insbesondere auch die Prüfung der Frage, ob der gesetzliche Zwangshypothekentitel vorhanden ist, sohin die Prüfung, ob die einzelnen Voraussetzungen der Zulässigkeit der Zwangsvollstreckung (s. Ziff. 1) gegeben sind. Anderseits fällt aber nicht in die Kompetenz des Hypothekenamtes die Prüfung der Frage, ob die Vollstreckungsklausel zu Recht erteilt sei[2]), sowenig wie die Entscheidung von Einwendungen gegen die Art und Weise der Zwangsvollstreckung, soweit sie nicht das hypothekenamtliche Verfahren betreffen, oder von Einwendungen gegen den zu vollstreckenden Anspruch. Alle diese Einwendungen sind auf dem gewöhnlichen prozessualen Wege zu erledigen.[3]) Gegen den Beschluß des Hypothekenamtes, mag es den Antrag abweisen oder ihm stattgeben, ist nur die Beschwerde der nichtstreitigen Rechtspflege zulässig[4]) und kann nur darauf gestützt werden, daß das Hypothekenamt innerhalb des Rahmens seiner Prüfungsthätigkeit unrichtig entschieden oder seine Kompetenz überschritten oder zu eng aufgefaßt hat.

3. Wird der Antrag für begründet erachtet, so hat das Hypothekenamt zu Gunsten der zu vollstreckenden Forderung auf dem im Antrage bezeichneten Immobiliarvermögen des Vollstreckungsschuldners Hypothek an nächstoffener Rangstelle vormerkungsweise einzuschreiben. Die Einschreibung auf vorbehaltener oder zur Hypothekerneuerung offener Rangstelle ist ohne besondere Einwilligung des Vollstreckungsschuldners unzulässig.[5]) Dispositionsbeschränkungen, insbesondere die Beschlagnahme hindern die Vormerkung der Zwangshypothek nicht[6]); nur die im Hypothekenbuche eingeschriebene Konkurseröffnung schließt selbst die Vormerkung aus.[7])

---

[1]) Die gewöhnliche civilprozessuale Vollmacht genügt für einen Vertreter zur Antragsstellung: Böhm A.G. S. 47; Regelsberger Hyp.R. 2. Aufl. S. 402; Ortenau-Henle S. 528.

[2]) Dagegen muß aber das Hypothekenamt prüfen, ob die Vollstreckungsklausel derart ordnungsgemäß (von der sachlich zuständigen Behörde u. s. w.) erteilt ist, daß auf Grund derselben vollstreckt werden kann; denn nur eine formell rechtsgiltige Vollstreckungsklausel macht den Vollstreckungstitel vollstreckbar und schafft einen Zwangshypothekentitel; ebenso Ortenau-Henle S. 531.

[3]) Vgl. hiezu die §§ 668, 685, 686, 687, 704, 705, auch 690 R.C.P.O.; Art. 91 Not.Ges. Den Einwand, daß nicht die Art der Zwangsvollstreckung, sondern nur die anderen Arten derselben zulässig seien, z. B. wegen Verzichtes des Gläubigers auf Zwangshypothek, hat m. E. nicht das Hypothekenamt, sondern das Vollstreckungsgericht (§ 685 R.C.P.O.) zu entscheiden. Vgl. oben § 260 Ziff. II, 2 mit Nt. 16 S. 1361.

[4]) § 94 Hyp.Ges. in der Fassung der Hyp.Nov. v. 29. Mai 1886; Art. 56 ff. A.G. z. R.C.P.O.; oben § 261 Ziff. II S. 1362.

[5]) § 159, 84 Hyp.Ges.; vgl. hiezu oben § 125 Ziff. III, 2 S. 842 und § 124 Ziff. I, 1 und III, 1 S. 837, 838.

[6]) Vgl. hiezu oben § 122 lit. B Ziff. IV, 1 b α mit Nt. 25 S. 820.

[7]) Vgl. hiezu oben § 122 lit B Ziff. IV, 1 b β S. 822.

4. Die Vormerkung der Zwangshypothek erstreckt sich je nach Antrag sowohl auf die im Vollstreckungstitel festgestellte vollstreckbare Hauptsache, als auf Zinsen hieraus, insoweit als im Vollstreckungstitel hierin der Zinsfuß und Zinsenlauf festgestellt ist; auf Prozeßkosten nur dann, wenn sie auf Grund vollstreckbaren Kostenfestsetzungsbeschlusses verlangt wird.[8])

5. Von der Vormerkung der Zwangshypothek ist der Vollstreckungsschuldner von Amts wegen zu benachrichtigen[9]) und zugleich ausdrücklich darauf hinzuweisen, daß nach Ablauf eines Monats von der Zustellung der Mitteilung an auf weiteren Antrag des Gläubigers die Vormerkung in einen Definitiveintrag umgewandelt werde, wenn er nicht dem Hypothekenamte innerhalb jenes Monats nachweist, daß er gegen den Anspruch oder das Vollstreckungsrecht des Gläubigers Einwendungen in der dafür vorgeschriebenen Weise d. h. auf dem gewöhnlichen civilprozessualen Wege geltend gemacht habe.[10])

6. Nach Ablauf der in Ziff. 5 bezeichneten Monatsfrist ist, soferne nicht schon vorher mit Zustimmung des Schuldners der Definitiveintrag erfolgte, der Gläubiger befugt, die Umwandlung der vormerkungsweisen Einschreibung in einen Definitiveintrag beim Hypothekenamte zu beantragen, worauf der Definitiveintrag zu erfolgen hat, wenn der in Ziff. 5 bezeichnete Nachweis vom Vollstreckungsschuldner nicht rechtzeitig erbracht worden ist; jedoch ist der Vollstreckungsschuldner bis zur Stellung dieses Antrages befugt, den in Ziff. 5 bezeichneten Nachweis mit der Wirkung der Abweisung des Antrages nachzuholen.[11]) Der Umwandlung in einen Definitiveintrag stehen nach Hypothekenrecht auch die allgemeinen, nicht aber die besonderen Verpfändungsbeschränkungen entgegen.[12]) Der Tod des Vollstreckungsschuldners oder ein Eigentumswechsel hindern den Definitiveintrag nicht.[13]) Gründet sich die Vormerkung auf eine nur vorläufig vollstreckbare oder eine andere den Anspruch des Gläubigers nicht endgiltig

---

[8]) Ortenau-Henle S. 531 mit Nt. 2; Bl. f. R.A. Erg.Bd. XIV, 83.

[9]) Vgl. hiezu oben § 70 lit. F S. 527 und dazu J.M.Bek. v. 3. Febr. 1887 (J.M.Bl. S. 57); Art. 5 Geb.Ges. in der Fassung von 1892 und M.Bek. v. 1. Juli 1884, die Mitwirkung der Gerichtsboten und Amtsgerichtsdiener bei der Erhebung von Gerichtskosten betr. (J.M.Bl. S. 121; W. XVI. S. 564).

[10]) Art. 44 Abs. 2 Nov. enthält also eine Modifikation des hypothekenrechtlichen Konsensprinzipes; vgl. § 110 Hyp.Ges.; oben § 104 Ziff. IV, 3 S. 737.

[11]) Hellmann S. 393; Regelsberger, Hyp.R. 2. Aufl. S. 403; Ortenau-Henle S. 533. Der Wortlaut des Art. 40 Abs. 2 Nov. scheint mir diese Ansicht zu rechtfertigen, während § 111 Hyp.Ges. auf eine andere Auffassung hinweist; vgl. oben § 104 Nt. 45 S. 737. — Auch darin liegt eine Modifikation des Konsensprinzipes.

[12]) Vgl. hiezu oben § 122 Nt. 25 S. 821. A. M. bezüglich der Beschlagnahme auch Ortenau-Henle 2. Aufl. S. 533 Nt. 4; Regelsberger, Hyp.R. 2. Aufl. S. 403; b. Not.Zeit. 1888 S. 45.

[13]) Ortenau-Henle S. 533.

feststellende Entscheidung, so ist die Umwandlung in einen Definitiveintrag erst dann zulässig, wenn die Entscheidung endgiltig geworden ist.[14])

Gegen den Bescheid des Hypothekenamtes ist auch hier nur wieder die Beschwerde der nichtstreitigen Rechtspflege zulässig.

7. Ueber die definitiv eingetragene Zwangshypothek wird dem Gläubiger vom Hypothekenamte ein Hypothekenbrief erteilt. Aus diesem Hypothekenbriefe, verbunden mit der zum Zwecke der Zwangsvollstreckung erteilten vollstreckbaren Ausfertigung des Schuldtitels, findet die Zwangsvollstreckung auch gegen den dritten Besitzer des Hypothekobjektes, wie aus einer vollstreckbaren Hypothekurkunde[15]) statt.

8. Durch den Definitiveintrag verliert der Vollstreckungsschuldner nicht das Recht, materiellrechtliche Einwendungen gegen den Rechtsbestand der Zwangshypothek im Rechtswege geltend zu machen und durch Protestationen im Hypothekenbuche gegen die Wirkungen des Oeffentlichkeitsprinzipes sichern zu lassen; nur der Rechtsbestand des gesetzlichen Hypothekentitels kann von ihm nicht mehr angegriffen werden.[16])

9. Die Löschung der vormerkungsweise wie definitiv eingetragenen Zwangshypothek erfolgt nie von Amts wegen, sondern nur entweder auf Antrag des Gläubigers ohne weiteres oder auf Antrag des Schuldners mit Zustimmung des Gläubigers und selbst ohne Vernehmung und Zustimmung desselben dann, wenn auf erhobene Einwendungen des Schuldners die Zwangsvollstreckung eingestellt und die Aufhebung der erfolgten Vollstreckungsmaßregeln angeordnet worden ist. Im letzteren Falle muß dem Antrage die betreffende gerichtliche Entscheidung zum Nachweise des Löschungsgrundes beigelegt werden. Die Anträge auf Löschung sind beim Hypothekenamte zu stellen.[17])

§ 324.

Die Arresthypothek.[1])

I. Auf die Arresthypothek finden die Vorschriften über die Zwangshypothek insoweit entspechende Anwendung, als nicht die Natur der antizipierten Zwangsvollstreckung besonderes mit sich bringt. Insbesondere ist auch der Antrag auf Arresthypothek beim einschlägigen

---

[14]) Dahin gehören besonders die Entscheidungen nach §§ 502, 562; § 702 Nr. 3; § 99 R.C.P.O. Weitere Beispiele s. in den Mot. z. Subh.Ordn. S. 164. Die nach Ablauf der zweiwöchentlichen Notfrist unter den Voraussetzungen der Nichtigkeits- oder der Restitutionsklage zulässige sofortige Beschwerde (§ 540 Abs. 2 R.C.P.O.) hindert den Definitiveintrag nicht.

[15]) Art. 127, 128 A.G. z. R.C.P.O.; s. oben § 240 lit. B S. 1276.

[16]) § 16 Hyp.Ges.; vgl. hiezu oben § 121 lit. A Ziff. II S. 808; § 104 lit. C S. 734; Mot. S. 164.

[17]) Vgl. Ortenau-Henle S. 536.

[1]) Vgl. hiezu auch §§ 796—813 R.C.P.O; § 811 R.C.P.O.: „Die Vollziehung des Arrestes in unbewegliches Vermögen bestimmt sich nach den Landesgesetzen."

Hypothekenamte zu stellen, kann aber mit dem Arrestgesuche, soferne es beim gleichen Gerichte eingereicht wird, verbunden werden, in welchem Falle der Vollstreckungsrichter sofort nach Erlassung des Arrestbefehls den Antrag samt Arrestbefehl an das Hypothekenamt zu leiten hat.[2]) Auch wird die Arresthypothek nur durch Vormerkung einer Hypothek auf dem unbeweglichen Vermögen des Vollstreckungsschuldners und nur auf Antrag des Arrestgläubigers, nicht von Amts wegen, vollzogen.

Der gesetzliche Arresthypothekentitel besteht aber schon dann, wenn die dem Hypothekenamte nachzuweisenden civilprozessualen Voraussetzungen zum Vollzuge eines Arrestes gegeben sind.[3]) Diese sind dem Hypothekenamte durch Vorlage der erforderlichen Belege nachzuweisen.

Anderseits ist aber selbst die Vormerkung der Arresthypothek unzulässig, wenn nicht diese sämtlichen Voraussetzungen vorhanden und dem Hypothekenamte nachgewiesen sind. Auch hypothekenrechtliche Hindernisse schließen selbst die Vormerkung der Arresthypothek aus.

Die Arresthypothek kann nur auf dem im Arrestbefehle festgestellten Geldbetrage vorgemerkt werden.

Der Arrestgläubiger hat, wie jeder andere mit einer vollstreckbaren Urkunde versehene Gläubiger, das Recht auf Einsicht der öffentlichen Bücher, Akten und Urkunden und auf Besitztitelberichtigung.

Steht der Berichtigung des Besitztitels oder der rentamtlichen Umschreibung auf den Arrestbeklagten ein Hindernis entgegen, obwohl das Eigentum am Arrestgegenstande auf ihn bereits übergegangen ist, so finden die oben § 254 Ziff. 2 (S. 1334) bezeichneten Vorschriften entsprechende Anwendung.

II. Das Hypothekenamt hat den Arrestbeklagten, sowie demjenigen, der im Hypothekenbuche oder Grundsteuerkataster noch als Eigentümer des Arrestgegenstandes eingetragen ist, von der erfolgten Einschreibung von Amts wegen Nachricht zu geben[4]), soferne nicht eine öffentliche Zustellung erforderlich wird. Die etwa erforderliche Zustellung des Arrestbefehles ist stets Sache des Arrestgläubigers.

III. Die Vormerkung der Arresthypothek gewährt dem Arrestgläubiger ein zweifach resolutiv bedingtes Hypothekrecht: einmal

---

[2]) Regelsberger, Hyp.R. 2. Aufl. S. 405; Ortenau-Henle S. 537. Die Prozeßvollmacht legitimiert zum Antrage auf Einschreibung einer Arresthypothek: Ortenau-Henle S. 537; Ztschr. f. d. Civ.Proz. XIII. 476; a. M. Arch. f. civ. Pr. LXXII. 405.

[3]) Besonders darf auch die Frist des § 809 Abs. 2 R.C.P.O. noch nicht verstrichen sein; die Frist ist nur dann gewahrt, wenn innerhalb derselben noch die Vormerkung im Hypothekenbuche eingeschrieben wurde, nicht wenn bloß der Einlauf des Antrages beim Hypothekenamte und die Einschreibung in das Tagebuch in die Frist fällt: ebenso Krech-Fischer S. 122; Regelsberger, Hyp.R. 2. Aufl. S. 405; oben § 106 Ziff. I mit Nt. 5; Bl. f. R.A. Erg.Bd. XII. 364, 368; a. M. Ortenau-Henle S. 537; Seuffert, Komm. z. R.C.P.O. 7. Aufl. zu § 809; Jäckel S. 123.

[4]) Vgl. oben § 323 Nt. 9.

resolutiv bedingt durch die Feststellung des Rechtsbestandes der Forderung, dann dadurch, daß die Zustellung des Arrestbefehles an den Schuldner längstens innerhalb einer Woche nach der Vollziehung des Arrestbefehles (Vormerkung der Arresthypothek) und vor Ablauf der zweiwöchentlichen Zustellungsfrist erfolgt.[5]) Die Vormerkung wahrt dem Arrestgläubiger den Vorrang vor allen später (d. h. nicht vom gleichen Tage) eingeschriebenen Hypotheken.

IV. Sind die Voraussetzungen der wirklichen Zwangsvollstreckung und damit der Zwangshypothek gegeben, so ist auf Antrag des Gläubigers die vorgemerkte Arresthypothek in die Vormerkung einer Zwangshypothek umzuschreiben[6]), für welche die sämtlichen in § 323 angeführten Grundsätze gelten. Insolange jene Voraussetzungen nicht gegeben sind, kann die vorgemerkte Arresthypothek weder in die Vormerkung einer Zwangshypothek, geschweige denn in einen Definitiveintrag umgewandelt werden. Ein Wechsel des Eigentums am Arrestgegenstande hindert dagegen die Vormerkung der Zwangshypothek nicht; welchen Einfluß der Tod des Arrestbeklagten hierauf ausübt, bemißt sich nach den allgemeinen Grundsätzen über die Zulässigkeit der Zwangsvollstreckung gegen die allgemeinen Rechtsnachfolger des Schuldners.

V. Die Löschung der Arresthypothek erfolgt nie von Amts wegen, sondern nur auf Antrag entweder des Arrestgläubigers ohne weiteres oder des Arrestschuldners mit Zustimmung des Arrestgläubigers, ohne dessen Zustimmung nur dann, wenn der Arrestschuldner eine vollstreckbare gerichtliche Entscheidung vorlegt, durch welche der Arrest bezw. der Arrestvollzug aufgehoben wird.[7]) Die Anträge auf Löschung sind beim Hypothekenamte zu stellen.[8])

---

[5]) Vgl. hiezu § 809 R.C.P.O. mit dem oben in § 323 Nr. 1 zit. R.G. v. 30. April 1886. Dazu ist auch § 190 R.C.P.O. zu vergleichen. Hiebei ist wieder der Zeitpunkt der Einschreibung der Vormerkung in das Hypothekenbuch, nicht in das hypothekenamtliche Tagebuch entscheidend; vgl. die Zitate in Nr. 3.

[6]) Jur. Monatschrift Jhrg. 1895 Bd. V S. 140 ff.; Regelsberger, Hyp.R. 2. Aufl. S. 406; Ortenau-Henle S. 538.

[7]) Regelsberger, Hyp.R. 2. Aufl. S. 406; Ortenau-Henle S. 538 mit weiteren Litteraturangaben für und wider.

Alphabetisches Register.

Die großen Zahlen bedeuten die Seiten, die kleinen Zahlen die Anmerkungen, die fettgedruckten Zahlen die sedes materiae.

A.

C (siehe auch K).

D.

G.

H.

Jot.

K.

L.

Qu.

R.

S (ohne Sch und St).

Sch.

T.

Z.

Quellenregister.

A. Landesrecht.

B. Reichsrecht.

C. Staatsverträge.

Druck von Seitz & Schauer, München, Buttermelcherstraße 16.

Kolibri 360 GmbH
Ferdinand-Jühlke-Straße 7
99095 Erfurt, Deutschland
produktsicherheit@kolibri360.de